21世纪高等院校
人力资源管理精品教材
Elaborate Textbooks on HRM for Higher Education

杨伟国 代懋 / 主编

劳动

Labor
4th edition Economics

经济学

第四版

东北财经大学出版社
Dongbei University of Finance & Economics Press
大连

图书在版编目（CIP）数据

劳动经济学 / 杨伟国，代懋主编 . —4版 . —大连：东北财经大学出版社，2023.2

（21世纪高等院校人力资源管理精品教材）

ISBN 978-7-5654-4743-3

Ⅰ.劳… Ⅱ.①杨…②代… Ⅲ.劳动经济学-高等学校-教材 Ⅳ.F240

中国版本图书馆CIP数据核字（2022）第251621号

东北财经大学出版社出版

（大连市黑石礁尖山街217号 邮政编码 116025）

网 址：http：//www.dufep.cn

读者信箱：dufep@dufe.edu.cn

大连图腾彩色印刷有限公司印刷 东北财经大学出版社发行

幅面尺寸：185mm×260mm 字数：500千字 印张：23.25

2023年2月第4版 2023年2月第1次印刷

责任编辑：石真珍 张爱华 责任校对：包利华

封面设计：冀贵收 版式设计：原 皓

定价：59.00元

教学支持 售后服务 联系电话：（0411）84710309

版权所有 侵权必究 举报电话：（0411）84710523

如有印装质量问题，请联系营销部：（0411）84710711

总序

改革开放以来，我国经济和社会发展取得了举世瞩目的巨大成就。从人力资源开发的角度来看，我国改革开放的一切成就无不得益于人性解放所爆发出的社会与经济能量。正是在市场经济条件下，人力资源向人力资本转化并不断积聚和集中，从而形成巨大的物质力量，推动了中国经济社会的强劲发展。确立建设人力资源强国战略和持续投入人力资本，是进一步推动国家发展、社会进步、人民生活水平提高的不竭动力。纵观历史，劳动力转化为商品、人力资源转化为人力资本的当代，是人类历史上最为辉煌的时代。从世界范围来看，所有发达国家都高度重视人力资本的投入，发展最快的发展中国家都处在人力资源利用效率最高的历史时期。展望未来30年，世界经济的竞争将是人力资本的较量，支撑中国和平崛起的根本动力是人力资源开发所释放出来的巨大能量。

中华人民共和国成立70多年尤其是改革开放40多年的历史，是一部转变人的分工角色、社会身份的历史，是不断解放人的思想、调整分配关系、提高人力资源利用效率的历史。因此，无论是短期设计还是从长计议，都必须深入贯彻以人为本的发展观，大幅度提高社会保障度，大幅度提高劳动者的工资，积极转变人们的社会身份，把世界上最丰富的人力资源转化为人力资本，迅速增加人力资本的存量和总量，大力推进人力资源管理向人力资本经营转化。显然，人力资源开发与管理的理论研究和实际应用，是一项充满挑战和希望的伟大事业；建立具有中国特色、与国际接轨的人力资源开发与管理体系，是我们追求的宏大目标。

目前，我国高水平的人力资源管理专业人才与经济社会发展的需求之间存在很大缺口，编撰一套好的教材是推进人力资源管理专业发展和提升我国人力资源开发与管理水平的需要。为此，东北财经大学出版社组织多所知名高校人力资源管理专业的资深教师，联合打造了"21世纪高等院校人力资源管理精品教材"。本系列中各本书的主编均为学有成就的教授和博士生导师，他们丰硕的科研成果和教学经验，足以保证这套教材达到精品水平。

有优秀作者的大力支持，有策划者的努力付出，有良好的财经教育出版平台，相信本套教材的出版能创造很好的社会价值，对我国人力资源管理实践的发展、人力资源管理学科的发展和人力资源管理专业人才的培养产生积极的作用。

中国人力资源开发研究会原会长　刘福垣

第四版前言

距离《劳动经济学》第一版面世已经十年有余，在这十多年间，我们不断结合教学经验和多项研究对书中内容进行补充、调整，第四版正是在此基础上完成的。本次修订以更新内容为主，整体分析框架仍然建立在I-DARE模型基础之上。我们相信，这样一个分析框架在对我国劳动力市场问题以及影响劳动力市场的各种制度进行分析方面仍然具有较强的指导意义。

本次修订结合党的二十大报告精神和时代背景，较为细致和全面地收录了劳动力市场的最新数据和劳动经济学领域的专业学术研究成果，同时注重在案例中融入课程思政元素，与时俱进，力争实现"润物无声"的育人效果。具体内容的变化体现在以下方面：

第一，紧跟时代热点，更新原有17章的引例以及16章（除第13章外）的案例分析题，从二孩妈妈工作与家庭的平衡问题到新冠肺炎疫情下快递、外卖、跑腿等职业选择问题，从国家养老金制度的探索到2021年高校毕业生就业状况调查等，都以现实世界的难题为切入点带领读者对劳动力市场问题进行更加深入和全面的思考，引导读者从学术角度对这些与国计民生或大学生个人相关的问题展开深入思考，培养当代大学生的社会责任心，并提升其开展学术分析的专业能力，力争做到知识传授与价值引领的有机统一。

第二，在每章的相关理论中添加了国内外新的研究成果，以期为读者开展相关分析提供更具时代特色的参考。

第三，作为劳动经济学领域经典著作的《现代劳动经济学：理论与公共政策》，对本书影响深远，因此本次修订将与其相关的内容更新为该书第十三版（2021年出版）中的最新内容（其中，"企业特殊在职培训的成本与收益"图表予以保留，因为2021年版本已经删除相关内容）。

第四，对相关统计数据进行了更新，如将失业群集中的欧洲和美国的相关数据更新至2021年和2022年最新版本；就业弹性的数据采用了亚洲开发银行和非洲开发银行的数据，而不是国际劳工组织《劳动力市场关键指标》报告中的数据，这是因为后者的后续报告中并没有涉及就业弹性相关数据。

第五，增加了第18章"劳动力市场的新发展"。该章从数字经济的视角切入，对劳动力市场的新发展进行介绍，对数字经济的内涵及特征、新工作范式及其特征进行介绍，并以人工智能应用及平台经济这两种典型数字经济形态为例，分别对其就业效应和社会保障国际经验进行详细梳理与深刻剖析。从第三版出版以来，我们一直在积累和准备这部分内容，这一方面是由于数字经济是大势所趋，另一方面是源于新冠肺炎疫情所产生的持续影响。这些正在发生着的长久且巨大的转变深刻地影响了我国乃至全世界劳动力市场的方方面面，需要我们更加系统地了解并学习相关内容。虽然我们前期积累的资料有很多，但需要收集、整理和沉淀的资料更是难以计数，今后我们将继续展开研究，希望在第五版中实现更大的突破。稍有遗憾的是，本书的篇幅不断增加，相对于学习的有效性而言，或许显得不"经济"了，这一点我们将努力在第五版中改进。

第四版的修订工作分两个阶段进行：第一阶段由代懋和万钌宏负责全书案例、文献、数据和政策内容等的更新；第二阶段由杨伟国、代懋共同写作第18章，并对全书内容进行校对性修订，确保基本原理的准确性和语言表述的一致性。我们虽全力投入，但学识欠缺与学力不足，书中仍会存在瑕疵乃至不当之处，一如既往地期待着专家和读者们的批评指正，以待再版改进。

杨伟国　代　懋

2022年12月

第三版前言　　　　　　　第二版前言　　　　　　　第一版前言

目　录

第四篇　行为（A）

第10章　劳动力供给行为：工作搜寻 / 171

第11章　劳动力需求行为：雇用、甄选和歧视 / 191

第五篇 结果与效应（R/E）

第一篇　导论

第1章 劳动经济学的价值与发展

学习目标

✓ 了解劳动经济学对于个人职业规划、企业人力资源管理、政府劳动就业政策、科学发展的价值

✓ 重点掌握劳动经济学的演变历史，尤其是20世纪60—70年代以来的新发展

✓ 理解劳动经济学与经济学之间的关系

✓ 掌握劳动经济学与人事管理经济学、职业发展经济学的联系和区别

✓ 了解劳动经济学帝国主义的成因与应用领域

引例 　　　　**就业优先提质加力　筑牢民生"保障网"**

2022年3月5日，十三届全国人大五次会议在京召开，国务院总理李克强做政府工作报告。和上年相比，政府工作报告将稳就业放在了更重要的位置。

就业关乎国计民生，更关乎千家万户。我国有14亿多人口、约9亿劳动力，解决好就业问题，始终是经济社会发展的一项重大任务。2021全年城镇新增就业1 269万人，比上年增加83万人，全年城镇调查失业率平均值为5.1%，较好地完成了年初确定的预期目标。鲜亮的就业"成绩单"，是中国打好稳就业组合拳的有力印证。2022年的政府工作报告将"着力稳市场主体保就业"单独列为工作任务之一并提出一系列政策举措，凸显稳就业工作的重要性。

就业是最大的民生，也是发展的基础。离开更充分的就业，提高城乡居民收入、提升人力资本水平、提高全要素生产率很难实现；只有更高质量的就业，才能夯实高质量发展的动力基础，在高质量发展中促进共同富裕。"十四五"规划纲要提出，千方百计稳定和扩大就业，坚持经济发展就业导向，扩大就业容量，提升就业质量，促进充分就业，保障劳动者待遇和权益。

政府工作报告指出，2022年新增城镇就业1 100万人以上，和2021年目标持平；城镇调查失业率控制在5.5%以内。应该说，2022年就业压力和上年相比进一步加大，一方面是重点群体就业不容忽视，高校毕业生数量将创历史新高，都市圈建设、城市化进程继续推进，要解决进城农民就业问题；另一方面要巩固扶贫工作，意味着保障弱势群体就业。

政府工作报告提出"就业优先政策要提质加力"，要大力拓宽就业渠道，注重通

过稳市场主体来稳就业，增强创业带动就业作用。各类专项促就业政策要强化优化，对就业创业的不合理限制要坚决清理取消。要构建经济增长和促进就业的良性循环，在保持经济总量稳定增长、经济结构不断升级的同时，努力实现就业规模扩大、就业结构优化、就业质量提升。从"扩容"角度看，就是要努力创造更多就业岗位，千方百计稳定现有就业，积极增加新的就业，促进失业人员再就业，突出做好重点群体就业工作。从"提质"角度看，就是要消除就业歧视，加强合法权益保护，努力提高劳动报酬，让劳动者更体面工作。

就业，一头连着经济大势，另一头连着千家万户。展望未来，我国经济长期向好的基本面没有改变，稳定就业的基础条件也没有改变。立足新发展阶段、贯彻新发展理念、构建新发展格局、实现高质量发展，把解决就业问题放在更加突出位置，聚焦问题、破解难题，切实做好民生保障和社会稳定工作，让就业方式更多元、空间更广阔、结构更优化，推动实现更加充分更高质量的就业，老百姓的日子将越来越带劲。

资料来源　徐江. 就业优先提质加力 筑牢民生"保障网"［EB/OL］.（2022-03-05）［2022-09-08］. http: //opinion.voc.com.cn/article/202203/202203051842336249.html.

从引例中可以看出，就业是关系国计民生的重大问题，涉及国务院及各级各类政府部门、高等教育与高校、企业与自主创业、纸质媒体与电子媒体、城乡基层与国防部门、研究机构与研究者等各种利益相关者。但是所有这些问题都可以在劳动经济学的框架中得到解释，如果更乐观一点，也许可以进一步得到解决。这可见劳动经济学所涵盖的领域之广泛，以及对于社会经济生活的价值。事实上，事情不仅限于此。

1.1 劳动经济学的价值

没有哪一个学科能像劳动经济学那样与我们每个人的职业、生活乃至生命如此地密切相关。我们绝大部分人的一生中的大部分时间是作为劳动者度过的，而其他时间则或多或少与其劳动时间紧密相连。例如，教育的决策在很大的程度上与个人的职业发展紧密相连。劳动经济学有助于个人更好地理解个人职业发展的劳动力市场环境及其动态变化，从而更好地进行个人职业生涯决策，过上更美好的生活。全生命周期的劳动经济学分析，更是从一个人的出生到离开这个世界都有涉及，甚至一个人是否需要来到这个世界，劳动经济学也都尝试理解。这一点，看看贝克尔的家庭生产理论就很清楚了。劳动经济学能够帮助我们更好地理解自己作为劳动者的一生甚至更多。

劳动经济学对于个人价值的另一个重大方面是我们可以选择以"劳动"为中心的职业。大家都清楚，人力资源管理是现在较为流行的职业，劳动经济学是这个职业的理论基础之一。从政府角度来考虑，人力资源和社会保障部门在中国具有很大的基础，而且伴随着我国经济的发展以及国家"民生理念"的深入，这个部门的发展会越来越壮大。这条线可以一直从中央向基层延伸到街道的社保所、社保站，具有广阔的职业发展空间。国际上也是如此。在市场层面，各种不同的人才网络公司、职业介绍机构、劳务派遣公司、人力资源咨询培训机构等都与劳动经济学有着千丝万缕的联系。劳动经济学至少可以让我们在学习完它之后明白自己是否有兴趣从事一个与劳动经济学有些关系的职业，以及如果有兴趣应该从哪些地方入手。

我们中的一部分人具有超强的企业家精神从而可能创办或经营一家企业。在这种情况下，我们更加需要了解劳动经济学，它能有效地帮助我们更好地把握劳动力市场，更好地进行人力资源管理决策。传统的劳动经济学更关注外部劳动力市场，企业借助它可以了解一个地区的人口与劳动力供给状况、生活费用与工资水平、工作条件、政府劳动力市场管制等。而劳动经济学的最新发展已经渗入到企业组织内部，帮助企业更好地理解内部劳动力市场，如招聘与甄选、晋升、薪酬设计、福利安排等，为更加有效的人力资源管理决策提供科学的分析工具。

不管我们是否喜欢，政府对社会经济领域的全面干预在全球范围内都是现实，尽管各国政府在程度上有所差异。我国也不例外，且不用说改革开放之前的全面计划管理，即便现在，我国政府在劳动力市场运行中仍然扮演着强大的作用。这种干预或作用主要体现在劳动政策法规上。毕竟政府干预是需要代价的，这种代价来自纳税人的钱，因此一个显而易见的问题是，政府想要达到什么目标？是我们想要的目标吗？能达到吗？这需要政府向国民做一个具有充分根据的、具有说服力的解释——政府对劳动领域的宏观管理需要劳动经济学分析与研究的支持。

劳动经济学的一个更为一般性的价值在于它作为科学的组成部分所承担的科学上的价值——帮助我们更好地理解劳动力市场运行，丰富人类社会科学发展的内涵，为人类知识进步做贡献。在我们的社会中，一个人是不是要找工作？能不能找到工作？一个企业如何能雇用到合适的人力资源？如何进行有效的人力资源管理？一个政府机构应该如何出台一项劳动就业政策？这项政策对社会产生了怎样的影响？为什么有人会把从事劳动经济学的教学与研究作为自己的职业？……所有这些劳动力市场现象都是我们这个社会经济活动中重要的组成部分。我们如何理解它们？这些现象对我们的生活与职业发展意味着什么？……这些都需要劳动经济学来予以解释。此外，从学科发展历史来看，劳动经济学在早期推动了制度主义经济学的发展，而在近期则推动了计量经济学的发展。

1.2 劳动经济学的发展

尽管给一个学科的发展划分不同的阶段的确冒着极大的风险，但是它能够帮助我们采取"化整为零"的策略把如此漫长的历史脉络梳理清楚。基于这种风险和收益的双重考虑，我们把劳动经济学的发展概括为4个阶段：20世纪之前的劳动问题研究阶段、从20世纪初一直到20世纪60—70年代的劳动制度经济学阶段、从20世纪70年代到 21 世纪的新古典劳动经济学阶段，以及 2000 年之后的新综合劳动经济学阶段。①更重要的一个细节问题是，我们不能以数学的精确态度来对待这个阶段的划分，学科发展的交错性特征非常明显，一个典型阶段中通常已经孕育了甚至并行着下一个阶段的主流特征。

1.2.1　劳动问题研究阶段：20 世纪之前

虽然对劳动问题的研究基本上属于经济科学的范畴，但它与社会学、历史学、政治学、法学、伦理学、心理学等都有着内在的联系。早期围绕劳动问题的大多数研究和讨论，不仅是出于经济的，更是出于伦理的考虑。早期的劳动问题研究者常常是伦理学家或社会学家，他们以社会学者的角度寻求改善劳动者地位的制度性措施，他们的研究中充满着对劳动者直接的同情。遵循麦克纳尔蒂（Paul James McNulty）的思路，我们对劳动问题研究阶段的梳理从中世纪开始，一直到 20 世纪之前。

中世纪（476—1640 年）是劳动体系"突然出现"的时期。14—18 世纪欧洲重商主义时期，劳动的重要性得到了普遍的承认，这种认同的基础是强调"国内成本最小化"的政策，包括增加人口、充分就业、压低工资、抑制消费。14 世纪黑死病导致人口锐减 20% ~ 30%，致使劳动力严重短缺，并进而导致英国 1349 年颁布《劳动者法令》，要求所有 60 岁以下具有劳动能力、没有其他维持生存手段的人必须就业，禁止任何对有劳动能力的人的救济行为。

麦克纳尔蒂称亚当·斯密（Adam Smith）是第一位劳动经济学家。1776 年的《国富论》把劳动视为经济财富最终来源的首要因素。他的工资理论可以分为长期工资和短期工资两类：长期工资决定理论认为劳动力供给是重要的，同时引出了生存工资的思想；而短期工资决定理论，强调了需求和谈判力量的重要性。他的工资理论实际上就是一种供给与需求的理论，他也直接提出了"补偿性工资理论"的早期思想。②随后，李嘉图（Ricardo）体系为贯穿 19、20 世纪早期的大部分经济学研究工作定了基调。就劳动的研究来说，李嘉图经济学代表了古典体系的开端。李嘉图对劳动研究的影响是四重的：第一，他使分配成为经济学的中心问题。第二，他深刻地影响了经济学方法论。第三，他从劳动者作为一个社会阶级的角度强化了劳动是一个生产要素的观点。第四，他强调经济过程中长期的运行趋势。此外，李嘉图是第一位使用边际方法的经济学家。③而卡尔·马克思（Karl Marx）是资本主义制度的发现者，也是这个制度最激烈和犀利的批判者。在马克思看来，资本主义制度的形成是大量单个雇员的集中，而这种制度的灭亡起因于劳动社会化，最终无产阶级（工薪阶级）将推翻资本主义制度。就劳动研究与经济领域的融合而言，纯理论经济学家理查德·T.埃里

① 在麦克纳尔蒂（Paul James McNulty，1966）早期的一篇论文中，他从 18 世纪经济学的起源开始，讨论了自亚当·斯密以来的劳动经济学发展历程。而他于 1980 年出版的《劳动经济学的起源与发展》一书则从劳动研究的中世纪背景讲起，以经济学的角度全面、系统地讨论了劳动学说随着时间的演化和发展。本节的主线遵循了麦克纳尔蒂《劳动经济学的起源与发展》的思路，但是对发展阶段的划分则完全是个人的理解。除明确的文献引用说明外，关于劳动经济学发展历程的阐述均来自这本经典著作。参见 MCNULTY P J. Labor market analysis and the development of labor economics [J]. Industrial and Labor Relations Review，1966，19（4）：538-548. MCNULTY P J. The origins and development of labor economics [M]. Cambridge：The MIT Press，1980.
② 斯密. 国民财富的性质和原因的研究：上卷 [M]. 郭大力，王亚南，译. 北京：商务印书馆，1972.
③ 斯拉法. 李嘉图著作和通信集：政治经济学及赋税原理 [M]. 郭大力，王亚南，译. 北京：商务印书馆，1962.

（Richard T. Ely）是里程碑似的人物。他出版于1886年的著作《美国劳工运动》标志着劳动经济学的开端。他在书中对工联主义的实际运行进行了分析，在方法上是历史的，而在语调上是同情的。

在古典经济学中，关于工资基金学说的争论导致了边际生产率理论这一重要思想的产生，到19世纪末，这一理论作为处理分配问题的公认方法得以确立。克拉克（J.B.Clark）第一次全面而充分地阐述了边际生产率理论。就工资而言，决定性的因素是最后一个劳动单位。克拉克的理论融合了古典学派的报酬递减理论和新古典学派的边际价格理论——竞争性价格由最后单位或者最后要素的边际效用或边际生产率决定。马歇尔出版于1890年的《经济学原理》被视为划时代的著作，他将那个时代的新理论、新方法与李嘉图、穆勒的古典学说结合起来。马歇尔认为，边际劳动生产率仅与企业的劳动力需求有关，劳动力供给是决定工资的一个重要方面。对于决定价格的因素之真正科学的解释总是强调供给和需求的联合作用——工资既不是由需求价格决定，也不是由供给价格决定，而是由支配供给和需求的一系列因素决定的。在马歇尔的体系中，尽管对劳动的研究常常遵从于制度的复杂性和现实性，但其最终还是要服从并嵌入竞争的市场推理。①

1.2.2　劳动制度经济学阶段：1900年到20世纪60—70年代

尽管新古典主义早在19世纪后期就已经在经济学领域中崭露头角，但在劳动经济学的领域中，制度主义仍是占有统治地位的。制度学派不仅局限于纯粹市场机制推论，而且多方面努力和尝试用现实主义的方法来分析经济学原理。劳动经济学的发展一直受制度学派运动的影响。这个阶段在研究方法上属于"老方法时代"，其主要特征是高度描述性的，强调历史发展、事实、制度与立法，而很少有基于微观理论的经济学分析。②

1905年，亚当斯和萨姆纳（Adams and Sumner）的《劳动问题》一经出版，立刻并持续地受到欢迎。尽管这本书只是讨论了一系列的"问题"，但是它采取了最具说服力的方式来讨论这些问题。③《劳动问题》是这个领域的第一本和统治时间最长的教科书，这部经典著作在某种意义上反映了劳动问题领域在经济学中的正式确立，并且是鲜明的制度主义的。作者指出，工资制度、雇用劳动者的地位和工厂制度是现代劳动问题的基本要素。亚当斯和萨姆纳的教科书更多的是关于劳动问题对个人影响的分析，他们把分析问题的焦点集中在相关的制度方面，而不是采用通常的经济模型分析方法。正如其后30年发展起来的制度学派一样，他们采用的分析方法基本上与当时的经济理论无关。在工资理论上，亚当斯和萨姆纳认为劳动者最低工资是由其时代的生活标准和职业决定的，而雇主给予工资的最高限度是由工人劳动生产率决定的。对于早期研究劳动问题的学者来说，工资决定理论比正统的工资理论更容易被接受，因为工资决定理论是建立在制度经济学基础上的短期行为理论，而且实践证明了它在

① 马歇尔. 经济学原理：下卷 [M]. 朱志泰, 陈良璧, 译. 北京：商务印书馆, 1965.
② MCCONNELL C, BRUE S, MACPHERSON D. Contemporary labor economics [M]. 8th ed. New York: McGraw-Hill/Irwin, 2007.
③ BRISSENDEN P. Labor economics [J]. American Economic Review, 1926, 16（4）：443-449.ADAMS T S, SUMNER H L. Labor problems: a textbook [M]. New York/London: Macmillan, 1905.

经济生活中的重要作用。

第一次世界大战前后，劳动研究已成为相当成熟的领域，并达到了实证主义和理论在一定程度上的融合。在第一本名为《劳动经济学》的教科书里，作者所罗门·布鲁姆（Solomon Blum）提供了大量的经济综合分析，而更少地关注工业化制度给单个工人造成的危害。这本书更重要的意义在于，比亚当斯和萨姆纳的教科书更具经济学意味。在布鲁姆1925年的《劳动经济学》问世之后，时任哥伦比亚大学的布里森登（Brissenden）教授于1926年在《美国经济评论》上发表了一篇长篇书评，实际上他的论文远不止对布鲁姆的评论，更多的是对20世纪初以来劳动经济学几乎所有领域的发展的评论，包括人事管理方面的书籍。布里斯登教授在开篇对布鲁姆的书有两个关键性评价：《劳动经济学》的出版是对所有对产业关系感兴趣的人来说的一个重大事件。《劳动经济学》是一本教材，但不只是一本教材。它是对几乎所有早期劳动经济学教材的巨大改进。一个非常有趣的细节是，布鲁姆不仅对劳动经济学领域的文献极为熟悉，而且对立法与法院判决的熟悉程度是大多数律师和法官难以企及的。[①]1938—1945年，密里斯和蒙哥马利（Harry A. Millis and Royal E. Montgomery）完成了《劳动经济学》三部曲（三卷）：第一卷《劳工进步与基本劳工问题》、第二卷《劳工风险与社会保险》、第三卷《有组织的劳工》。[②]道蒂（Carroll R. Daugherty）对该书评价甚高，称之为当时最好的教材。[③]从书名来看，显然是更侧重制度主义的劳动经济学。

卡赫克和齐尔贝尔博格对劳动经济学这一阶段的发展有一个概括性的评价，并特别强调了"美国特色"：在约翰·邓乐普、克拉克·克尔、理查德·莱斯特、劳埃德·雷诺兹的推动下，劳动经济学作为一门独立的学科于20世纪40年代在美国诞生。他们以描述劳动经济学研究为主，旨在考察劳动力市场的制度特征，以便更好地理解工资形成机理、就业水平，更一般地说，即雇佣关系的全部构成因素。劳埃德·雷诺兹于1949年出版的《劳动经济学与劳动关系》一书被作为劳动经济学教材几乎长达20年。直到1970年出版的最后一种版本，这本教材仍然没有分析劳动力供给与需求的内容，而把工资的确定说成是企业或行业的"实务"。[④]塞加尔（Martin Segal）也强调20世纪四五十年代后制度主义对于劳动经济学的研究做出的重要而且持续的贡献，特别是在劳动力流动与工作搜寻过程的分析、工会政策模型构建、集体谈判影响的评估、内部工资结构的决定因素以及内部劳动力市场的兴起等领域。[⑤]

1.2.3   新古典劳动经济学阶段：20世纪70年代到2000年

虽然劳动经济学的"新古典主义化"是20世纪最后30年的主旋律，但是这个过

① BRISSENDEN P. Labor economics [J]. American Economic Review, 1926, 16 (3): 443-449. BLUM S. Labor economics [M]. New York: Henry Holt, 1925.
② MILLIS H A, MONTGOMERY R E. The economics of labor (I): labor's progress and some basic labor problems [M]. New York: McGraw-Hill, 1938. MILLIS H A, MONTGOMERY R E. The economics of labor (II): labor's risks and social insurance [M]. New York: McGraw-Hill, 1938. MILLIS H A, MONTGOMERY R E. The economics of labor (III): organized labor [M]. New York: McGraw-Hill, 1945.
③ DAUGHERTY C R. The field of labor economics: a review [J]. American Economic Review, 1945, 35 (4): 652-657.
④ 卡赫克，齐尔贝尔博格. 劳动经济学 [M]. 沈文恺，译. 上海：上海财经大学出版社，2007.
⑤ SEGAL M. Post-institutionalism in labor economics: the forties and fifties revisited [J]. Industrial and Labor Relations Review, 1986, 39 (3): 388-403.

程在第二次世界大战后即已经开始，甚至可以追溯到更早的19世纪晚期到20世纪早期。其中早期的代表人物分别是庇古（A. C. Pigou）、希克斯（J. R. Hicks）和道格拉斯（Paul H. Douglas）。庇古的《福利经济学》把劳动经济学并入到一个更为广泛的经济学论述中，既着眼于宏观经济学又着眼于微观经济学，既谈到决定国民收入大小的问题，又涉及了分配效率问题。另一位对第二次世界大战前劳动经济与经济理论的结合做出重要贡献的是英国经济学家希克斯，他试图把工会纳入新古典经济学的研究范围，尤其是在运用边际生产率理论进行劳动力需求分析的时候。他的主要贡献在于他提出的在劳资双方都认识到分歧代价的前提下如何解决劳资纠纷的办法。道格拉斯在20世纪30年代的工作推动了经济理论的综合化，并把相当复杂的定量技术与特定的劳动问题研究结合起来。

第二次世界大战之后，产业关系作为一个包含许多社会学科的综合领域，它的迅速成长与发展促进和实现了构成大学中关于劳动研究特点的交叉学科方法的转变。产业关系的根源之一是劳动经济学中的劳动关系——劳动经济与产业关系的差别更多地属于研究方法而非研究内容和对象方面。从广义上理解，产业关系既然可以把劳动经济学包括进去，也可以包括劳动管理、劳动史、劳动法、劳动社会学等。对于劳动研究的学者而言，当产业关系的研究发展为一个更加广阔、更加独立、更具交叉性特点的领域时，他们的工作也就得到了更好的推进和拓展。

关于劳动经济学现状最基本的一个认识在于，它比历史上任何时候都更接近于其本来的经济学原则。在劳动经济学的分支领域，许多分析方法正被有效地加以运用，例如在经济理论的指导下，在观察基础之上，用计量技术来验证假设的公式，这正成为劳动问题研究的一个特点。劳动经济学家的研究领域也在不断地拓宽和细化——20世纪60和70年代，劳动力市场研究这个长期被忽视的问题重新引起了他们的注意，他们开始研究劳动力市场的运行机制及其效率；研究中的经济分析成分也在加重——经济学家们早期对工会行为的兴趣也逐渐转向对其经济方面影响力的分析。另外，一些属于劳动经济学的研究工作却由一些并不自称为劳动经济学家的学者来完成，比如对歧视问题所做的研究、对一些劳动经济领域的计量研究、对社会保障的研究、对消极收入税的研究等，这些学者其实都是劳动经济学家。麦克纳尔蒂认为，人力资本理论是现代劳动研究与经济理论结合的最佳状态。该理论的奠基人是明塞尔（Jacob Mincer）、舒尔茨（Theodor W. Schultz）和贝克尔（Gary S. Becker）。人力资本理论的优势在于，它不仅能把劳动经济学同保健经济学、教育经济学及其他社会服务理论相连，而且能通过一套有关个人和家庭理性投资行为的劳动力供给理论使其与基础经济学和投资理论紧密相连。人力资本理论为经济学的发展提供了新的见解，也成功地经受住了各种考验，并在新古典理论的共同基础上把劳动经济与一般经济理论有力地结合起来。

显示"新古典主义"主旋律的第一批劳动经济学教科书于20世纪70年代问世，贝尔顿·弗莱舍、理查德·弗里曼、艾伯特·里斯是其中的代表。在他们的书中，描述性的内容大大减少，而且各章节是围绕要求运用经济学理论一般原理的主题来安排的。自那以来，劳动经济学经历了与经济学其他领域相同的演变，特别是在20世最后30年里发生了深刻的结构性变化。这个学科的大部分内容不再集中于描述或制度研究。^①这个发展也与凯恩斯难以综合解释劳动力市场现象有关。学者们希望尝试为劳动力市场明显的非出清现象提供微观基础。部门转换与失业模型、效率工资模型以及工资与雇用决定的内部人–外部人模型等领域都是新的发展。^②博伊尔与史密斯（George R. Boyer and Robert S. Smith）总结说，过去30年里（1970—2000年）劳动经济学的发展，特别体现为新古典劳动经济学的重现辉煌，并在公共政策领域取得日益重大的影响，更加关注制度经济学与新制度经济学关注的问题。^③

1.2.4　新综合劳动经济学阶段：2000年之后

关于劳动经济学的发展前景，麦克纳尔蒂有一段经典的评论：在学术上对劳动经济学所进行的严格的、定量的研究，相对于以史料和制度为基础的研究而言可能走得太远了，然而我们也不应回到康芒斯和珀尔曼这样的制度主义一方。下一代最好的劳动经济学家将既能很好地理解制度学派和计量经济学的理论，又能将其很好地结合起来。这正好符合劳动经济学在2000年之后的态势：新综合劳动经济学时代已然到来。

2000年之后，至少在劳动经济学领域，新古典主义与新制度主义处于一种相互交融的态势之中，尽管实际上这种态势的发展在过去20多年间都已经开始了，只是现在变得更加明显而已。这种发展我们可以从以下3个代表性的作品中得以体现。在沃伦（Charles J. Whalen）为钱柏林和克诺德勒（Dell P. Champlin and Janet T. Knoedler, 2004）编撰的《劳动经济学的制度主义传统》所撰写的评论中，他直言道：大而言之，制度主义是为研究劳动力市场而存在的。尽管他承认，在最近几十年里，新古典经济学家已经统治了几乎所有的经济学领域，但是外包与离岸业务的发展引发公民和学者超越主流劳动经济学以期寻求对现实世界与政策理念的更好理解。^④多诺休（John J. Donohue Ⅲ）在2006年编撰出版的《劳动与雇佣法经济学》中，分两卷从劳动管制的跨国家比较、美国劳动法经济学、劳动管制对经济福利的影响、规制雇用福利以及雇用歧视等5个主题，主要采用实证分析的方法探讨了劳动制度问题。^⑤而艾迪森（John T. Addison）于2007年编撰的《劳动经济学的最新进展》中，分3卷从劳动力需求、最低工资、劳动力供给、人力资本、补偿性工资差别、经验与任期的回报、歧视、工作搜寻与失业、技术、贸易、移民与工资、制度与劳动力市场结果、管制、工会、人事管理经济学等主题概括了劳动经济学最近20年的研究进展，充分反映了劳动经济学的新古典主义的特色，也没有忽视新制度经济学的价值。^⑥

实际上，大学教材是反映劳动经济学"新综合"特征的最佳载体，而且这些特征

①　卡赫克，齐尔贝尔博格. 劳动经济学 [M]. 沈文恺，译. 上海：上海财经大学出版社，2007.
②　KATZ L F. Some recent developments in labor economics and their implications for macroeconomics [J]. Journal of Money, Credit and Banking, 1988, 20 (3): 507-522.
③　BOYER G R, SMITH R S. The development of the neoclassical tradition in labor economics [M]. Industrial and Labor Relations Review, 2001, 54 (2): 199-223.
④　WHALEN C J. Institutionalist tradition in labor economics [J]. Journal of Economic Issues, 2005, 39 (3). CHAMPLIN D P, KNOEDLER J T. Institutionalist tradition in labor economics [M]. Armonk, N Y: M. E. Sharpe, 2004.
⑤　DONOHUE J J. The economics of labor and employment law [M]. Cheltenham/Northampton: Edward Elgar Publishing, 2006.
⑥　ADDISON J T. Recent developments in labor economics [M]. Cheltenham/Northampton: Edward Elgar Publishing, 2007.

只有充分体现到教材中，我们才能确认"新综合"是一个事实。2007年，麦克南、布鲁与麦克菲森（Campbell McConnell, Stanley Brue and David Macpherson）出版的《当代劳动经济学》被称为"新"劳动经济学。其特征是：微观与宏观理论分析的应用、分析性经济学的核心组成部分，仍然关注劳动法、工会结构与集体谈判等传统领域。伊兰伯格和史密斯的最新版《现代劳动经济学》进一步体现了"新综合"劳动经济学的特征，还关注了数字化对劳动力市场的影响。[①]

1.3 劳动经济学的学科边界

关于劳动经济学的学科边界，几乎在所有的劳动经济学教材中都有所交代。我们在这里，采取更为聚焦的方法，也为了反映这个学科最近的发展。从学科属性来说，了解经济学与劳动经济学的关系毫无疑问是不能回避的。此外，自20世纪80年代后期以来，人事管理经济学悄然兴起，已经引起了学生们乃至部分教师的困惑，所以我们希望能够通过介绍人事管理经济学的发展过程及其内容，并试图通过与劳动经济学的简单比较来回答这个困惑问题。与此相对应的是职业发展经济学。它与人事管理经济学是姊妹学科，前者是劳动者视角的，而后者更多是雇主或企业视角的。另外一个最为突出的现象是新古典劳动经济学几乎在所有与劳动有关的领域中都得到了充分的应用，体现为强劲的劳动经济学帝国主义，而实际上我们希望把它看成"新综合"的劳动经济学。

1.3.1 劳动经济学与经济学

顾名思义，劳动经济学是研究劳动问题的经济学。这与经济学的内在联系就一目了然，即特殊与一般的关系。劳动经济学的整个假设、概念及分析框架都是与经济学一脉相承的，而且在一般经济学中必然会涉及劳动这个生产要素问题。但是，之所以还有一个独立的劳动经济学，其中必有其存在的理由：劳动问题难以在一般经济学中得以完整透彻的阐述。

作为一个专门经济学，它与经济学的区别是显而易见的，这一点直接从劳动经济学的定义中就能找到。为了不陷入概念的纠纷之中，我们直接采纳伊兰伯格与史密斯的定义：劳动经济学是对劳动力市场的运行及其结果进行研究的一门学科。更为确切地说，劳动经济学所要研究的是雇主和员工对于工资、价格、利润以及雇佣关系中的非货币因素（如工作条件）所做出的行为反应。这些刺激因素既会鼓励一个人做出选择，也会限制一个人的选择。[②]不过，学科定义只能区分研究内容上的不同，而这种区分对于强调劳动经济学的特殊性是不充分的，特别是因为这种特殊性来自劳动经济学研究对象的特殊性。马歇尔专门指出并分析了劳动力商品的5个特点：（1）工人所

① 伊兰伯格，史密斯. 现代劳动经济学：理论与公共政策［M］. 刘昕，译. 13版. 北京：中国人民大学出版社，2021.
② 伊兰伯格，史密斯. 现代劳动经济学：理论与公共政策［M］. 刘昕，译. 13版. 北京：中国人民大学出版社，2021：2.

出卖的是他的劳动，但其本身并没有价格；（2）工人和他的工作是分不开的；（3）劳动力是可以毁坏的；（4）它的卖主在议价中往往处于不利地位；（5）提供专业能力所需要的训练时间很长。①

基于劳动的特殊性，劳动经济学与其他经济学的第一个差别在于价格理论。作为劳动价格的工资是一种租赁价格，这是因为作为生产要素的劳动与其主体不可分离。虽然在希克斯描述的早期奴隶制社会中，奴隶作为一种活的生产要素，其价格也是买卖价格。希克斯说，劳动成为交易品，有两种情况：劳动力要么完全被卖出，这就是奴隶；要么只能租用他的劳务，这就是工资支付。成群结队的奴隶几乎不是人，而是"无差别的劳动力"。②不过，自工业社会以来，买卖价格至少在法律上是难以存在的。

第二个差别在于价格出清速度。劳动力市场价格的调整要远慢于其他市场上的价格，最明显的例子就是股票价格。实际上，新古典经济学与凯恩斯经济学的基本假设的重大差异可能来自他们最初观察的是不同的市场：新古典学派观察到的或许是集贸市场上的产品交易或货币交易市场，价格能够迅速出清，而凯恩斯学派观察到的很可能是劳动力市场，价格变化缓慢甚至在特定的观察期内是完全刚性的。

第三个差别是由劳动者的能动性所带来的。虽然劳动力的使用者（雇主）更希望他们像机器那样——一按开关劳动力就满负荷工作，但实际上能动性主宰了他们的行为。因此，在劳动经济学中，不理解这一点是没有办法完全理解劳动力市场的。这需要深入了解劳动者工作场所的内部，这也是人事管理经济学兴起的主要原因之一，同时能够有助于我们理解，为什么企业家总是尽可能地使资本密集化。周其仁发现，即便在计划经济中，市场的机制也是存在的。例如，农民在生产队的田地中和在自家的自留地中的耕作效率是有着天壤之别的。这是出自非常朴实的本能的经济学计算。③

虽然在学科属性上，劳动经济学与经济学是特殊与一般的关系，但是在学科发展上则更多地体现出相互促进的状态，尽管在学科内部的确存在不同的"派系"，新古典主义、新制度主义或其他主义，对很多问题的基本观点有着很大的差异。在过去几十年里，劳动经济学已经得到非常大的扩展，凡是与人有关的社会现象都纳入了劳动经济学的范畴。例如，"劳动前"时期的人力资本投资（营养与健康、学前教育、国民教育等）存在"儿童劳工"问题，"劳动后"时期存在退休选择、社会保障等问题。伴随着老龄社会的到来及寿命的延长、健康状况的改善，"终生劳动"并不是不可能的。从学科方法上看，劳动经济学进入了"新综合"时代，而从学科内容上看，劳动经济学则进入了"全生命周期"时代。当然，劳动经济学的重点领域仍旧是"劳动中"时期，即劳动力供给与需求决策、运行及其结果。其中的一个有趣的事实是，劳动经济学越来越成为经济学发展的动力——提供更多的研究问题，提供更多的计量经济技术，提供更多的理论假设。相比而言，劳动经济学显得更为丰富多彩，更为生机勃勃。

---

① 马歇尔. 经济学原理：下卷 [M]. 朱志泰，陈良璧，译. 北京：商务印书馆，1965：229–238.
② 希克斯. 经济史理论 [M]. 厉以平，译. 北京：商务印书馆，1987：112, 115.
③ 周其仁. 市场里的企业：一个人力资本与非人力资本的特别合约 [J]. 经济研究，1996（6）.

1.3.2　劳动经济学与人事管理经济学

自20世纪80年代后期以来，一门被称为"新人事经济学"的学科从芝加哥大学开始迅速扩展，甚至威胁到劳动经济学课程在商科教育中的地位。这个学科公认的创始人拉齐尔（Edward P. Lazear）教授给人事管理经济学下的定义是：人事管理经济学是运用经济学来理解公司内部运作方式的一门学科，既包括薪酬、离职以及激励等固有的经济学话题，也将那些开始看似非经济学的问题纳入视野，如规范、团队工作、员工授权和同僚关系等。[①]由于传统的劳动经济学家关注的主要是劳动力的供给和需求，以及工作所存在的外部市场，劳动经济学家的研究视野止步于企业的门口。人事管理经济学通过分析内部劳动力市场，补充了传统劳动经济学的这一不足。

人事管理经济学是劳动经济学的一个崭新的分支学科。20世纪70年代末80年代初，开始有经济学家将目光投入到企业内部的人事管理问题中，并在商学院中开设了用经济学分析企业人事管理问题的相关课程。拉齐尔总结了人事管理经济学产生的3点动因：第一，传统的劳动经济学对于商学院的学生来说开始显得吸引力不足。早在芝加哥大学商学院任教时，拉齐尔发现，学院的MBA学生对传统劳动经济学的主题，如劳动力供需、工会、失业等，既没有兴趣，又斥之无用。而在他看来，该学科恰恰为商学院的学生提供了他们在未来的商务职业中可以借鉴的理论和方法。第二，经济学家开始对人力资源专家研究的问题产生兴趣，但非经济的方法似乎并不令人满意，这些方法松散、缺乏焦点，特别是缺乏经济学家们所熟知的一般的、严格的分析框架。经济学提供了严格的以及在许多情况下比社会学和心理学方法更好地思考人力资源问题的方法，尤其是在人事管理制度设计上。第三，经济学的技术变革。博弈论、信息经济学、不完全合同等前沿理论的重大突破，为经济学家提供了非常好的分析工具。信息技术的提升使得企业层面的数据出现有了可能。以往主要从理论角度进行探讨的人事管理经济学开始向更加实务的方向转变。[②]而经济学方法论的发展，如实验经济学（Experimental Economics）的出现，使得可以根据问题来产生数据。[③]

从领域来看，人事管理经济学实际上是劳动经济学中的"劳动力需求管理经济学"，即将经济分析方法运用于劳动者在工作场所内的供给行为——人力资源管理范畴。资源配置和激励问题是经济学的核心问题，人事管理经济学只是将这些问题扩展到对人力资源配置与激励等人力资源管理问题的分析上来。但是，将经济学作为分析的基础并不意味着将忽略人文的因素，也并没有剥夺人力资源经理和总经理的同情心。汪丁丁在评论拉齐尔教授的《人事管理经济学》时把它称为关于"劳动"的制度经济学。在他看来，拉齐尔研究的企业内部"人事"管理制度应当算是生产的诸种制度结构里面最为核心的制度，因为越是现代生产，生产者的主动性就越占据核心的位

①　LAZEAR E P. Personnel economics: past lessons and future directions.Presidential address to the society of labor economists, San Francisco, May 1, 1998 [J]. Journal of Labor Economics, 1999, 17 (2): iv-236. LAZEAR E P. The future of personnel economics [J]. The Economic Journal, 2000, 110 (467): F611-F639.
②　LAZEAR E P. The future of personnel economics [J]. The Economic Journal, 2000, 110 (467): F611-F639.
③　RULLIÈRE J L, VILLEVAL M C. Introduction personnel economics: theoretical perspectives and empirical evidence [J]. International Journal of Manpower, 2003, 24 (7): 743-749.

置。拉齐尔的叙事把经济学理论贯彻到了人事管理这样一个新领域当中。[①]这或许能让我们体会到它对于人力资源管理实践所具有的重要指导意义。它不仅给出了可靠的原则、预测，对于人力资源管理中的问题也给出了相应的解决办法。贝克斯-盖尔纳（Uschi Backes-Gellner）认为人事管理经济学在培训策略、甄选过程、职业生涯激励、团队问题以及企业家问题方面给予了人力资源管理者极大的指导和借鉴。[②]

　　人事管理经济学方面的学术论文数量已经占据了劳动经济学学术论文总数量的一大部分；在《经济学文献季刊》（Journal of Economic Literature）的分类体系中，人事管理经济学有自己的编码；在美国国家经济研究局（NBER）中也有人事管理经济学的专门研究团队。拉齐尔声称："（在人事管理经济学领域）取得显著突破的潜力非常大。我相信研究人事管理经济学领域新问题的回报远比研究传统劳动经济学领域问题的回报大得多。这不是说那些老问题不再像过去那么重要，而是说，在研究了三四十年的领域里，比之一个新领域，更难以在知识上取得显著的进步。"[③]

1.3.3　劳动经济学与职业发展经济学

　　职业发展经济学是劳动经济学的分支学科，专注于劳动力供给决策与行为。职业发展经济学以劳动者追求成功的个人职业发展为出发点，以职业的优化配置问题为核心，以经济学的方法为分析手段，从职业决策、职业选择、职业搜寻、职业投资、职业投入、职业流动、职业平衡、职业保障8个方面对职业发展链（Career Development Chain, CDC）进行了详细梳理，努力搭建一个相对完整的知识体系（如图1-1所示）。[④]

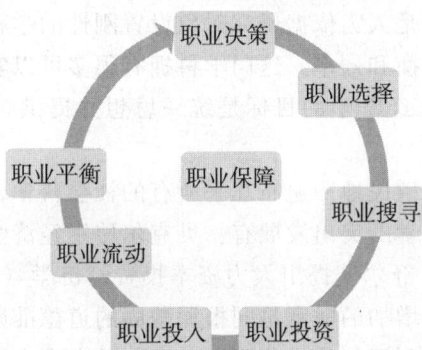

图1-1　职业发展经济学分析框架：CDC模型

　　职业发展经济学至少在3个层面上扩展了劳动经济学。首先，职业发展经济学是对劳动经济学劳动力供给方面的深入细化研究，这不仅包括对更多细节部分的关注，还包括拓展新的研究问题，如职业场所的工作投入、职业平衡问题等。这种扩展既是科学研究发展的必然结果，也是人在劳动力市场中的价值日益体现的结果。其次，职

　　① 汪丁丁. 关于"劳动"的制度经济学——介绍拉齐尔的《人事管理经济学》[N]. 新民晚报, 2000-03-26.
　　② BACKES-GELLNER U. Personnel economics: an economic approach to human resource management [J]. Management Review, 2004, 15（2）: 215-227.
　　③ LAZEAR E P. Personnel economics: past lessons and future directions.Presidential address to the society of labor economists, San Francisco, May 1, 1998 [J]. Journal of Labor Economics, 1999, 17（2）: iv-236.
　　④ 杨伟国, 王子成. 职业发展经济学 [M]. 上海: 复旦大学出版社, 2013.

业发展经济学是"职业发展的经济学",也即经济学是作为分析工具存在的,我们关心的是职业发展。我们的思维模式也是职业发展导向的,而不是经济学导向的。最后,职业发展经济学比劳动经济学更为"人性化",是从关心劳动者的职业生涯角度展开经济学分析的。在劳动经济学中,劳动力更多时候只是一个概念。在职业场所寻找人的全面发展路径也是劳动经济学乃至整个社会科学的本质意义所在。由此,劳动经济学已经越来越难以完全包容职业发展部分的内容了,一个独立的职业发展经济学不仅能够更好地服务于自身学科发展的需要,而且能够更好地推动劳动经济学的发展。

1.3.4 劳动经济学帝国主义

这里所说的劳动经济学帝国主义,或者应该更准确地说是在劳动问题研究中的经济学帝国主义。正如我们在劳动经济学发展历史中所看到的:劳动经济学的早期更多地进行劳工制度的描述性分析,只是到了20世纪60—70年代,严格的经济分析才完全侵入了这个领域,而且一发不可收。到20世纪80年代后更是进入了更微观的人事管理领域。然后,对工会、劳工关系以及劳动与雇佣法等领域都有涉及。

拉齐尔有篇专门的论文叫作《经济学帝国主义》。这篇文章提出了两个主张:第一,经济学是帝国主义的;第二,经济学的帝国主义是成功的。经济学帝国主义是指经济学将其研究领域扩展到传统的非经济学关注的领域。这种现象是经济学作为显学的表现,也是经济学强大的分析工作和现实解释力的表现。对于这一现象,没有好或者不好的价值判断。因为,应该允许不同的学科对于同一领域的现象进行研究。社会科学应该是开放的,而不是人为依据研究对象设置刚性的学科界限。因为经济学家是如此注重利益最大化、均衡和效率,这门学科拥有很多可以实验的、可以推翻的并且被现有数据支持的结论。经济学的目标是统一思想并提供一种可以解释社会现象的语言。[①]

经济学帝国主义的"殖民地"遍布几乎所有的社会科学,乃至人文科学。经济学帝国主义早期在劳动经济学的突出发展有:贝克尔使用经济学的分析方法对人类生育行为和家庭进行了研究;舒尔茨提出人力资本投资经济学(劳动力供给),并强调把人类视为能够通过投资来增加的财富是同根深蒂固的道德准则相违背的;人通过对自身投资便能扩大自己可资利用的选择范围——这正是自由人可以增加自身福利的一个途径。[②]在企业管理领域有战略经济学、管理经济学、组织架构经济学、人事管理经济学等。在政治领域有公共选择理论(布坎南)、国际政治经济学(吉尔平)等。在法律领域有法律经济学(也称法与经济学、法经济学、法律的经济学分析等)。经济学帝国主义甚至侵入了经济史领域,催生了新经济史学。新经济史学的兴起改变了经济史学本身的历史,从而经济史学家才真正开始用经济学理论去研究历史;理论与历史被熔于一炉。[③]

劳动经济学帝国主义与法学的紧密结合创造了劳动与雇佣法经济学。它实际上源

① LAZEAR E P. Economic imperialism [J]. The Quarterly Journal of Economics,2000,115(1):99-146.
② 舒尔茨. 人力资本投资:教育和研究的作用 [M]. 蒋斌,张蘅,译. 北京:商务印书馆,1990.
③ 诺斯. 经济史中的结构与变迁 [M]. 陈郁,罗华平,译. 上海:上海人民出版社,1994:3.

于更早期的制度主义传统，但同时具有高度新古典主义化的特征，其目的在于借助劳动经济学的基本框架和工具来分析劳动与雇佣法的最优设计、绩效及其对劳动力市场的影响。法经济学最早的代表人物波斯纳（Richard A. Posner）教授也是劳动与雇佣法经济学的开创性人物。他在 1973 年出版的《法律经济学》被视为是法经济学的创始，同样这本专著性的教材中包含了对雇佣关系管制的经济学分析（第 11 章）。在这一章中，他讨论了劳动力垄断的特殊处理，全国劳资关系法的经济逻辑，工会和生产率，自愿雇用，劳工和反托拉斯法，最低薪金制和相关的"保护工人"立法，基于种族、性别和年龄的就业歧视等。[1]1986 年，坎贝尔（Thomas J. Campbell）撰文梳理了劳动法经济学发展的近百年研究历史。[2]1998 年，迪金与威尔金森（Simon Deakin and Frank Wilkinson）根据合约理论、制度经济学及企业理论的新近进展，重新评价了支持和反对劳动法管制的经济学论据。[3]2006 年，多诺休（John J. Donohue III）编撰的《劳动与雇佣法经济学》出版，标志着对劳动与雇佣法的经济学分析阶段开始迈向劳动与雇佣法经济学的学科发展阶段，开辟了新的研究空间，推动了劳动经济学帝国主义的更大发展。从 2012 年开始，国内《21 世纪人力资源经济学前沿》丛书[4]的出版，标志着劳动经济学系统应用于分析人力资源管理、总报酬、劳动与雇佣法、劳动关系、薪酬、职业发展、社会保险、人力资源治理等当今劳动与人力资源领域最重要的方面。

本章小结

劳动经济学能够帮助每个人更好地理解自己作为劳动者的一生甚至更多；劳动经济学能有效地帮助企业更好地把握劳动力市场，更好地进行人力资源管理决策；政府对劳动领域的宏观管理需要劳动经济学分析与研究的支持。劳动经济学作为科学的组成部分所承担的科学上的价值可以帮助我们更好地理解劳动力市场的运行，丰富人类社会科学发展的内涵。

劳动经济学的发展经历了 4 个阶段：20 世纪之前的劳动问题研究阶段，从 20 世纪初一直到 20 世纪 60—70 年代的劳动制度经济学阶段，从 20 世纪 70 年代到 21 世纪的新古典劳动经济学阶段，以及 2000 年之后的新综合劳动经济学阶段。新综合劳动经济学融合了新古典经济学与新制度经济学的长处，能更好地解释劳动世界。

在学科属性上，劳动经济学与经济学是特殊与一般的关系，但是在学科发展上则更多地体现出相互促进的状态。劳动经济学的最新发展突出地体现为人事管理经济学。从领域来看，人事管理经济学实际上是劳动经济学中的"劳动力需求管理经济学"，即将经济分析方法运用于劳动者在工作场所内的供给行为——人力资源配置与激励等。人事管理经济学是劳动经济学帝国主义的一个表现。经济学帝国主义是指经济学将其研究领域扩展到传统的非经济学关注的领域。经济学帝国主义对工会、劳工关系以及劳动与雇佣法、职业发展等几乎所有劳动领域都有涉及。

① 波斯纳. 法律的经济分析［M］. 蒋兆康，译. 北京：中国大百科全书出版社，1997.
② CAMPBELL T J. Labor law and economics［J］. Stanford Law Review，1986，38（4）：991-1064.
③ DEAKIN S，WILKINSON F. Labor law and economic theory：a reappraisal［Z］. ESRC Center for Business Research，University of Cambridge Working Papers，1998（92）.
④ 该丛书由复旦大学出版社自 2012 年开始陆续出版.

复习思考题

1. 以自己生活中的实例来说明劳动经济学的价值。
2. 简述劳动经济学的发展历程。
3. 简述劳动经济学与人事管理经济学、职业发展经济学之间的联系和区别。
4. 什么是经济学帝国主义？

案例分析题

人事管理经济学的发展

在最近20年的时间里，劳动经济学家们关于人事问题的研究进展得十分迅速。这些人事问题过去常常是产业社会学家、心理学家和其他人力资源管理领域的社会科学工作者们所关注的问题。如今，经济学家们对此也产生了浓厚的兴趣，他们深入地了解企业所采取的各种就业措施与薪酬制度，以及它们对于个体及组织绩效的影响，这使得人事经济学与传统的劳动经济学相分离，成为经济学门类的一个二级学科。立足于人事经济学的各种期刊，一个单独的经济学学术期刊分类编码（M-5），以及以人事经济学为主题所开展的各类国际会议等，都说明了人事经济学的独特地位。人事经济学是一个重要并蓬勃发展的研究领域。很多大学现已为本科生及研究生开设人事经济学课程；近年来，在劳动领域内，相当一部分博士学位论文都属于人事经济学范畴。当然，这并不意味着劳动经济学家们以前完全忽视了人事问题，虽然在过去他们仅仅关注产业关系及工会。近年来涌现的这些研究所讨论的话题或问题更加多样，更加广泛，但它们都有一个共同的主题，那就是——企业的内部活动——尤其是人事管理方面。

对于这样一个已经充斥着众多教科书、期刊与案例研究的领域，是什么促使经济学家们纷纷将目光投过来的呢？更何况，有不少人多年来一直怀疑经济学对于人力资源问题的适用性。的确，经济学家们一直将内部劳动力市场及与此相关的各种制度安排视为暗箱。最早在本质上能够算得人事经济学领域的论文也许当推《强制退休的缘由》（第1卷，第4章）与《作为最优劳动合同的锦标赛》（第1卷，第8章）。这些文献明确地分析了企业内部的激励问题，并为内部工资的决定提供了理论依据。自此之后，关于人事问题的研究发生了显著的变化：第一，经济学家关于人事问题的分析视角与非经济学家是不同的；第二，相比之下，经济学家能够为很多人力资源问题提供更加令人满意的解释。这样说，并非出于某种学术优越感。事实上，经济学为这些问题提供了更为严格的分析，并且经济学家们一直致力于揭开问题的复杂表象，寻找其背后的基本原理。从现有的相关文献来看，通过经济分析的标准工具，如行为的最优化原理、均衡概念等，经济学家们对人事问题的预测符合经验事实。人事经济学之所以重要，其根本原因在于，它能够对现实世界中的行为进行精准的描述。人事经济学对人力资源问题的分析，通常不采用复杂的案例分析或其他诸如此类的方式，而是寻找和解释人事问题背后所隐藏的基本关系。

经济学家们热衷于人事问题研究，从实践的层面看，还与劳动经济学的一些理论

（最典型的如代理与合同理论）进展以及日益充实的企业数据库有关。尤其是后者，它使得劳动经济学家们能够研究一系列制度层面或本质上非经济的问题，而这些问题在过去一直被认为不属于经济学的研究范畴。

人事经济学在过去几十年里经历了从开创到飞速发展的辉煌过程。作为人力资源政策经济学原理的新兴领域，人事经济学依然还存在不少悬而未决的问题。

其一，现代产业组织理论的演变发展和经济实践表明，新工业革命深刻改变着企业的性质、企业与市场的边界，企业与市场也在不断融合，市场交易内部化、企业功能市场化等趋势越发明显，这促使市场主体之间的关系加快重塑，企业与员工行为也必将发生重大变化。在此背景下，如何调整传统雇佣关系，重新组织生产流程，使更多员工成为合伙人，激发员工创造性和潜能等？

其二，人才错配问题是当前劳动力市场上不可忽视的重要现象，这不利于充分发挥人力资本的潜在价值。对此，除了运用大数据、人工智能等信息技术手段降低劳动力市场搜寻成本、提高匹配效率外，人事经济学如何从理论和经验上寻求根本的解决之道？

其三，随着员工（尤其是新生代员工）需求和偏好的多元化，如何给员工提供非货币性福利？比如，给员工提供更好更全面的在职培训、提升工作满意度、拓展职业发展空间等。

其四，如果技能的回报继续增加，企业将如何管理员工重组过程？可以预期，随着新旧问题的不断解决，人事经济学的学科体系将益发丰盈璀璨。

资料来源 [1] LAZEAR E P, MCNABB R. Personnel Economics（Vol.1&2）[M]. London: Edward Elgar Publishing, 2004. 作者摘选了编者为论文集撰写的前言部分，由陈华娟翻译。[2] 周灵灵. 爱德华·拉齐尔对劳动经济学的贡献 [J]. 经济学动态, 2019（9）: 142-157. 作者摘选了该论文的简评部分。

讨论题：

请结合本书及本案例的内容，查阅相关文献，分析人事管理经济学产生及快速发展的原因。

推荐阅读资料

1.LAZEAR E P. Economic imperialism [J]. The Quarterly Journal of Economics P, 2000, 115（1）: 99-146.

2.LAZEAR E P, OYER P. Personnel Economics [Z]. NBER Working Papers No. w13480, 2007.

3.MCNULTY P J. The origins and development of labor economics [M]. Cambridge: The MIT Press, 1980.

网上资源

1.德国劳工研究所, http://www.iza.org

2.美国国家经济研究局劳工研究项目, http://www.nber.org/programs/ls/ls.html

3.美国国家经济研究局人事管理经济学工作小组，http：//www. nber. org/workinggroups/per/per.html

4.美国经济学联合会，https：//www.aeaweb.org

5.劳动经济学会，http：//www.caless.cn

拓展阅读：新时代劳动经济、人的发展与中国方略

第2章　劳动经济学分析框架

学习目标

√ 掌握劳动经济学的基本假设与概念

√ 重点掌握劳动经济学分析框架 "I-DARE" 模型及其内容

√ 理解劳动经济学研究方法对于学习和研究劳动经济学的作用

√ 学会在经济学研究方法论指导下编制研究项目立项书

√ 了解计量经济学在劳动经济学中的应用

引例　　　　　　　　　　　　**现代经济学的本质**

现代经济理论是一种从给定前提假设下演绎结果的逻辑推理，与数学类似，运用的是一种公理化地研究经济问题的方法。它由假设或条件、分析框架和模型以及若干结论（解释和/或预测）组成，这些结论从假设和分析框架及模型中严格导出，因而是一种具有内在逻辑的分析方法。这种逻辑分析方法对清晰地阐述问题非常有帮助，可避免许多不必要的复杂性。经济学就是基于经济理论对观察到的经济现象做出解释、进行评估并做出预测。现代经济理论按照功能可以分为两类：一类是提供基准点或参照系、远离现实的基准经济理论；另一类则是旨在解决现实问题的经济理论，其前提假设更为接近现实，是对基准经济理论的修正。这两类理论都非常重要，是一种递进的相辅相成关系，都可用来得出具有内在逻辑的结论和进行预测。

　　　……

基于以上分析，经济理论至少有三个功能或作用。第一个作用是，提供基准点和参照系，以此给出追赶或打造目标，从而起到明道、指明方向的指导作用。通过理论，指导改革、变革及创新来促使现实经济运行不断向理想状态逼近。第二个功能是，用来认识和理解现实经济世界，解释现实中的经济现象和经济行为，以此解决具体现实客观问题，这是现代经济学的主要内容。第三个功能是，做出内在逻辑的推断与预测。实践是检验真理的唯一标准，但不是预测真理的唯一标准，许多时候如果仅用历史检验和已有的数据进行经济预测也可能会出问题，因而需要进行具有内在逻辑的理论分析。许多理论上的不可能性结果可以用来避免实施许多现实中不可行的目标和项目。这是因为如果一个结论在理论上需要很强的前提假设条件才能成立，那么客观现实更难满足这些前提假设条件，这个结论在现实中更不可能成立。

通过经济理论的内在逻辑分析，对给定的现实经济环境、经济人行为方式及经济制度安排下所可能导致的结果，我们可以做出内在逻辑的推断和预测，以此来指导解决现实经济问题。只要理论模型中的前提假设条件基本满足，就能得出科学的逻辑结论并据此做出基本正确的预测和推断，而不一定需要用实验，就能知道最终结果。例如，哈耶克关于指令性计划经济不可行的理论推断就有这样的洞察力。一个好的理论不用实验也能推断出最终结果。这在很大程度上解决了经济学一般不能拿社会做实验的问题。人们需要做的只是检验经济环境和行为方式等方面的假设是否合理（近些年来非常热门的实验经济学主要就是从事检验经济人的行为方式假设等理论基础性方面的研究）。例如，社会不允许为了研究通货膨胀和失业率的关系而乱发货币。像天文学家和生物学家一样，经济学家大多时候只能利用现有的数据和现象来进行理论创新与检验理论。

当然，我们也不要将经济理论的作用想象得无限大，期望经济理论能解决关键性和根本性的问题。对于一个国家的社会经济发展，理论探讨、理性思考和理论创新其重要性自不待言，但是决定国家大政方针的基本制度才是根本、关键和决定性的。如果关系到国家的走向和长治久安方面的政治、经济、社会、文化等方面的基本制度没有确定，再好的经济理论也发挥不了多大的作用，说不定还适得其反。经济学没有放之四海皆准、适合所有发展阶段的最好的经济理论，只有最适合某种制度环境前提的经济理论。

资料来源 田国强．现代经济学的本质（上）［J］．学术月刊，2016（7）：5-19.

我们节选的论文讨论了三个问题：经济理论的类型、经济理论的作用和经济理论的相对性。从中我们可以得到一个基本结论：理论是我们能够学好劳动经济学的基本前提。但是，经常由于理论的抽象与枯燥而被学生忽视，甚至被斥之无用。实际上，一旦你进入"理论"的境界，它不仅精美、精致，而且犹如法宝在手，帮助你洞察劳动经济世界。劳动经济理论不但提供了劳动经济领域的基本结论，更使你学会思考如何得出这些结论。理论依赖于基本假设和概念，还需要事实得以进一步地系统扩展与澄清。对理论的兴趣决定了对劳动经济学的兴趣。

2.1 基本假设与概念

稀缺性和理性是经济学的两个基本假设，劳动经济学同样依赖于这两个假设。但这两个假设的地位还是有些差异：稀缺性是"本源性假设"，而理性则是稀缺性的派生性假设。因为资源稀缺所以人类必须理性，否则要么否定"稀缺性"假设，要么遭到稀缺性的惩罚。在这个假设之后，我们还需要区分两组基本概念：实证经济学与规范经济学、理论与模型。

2.1.1 稀缺与理性

经济学最基本也最重要的假设就是稀缺性，即我们赖以生存的资源是有限的，难以满足我们无限的欲望。进一步说，没有稀缺性假设就没有经济学的存在。资源的稀缺性意味着当资源被用于这个目的的时候，就不可能再用于其他目的。国家投资于基础设施的资金不可能同时用于中小学教育。因此，我们在进行资源配置时需要权衡，获得这个目的下的收益是以放弃另一个目的下的收益为代价的，这是因为资源约束的限制。在劳动经济领域，我们能够很容易为稀缺性假设找到现实例子。劳动力资源是稀缺的，所以企业并不能在特定的工资下总是能找到它想要的人；工作资源是有限的，求职者也不可能随意找到自己理想的工作；薪酬资源是稀缺的，企业必须将其用在最重要的岗位上等。

经济学的第二个基本假设是理性。经济理性的含义是，人们总是在特定的约束条件下就各种可能的选择，做出最有利于其目标实现的最佳选择。所谓最佳选择，不局限于收入的最大化或利润的最大化，一般经济学家讲的是效用的最大化。在效用函数中收入、风险、休闲、名誉等都可包括在内，而且在这些目标间可以有一定的替代。[①]在考虑到人的问题时，经济学家们总是假定，他们所追求的目标是效用最大化，即假定人们总是努力（在自己有限的资源范围内）使自己过得尽可能幸福。当然，这里所说的效用既包括货币方面的，也包括非货币方面的。在考虑企业行为时，对于这种非个人化的实体，经济学家们假设其行为目标是利润最大化。事实上，利润最大化只不过是效用最大化的一个特例而已，它只强调了货币因素，而忽略了非货币因素。这种理性假设意味着，行为主体对于一定的总体经济刺激所做出的行为反应是具有一致性的，同时，当这些经济刺激发生变化之后，行为主体的行为又具有适应性。在预测劳动者个人和企业如何对各种经济刺激做出反应时，这两种行为特征是非常重要的依据。[②]

对经济学稀缺性假设少有不同意见，但是对于理性假设则是质疑不断，不论是日常生活上的，还是学术探讨上的。例如，考夫曼（Bruce E. Kaufman）认为，理性选择模型是一个强大的、有用的概念工具，但是在许多情形下，它不能足够地解释工作领域的行为，劳动经济学需要通过更为跨学科的方法来改进，这种方法整合了来自行为科学的理论与经验研究。[③]在我们现实的生活中，有许多现象似乎和理性人的假设不一致，一般人常会因此而质疑这个假设，甚至想以其他假设替代理性人假设。实际上，当研究者发现了所谓"不可理喻"的行为时，通常不是行为者的不理性，而是研究者对行为者的限制条件不了解，对所研究的经验事实还未吃透。经济学家之所以坚持理性人的假设，实际上是因为以这个假设为基本出发点可以更深入地探索我们所观察到的社会经济现象。[④]

对理性假设的另一个质疑是：谁是理性的。除了我们认为"个人是理性的"这一点没有争议之外，我们对企业的理性或政府的理性假设充满了困惑。当我们假设企业是理性的时候，这意味着这个组织是理性的，还是企业经理是理性的？政府或者工会也是如此，即政府是理性的还是政府领导人是理性的。这的确带来了很多有趣的研究问题，但带来了研究难度。在实际研究中，我们通常是以"利润最大化"或定义一个其他的可测量的变量来显示企业的"理性"，从而部分地解决了这个棘手的问题。

　　① 林毅夫. 经济学研究方法与中国经济学科发展 [J]. 经济研究，2001（4）：74-81.
　　② 伊兰伯格，史密斯. 现代劳动经济学：理论与公共政策 [M]. 刘昕，译. 13版. 北京：中国人民大学出版社，2021：3-4.
　　③ KAUFMAN B E. Expanding the behavioral foundations of labor economics [J]. Industrial and Labor Relations Review，1999，52（3）：361-392.
　　④ 林毅夫. 经济学研究方法与中国经济学科发展 [J]. 经济研究，2001（4）：74-81.

2.1.2　实证经济学与规范经济学

经济学的研究通常会在"是什么"与"应该是什么"两个层次上进行，劳动经济学亦是如此。当我们试图运用劳动经济理论来回答"是什么"的问题时，我们是在运用实证经济学的分析方法来解释人们的行为；当我们试图回答"应该是什么"的问题时，我们是在运用规范经济学的分析方法来进行判断。这就是我们熟悉的实证经济学与规范经济学的基本界定。

实证经济学源于实证主义哲学。它坚持只有通过观察（感觉）获得的知识才是可信赖的，"纯"实证主义甚至怀疑推理和理论在获得可靠知识上的有效性。实证主义影响经济学的一个方式是在可能的情况下更多地强调计量和数量表示。规范经济学源于规范主义哲学。经济研究的规范主义哲学强调人们认为有价值的那些问题，如效率、福利、收入、生活标准、生活质量等。规范主义哲学承认社会和个人价值是科学探索的一部分，而实证主义者只承认对"物质"的研究才是"实在的"；而"价值"则不是实在的，因为价值只能处于精神状态。①

按照伊兰伯格与史密斯的理解，实证经济学是一种行为理论，它假定人们通常都是对收益做出积极的反应，而对成本则做出消极的反应，即所谓"趋利避害"反应。就此而言，实证经济学非常类似于斯金纳的心理学理论：人们的行为是通过报酬和惩罚塑造出来的。在经济理论中，这种报酬包括货币方面的和非货币方面的利益（收益），而惩罚则是所放弃的机会（成本）。任何规范性的分析都是以某种价值观作为基础的。影响劳动力市场的政府政策所依赖的价值观是：社会应该努力使收入的分配更加平等。隐含其后的价值观又是：不应该允许劳动者将自己或者他们的家庭置于身体或经济状况受到伤害的境地之中。②

劳动力市场所扮演的角色就是为那些自愿的互惠交易的实现提供便利。因此，如果劳动力市场未能促进这些交易的达成，政府至少应当对劳动力市场施加某些类型的干预，如效率与公平。对于政府决策者们而言，实现更为公平的收入分配常常是一个至关重要的社会目标，而在制定政策的时候，常常会出现的一种争议则是，到底是应当将公平作为首要考虑因素，还是应当将经济效率作为优先考虑因素。规范经济学之所以倾向于将效率置于公平之上，并非因为效率更重要，而是因为对效率可以进行更为科学的分析。③

2.1.3　理论与模型

理论非常难以定义，但它是劳动经济学最关键的基础。一个理论应包含以下四个

---

① 埃思里奇. 应用经济学研究方法论［M］. 朱钢，译. 2版. 北京：经济科学出版社，2007：74，77. 埃思里奇还讨论了实用主义经济学。作为一种哲学的实用主义认为，对于描述性知识来说，重要的是它如何很好地对解决眼前的问题发挥作用。实用主义者相对不太注意理论逻辑。实用主义者是根据概念在解决现实问题中的实用性而不是它们自身来评价概念的，就是说，实用主义者的兴趣在于应用概念来解决问题。影响经济学的实用主义哲学在20世纪20年代随着制度主义的出现而成为一股重要力量。实用的制度主义观点的持续影响已经将经济学的注意力更多地放在解决问题上，并使制度经济学改变了经济学主流的组成部分（第82、83页）。
② 伊兰伯格，史密斯. 现代劳动经济学：理论与公共政策［M］. 刘昕，译. 13版. 北京：中国人民大学出版社，2021：3-4.
③ 伊兰伯格，史密斯. 现代劳动经济学：理论与公共政策［M］. 刘昕，译. 13版. 北京：中国人民大学出版社，2021：12.

方面：第一，理论由精心设计的各种关系组成；第二，当各种条件得到满足时，它是有效的；第三，对一个理论的唯一检验是它的内在逻辑；第四，理论为我们提供了预测和解释的能力。为了使一个理论可以应用于某种给定的情况——使它在一组给定条件下具有解释力——作为理论所依据的前提（假定）必须至少和理论正在被用于其中的环境具有一个合理的近似。当一个特定的理论不适合某种实际情况时，这种情况并没有使理论失去效力，它只是表明这个理论不能应用于那种情况。为了获得对事物间关系的认识，推理过程不可能辨别或考虑影响结果的每一个变量或每一个条件。理论为我们提供了一个框架，利用这个框架开始进行从一个给定的情况或问题到一个预期结果的推理过程。理论的这种应用产生了对于其事件的假设。①

　　类似地，经济学理论可以定义为：用来说明社会经济现象的几个主要经济变量之间因果关系的逻辑体系。理论的创新来自对新现象的分析或对旧现象的新解释。既然经济学的理论是一套逻辑体系，那么新的经济学理论的构建首先要严格遵守形式逻辑内部一致的要求，否则，变量之间的因果关系就无法说清楚。在建立经济学的理论时必须对所研究的问题和给定的条件有明确的定义，从前提到结论之间的推论必须合乎严格的形式逻辑的规范，数学模型是最严格的形式逻辑，能将逻辑分析数学模型化最好，这是国际上经济学科发展的一个趋势，如不能，至少在分析问题时，什么是大前提、小前提，什么是假设、推论，也应该有明确的表述。②

　　为了适合一组特定现象和特定目的而对理论做出的改造形成了模型。经济学家通常用地球仪与地球的关系来说明经济模型与现实的关系。经济模型是对现实的抽象，它的形成全部或部分地来自理论，经济模型常常用数学公式表示并被设计为能够提供解释和预测。模型的目的是解释一种关系或一种制度如何起作用——弄清使现象得以产生的因素和力量，并尽可能详细地说明这些力量是如何作用和相互作用从而引发了这一现象的。如果模型能够解释一组现象如何起作用，则它可以被用于预测变化的方向并确定政策工具如何可以用于影响这一变化。③

　　在劳动经济领域，劳动力市场的实际运行状况极其复杂，甚至复杂得让人难以想象。每天都有大量的劳动者和雇主在进行着相互接触，其中的每一个人都有着自己不同的动机、偏好、信息以及对个人利益的理解。而我们需要揭示的，则是有助于对劳动力市场的运行进行合理解释的一些一般性原理。当我们试图运用一些为数不多的基本因素来解释一系列复杂的行为和结果时，我们就创建了一个劳动经济学模型。这些模型并不要求囊括与行为有关的所有复杂因素；相反，创建模型的目的恰恰在于过滤掉一些随机性的和异常性的因素，从而使我们可以将重点放在对一般原理的研究上。④

　　当我们在一个具有特定目的的模型中加入数据和理论时，我们就建立了一个经验模型，这是计量经济学家和其他模型建立者所关注的中心，经验模型可以划分为计量经济模型、最优化模型、模拟模型。计量经济模型是随机的，运用具有一定误差的概率来估计关系和参数，并且是实证的，按研究现象的实际作用所产生的数据，对各种

①　埃思里奇. 应用经济学研究方法论［M］. 朱钢，译. 2版. 北京：经济科学出版社，2007：5，64-66.
②　林毅夫. 经济学研究方法与中国经济学科发展［J］. 经济研究，2001（4）：74-81.
③　埃思里奇. 应用经济学研究方法论［M］. 朱钢，译. 2版. 北京：经济科学出版社，2007：173.
④　伊兰伯格，史密斯. 现代劳动经济学：理论与公共政策［M］. 刘昕，译. 13版. 北京：中国人民大学出版社，2021：4.

关系和参数进行估计，即运用的数据来自所研究的现象。最优化模型是规范的，根据一组特定的目标推导出答案——根据特定或希望的目标函数给出答案。模拟模型从其目的来说是实证的数学结构，有时为了得出作用条件的概率分布，模拟要按照这些条件的丰富程度进行，除了这种情况，模拟模型是非随机的。模拟模型本质上是人为的构建而不是来自所观察的现象。[①]

2.2 劳动经济学的分析框架

在道蒂1945年提出的好教材的六项标准中，其中两条分别是完整性和集成性。完整性是指教材内容应是完整的、综合性的，涵括劳动领域所有重要的问题，而集成性是指教材内容之间的逻辑一致性。[②]基于这种要求，我们尝试构建了劳动经济学的分析框架，不仅是想将现在劳动经济学的所有重要问题与最新发展涵盖其中，更是想以一种逻辑一致的方法来呈现。我们遵循基本假设、劳动力市场制度、劳动力市场决策、劳动力市场行为、劳动力市场微观结果、劳动力市场宏观结果、劳动力市场对宏观经济的影响等这样的思路来展开劳动经济学分析框架。简而言之，这个分析框架由劳动力市场制度（Institutions）、劳动力市场决策（Decision）、劳动力市场行为（Action）、劳动力市场结果（Result）及劳动力市场的宏观效应（Effect）等五部分构成，简称I-DARE模型（如图2-1所示）。这种尝试与经济学传统的思维模式或多或少有些差异，因此我们称之为"分析框架"，而不是"理论框架"，更多是为分析劳动力市场提供另一种选择。

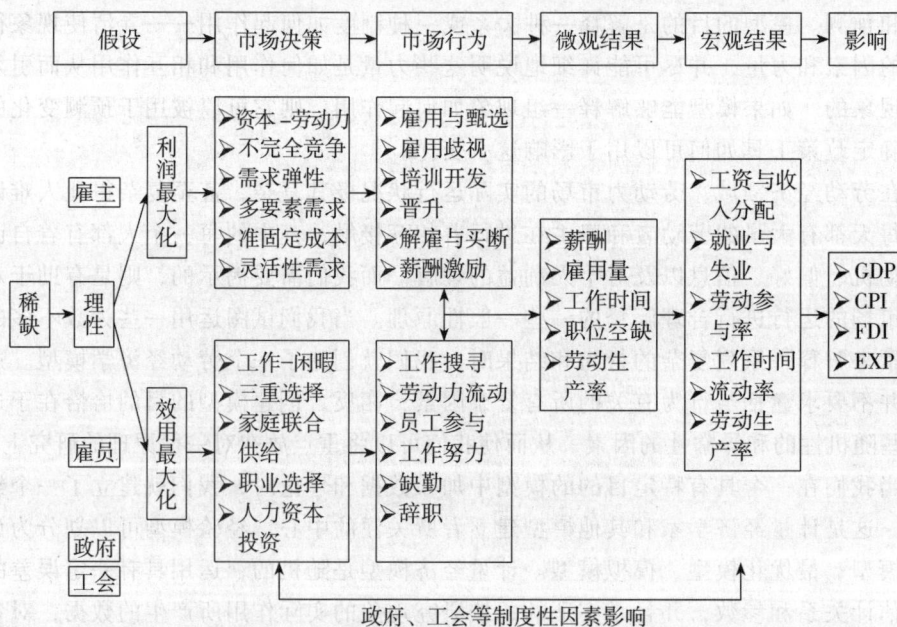

图2-1 劳动经济学分析框架：I-DARE模型

---

① 埃思里奇. 应用经济学研究方法论 [M]. 朱钢，译. 2版. 北京：经济科学出版社，2007：174.
② DAUGHERTY C R. The field of labor economics: a review [J]. American Economic Review, 1945, 35 (4): 652-657.

2.2.1　劳动力市场制度

在 I-DARE 模型中有一块内容——政府、工会等制度性因素对劳动力市场运行的影响。在新古典主义的劳动经济学中，制度性因素通常被认为干扰了劳动力市场的正常运行，特别阻碍了市场出清工资的实现。市场出清工资在理论上存在并不意味着它在实践中能够实现或者能够很快实现，这是由于劳动力市场必然会受到某些因素的影响，这些因素会阻碍工资率和雇佣水平随着劳动力供求的变化而做出调整。还有一些阻碍工资率和雇佣水平调整的因素源自一些非市场的制度性力量，比如制约个人和企业做出选择的法律、习惯或一些规章制度。尽管我们并不清楚到底是哪些因素使工资率低于它们的均衡水平，但是制度性力量的作用通常是使工资率高于市场水平。例如，最低工资立法和工会就是这类影响因素的两个很好的例子，它们都是以使工资超出市场应有水平为明确目的的。[①]

在现代经济中，政府的管制是不可回避的，但是关于政府管制的效果一直面临诸多争论，甚至激烈的争论，最低工资立法可以作为典型代表。按照劳动力需求经典理论的预测，如果最低工资立法导致工资率超出了市场水平，那么企业的劳动力需求量会沿其劳动力需求曲线向上（同时向左）移动，结果就会导致就业机会的减少。但是有研究发现：人们预期的那种与最低工资水平上升相伴随的就业岗位丧失现象，在现实中实际上是观察不到的，至少这种现象不是有规律发生的。[②]

关于工会的一个基本结论是：工会通过劳动法实现了劳动力市场的卡特尔化。许多经济学家长期认为，工会的目的在于限制劳动力供给而使雇主无法以劳动者之间的竞争来控制劳动力价格。到目前为止的假设是这样的：所有工会想做的事就是努力提高工资或通过减少工作时间或使工作场所更清洁、更安全或更有吸引力而降低工作成本。但工会组织也许会促进生产率，从而完全抵消其垄断的副作用。例如，工会巩固了工作的稳定性，而稳定的劳动者更愿意对企业特殊人力资本进行投资；工会为工人提供"集体物品（Collective Goods）"，有助于形成和谐的气氛，从而有利于提高劳动生产率。[③]

2.2.2　劳动力市场决策

劳动力市场决策与行为指的是作为劳动力市场主体的雇主和雇员如何进行最优决策并付诸行动。在稀缺性和理性假设下，雇主遵循利润最大化的原则进行劳动力需求决策与行为，而雇员则遵循效用最大化的原则进行劳动力供给决策与行为。我们在原有劳动力市场决策基础上重新区分决策与行为，是便于将人事管理经济学与职业发展经济学的发展融入新劳动经济学之中，从而能帮助学生更好地理解他们所面临的外部劳动力市场环境与内部工作场所环境，为他们的职业发展提供经济学分析工具。本节

---

① 伊兰伯格，史密斯. 现代劳动经济学：理论与公共政策 [M]. 刘昕，译. 13版. 北京：中国人民大学出版社，2021：44.
② 伊兰伯格，史密斯. 现代劳动经济学：理论与公共政策 [M]. 刘昕，译. 13版. 北京：中国人民大学出版社，2021：100.
③ 波斯纳. 法律的经济分析 [M]. 蒋兆康，译. 北京：中国大百科全书出版社，1997.CAMPBELL T J. Labor law and economics [J]. Stanford Law Review, 1986, 38（4）：991-1064.

我们首先关注劳动力市场决策。

劳动力需求决策是对传统劳动经济学这个部分的继承，主要包括以下基本决策：(1) 在资本-劳动力两要素生产中雇主的劳动力需求决策、短期与长期决策、不同竞争条件下的劳动力需求决策等，可以看作对于资本与劳动力要素组合的配比问题。(2) 劳动力需求弹性问题，因为劳动力和资本这两个生产要素其中任何一个的价格变化都会引起企业成本的变化，从而将影响利润最大化的实现，所以要根据价格的变化实时调整劳动力的需求决策。(3) 在扩展资本-劳动力两要素生产之后，如何进行多种生产要素下的劳动力需求决策。(4) 一部分劳动成本并不是随劳动时间而变化的，从而更现实地，雇主需要考虑准固定成本下的劳动力需求决策。(5) 雇主并不一定需要考虑劳动力需求数量，他还可以通过劳动时间的调整来与其他生产要素匹配，从而拥有雇用与加班的替换决策空间；即便是劳动力需求数量的调整，由于劳动力市场的变化，雇主也可以采用更加灵活的方式，例如非全日制雇用、劳务派遣等。

劳动力供给决策经济学要解决如下问题：(1) 工作参与。本节的核心是解决工作与不工作的问题。我们关心单个人市场工作时间与闲暇时间的配比问题；关心当个人结婚从而组成家庭后决策的变化，即要以谋求家庭（即两个人联合）效用的最大化来替代以前单纯谋求个人效用的最大化。因此，配比问题变为市场工作时间、闲暇时间、家庭生产时间这三者之间的权衡。这些问题由工作决策理论、家庭生产理论与三重选择、联合工作决策等来回答。(2) 职业选择。职业选择关心的是我们想要什么样的工作或职业，是高工伤风险同时高工资还是相反或其他选择，是高福利低工资的职业还是高工资低福利的职业，是自我管理的工作时间越多越好还是按部就班等。这里我们讨论工伤风险、福利偏好以及弹性工作时间与工资相结合的职业特征。(3) 生命周期与职业生涯。这里我们阐述一个人的一生中如何分配时间在工作和其他选择上面。这些具体问题包括职业生涯决策的生命周期理论、人力资本投资（进入就业的时间）、已婚妇女的劳动力参与、退出劳动力市场（退休年龄）。

2.2.3　劳动力市场行为

劳动力需求行为则基本上属于人事管理经济学对劳动经济学发展的最新贡献，关心劳动力需求决策如何实现的问题。劳动力需求行为包括以下领域：(1) 雇用、甄选与歧视。劳动力需求决策部分假定雇员是同质的，但实际上企业必须确定招用什么样的雇员（年龄、学历、经验等），到什么地方才能更有效地找到这样的候选人，采用什么方法才能甄别出哪些候选人满足任职要求，以及为什么他们会偏爱一种人而不喜欢另一种人。这个领域包括工作流动与职位空缺、雇用标准（技能选择、风险选择）、员工搜寻与甄选、雇用歧视等内容。(2) 培训、晋升与解雇。雇主为什么要投资于员工培训，如何通过晋升机制设计来让员工付出最大努力，会面临哪些问题，以及如何实施解雇与买断等。这些问题集中在以下部分解决，即培训决策、锦标赛与晋升激励、解雇与买断。(3) 薪酬与激励。薪酬是最重要的劳动力需求管理行为，是采用固定工资还是浮动工资，为什么需要实施股票期权等长期激励措施，如何激励一个团队，以及福利设计如何最优化等都是企业最关心的领域。

劳动力供给行为是当我们确定了供给决策后如何实现我们的决策。这涉及的问题包括：（1）工作搜寻，包括工作搜寻模型、在职工作搜寻、网络工作搜寻。我们是否需要在现有工作的同时寻找更适合我们的工作？我们到哪里去寻找我们想要的工作机会，是通过社会网络还是通过互联网？（2）劳动力流动，包括劳动力流动模型、工作流动（离职）、地区流动、国际流动。什么因素决定一个员工是否离职？当一个人已经在某地工作又出于各种原因要迁移到其他地方时，就涉及了劳动力供给地区变化的问题，甚至涉及劳动力供给国家变化的问题。

2.2.4　劳动力市场结果

劳动力市场结果有两个层面：劳动力市场微观层面与劳动力市场宏观层面。从微观层面来讲，结果包括工资、福利以及雇用量和工作时间。当进入宏观层面，上述问题就变为工资与收入分配、就业和失业问题等。在劳动力市场领域，这两个层面相当于个量与总量的关系。微观层面的薪酬、福利、雇用、工作时间等数据经常会用于企业的劳动力市场需求与行为决策。通常意义上，劳动经济学主要讨论劳动力市场的宏观结果。

劳动力市场宏观结果首先体现为劳动力市场数量问题，主要包括就业、失业与劳动力短缺。就业存量-流量模型与就业矩阵模型关心的是就业、失业与非劳动力之间是如何转化的，以及对就业、失业与非劳动力存量的影响；失业及其成因除了讨论传统的失业类型及其成因之外，特别关注了这个领域的最新发展，如失业群集与失业回滞问题。劳动经济学的一个缺憾是从来不讨论劳动力短缺问题，或许是承受失业之苦的劳动群体更受劳动经济学家的关心，而企业总是劳动力市场的强势群体。实际上，劳动力短缺的影响是全市场范围的，我们这里还需要特别讨论技能短缺。

劳动力市场宏观结果还体现为劳动力市场价格相关的问题，主要是工资与收入分配。首先，要解决的是如何衡量收入分配，通常的工具有洛伦茨曲线与基尼系数以及泰尔指数。其次，需要对工资收入差距的成因进行分析。再次，一个特别关键的问题是收入的代际流动，它衡量的是一个人的收入在多大程度上由其上一代人的收入决定，反映了一个社会的机会平等程度，为不平等问题的研究提供了新的视角。最后，通过税收、社会保障等手段来实施收入再分配，调控不平衡的收入差距。

2.2.5　劳动力市场的宏观效应

劳动在宏观经济层面的效应源于劳动力市场与整个宏观经济交互作用的结果，如劳动对经济增长的贡献、失业对价格水平的影响等。劳动经济的宏观效应主要包括以下领域：（1）劳动/人力资本与经济增长；（2）就业弹性、充分就业与自然失业率；（3）失业与通货膨胀；（4）劳动管制与宏观经济绩效。如果从广义上看，我们也可以将其界定为劳动力市场的结果，这里我们视劳动力市场为宏观经济的一个部分。

劳动/人力资本作为经济增长的重要促进因素于20世纪60年代被引入经济增长模型中，典型代表为罗默的内生技术进步增长模型和卢卡斯的人力资本积累增长模型。随着经济增长模型的发展，劳动/人力资本作为一个独立的要素被纳入经济增长模型，并且由于知识的外部性而带动其他投入要素的收益递增。

就业弹性是描绘经济增长与就业增长关系的概念，是指经济增长1%所带来的就业增长的百分比。充分就业与自然失业率是相互关联的两个概念，自然失业率即是充分就业条件下的失业率。自然失业率由摩擦性失业率和结构性失业率构成。

失业与通货膨胀一直是宏观经济学的两大中心问题。菲利普斯曲线是一条用来描述失业与通货膨胀之间关系的曲线。现代经济学认为，在短期中，失业与通货膨胀之间存在替代关系，即政府可以通过一定的政策来牺牲失业率从而降低通货膨胀率，反之也成立；在长期中，失业与通货膨胀之间并不存在替代关系，因而在长期中政府的宏观经济政策是无效的。

劳动管制对宏观经济无疑存在影响。劳动力市场管制从广义上来说通常是指对劳动力市场绩效和行为产生影响的经济、社会和法律方面的措施与制度。劳动管制从狭义的角度来讲即为雇用保护法。经济学家创建了对劳动管制进行测量的指标，并考察了其与宏观经济绩效指标之间的关系。

2.3 劳动经济学的研究方法

研究方法是一个极其重要而在大学课程中又经常被忽视的领域，因为这种忽视导致劳动经济学研究过程缺乏科学性或只是对其他已有分析结果的重复。有意思的是，埃思里奇发现，有些正从事经济学研究职业的人并不知道如何从事研究。[①]本节试图为学生建立初步的"研究方法意识"，包括一般意义上的研究方法以及在劳动经济研究中不可回避的劳动力市场测量与劳动计量经济学。

2.3.1 劳动经济学研究方法

关于研究方法存在诸多困惑，埃思里奇的《应用经济学研究方法论》是解惑的必读书籍，是对这个领域最好的总结。在这里，我们借助埃思里奇的著作试图解决劳动经济学研究方法中的最基本问题：方法与方法论、方法论与研究方法论、研究方法论与经济学研究方法论、研究方法与程序，以及研究方法的具体体现——研究项目立项书。

方法论（Methodology）是指处理问题和（或）从事活动的方式，构成了我们完成一项任务的一般途径或路线，而不是告诉我们如何完成任务的具体细节。具体做法是方法（Methods）和（或）程序，而不是方法论。研究方法论提供了组织、计划、设计和实施研究的基本原则，但它不能详细告诉你如何进行一项具体的、个别的研究，每一项研究都具有特殊性。因而，经济学研究方法论就是对经济学研究的一般途径的研究。[②]

在所有的研究中都必须交代"方法与程序"，既用以评判研究过程的科学性，也

① 埃思里奇. 应用经济学研究方法论 [M]. 朱钢，译. 2版. 北京：经济科学出版社，2007：8.
② 埃思里奇. 应用经济学研究方法论 [M]. 朱钢，译. 2版. 北京：经济科学出版社，2007：5-31.

能保证研究在理论上的可追溯性和重复性，从而在一定程度上防止研究失范行为。方法涉及研究过程中所运用的工具或技术，程序则是我们按照特定的次序和结合方式将工具与技术组合在一起以达到研究目标的方式。方法和程序是关于研究项目的"是什么、怎么样和为什么"，即一步步地、具体化地描述将要做什么，如何做，以及为什么要这样做。在如何做中包括了其中各个步骤的次序，要对数据估计技术、分析方法、将要收集的数据以及如何获得和处理数据做出详细说明。方法和程序也要说明其中的每一项如何与研究目标相联系、如何对经验估计进行检验和分析、如何开发和设计模型、模型的数学形式为何具有合理性以及如何对结果进行解释等。经济学研究方法包括各种形式的回归分析、数理分析、运筹研究技术、文献综述、数据收集、对所选择的理论结构的运用以及其他一些程序，并包括了各种技术的联合运用。[①]研究项目立项书是研究方法最具体的体现（见表2-1）。

表2-1　　　　　　　　　　　**研究项目立项书的组成要素**

序号	组成要素	解释与说明
1	标题	项目的标题应该提出研究的主要重点，但标题不应该超出一定的字数
2	情况说明	说明与研究项目有关的人员和组织情况，以及与研究项目相关的其他类型的概要信息，如项目参与人员的姓名、头衔以及在项目中的角色
3	问题识别和解释	描述研究所提出的问题，并为项目的目标提供理论基础。通常由两个步骤组成的程序可以对问题进行最好的描述：第一步对更广泛的问题领域做出一般性考察；第二步将注意力缩小到已得到详细展开的一般问题下的子问题，它在一个单一研究项目的资源约束内是可研究的。问题的陈述或理由是对立项书的普遍要求
4	目标	明确指出本研究项目打算认识什么、发现什么和/或达到什么目的、目标，指明了研究的目的和用一个具体目标目录来得到很好的陈述。目标的合理性基于问题的陈述，并成为方法和程序的焦点
5	文献评论	目的是说明我们对项目所研究的问题已经有哪些了解。在详细的文献评论之前很难或者不可能充分提出问题和陈述目标。并非所有的立项书都要求有一个正式的文献评论部分，但是如果不了解前任的研究成果，那么无法从事研究
6	概念框架	立项书中应该有一个标准的正式概念框架。分析是概念框架的最基本形式，这种分析运用了该项目所提出的特定的、研究问题的经济概念或其他概念
7	方法和程序	描述研究将如何实现，它们直接来自目标，受到文献评论的直接影响，并受到概念框架的间接影响。方法和程序强调如何产生或收集数据、使用何种分析技术、程序中的先后次序以及经验估计的推导等问题
8	参考文献	为立项书中所使用的资料来源提供证明，包括在解释、定义或证明问题中使用过的原始资料，文献评论中使用过的原始资料以及在概念框架、方法和程序部分中使用过的所有参考文献

资料来源　埃思里奇. 应用经济学研究方法论［M］. 朱钢，译. 2版. 北京：经济科学出版社，2007：104-108. 经作者编辑整理。

---

① 埃思里奇. 应用经济学研究方法论［M］. 朱钢，译. 2版. 北京：经济科学出版社，2007：168-169.

2.3.2 劳动力市场测量：指标与方法

研究方法解决了一项研究如何开展的问题，但是如果没有材料——数据，这项研究可能就根本无法开展，在经验研究中数据更是必不可少。要获得有效数据必须解决两个根本问题：要什么数据以及采取什么方法才能获得理想的数据。这些属于劳动力市场测量的范畴。在劳动力市场测量体系中，测量指标与测量方法是确保有效测量的两大支柱：合适的方法确保"正确的测量"，而合适的指标则保证"正确的测量"。[①]

测量指标结构始终是劳动力市场测量的核心。国际劳工组织在1985年的第160号劳动统计公约以及第170号建议书中均提出了劳动统计应覆盖的主要内容，包括：经济活动人口、就业、失业、显性的就业不足；工资和工时；消费价格指数；家庭收入与支出；职业伤害和职业病；劳动生产率。[②]针对不同统计内容的标准和原则以及具体的指标设计等内容也不断被国际劳工组织所完善。在此"一般性"的基础上，反映一国劳动力市场以及经济发展战略的"特殊性"信息均应有适用的指标来测量。我国现行的劳动力市场测量指标体系涵盖了国际劳工组织第160号劳动统计公约中提出的劳动统计内容的绝大部分。在就业统计方面，我国《劳动统计年鉴》中包括有经济活动人口指标，就业人员数目及其地区、行业、职业、企业类型的分布，就业人员的年龄、性别、受教育程度、就业身份、户籍性质的结构性指标；在失业统计方面，除了城镇登记失业人数和登记失业率以外，我国1999年及以后年份的《劳动统计年鉴》中均增加了关于城镇失业人员的年龄、性别、受教育程度、失业前所属行业和从事的职业、失业原因及寻找工作方式的结构性指标。从2004年开始，我国《劳动统计年鉴》中增加了对城镇就业人员的工作时间统计。在工资方面，我国历年均对各种类型的单位进行详细的就业人员劳动报酬统计。此外，我国的劳动统计中还覆盖了消费价格指数、家庭收入与支出、职业培训与技能鉴定、劳动争议、劳动保障监察、社会保障和工会工作等方面的指标，比较全面地反映了我国劳动力市场状况。[③]这些更多的是"宏观性"指标，而在当前的劳动经济学研究中，构成这些宏观指标的微观层面指标更加重要。"雇主-雇员匹配数据追踪调查"即是通过获取联结劳动者个体与企业雇主的微观数据来帮助我们更好地理解劳动力市场。

科学的指标体系是劳动力市场测量的核心，而合适的测量方法则是准确进行信息收集的保证。劳动力市场测量的方法有多种，最主要的方法包括人口普查与家户抽样调查、企业调查、行政记录。每一种测量方法均有其独特的优势与局限性。家户调查往往能够覆盖到更广范围的人口群体，所得到的劳动力数据也较为准确；然而，由于家户调查的样本往往不是足够大，以至于不可避免地会出现估计上的偏

———————

[①] 杨伟国，孙媛媛. 中国劳动力市场测量：基于指标与方法的双重评估 [J]. 中国社会科学，2007 (5). 为适应本教材需要，作者进行了重新编辑。

[②] ILO. C160 Labour Statistics Convention [Z]. Geneva: ILO, 1985. ILO. R170 Labour Statistics Recommendation [Z]. Geneva: ILO, 1985.

[③] 《中国劳动统计年鉴》1989—2005各年。

差。企业调查最主要的优势是被调查者能够提供可靠的工资和有酬雇用的数据，也能够提供较准确的未填补的职位空缺的数据；但是同样，抽样方法的使用使得对群体的估计往往存在偏差，而且被调查企业的样本往往只能够很好地覆盖大型企业，而对小型企业和未注册的企业则不具有代表性。最后，行政记录在理论上是很好的劳动统计数据来源，然而在实际中往往存在行政登记的覆盖面小（尤其在发展中国家），行政记录中的数据所依据的概念、定义和分类与国家统计标准不一致等问题。[①]因此，没有哪一种单一的测量方法能够满足所有的劳动力市场测量需求，测量方法的选择应取决于具体指标的特点，二者的恰当结合是构建全面与完备的劳动力市场测量体系的基础。我国对劳动力市场信息的收集早在中华人民共和国成立之初便已开始，信息收集的方法也随着经济社会的发展与劳动力市场形势的变迁而不断调整。2018年政府工作报告首次将城镇调查失业率作为发展预期目标，提出"2018年我国城镇调查失业率5.5%以内"。2018年4月17日，国家统计局首次正式发布中国城镇调查失业率。概括而言，我国劳动统计的数据来源主要有5种：失业登记、"三合一"就业统计、人口普查、城镇劳动力调查以及其他政府有关部门和社会组织不定期进行的零星专项调查。

按照国际劳工组织对各国劳动统计发展划分的3个阶段，我国目前处于统计发展的中级阶段。[②]国际劳工组织对处于该阶段的国家的建议一般包括：引入月度或者季度的劳动力调查；将对特殊劳动问题（一般与工伤、培训、劳动力流动等相关）的调查作为常规的劳动力调查项目中的一部分；增加常规的专项家户调查（与童工、非正规部门、家庭收支等相关）；对企业调查进行改进，包括扩展调查的覆盖范围，并增加劳动力流动和未被填补的职位空缺数据的统计；提高行政记录的覆盖范围、频率和汇报准确度以提高数据质量，并提高数据的利用程度。[③]

2.3.3 劳动计量经济学

与劳动经济学相比，劳动计量经济学（Labor Econometrics）远没有那么浓厚的学科特色。就目前的知识而言，在劳动计量经济学的概念下，更多的是对劳动问题的计量经济学分析。这在麻省大学艾什（Michael Ash）教授的短课程"劳动计量经济学"中有着明显的体现。[④]同时，我们在南澳大利亚大学一年一度的"劳动计量经济学研讨班（Labor Econometrics Workshop，LEW）"中也可以发现，参会学者更多的是从方法和技术层面分享劳工与健康领域的计量研究成果。[⑤]但是，赫克曼和麦克迪

① PEMBER R J, DJERMA H. Development of labour statistics systems. Bulletin of Labour Statistics 2005-1 [R]. Geneva: ILO, 2005.
② 处于统计的中级发展阶段的国家的主要特点是（参见 PEMBER R J, DJERMA H. Development of labour statistics systems. Bulletin of Labour Statistics 2005-1 [R]. Geneva: ILO, 2005)：a.具有来自十年一度的人口普查和年度的家户劳动力调查的定期的劳动力统计（包括对受过训练的劳动力供给的统计）数据。b.具有就某些特殊的劳动问题（童工、非正规部门、家庭收支等）进行专项家户调查。c.具有来自正规部门企业的常规的调查项目所提供的关于有酬雇用和工资的年度统计数据，但是覆盖到的行业范围有限。d.具有来自行政记录的足够的数据，但是质量参差不齐（例如，记录可能没有包含重要的数据，或者没有覆盖所有值得关注的事件）。覆盖的内容一般包括登记求职者、职业伤害、培训与教育机构的产出。e.具有足够高的技术能力，但是没有维持一个常规的且覆盖广泛的企业样本框，或者计算能力和分析撰写报告能力不足。
③ PEMBER R J, DJERMA H. Development of labour statistics systems. Bulletin of Labour Statistics 2005-1 [R]. Geneva: ILO, 2005.
④ 关于艾什教授个人及其劳动计量经济学课程的信息，参见：http://people.umass.edu/maash/cv-ash-michael.pdf和http://courses.umass.edu/econ753/lectures/labor_supply.pdf.
⑤ 详细信息请参考https://www.unisa.edu.au/crma.

（Heckman and Macurdy）为《计量经济学手册》（第 3 卷）撰写的"劳动计量经济学"则更多地体现了学科特色。[①]至少，从这个概念我们大体可以看到劳动问题研究在计量经济学中的地位。一个典型的例子是劳动问题研究在微观计量经济学的发展中发挥了特别的作用。[②]

计量经济学既代表了一个特殊专题研究领域，也代表了每一个经济学家的基本分析训练的一个必要部分。计量经济学起源于 20 世纪初，但只是在 20 世纪 40 年代或 50 年代才获得"合法性"。计量经济学包括经验数据和计量，这使计量经济学更具有实证主义和实用主义性质，并使它不再仅仅是数理经济学家的抽象逻辑。[③]实证经济学家主要用的是数理统计和计量经济学。我们不是为学经济学而学经济学，而是对所观测到的经济现象和统计资料进行分析、描述与制定政策，并对经济理论进行检验。对经济问题，不仅要做定性的理论分析，还需要有经验性的定量分析。经济统计和计量经济学在这些方面发挥着重要作用。经济统计侧重数据的收集、描述、整理及给出统计的方法，而计量经济学则侧重经济理论的检验、经济政策的评价、基于经济理论和经验数据进行经济预测，以及检验各个经济变量之间的因果关系。为了更好地估计经济模型和做出更精确的预测，理论计量经济学家不断地研究出更为有力的计量工具。[④]计量检验是经济学中经验实证的一个主要方法。需要注意的是，理论模型为了简化起见，通常把给定的条件尽量简化，但在现实生活中对所要解释的现象可能产生影响的因素有很多，在做计量检验时则必须将其他可能影响的因素尽可能地考虑进来，以便控制其他因素的影响，分离出理论模型所重点考察的因素的影响。[⑤]简言之，计量经济学在经济学研究中的作用有 3 个方面：（1）验证经济理论或模型能否解释以往的经济数据（特别是重要的经验特征事实）；（2）检验经济理论和经济假说的正确性；（3）预测未来经济发展趋势，并提供政策建议。[⑥]

在本章的最后，回顾一下计量经济学学会的创始人费雪（Fisher，1933）对计量经济学的界定会增加我们对劳动计量经济学乃至更广义的研究方法的理解。他在《计量经济学杂志》的创刊号中指出："计量经济学学会的目标是促进各界实现对经济问题定性与定量研究和实证与定量研究的统一，促使计量经济学能像自然科学那样，使用严谨的思考方式从事研究。但是，经济学的定量研究方法多种多样，每种方法单独使用都有缺陷，需要与计量经济学相结合。因此，计量经济学绝不是经济统计学，也不能等同于一般的经济理论，尽管这些理论中有相当一部分具有数量特征；同时，计量经济学不是数学在经济学中的应用。实践证明，统计学、经济理论、数学这 3 个要素是真正理解现代经济生活中数量关系的必要条件，而不是充分条件。只有 3 个要素互相融合，才能发挥各自的威力，才构成了计量经济学。"[⑦]

① HECKMAN J J，MACURDY T E. Labor Econometrics［M］// GRILICHES Z，INTRILIGATOR M D. Handbook of Econometrics. Vol. 3. Amsterdam：Elsevier Science Publishers BV，1986：1917-1977.
② 刘乐平. 微观计量经济学最新进展［J］. 统计研究，2002（3）：43-46. 唐岳驹，唐久红. 赫克曼与麦克法登的微观计量经济学理论及其应用［J］. 国外社会科学，2001（3）：63-65.
③ 埃思里奇. 应用经济学研究方法论［M］. 朱钢，译. 2 版. 北京：经济科学出版社，2007：89.
④ 田国强. 现代经济学的基本分析框架与研究方法［J］. 经济研究，2005（2）：113-125.
⑤ 林毅夫. 经济学研究方法与中国经济学科发展［J］. 经济研究，2001（4）：74-81.
⑥ 洪永淼. 计量经济学的地位、作用和局限［J］. 经济研究，2007（5）：139-153.
⑦ 洪永淼. 计量经济学的地位、作用和局限［J］. 经济研究，2007（5）：139-153. 对计量经济学更详细且易理解的介绍可参见：兰格. 计量经济学的研究对象［J］. 国外社会科学文摘，1980（1）：11-14.

本章小结

经济学最基本也最重要的假设就是稀缺性，即我们赖以生存的资源是有限的，难以满足我们无限的欲望。经济学的第二个基本假设是理性。经济理性的含义是，人们总是在特定的约束条件下就各种可能的选择，做出最有利于其目标实现的最佳选择。

劳动经济学中的实证经济学与规范经济学通常是指如下情形：当我们试图运用劳动经济学理论来回答"是什么"的问题时，我们是在运用实证经济学的分析方法来解释人们的行为；当我们试图回答"应该是什么"的问题时，我们是在运用规范经济学的分析方法来进行判断。

理论由事实之间的逻辑关系组成。经济学理论是用来说明社会经济现象的几个主要经济变量之间因果关系的逻辑体系。为了适合一组特定现象和特定目的而对理论做出的改造形成了模型。经济模型是对现实的抽象，它的形成全部或部分地来自理论，经济模型常常用数学公式表示并被设计为能够提供解释和预测。

劳动经济学分析框架由基本假设、劳动力市场制度、劳动力市场决策、劳动力市场行为、劳动力市场微观结果、劳动力市场宏观结果、劳动力市场对宏观经济的影响等部分构成。这个分析框架可以简化为劳动力市场制度（Institution）、劳动力市场决策与行为（Decision and Action）、劳动力市场结果（Result）与宏观效应（Effect）等，称为I-DARE模型。

经济学研究方法论就是对经济学研究的一般途径的研究。方法涉及研究过程中所运用的工具或技术，程序则是我们按照特定的次序和结合方式将工具与技术组合在一起以达到研究目标的方式。

在劳动力市场测量体系中，测量指标与测量方法是确保有效测量的两大支柱：合适的方法确保"正确的测量"，而合适的指标则保证"正确的测量"。

复习思考题

1.你如何理解"理性"假设？

2.简述实证经济学与规范经济学的关系。

3.简述理论与模型的关系。

4.简述你对劳动经济学分析框架的理解。

5.简述研究方法论与研究方法的区别。

6.请选择一个主题编制一份项目立项书。

7.简要归纳我国劳动力市场测量的指标与方法。

案例分析题

数学在经济学中的作用

马克思认为："一种科学只有在成功地运用数学时，才算达到了真正完善的地步。"从最近几十年的诺贝尔经济学奖来看，数学方法在经济学研究中的重要性不言而喻，1969—2015年共有76位经济学家获奖，其中3/4的获奖成果都运用了数学方法。13位得主的成就和贡献是计量经济学理论、方法或是经济模型的建立和应用。获奖经济学家大多有较强的数学背景，其中博士学位为数学专业的有8人。

……

经济学研究中引入数学已经有100多年的历史。法国数学家、经济学家古诺（Cournot）1838年出版的《财富理论的数学原理研究》一书被认为最早在经济分析中使用数学的著作之一，著名的古诺模型就是引入数学模型来阐述厂商最优决策行为的。经济学家瓦尔拉斯（L. Walras）在《交换的数学理论原理》一文中引入方程组来阐述一般均衡理论，建立了市场经济分析的一般均衡框架。然而从数学的角度来看，该文并不能证明一般均衡的存在性，但是他提出的想法吸引了一大批经济学家和数学家投身到经济的一般均衡研究中，诸如大数学家冯·诺依曼（J. Von Neumann）和诺贝尔奖获得者列昂惕夫（W. Leontief）、萨缪尔森（P. Samuelson）和希克斯（J. R. Hicks）等。直到1954年阿罗（K. J. Arrow）和德布鲁（G. Debreu）利用布劳威尔不动点理论才证明了一般经济均衡存在的前提条件，并将一般经济均衡理论进行严格数学公理化，建立了一般经济均衡理论的框架，并形成巨著《价值理论》。

上述简单回顾可以发现，经济学研究中引入数学是为了更加严谨地阐述某一个经济问题或者解释现象的本质，形成了一套完整的理论体系。《价值理论》一书的出版，也引起了"经济学研究为什么需要数学公理化方法"的争论。德布鲁给出了明确的回答："经济学研究中引入数学是为了形成完整、严格的理论体系，便于以后学者的研究。"

为何现代经济学与数学会产生如此紧密的联系？这就有必要剖析数学在经济理论阐述、逻辑推理、传播和验证中的积极作用。

1. 数学表述经济关系准确且精练

恩格斯指出数学是数量的科学。经济学的研究对象大多都有量的特征，因此经济学本身具有一定程度的数学性，它们的紧密联系是必然的。数学语言相对于文字的优点：可以恰当地描述经济概念、经济假设和结论；可以直接引用相关定理，并且可以运算；可以阐述复杂经济变量之间的动态关系。经济变量之间的复杂关系、动态演变，有时候很难用文字描述清楚，但是用数学方程、几何图形来说明，不仅简单明了而且准确。

2. 数学使逻辑推理更加严谨，促进了经济学的科学化

经济学研究一般从假设出发，经过逻辑推理得到结论。在此过程中，经济学家通常会引入数学模型使得推理更加严谨。首先，数学使经济理论的假设更加明确。经济学家在研究时需要对问题所在的经济环境、前提进行界定，然后提出研究假设。如果用文字描述，用词的不同可能导致假设条件不明确，也可能忽视经济问题的边界，而采用数学语言可以克服这些缺陷，保证假设条件的明确性和一致性。其次，数学使经济理论的逻辑推理更加严密。与文字逻辑相比较，数理逻辑从明确无误的假设出发，借助数学定理和公理，在推导过程中采用"如果—则"的逻辑陈述形式，环环相扣。

严格的推理，每一步都清晰而明确，减少了争论，保持了科学研究的一致性。最后，数学使经济理论的结论更加可靠。数学的引入使经济学研究可以复制，结论可以证实或证伪。

3.数学可以形成公理化体系，便于经济学理论的推广和传播

建立在数学形式上的经济理论，假设条件明确、逻辑推理严谨，便于快速形成公理化体系。数学的应用使学术争论的关键要点显而易见，交流也变得容易。后面的学者只需要在前人的基础上做边际贡献。用数学语言阐述经济问题，还可以回避不同的语言文字、语意、语境而造成的差异，减少争论和低水平的重复，使经济学理论得以快速推广和传播。

4.数学促进了经验研究，保证了经济理论的可靠性

数学不仅适用于经济理论的推理，而且促进了建立在经济理论基础上的计量方法来检验和完善经济理论，并通过两者的正反馈机制，促进理论研究和经验（实证）研究的不断深入。例如，凯恩斯消费理论的绝对收入假说吸引了经济学对平均消费倾向的经验估计。20世纪40年代，库兹涅茨通过实证检验发现平均消费倾向长期稳定，短期呈现递减规律，与凯恩斯的理论有偏差，才有了后来杜森贝里的相对收入假说和弗里德曼的持久收入假说。

中国经济学研究中数学方法的广泛应用是从改革开放，尤其是近10多年来伴随"海归"学者的引入而开始的。改革开放前，中国的经济学以政治经济学研究为主，多为定性研究。改革开放以后，经济的预测和决策、研究、管理的巨大需求，催生了国内数量经济学的兴起。经济学研究从定性转向定性与定量相结合的研究方式。21世纪以来，一批有影响力的经济学"海归"学者带回了西方经济学的研究理念和范式。他们的研究广泛使用数学方法，倡导定量研究。同时，数学开始大量贯穿于经济学的教学中。在高校教学中，"西方经济学"课程逐渐被称为"经济学"或"现代经济学"课程，作为经济学学习的主流模式。

资料来源　陆蓉，邓鸣茂.经济学研究中"数学滥用"现象及反思［J］.管理世界，2017（11）：10-21.作者摘选了该论文的引言和第二部分。

讨论题：

请根据本文提供的主题，查阅相关文献，分析数学对于学习经济学的价值。

推荐阅读资料

1.兰格.计量经济学的研究对象［J］.国外社会科学文摘，1980（1）：11-14.

2.埃思里奇.应用经济学研究方法论［M］.朱钢，译.2版.北京：经济科学出版社，2007.

3.DAUGHERTY C R. The field of labor economics：a review［J］. American Economic Review，1945，35（4）：652-657.

网上资源

1.美国经济学联合会年会，https：//www.aeaweb.org/conference

2.国际劳工组织，http://www.ilo.org

3.劳动经济学会，http://www.caless.cn

拓展阅读：我国劳动经济学研究回顾与展望

第二篇　制度（Ⅰ）

第3章　劳动力市场制度：政府

学习目标

- 掌握反就业歧视法的经济分析
- 掌握最低工资法的经济分析
- 掌握失业保险法的经济分析
- 掌握养老保险法的经济分析

引例　　　　　　叫停就业歧视，不能靠求职者"一个人战斗"

"985、211高校毕业生优先""只招35岁以下人员""乙肝病毒携带者不予录用"……一些用人单位设置种种招聘限制条件，对劳动者视性别、年龄、学历、家庭背景、婚育状况等情况区别对待，影响劳动者公平就业。2022年3月，媒体调查显示，近七成受访者认为，就业歧视是就业领域最让自己犯难的事。

就业歧视说来不是新鲜事。而公众反对的就业歧视，主要是指那些将个体与生俱来且难以改变的"先赋条件"如性别、年龄、户籍、血型、相貌、身高、民族等，设定为招聘门槛的歧视性做法。劳动者就业，不能因民族、性别、宗教信仰等不同而受歧视。职能部门多次出台文件，要求用人单位不得设置民族、性别、年龄、户籍等限制性招聘条件。

但在现实中，消除就业歧视遇到种种"梗阻"。

就业歧视的滋生，有时是劳动力市场供大于求催生出的一种"挑剔"和压力传导。例如，如果本来只需要大专生的文秘岗位有大量本科生、硕士生也愿意来，用人单位就有了挑剔的可能。有时性别歧视、"35岁门槛"等和用人单位的传统观念有关。

现实中，明着的就业歧视换成了暗着的，而隐性就业歧视的做法更让劳动者有苦说不出。有的用工单位即使不把"35岁以下""不录用女性"等条件写在招聘广告上，但实际上就那么做，被拒之门外的求职者无可奈何。

在高校毕业生就业季，有关部门多次强调"严禁发布含有'限定985、211高校'等字样的招聘信息"，但只录用985、211院校学生的做法并未被禁绝，甚至有扩大的倾向。

就业歧视花样百出、防不胜防，与举证难、处罚不明等多种因素有关。在当前就业环境下，叫停或明或暗的就业歧视，不能靠求职者"一个人战斗"，需要"一揽子"制度设计。

全国两会上，多位代表委员提出，建立并完善反就业歧视的法律体系，让各方责任得到明晰，是破解就业歧视的根本出路。2022年政府工作报告提出，坚决防止和纠正性别、年龄等就业歧视，着力解决侵害劳动者合法权益的突出问题。这释放一个重要信号，即政府将大力保障公民平等就业权，维护良好的就业秩序。

消除就业歧视，让求职者不犯难，不是说就得让企业犯难。市场主体是创造就业岗位的源头活水，在保障劳动者权益的同时，要让企业有活力、有奔头。但是要注意，反对就业歧视的同时，不能干扰企业用人、选人的自主权。

要看到，就业歧视往往有着经济理性与成本分担等深层原因。因此，行之有效的反就业歧视制度框架中，需要包含社会就业成本的分担机制，这不难理解。譬如，延长女性产假可能造成用工单位为降低人力成本而更愿意选择男性，那么除了加大法律监督力度之外，扩大生育保险基金使用范围，以有效手段分担女性的生育成本，降低企业负担，才能最终有助于形成公平就业的环境。

同时，政府要千方百计稳定和扩大就业，鼓励创新创业，为劳动者创造更多岗位。监管部门、招聘平台、用人单位等要共同参与，摘掉用工市场的各种"有色眼镜"。

就业是经济发展的"晴雨表"、社会稳定的"压舱石"。稳就业，一方面要调节就业结构性矛盾，促进劳动力市场供需平衡；另一方面要创造公平的就业环境。如此，才能稳住更多劳动者的饭碗，给更多劳动者及家庭带去稳稳的幸福。

资料来源　罗娟. 叫停就业歧视，不能靠求职者"一个人战斗"［N］. 工人日报，2022-03-12（3）.

从引例中可以看出，当今社会中存在各种各样的歧视，反就业歧视法应运而生。此外，针对劳动力市场中的各种问题，政府出台了各种法律法规。例如，有90%以上的国家都在使用最低工资法规范本国的劳动力市场，以期保护劳动力市场上的弱势群体，减少贫困，促进公平分配。此外，在劳动力市场中，劳动者会由于各种原因而陷入困境，因此需要政府实施保护性立法措施，比如失业保险法、养老保险法等。党的二十大报告提出，完善重点群体就业支持体系，加强困难群体就业兜底帮扶。统筹城乡就业政策体系，破除妨碍劳动力、人才流动的体制和政策弊端，消除影响平等就业的不合理限制和就业歧视，使人人都有通过勤奋劳动实现自身发展的机会。本章将对反就业歧视法、最低工资法、失业保险法和养老保险法进行经济分析，以期读者理解政府法律与政策是如何影响劳动力市场的，并为研究劳动力市场现实问题提供有益的参考。

3.1 反就业歧视法的经济分析

就业歧视是一个严重的社会问题，不仅导致了资源配置的无效率①，造成产品和

---

① 关于就业歧视的效率，这本身就是一个存有争议的问题，波斯纳等学者认为，不是所有的歧视都是无效率的，例如统计性歧视就是雇主理性选择的结果。在这里，我们认为，就业歧视是无效率的，主要基于以下三个认识：首先，就就业歧视的定义看来，就业歧视是雇主在选择员工时基于非经济性的原因做出选择的结果，因此这种选择对于雇主而言是无效率的；其次，对于雇主和被歧视者而言，就业歧视会使双方都遭受一定的经济损失，从这个角度来看，就业歧视也是无效率的；最后，从社会总福利来看，我们知道，就业歧视会导致社会福利的损失，因此它也是无效率的。即使是对于统计性歧视，如果雇主能够获得更多的信息，雇主能够做出更佳的决策，是可以进行帕累托改进的。

服务的总产出的减少，而且违背了社会公正原则，使受歧视的弱势群体在经济上和精神上遭受双重损失。对于就业歧视的治理，主要有两种方式：一是靠市场自身消除就业歧视①；二是通过政府干预来治理歧视问题。而就目前看来，各国治理歧视的主要方式是通过政府立法干预——通过政府制定反就业歧视法律来限制雇主的行为，从而消除劳动力市场上的就业歧视。而对于反就业歧视法律，学术界对它的争议颇多，经济学界对于反就业歧视法律的研究主要集中在法律的效果和效率两个方面。接下来，本节尝试从反就业歧视法律制定的目标出发，对其进行经济分析。1964年《民权法案》第七章（Title Ⅶ）是美国所有禁止就业歧视法律中影响层面最广、最具有代表性的立法。因此下文将以《民权法案》第七章为例进行分析。本节分为三个部分，首先从目前国际上常用的治理歧视的方式（反就业歧视立法）出发来阐述反就业歧视法律制定的目标；然后第二部分、第三部分从目标出发，回答两个问题：《民权法案》第七章是否达到了预期的效果？它是否是有效率的？

3.1.1　反就业歧视法制定的目标

就业歧视的产生是企业的用工自主权和劳动者的公平就业权发生冲突的结果。反就业歧视法正是为了保障劳动者的公平就业权。在此，我们简单阐述一下反就业歧视法的三个目标：（1）保障劳动者的公平就业权；（2）均衡劳动者的公平就业权和企业的用工自主权；（3）效率。波斯纳（Posner）指出，考察法律是否有效有两个标准：（1）考虑法律是否能够达到预期的目标；（2）法律应该以法律行为的社会成本最小化为目标，因此对法律真正有意义的效率应该取决于就业歧视所带来的成本与消除就业歧视的成本之间的衡量②，即就业歧视的机会成本（Opportunity Cost）。而消除歧视的成本恰恰取决于反就业歧视法所采取的消除歧视的措施。因此可能出现如下情况：尽管与理想状态下相比就业歧视是无效率的，但消除就业歧视的法律措施成本过高，从而使得消除就业歧视变得不再有效率。那么此时，就业歧视就是"有效率"的，或者说是不得不忍受的无效率。在下文中，我们将在认为消除就业歧视是既定目标的前提下，具体对《民权法案》第七章的效果和效率进行分析。

在进行分析之前，我们先简单了解一下美国1964年《民权法案》第七章的内容：禁止雇主、劳工组织及就业机构因个人的种族、肤色、宗教信仰、性别以及原国籍等拒绝雇用或予以解雇，或在薪资、工作条件、工作待遇等雇用条件上给予差别待遇。③从这里我们可以看出，《民权法案》第七章对雇用和工资都做了限制：在雇用条款方面，规定雇主、劳工组织、就业机构不得对少数民族雇员进入企业或职业实施歧视性限制；在工资条款上，规定雇主、劳动组织、就业机构不得因个人种族而在工资等待遇条件上给予差别待遇。④在具体判案过程中，主要是基于两个标准：差别影

　　① 贝克尔认为，在完全竞争的条件下，在理性人的假设前提下，长期下来市场自身就可以消除歧视。
　　② POSNER R A. The efficiency and the efficacy of Title Ⅶ［J］. University of Pennsylvania Law Review，1987，136（2）：514.
　　③ 该法在1991年加以修订，修订的内容主要包括：（1）减轻了就业歧视案件原告的举证责任；（2）增加了对提出反向歧视诉讼的限制；（3）延长了提起歧视性年薪制度诉讼的时效期间；（4）树立了特定公平就业法律在境外适用的原则；（5）修正了1964年《民权法案》所规定的补偿制度。
　　④ BELLER A H. The economics of enforcement of an antidiscrimination law：Title Ⅶ of the Civil Rights Act of 1964［J］. Journal of Law and Economics，1978，21（2）：359-380.

响歧视标准和差别待遇歧视标准。[①]

波斯纳指出，考察法律是否有效有两个标准：（1）效果（Efficacy）；（2）效率（Efficiency）。下面两节将分别从这两个方面来对《民权法案》第七章进行分析。

3.1.2　反就业歧视法的效果分析

反就业歧视法制定的目的在于保护劳动者的公平就业权，并在此基础上保障企业的用工自主权。对于被歧视群体，公平就业权的衡量主要体现在两个方面：一是雇用量/就业率的变化；二是工资率的变化。学者们关于反就业歧视法效果的研究可以归为三类：第一类是根据歧视产生原因分析反就业歧视法的效果；第二类是分析不同企业类型与反就业歧视效果的关系；第三类是反就业歧视法的配额效应和筛选效应分析。下面一一进行讲解。

第一，根据歧视产生原因的不同分析反就业歧视法的效果。该隐（Cain）通过对一系列反歧视经济学文献的回顾发现，由于导致歧视的原因（偏见、信息不对称等）不一样[②]，因此反就业歧视法的效果也不确定。[③]其研究表明，如果歧视是由于个人偏见引起的，则法律的实施会由于歧视来源不同而产生不同的效果：（1）雇主歧视。如果黑人雇员获得低工资是由于雇主歧视而引起的，在这种情况下，黑人雇员工资往往低于相同生产率白人雇员的工资，用以弥补雇主的心理成本。此时，法律的实施是有利于减少劳动力市场就业歧视的。（2）如果就业歧视是由于雇员引起的，劳动力市场上会产生职业隔离，但是不会产生工资差别，在这种情况下，反就业歧视法的实施将会有利于消除劳动力市场隔离，但是对相对工资水平并不会产生可观测的影响。但是如果在劳动力市场隔离存在的情况下，白人工作大多与高奖金相联系的话，那么法案的实施的确可以减少工资差距。（3）如果歧视是由于统计性歧视引起的，那么被歧视的群体会更倾向于减少人力资本投资，从而加剧了这种歧视产生的工资和就业差别。此时，法律的实施一方面可以短期内缩减工资差距，另一方面能促进被歧视群体进行人力资本投资，从而进一步消除歧视。

第二，根据企业类型的不同分析反就业歧视立法。贝勒（Beller）对《民权法案》第七章的实施效果进行了研究，分别分析了雇用条款和工资条款对相对雇佣水平和工资水平的影响。[④]在他的研究中，他将企业划分为两种类型：遵守型企业和规避型企业。对于完全遵守雇用条款的企业，根据雇用条款的要求，企业会加大对被歧视群体（黑人）的雇用，黑人雇员的相对雇佣水平上升。由于黑人雇用量的上升是由需求导致的，因此黑人雇员的相对工资水平也会上升。而对于规避型的企业，由于雇用条款的限制，企业会采取相应的规避措施，如迁移到法定黑人雇用比例较低的地区，选择

---

① 差别影响歧视（Disparate Impact Discrimination），是指雇主的某些雇用措施，虽然在表面上完全中立公平，但实质上会对少数族裔、妇女或其他受保护团体的成员，产生不利影响之效果。但此类歧视是针对雇主所采用雇用措施之后果（Effect）而非意图（Intent），因此在认定上要较另外一种歧视情形——差别待遇歧视（Disparate Treatment Discrimination）更为困难。

② "在劳动力市场上，各种歧视行为以不同的形式同时存在，不同的歧视行为受到反歧视立法规制的程度不同，从而消除的可行性有所不同。"

③ CARRINGTON W J, MCCUE K, PIERCE B. Using establishment size to measure the impact of Title Ⅶ and Affirmative Action [J]. The Journal of Human Resources, 2000, 35（3）：503-523.

④ BELLER A H. The economics of enforcement of an antidiscrimination law: Title Ⅶ of the Civil Rights Act of 1964 [J]. Journal of Law and Economics, 1978, 21（2）：359-380.

资本密集型的生产技术，转向黑人雇员相对较少的行业，最终导致黑人雇员的相对雇佣水平和工资水平都会下降。针对工资条款，对于已就业的黑人，他们的相对工资水平会上升；但企业为减少遵守工资条款造成的损失，会用白人雇员替代黑人雇员或缩减企业规模，最终会导致黑人的雇佣水平下降。波斯纳（Posner）也认为法案的实施提高了覆盖部门黑人雇员的工资水平，减少了这些部门的雇用和解雇歧视，但是如果考虑整个经济部门，法案的实施并没有起到应有的效果。[1]

第三，分析反就业歧视法的配额效应和筛选效应。针对差别影响歧视条款，许多学者提出它会导致配额雇用，加大企业的用工成本。对此，保耶（Paul Oyer）和舍费尔（Scott Schaefer）指出，法律不仅具有配额效应（Quota Effect），还有筛选效应（Sorting Effect），最终的雇佣水平是这二者相互作用的结果。[2]一方面，企业雇员中被保护群体如果过少的话，企业就可能面临歧视诉讼，因此为了防止卷入歧视案件，企业会加大对被保护群体的雇用（即使他们的实际生产率水平低于均衡水平），这就是法律的配额效应。另一方面，企业注意到，解雇弱势群体劳动力比拒绝雇用弱势群体劳动力更容易引起诉讼，因为在解雇案件中原告更容易找到参照标准来证明歧视的存在。而国外的司法实践证明了这一点：绝大部分的就业歧视案件都是解雇案件。因此对于雇主来说，雇用的弱势群体劳动力越多，将来面临歧视诉讼的可能性越大。因此，他们又会降低被保护群体的雇用，这就是法律的筛选效应。在保耶和舍费尔的研究中，他们发现法律的筛选效应远远大于配额效应，法律并没有提高被保护群体的雇佣水平。

总的来说，《民权法案》第七章可能会有以下效果：（1）增加已经被雇用的被保护群体的工资；（2）消除雇用和解雇过程中的歧视；（3）但是会降低被保护群体的雇用量。兰德斯（Landes）教授先前的研究表明，公平就业法的工资效应和就业效应是相互抵消的。但是我们很难对《民权法案》第七章做类似的研究：一方面，它的覆盖范围是全国，横向的跨部门研究方法不适用；另一方面，时间序列的纵向研究方法很难进行，因为我们很难排除这些因素的影响，即福利体制变化、歧视性偏好的变化、黑人受教育机会的增加、行业的转变、工会的瓦解的影响。目前的研究结论是不确定的，有些研究表明《民权法案》第七章提高了被保护群体的工资水平和雇佣水平，也有些研究指出法律的工资效用和雇用效用是相互抵消的，但更多的学者认为，法律的作用是难以确定的。有学者对与这一问题有关的各种文献和证据进行了综述之后得出的结论是：美国联邦政府的反歧视努力有助于缩小黑人和白人之间的工资差距。[3]

3.1.3 反就业歧视法的效率分析

在目前相关的文献中，对于法律的效率分析主要是从这三个角度来考虑的：

① POSNER R A. The efficiency and the efficacy of Title Ⅶ [J]. University of Pennsylvania Law Review, 1987, 136 (2): 513-521.
② OYER P, SCHAEFER S. Sorting, quotas, and the Civil Rights Act of 1991: who hires when it's hard to fire [J]. Journal of Law and Economics, 2002, 45 (1): 41-68.
③ KENNETH Y C. The impact of federal civil rights policy on black economic progress: evidence from the equal employment opportunity act of 1972 [J]. Industrial and Labor Relations Review, 1998, 51 (4): 608-632.

（1）法律是否降低了交易的成本；（2）受益者的所得是否大于受损者的所失；（3）就业歧视的机会成本分析。

第一，法律是否降低了交易的成本。通过公权力的介入，法律能够对于歧视造成的外部性（即给被歧视者带来的无效率）进行有效的管制和救济。例如要求歧视者对其歧视行为承担相应的法律责任，以促使其将外部性内在化，避免歧视，也使被歧视者获得必要的补偿；法律也许能够加大雇用的数量，但它是没有效率的，因为它并没有降低交易的成本。在贝克尔的模型中，黑人和白人之间的交易成本是真实存在的，法律并没有降低这种成本。

第二，受益者的所得是否大于受损者的所失。市场能够消除歧视，并且市场是消除歧视并决定何时消除歧视的最有效的方式。法律则打破了这种最优均衡。法律也许对黑人是有利的，但这种好处可能不足以抵消白人的损失。但有时法律不仅对企业来说是一种成本，对于黑人本身而言也并非一种收益。例如，一家企业位于黑人人口很多的地区，由于与企业经营部门或白人工人的种族歧视无关的原因，它也可能会没有黑人雇员。一是可能没有符合训练和能力要求的黑人；二是黑人可能不喜欢这类工作；三是黑人没有注意到该企业的职位空缺。如果法律要强迫该企业雇主雇用不合要求的黑人工人，向他们支付更高的薪金以使他们从事这一类他们不喜欢的工作，或在黑人社区对几乎没有任何黑人对此感兴趣的职位空缺做广告，那么企业所遭受的成本将高于它雇用黑人所取得的收益。不合格的黑人雇员会由于他无法在工作中对其高薪进行补偿而造成生产率损失。向不喜欢这类工作的黑人支付更高的薪金，这对企业来说是一种成本，对黑人也不是收益，因为它只是抵消了这一工作对他造成的非货币成本。如果广告并没有吸引大量的合格申请者，那么在黑人社区做广告不可能产生相当于广告成本的收益。由于这些附加成本的主要部分可能会转嫁到企业顾客身上，所以这些增进黑人福利的方法是掠夺性的，也是无效率的。①

第三，就业歧视的机会成本分析。前述分析并没有考虑实施禁止就业歧视的法律的司法成本。所以如果即使将禁止职业歧视的法律用于那些确实进行种族歧视的雇主，这些法律的成本也是高昂的。雇主也许不得不向那些既有种族歧视嗜好又可选择就业机会的白人工人支付更高的薪金。如果他们没有这样的就业机会，消除种族歧视也许不会对其造成货币成本——假设白人工人没有选择而只能与黑人交往——但会由于白人所讨厌的交往而对其造成非货币成本。而且，黑人在该企业中工作所得到的高于其可选择职业机会的收益，或加强与黑人的贸易给企业和其顾客所带来的经济利益，都不能抵消这些成本；如果存在这样的可抵消成本的收益，那么若没有法律压力，黑人也许早被雇用了。②

另外，联邦法院在受理就业歧视的案件时，这些案件本身所带来的巨大的成本也必须予以考虑。有人或许会说国家既然通过了禁止就业歧视的立法那就表明实施法律的成本也是可接受的。然而这并不是问题的全部。禁止就业歧视的法律是通过个人诉

① POSNER R A. Economic analysis of law ［M］. Beijing: Citic Publishing House, 2003: 686-688.
② 波斯纳. 法律的经济分析 ［M］. 蒋兆康, 译. 北京: 中国大百科全书出版社, 1997: 863.

讼来实施的，而这种诉讼依赖于受歧视者个人的诉讼意愿以及利用法律程序维护就业权利的能力。因此，并非所有的受歧视者都会提起诉讼。为受歧视者提供司法援助或者由一个专门机构来受理投诉并代表受歧视者提起诉讼看起来是解决这个问题的好方法。但这种诉讼成本的外在化必然会产生不正当的激励，使得每个没有被雇用和被解雇的劳动者都有动机去提起诉讼，从而造成歧视诉讼的滥用和司法资源的浪费。总的来说，单纯的禁止就业歧视只能为受歧视者提供一种非常有限的救济，其对就业歧视的消除效应远没有其支持者想象得那么大，因而并不是有效率的消除就业歧视的措施。

3.2 最低工资法的经济分析

本节将主要探讨最低工资法可能产生的经济效应，尤其注重其带来的就业效应。我们首先从最简单的完全竞争模型入手，在一些基本假设的前提下推导出最低工资将对就业产生负效应。然后我们将讨论两部门模型，因为现实中最低工资法一般都没有对所有部门实现完全覆盖。

3.2.1 最低工资法的完全竞争模型[①]

最低工资对就业影响最基本的理论模型就是完全竞争的供求模型。其基本的假设前提是劳动力市场完全竞争、劳动力同质、最低工资法适用于所有的经济部门、厂商是理性的（即追求成本最小化或利润最大化）、工人的技能和其努力程度相同（并且是外生给定的）。

如图3-1所示，如果不存在最低工资法，那么在完全竞争的劳动力市场上，均衡工资和就业水平由劳动力的供给和需求共同决定，此时均衡的工资水平为 W^*，均衡的就业水平为 E^*，劳动力的供给等于劳动力的需求。如果政府颁布了最低工资法，确定的最低工资水平 W_m 高于市场的均衡工资水平，那么此时整个社会的就业水平由劳动力的需求决定，均衡的就业水平为 E_m，它显然低于没有最低工资时的均衡就业水平 E^*。此时减少的就业量为 $E^* - E_m$，其多少取决于劳动力的需求弹性以及工资上升的幅度。如果整个社会的就业水平呈上升趋势，那么这种就业的"下降"表现为就业增长率的降低；如果整个社会的就业水平呈下降趋势，那么这种就业的"下降"表现为工人之间的替代或是解雇。当工资水平为 W_m 时，社会的劳动力供给为 S_m，因此会存在劳动力的超额供给，其超额供给量为 $S_m - E_m$，其大小取决于劳动力的供给弹性和工资上升的幅度。这一部分超额供给的劳动力是否会成为失业者，要取决于他们在劳动力市场上的行为，如果他们继续寻找工作，那么他们是失业者；如果他们退出劳动力市场，那么他们不能算作失业者。如果政府制定的最低工资等于或低于完全竞争的均衡水平，那么它对劳动力市场不会产生影响。

---

① 本部分内容主要根据下列文献整理：BROWN C. The effect of the minimum wage on employment and unemployment [J]. Journal of Economic Literature，1982，20（2）：487-528.

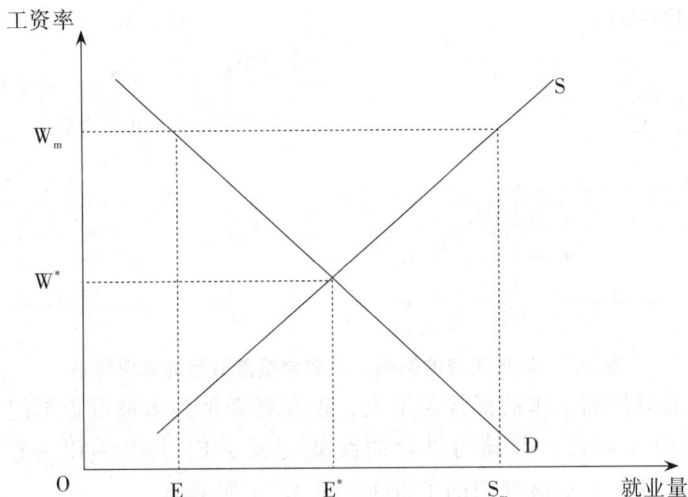

图3-1　最低工资的完全竞争模型

3.2.2　最低工资法的两部门模型[①]

在前文讨论完全竞争模型的就业效应时，一个潜在的假设是最低工资法覆盖了劳动力市场的所有部门，但是实际上，各国的最低工资法一般都没有对所有部门实现完全覆盖。[②]例如在美国，一些在政府部门工作的人以及在零售业和服务业小企业中工作的员工就不在联邦最低工资法的覆盖范围之内。对未被覆盖部门的经济分析更能解释现实的最低工资法产生的真实就业效应。

我们考察一下图 3-2 所示的低技能、低工资工人的劳动力市场。这一市场分为两个部分，在一部分劳动力市场上，雇主支付给员工的工资至少必须等于最低工资水平 W_1；而在未被最低工资覆盖的那部分劳动力市场上，雇主支付的工资可以随着市场条件的变化而自由波动。一方面，在这两部分劳动力市场上的总体劳动力供给固定在 E_T 上（也就是说，总体劳动力供给曲线是垂直的）；另一方面，劳动者可以自由地从这个劳动力市场上的一个部门流入另一个部门，以寻求更好的工作机会。劳动力在两个部门的自由流动意味着，在不存在最低工资法的情况下，这两个部门的工资水平应该是一致的。在图 3-2 中，我们假定最低工资法之前的工资水平是 W_0，总就业水平 E_T 分成两个部分，E_0^C 水平的就业量发生在被覆盖部门。

如果最低工资 W_1 被强加给被覆盖部门，那么所有的低技能工人都将会愿意在这个部门工作。但是，由于这个部门的工资水平从 W_0 上升到了 W_1，从而会导致劳动力需求的下降，使被覆盖部门的就业量从 E_0^C 下降到 E_1^C，这样，那些以前在被覆盖部门已经找到工作或者可能找到工作的那部分工人，现在就必须到未被覆盖部门去寻找工作了。这样，在那些以前就在未被覆盖部门工作的 E_0^U 名工人的基础上，现在又新增加了 $E_0^C - E_1^C$ 名工人到该部门来求职。这样，所有那些运气不佳，在 W_1 这一工资率下

① 本部分内容主要根据下列文献整理、改编：伊兰伯格，史密斯. 现代劳动经济学：理论与公共政策 [M]. 刘昕，译. 13版. 北京：中国人民大学出版社，2021.
② 这或者是由于在制定最低工资法案时就已经考虑将这些部门排除在覆盖范围之外，或者是由于政府的监管力量不够，一些雇主可能选择不遵守最低工资法，这同样造成了未被覆盖的情形。

劳动经济学

46

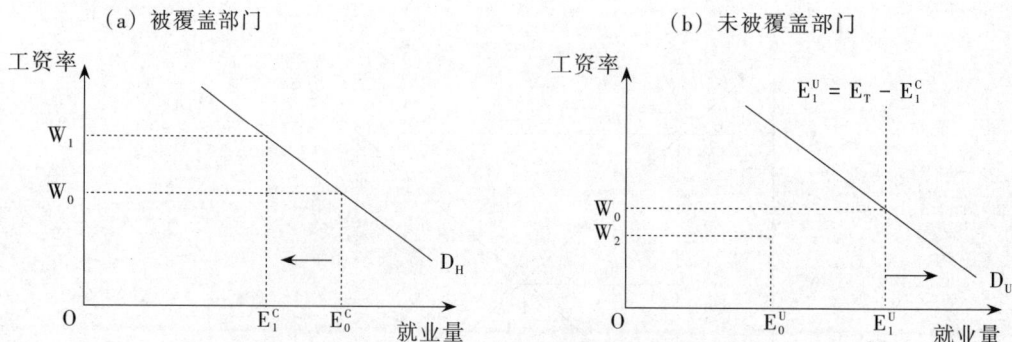

图3-2 最低工资的影响：不完全覆盖引起的就业转移

无法在被覆盖部门找到工作的低技能工人，现在就必须到未被覆盖部门来求职了。于是，这一部门的（垂直）劳动力供给曲线就变成了 E_1^U [$=E_0^U+(E_0^C - E_1^C) = E_T - E_1^C$]，劳动力供给的上升会推动该部门的工资水平从 W_0 下降到 W_2。

未被覆盖部门的存在意味着，随着最低工资水平的上升，低技能工人的就业将会出现重新分配，而不是减少。从上述例子可以看出，在实施最低工资法以后，所有的 E_T 名工人仍然都能够实现就业。因此，尽管局部覆盖的最低工资法并没有减少就业总量，但是它起到了将部分低技能工人从被覆盖部门转移到未被覆盖部门，进而导致未被覆盖部门的工资水平下降的作用。

当然，就业量从被覆盖部门向未被覆盖部门转移的规模大小，取决于未被覆盖部门自身规模的大小；未被覆盖部门的规模越小，则来自被覆盖部门的失业者重新实现就业的机会就越小。但是，无论被覆盖部门的规模大小如何，它的存在本身就使得总体就业损失要小于被覆盖部门所产生的就业损失。

不论是完全覆盖模型还是不完全覆盖的两部门模型，都是在劳动力市场完全竞争假设下进行的。这两种情况下的分析所得到的结论都是最低工资导致失业（尽管非完全覆盖的情况下失业的情况可能不是那么严重）。斯蒂格勒（Stigler）于1946年提出最低工资对就业的影响会因为不同行业的雇主对于特定技能和努力程度的劳动者工资率的控制能力的不同而不同。[①]他所指的雇主对工资率控制能力较强的情况就是劳动力市场完全竞争的情况。

在完全竞争市场下，每个工人获得的报酬等于自己的边际产品价值。如果最低工资是有效率的，它肯定会产生两种影响：首先，提供劳动的价值量小于最低工资的劳动者将会被解雇（他们将会被排挤到未被覆盖部门或者是失业，或者是退出劳动力市场）；其次，低效率工人的生产率将会由于最低工资而提高。我们分别来看这两种结果：（1）解雇没有效率的工人，这种解雇会因为他们边际生产率与最低工资之间差距的变大而变大；此外，产品的需求弹性越大，雇主对工人的解雇量将会越多；其他生产要素（包括有效率的工人）对低生产率工人的可替代性越强雇主对工人的解雇量将会越多。被解雇的工人将会考虑转移到未被覆盖部门就业，但是工资水平将会下降。最低工资制度会明显减少那些生产率水平低于最低工资的劳动者的收入。（2）最低工

---

① STIGLER G J. The economics of minimum wage legislation [J]. American Economic Review, 1946, 36 (3): 358-365.

资产生的第二个结果是，提高工人的劳动生产率，这将会以以下两种途径表现出来：劳动者将会更努力工作，或者是雇主将采用不同的生产技术提高劳动生产率。我们可能会主观认为解雇的威胁将迫使那些没有效率的工人更加努力工作，但是斯蒂格勒认为这种可能性不会太大，这些工人本身已经因贫困这个因素得到很大的激励。对于很多工人来讲，为了避免被解雇，他们努力程度的提高将会大大超过期望（可能会超过期望的50%甚至更多）。很显然，工人的努力程度也是有限的，最低工资对工人的激励作用已经到了强弩之末。雇主通过采用新技术来提高劳动生产率是更常用的一种抵消最低工资影响的方法，这种方法同样对就业产生了不利影响。因为在通常情况下，新技术要求不同的（通常是高技能的）劳动力，所以一些低技能的低生产率的劳动者将会被解雇。乔纳森和杰里米（Jonathan and Jeremy）研究发现，在最低工资上调两年之后，与最低工资上调有关的就业量减少幅度大约是最低工资刚刚上调后的两倍，这主要是因为在扩张性企业中，岗位增加的数量出现了下降。①

3.3　失业保险法的经济分析

　　失业保险法以及相关制度能够为失业者提供临时性的收入，保证其基本生活，从而使失业对工人的危害得以减小。目前，许多国家都已经建立起相当完善的失业保险制度，这些失业保险制度虽然为劳动者提供了保障，却对失业者再就业产生了影响。本节旨在从经济学角度来分析失业保险制度的效应。

3.3.1　失业保险制度的收入效应和替代效应

　　本小节将基于收入-闲暇模型分析失业保险制度对个人劳动力供给的影响。在收入-闲暇模型中，劳动者的效用水平取决于收入和闲暇，个人可在劳动和闲暇之间选择，以实现个人的效用最大化。个人愿意劳动的时间是工资率的函数，而工资率是享受闲暇的价格。个人劳动力的供给随着工资率的变化而变化，来自两种效应：工资率上升时，闲暇变得更加的昂贵，劳动者会舍弃闲暇时间而增加劳动力供给，工资率对劳动力供给产生了"替代效应"；同时，当工资率上升时，劳动者相对以前更加富有，劳动者又会倾向于减少劳动力供给而去享受更多闲暇，这被称为"收入效应"。个人劳动力供给的变化取决于两种效应之和，由此得到图3-3中所示的向后弯曲的个人劳动力供给的无差异曲线。

　　莫菲特与尼科尔森（Moffitt and Nicholson）②在收入-闲暇模型中引入失业保险，试图以此来解释失业保险对个人劳动力供给产生的影响。其中，失业时间是劳动者的闲暇时间。如果失业保险金由劳动者缴纳，那么提高失业保险金一方面会增加劳动者的非劳动收入，另一方面降低其工资水平：（1）收入效应。劳动者非劳动收入增加，

　　① JONATHAN M，JEREMY W. Effect of the minimum wage on employment dynamics [J]. Journal of Human Resource，2016，51（2）：500-522.
　　② MOFFITT R，NICHOLSON W. The effect of unemployment insurance on unemployment: the case of federal supplemental benefits [J]. Review of Economics and Statistics，1982，64（1）：1-11.

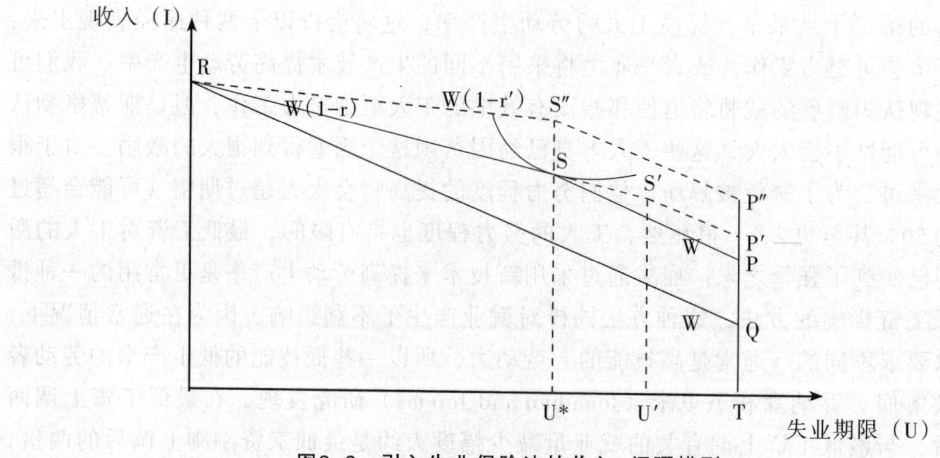

图3-3 引入失业保险法的收入-闲暇模型

资料来源 MOFFITT R, NICHOLSON W. The effect of unemployment insurance on unemployment: the case of federal supplemental benefits [J]. Review of Economics and Statistics, 1982, 64 (1): 3-4.

而工资水平（闲暇的机会成本）降低，对失业者的求职行为产生收入效应，为维持原有消费水平，失业者会增加劳动力供给。（2）替代效应。工资水平降低表明闲暇机会成本减小，劳动者偏好选择闲暇。

图3-3是失业者的预算约束线，I为收入，T为失业持续时间，U*为可以领取失业保险金的最长期限，W为市场工资率，r为失业保险替代率。在没有失业保险制度的情况下，失业者的预算约束线为RQ，斜率为W，表示失业每增加一周劳动者放弃的收入为W，也就是闲暇的价格水平。在引进失业保险制度的情况下，失业者的预算约束线从RQ上移至RSP，此时预算线被分为两个部分，RS部分的斜率为W（1-r），表明在失业保险金的领取期限内，失业者不工作而选择闲暇的机会成本较低，为W（1-r），此时失业者可能会延长失业期。SP部分的斜率为W，表明当失业期限超过领取失业保险金的最长期限时，失业者失去领取失业保险金的资格，继续不工作而选择闲暇的机会成本上升为W，这将促进失业者努力寻找工作。

如果将失业保险金领取期限延长至U'点，那么预算约束线将变为RS'P'，此时RS'的斜率是W（1-r），S'P'的斜率为W，这对于仍然处在失业保险金领取期的失业者没有影响，但是对领取期快要结束的失业者而言，领取期的延长意味着可以继续享受失业保险待遇，闲暇的机会成本再次从W降低到W（1-r），此外，领取期的延长会增加失业保险金的收入，因而失业者的失业持续时间可能会延长。

如果将失业保险替代率r提高至r'，那么预算约束线则变为RS"P"，此时不工作而享受闲暇的机会成本进一步下降。RS"的斜率为W（1-r'），S"P"的斜率为W，与处在原失业保险水平RS之下的失业者相比，失业者闲暇的机会成本减少为W（1-r'）。此外，失业保险替代率提高所产生的收入效应会促使失业者延长失业时间。

由此可知，失业保险金水平的提高以及失业保险金领取期限的增加都会对个人劳动力供给产生负面影响，延长失业时间。

3.3.2   失业保险制度的资格效应

失业保险制度有明确的制度特征，即失业保险金的领取资格、领取水平和领取期限。1977年，莫坦森（Mortensen）[1]在其工作搜寻模型中加入了失业保险金的领取资格和领取期限。这个模型具备以下特征：允许工人在就业期间进行工作搜寻。搜寻的强度是一个选择变量，并且将由于搜寻所放弃的闲暇的价值看作搜寻成本。莫坦森设定失业者再就业率函数为$q=\delta$（s）[1-F（w）]，其中 q 是失业人员的再就业率[2]，s 表示工作搜寻努力程度，δ（s）是将搜寻努力程度转化为工作机会的概率，w 为失业者的保留工资水平，F（w）为保留工资的分布函数。再就业率函数表示当失业者更加努力搜寻工作时，其工作机会增多，再就业率上升；潜在的工作机会增多，也使得失业者不断调整保留工资水平（降低预期），能够被其接受的工作提议增加，也促使再就业率上升。但如果失业保险金增加，给付期延长，失业状态的"价值"会提高，失业者搜寻工作的努力程度 s 会降低，保留工资水平 w 会上升，再就业率随之下降。

在图3-4中，q 为再就业率，T 为可以领取失业保险金的最长期限，V 表示失业持续时间。在失业者刚失业时有资格领取失业保险金，其保留工资水平 w 会上升，工作搜寻努力程度 s 会降低，因此失业初期再就业率很低。这时，失业保险制度确实给失业人员的再就业造成了负面影响。随着失业时间的延长，由于给付期的限制，工作搜寻努力程度 s 会随失业者失业时间的延长而增加，再就业率上升。而且随着失业时间越来越临近 T 点时，再就业率会出现急剧上升的情况。当失业时间超过 T 点后，也就是在领取失业保险金的期间内没有实现再就业，再就业率表现为一个固定的比率，这表示失业保险金领取期限结束后仍然没有就业的失业者，其再就业率与失业持续时间没有关系。但是这时的再就业率依然维持在一个较高的水平，这是因为随着失业保险金领取资格的失去，失业者保留工资水平 w 会大幅度下降，工作搜寻努力程度 s 会提高，以期再次获得失业保险金领取资格。

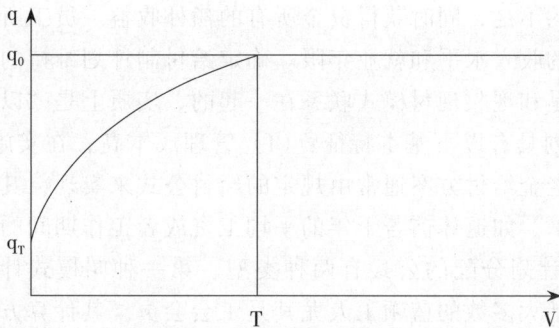

图3-4   失业保险金领取期限和失业者再就业率的关系

资料来源 MORTENSEN D T. Unemployment insurance and job search decisions [J]. Industrial and Labor Relations Review，1977，30（4）：513.

---

① MORTENSEN D T. Unemployment insurance and job search decisions [J]. Industrial and Labor Relations Review，1977，30（4）：505-517.
② 在莫坦森文中，将 q 定义为脱离率（Escape Rate），即脱离失业状态的概率，在此我们将其定义为再就业率。

由莫坦森的工作搜寻模型可知，失业保险制度的资格效应——由失业保险金领取资格和领取期限产生的效应——会促进失业者努力寻找工作，但失业保险金在失业者失业初期确实会降低其工作搜寻努力程度，从而降低再就业率。

3.4 \ 养老保险法的经济分析

从经济学角度看养老保险制度，实际上就是要解决以何种方式把多大规模的工作的一代人创造的财富转移给退休的一代人，或者是以何种方式把多大规模的当前创造的财富以至少不贬值的方式保留到老年以后消费，才是最优的问题。弗朗克·莫迪利安尼（Fraco Modigliani）提出的生命周期假说（Life-Circle Hypothesis）以及阿莱（Allais）、萨缪尔森（Samuelson）、戴蒙德（Daimond）等所创立的交叠世代模型（Over Lapping Generation Model）为养老保险制度的经济分析奠定了理论基础。[①]本节我们首先采用新古典学派的理论，特别是交叠世代模型对养老保险的基本模式进行分析。其次，从理论角度分析养老保险制度对劳动力供给的影响。

3.4.1　确定给付制与确定缴费制

美国经济学家费尔德斯坦和李伯曼（Feldstein and Liebman）认为区分养老保险体系的两大标准：第一是根据养老保险缴费与受益的关系不同区分的确定给付制（Defined Benefit，DB）和确定缴费制（Defined Contribution，DC）；第二是按筹资方式划分的现收现付制和基金积累制。[②]

确定给付制计划是先设定养老保险金为保障一定的生活水平需要达到的替代率，以此确定养老保险金的给付标准，再结合相关影响因素进行测算，来确定养老保险费的征缴比例。在该计划下，无论资金的数额有多大，员工都将得到确定的收益。雇主负责补充资金所有的不足，同时获得资金所有的额外收益。员工所得到的养老金数额取决于退休前员工的收入水平和就业年限。确定给付制计划维持的是短期内的横向平衡，这种计划一般是和现收现付模式联系在一起的，实质上是"以支定收"。

确定给付制计划具有以下基本特征：（1）管理成本高，在实施上具有一定难度。（2）以支定收，养老金给付方案通常由规定的给付公式来实现，其主要变量有工龄和某段时间的工资水平，如退休前若干年的平均工资或者工作期间的平均工资。通常情况下，确定给付制计划分配的公式有两种类型。第一种叫模式计划（Pattern Plan），它所涵盖的范围包括大多数的蓝领工人尤其是工会会员。其计算方法为：年度养老金=B×退休时的服务年限，其中B代表某个特定的金额，通常取决于工会谈判。第二种主要适用于白领员工，称为传统（Conventional）或者常规（Formal）计划。这种方案将年度养老金所得和平均最终年薪以及服务年限联系在了一起，年度养老金=g×服务年限×平均最终年薪，其中g为一个比例，平均最终年薪是指员工工作的最后几年薪

①　李绍光. 养老金制度与资本市场［M］. 北京：中国发展出版社，1998：23.
②　FELDSTEIN M，LIEBMAN J B. Social security［Z］. NBER Working Papers No.8451，2001.

金的年平均值。（3）收入关联，确定给付制计划下，劳动者的养老金待遇是以现实收入状况为基础确定的，与其退休前的实际收入直接相关，而与其在养老保险制度中缴费的数量仅具有间接的关系。（4）较强的收入分配效应。参保人的收益与缴费相分离，只要其符合规定的条件就能享受承办者做出承诺的相应待遇，具有较强的收入分配效应，能调节不同阶层的收入。（5）计划承办者，即政府承担风险，该计划把养老金福利和员工的平均最终年薪联系在一起，它将随着通货膨胀做自动的调整。如果价格和工资由于通货膨胀而上升的话，平均最终年薪也会得到提高，进而生活成本的提高也会体现在养老金福利当中。该计划看似没有风险实则是把风险从劳动者个人转移到计划承办者身上。由于其到期养老金给付额要随物价涨幅和工资涨幅而做出调整，因此计划承办者主要承担因无法预测的社会经济变化引起的收入波动风险。（6）将养老金和平均最终年薪挂钩会激励员工在最后的几年内更努力工作，以期在退休前几年获得较高的收入，进而获得较高的养老金。但是如果这种激励过于强劲，将导致无效率的行为。

20世纪80年代以来，随着人口老龄化的日益加剧，以个人账户为基础的确定缴费制计划迅速发展。确定缴费制计划是结合未来的养老负担、基金的保值增值、通货膨胀率、企业的合理负担、现行劳动力市场和工资水平等因素，经过预测确定一个相当长时期内比较稳定的缴费比例或标准，由雇主和雇员分担，记入雇员的个人账户。根据员工的选择，或者在雇主或其他组织如工会或政府的支配下，账户中的钱被投资于某类生息债券。当员工退休时，根据个人账户上历年的缴费及资金的积累情况（包括付款加累积的资本收益利息或分红）领取养老金。确定缴费制计划维持的是长期内的纵向平衡，总是和完全积累或部分积累模式联系在一起的，实质上是"以收定支"。确定缴费制计划的基本特征在于：（1）参保人承担一定的风险，在该计划下，参保人得到的养老金数量取决于证券市场的最终价值。如果账户基金的投资收益率比预期低，那么退休的参保人只能获得更低的福利。该计划能通过证券市场运营，降低通货膨胀的风险，但是把收益不确定的风险从企业转移到了参保人身上。（2）具有较强的激励作用。在确定缴费制下缴费数额与可享受的待遇直接相关，虽弱化了收入再分配的功能，但具有较强的激励作用，鼓励个人努力工作缴费，特别是对于高收入者来说。（3）参保人在整个工作期间均能确切地了解自己退休金账户的数额情况。特别是对以后可能调换工作的雇员而言，该计划使他在中断与雇主的雇佣关系时，更容易地将其积累的金额转出。

这两种计划都会在某种程度上带来风险，只是在不同计划下风险的承担方不同。从风险的角度来看，要实现效用最大化，在选择养老金方案时应当力图将风险转嫁给风险厌恶程度最低的那一方。但是在多数情况下，企业的风险承担能力要比单个员工强。大卫·布莱克（David Blake）研究发现，员工对确定缴费制和确定给付制的选择，受其行为和个人特征的影响，例如多久换一次工作和对风险的态度。工作更换比较频繁和对风险厌恶程度低的人一般会选择确定缴费制。[1]

---

①　BLAKE D. Does it matter what type of pension scheme you have？[J]．The Economic Journal，2000，110 (461)：F46-F81.

3.4.2　现收现付制和基金积累制

现收现付制和基金积累制是养老保险的两种不同的制度安排，也是两种不同的筹资方式，学术界对二者的争议颇多。自德国俾斯麦政府开始，现收现付制已作为养老保险的一种重要模式存在，现在仍为大多数国家所采用。但随着人口老龄化及资本市场的发展，基金积累制也得到很多支持。受制于现收现付制的巨大的财政压力，很多国家也逐渐开始采用完全基金积累或部分基金积累制。

现收现付制（Pay-As-You-Go System，简称PAYG）是以正在工作的一代人的缴费来支付当期退休人员养老金的制度安排，其建立和持续发展的基础是"代际的契约"，也即"代际赡养"，正在工作的一代人养退休的一代人，以此循环，代代为续。它以当期内资金收支的横向平衡为资金筹集和待遇计发的原则，当期的缴费收入仅能满足当期的养老金支出，收支相抵后没有过多盈余。因此，从长期看，该模式的养老金计划不会形成数额庞大的养老金储备基金，没有基金运营的压力和风险，也不会受到通货膨胀和利率波动的大幅度影响。但是该模式最大的缺点是，随着老年人口规模的不断扩大，年轻一代人的缴费压力会越来越大。

1958年，萨缪尔森（Samuelson）建立了离散型的两期代际交选模型，又称选代模型，将有限期生命的个人引入模型，为养老保险理论的研究奠定了基础。[①]尽管后来很多的学者对该模型进行了扩展，使其更符合现实条件，但是由于其基础而重要的地位，在此我们仅对该模型做出详细的介绍。模型假设人的生命分为两期，第一期为青年期，从事生产并获得劳动收入，收入的一部分用来消费，另一部分用来储蓄；第二期为老年期，只消费不从事生产。人口增长率为n，技术进步率为0；没有资本，也不存在金融产品；所有的产品都在当期消费完。在这样的经济下，个人不能通过储蓄养老。假设任何一个时期 t，存在 L_t 的工作人数和 L_{t-1} 的退休人数，并有 $L_t = L_{t-1}(1+n)$。在现收现付制下，政府通过向工作的一代征收工薪税，得到养老保险收入。工资率为W，养老保险缴费率为δ，则t期工人缴纳的税金总额为 $T_t = \delta W L_t$，相应地，他们在退休时获得的养老金为 $B_{t+1} = T_{t+1} = \delta W L_{t+1}$，因此人们获得的养老金与其缴纳税金的比例为：

$$\frac{B_{t+1}}{T_t} = \frac{T_{t+1}}{T_t} = \frac{L_{t+1}}{L_t} = \frac{L_t(1+n)}{L_t} = 1+n \qquad \text{（公式3-1）}$$

也就是说在这种情况下，个人可以得到和人口增长率相同的养老金报酬率。若技术进步不为0，即劳动生产率的增长率为g，则工资率 $W_{t+1} = (1+g)W_t$。同样可得每一代人在退休期所获得的养老金与其年轻时缴纳的税金之比为：

$$\frac{B_{t+1}}{T_t} = \frac{T_{t+1}}{T_t} = \frac{\delta W_{t+1} L_{t+1}}{\delta W_t L_t} = (1+n)(1+g) \approx (1+n+g) \qquad \text{（公式3-2）}$$

也就是说在这种情况下，养老金报酬率约由一个经济中的人口增长率和劳动生产率的增长率之和来确定，萨缪尔森也将该比率称为"生物回报率（Biological Rate of Return）"。因此，在资本不存在的情况下，现收现付制提供给每一代人一个正的报

---

① SAMUELSON P A. An exact consumption-loan model of interest with or without the social contrivance of money [J]. Journal of Political Economy, 1958, 66 (6): 467- 482.

酬率，还给予第一代人一笔额外的收益（他们在享受养老金的同时不需要在年轻时缴费），现收现付制的引入对一个经济体来说是一个帕累托改进。但是如果把资本市场和人们的储蓄行为考虑进去，模型就变得更为复杂。1966年，亨利·艾伦（Aaron）在"生物回报率"概念的基础上提出了"艾伦条件"的概念，也就是说只有"生物回报率"大于资产实际回报率（即市场利息率）时，现收现付制养老保险才是可行的。[①]

基金积累制是根据长期收支平衡的原则确定收费率，企业和个人按工资的一定比例向社保机构定期缴纳养老保险税（费），记入个人账户，退休后用个人账户内的积累额加上利息、投资收益等增值部分来支付养老金。根据基金管理者的不同，基金积累制又可分为中央公积金制和私营退休金制，新加坡和智利分别是这两种类型的代表。与现收现付制的"代际赡养"相比，基金积累制遵循的是"同代自养"的原则，劳动者在工作期间为退休时的消费做准备，个人账户归私人所有。因此，这种制度受人口结构变动的影响较小，而且缴费与退休收益直接挂钩，可以激励个人的缴费积极性。但是这种模式不能进行收入的代际转移，使收入再分配和风险分担的功能大大削弱。另外由于会储存大规模的养老金基金，因此面临着较大的投资压力和资金贬值的风险，受经济波动和通货膨胀的影响较大。

在完全基金积累制下，在t期就业人口的每一个人也是根据一定比例，假设与现收现付制下同样的比率δ从工资中扣除养老金，不同的是他们将养老金扣除额δW_t存入个人账户，并由一个养老基金运营公司进行投资。当这一代就业人口在t+1期退休时，根据金融市场的资本边际报酬率即市场实际利率r获得养老金给付，因此t+1期的养老金为：

$$B_{t+1} = (1 + r)\delta W_t \qquad \text{（公式3-3）}$$

在基金积累制的养老体系下，借用索洛新古典经济增长模型可以找到一个经济长期的资本边际报酬率的决定因素。[②]新古典增长模型假定产出是由资本和劳动力两种投入要素决定的生产函数，生产过程遵循规模报酬不变和要素的边际报酬递减规律，在资本市场和劳动力市场均衡状态时，两个要素的价格——利率和工资分别等于它们的边际生产率。从长期看，劳动力的增长率为n，即$N_t = N_0(1 + n)^t$。如果以每一期人均消费量最大作为长期经济效率最优的标准，索洛在其经济增长模型中推导出著名的经济增长"黄金定律"："当一个经济的资本增长率等于人口增长率加上劳动生产率的增长率时，经济处于最优增长路径，与此相应的利率即为长期动态的最优利率。"[③]将这一分析用于完全基金积累制养老体系下的资本增长和利率的确定，为便于理解，我们假设经济中的总储蓄可以被分为两部分：一部分是形成资本的储蓄，100%地形成资本K；另一部分是就业人口的养老储蓄，每一个人的养老储蓄为δW_t，全社会的养老储蓄为$\delta W_t N_t$。当经济一旦处于索洛所描述的黄金增长路径时，就有：

$$\frac{K_{t+1} - K_t}{K_t} = r - \tau = n + g \qquad \text{（公式3-4）}$$

①　AARON H. The social insurance paradox [J]. The Canadian Journal of Economics and Political Science, 1966, 32 (3): 371-374.
②　袁志刚. 中国养老保险体系选择的经济学分析 [J]. 经济研究, 2001 (5).
③　SOLOW R M. A contribution to the theory of economic growth [J]. The Quarterly Journal of Economics, 1956, 70 (1): 65-94.

式中：r为资本的边际报酬率；τ为资本折旧率；n为人口的增长率；g为劳动生产率的增长率。也就是说，资本的边际报酬率（利率r）减去资本折旧率之后等于人口的增长率加上劳动生产率的增长率。因此，在经济处于黄金增长路径之下时，也就是以每一期人均消费最大作为标准的经济最优增长时，资本市场所能获得的毛利率应该为：$r = n + g + \tau$；净利率应该为$r_{net} = n + g$。将净利率代入公式3-3，可得：

$$B_{t+1} = (1 + n + g)\delta W_t \tag{公式3-5}$$

因此，我们可以得出，养老保险体系无论是采用现收现付制，还是采用完全基金积累制，只要一个经济的最优储蓄率能够得到保证，养老金增长的物质基础是完全一样的，即养老金获得增长的物质源泉只能是下一代就业人口的增长和他们劳动生产率的提高。当市场的实际利率与资本折旧率的差大于人口的增长率与劳动生产率的增长率之和时，即r-τ>n+g时，基金积累制养老保险的效率才高于现收现付制（基金积累制的引进，可以提高国民储蓄，增加资本积累，使利率增长恢复到与黄金增长相一致）。当市场的实际利率与资本折旧率的差小于人口的增长率与劳动生产率的增长率之和时，即r-τ<n+g，经济中的储蓄率过高，均衡状态下的资本存量处于较高水平。在这种情况下若实行基金积累制的养老保险，会造成福利损失，宜实行现收现付制的养老保险。

3.4.3　养老保险制度对劳动力供给影响的理论分析

作为一种对个人年老时风险进行分担的制度安排，养老保险模式的选择不仅会对微观个人的行为产生影响，也会对宏观的经济变量产生影响。如养老保险对个人的劳动力供给行为，特别是对个人退休决策的影响，对居民储蓄、消费和投资的影响，对收入分配和经济增长与福利的影响等。对养老保险影响的理论研究和实证研究有很多，如费尔德斯坦（Feldstein）采用时间序列的数据研究证明养老保险的存在显著地降低了个人储蓄水平。[①]这里我们重点介绍养老保险制度对劳动力供给的影响，包括对工作决策的影响和退休决策的影响。

首先，就工作决策而言，养老保险缴费、待遇享受条件以及缴费和未来享受待遇是否挂钩等因素都会影响劳动力供给。从劳动者总收入中进行养老保险缴费将减少劳动者每小时的净收入，这种效应将在多大程度上影响其工作积极性，取决于收入效应和替代效应的相互作用。一方面，保险缴费会刺激劳动者增加劳动力供给（收入效应），因为小时净收入减少，获得同样的收入需要投入更多的工作时间；另一方面，由于增加工作时间所获得的净收益相比较少，劳动者便不会对找工作或者延长工作时间有很高的积极性，而选择以较多的闲暇替代劳动（替代效应）。最终是会增加还是会减少劳动力供给，则要看替代效应和收入效应之差。若替代效应大于收入效应，则会减少劳动力供给；反之，则会增加劳动力供给。相对而言，在大多数情况下，养老保险金给付对劳动力供给的影响则比较清晰。因为给付增加了受益者的收入，这样人们可以减少自己的工作时间（或者选择退休）而不必承担总体收入大幅缩减带来的损

---

① FELDSTEIN M. Social security and saving: new time series evidence [J]. National Tax Journal, 1996, 49 (2): 151-164.

失。另外，在适龄劳动者中，如果认为缴费可以带来等值的预期收益，养老保险缴费需求可能不会被认为太大的负担。

其次，就养老保险对退休决策的影响来说，可能影响劳动者退休决策的因素包括劳动者年龄、养老保险收益获取的可能性、个体的健康状况、退休后待遇水平、其他收入来源、享受保险待遇的限制条款等。[①]当劳动者年老时，他们更倾向于退休，他们的健康状况、就业的前景、可得到的退休收入等可能都会使得此时闲暇的效用较高。退休后保险待遇水平的合适性，也会促使人们退出劳动力市场，人们首次可以享受养老保险待遇的年龄将成为最受欢迎的退休年龄，这一点从博匀施-苏盼（Borsch-Supan）的研究中可以得到证明。[②]健康状况的下滑通常也会影响退休行为，部分国家的社会保障体系会为丧失工作能力的劳动者提供养老保险待遇。高保险待遇也会在一定程度上鼓励提前退休，对于健康状况不断恶化的人而言，较高的保险待遇对其退休决策的影响是很强烈的。

克劳福德和利利安（Crawford and Lilien）构建了一个模型来分析养老保险体系影响个人退休决策的机制。首先，假定完全的资本市场，即个人不存在信贷约束，养老保险体系没有收入再分配的功能，且没有最低退休年龄规定的情况下，养老保险体系的存在并不影响个人的退休决策。其次，将假设条件放宽，在存在流动性约束、其他假定条件不变的情况下，养老保险体系收入转移所带来的收入效应，会使个人倾向于购买更多的闲暇，即选择提前退休。而且随着养老保险保障程度的提高，个人的退休年龄趋于下降。若既有流动性约束，又有最低的退休年龄规定，那么养老保险体系对个人退休决策的影响则视情况而定。如果个人偏好的退休时间对缴纳的养老保险贡献的导数小于零，则养老保险水平的提高使个人的退休时间延长；如果该导数大于零，则养老保险水平的提高使个人的退休时间提前；如果该导数等于零，则养老保险水平的高低对个人的退休决策无影响。[③]无论养老保险体系的筹资模式是现收现付制还是基金积累制，养老保险体系都是通过这些途径来影响个人退休决策的。

🔦 本章小结

在劳动力市场中，政府制度是不可回避的。本章第一节对反就业歧视法进行了经济分析。反就业歧视法主要是保障劳动者的公平就业权，文中重点分析其效果和效率。考察其效果主要从三个方面进行：增加已经被雇用的保护群体的工资；消除雇用和解雇过程中的歧视；但是会降低保护群体的雇用量。效率主要关注三个方面：法律是否降低了交易的成本；受益者的所得是否大于受损者的所失；就业歧视的机会成本。

本章第二节对最低工资法进行经济分析，首先从最简单的完全竞争模型入手，在一些基本假设的前提下推导出最低工资将对就业产生负效应。然后讨论了两部门模

① 汤普森. 老而弥智——养老保险经济学 [M]. 孙树菡，等译. 北京：中国劳动社会保障出版社，2003：59-60.
② BORSCH-SUPAN A. Incentive effects of social security on labor force participation：evidence in Germany and across Europe [Z]. NBER Working Papers No.6780，1998.
③ CRAWFORD V P，LILIEN D M. Social security and the retirement decision [J]. The Quarterly Journal of Economics，1981，96（3）：505-529.

型，因为现实中最低工资法一般都没有对所有部门实现完全覆盖。

　　本章第三节采用了收入-闲暇模型分析失业保险对个人劳动力供给的影响，失业保险金水平的提高以及失业保险金领取期限的增加都会对个人劳动力供给产生负面影响，延长失业时间。另外采用工作搜寻模型分析了失业保险制度的资格效应，失业保险金的资格效应会促进失业者努力寻找工作，但失业保险金在失业者失业初期确实会降低其工作搜寻努力程度，从而降低再就业率。

　　本章第四节对确定给付制和确定缴费制养老保险制度，以及现收现付制和基金积累制养老保险制度进行了经济分析。确定给付制计划是先设定养老保险金为保障一定的生活水平需要达到的替代率，以此确定养老保险金的给付标准，再结合相关影响因素进行测算，来确定养老保险费的征缴比例。确定缴费制计划是结合未来的养老负担、基金的保值增值、通货膨胀率、企业的合理负担、现行劳动力市场和工资水平等因素，经过预测确定一个相当长时期内比较稳定的缴费比例或标准，由雇主和雇员分担，记入雇员的个人账户。现收现付制是以正在工作的一代人的缴税来支付当期退休人员养老金的制度安排。基金积累制是根据长期收支平衡的原则确定收费率，企业和个人按工资的一定比例向社保机构定期缴纳养老保险税（费），记入个人账户，退休后用个人账户内的积累额加上利息、投资收益等增值部分来支付养老金。

复习思考题

　　1. 以种族歧视为例分析反就业歧视法的效率。

　　2. 在劳动力市场处于买方垄断的情况下，你认为最低工资制度将会产生怎样的就业效应？

　　3. 你认为最低工资制度将对青少年就业群体产生怎样的影响？给出你的理由。

　　4. 假定政府为了削减福利支出，而缩短失业保险的期限。请运用工作搜寻模型分析该项政策调整对失业者和宏观经济的影响。

　　5. 简述确定缴费制和确定给付制的特点。

　　6. 用经济学理论简单分析现收现付制和基金积累制。

案例分析题

中国共产党对国家养老金制度的探索与实践

　　截至 2020 年年底，全国参加职工基本养老保险人数为 45 621 万人、参加城乡居民基本养老保险人数为 54 244 万人，基本养老保险制度合计覆盖人口 99 865 万人，基本做到全覆盖、保基本。中国在从农业大国进入工业化的过程中，借鉴了国际经验，基于中国国情与时俱进的发展，经历了公有制、社会化、全国统筹与多支柱 3 个发展阶段，建设了世界最大的基本养老金制度。

新中国与养老金 1.0 时代：公有制与养老金

　　中华人民共和国成立之前，中国共产党在解放区借鉴苏联经验颁布了《中华苏维埃共和国劳动法》并初建工资福利制度。养老金制度伴随中华人民共和国的成立而诞生，逐渐扩大覆盖范围，根据经济发展水平，按照"保基本"的原则，实现城乡居民

"老有所养"。

改革开放与养老金2.0时代：社会化与养老金

1978年至2010年间，伴随改革开放和建立社会主义市场经济体制，人口流动加速，党领导人民打破国有企业的边界，进入社会化养老金制度建设阶段，企业职工开始履行缴纳养老保险费的义务，打破了工厂的围墙，进入了社会人的生活，2010年中国城镇化率达到46.6%。

1997年，根据《国务院关于建立统一的企业职工基本养老保险制度的决定》的规定，我国确立社会统筹与个人账户相结合的养老保险制度，基于劳动保险发展起来的11个行业养老金制度逐渐归入地方统筹的基本养老保险制度。

2010年，《中华人民共和国社会保险法》规定企业和职工有参加社会保险的权利与缴纳社会保险费的义务，从此计入职工个人账户的缴费，不再是个人养老储蓄，而是个人缴费记录和权益记录，支持中国实行了缴费与待遇关联的养老金制度。养老金替代率为个人缴费基础数的60%、社会平均工资的40%（部分民营企业和个体经济户存在降低费基的问题）。

1992年，中国开始尝试为农村居民建立个人积累、集体补贴、利息收入和政府补贴相结合的养老保险计划。2014年，中国城镇化率达到54.77%。为实现城乡协同发展，国务院发布了《关于建立统一的城乡居民基本养老保险制度的意见》，以政府补贴为主，建立了社会统筹与个人账户相结合的、低水平的居民养老保险制度，巩固和逐步增加居民个人缴费。通过制度创新探索适合中国国情的居民养老金制度。2014年，机关事业单位结束了退休金制度，与企业职工养老保险政策并轨。

20世纪80年代中期，在经济体制改革进程中，我国从地方试点起步建立企业职工退休费用社会统筹，并在劳动部门相应设立了经办机构。鉴于省级统筹的复杂性，2006年后，劳动保障部、财政部提出两种实施模式：理想模式是基金全省统一收支管理，过渡模式是基金省级调剂、按预算分级管理。无论何种模式，都要求全省六统一（即制度和政策、缴费比例和基数、待遇计发办法和统筹项目、基金使用、预算编制实施、业务规程统一）。据此，少数地区实行了基金全省统收统支，并建立了垂直管理的经办体系；多数地区实行省级调剂、分级经办管理。

在改革开放过程中，劳动力流向沿海地区，深圳等经济特区的发展引领中国突破经济发展的瓶颈期，进入快速发展阶段，也加大了地区人口结构差异。2010年，《中华人民共和国社会保险法》提出"基本养老保险基金逐步实行全国统筹"。2012年，党的十八大报告提出"实现基础养老金全国统筹"。

2018年，国务院建立企业职工基本养老保险基金中央调剂制度，基金上调比例由起初的各地征缴收入的3%提高到4%，2020年上调、下拨合计7 000亿元，20多个基金缺口省区受益。人社部、财政部负责中央调剂金的调拨，人社部社保中心及各省级地区社保机构通过统计、信息系统核验参保、缴费、待遇支付等数据作为划拨资金的依据，基本实现了基本养老保险基金的省级统筹，为实现全国统筹奠定了基础。

老龄化社会与养老金3.0时代：全国统筹与多支柱

2021年，中国接近深度老龄社会，城镇化率达到63%。基本养老保险制度面临如下 3 个挑战：第一，人口流动不均衡，省际人口结构差异加大，广东省的年轻人口流入规模较大。第二，制度内赡养负担加重，2020 年在职缴费人和退休领取人的赡养比为 2.57∶1，养老保险基金收入 44 376 亿元，支出 51 301 亿元，收支缺口 6 925 亿元；"63 婴儿潮"的男职工进入退休高峰，制度内赡养负担将不断加重。第三，灵活就业占新增就业人员的 50% 以上，参保遇到高费率和携带难等问题。

积极应对人口老龄化，分散养老金制度风险的举措是"将鸡蛋放进三个篮子"，即构建三支柱国家养老金体系和运营机制，提高养老金制度覆盖范围和总替代率水平，由此提高老龄人口的消费能力。一要夯实基础养老金，包括职工基本养老保险金和城乡居民基本养老保险金；二要大力发展企业年金和职业年金；三要全面发展个人养老金。

资料来源　杨燕绥. 中国共产党对国家养老金制度的探索与实践［J］. 学术前沿，2021（19）：30–39.

讨论题：

结合案例以及我国基本养老保险的现实状况，简要谈谈您对我国养老保险制度改革的看法。

推荐阅读资料

1. 杨伟国，代懋. 劳动与雇佣法经济学［M］. 上海：复旦大学出版社，2013.

2. 波斯纳. 法律的经济分析［M］. 蒋兆康，译. 北京：中国大百科全书出版社，1997.

3. BESLEY T，BURGESS R. Can labor regulation hinder economic performance? Evidence from India［J］. The Quarterly Journal of Economic，2004，119（1）：91–134.

4. POSNER R A. Some economics of labor law［J］. The University of Chicago Law Review，1984，51（4）：988–1011.

网上资源

1. OECD 就业主题网页，http：//www.oecd.org/employment

2. Encyclopedia of Law & Economics，http：//encyclo.findlaw.com

3. 国际劳工组织主题网页，https：//www.ilo.org/global/topics/lang--en/index.htm

4. 中国社会保障学会，http：//www.caoss.org.cn

拓展阅读：劳动力市场性别不平等与反歧视政策研究

第4章 劳动力市场制度：工会

学习目标

✓ 了解产业与劳动关系法的概念
✓ 了解主要发达国家和我国的产业与劳动关系法
✓ 掌握工会的经济模型
✓ 运用劳动力市场供求模型分析产业与劳动关系法的经济效率
✓ 理解工会的经济分析

引例

罢工 1 440 小时后

2021年12月初，当凛冽的寒风席卷美国内布拉斯加州，奥马哈冬日的街道更显空旷与萧瑟。在丹·奥斯本（Dan Osborn）的印象中，似乎没有哪个冬天像今年这样寒冷而漫长。轮到奥斯本值岗时，已时值午夜。他和工会伙伴们手举抗议牌，围堵在家乐氏工厂的出入口处。他们频繁地踩着碎步，大口喝能量饮料，或是点起一根烟，以便撑过这漫漫寒夜。

倏然，一辆亮着前照灯鸣笛而来的商务车，打破了这个夜晚的寂静。车主摇下车窗，向道路旁的工人们示以支持，在冷风中站立多时的他们瞬时倦意全无，挥手致谢。就在车灯闪过的片刻，工人抗议牌上的粗体文字依稀可见："为家乐氏感到羞耻""我们只是想被公平对待"。

当地时间2021年10月5日零时，家乐氏与BCTGM工会（美国面包烘焙、糖果糕点、烟草工人与谷类碾磨工人国际工会）签订的合同到期。凌晨一点，该工会1 400名家乐氏工人走上罢工前线。到12月5日，就是他们每天24小时无休、轮岗抗议家乐氏的第60天。作为在家乐氏工作18年、出勤率高达99%的"好员工"，奥斯本第一次以当地工会主席的身份，领导工人站出来，向这家全球性的谷物食品公司发起挑战。

"我们必须站起来反抗，没有勤勤恳恳的员工，再大的公司将不复存在。"奥斯本告诉澎湃新闻，"我们的付出理应得到相应回报。这不仅关乎1 400名家乐氏员工，也关乎美国的工人乃至全世界工人的生存。"

数月以来，愤然反抗不公待遇的不仅是家乐氏的工人。新冠肺炎疫情暴发近两年后，伴随着美国供应链危机和高居不下的通胀率，一场罢工浪潮正在全美机械、食品、医疗、教育、娱乐等行业加速蔓延，加剧着美国劳动力短缺危机。不同领域的工人纷纷将"罢工"作为武器，希望以此使目前处于"招工寒冬"的企业主做出让步。

在罢工浪潮最为高涨的10月，彭博社数据显示，美国有约10万名工会工人正在或正准备罢工。而在此前两个月，全美就已有近40家工厂爆发了罢工事件，几乎是上年同期的两倍。同时，当前劳动力市场紧张，为罢工工人赢得这场战斗增添了筹码。据美国劳工部11月公布的数据，9月总共有440万个美国人辞职，辞职人数创历史新高。"现在是不同以往的关键时刻，工人们占据上风。"奥斯本信心满满地称，"我们会战斗到底。"

2015年，家乐氏以谷物销量下降为由，要求实施两级工资制度（two-tier wage system），即将1 400名工会工人分为两个等级，其中30%为"短期工"，他们不仅时薪比"长期工"少12美元，医保和退休金也不如"长期工"高。"在当时的情况下，如果我们不修改协议，公司就威胁关闭北美市场的两家工厂。"奥斯本向澎湃新闻回忆称，在公司的"恐吓"下，工会最终妥协，并续签了为期5年的工作合同。2020年，合同期满，但双方在薪酬和福利等关键问题上仍无法谈拢，无奈只好暂时续签一年。

2021年9月初的新合同谈判，成为彻底引爆当前这场长达两个月罢工的导火索。在谈判中，家乐氏试图削减工会工人的医保和退休金，并进一步扩大两级工资制度，这令工会成员深感愤怒。更让工人们难以接受的是，家乐氏企图进一步扩大"短期工"的比例，最终让多数工人都变为"短期工"。

就在10月5日家乐氏与工会工人续签一年的合同到期后，凌晨一点，分布在全国多地共1 400名工会工人铸成"人墙"，围堵在当地家乐氏工厂的每一个出入口。

在家乐氏工人决意罢工抗议之时，他们深知自己正身处一个不同以往的关键时刻。如今，工人们顺势借助的是一阵名为"大辞职潮"的"东风"：劳动者占据市场上风，拥有比以往更大的权力与影响力。

为期两个月的家乐氏工人罢工运动初获成效。"我们高兴地宣布，家乐氏公司和工会已就一份新的5年劳动合同达成初步协议。"家乐氏公司发言人克里斯·邦纳在12月2日表示。这份新协议承诺满足工人们提出的大部分需求：高级工人涨薪3%；更好的退休福利；将"生活费用调整"重新考虑进工资体系内。至于颇受诟病的两级工资制度，家乐氏允许"短期工"在工作4年后晋升为"长期工"。

CNN报道称，初步协议达成后，家乐氏的股价上涨了2%。不过，自10月初家乐氏工人罢工以来，家乐氏股票已整体下跌5%。而自工人罢工以来，家乐氏的谷物产量更是大幅缩减，工厂一周的产量仅相当于从前的20%。

"在短期内，工人已经在工作岗位上取得一些胜利。"尽管如此，康奈尔大学劳工关系学院副教授伊莱·弗里德曼仍对工人们的未来持谨慎乐观的态度。他向澎湃新闻分析称，新冠肺炎疫情之后劳动力市场产生动荡，能否将劳动力和资本之间的权力关系重新制度化是一个更为重大的问题。

资料来源　王露. 罢工1 440小时后，美国工人"更好的未来"到来了吗 [EB/OL]. (2021-12-06) [2022-09-08]. https://m.thepaper.cn/newsDetail_forward_15706855.

从引例中可以看到，美国面包烘焙、糖果糕点、烟草工人与谷类碾磨工人国际工会为了争取其利益而号召举行罢工。事件背后，我们不妨进一步思考，罢工的法律依据是什么？这些法律又如何通过罢工对经济产生影响？这正是本章要研究的内容。

4.1 产业与劳动关系法简介

产业与劳动关系法是指有关工会的法律，其具体内容涉及工会的组建、罢工、纠察、集体谈判和第三方仲裁等条款。在各个国家，有关工会的组建、罢工、纠察和集体谈判等内容一般分散在各个法律条款里面，并且处于不断修订和发展的过程中。因此，系统地梳理产业与劳动关系法，要从浩如烟海的法律条款中将其提取出来。下面将对美国、英国、德国和我国的产业与劳动关系法进行介绍。

4.1.1 美国产业与劳动关系法

在美国，产业与劳动关系法的内容由劳动法覆盖。劳动法（Labor Law）主要讨论组织工会和集体谈判等劳资关系问题，很少涉及就业问题，有关就业方面的问题主要由雇佣法（Employment Law）调节。美国的劳动法是一系列法律的统称，主要包括：1935年的《瓦格纳法案》（Wagner Act），亦称《国家劳资关系法案》（National Labor Relations Act）；1947年的《塔夫特-哈特雷法案》（Taft-Hartley Act），亦称《劳资关系法案》（Labor-Management Relation Act）；1959年的《兰德拉姆-格里芬法案》（Landrum-Griffin Act），亦称《劳资报告与披露法案》（Labor-Management Reporting and Disclosure Act）。这些法律后来被习惯性地统称为劳动法，其讨论的主题集中在工会的成立和组织、罢工、纠察、联合抵制与集体谈判方面。

在1935年《瓦格纳法案》出台之前，美国劳资关系方面的法律处于萌芽状态。19世纪前半叶，法院审理劳动争议的理论依据主要是共谋罪学说。该学说认为，个人实施某些行为时是合法的，但集体共同实施这些行为时可能会违背国家最高利益，从而是非法的。①因此这一时期，某些行为在雇员个人使用时并不构成非法，但当雇员们联合起来开展一致行动时则会被法院判定为非法。②比如个别员工要求雇主提高工资是合法的，但雇员联合起来要求提高工资，则被判定为非法。到了19世纪后半叶和20世纪初，法院审理劳动争议的理论依据主要是遏制贸易学说。该学说的背景是当时流行的自由放任主义，资本主义国家信奉自由竞争，反对遏制贸易或垄断。该学说认为，如果某些协议使得贸易受到限制，则视为非法。这一时期，法院通过民事禁令来对抗雇员的一致行动，这些一致行动诸如罢工、设置纠察和联合抵制等。如果雇员联合起来采取一致行动，会被看作遏制贸易，并根据民事禁令处以罚款。同时，在1890—1930期间，法院常依据反托拉斯学说审理劳动争议问题。这一时期的法规

---

① 王益英，黎建飞. 外国劳动法和社会保障法 [M]. 北京：中国人民大学出版社，2001：194.
② 高尔曼. 劳动法基本教程——劳工联合与集体谈判 [M]. 马静，王增森，李妍，等译. 北京：中国政法大学出版社，2003：3.

主要有1890年的《谢尔曼法案》（Sherman Act）和1914年的《克莱顿法案》（Clayton Act）。《谢尔曼法案》实际上将遏制贸易学说用条文规定下来。该法宣布"每一个限制州际贸易或商业的合同、企业联合……共谋"为非法，并规定了政府禁令、刑事指控及3倍损害赔偿的私人诉讼。《谢尔曼法案》原本用于打击制造商们组建托拉斯组织的行为，后来却被联邦下级法院更多地运用于工会。1908年，美国帽子制造商工会的联合抵制导致制造商遭受经济损失，美国联邦最高法院按照《谢尔曼法案》审判工会的联合抵制为非法行为，并对工会处以3倍损害赔偿金的罚款。该案件使得工会运动直接受到打击。1914年国会通过了《克莱顿法案》。该法目的在于取消联邦法院通过反托拉斯法对劳工进行管理的权力，它规定罢工、设置纠察和联合抵制等传统一致行动不能被禁止。但最高法院在一次案件中，对《克莱顿法案》给予了十分狭义的解释，判定不保护间接联合抵制，因为被告雇员与联合抵制的目标公司之间缺少直接的雇佣关系。这就使得劳工处境还不如《谢尔曼法案》时期的地位。总之，在1930年以前工人在立法上处于不利的地位。

1930年后，立法对劳工的保护逐渐加强。1932年，美国国会通过了《诺里斯-拉瓜迪亚法案》（Norris-LaGuardia Act）。该法宣布政府的政策是要保证未组织起来的工人有结社、组织和选择谈判代表的自由；对雇用条件有集体谈判的权利；组织和谈判权利不受雇主干扰、遏制或强迫。该法还将"劳动争议"的定义扩展到劳资间的一切争议。[1]1933年，即罗斯福新政第一年，国会通过了《全国工业复兴法案》（National Industrial Recovery Act），规定雇员有权利"组织起来，通过他们自己的代表进行集体谈判，并且在选派代表或在组织工会中，劳工或其代理人有不受雇主干扰、遏制或强迫的自由"，该法还通过了其他对劳工有利的条款，这是美国历史上第一次以联邦政府法律的形式确认工人组织和集体谈判的权利。但1935年最高法院宣布《全国工业复兴法案》是违宪的，这就导致对劳工有利的条款因该法违宪而无效。

1935年，美国国会通过了《瓦格纳法案》，即《国家劳资关系法案》，该法是1935至1947年美国联邦政府处理劳资关系的基本法。该法对劳工进行了明确的保护，鼓励工会的形成。该法中规定"美国的政策，是通过鼓励集体谈判的做法和程序，保护工人行使其充分的结社自由、自己组织起来的自由以及自己选择代表的自由，以便对他们就业的条件进行谈判或就其他问题进行互助或互相保护"。[2]该法还宣布了雇主在涉及工会上的一系列违法行为，将其归入"不公正劳动行为"，这些"不公正劳动行为"诸如：雇主限制、干涉或胁迫雇员行使该法第七节的权利；控制工会；在雇用中进行歧视以阻碍雇员加入工会；拒绝与多数雇员代表进行集体谈判。该法还规定成立全国劳资关系委员会，该委员会有3名成员，由总统任命，经参议院批准。该委员会的职能是：主持代表选举，以便工人能选择其谈判代表；对已经或可能产生的对劳动实践不正当的指责，提起诉讼。根据该法第九节，该委员会还被授权进行秘密选举，雇员们可选出一个工会组织以代表他们与雇主交涉。该委员会还得到授权，可命

---

① 王益英，黎建飞. 外国劳动法和社会保障法 [M]. 北京：中国人民大学出版社，2001：294.
② 高尔曼. 劳动法基本教程——劳工联合与集体谈判 [M]. 马静，王增森，李妍，等译. 北京：中国政法大学出版社，2003：3.

令雇主补救其不公正劳动行为，并且该命令能在法院中得到强制执行。《瓦格纳法案》大大增强了工会的力量，使得工会会员数量急剧增加，工会运动不断增加。与此同时，工会内部产生了一些腐败和非民主做法。雇主及其团体则认为该法过于倾向于劳工，通过政治和立法活动，这些集团在州和联邦立法上给工会设置了许多障碍，特别是1947年的《塔夫特-哈特雷法案》。

美国国会于1947年通过的《塔夫特-哈特雷法案》对《瓦格纳法案》进行了多项重大修改，制定了一系列遏制工会运动的条款，其中工作权法是最重要且研究最多的条款。该法列举了工会的几种不公正劳动行为，诸如：工会强迫雇员行使其组织权利；遏制雇主选择谈判代表的权利；歧视被终止工会会员资格的雇员，或使雇主歧视雇员；拒绝集体谈判；实行非法罢工或抵制；收取过多或歧视性的会费或费用；强迫要求对未履行的服务加以补偿。该法还严格限制了罢工，比如规定"如果工会要求废除或修改集体合同，应在60天前通知对方，在此期间禁止罢工，而由联邦仲裁与调解局进行调解"。该法涉足了工会内部事务，要求劳工组织提交特定的报告，该法还恢复了《谢尔曼法案》时期的多项政府禁令。此外，该法将全国劳资关系委员会的成员人数从3名扩展到了5名，规定任职期限为5年。在不公正劳动行为案件中，5名委员会成员保有判决的权利，但调查和起诉的功能被赋予大律师。

1959年，美国国会制定了《兰德拉姆-格里芬法案》，以对《塔夫特-哈特雷法案》进行修改和补充。该法主要针对工会领导层内部的腐败问题，以及工会内部事务的非民主行为。该法还修订了不公正劳动行为条款，从而对工会活动进行了限制，特别是限制了工会组织雇员或为获得谈判权而设置的纠察行为。

4.1.2　英国产业与劳动关系法

英国是最早的工业革命国家，在17世纪末18世纪初，劳动者在恶劣的工作条件压迫下，开展了集会结社运动，通过罢工来改善劳动条件。政府对此进行了打压，于1799年和1800年制定了《禁止结社法》，禁止工人参加工会组织和集会，对违法者给予严惩。工会对此进行了强烈抗议，使得国会在1824年通过了《禁止结社废止法》，并承认工人因工资和工时问题导致的罢工为合法行为，但此时工会仍然为非法组织。到了1871年，英国通过了《工会法》，这是世界上第一部承认工会为合法组织的法律，被认为英国劳工运动的宪章。《工会法》废除了因结社构成刑法上的共谋罪的规定，但1871年的刑法修正法仍对工会运动进行了大量限制。1875年，国会颁布了《共谋罪及财产保护法》，废除了刑法修正法的规定，但法院认为工会的行为可依据民法共谋进行判定，如果工会行为被认为恶意干扰合同关系，可构成民事侵权行为，将负有损害赔偿责任。1906年，国会颁布了《劳资争议法》，废除了民法共谋理论。1913年，国会再次颁布《工会法》，明确工会可依章程规定，以政治为目的收取费用以支持政治活动。1971年，国会为了建立完整的工会法律体系，制定了《劳资关系法》，并于1972年制定了劳资关系法实施规则，试图将工会组织纳入法律规范。但该法对工会活动干预过多，受到工会组织普遍反对。1974年颁布的《工会及劳资关系法》取代了《劳资关系法》，该法规定了工会不是法人团体，但具有缔约能力，工会的主要目的是调节和管理工会与雇主之间的关系。目前英国工会享有的权利主要有：在集体谈判中获取企业资料的权利；就企业裁员与雇主协商的权利；企业合并时提前协商的权利；工会有合同上或民事侵权责任上的豁免权。

此外，集体谈判在英国有重要地位，主要目的在于规定劳动条件、规范劳动关系。英国采取集体谈判制度和当事人自治原则，国家立法则处于相对次要的地位。集体谈判达成的协议称为集体协议或团体协议。集体协议具有强制性和优先效力，当劳动合同中的条件低于集体协议时，应以集体协议为准。但英国对集体协议没有直接的立法规定。因此，在英国，集体协议在规范劳动关系中具有重要地位，但它本身没有法律效力，仅具有"君子协定"的性质。尽管如此，集体协议经过劳动合同引用，就成为个人劳动合同的内容，从而具有法律效力，要求得到强制执行。因此，个人劳动合同约定的条件通常在集体协议之上。

4.1.3 德国产业与劳动关系法

德国在产业与劳动关系方面的立法集中在集体劳动法部分，其内容包括集体合同法、结社权、劳工斗争。德国的集体合同法与工会的发展关系密切。德国在19世纪初开始了手工作坊到工业化的过渡，当时劳动者的工作条件由雇主决定，剥削十分普遍，劳动者通过组建国民组织来对抗雇主。1869年《北德意志联邦工商条例》理论上去除了所有对工会的禁止，并把工资、劳动条件协议转变为雇主团体和雇员团体联合订立。但结社协议产生的债务依然是不可诉讼的。1873年，印刷工人签订了德国第一个集体合同。1878年，《反社会主义法案》的通过，对工会的发展构成了一定阻碍，但1890年该法就被取消，工会在此后进入了快速发展时期。1914年，社会民主党工会成员已达到250万人。但此时的集体合同不决定实体法，只对协议双方有约束力。1918年《集体合同条例》通过，此后的劳动条件很大程度上取决于该法。1919年《魏玛帝国宪法》第一百五十九条对结社自由做了规定。

到了国民社会主义时期，结社权被取消。1934年《劳动秩序法》通过，原来的集体劳动法律制度被摧毁，自由协商工资被州制定工资和劳动条件所替代。第二次世界大战结束后，集体合同再次被允许。1949年集体合同法生效，它部分来源于魏玛共和国的集体合同法。而结社权领域还缺乏明确的法律规范，只拥有一些有限的规范。最主要的是《基本法》第九条第三款，它对结社权做了如下规定：保障每个人有结社权（无论工会还是雇主协会）、参加联盟权、成为某组织成员的权力、选择组织权、留在或离开组织权（积极结社权）、不属于任何组织的权力（消极结社权）。任何协议如果限制这种结社权，就会被判为无效。根据该规定，劳动者具有积极参加工会的权力，包括工会成员参加合法的工业斗争权、为工会争取吸收成员的权力。劳工斗争是指雇主一方或者雇员一方集体为实现特定的目标，而为劳动关系设置障碍。《基本法》第九条第三款对劳工斗争做了规定，此外各州的宪法规范和欧洲社会宪章是劳工斗争的法律依据。

4.1.4　我国产业与劳动关系法

　　我国产业与劳动关系方面的法律可以追溯到清朝末年。我国的工人阶级自19世纪中叶诞生以来，发展缓慢，其罢工运动一直受到清政府的严厉镇压。20世纪初，清政府颁布了有关工会运动的法律条文，这些法律对工会运动进行了严厉的限制，诸如《结社集会律》（1908）、《钦定宪法大纲》（1908）、《大清新刑律》（1910）。民国初年的北洋军阀政府对工会运动采取了同样严厉的态度，颁行的法律条文诸如《暂行新刑律》（1912）、《治安警察条例》（1914）等。①总之，清朝末年民国初年时期的法律都严厉禁止工人的同盟罢工和结社活动。

　　到了20世纪二三十年代，中国的工会运动逐渐发展和壮大起来，产业与劳动关系方面的法律开始承认工会运动的合法性。孙中山领导的广州政府对工会运动采取积极支持的态度，于1921年废除了《治安警察条例》和限制劳工团结的法规，并在1922年广州政府国务会议上通过了《工会条例》，规定16岁以上的劳动者可以组织工会，工会为法人。这是中国现代工会立法的开端。

　　大革命失败后，蒋介石领导的南京国民政府颁布了《工会组织暂行条例》（1928）、《工会法》（1929）、《中华民国训政时期约法》（1931）。这些法律一方面宣称保护工人的集会结社自由，另一方面对工会活动进行了诸多限制。表面上，工会运动的合法性得到了承认，但工人的罢工运动一直受到政府当局的残酷镇压。

　　同一时期，中国共产党在革命根据地颁布了一系列有关工会的法律法规，比如《赤色工会组织法》（1930）、《工会法草案》（1930），这是我国最早出现的具有社会主义性质的单行工会法规。1931年中华苏维埃工农兵第一次全国代表大会通过的《中华苏维埃共和国劳动法》则对组织工会的权利和工会的法律地位进行了全面的阐述。抗战时期，中国共产党也制定了一系列的法律法规，并发布了一系列指导文件。这些法律法规和指导文件主要是为发展生产与支援革命服务，在当时起到了十分积极的作用。

　　中华人民共和国成立后，于1950年颁布了《中华人民共和国工会法》（以下简称《工会法》）。该法包含5章26条，这5章分别为总则、工会的权利与责任、工会基层组织、工会经费、附则。该法规定，工资劳动者均有组织工会的权利，中华全国总工会是工会的最高领导机关，企业工会有参加生产管理和劳资协商或缔结集体合同的权利等内容。在1952年至1976年期间，该法未能得到很好的贯彻，特别是1966—1976年，工会工作几近停滞。但在1992年新《工会法》颁布之前，该法始终是保障工会法律地位的基本依据。

　　改革开放后，我国大力发展经济建设，社会经济结构发生了很大变化，1950年的《工会法》已经不能适应当时需要，新《工会法》的制定工作随之展开。1992年，全国人民代表大会通过了新《工会法》。新《工会法》扩充为6章42条，增加了一些新的内容，如：工会有参与权，工会有法人资格，工会有权参加劳动争议处理，工会应协助处理停工怠工事件等。但当时并未确立社会主义市场经济，所以新《工会法》

的适用对象基本上是国有和集体所有制企业。1993年，我国确立了建立社会主义市场经济体制的路线，非公有制经济此后发展十分迅速，却在新《工会法》管制之外。用人单位侵犯劳动者权利的事件时有发生，有些地方十分严重。1995年，《中华人民共和国劳动法》（以下简称《劳动法》）得以实施，它对劳动者参加工会和集体合同等内容做了一些规定，如第七条：劳动者有权依法参加和组织工会；工会代表和维护劳动者的合法权益，依法独立自主地开展活动。尽管该法对规范劳动关系起到了积极的作用，但并未得到很好的贯彻执行。

2001年全国人大常委会对新《工会法》进行了修订，将其扩充为7章57条，该7章分别为总则、工会组织、工会的权利和义务、基层工会组织、工会的经费和财产、法律责任、附则。除有关职工代表大会和民主管理等个别内容外，该法适用于各种所有制企业。2008年1月1日起施行的《中华人民共和国劳动合同法》（以下简称《劳动合同法》）中，也有若干条涉及产业和劳动关系方面的条文，如第六条：工会应当帮助、指导劳动者与用人单位依法订立和履行劳动合同，并与用人单位建立集体协商机制，维护劳动者的合法权益。

2022年1月1日起实施的新《工会法》，是顺应时代对其进行的修订。它切实加强了党对工会工作的领导，及时将行之有效的经验做法上升为法律规定；增强了工会组织的政治性、先进性、群众性，能更好地发挥工会在维护职工合法权益、服务职工群众方面的职能作用；进一步完善了工会职责定位和工作制度，聚焦产业工人队伍建设改革，维护货车司机、网约车司机、快递员、外卖送餐员等新就业形态劳动者的权利。如《工会法》（2022）第三条增加"工会适应企业组织形式、职工队伍结构、劳动关系、就业形态等方面的发展变化，依法维护劳动者参加和组织工会的权利"的规定，明确了新就业形态劳动者参加和组织工会的权利，为新就业形态劳动者加入工会和组织工会的工作提供了明确的法律依据。

目前，我国调整产业和劳动关系方面的法律主要有《宪法》、《劳动法》、《劳动合同法》和《工会法》。这些法律对工会的性质、职责、组织机构、法人资格等方面做了规定。但总的来说，我国的工会立法是不完善的。当前工会立法中存在的主要问题有：

（1）罢工权立法问题。我国在1975年《宪法》、1978年《宪法》中规定公民有罢工自由，但在1982年的《宪法》中取消了"罢工自由"。至此，我国现行法律既没有规定罢工权，也没有禁止罢工。[①]罢工权作为集体谈判成功的后备武器，是工会最具有威慑力的手段，是平衡劳资关系的有效机制。没有罢工权的工会，其地位大大弱于资方，无法有效地保障工人的权益。这种情况下，工人的权益受到严重侵害时，可能采取各种极端的方式来争取自己的利益或发泄其不满，如2009年吉林通化钢铁工人事件。成熟的市场经济国家大多都有关于罢工权的明确规定，我国应加快罢工权的立法。

（2）工人经费的问题。修订后的《工会法》第四十三条规定了工会经费的5种来

---

① 史探径. 中国工会的历史、现状及有关问题探讨［J］. 环球法律评论，2002（夏）：162–173.

源：工会会员缴纳的会费；建立工会组织的用人单位按每月全部职工工资总额的2%向工会拨缴的经费；工会所属的企业、事业单位上缴的收入；人民政府的补助；其他收入。要求用人单位为工会缴纳经费的做法在其他国家绝无仅有，这会导致工会受制于雇主。

（3）工会会员资格界定模糊。修订后的《工会法》第三条规定了"在中国境内的企业、事业单位、机关、社会组织（以下统称用人单位）中以工资收入为主要生活来源的劳动者，不分民族、种族、性别、职业、宗教信仰、教育程度，都有依法参加和组织工会的权利"。这里仅以工资收入作为工会会员的界定标准，这样就无法区分企业高层管理人员，而企业高层管理人员往往是以雇主代理人身份出现的，不会站在工人的立场上同雇主抗争。

综上所述，产业与劳动关系法的具体条款在各个国家有较大的区别，这与该国的经济发展、政治制度和法律体系等有很大关系。但总的来看，这些条款归纳起来无非以下方面：工会的组建、罢工、纠察、集体谈判和第三方仲裁等。这些共同点使得我们对产业与劳动关系法的经济分析具有一定的共性，从而有可能适用于不同国家，或者为不同国家在这方面的法律实践提供基本的分析框架。

4.2　工会的经济模型

在分析产业与劳动关系法对工会的影响之前，先来考察工会的经济模型。我们将阐述工会的目标、实现目标的约束条件、描绘雇主和工会关系的重要模型——垄断性工会模型以及效率合约模型。

根据理性人假说，作为雇员利益的代言人，工会希望提高整体成员的福利，或者说，工会的目标是追求成员总薪酬水平的最大化。总薪酬的概念有多种定义，在人力资源管理理论中，它可指直接以现金形式获得的报酬（诸如基本工资、绩效加薪、激励和生活成本调整等），或者间接以福利形式获得的报酬（如养老金、医疗保险和休假等）。[①]我们在此将其理解为福利水平。这些福利包括工资率、养老金、各种保险和假期等。此外，在有的发达国家，养老保险和休假等由政府做了具体规定，这些内容就不会纳入集体谈判中。

工会追求福利水平的最大化是在一定的约束条件下进行的，该约束条件是福利水平谈判桌的另一方——雇主施加的。一方面，雇员希望尽可能地提高福利水平；另一方面，雇主则希望尽量削减劳动力成本，以实现利润最大化。雇员福利水平的提高，必定增加雇主的用工成本，在资本和劳动力完全可替代的情况下，这会促使雇主用资本替代雇员。此外，当雇主的总成本增加到一定程度，可能促使雇主缩小规模，这会进一步降低对劳动力的需求。因此，在资本和劳动力完全可替代的情况下，随着雇员福利水平的提高，雇主的成本会不断增加，导致雇主的劳动力需求下降，从而形成向

---

① 米尔科维奇，纽曼. 薪酬管理 [M]. 成得礼，译. 9版. 北京：中国人民大学出版社，2008：7.

下倾斜的劳动力需求曲线。[①]

接下来对雇主和雇员的关系进行考察，我们将介绍垄断性工会模型。该模型中，工会具有确定劳动力价格的权利，而雇主只能在工会确定的价格下来选择自己的雇用量，以实现利润最大化。我们结合图4-1来分析垄断性工会模型，模型中存在以下假设：（1）为了简化分析，用工资率替代福利水平。（2）假定工会对会员的工资率和就业量的价值评价相同，会员偏好可加总，即可得到以工资率和就业量为自变量的工会效用函数。以无差异曲线 U_1，U_2，U_3 来表示工会效用函数。（3）工会效用的无差异曲线具有的特征：第一，斜率为负，因为工会要通过一种变量的增加来弥补另一种变量的减少，才能维持既定的效用水平。第二，曲线凸向原点，即具有边际替代率递减的特征。因为，随着就业量下降，要维持同样的工资增长，工会能够忍受的就业量下降越来越小。第三，位置越高，无差异曲线代表的效用水平也越高。（4）假定工会清楚雇主的劳动力需求曲线D。

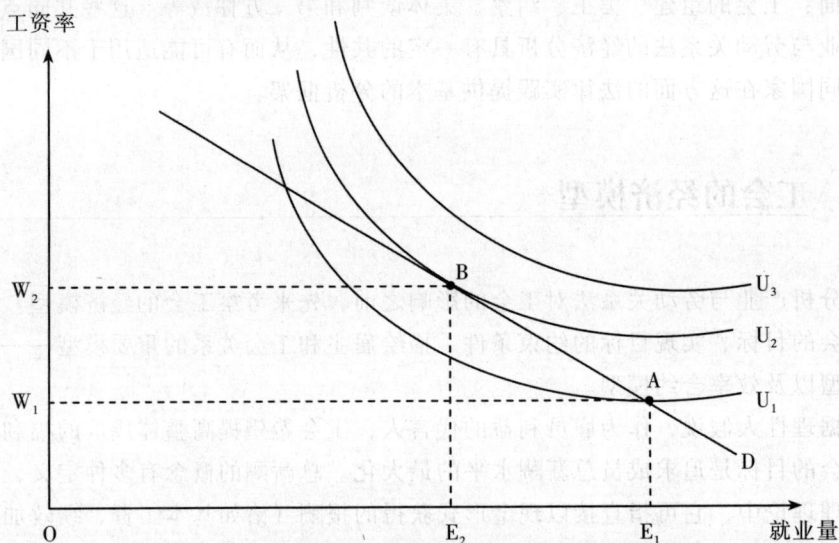

图4-1　雇主劳动力需求曲线约束下的工会效用最大化

如果没有工会，劳动力市场的均衡水平为A（E_1，W_1），即就业量和工资率分别为 E_1 和 W_1。存在工会时，通过工会和雇主进行集体谈判，会对均衡水平产生影响。在垄断性工会模型中，工会在集体谈判中能够直接确定劳动力价格，即工资率，雇主只能接受这个工资率。在既定的工资率下，雇主会根据其劳动力需求曲线来确定雇用量，从而实现利润最大化。由于假定工会清楚雇主的劳动力需求曲线，工会就会在该需求曲线下，让自己的效用函数与劳动力需求曲线相切于B（E_2，W_2）。此时，在雇主的劳动力需求曲线这一约束下，工会效用函数 U_2 与雇主的劳动力需求曲线D相切于B点，工会实现了效用最大化。

垄断性工会模型的特点在于工资率由工会单方面确定，这导致该决定很可能是没

① 伊兰伯格，史密斯. 现代劳动经济学：理论与公共政策［M］. 刘昕，译. 13版. 北京：中国人民大学出版社，2021：438-441.

有效率的。如果工资率能由雇主和工会共同确定，那么双方的福利都可能得到改善。我们称，使一方获益却不使另一方受损的一系列工资率和就业量的组合为效率合约（Efficient Contracts）。注意，这里的效率仅指雇主和工会双方的福利得到改善，而不是指整个社会的福利都得到改善（这是帕累托效率的内容）。接下来我们讨论如何实现效率合约。

我们先介绍雇主的等利润曲线。等利润曲线是由一系列工资率和就业量组合构成的点的轨迹，在该轨迹上，雇主的利润始终保持不变。图4-2中，D为雇主的劳动力需求曲线，I_1，I_2，I_3为雇主的等利润曲线。等利润曲线与劳动力需求曲线的交点处，工资率达到最大值。在交点处，沿等利润曲线的任一方向移动，工资率都会下降。在某一就业量水平上，等利润曲线的位置越高，工资率就越高，导致雇主的成本上升，利润越低。因此，在I_1，I_2，I_3中雇主的偏好顺序依次为$I_1>I_2>I_3$。不存在工会的情况下，假设工资率和就业量的均衡水平为A（E_1，W_1），雇主的等利润水平为I_1；存在工会的情况下，根据垄断性工会模型，交点移到B（E_2，W_2），雇主的等利润曲线为I_3。I_3高于I_1，说明存在工会的情况下，雇主的利润水平下降了，显然雇主更偏好I_1。

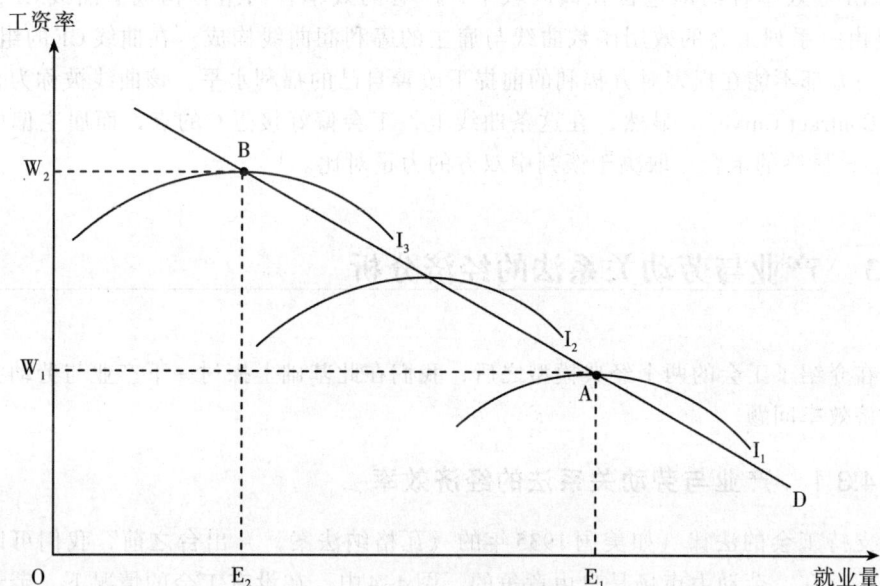

图4-2 雇主的等利润曲线

下面我们研究有助于改善双方福利水平即实现效率合约的方法。将等利润曲线放到图4-1中，得到图4-3。不存在工会的情况下，工资率和就业量的均衡水平为A（E_1，W_1）；存在工会的情况下，劳动力需求曲线与工会的效用函数相交于点B（E_2，W_2）。但点B不构成效率合约。假如雇主和工会经过谈判，将就业量和工资率组合确定为点C（E_4，W_4）。在点C处，I_2和U_3相切。由于C仍在I_2上，那么雇主的利润水平仍保持不变，但工会的效用函数提升为U_3，且U_3为雇主利润水平不变情况下，工会能达到的最高效用水平，此时就实现了效率合约。同样，如果雇主和工会经过谈判，将就业量和工资率组合确定为点F（E_3，W_3）。在点F处，I_1和U_2相切。那么此时工会的效用保持不变，雇主的利润水平实现了最大化，其等利润曲线为I_1。

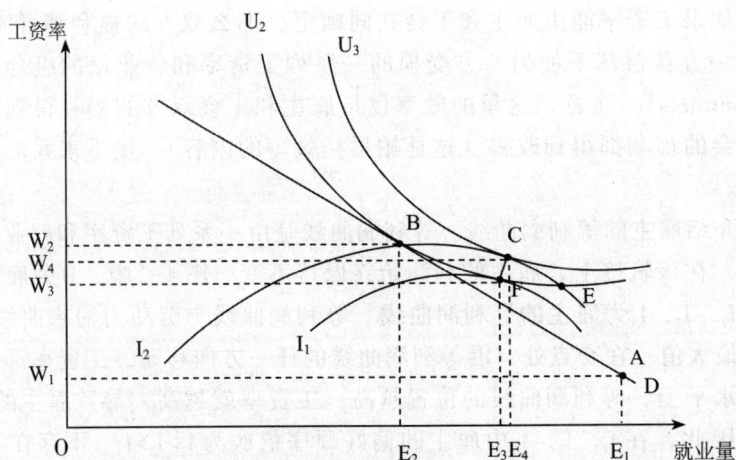

图4-3　合约曲线

　　事实上，从双方福利水平来看，存在一系列不比B点更差的点。这些点构成了区域BCEF。效率合约即包含在该区域中，所有的效率合约组合构成了曲线CF，曲线CF是由一系列工会的效用函数曲线与雇主的等利润曲线构成。在曲线CF的组合上，任何一方都不能在损害对方福利的前提下改善自己的福利水平，该曲线被称为合约曲线（Contract Curve）。显然，在这条曲线上，工会偏好接近C的点，而雇主偏好接近F的点，最终的组合，取决于谈判中双方的力量对比。[①]

4.3 　产业与劳动关系法的经济分析

　　在介绍了工会的两个经典模型之后，我们在此基础上探讨一下产业与劳动关系法的经济效率问题。

4.3.1　产业与劳动关系法的经济效率

　　支持工会的法律（如美国1935年的《瓦格纳法案》）出台之前，我们可以假设工会不存在，劳动力市场是自由竞争的。图4-4中，在没有工会的情况下，劳动力供给为S_1，它与劳动力需求曲线D相交于点A（E_1，W_1）。出台支持工会的法律后，劳动力供给很大程度上受到工会控制，这就限制了劳动力供给，使得劳动力供给曲线上升为S_2。S_2与雇主的劳动力需求曲线D相交于点B（E_2，W_2），与A点相比，B点的工资率更高，而就业量更小。因此，支持工会的法律出台后，通过鼓励雇员组建工会，会导致就业量减小，同时工资率提高。

　　在上面分析的基础上，我们做进一步的分析。工资率的提高会导致雇主用便宜的劳动力替代昂贵的劳动力，或用资本替代劳动力。在这个过程中，哪些人会受益呢？具体来看，在雇主未能用便宜的劳动力替代昂贵的劳动力的企业，工会成员就受益于

　　① 伊兰伯格，史密斯. 现代劳动经济学：理论与公共政策［M］. 刘昕，译. 13版. 北京：中国人民大学出版社，2021：441-445.

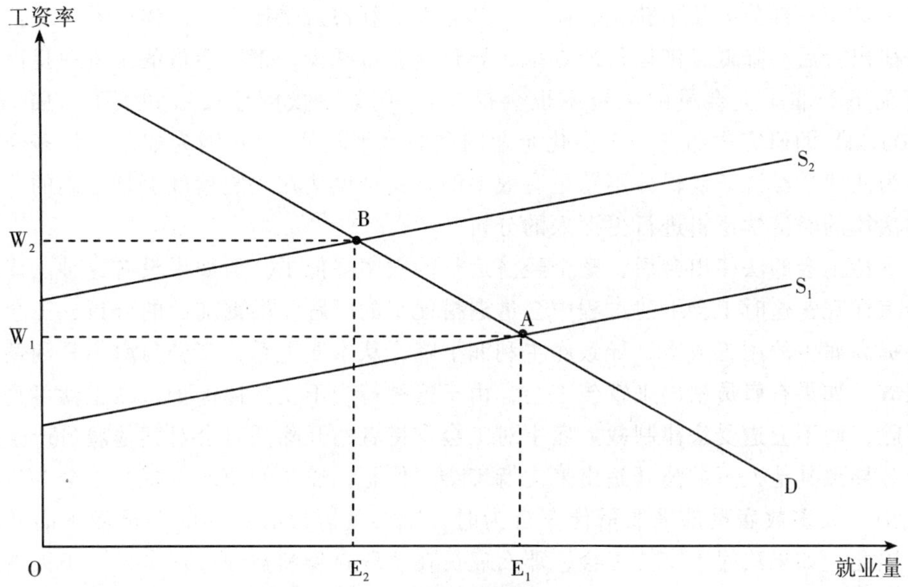

工资率

图4-4   工会对就业量的影响

高工资；在雇主用便宜的劳动力替代了昂贵的劳动力的企业（如将工厂迁移到劳动力成本较低或不允许组织工会的地方），那些原本失业的劳动者就因此而受益。此外，用便宜的劳动力替代昂贵的劳动力后，企业成本削减，利润增加，企业股东也因此受益。对于购买无工会的企业产品的消费者来说，由于其购买的产品成本较低，产品价格一般也较低，故消费者也因此受益。哪些人因此而受损呢？工会提高工资，导致劳动力需求减少，因这种需求减少而失业的劳动者是工会的牺牲者；工会提高工资，还导致劳动力成本上升，雇主利润减少，这些企业的股东因此受损；在有工会的企业，劳动力成本较高，产品定价相应提高，导致其消费者利益受损；由于工会对劳动力的垄断，导致整个经济体的低效运行，最终产品的成本较高，其消费者需为此买单。

特殊情况下，无工会的部门的工人可能受益于工会的组建。比如，如果存在工会的部门属于资本密集型，当工会要求该部门工资率上涨时，劳动力成本上升，产品价格于是上涨，产量下降。这时雇主可用资本来替代劳动力，但当产量效应大于替代效应时，雇主就会更倾向于用资本替代产量，这时，工会的存在会阻碍企业的替代行为，即裁员是受到限制的。但无工会存在的企业就没有这种顾虑，所有这些企业的雇主会更多地运用资本来替代劳动力，从而提高其生产率。这样，无工会的部门的企业工资率会因生产率提高而提高，其员工因此受益。也就是说，在某些资本密集型企业，工会的存在不仅可以提高工会会员的福利，无工会存在的企业的工人也会因此受益，换句话说，所有工人都因工会的存在而受益。那么在这些产业中，没有利益受损的人吗？当然不是。由于工会对劳动力的垄断，提高了最终产品的成本，降低了经济运行的效率，所以总体来看，社会福利受到了损失，全部或至少大部分消费者为此付出了代价，即以较高的价格购买了最终产品。

综上所述，支持工会的法律出台后，促成劳动力市场垄断的形成，这种劳工卡特尔组织会使一部分人从中获益，而另一部分人的利益遭受损失。总体来看，支持工会的法律出台后会降低经济运行的效率，导致就业量减少，工会会员的工资率提高（特殊情况下，非工会会员的工资率也会提高）。例如，埃丽莎贝塔和大卫（Elisabetta and David）的研究表明美国工会化企业的利润水平较低。[①]正因为如此，许多经济学家认为法律的经济学逻辑并不总是有效率的。这种说法在一定程度上是正确的，下面将对法律的经济学逻辑进行更深入的分析。

支持工会的法律出台后，整个经济运行的效率降低了。但如果没有这种法律的出台会怎样呢？这时工会组建过程中会遭遇搭便车的问题。根据前面的分析，工会的成立会提高雇主的用工成本，导致雇主利润下降，从本质上看，工会与雇主是利益冲突的双方。如果有雇员站出来宣传工会，由于这种行为不受法律保护，雇主就可直接将其开除，而不会遭受法律制裁。雇主对工会支持者的开除同时会对其他雇员产生威慑效应，导致其他人不敢公开站出来支持工会。但是，雇员们都愿意享受工会斗争取得的成果。大多数雇员都采取搭便车行为时，工会就因没有足够的会员而不能开展起来。因此，如果法律不支持工会，那么雇员在争取自身利益的过程中，处于天然的弱势地位。在19世纪的劳工实践中，我们常常可以看到资本主义国家的劳工受雇主剥削的情形，这正是支持工会的法律出台前，雇员弱势地位的现实反映。当劳工基本的生存和发展权得不到满足时，劳工就可能以暴力革命的方式进行反抗。如果我们抛开政治效应和价值判断，仅仅考察工人暴力革命的经济效应，显然可以判断，至少在短期内，革命运动会对经济产生巨大的甚至灾难性的影响。换句话说，工人的革命运动导致了负的经济效率。而革命运动源于工人最基本的利益受到了压榨，这种压榨很大程度上又可归因于维护劳工权益的相关法律的缺失。

因此，如果没有支持工会的法律，那么经济可能会有效率运行，但这种有效率只是在工人最基本的利益得到保障的情况下才成立。如果工人最基本的利益受到侵犯，那么社会的经济效率为负，从这个意义上看，支持工会的法律未必降低了整个社会的经济运行效率，相反，它是保障经济运行走向良性循环的必要条件。相对于负的经济效率来说，支持工会的法律促使经济以正的效率运行，当然是具有效率的。因此，支持工会的法律出台，并不只是源于意识形态和价值取向，也源于经济运行的内在要求。

事实上，通过资本主义国家发展的历史我们可以看到，在没有法律对工人利益进行保护的时期，革命运动频繁爆发，每一次革命运动，都会对经济产生巨大的破坏。在支持工会的法律出台后，工人以合法的罢工形式来争取自己的利益，不再诉诸暴力革命的方式，经济就能避免破坏性影响。这也是产业与劳动关系法的经济效率，而这种经济效率被多数经济学家忽略。

4.3.2 对工会的经济分析

支持工会的法律出台后，工会活动合法化。工会的目标是追求效用函数最大化，

① ELISABETTA M, DAVID P. Did lower unionization in the United States result in more flexible industries? [J]. Industrial and labor Relations Review, 2010, 63 (4): 662–680.

这需要通过与雇主进行集体谈判来实现。集体谈判中，工会最终诉求的手段有罢工和将未决争议交给第三方仲裁。下面将先从谈判单位的构成开始，对产业与劳动关系法在集体谈判上的经济效应进行分析。

为了保护劳工的利益，各资本主义国家先后出台了支持工会的法律。比如美国的《瓦格纳法案》禁止雇主开除或报复工会的组织者和支持者；《诺里斯-拉瓜迪亚法案》禁止了黄狗合约（雇主通过补偿手段让员工放弃加入工会）。法律对工会的支持增强了工会的力量，使得工会得以组建起来，从而可在谈判桌下与雇主对话，争取自身利益。比如《瓦格纳法案》规定，如果组织竞选过程中有30%的工人加入工会，就进入集体谈判代表的选举阶段。竞选单位，又称谈判单位，指这样一组员工，他们与其他组的员工彼此相似又有所区别，能形成自己的谈判单位。竞选单位通常限制在工厂内部。工厂内部常有一个以上的竞选单位。[1]美国劳工局一般认定最小的谈判单位，因为单位越小，工人内部的利益一致性越高，在集体谈判中可协调的利益点就越多，有助于工会利益的最大化。

从中我们可以看出，支持工会的法律在工会组建过程中，会通过各种细节规定来保护劳工的利益，有助于工会会员的利益最大化，当然根据前面的分析可知，这个过程也会牺牲另一部分人的利益。

到现在为止，我们只考虑了劳工垄断组织，没有涉及雇主的垄断组织。事实上，雇主们也可以共谋压低工资，从而形成劳动力市场上的买方垄断。当雇主形成劳动力市场上的买方垄断时，雇员的工资将被压低，根据向下倾斜的劳动力需求曲线可知，就业量将上升。将雇主的买方垄断与工会的卖方垄断结合起来，就构成了双边垄断——工会垄断劳动力供给，雇主垄断劳动力需求。

当工会要求提高工资时，如果雇主一方拒绝提供，工会就可以采取罢工。罢工是工人与雇主进行斗争的最终经济武器，正因为这种重要性，产业与劳动关系法中一般对罢工进行了明确的规定，既是维护工人的需要，也是保证社会秩序的要求，因此我国应尽快出台专门针对罢工的法律。罢工对双方都会产生损失：罢工的工人不能获得工资，雇主企业的生产会受影响。因此，罢工是一种无效率的行为，本质上看其作用是将雇主的利益向工人一方转移。但不能仅仅将罢工看作无效率的行为从而认为应该取缔。因为罢工使得工人的基本权益得到保障，避免了工人因基本权益受损而引发大规模的革命。

当工会罢工时，雇主如果可以雇用非工会会员，显然雇主遭受的损失就会很小，罢工就很难奏效。但产业与劳动关系法一般会对此做出规定，比如《瓦格纳法案》对罢工替代做了规定，其中一些规定对罢工替代有利，另一些规定则不利于雇主的罢工替代。有利于罢工替代的规定诸如：

（1）法律不保护监察性雇员。这使得雇主可对他们进行替代。

（2）法律允许雇主雇用永久性补充人员，以对罢工工人进行替代。

（3）法律禁止罢工工人损害雇主的财产。

① POSNER R A. Some economics of labor law [J]. The University of Chicago Law Review, 1984, 51 (4): 988-1011.

不利于罢工替代的规定诸如：

（1）法律禁止雇主向替代人员提供高于罢工者的工资。

（2）法律允许罢工工人派出纠察队（纠察队通过设置纠察线和进行纠察可干扰和阻止顾客、供应商和替代员工进入企业）。

（3）法律禁止雇主中断和罢工工人的雇佣关系。如果罢工者的工作都被永久性补充人员替代，那么罢工者将处于被首先雇用的位置。

总的来说，产业与劳动关系法通过对工会和集体谈判的规定，在一定程度上可以起到维护工人基本利益的作用，但不会对工人过于倾斜。换句话说，它旨在弥补工人天然的弱势地位，以在工人和雇主的利益之间取得平衡，而不是单一地偏向于工会。

本章小结

本章首先对产业与劳动关系法的概念进行了界定，产业与劳动关系法指有关工会和集体谈判的法律，这些法律对工会和集体谈判进行了规定，其具体内容涉及工会的组建、罢工、纠察、集体谈判和第三方仲裁等条款。

本章第一节对美国、英国、德国和我国的产业与劳动关系法进行介绍。《瓦格纳法案》、《塔夫特-哈特雷法案》以及《兰德拉姆-格里芬法案》是美国产业与劳动关系法中最为重要的法律。我国调整产业和劳动关系方面的法律主要有《宪法》、《劳动法》、《劳动合同法》和《工会法》。

本章第二节介绍了工会的经济模型，阐述了工会的目标、实现目标的约束条件、描绘雇主和工会关系的重要模型——垄断性工会模型以及效率合约模型。

本章第三节从经济学角度对产业与劳动关系法进行分析。首先分析了产业与劳动关系法的经济效率，指出支持工会的法律出台后一方面会导致整个经济体的低效运行，另一方面使得工人以合法的罢工形式来争取自己的利益，不再诉诸暴力革命的方式，经济就能避免破坏性影响，这也是一种经济效率。我们还从工会组建、集体谈判和罢工整个流程，对产业与劳动关系法的经济影响进行了分析。

复习思考题

1.什么是产业与劳动关系法？简述美国和我国产业与劳动关系法的发展历史，并进行比较。

2.工会的目标是什么？实现工会目标的约束条件是什么？简要阐述垄断性工会模型，并作图说明。

3.什么是效率合约？简述效率合约模型，并作图说明。

4.运用劳动力市场供求模型分析产业与劳动关系法的经济效率。

5.对工会进行经济分析。

案例分析题

上海市总工会：建立有效民主协商机制，畅通劳动者诉求表达渠道

近年来，涉及快递员、网约车司机、外卖送餐员等新就业形态劳动者群体的矛盾

纠纷隐患逐步显现。为有效发挥行业主管部门主体作用，2022年两会期间，上海市总工会提交《关于有效发挥行业主管部门主体作用，推动建立健全本市互联网平台企业与新就业形态劳动者间诉求表达、民主协商机制的建议》的提案，建议尽快建立健全互联网平台企业与新就业形态劳动者间的民主协商机制，畅通劳动者诉求表达渠道。

未有效建立企业与劳动者间的协商机制

上海工会预防化解群体性劳资纠纷履职平台数据显示，2018—2021年，全市各级工会共上报涉及新就业形态劳动者的群体性纠纷、矛盾预警和舆情共47起，超过八成的纠纷、矛盾预警和舆情因劳动报酬争议而引发。市总工会在提案中明确指出，当前，不论是快递还是外卖送餐、网约车等领域，本市均未有效建立起企业与劳动者之间的诉求表达和民主协商机制。

行业协会组织架构不完善，是造成当前困境的原因之一。提案中指出，当前本市外卖送餐、网约车等领域均未建立行业协会等企业代表组织，对在相关行业内推进民主协商制度造成一定困难。部分已建立行业协会的，如快递、家政等领域，仅有市级层面行业协会组织，缺少区级层面的企业代表组织。因此，即使行业工会可与头部平台企业直接就新就业形态劳动者权益相关事项开展平等协商，但是这种缺乏企业代表组织的模式仍然面临协商代表主体代表性不足、协商过程存在利益倾向等问题。

争议解决缺乏公平，建议成立行业调解组织

互联网平台企业既把"算法"作为快递员、外卖骑手等劳动者取酬的控制界面，又将客户或消费者评价作为对劳动者的约束，造成平台企业在劳资关系里完全"隐形"。然而，当劳动者在遇到不公或不满，需要解决问题或出现争议时，平台企业往往成为"仲裁者"。在缺乏健全的行业劳动争议调解组织的背景下，新就业形态劳动者缺乏公开、公正、公平的争议解决端口。

有鉴于此，提案建议由相关行业协会牵头，行业工会积极参与，在快递、外卖送餐、网约车等新就业形态劳动者聚集的行业尽快成立行业劳动争议调解组织，使新就业形态劳动者在遇到用工纠纷时，能第一时间找到行业劳动争议调解组织这一维权端口。

由于行业协会组织等因客观因素短期内无法及时建立，提案同时指出，可探索创新平台企业与新就业形态劳动者之间的民主协商制度，由市场监管、邮政管理、交通行政等部门会同工会组织，共同研究平台关联协商模式的新型民主协商制度，携手推动行业内头部平台企业工会和关联企业工会组织代表新就业形态劳动者，与平台企业和关联企业就劳动者切身利益事项开展平等协商。同时，建议建立街镇（园区）层面的多方会商会研会判机制，层层推动新就业形态劳动者各项权益得到有效保障。

突出主管部门作用，维护劳动者合法权益

新就业形态劳动者合法权益维权困难的处境，还与行业主管单位更多侧重通过行政许可、行政处罚、行政指导等传统途径有关，在指导行业内企业依法制定合理劳动定额、协调企业依法做好劳动者队伍稳定、督促企业切实履行社会责任等方面的工作推进上力度不大。

提案根据主管部门职能提出了具体责任划分，建议由市场监管局牵头外卖送餐行业，由邮政管理局牵头快递行业，由交通委牵头网约车行业，主导推进相应行业协会等企业代表组织的建立。积极支持行业工会组织建设，指导行业内企业配合工会组织做好劳动者入会工作。同时，建议各主管部门与市劳动关系"三方四家"加强沟通联系，共同推进行业协会与行业工会就新就业形态劳动者切身利益事项开展平等协商。

资料来源　张锐杰. 新就业形态劳动者诉求渠道不畅［N］. 劳动报，2022-01-20（5）.

讨论题：

请结合案例内容，对于工人群体性事件频发的形成原因，简单阐述你的看法。查阅相关文献，收集整理我国有关工会的产业与劳动关系法条款，并对这些条款进行简单的经济分析。

推荐阅读资料

1.杨伟国，代懋. 劳动与雇佣法经济学［M］. 上海：复旦大学出版社，2013.

2.POSNER R A. Some economics of labor law［J］. The University of Chicago Law Review，1984，51（4）：988-1011.

3.DAU-SCHMIDT K G. A bargaining analysis of American labor law and the search for bargaining equity and industrial peace［J］. Michigan Law Review，1992，91（3）：419-514.

网上资源

1.Journal of Law and Economics，http：//www.journals.uchicago.edu/loi/jle

2.Labor and Employment Law Section Newsletters，http：//www.lera.uiuc.edu/Pubs/newsletters/index.html

3.Labor And Employment Relations Association，http：//www.lera.uiuc.edu/meetings/index.html

4.Industrial and Labor Relations Review，http：//www.ilr.cornell.edu/ilrreview

5.中华全国总工会，https：//www.acftu.org

6.中工网，http：//www.workercn.cn

拓展阅读：国际政策扩散与国内制度转换——劳资集体谈判的中国路径

第三篇 决策（D）

第5章　劳动力需求决策：资本与劳动

学习目标

✓ 了解企业对劳动力的需求服从企业追求利润最大化的目标

✓ 理解劳动力需求具有派生需求的性质

✓ 重点掌握短期内劳动力需求的一般决策机制和分析框架以及企业在产品市场和劳动力市场处于不同市场结构的情况下做出劳动力需求决策的依据

✓ 理解企业长期的劳动力需求决策机制及其与短期的劳动力需求决策机制的区别

✓ 熟练运用希克斯–马歇尔派生需求理论这一分析工具来解释各种因素是如何影响劳动力需求弹性的

引例

外企应届生招聘回升　国企招募学历要求高

据教育部2021年年初的统计，2018年高校毕业生冲破800万人，达到了820万人，2019年为834万人，2020年为874万人，而2021年将创新纪录，突破900万人大关，增至909万人。自新冠肺炎疫情暴发以来，各地教育部门、人社部门和高校等都在寻求更加积极的应对政策，进一步开拓就业渠道，强化就业服务，保持了毕业生就业局势的总体稳定。

前程无忧网无忧指数的统计数据显示，因受到2020年年初新冠肺炎疫情的影响，企业对应届生的招聘需求在一段时间内有冻结收紧的趋势。展望2021年，对年轻人才的储备依然是企业保持创新速度和活力的手段，也将使企业能更好地控制人力成本、打响雇主品牌，增强应届生对企业的好感度。

外企自2020年8月后对应届生的招聘开始有所回升，尤其进入校招以后，回温较为明显；事业单位和上市公司则恢复得还要早一些，进入2020年下半年对应届生的招聘就开始稳步回升。尽管如此，民企仍旧占据了企业招聘应届生的绝大多数份额，民企对应届生的网上发布职位数占到了71%，外企和上市公司各为8%，国企分去了6%的份额，合资企业为5%，而创业公司仅为1%。

数据还显示，国企在招募应届生时更倾向于"高学历"，要求硕士及以上学历比重最大，相对而言，外企对更高学历的要求不如国企，而民企则更低一些。从行业来看，集成电路/半导体和能源/化工业的雇主对高学历毕业生的要求最普遍。而快消、零售、物流以及教育/培训行业对学历的要求则没有那么高，还是以本科为主。

此外，根据数据对职能的分类统计，应届生网上发布职位数比重最高的职能还是集中于销售，占去了企业对应届生招聘总数两成。紧接着的是储备干部/培训生，占整体招聘的 6.5%。值得注意的是，近几年来，企业应届生招聘岗位中的电子商务、运营职能的比重在不断上升。

在行业分布上，截止到 2020 年 12 月，企业针对应届生的网上发布职位数最多的行业当属房地产业，占去了 14.1% 的比例；紧接着的是互联网/电子商务行业，占比为 7.3%，教育/培训/院校以 5.8% 的份额排在第 3 位；分列第 4 到第 10 位的分别是计算机软件、建筑/建材/工程、电子技术/半导体/集成电路、专业服务（咨询/人力资源/财会）、制药/生物工程、机械/设备/重工以及贸易/进出口行业。而对应届生的"专业背景"最注重的是医药/生物工程、建筑与工程和集成电路/半导体行业。

资料来源   蒋南乔. 上海起薪高 长三角珠三角更能抗风险！[EB/OL].（2021-02-23）[2022-09-08]. https://arts.51job.com/arts/05/445196.html.

从引例中可以得出，经济快速发展时期，企业对于劳动力的需求也随之增加，那么企业的劳动力需求有哪些决定因素呢？房地产、互联网/电子商务行业对于劳动力的需求大幅度上升，明显快于其他行业的原因是什么呢？通过本章的学习，我们将了解在短期和长期中企业劳动力需求的决定机制以及劳动力需求弹性理论。

5.1 利润最大化和边际量

经济学的两个基本假设就是稀缺性假设和理性假设。社会资源总是相对稀缺的，而人们的欲望是无限的，无论是社会还是个人都没有充分的资源来满足他们的需要，任何一项决策或者行动都是要付出成本的。同时在社会生活中的每个人都是理性且追求自身利益最大化的，人们总是在自身有限的资源范围内实现自己的效用最大化。同样企业是理性的，企业是追求利润最大化的经济组织，在市场经济条件下，不追求利润最大化的企业是无法生存的。

5.1.1 利润最大化的要素投入原则

企业在经营过程中总是在持续不断地追求利润，通过在企业可控制范围内的变化使利润不断增加。由于企业所生产产品的价格和其所购买的投入要素的价格在很大程度上都取决于其产品市场和相关的要素市场，企业的收入通过在产品市场出售产品获得，而企业在要素市场上获得资本或劳动力的费用则组成了企业的成本，所以企业的利润最大化实质上也就是成本收益最优，那么企业到底应该怎样对产出水平和要素投入进行组合才能实现利润最大化呢？

一家追求利润最大化的企业在不断地选择自己的产出水平的过程中，只有销售一个单位的额外产出所获得收益的增量，大于生产这一单位产出所付出的成本的时候，企业才会愿意增加这一单位的产出。只要从新增的产出中获得的边际收益大于边际成本的时候，追求利润最大化的企业就会继续扩大产出；如果生产一单位产出的边际成本超过了边际收益，则企业就会减少产出。当生产某一单位产出的边际成本等于这一单位产出的边际收益的时候，企业就实现利润最大化了。

当然企业生产规模的改变只能通过调整其生产要素投入量来实现，我们假设企业是通过劳动力和资本两种投入要素组合来进行生产的，那么每种要素的投入量应该是多少？如何对两种要素进行组合才能实现利润最大化呢？同上面所提到的增加或减少边际产出应遵循的规则一样，在考虑资本和劳动力要素投入量时，应该遵循以下三个原则：第一，如果增加一个单位的资本或劳动力投入所获得的收入超过了投入该单位资本或劳动力要素的成本，那么应该增加一单位的这种要素投入；第二，如果增加一个单位的资本或劳动力投入所获得的收入少于投入该单位资本或劳动力要素的成本，那么应该减少一单位的这种要素投入；第三，如果增加一个单位的资本或劳动力投入所获得的收入恰好等于投入该单位资本或劳动力要素的成本，那么不应该再改变此种要素投入组合。显然，这种组合已经是最优的要素投入组合，它实现了企业利润最大化的目标。

5.1.2　新增单位生产要素投入与边际收入

为了弄清企业实现利润最大化的条件，首先就需要知道多投入一单位生产要素所产生的边际收入和边际成本是什么。我们上面已经提到，企业使用多种生产要素，在这些生产要素一定的组合下获得某种产出水平。一般而言，为了分析方便，假设企业只投入劳动力和资本两种生产要素。新增一单位的劳动力或资本将会为企业带来一定的收入增量，这是由于企业生产出来并销售出去的产出会有所增加。因此与一单位的生产要素额外投入相联系的边际收入由两部分组成：一是多投入一单位这种要素所带来的实物产出量的变化，即边际产品（Marginal Product，MP）；二是一单位实物产出量所带来的收入变化，即边际收益（Marginal Revenue，MR）。一般情况下，我们用边际收益产品（Marginal Revenue Product，MRP）来表示一单位要素投入的边际收入，它等于边际收益与边际产品的乘积，即 $MRP = MR \times MP$。

在资本投入量不变的情况下，多投入一单位劳动力所带来的产出量的增加叫作劳动力边际产品（MP_L），$MP_L = \Delta Q / \Delta L$，同理，在劳动力投入量不变的情况下，多增加一单位资本所带来的产出增量就用 MP_K 表示，$MP_K = \Delta Q / \Delta K$。这里我们假设企业的生产潜能还没有被完全开发出来，也就是说，多投入一单位的劳动力或资本所带来的产品增加量是正的。

企业重新增加的每一单位产出中所获得的边际收益 MR 取决于企业面临的产品市场特点。如果企业处在完全竞争的产品市场，市场上有很多的竞争者，信息是完全的，企业对于自己的产品价格没有控制能力，则其销售出的每一单位产品的边际收益就等于产品的销售价格 P。如果企业生产的产品具有某种差异性，从而使得对本企业的产品市场有某种程度的垄断力量，则此时的边际收益不同于产品的价格，具体将在下面的小节中讨论。

综上可得企业劳动力要素的边际收益产品为：

$MRP_L = MP_L \times MR$（一般情况下）   （公式5-1a）

或

$MRP_L = MP_L \times P$（产品市场完全竞争）   （公式5-1b）

同理，企业资本的边际收益产品为：

$MRP_K = MP_K \times MR$（一般情况下）   （公式5-2a）

或

$MRP_K = MP_K \times P$（产品市场完全竞争）   （公式5-2b）

5.1.3   新增单位生产要素投入与边际成本

企业在增加要素的投入时，无论是增加劳动力还是增加资本，总会伴随着企业成本的上升。当企业所处的要素市场是完全竞争的时候，即企业是要素市场的价格接受者时，企业增加投入一单位要素的成本就是该要素的单位价格。由于企业增加一单位劳动力，就必须为这一单位劳动力付酬，为了简化分析，我们用工资率 W 表示在一段时间内雇用一个单位的劳动力所需支付的费用，用它来表示单位劳动力成本，则此时企业增加一单位劳动力投入的边际成本 $ME_L = W$。同样，增加一单位资本投入的成本为在一段时间内租用一单位资本所需支付的费用，用 C 表示。但是当企业面对的要素市场不是完全竞争的时候，如企业对其支付给员工的工资具有一定的控制能力，那么企业不是简单地按照劳动力市场提供的工资率来支付工资的，后面我们将详细讨论买方垄断企业的短期劳动力决策问题。

由企业新增一单位要素投入的边际收入和边际成本就可以推导出企业使用要素进行生产时的利润最大化条件，即新增一单位劳动力或资本要素所带来的边际收入（或者说边际收益产品）等于新增的这一单位劳动力或资本的边际成本。

5.2   短期劳动力需求

劳动经济学中短期是指只能调整劳动力要素的使用量的时期，长期是指除了劳动力要素外企业可以调整资本等其他要素，而在一个超长期企业甚至可以实现生产技术革新。[①]在本章范围内，假设劳动力是同质的，并且企业在市场中可以按照自身利润最大化的目标使用任意数量的劳动力。

在短期内，企业只能通过调整劳动力需求量来改变生产规模，由于产品市场和劳动力市场的竞争形态不同，我们可以把企业分为四类：第一类是完全竞争企业，指在产品市场和劳动力市场都是完全竞争的；第二类是卖方垄断企业，指在劳动力市场是完全竞争的而在产品市场是垄断的；第三类是买方垄断企业，指在产品市场是完全竞争的而在劳动力市场是垄断的；第四类是完全垄断企业，指在两个市场都是垄断

---

① SHAPIRO M D. The dynamic demand for capital and labor [J]. The Quarterly Journal of Economics, 1986, 101（3）：513-542.

的。①由于第四种情况实际是第二、三种情况的一种特例，所以只分析前三种类型的企业劳动力需求决策机制。

5.2.1 完全竞争企业的劳动力需求

在这种情况下，企业所在的产品市场和劳动力市场都是完全竞争的，也就是说，在这两个市场上企业都是价格的接受者，劳动力要素可以自由流动，产品市场和劳动力市场供求双方都具有完全的信息，这是一种假设状态，在现实中虽不存在，但它可以帮助我们来分析劳动力市场配置劳动力的机制和效率。

企业为了实现利润最大化需要从收益和成本两个角度来考虑问题②，企业的劳动力需求决策问题就是一种收益-成本的最优决策化问题。企业通过调整劳动力需求以实现利润最大化，利润最大化的点必然具有这样的特点：企业雇用的最后一个单位的劳动力所带来的边际收入必然等于使用这个劳动力所支付的边际成本，即 $MRP_L = ME_L$。因为产品价格是固定的，劳动力的边际收益产品 MRP_L 还可以用边际产品价值 VMP 来表示，即

$$VMP = MRP_L = MP_L \times P \qquad (公式5-3)$$

在产品市场和劳动力市场处于完全竞争的状态下，产品的价格和工资水平都是固定的，我们假设它们分别是 P 和 W，则能使利润达到最大化的劳动力投入水平为：

$$MP_L \times P = W \qquad (公式5-4)$$

另外，由公式5-3可知，边际产品价值曲线与劳动力边际产品曲线是平行的，而当P=1时两条曲线重合。劳动力边际产品表示的是雇员生产效率的情况，由边际报酬递减规律可知，劳动力边际产品曲线的斜率是负的，即每一单位新增劳动力投入在被使用之后带来的产出增量是越来越少的（但仍然为正）③，也就是说劳动力边际产品曲线是一条向右下方倾斜的曲线④，因此边际产品价值曲线也是向右下方倾斜的。

单个企业的劳动力需求曲线是指企业根据劳动力价格水平，决定本企业所需要的劳动量，从而实现企业最大化的利润。它解释的是在其他条件不变的情况下，劳动力的价格 W 和需求量 E 之间的关系。由利润达到最大化的劳动力投入水平 $MP_L \times P = W$ 可知，在产品价格一定的情况下，工资与雇员的边际产品有关，而在短期内其他生产要素的数量保持不变，边际产品就是雇用量的函数，即给定一个工资水平，有唯一的 E 与之相对应，即企业的短期劳动力需求曲线与其劳动力边际产品曲线向下倾斜的部分是重合的，如图5-1所示：

如果 $MP_L > W/P$，劳动力的边际产品大于其边际成本，此时企业增加劳动力的投入是有利可图的，如图 5-1 中 E_1 点，追求利润最大化的企业会继续增加劳动力投入，直到 E_0 点。同理如果 $MP_L < W/P$，劳动力的边际产品小于其边际成本，如图 5-1 中 E_2 点，追求利润最大化的企业会减少劳动力投入，直到 E_0 点。

① 在现实中企业可能是处于不完全竞争的其他状态，如寡头或垄断竞争，在此我们只讨论垄断的情况。
② MONROE A E. The demand for labor [J]. The Quarterly Journal of Economics，1933，47（4）：627-646.
③ 这里有一个关键性的假设：劳动力边际产品递减。这是因为伴随着劳动力要素投入的增加，在资本不变的条件下，能与新增劳动力匹配的资本量越来越少，在到达某一匹配点之后必然导致边际产出下降。
④ 此时不考虑在生产初期MP随投入要素增加而上升的阶段。

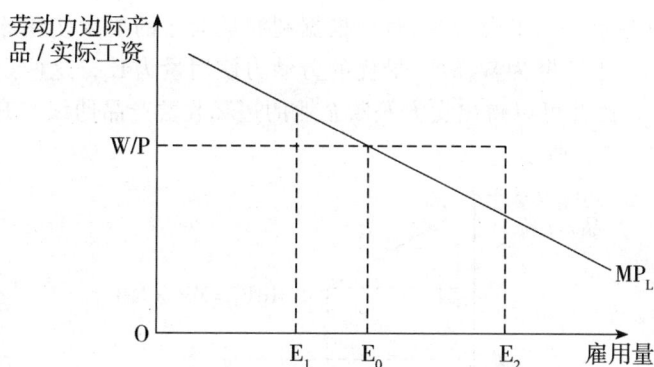

图5-1　短期劳动力需求

利润最大化的雇佣水平存在于劳动力边际产品正在下降的那一部分上，如果 $MP_L = W/P$，但是 MP_L 正处于上升阶段，增加使用任何一单位的劳动力都将使劳动力的边际产品超过 W/P，那么追求利润最大化的企业必然会继续追加劳动力投入。只有当一单位的新增劳动力会使 MP_L 降低到 W/P 以下时，企业才会停止对劳动力的雇用，而这一点只有在 MP_L 下降的时候才会出现。因此，能够与利润最大化要求保持一致的只能是位于 MP_L 曲线下降阶段的那些雇佣水平。

单个企业的劳动力需求曲线表明了企业在每一个工资率水平上愿意雇用的员工数，而市场的劳动力需求曲线就是指在每一个工资率水平上，市场上所有企业愿意雇用的员工总数，也就是在每一个工资水平上的所有企业劳动力需求量的加总。由于市场需求曲线是直接从企业的需求曲线中推导出来的，因此它也是实际工资率的一个负斜率函数。当实际工资率下降时，现有企业愿意雇用的劳动者数量会增加；当实际工资率上升时，现有企业愿意雇用的劳动者数量会减少。也就是说，当实际工资率发生变化时，每个企业的劳动力需求情况都会发生新的变化，或者有企业进入或退出市场，进而引起市场的劳动力需求量的改变。

5.2.2　卖方垄断企业的劳动力需求

处于卖方垄断地位的企业，其在产品市场上是垄断者，有一定的定价能力，但是在劳动力市场上是完全竞争的，依然是劳动力价格的接受者。和前面的分析一样，企业的劳动力需求决策服从于利润最大化的原则，由上面的分析可知只有当企业使用劳动力的边际收入等于边际成本时才会实现利润最大化。

由于企业在劳动力市场上是完全竞争的，所以它依然还是工资率的接受者，即劳动力的边际成本等于工资率 W。另外，它在产品市场上处于垄断地位，具有定价权而不再是产品价格的接受者，因此卖方垄断企业使用劳动力要素的边际收益产品为劳动力的边际产品和产品的边际收益的乘积，即 $MRP_L = MP_L \times MR$。则卖方垄断企业实现利润最大化的条件是：

$$MP_L \times MR = W \tag{公式5-5}$$

同完全竞争条件下企业的短期劳动力需求曲线相似，由于劳动力的边际产品是劳动力需求量的函数，卖方垄断企业的劳动力要素使用原则表达了劳动力价格与劳动力需求之间的对应关系。当工资为 W_0 时，根据利润最大化的要素使用原则，最优的劳动力使用量为 E_0；当工资为 W_1 时，最优的劳动力使用量为 E_1，这两点都位于边际收益产品曲线之上，因此可以得出卖方垄断企业的边际收益产品曲线与其劳动力需求曲线完全重合（如图5-2所示）。

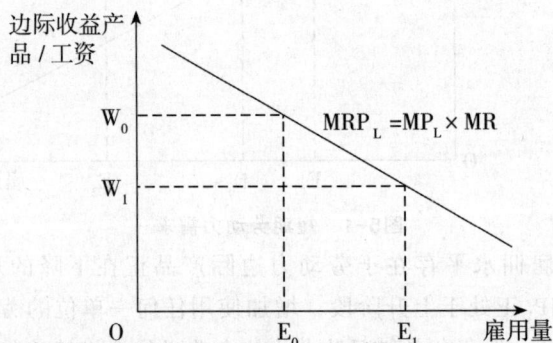

图5-2　企业边际收益产品曲线和企业劳动力需求曲线重合

由于卖方垄断企业在自己的产品市场上有某种程度的垄断，该企业所面临的产品需求曲线实际上就是自己所生产的产品的市场需求曲线，那么企业只有降低产品的价格，才能使得产品的销售量有额外增加，而它必须降低所有已经生产出来的产品的价格，不仅是降低额外销售的这些产品的价格，因此与一单位新增产品销售相联系的边际收益是低于产品价格的。将公式5-5两边同除以企业的产品价格P，可将短期的劳动力需求表示为：

$$\frac{MR}{P} \times MP_L = \frac{W}{P} \qquad\qquad （公式5-6）$$

由于卖方垄断者的边际收益总是小于其产品价格，与其他条件相同，但是把产品价格视为既定的企业的劳动力需求曲线相比，在产品市场上具有垄断力量的企业的劳动力需求曲线会位于前者劳动力需求曲线的左下方。

5.2.3　买方垄断企业的劳动力需求

买方垄断企业在产品市场处于完全竞争的状态，是产品价格的接受者，而在劳动力市场上则处于垄断的地位，也就是说，只有这一家企业雇用劳动者，这种情况在现实生活中往往并不存在，但是在某些特殊情况下有的企业可以接近这种状态。[①]同样追求利润最大化的买方垄断企业使用劳动力要素原则也是使用最后一单位劳动力要素的边际成本等于边际收入。

买方垄断企业是产品市场的完全竞争者，所以它们也是产品价格P的接受者。但在劳动力市场上，由于企业具有垄断地位，所以它们不再是劳动力价格的接受者，具有垄断地位和定价权，面临着向上倾斜的劳动力供给曲线 W（L），要想增加一单位的劳动力使用，则必须提高工资，从其他劳动力市场上吸引劳动者。因此买方垄断企业使用劳动力要素的边际收入，即边际收益产品仍是产品价格和劳动力的边际产品的

① MIKESELL R F. Oligopoly and the short-run demand for labor [J]. The Quarterly Journal of Economics, 1940, 55（1）: 161-166.

乘积。而边际成本则较为特殊，由于多增加一单位的劳动力，必须提高工资，同时提高工资必须针对该企业雇用的所有的劳动者，而如果仅仅是新增加雇用的劳动者，则企业使用劳动力的边际成本 ME_L 大于企业支付的工资 W。

买方垄断企业的利润最大化的雇佣水平可以用图5-3表示，由于其面临的产品市场是完全竞争的，则劳动力的边际收益产品曲线是向右下方倾斜的，其面临的供给曲线是向右上方倾斜的，供给曲线表示了在每一个可能的工资水平下，企业能雇用到的劳动力数量。由于买方垄断企业使用劳动力的边际成本高于工资水平，因此其使用劳动力的边际成本曲线位于劳动力供给曲线的上方。利润最大化的雇佣水平就是劳动力的边际成本曲线和边际收益产品曲线的交点，则图5-3中最优雇用量为 E_0，而为吸引 E_0 个劳动者，由劳动力供给曲线可得企业支付的工资水平为 W_0，所以对每一个追求利润最大化的买方垄断企业来说，其使用劳动力的边际收益产品是大于工资水平的。而如果是在产品市场和其他要素市场都是完全竞争的情况下，均衡的工资水平和雇用量分别为 W_1 和 E_1，因此在买方垄断的劳动力市场中，工资水平和雇用量均低于完全竞争条件下的 W_1 和 E_1。

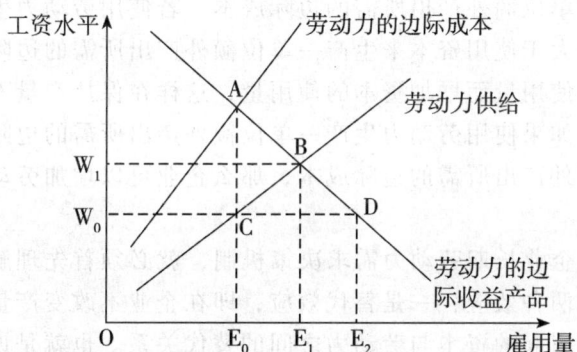

图5-3 买方垄断企业劳动力要素的使用原则

5.3 长期劳动力需求

在短期，企业只能改变劳动力要素的规模来调整产量，但是到了长期，企业还可以自由调整资本的存量以更好地实现利润最大化的目标，在一个超长期，生产技术都可以发生变化。哈默迈什（Hamermesh，1992）提出了一个劳动力需求的动态调整模型，考虑了企业面临的各种成本，包括劳动力成本和机器成本等，指出固定成本和非固定成本对于企业劳动力需求的调整都有很大影响。[①]本节将只讨论在资本量灵活变动的情况下企业的劳动力需求决策。

无论是在短期还是在长期，企业使用劳动力要素实现利润最大化的条件都是一样的，即使用最后一单位生产要素所带来的边际收入等于边际成本。但是在长期要想实现利润最大化，就必须同时满足以下两个等式：

① HAMERMESH D S. A general model of dynamic labor demand [J]. Review of Economics and Statistics，1992，74（4）：733-737.

$$MP_L \times P = W \qquad\qquad (公式5-7a)$$

$$MP_K \times P = C \qquad\qquad (公式5-7b)$$

将公式 5-7 稍加整理可得：

$$P = \frac{W}{MP_L} \qquad\qquad (公式5-8a)$$

$$P = \frac{C}{MP_K} \qquad\qquad (公式5-8b)$$

将公式 5-8 联立可得，长期利润最大化的条件为：

$$\frac{W}{MP_L} = \frac{C}{MP_K} \qquad\qquad (公式5-9)$$

公式 5-9 左边，分子表示雇用一个单位劳动力的成本，分母表示增加一个劳动力所产生的额外的产出，因此 W/MP_L 表示运用劳动力来生产一个单位的额外产出所带来的边际成本，同理等式右边则表示运用资本来生产一个单位的额外产出所带来的边际成本。因此可得，在长期企业利润最大化的条件是，企业同时对使用的劳动力和资本进行调整，从而使运用劳动力来生产一单位额外产出所需的边际成本等于运用资本来生产一单位额外产出所需的边际成本。若使用劳动力生产一单位额外产出所需的边际成本大于使用资本来生产一单位额外产出所需的边际成本，那么企业可以减少劳动力的使用量而增加资本的使用量，这样在保持产量不变的情况下成本更小；同样道理，如果使用劳动力生产一单位额外产出所需的边际成本小于使用资本来生产一单位额外产出所需的边际成本，那么企业可以增加劳动力的使用量而减少资本的使用量。

另外，要掌握企业长期劳动力需求决策机制，就必须首先理解长期中劳动力价格的变动所引起的两种效应：一是替代效应，即在企业不改变产量的状况下，劳动力相对价格变动所引起的资本与劳动力之间的替代关系。也就是说，当劳动力相对价格上升时，企业生产时会用相对便宜的资本来取代劳动力；同样，当劳动力相对价格下降时，企业会减少资本使用量而多用劳动力。这种效应只可能发生在长期，因为短期内企业无法调整资本的存量，可见长期中企业面对劳动力价格的变动会有更大的调整余地，或者说，长期内企业的劳动力需求弹性更大。二是规模效应。当劳动力价格上升时，会导致企业生产成本上涨，雇主会因此减少生产要素的使用量。在短期内，企业只能减少劳动力的使用量，而在长期，企业会同时减少劳动力和资本的使用量，从而使生产规模缩小。长期中替代效应和规模效应是同时发生作用的，在工资增长的情况下，两者的共同作用导致了企业规模的缩减和对劳动力要素投入的减少。

图 5-4 反映的是劳动力价格变化后，企业随之调整生产要素组合的过程，其中图 5-4（a）是企业的等产量曲线，图 5-4（b）是推导出来的企业长期劳动力需求曲线。假设劳动力价格为 W_0，由于某种原因劳动力价格上升到了 W_1 的水平，这时候企业的生产要素组合会随之发生变化，从 A 点转到 C 点，劳动力需求数量从 E_A 下降到 E_C。我们也可以看出 A 点所在的等产量曲线较 C 点离原点更远，这说明企业收缩了其生产规模。从 A 点到 C 点的变化并不是一蹴而就的，往往会按照以下两个步骤进行：

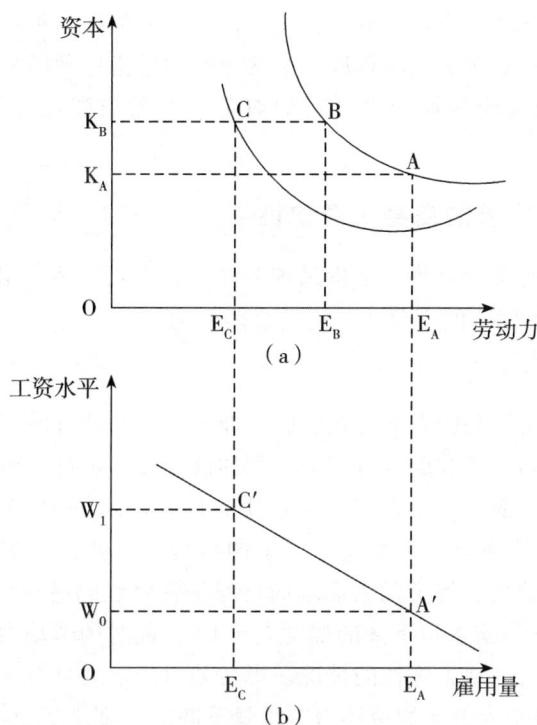

图5-4 企业的长期劳动力需求曲线推导

首先，劳动力价格上升后，企业可能不会立即收缩生产规模，而是调整资本-劳动力的使用比例，从而以较低的成本生产相同的产量。[①]此时便产生了替代效应，生产要素组合点由A点转移到了B点，资本量从K_A上升到K_B，而劳动力需求数量从E_A下降到E_B。

其次，一段时间之后，企业认为劳动力成本的上升使生产成本上升，企业如果继续维持原有的产量并不能像以前那样实现最大利润，或者说企业边际成本上升了，比如导致其缩小生产规模，产生了规模效应，生产要素组合点从B点又转移到了C点，此时资本量保持不变，而劳动力量从E_B下降到E_C。

因此在长期中，企业在A点和C点都实现了不同条件下的利润最大化，也就是说它们所对应的劳动力价格-劳动力需求组合（W_0，E_A）和（W_1，E_C）都是长期劳动力需求曲线上的点，将这两点连接起来便是长期劳动力需求曲线，具体的过程可参见图5-4（b），A′点与C′点便是长期劳动力需求曲线上的两个点。可以看出，长期劳动力需求曲线和短期劳动力需求曲线一样都是向右下方倾斜的，而且长期劳动力需求曲线比短期劳动力需求曲线更加陡直。

5.4 劳动力需求弹性和希克斯-马歇尔定理

"弹性"是指自变量变化了1%所引起的因变量的变化率，它刻画的是因变量对

---

① 这里的较低成本是指劳动力价格上升后，企业以资本取代一部分劳动力从而比价格变动后而不进行任何调整的生产成本低。

于自变量变化的反应程度。弹性可分为自身弹性与交叉弹性两种：自身弹性是指商品的需求量对于自身价格变化的反应程度；交叉弹性则是指一种商品需求量对于另一种相关商品价格变化的反应程度。在此我们对劳动力需求弹性和派生需求定理进行介绍。

5.4.1 劳动力需求的自身工资弹性

劳动力需求的自身工资弹性 η 是指某种劳动力的工资率 W 变化 1% 所引起的此种劳动力的需求量 L 发生变化的百分比。用公式表示为：

$$\eta = \frac{\%\Delta L}{\%\Delta W} = \frac{\Delta L}{L} / \frac{\Delta W}{W} = \frac{\Delta L}{\Delta W} \cdot \frac{W}{L} \qquad (公式5-10)$$

由于劳动力需求曲线是向右下方倾斜的，即工资率变动方向同劳动力需求变动方向是相反的，因而劳动力需求的自身工资弹性的值为负。不过，由于劳动力需求的自身工资弹性所考察的主要是劳动力需求变动对于工资率变动的反应敏感性，因此经济学通常重视的是弹性的绝对值。劳动力需求的自身工资弹性主要可以划分为 3 种情况：一是富有弹性的情况。当劳动力需求的自身工资弹性的绝对值大于 1 时，工资率上升 1% 所引起的劳动力需求量下降的幅度大于 1%，此时的劳动力需求曲线被称为富有弹性的需求曲线。二是缺乏弹性的情况。当劳动力需求的自身工资弹性的绝对值小于 1 时，工资率上升 1% 所引起的劳动力需求量下降的幅度小于 1%，此时的劳动力需求曲线被称为缺乏弹性的需求曲线。三是单位弹性的情况。工资率上升 1% 所引起的劳动力需求量的下降同样为 1%，此时的劳动力需求曲线被称为单位弹性的需求曲线。

因此，可以得出以下 3 点结论：第一，如果劳动力需求曲线是富有弹性的，那么当工资率上升时，劳动力需求量下降的速度会超过工资率上升的速度，该类劳动力的工资总量（工资率×劳动力需求总水平或总就业量）下降；反之，如果工资率下降，则该类劳动力的工资总量上升。第二，如果劳动力需求曲线是缺乏弹性的，那么当工资率上升时，劳动力需求量减少，但劳动力需求量减少的速度慢于工资率上升的速度，因而最终该类劳动力的工资总量也会上升；反之，若工资率下降，则该类劳动力的工资总量下降。第三，如果劳动力需求曲线是单位弹性的，那么无论工资率是上升还是下降，劳动力需求量在相反方向变动的速度都会与工资率的变动速度相同，因而最终该类劳动力的工资总量不会发生任何变化。

弹性的概念与劳动力需求曲线的斜率有关，但两者并非完全一样的东西。一般的经验是，陡直一些的需求曲线是缺乏弹性的，而平坦一些的需求曲线则是富有弹性的。不过，这个规律只是近似正确的。因为劳动力需求曲线的斜率为 $\Delta L/\Delta W$，而弹性公式为 $(\Delta L/\Delta W) \cdot (W/L)$。因此，同一条需求曲线在不同区域的弹性也可能不同，有的富有弹性，有的缺乏弹性，有的则为单位弹性。

哈默迈什（Hamermesh）和特雷霍（Trejo）以 20 世纪 80 年代加州关于加班费的法规为基础，通过相关数据推断出当时加州关于加班时间的劳动力需求弹性大约是 −0.5，即当时加州的加班时间的劳动力需求是缺乏弹性的。[①]布鲁诺（Bruno）等测量

---

① HAMERMESH D S, TREJO S J. The demand for hours of labor: direct evidence from California [J]. Review of Economics and Statistics, 2000, 82 (1): 38-47.

了全球化对劳动力需求弹性的影响。研究采用1970—1996年大多数欧洲国家、日本和美国的面板数据，结论表明仅在英国发现了较强的替代弹性，而意大利和法国的数据是混合的，而在其他国家全球化并没有导致劳动力需求弹性的太大变化。[①]瑞希麦基（Riihimäki）以芬兰制造业为例进行了类似的研究，指出经济一体化导致了劳动力需求弹性增加。[②]迈英（Mine）研究了外包对劳动力需求弹性的影响，作者采用美国人口统计局的纵向研究数据库（Longitudinal Research Database）来进行实证分析。研究结论指出外包的增加导致了劳动力需求弹性的提高，非技能工人比重的下降会导致劳动力需求弹性下降，1980—1992年美国外包倾向严重的制造业的劳动力需求弹性增加。[③]

周博（2002）使用《中国劳动力统计年鉴》对中国1993年至2000年8年间21个选定工业行业的劳动力需求弹性进行了测算分析。假定产品市场为垄断竞争市场，劳动力供给完全弹性，在研究期间技术水平保持不变，生产中只使用劳动力和资本两种生产要素。剔除了规模效应的影响，测算了劳动力需求的工资弹性，结果发现，煤炭采选业、有色金属矿采选业、食品制造业等12个行业的劳动力需求弹性的绝对值大于1，烟草加工业、医药制造业等7个行业的劳动力需求弹性的绝对值小于1大于0，这就表明，我国不同工业行业的劳动力需求弹性存在很大不同。[④]盛斌和牛蕊（2009）利用1997年至2006年中国工业面板数据和固定效应模型，从不同工业行业的技术水平、劳动力受教育水平以及区域水平3个方面研究了贸易开放对劳动力需求弹性的影响及其作用机制，发现贸易和汇率指标主要通过改变劳动力与其他生产要素之间的替代效应来对劳动力需求弹性产生显著影响，支持了进口贸易自由化会提高劳动力需求弹性的假说。[⑤]史青和张莉（2017）利用投入产出表和联合国贸易数据测算制造业发包水平与接包水平，结合2000年至2011年的工业企业数据，用发展中国家的数据验证了制造业外包水平的提高会显著增大劳动力自身需求弹性和交叉需求弹性。[⑥]

5.4.2　劳动力需求弹性的希克斯-马歇尔定理

对于劳动力需求富有弹性可以从两个角度理解：一是定义上的理解，即劳动力价格变化后，劳动力需求的变化较为剧烈；二是一种反向思维，即一定数量的劳动力需求变化得到满足时，劳动力价格的变化较小。这种分析的视角对于下面的分析很重要。

影响劳动力需求自身工资弹性的因素被归纳为4条，通称派生需求定理，或称"希克斯-马歇尔派生需求定理"，这些定理是以英国经济学家阿尔弗雷德·马歇尔和

①　BRUNO G S F, FALZONI A M, HELG R. Measuring the effect of globalization on labour demand elasticity：an empirical application to OECD countries ［EB/OL］. ［2022-09-09］. https：//www. researchgate. net/publication/4847402_Measuring_the_effect_of_globalization_on_labour_demand_elasticity_An_empirical_application_to_OECD_countries.

②　RIIHIMÄKI E. Economic integration and the elasticities of labour demand：econometric evidence from Finland ［Z］. HECER Discussion Papers No.46, 2005.

③　MINE Z S. The effects of outsourcing on the elasticity of labor demand ［EB/OL］. ［2022-09-09］. https：//papers.ssrn.com/sol3/papers.cfm? abstract_id=837744.

④　周博. 中国劳动力需求弹性分析 ［J］. 经济与管理研究, 2002（4）：43-46.

⑤　盛斌, 牛蕊. 贸易、劳动力需求弹性与就业风险：中国工业的经验研究 ［J］. 世界经济, 2009（6）：3-15.

⑥　史青, 张莉. 中国制造业外包对劳动力需求弹性及就业的影响 ［J］. 数量经济技术经济研究, 2017（9）：128-144.

约翰·希克斯的名字命名的。这些定理认为，若其他条件相同，在下述4种情况下，某种劳动力需求具有较高的自身工资弹性：其他生产要素的供给富有弹性，无须大幅度提高这些生产要素的价格就能很容易地获得其供给量的增加；以其他生产要素替代该种劳动力很容易；使用该类劳动力进行生产的产品富有价格弹性；该种劳动力成本占产品总成本的比重很大。因此，影响劳动力需求自身工资弹性的因素主要有以下4种：

第一，其他要素的供给弹性。这里说的供给弹性，实际是其他要素的价格供给弹性，也就是其他要素价格变化后，其供给量的变化率。假设资本的供给是富有弹性的，如果其他条件不变，那么劳动力价格的一点上升就会引起企业主用资本来替代劳动力，这时资本需求量上升。由于资本的供给是富有弹性的，所以其价格上升幅度会相对于缺乏弹性时较小，这就会使企业主用更多的资本替代劳动力，劳动力需求量剧减，从而此种情况下的劳动力需求是富有弹性的。极端的情况是，如果资本市场是完全竞争的，那么其供给弹性便为无穷大，这时只要劳动力价格略有上升，技术上是可能的，企业对于劳动力的需求就会直接下降为0。

第二，其他要素的替代情况。这里主要是针对长期而言，因为在严格的短期内企业能改变的生产要素只有劳动力。在长期中，企业可以将劳动力和资本进行相互替代，资本替代劳动力越容易，劳动力的需求弹性越大。可以这么理解，假设资本替代劳动力很容易，如果其他情况不变，当劳动力价格上升时，企业会用资本来替代劳动力，因为这种替代转换很容易，所以资本使用量增加得就越大，劳动力需求量下降得也越大，即劳动力需求是富有弹性的。但是当这两种生产要素相互替代障碍很大时，尽管劳动力价格有上升也不会使企业用资本来替代劳动力。

可以说这个替代弹性是和时间因素有关的，短期内资本几乎不能替代劳动力，随着时间的延续，资本和劳动力之间的替代变得容易。哈默迈什通过经验分析，在假设劳动力是同质的前提下，粗略估算出长期的劳动力需求弹性在0.15至0.5之间。[1]很多国家的产业工人和工会往往要求政府能够对某些产品的进口进行限制，因为国外劳工由于价格便宜很可能取代本国的劳动者。哈桑、米特拉和纳玛斯旺（Hasan，Mitra，Ramaswamy）以1980年到1997年的印度年度工业调查（The Annual Survey of Industries，ASI）的数据为基础，通过实证研究证明贸易自由化会提高劳动力需求弹性，同时他们的研究认为，劳动管制越灵活的州往往劳动力需求弹性也越大。[2]

第三，最终产品的需求价格弹性。企业对劳动力的需求具有派生性质，对于劳动力的需求要考虑产品市场的情况。具体到某个企业的劳动力需求弹性还与其生产的产品有关。如果产品的需求价格是富有弹性的，那么产品价格变动一定（指价格上升）时，在其他条件不变的情况下，市场对本产品的需求会下降得更快，这就是说企业在增加劳动力需求时必然不会希望劳动力价格变动很大，此时企业对于劳动力价格的变化非常敏感，因为劳动力价格的上升过大会使得其产品需求在市场上迅速下降。换一种角度来看，当劳动力价格上升时，企业生产成本上升，因为产品需求价格弹性较

① HAMERMESH D S. The demand for labor in the long run [Z]. NBER Working Papers No.1297, 1984.
② HASAN R, MITRA D, RAMASWAMY K V. Trade reforms, labor regulations and labor-demand elasticities: empirical evidence from India [Z]. ECON Working Papers No.59, 2003.

大，所以产品需求量下降很快，进而企业也会减少劳动力需求。所以，最终产品的需求价格弹性越大，劳动力的需求价格弹性也越大。

我们在上面提到的印度劳动力需求弹性的例子中，之所以贸易自由化会导致印度劳动力需求弹性的提高，部分原因是印度的制造业多是劳动密集型的低附加值行业，所以最终产品的需求价格弹性就很高。斯劳特（Slaughter）运用美国制造业1961—1991年的数据，首先估计了美国制造业历年生产性劳动力和非生产性劳动力的需求弹性，然后将估计的弹性值对国际贸易、技术、制度性因素等变量进行回归，考察国际贸易对制造业劳动力需求弹性的影响。该项研究并不能全面支持国际贸易提高劳动力需求弹性的理论假说：对于生产性劳动力，在未将时间变量作为解释变量时，计量分析能够显示贸易变量对劳动力需求弹性的理论预期影响，但在计量方程中加入时间变量后，贸易变量对劳动力需求弹性的预期影响便不复存在；国际贸易对非生产性劳动力需求弹性的影响比生产性劳动力显著，但时间变量在计量估计中的作用仍然很强。[①]

第四，劳动力成本占总成本的份额。一般认为，如果劳动力成本在总成本中所占的比重越大，劳动力需求弹性也会较大。[②]假设有两家企业，一家是劳动密集型的，人工成本占总成本的60%，而另一家是资本密集型的，人工成本仅占总成本的10%。在其他条件不变的情况下，当同样的劳动力价格上升50%时，第一家企业的总成本会上升30%，而第二家只有5%，这时第一家企业的产品价格上升肯定更大，从而其产品和劳动力需求量会有较大的下降。

派生需求定理对于我们理解为什么长期劳动力需求曲线比短期劳动力需求曲线更富有弹性很有帮助。首先，其他生产要素的供给在短期中往往缺乏弹性，但在长期中会随着资本品生产者生产的资本品的增加而使其逐渐变得更有弹性，而其他要素的供给弹性变化则必然导致劳动力需求曲线的弹性变大。其次，消费者对产品价格的变化做出调整通常需要时间，即使产品价格已上涨，消费者要调整消费习惯或等待现有耐用物品陈旧也不是在短期内能完成的。在长期内，最终产品的需求价格弹性更大，因而劳动力需求弹性也更大。

5.4.3　劳动力需求的交叉工资弹性

劳动力需求的交叉工资弹性是指一种劳动力的工资率变化1%所引起的另一种劳动力需求量变化的百分比。劳动力需求的交叉工资弹性值的正负有着不同的意义。如果两种劳动力的交叉工资弹性值为正，则意味着一种劳动力的工资率提高会促使另一种劳动力的需求量增加，这说明两者之间是一种总替代关系。如果两种劳动力的交叉工资弹性值为负，则意味着一种劳动力的工资率提高会促使另一种劳动力的需求量减少，这说明两者之间是一种总互补关系。

两种劳动力之间是总替代关系还是总互补关系并不是固定的，取决于一种劳动力的工资率上升所带来的替代效应和规模效应中哪一个对另外一种劳动力的需求的影响

---

① SLAUGHTER M J. International trade and labor-demand elasticities［Z］. NBER Working Papers No.6262, 2002.
② 该命题成立必须有一个前提，即产品需求弹性必须大于各种要素之间的替代弹性。

更大。例如，假定成年人和青少年在生产过程中是可以互相替代的，青少年工资率的下降对成年人就业有负面作用。那么，一方面，存在替代效应——产出一定，企业希望用青少年替代成年人，减少成年人的雇用量；另一方面，存在规模效应——青少年工资率的降低促使企业增加所有投入要素（包括成年人）的使用，规模效应的大小取决于产品需求的价格弹性，产品需求的价格弹性越大，规模效应越大。这样，如果青少年工资率下降的规模效应小于替代效应，则成年人的就业减少，两个群体之间是总替代关系；如果规模效应大于替代效应，则青少年工资率下降导致成年人就业上升，两个群体之间就是总互补关系。

本章小结

企业的劳动力需求决策机制是劳动经济学经典理论的组成部分，是劳动经济学其他理论的基础。企业的劳动力需求决策是围绕着实现利润最大化的目标来进行的，这一目标在劳动力需求决策方面的具体表现就是使用劳动力的边际收入等于边际成本，其一般的表达式为MRP=ME。

企业所处的产品市场和要素市场结构不同，其劳动力需求决策机制也是不同的。对于完全竞争企业而言，利润最大化时的劳动力需求均衡条件是$MP_L \times P = W$，企业的劳动力需求曲线与MRP曲线重合，行业的劳动力需求曲线是经过行业调整后的企业劳动力需求曲线的加总；对于卖方垄断企业，利润最大化时的劳动力需求均衡条件是$MRP_L=W$，企业的劳动力需求曲线与MRP曲线重合，行业的劳动力需求曲线是各个企业的加总；对于买方垄断企业，利润最大化时的劳动力需求均衡条件是$MRP_L=ME_L$，这类企业没有劳动力需求曲线。

在长期中，企业还可以调整资本的使用量，企业长期的劳动力需求曲线也是向右下方倾斜的，但是比短期劳动力需求曲线更加陡直，原因是长期中企业劳动力需求的弹性更大。

面对劳动力价格的变化，不同企业的劳动力需求量的调整是不同的，这涉及劳动力需求弹性问题。劳动力需求弹性包括自身工资弹性和交叉工资弹性。其中劳动力需求的自身工资弹性与4种因素有关：其他要素的供给弹性、其他要素的替代情况、最终产品的需求价格弹性、劳动力成本占总成本的份额。

复习思考题

1.请简述派生需求的特点，以及其与直接需求的区别和联系。

2.劳动力需求决策机制的一般表达式是如何推导出来的？它在不同的市场结构下又有哪些具体的表达形式？

3.完全竞争企业、买方垄断企业、卖方垄断企业是如何划分的？简述各类企业在两个市场中所处的地位。

4.比较短期内完全竞争企业、买方垄断企业、卖方垄断企业的劳动力需求和行业需求的异同点，并说明产生这些差异的原因。

5.什么是替代效应？什么是规模效应？

6.推导完全竞争企业的长期劳动力需求曲线。

7.什么是弹性？什么是劳动力需求弹性？

8.运用希克斯-马歇尔的派生需求定理，说明影响劳动力需求弹性的因素有哪些？它们又是如何影响劳动力需求弹性的？

案例分析题

2021届毕业生期望薪酬出炉，期望薪酬接近市场价格

2021年9月，中青校媒面向全国大学生做了一份就业调查，"六成大学生认为自己毕业10年内会年入百万元"的话题冲上微博热搜，很多人看完调查结果后非常吃惊，现在的毕业生对工作收入预期都这么高了吗？

从2019—2021届中国高校毕业生期望薪酬变化趋势可以看出，2019届毕业生期望薪酬为5 778元；2020届毕业生期望薪酬为7 568元；2021届毕业生期望薪酬为7 443元，相较2020届毕业生期望薪酬有所下降，降幅为1.65%。2020年新冠肺炎疫情对大学生的就业影响延续至今，大学生就业市场的供需两端均受到一定影响。2021届毕业生中，很多都表示自身的就业期待有所改变，包括期望薪酬下降、期望行业变化等。

从2021届中国高校毕业生期望薪酬有所降低的趋势来看，在当前就业形势下应届毕业生的就业心态略显"佛系"，进行找工作的规模同期收缩，而进入自由职业、慢就业、创业、学习镀金的趋势均有扩张。

2021届中国高校毕业生期望薪酬区间占比最大的是5 000~7 000元，占比为40.3%，成为2021届中国高校毕业生的期望薪酬主流。其次是7 000~9 000元，占比为29.1%；9 000~11 000元以及11 000元以上的高薪区间分别以11.2%和10.5%紧随其后；3 000~5 000元和3 000元以下的区间占比较低，分别占8.3%和0.6%。

毕业生期望薪酬是毕业生投递某一意向岗位时，对入职后获得薪酬高低的期望值，是其基于自身能力与条件，结合市场供给情况形成的综合判断。对比2021届中国高校毕业生岗位薪酬区间可以看出，期望薪酬区间与岗位薪酬区间大体保持一致，说明高校毕业生对自身定位较为准确，期望薪酬接近市场价格。

资料来源 梧桐果.2021届毕业生期望薪酬出炉，期望薪酬接近市场价格［EB/OL］.（2021-10-19）［2022-09-09］.https：//www.wutongguo.com/report/263.html.

讨论题：

近年大学生就业形势严峻，工资下降明显，职业的可选择空间不大，请结合本章所学的知识，谈谈产生这种现象的原因。

推荐阅读资料

1.伊兰伯格，史密斯.现代劳动经济学：理论与公共政策［M］.刘昕，译.13版.北京：中国人民大学出版社，2021.

2.CLARK K B，FREEMAN R B. How elastic is the demand for labor？［J］. Review of Economics and Statistics，1980，62（4）：509-520.

3. MONROE E. The demand for labor ［J］. The Quarterly Journal of Economics，1933，47（4）：627-646.

网上资源

1.OECD，http：//www.oecd.org

2.ILO，http：//www.ilo.org/global/lang--en/index.htm

3.《中国劳动统计年鉴》数据库，https：//data.cnki.net/Trade/yearbook/single/N2022020102？zcode=Z001

拓展阅读：信息化与中国企业就业吸纳下降之谜

第6章　劳动力需求决策：理论扩展

学习目标

✓ 全面了解雇主的劳动力需求决策过程，并重新审视劳动力需求决策的影响因素

✓ 重点掌握多种生产要素和准固定成本下的劳动力需求

✓ 理解雇用量与工作时间之间的替换关系

✓ 了解多种灵活雇用模式的理论内涵与实践意义

引例 　　　　　　　　　　**打工人为什么会陷入加班？**

"996"（注：早上9点上班，晚上9点下班，一周工作6天）曾在网上引起热议。那么，是什么原因造成很多互联网打工人陷入"996"工作模式呢？

1.加班激励机制：大棒加于身

公司里面激励人的常用手段是"胡萝卜+大棒"，促使人"996"这件事上也不例外。不过企业往往更喜欢"大棒"，因为"大棒"更直接，恐惧是普遍性的，而每个人渴望的"胡萝卜"口味不尽相同，所以不易操作。

常见的"大棒"是KPI（Key Performance Indicator，关键绩效指标）和内部竞赛。一位互联网新媒体公司的受访者说，今年制定KPI时，老板先让大家自己根据上一年完成情况自己定，然后一起制定KPI的时候，就说今年要实现跨越式发展，直接KPI翻倍。原KPI按历史数据就需要"跳一跳"才能得着，结果老板非要让你"飞一飞"。这样，在正常工作时间里，任你走路、说话再飞快也做不完工作，只能自动延长时间才能完成。

还有一位来自某互联网独角兽公司的产品经理说，他们公司通过小组工作时间汇总制让大家"996"。每个月公司会对每个小组的工作时间进行汇总，工作时长倒数两组将被公司通过邮件进行全员通报，还会影响绩效及其他评选。另外，每个小组要想加新人，平均每人每天工作时长必须在15小时以上。

当然，还有通过价值观形成口头制度来让员工"996"的。

2.技术的发展使"全景式敞视"更精准，更易让人陷入加班

福柯用"全景敞视监狱（Panopticon）"作为现代规训社会的模型。"全景敞视监狱"源自英国法理家杰里米·边沁（Jeremy Bentham）的设想，它借助逆光效果实现对被囚禁者隐匿的禁闭，让被囚禁者无从得知监视者的踪迹。

随着大数据技术的应用、算力的提升，企业可以做到工作量数字化，并且对员工的工作状态、可承载量等信息了如指掌，然后通过算法策略将工作任务派发给员工，

这样就可以对创造性要求较小岗位的员工的工作强度和工作时长做到精准控制，确保他们在任何时候都处于饱和状态。

3.加班是适应互联网时代新职业的常规工作状态

互联网极大改变着人类的生活学习方式的同时，深刻改变着人类的工作方式。比如，随着互联网教育的发展，人们可以自由地选择空间和时间进行学习，而为了满足用户学习便利，提供教育服务的公司就要调整自己的工作方式。所以，学习者在利用碎片化时间、节假日或者上下班、放学后时间学习时，提供服务的公司的老师、助教等员工需要同步在线，这样"996"就不可避免。再比如媒体行业，在纸媒时代，"日报"已经够新了，可互联网新媒体时代，要求的是24小时新闻资讯随时更新。还有新的内容形式比如短视频，在制作难度上更加耗费时间，工作时长自然会被拉长。同时，随着移动互联网的普及，实时在线办公变成一种趋势。不管何时何地，领导和客户都能找到员工，而且员工能在线办公，这就成功打破了工作和休息的界限，也为拉长工作时间奠定了硬件基础。

一位内容运营工作者一天到晚需要围绕着"内容安全"转。"对于有些岗位来说，'996'是使命。"她开玩笑说。起初，她主要从事公司上亿流量王牌产品的内容审核。这个工作虽然简单、重复，但是面对早晚无休的用户发出的铺天盖地的内容，若是漏审一单就有可能导致严重安全风险，你不知道什么时候哪个用户就会发一些诸如诈骗类或者涉黄类的违规信息。对于他们的工作来说，领导无须发指令，内容安全问题就是给他们的无休止指令，他们就得无条件应对。后来这位女生，连跳N级，转岗到了现在的策略团队，承担着工作量和难度更大的运营安全工作。难上加难的是，休息日和假期对他们来说反而需要更加谨慎，这些时间段是产品流量加大的时候，也是各种问题更容易发酵的时候。被采访时，这位女生是这样说的："好不容易迎来一个假期，突然公安局来电话说用户在平台上遭遇诈骗……周末，因为不良内容遭到应用商店审查导致产品上架审核未通过，紧急补坑……"这些事情一件没做好，都有可能对公司造成打击。虽然她不止一次被工作压力和职业迷茫压得崩溃过，可支撑她继续前行的则是一种自带的使命感，她觉得其加班真的是在守护公司生命安全。

资料来源　花游鲥．我们访谈了200个互联网人，终于发现互联网人加班背后的原因［EB/OL］．（2021-04-14）［2022-09-09］．https://mp.weixin.qq.com/s/XFgwVZGqiLxIlb0axlZ8vw.

这个引例讨论了企业让员工超时加班的问题。加班作为满足企业劳动力需求的一种途径，在很多企业中被普遍使用，企业经常需要在雇用工人和延长现有员工工作时间之间做出选择。另外，招聘成本与培训成本等准固定成本的存在在很大程度上影响了企业的劳动力需求决策。除此之外，非全日制用工、劳务派遣以及独立合同工等用工形式都体现了企业以灵活的劳动力需求降低成本的倾向。

6.1 多种生产要素下的劳动力需求

通过前一章的学习，我们知道，劳动力需求理论的基本假设是在完全竞争的产品市场和劳动力市场下，企业拥有两种生产要素：劳动力和资本。在短期，企业不能改变资本存量，只能通过调整劳动力的雇用量来提高或降低产出水平，当企业增加一单位的劳动力所得到的边际收入，与增加这一单位劳动力所产生的边际成本相等的时候，实现利润最大化的目标；在长期，企业可以同时调整劳动力的雇用规模和资本要素在生产中的配置状态，同样，当这两种投入要素的边际收益产品等于各自发生的边际成本时，企业实现利润最大化。

然而现实情况是，企业拥有的生产要素不止劳动力和资本，还包括土地、各种矿藏（石油、煤、金属和非金属矿等）以及淡水等自然物，乃至气候（日照、降雨量等）。[①]即使是劳动力，也可以根据年龄、性别、学历等做更详细的划分，其他的生产要素比如厂房、机器设备、原材料、专利、知识技术等，都是企业可用于投入的要素。因此，要想更全面地了解劳动力需求，就需要将理论假设扩展到考虑多种生产要素下的劳动力需求。

6.1.1　多种要素相互替代的劳动力需求

正如分析劳动力与资本之间的替代关系一样，之所以会出现劳动密集型和资本密集型的生产方式，企业能够根据不同的行业和生产流程做出不同选择的根本原因，在于两者是相互替代的。那么，根据劳动力需求曲线是劳动者工资的负斜率函数这一原理，我们也可以研究其他生产要素的价格变化会对既定的劳动力需求曲线所产生的影响。首先是考虑，在多种生产要素呈相互替代关系的情况下，企业如何决定劳动力需求？

当生产要素A的价格下降，数量增加时，生产要素B的数量下降，则生产要素A是生产要素B的替代性生产要素。如果生产要素之间是相互替代的，也就是说，企业生产过程中如果增加某些生产要素的投入，就可以对另外的生产要素的减少起到弥补作用。单纯考虑这一点，某些生产要素的价格上涨，导致成本增加，那么企业势必会减少这些要素的投入，而增加另外的生产要素投入。但是，受到替代效应和规模效应的影响，这种反向关系就不一定成立了，究竟会形成怎样的结果，取决于两种效应各自的作用力大小。

如图6-1所示，横轴表示劳动力的投入量，纵轴表示雇用劳动力的成本，即工资。D_0表示其他生产要素价格较低的情况下对劳动力的需求量，D_1表示其他生产要素价格上涨后的劳动力需求量。当其他生产要素的价格上涨时，如果劳动力需求曲线向右移动，表示企业增加了劳动力的雇用量，用更多的劳动力投入来弥补其他生产要素的效用，说明替代效应占主导地位，它们之间是总替代关系，如图6-1（a）所示；如果其他生产要素的价格上涨导致劳动力需求曲线向左移动，如图6-1（b）所示，即此时企业反而降低了劳动力的雇佣水平，那么在这种情况下，说明规模效应超越替代效应而居于主导地位，企业从整体上缩减生产规模，生产要素之间呈总互补关系。

① 茅于轼. 经济学和它的数理基础——择优分配原理 [M]. 广州：暨南大学出版社，2008：104.

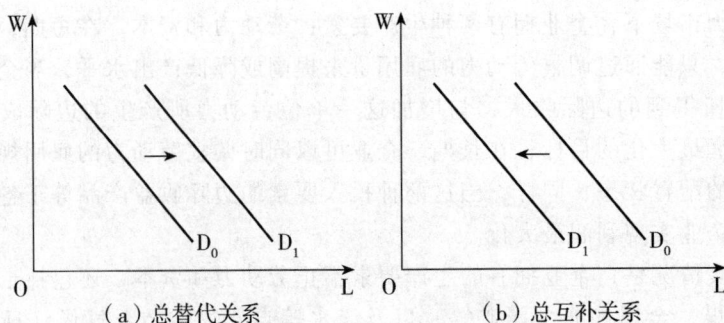

（a）总替代关系　　　　　　　（b）总互补关系

图6-1　多种要素相互替代的劳动力需求

6.1.2　多种要素互补的劳动力需求

当生产要素 A 的价格下降，数量增加时，对生产要素 B 的需求上升，则称生产要素 A 与生产要素 B 是互补的。如果多种生产要素在企业的生产活动中是互补的，也就是说它们之间是相辅相成的关系，离开了任何一方，都无法独立完成产出任务。这意味着企业必须按照完成产出任务所需的固定比例同时投入它们，要增加必须同时增加，要减少就得同时减少，此时不存在替代效应，只有规模效应的影响。比如大学要扩大招生，势必要增加各方面的投入，包括建设更多的宿舍楼、教学楼，聘用更多的专家学者等，才能使学生享有的人均教育资源得到维持或提高。还有一个典型的互补性例子就是企业使用的高科技机器设备与技术工人。如果高科技机器设备的价格下降，为提高生产率，实现利润最大化的企业将会增加机器设备的使用量，又由于只有技术工人才能操作这些机器设备，则机器设备使用量的增加必然会导致在各种工资水平下企业对技术工人的需求增加。因此在生产过程中互补的两种投入要素总是会呈现出一种总互补关系。

6.2 ╲ 准固定成本下的劳动力需求

无论是研究企业只投入劳动力和资本这两种生产要素的情况，还是探讨企业投入多种生产要素的情况，我们不难发现企业都要承担成本，经济学家将它们划分为不变成本和可变成本。之前的讨论一直假设劳动力是可以调整的生产要素，也就是说，雇用劳动力的成本是可变的。人们通常将这种可变的成本理解为工资，正如劳动力需求曲线描述企业的需求决策随劳动者工资率的变化而变化一样。企业在追求利润最大化目标的同时，试图追求成本最小化。劳动者的工资下降，企业的成本就会降低。但是有一些劳动力成本并不随工资率的变化而变化，而是与劳动力本身密切相关。只要企业雇用一名劳动者，就必须承担一笔固定费用，这就是准固定成本（Quasi-Fixed Cost）[①]，这种非工资性的劳动力成本不会因为劳动者工作时间或服务年限的长短而

---

① BILS M. Wage and employment patterns in long-term contracts when labor is quasi-fixed [J]. NBER Macroeconomics Annual, 1990, 5（5）: 187-227.

发生太大变化。除此之外，与劳动力本身密切相关的成本还包括岗位变化、管理变化、技术变化等带来难以预测的隐性成本。对企业来说，相对于一些准固定成本的影响，员工的增加所带来的生产力变化和岗位变化的影响可能更大，而且这种影响往往是持续性的。[①]我们对这些隐性的成本变化不做进一步的深入探讨，此处我们仅以雇佣关系的存续期为划分标准，将企业的准固定成本进行划分，以招聘成本与培训成本为例，对准固定成本下的劳动力需求进行更深入的分析。

6.2.1 雇用投资与劳动力需求

在雇佣关系建立的初期，企业为了保证持续地运营和盈利，必须花费一定的成本从劳动力市场上挑选适合的从业人员，以补充组织内部的空缺岗位和适应企业变革与发展的需要，这就是企业的招聘。但是此处所讨论的在招聘过程中产生的成本，并不仅局限于传统观念的招聘，而是包括了人员甄选和入职培训。与此同时，企业如何在追求成本最小化的同时做出雇用决策呢？首先来看招聘成本与劳动力需求的关系。

一方面，招聘绝对是每位求职者在工作搜寻中最为关注的字眼。企业想在茫茫人海中找到最合适的求职者，就必须耗费大量精力吸引尽可能多的人的注意，从而扩大自己的选择范围。企业可以在各大报刊、电视和网站等发布招聘广告，到各大知名高校或人才市场举办现场招聘，然后根据岗位要求和任职资格等标准对求职者的信息进行审查和筛选，最后要通知入选的求职者参加笔试或面试，当然，这就要求企业还需要准备好试题、安排考场、聘请专家阅卷和组织面试等。总之，整个人员甄选过程的费用可以说是相当高昂，并且时代的趋势使得甄选成本在企业的雇用成本中占据越来越重要的地位。

另一方面，入职培训是现代企业管理中非常关键的环节。对于新员工来说，熟悉岗位职责和掌握工作技能固然重要，而对组织文化的理解认同以及对人际关系的融合，往往需要新员工投入更多的精力。因此，很多企业都重视对新员工开展一些正式或非正式的入职培训。通常的培训计划包括三部分：一是企业的基本情况，比如企业发展的历史、组织架构和人员配置、领导职务和部门职责等；二是企业的基本制度，包括企业的纪律规章、薪酬福利、奖惩制度等；三是由具体的业务人员对新员工进行实际指导，以便更好地让新员工掌握工作技能并融入工作团队。当然，由于各个企业自身的特点，入职培训的开展也是丰富多彩、各有特色的。

根据上述分析，入职培训发生的成本大概来源于两个方面：一方面是可衡量的显性成本，比如聘请培训师的费用，即使是由企业内部人员或人力资源部门负责，很多必要的开支也无法避免，如电力、饮水、设备和场地支持等。另一方面经常被企业忽视，却往往比显性成本更为巨大，那就是培训活动的隐性成本。这部分隐性成本又可以从两个角度来考虑：第一，熟练的员工为了指导新员工的业务操作，必定要放慢速度并讲解注意事项，利用同样的能源设备和同等的工作时间，生产效率肯定会比平时大幅度下降；第二，如果新员工的全部时间都投入实际生产而不是参加规章制度的学

① LOW H, MEGHIR C, PISTAFERRI L. Wage risk and employment risk over the life cycle [J]. American Economic Review, 2010, 100 (4): 1432-1467.

习，那么他们的产出水平将会有大幅提升。

人才招聘对企业来说很重要，招聘成本是劳动力成本的主要组成部分之一。几乎每家企业都会试图降低招聘成本，而在此过程中，企业的劳动力需求决策也随之变化。分析企业在雇佣关系初期选择的三种主要的雇用策略，能够清晰地描绘存在招聘成本下的劳动力需求变化。

首先，很多企业的招聘广告都会写上"高薪诚聘"的字样，因为这可以引起求职者的关注，达到吸引人才的目的。企业扩大选择范围，就会有尽可能多的求职者向企业应聘。每个求职者都希望寻找到高报酬的职位，因此高薪能够吸引更多的具有更高保留工资的人才，这些人才通常也具备更高的生产率。[1]企业利用稍高于同行业的工资，其实可以减少在招聘环节的部分支出。

其次，面对目前劳动力市场供过于求的局面，筛选求职者的简历一直是人力资源部门集中招聘人才最为繁重的任务之一，企业也会因此调动大量的人力物力。想用最小化的成本找到最适合的人选，就需要企业对任职资格和具体要求做出尽可能详细与严格的界定，这就是所谓的高门槛——比如工作经验、学历、专业、年龄、资格证书等。当企业通过高工资吸引到众多的求职者，然后通过这道高门槛，就会自动筛选出一批最符合要求的求职者，如此即可使繁重的甄选工作得到大大简化。

最后，企业人力资源储备相对充足时，内部的岗位轮换和内部晋升机制也是一种招聘方式。尤其是针对一些发展较为成熟、员工流动率低、规模不需要继续扩张的企业，对某些岗位实行内部调动的雇用策略不失为"两全其美"的办法。一方面，内部员工对企业较为熟悉，即使到了新岗位也能比新员工更快进入角色；另一方面，从内部调动人力资源能够大大降低招聘环节的成本，还能起到良性竞争和有效激励员工的作用。

6.2.2　培训成本与劳动力需求

这里所指的培训并不包括上述雇佣关系初期的入职培训，而是指员工进入企业之后，伴随其职业生涯发展的整个过程中进行技能提升和知识更新的培训。从概念上说，这种涉及员工职业生涯发展的培训分为两种类型：一般培训和特殊培训。[2]相关内容将会在本书第13章予以详细介绍，此处仅从准固定成本的角度研究存在培训成本的情况下，会对企业的劳动力需求产生怎样的影响。

掌握某些技能对员工个人来说将大大增加他在劳动力市场上的普遍竞争力，也就是说，具备这样的技能，无论应聘什么岗位都对生产率的提高有促进作用，比如沟通技巧、商务礼仪、计算机办公系统的操作、公务文书的撰写等。这种培训能够等量地提高一个人对于多位雇主的生产率，使其获得在不同的企业都可以通用的技能，这叫作一般培训。由于一般培训的受益面广泛，企业通常不会选择专门为员工提供一般培训，要么由员工个人负担全部费用，要么将其作为给优秀员工的奖励。

① WEISS A. Efficiency wages models of unemployment, layoffs and wage dispersion [M]. Princeton: Princeton University Press, 1990.
② BECKER G. Human capital [M]. 2nd ed. New York: National Bureau of Economic Research, 1975. STEVENS M. A theoretical model of on-the-job training with imperfect competition [Z]. Oxford Economic Papers, 1994, 46 (4): 537-562.

特别是对于那些非全日制的员工，企业更是不会提供一般培训。贝得里尼（Pedrini）对意大利和英国企业非全日制员工培训情况的对比研究发现，两国非在职培训量均与非全日制就业量呈负相关关系，符合人力资本理论，同时这种负相关关系在英国更为显著。[①]

与一般培训正相反，特殊培训仅仅能够提高一个人针对单个特定企业的生产率，掌握特殊培训教授的技能，只对提供培训的企业有用，而无法在劳动力市场上形成普遍竞争力。比如针对只有某一家企业才使用的数据录入系统或机床生产设备的培训，员工如果离开该企业，培训的价值就有可能彻底丧失。由于特殊培训使受益对象特定，因此企业通常会主动投资，在提升员工生产率的同时，降低员工流动率、留住企业人才。

正是由于不同的培训类型，企业采取了不同的投资决策，然而只要雇佣关系继续存在，员工的职业生涯发展和企业的成长壮大就会紧密地联系在一起。因此，培训成本作为劳动力的准固定成本，风险与收益并存，需要企业用不同的雇用决策加以应对，通常企业有三种处理的方式：

首先，效率工资理论认为，如果企业支付员工较高的工资报酬，就降低了该员工在市场上寻找同等报酬水平的工作的概率，因此即使存在培训成本，也能够避免员工"跳槽"的风险。当企业面临需求下降的时候，通常采用缩减雇用量而不是降低工资的应对措施。因为如果降低工资，可能导致最优秀的员工首先离开企业，致使平均生产效率锐减。因此，企业会减少用新的工人来替换那些离开企业的工人的频率。[②]

其次，如果说效率工资是用高报酬换取高效率和高稳定，那么隐含合同的方式是用高保障达到同样的效果。企业利用隐含合同为员工提供收入保障，从而使员工的实际收入水平不致受到经济波动的剧烈影响，培训成本造成的收益和风险在企业与员工之间得到合理分担，即企业与员工达成了某种心理契约。在完全竞争的劳动力市场上，工资由市场给定，企业的劳动力需求反映劳动力边际产量的变化，然而这一原理在隐含合同的作用下未必适用。对政府的就业保护的程度研究发现，劳动力市场隐含合同现象普遍存在，而且其无须政府出台政策措施加以干预。[③]

最后，从机会主义的角度考虑，我们可以试想，如果培训成本完全由企业承担，那么企业面临员工"跳槽"而遭受更大损失的风险；如果培训成本由员工自己承担，同样，员工很可能因为被企业"炒鱿鱼"而遭受巨大损失。[④]因此，终生雇用成为企业处理矛盾关系的一种很好的选择。当然，这也就导致企业对劳动力的需求条件变得更为谨慎和苛刻（许多劳动密集型行业几乎不存在终身雇用），甚至造成企业对劳动力需求的减少。

① PEDRINI G. Off-the-job training and the shifting role of part-time and temporary employment across institutional models. Comparing Italian and British firms [J]. Industrial Relations Journal, 2020, 51 (5): 427-453.
② SALOP S. A model of natural rate of unemployment [J]. American Economic Review, 1979, 69 (1): 117-25.
③ BURGUET R, CAMINAL R. Does the market provide sufficient employment protection? [J]. Labour Economics, 2008, 15 (3): 406-422.
④ SCHWAB S J. Life-cycle justice: accommodating just cause and employment at will [J]. Michigan Law Review, 1993, 92 (1): 8-62.

6.3 雇用人数与工作时间的替代

对劳动力需求理论的分析一直围绕劳动力需求的"数量"这一概念，但事实上，劳动力需求还包含另一个关键变量，那就是"工作时间"。假设其余的生产要素保持不变，企业只能通过对劳动力的调整来改变产出水平，事实上除"数量"之外，企业还可以通过调整既定劳动者的工作时间，从而改变企业的产出水平。

6.3.1 雇用人数与工作时间的替代关系

研究企业通过调整劳动力来改变产出水平的核心概念是"劳动力边际产品（MP_L）"，即在资本保持不变的条件下，一个单位的劳动力增量所带来的产出数量的变化。由于雇用人数与工作时间都同属于劳动力的范畴，并且它们之间存在替代关系，我们就可以从两个角度去理解，企业是如何通过调整雇用人数和工作时间来达到同样的效果了。

劳动力边际产品（MP_L）指的是在资本保持不变的情况下，一个单位的劳动力增量所带来的产出改变量。它可以区分为两种情况：一种是资本和员工的工作时间不变，即每增加一名员工所带来的产出增加；另外一种则是资本和员工总数不变，改变员工工作的时间，即每增加一个工时所带来的产出增加。显然，两者存在一定的替代关系。之所以关注劳动力边际产品，是因为劳动力边际产品的变化是企业决策的重要参考指标，这一点在后面的分析中会加以阐述。值得一提的是，无论是改变单位雇用人数还是改变单位工作时间，所导致的劳动力边际产品都同样遵循边际产出递减规律，也就是说，当这种增加不断提高，它所带来的产出增加会逐步减少。

6.3.2 雇用人数与工作时间的组合决策

企业要实现成本最小化，就要在做出劳动力需求决策的同时考虑不同生产要素组合变化给企业带来的成本变化，即企业需要权衡增加雇用人数还是延长工作时间更有利于减少单位产品的成本。我们可以考虑雇主每增加雇用一名新员工所导致的企业成本的增量。无论其员工的工作时间设定在怎样的水平，增加雇用人数导致的成本增量都可以看作边际成本。它包括新员工的工资和准固定成本，是在雇佣关系存续期间会随工作时间变化的某些员工福利成本的函数。当企业决定增加雇用人数，必须全面考虑增加雇用的边际成本。

如果企业不愿意或者难以短期扩大雇用规模，却想增加产品的产量，那么延长现有员工的工作时间是唯一的选择。同理，企业让现有员工每延长一个小时的工作时间，也会产生一定的成本，我们将这种由延长工作时间所导致的成本增量也看作边际成本。此时，它包括加班工时的工资以及随工作时间变化的可变员工福利。如果所延长的工作时间超过了法律规定的正常工作时间限制范围，企业还必须支付给员工加班工资，相应的成本计算方法也要随之改变，通常这个成本会加倍提高。戈登与葛布瑞斯莱（Lonnie Golden and Tesfayi Gebreselassie）等研究了美国工作时间的长度变化，发现20多年来美国各行业的工作时间的长度变化很小，决定时间长短的最主要因素依然是工作类型，而性别、收入水平等因素有一定影响。[①]这间接说明，不同行业的企业的工作时间策略是长期稳定、变动很小的。

当企业确定了某一水平的产出目标，就要通过调整雇用人数和工作时间的不同组合，来实现成本最小化目标。分析雇用人数与工作时间的最优组合的方法类似于企业调整资本和劳动力要素以实现成本最小化，一般来说，企业做出的雇用决策，必须满足下列条件：

$$\frac{ME_M}{MP_M} = \frac{ME_H}{MP_H}$$ （公式6-1）

式中：ME_M表示增加一名员工带来的成本增量；ME_H表示增加一个工作工时带来的成本增量；MP_M表示增加一名员工带来的产出增量；MP_H表示增加一个工作工时带来的产出增量。不难看出，这个公式所表达的含义是，对应同样的劳动力边际产品，如果雇用人数的边际成本（ME_M/MP_M）相对于延长工作时间的边际成本（ME_H/MP_H）上升，那么追求成本最小化的企业会选择延长现有员工的工作时间来为企业创造利润，而不会增加雇用人数；反之，如果延长员工的工作时间需要企业支付比雇用新员工更多的边际成本，企业就会通过增加雇用人数而不是通过让现有员工加班的方式，去实现利润最大化的目标。

6.3.3 加班工资

当企业突然面临大额订单、市场需求旺季等市场变化时，为了满足短期的劳动力需求，企业通常增加雇用人数或者延长工作时间。但是对于大部分企业来说，突然性的市场需求变化毕竟不多，临时扩充人员会面临将来诸多风险和很多长期问题。因此，企业通常选择延长员工的工作时间，哪怕是支付加倍的加班工资。从某种意义上说，加班工资成为企业做出劳动力需求决策时主要考虑的因素。

随着经济条件的改善，人们更看重享受工作之外的休闲时光，企业也只有通过提高加班工资才能使员工愿意在8小时之外继续工作。当然，人们呼吁提高加班工资的另外一个重要原因在于雇用劳动力准固定成本的增加，包括社会保险费的强制缴纳和企业缴费率的提高，以及招聘成本、培训成本和员工福利等企业不得不承担的费用的增长。这些准固定成本的增加导致企业在权衡雇用人数和工作时间的组合时，发现新增雇用人数的成本远远高于延长工作时间的成本，因此企业员工"加班"成为一种常态。那么，加班工资的提升是否有助于增加劳动力需求呢？

为了分析加班工资提升是否有助于增加劳动力需求，我们还是要回到雇用人数与工作时间的组合决策，也就是说，我们需要研究当新增雇用人数的边际成本（ME_M/MP_M）大于延长工作时间的边际成本（ME_H/MP_H）时，企业是否真的会选择延长工作

---

① GOLDEN L, GEBRESELASSIE T. Overemployment mismatches: the preference for fewer work hours [J]. Monthly Labor Review, 2007, 130（4）: 18-37.

时间而非雇用新员工。从法律上说,加班工资作为延长工作时间的一项成本是法定的,但即使如此,对于不同的企业来说,由于新增雇用人数或延长工作时间所导致的边际成本仍然是不一样的,相关成本还要取决于特定企业的准固定成本和小时工资率。考斯特(Costa)有关加班工时问题的经验研究显示,对于那些准固定成本高于小时劳动力成本的企业来说,确实存在大量延长工作时间的情况[1]。那么,如果通过提高加班工资来抑制企业延长工作时间的动机,所有被减少的加班时间又是否会增加对劳动力数量的需求呢?为了分析提高加班工资是否会增加就业的问题,我们试图从4个角度解释加班工资的提高可能产生的影响:

首先,即便企业将加班时间缩减到零,其平均劳动力成本也会上升。这是因为,一旦企业不让员工加班,那么在面临突发性市场波动的时候,必须增加雇用人数,从而不可避免地承担准固定成本。这种成本的上升必然导致企业相对于提高加班工资之前,要负担更多的费用。道理很简单,在加班工资提高以前,企业选择延长工作时间的决策是因为其边际成本低于新增雇用员工的,而如果加班工资提高到让企业转而选择雇用新员工的话,劳动力成本总额必定有增无减。这就可能造成企业在资本和劳动力之间倾向于采用资本更为密集的生产方式。

其次,在提高加班工资之前经常加班的企业,如果现在转变为资本密集型的生产方式,其生产成本也很有可能增加。而生产成本的增加会通过价格转嫁给消费者,那么根据市场供求法则,产品的需求量将会下降,企业会根据市场需求缩减生产规模,从而导致企业对劳动力的需求会同步萎缩。

再次,如果当前存在的失业类型是结构性失业,也就意味着目前从事加班工作的员工与失业者之间的可替代程度很低。即使加班工资提得再高,企业也不得不选择延长工作时间来保证产出,因为企业无法在市场上寻找到大量同质劳动力。在这种情况下,我们就很难将加班时间转化为失业者的新就业机会。

最后,假设法定加班工资提高,那些把加班当成常规性工作的企业做出的选择是降低员工正常工作时间内的小时工资率,从而使员工获得的薪酬水平控制在原有范围内。经验研究也证明,当加班工资发生调整时,确实会影响正常工作时间的小时工资率。[2]而这种影响将进一步削弱提高加班工资所带来的岗位创造效应。

6.4 劳动力需求的灵活性

通过研究雇用人数与工作时间之间的替代关系,可以得出企业可运用多种方式实现劳动力成本的节约,加班只是以延长工作时间替代雇用新员工从而保证产出水平的一种方式。除此之外,现代人力资源管理更多地倾向于采用非全日制雇用、劳务派遣和独立合同工雇用等形式,从而使劳动力需求的灵活性得以充分发挥。

[1] COSTA D L. Hours of work and the Fair Labor Standards Act: a study of retail and wholesale trade, 1938-1950 [J]. Industrial and Labor Relations Review, 2000, 53 (4): 648-664.
[2] TREJO S J. The effects of overtime pay regulation on worker compensation [J]. American Economic Review, 1991, 81 (4): 719-739.

6.4.1　非全日制（Part-Time）

国际劳工组织对非全日制工人的定义为，正常工作时间少于具有可比性的全日制工作时间的工人。其中，正常工作时间以周工作时间或者某一特定工作时期的平均值来计算；具有可比性的全日制工作时间的工人是指与非全日制工作者在同一个部门、同一个企业或同一个经济活动分支内工作，具有相同类型的雇佣关系，从事相同或相似类型工作或职业的工人。经济、技术或结构性原因，造成正常工作时间集体性或暂时性减少的全日制工人，不被认为非全日制工作者。[①]我国《劳动合同法》第六十八条规定：非全日制用工，是指以小时计酬为主，劳动者在同一用人单位一般平均每日工作时间不超过4小时，每周工作时间累计不超过24小时的用工形式。与企业利用加班规避新增员工的准固定成本一样，非全日制雇用也是企业劳动力需求决策当中的一种变通方式。

近年来，以小时工为主要形式的非全日制就业在我国许多地方呈现迅速发展的趋势。特别是在餐饮、超市、社区服务等领域，用人单位使用的小时工越来越多。据国家统计局的估计，目前我国灵活就业人员已达2亿人左右[②]，其中有相当一部分人选择了非全日制模式。从国际上看，非全日制就业也成为世界各国推广灵活就业的重要形式之一。欧盟为缓解各成员国失业率较高的压力，颁布了《非全日制工作法令》，非全日制成为欧盟各国实施弹性就业发展战略中最普遍的做法。许多欧盟国家非全日制就业人数占劳动力总数的比重达到1/4～1/3（1997年）。其中，荷兰占37%，英国占24%。[③]根据经济合作与发展组织（OECD）的统计数据，英国2008年非全日制就业人数约为7 421 000人，其中女性就业人数约为5 658 000人，即女性在非全日制工人中的比重约为76%。[④]此外，1955—2000年，在美国的非农业部门中，从事非全日制工作的人所占的比重已经从10.5%增长到22.7%。[⑤]这些国家的经验表明，推行非全日制就业不仅使广大劳动者能够分享就业机会，减少失业，而且有利于企业降低人工成本，适应灵活用工需求，提高市场竞争力。

对于非全日制就业的增长，传统理论通常从劳动力市场供给方的特征和经济产业结构变迁的角度考虑其内在原因。[⑥]从劳动力市场的供给方来看，非全日制主要存在于四大群体：一是已婚妇女提高了市场劳动力的参与率（详见第9章）；二是退休后的老年劳动者重新进入劳动力市场；三是尚未正式进入劳动力市场的高校学生选择从事"兼职"工作来分担学业费用；四是城市化进程当中农村剩余劳动力进入城市的次级劳动力市场。从经济产业结构变迁来看，随着第三产业在各国经济中所占的比重越来越大，也为愿意从事非全日制工作的劳动者提供了大量空缺岗位。

---

① International Labor Organization. Part-Time Work Recommendation, 1994（No.182）[R/OL]. [2022-09-09]. https://www.ilo.org/dyn/normlex/en/f? p=NORMLEXPUB: 12100: 0:: NO:: P12100_ILO_CODE: R182.
② 周頔. 国家统计局：目前我国灵活就业人员已经达到2亿人左右[EB/OL]. (2022-01-17)[2022-09-09]. https://www.thepaper.cn/newsDetail_forward_16320022.
③ 金维刚，马淑萍. 我国非全日制就业问题及有关建议[R]. 北京：国务院发展研究中心，2003.
④ 喻术红，班小辉. 欧盟反对歧视非全日制工人制度探析[J]. 比较法研究，2014（5）：45-58.
⑤ TOOSSI M. A century of change: The U.S. labor force, 1950-2050[J]. Monthly Labor Review, 2002, 125（5）：15-28.
⑥ MONTGOMERY M. On the determinants of employer demand for part-time workers[J]. Review of Economics and Statistics, 1988, 70（1）：112-117.

　　但是，随着立法的完善和人们对劳动力成本的关注，越来越多的学者开始从准固定成本的角度思考。如果我们假设，非全日制员工与全日制员工在生产过程当中是可以相互替代的，显然，全日制员工无论在法定福利还是在企业自定福利等方面，其准固定成本都高于非全日制员工。因此，企业就会倾向于更多地使用非全日制员工。那么，哪些行业具备使用非全日制员工的条件呢？一般而言是那些技术门槛较低、人与人的生产率差别不大、求职者供大于求的行业，比如餐饮、超市、销售、美发等。由此可知：如果相对于全日制员工而言，非全日制员工的小时劳动力成本或准固定劳动力成本下降，则非全日制就业所占的比重就会上升，全日制就业所占的比重就会下降。因此，如果政府进一步加强对非全日制用工形式的管制，或者说，进一步扩大社会保险在全国的覆盖范围，很有可能导致企业对非全日制员工的需求下降。

6.4.2　劳务派遣

　　劳务派遣又称劳动派遣、劳动力租赁，是指由派遣机构与派遣劳工订立劳动合同，由派遣劳工向用工单位给付劳务，劳动合同关系存在于派遣机构与派遣劳工之间，但劳务给付的事实则发生于派遣劳工与用工单位之间，其最显著的特征就是劳动力的雇用和使用分离。根据劳务派遣的概念界定可知，劳务派遣不同于简单的雇佣关系，而是涉及三方主体，分别是劳务派遣公司、劳动者和实际用工单位。实行劳务派遣后，实际用工单位与劳务派遣公司签订"劳务派遣合同"，劳务派遣公司与被派遣劳动者签订"劳动合同"，实际用工单位与被派遣劳动者之间只有使用关系，没有聘用合同关系。

　　用人单位的需求是劳务派遣发展的根本动力，而降低用工成本和风险是用人单位选择劳务派遣的主要原因。[①]作为一种非常灵活并且专业化的用工形式，劳务派遣服务包括人员招聘、岗前培训、在职管理、离职办理、工资发放、福利、绩效管理、各类突发事件处理等。被派遣劳动者往往都是短期、临时性的，随企业各项业务的发展而变化。因此，针对这种流动性强、管理难度较大的岗位以及大量临时性、项目性人员的用工需求，劳务派遣服务的提供使实际用工企业在获得专业化的人力资源服务的同时，从烦琐的人员招聘、培训、人员管理等工作中解脱出来，更好地关注在核心业务上，从而简化用工程序、减少人员管理成本、降低用工风险，促进企业的发展。

　　劳务派遣行业的发展对就业产生了深远的影响，主要体现在就业规模、就业质量和匹配成本3个方面。在就业规模方面，国外很多学者从解雇成本的角度研究劳务派遣对就业规模的影响，但是解雇成本的降低能否带来就业规模的增加，仍然存在很大的争议。[②]国内李洪坚等研究发现使用派遣员工可以降低用人单位成本、解决编制问

　　① 李洪坚，袁紫燕．劳务派遣对就业的影响分析——就业规模、匹配成本及就业质量［M］//曾湘泉，等．劳动力市场中介与就业促进．北京：中国人民大学出版社，2008.
　　② BURDA M. A note on firing costs and severance benefits in equilibrium unemployment［J］. Scandinavian Journal of Economics，1992，94（3）：479-489. MORTENSEN D，PISSARIDES C. New developments in models of search in the labor market［M］// ASHENFELTER O，CARD D. Handbook of Labor Economics（vol.3B）. Amsterdam：Elsevier Science，North-Holland，1999.

题和满足临时性用工需要，企业有用派遣员工替代正式员工的需求，总体上劳务派遣对就业规模的影响是积极的。在就业质量方面，由于派遣员工相对于正式员工，学历较低、就业能力相对不足，多从事生产操作等低端职位，因此派遣员工的薪酬福利相对较低。[①]诺伦（Stanley D. Nollen）指出派遣员工的工资通常比正式员工低1/3[②]，同时正式员工工资因受到派遣员工低工资的冲击而降低。[③]而且由于派遣员工的短期性，企业出于利润最大化目标，也较少考虑派遣员工的职业生涯发展。在匹配成本方面，由于派遣机构只要使劳动者进入用工单位工作，就能按月收取管理费，所以在利润的刺激下，派遣机构主动地获取企业用工需求和求职者信息的积极性较高。作为供给和需求之间的中介组织，派遣机构能使供求信息集约化，有利于减少供求信息障碍，减少摩擦性失业，从而能提高匹配的质量。

6.4.3 独立合同工

从非全日制用工到劳务派遣，我们可以观察到劳动者与雇主之间的关系逐渐变得松散的趋势。而独立合同工已经将雇佣关系的双方置于"平等主体"的地位。作为独立合同工（Independent Contractor）的劳动者，他仅仅依照合同完成雇用方交办的事务从而获得报酬，其行为不受他人左右，其工作也不用受到雇用方的监督和管理。目前涉及该领域的用工模式主要有两种：一种是类似于咨询公司、会计师事务所和律师事务所等形式提供外包服务，即劳动者挂名于知名的企业，所得收入有很大部分会被公司拿走；另外一种就是独立合同工，也叫独立缔约人，他并不是出卖劳动力，而是依合同行事、依合同获酬、风险自负、责任自担。但下列情况除外，即独立合同工从事的是高度危险作业、单位利用合同关系使独立合同工依约从事违法活动。

独立合同工作为一种新兴的用工形式逐渐受到社会关注，典型的像国内很多知名的律师、工程师和设计师，他们并不隶属于任何企业，而是自己与雇用方订立合同，并且取得高额报酬，类似于"自由职业者"。在这种用工形式下，劳动者普遍属于具备高端技能且在劳动力市场上是极为稀缺的人才，他们的收入相对也较高。该种用工模式的缺点是福利较差，并且流动性大、收入不稳定，合同结束后就要迅速寻找下家，否则就会影响劳动者的基本生活水平。随着人们价值取向和观念的变革，越来越多拥有专业知识和技能的青年人以此作为自己的职业选择。尤其是在经济萧条的时候，高校毕业生寻找到高薪的正式工作很困难，而外包公司和劳务派遣的待遇不尽如人意，独立创业缺少启动资金和经验支持。因此，成为社会精英里的一名"打工达人"是不错的选择。独立合同工弥补了劳动力市场上一部分独特而稀缺的需求，为特殊人才的职业选择提供了广阔的天地，是社会经济进步的表现。

① 李洪坚，袁紫燕. 劳务派遣对就业的影响分析——就业规模、匹配成本及就业质量［M］//曾湘泉，等. 劳动力市场中介与就业促进. 北京：中国人民大学出版社，2008.
② NOLLEN S D. Negative aspects of temporary employment ［J］. Journal of Labor Research，1996，17（4）：567-582.
③ DANIELA B，GIULIO B. Knockin' on heaven's door? Reframing the debate on temporary employment and wages：evidence from Europe ［J］. Socio-Economic Review，2021，19（3）：869-907.

本章小结

本章是对劳动力需求决策理论的扩展，主要涉及生产要素、劳动力成本和劳动力需求的灵活性的延伸，并在多种生产要素和准固定成本的情形下讨论劳动力需求可能受到的影响。

从生产要素上说，完全竞争市场的劳动力需求理论假设只存在资本和劳动力两种生产要素。因此，短期内无法改变资本存量，只能通过调整劳动力的雇用量来保证产出水平，从而满足企业追求利润最大化目标的实现；但长期内企业可以同时调整资本和劳动力的组合，做出最佳的产出决策。在此基础上，我们将劳动力需求置于多种生产要素的作用之下，并且各个生产要素之间可能是相互替代或互补的关系。因此，劳动力需求就会同时受到替代效应和规模效应的共同作用，从而导致企业做出不同的雇用决策。

从劳动力成本上说，劳动力需求的基本理论着重于分析劳动力的工资性收入。然而，随着非工资性收入在劳动者的报酬当中所占的比重越来越大，劳动力成本中出现一种不随工作时间而变化的准固定成本。招聘成本、培训成本都属于准固定成本，对企业的劳动力需求决策有着重要的影响。

从劳动力需求的灵活性上讲，简单地说，就是代表劳动力需求的"数量"与"工作时间"之间的替代。由于新增雇用人员和延长工作时间给企业带来的边际成本各不相同，所以追求成本最小化的企业就必须选择最优的雇用人数和工作时间的组合来生产利润最大化的产出。因此，出现了四种较具代表性的用工形式，即加班、非全日制、劳务派遣和独立合同工，它们各自从不同的角度优化了劳动力市场的资源配置和需求与供给的匹配。

复习思考题

1.试运用多种生产要素呈替代关系或互补关系的理论举一个生活中的案例，并予以解释。

2.运用劳动力需求决策的基本理论，解释替代效应、规模效应、生产要素的替代关系和互补关系之间的内在联系。

3.试分析影响劳动力准固定成本的因素。

4.劳动力准固定成本的性质是如何影响劳动力需求的？

5.分别从劳动力市场的供给方、需求方和产业结构的角度探讨非全日制用工形式产生的原因。

案例分析题

派遣工和外包工的前世今生

和劳务派遣机构存在法律意义上的劳动关系、被派遣到其他工作场所进行劳动的工人，与外包工联系密切。法律上，两类工人都与劳务公司存在劳动关系，与用工单位没有劳动关系，但国家层次的法律和政府规章目前没有对两类工人的区别进行界定。实践和一些地方政府规章中，主要接受用工单位管理的被认为派遣工，而主要接受劳务公司管理的被认为外包工。现实中，徒有外包之名，而无管理之实的"外包工"非常普遍，这种情况被称为"真派遣、假外包"。这两类工人是每个单位除正式工外的主要类型，因此值得特别关注。

新时期的派遣工和外包工最初是国企改革的伴生物。一旦一个工人被确定为冗员，这个工人一方面在劳动关系上与国企保持不变，另一方面被归入国企附属的劳动服务公司管理，其中相当一部分被派遣或外包到外单位。同时，为了帮助下岗职工再就业，各级政府大力鼓励劳务派遣公司的发展，并为此出台了财政补助和税收减免等措施。

对国企的工资总额管控也是其大量使用派遣工和外包工的原因。为了提升国企效益，自1985年起，国企的工资总额与其经济效益挂钩。而根据国资委制定的国企会计准则，只有正式工的工资计入工资总额，而临时工的工资计入营业费用，在国资委的管控之外。而且，国企正式工的收入常年高于社会平均水平，而临时工的工资则低得多。因此大量雇用临时工不仅能帮国企降低用工成本和提升经济效益，还能帮国企扩大工资总额，巩固既得利益。

20世纪80年代初期，城市劳动力市场对农村放开。城乡迁移的浪潮推动了劳务派遣的发展。有的农民工在迁移过程中得到了当地劳务派遣机构的帮助，这些机构的组织主体是县和乡镇政府及其附属机构。地方政府也会协助将农民组成建筑包工队或者保姆队，对外承揽服务。这类实践在今天仍然存在，特别是在一些偏远落后地区。在前年结束的脱贫攻坚战中，地方政府对外输出劳动力来帮助群众脱贫是重要的做法。

外资进入中国也助推了劳务派遣的发展。对于早期进入中国的外商驻华代表处和外资公司而言，它们对中国知之甚少，招工不便。同时，政府意图通过控制用工来监管这些外国机构。我国最早的一家专业派遣机构——1979年成立的北京外企人力资源服务公司（FESCO）——就是在这种背景下产生的。这类外资人力服务公司至今是中国劳务派遣市场上的主力。之后虽然外资机构有了招工权，但是使用派遣工的做法长期维持下来。外资企业使用派遣工的另一个原因是：一些跨国企业总部对于其中国分公司的人员数有控制，使用派遣工可以绕过这种控制增加员工。

劳动密集型企业的发展也推动了劳务派遣的狂涌。例如，在20世纪80年代的东莞，为了满足蓬勃发展的出口加工业的需求，当地政府不仅自己成立劳动中介为企业输送人力，也鼓励私人中介的发展。这些中介最早靠向求职者收费营利。随着用工荒时代的到来，转而向用工企业收费营利，其主要形式就是劳务派遣。

2008年1月1日，《劳动合同法》开始实施。该法极大地加强了对正式工的保护。此外，2011年7月1日开始实施的《社会保险法》和2002年修订的《住房公积金管理条例》规定了用人单位在"五险一金"方面的义务。为了逃避这些义务，企业大量使用派遣工。通过使用派遣工，用工单位在员工方面不仅能实现召之即来，也能通过随时退工实现挥之即去。当员工被退回派遣机构，派遣机构要摆脱他们就很简单：只需把他们派遣到他们压根不想去的工作岗位，就能迫使他们自动离职。

在这些因素的共同作用下，派遣工大量扩张。关于我国派遣工的数量，没有一致说法。其中较为权威的是全国总工会的估算：2011年，我国约有4 200万个派遣工，其中企业有3 700万个（占企业职工总数的13.1%），国家机关和事业单位有500万个；其中国企中16.2%的员工为派遣工，在中国电信、中国邮政、中国石化等一些央企中，派遣工更是占到了60%以上。

面对派遣工的滥用，国家尝试过通过立法加以限制，用工单位对此的回应是大量使用"外包工"。2013年7月1日，《劳动合同法》的修订案开始实施。这个修订案提高了劳务派遣业务的准入条件，进一步明确了派遣工与用工单位正式工同工同酬的标准，也强化了对派遣工使用范围的限制。

最严格的规制来自2014年3月1日起开始施行的《劳务派遣暂行规定》。它要求企业在2016年3月1日前把派遣工在总员工数中的比例降到10%以下。这个规定的初衷是迫使企业把派遣工转正。但是企业不愿意这么做，而是把派遣工大量改成"外包工"，以达到降比的目的。为了完成这个改造，企业只需和劳务派遣机构签订一份外包合同，劳务派遣机构以发包费（包括了派遣机构的服务费和派遣工的工资）为基数纳税即可；而这之前劳务派遣机构是以服务费为基数纳税的。在这个过程中，提供第三方服务的中介机构往往不变，工人仍然是用工单位在管理，变动的只是文书和交税方面而已。因此，这种做法被称为"真派遣、假外包"。它是企业降低派遣工比例的主要手段。实际上，外包业务门槛比派遣高得多，用工单位一方面在市场上找不到靠谱的外包机构，另一方面不愿扶持起一个外包公司跟自己竞争，其结果必然是"真派遣、假外包"的泛滥。

资料来源　封小郡. 派遣工和外包工的前世今生（上）[EB/OL]. （2022-03-19）[2022-09-09]. https://www.thepaper.cn/newsDetail_forward_17164457.

讨论题：

根据案例材料，结合本章所学理论，谈谈你对劳务派遣行业的看法。

推荐阅读资料

1.伊兰伯格，史密斯. 现代劳动经济学：理论与公共政策 [M]. 刘昕，译. 13版. 北京：中国人民大学出版社，2021.

2.HAMERMESH D S, TREJO S J. The demand for hours of labor: direct evidence from California [J]. Review of Economics and Statistics, 2000, 82 (1): 38-47.

3.BILS M. Wage and employment patterns in long-term contracts when labor is quasi-fixed [J]. NBER Macroeconomics Annual, 1990, 5: 187-227.

4.BELL D N F, Hart R A. Wages, hours, and overtime premia: evidence from the British labor market [J]. Industrial and Labor Relations Review, 2003, 56 (3): 470-480.

网上资源

1.国际劳工组织，http://www.ilo.org

2.德国劳工研究所，http：//www.iza.org

3.中华人民共和国人力资源和社会保障部，http：//www.mohrss.gov.cn

拓展阅读：中国制造业外包对劳动力需求弹性及就业的影响

第7章 劳动力供给决策：工作参与

学习目标

✓ 系统地了解劳动者的工作决策过程
✓ 重点掌握工作决策理论和家庭生产理论
✓ 掌握劳动者对市场工作、家务劳动和闲暇的三重选择
✓ 理解以家庭为单位的联合劳动力供给决策

引例 **二孩妈妈：工作与家庭何去何从？**

近日，上海交通大学国际与公共事务学院副教授、中国城市治理研究院研究员沈洋在上海几大书店举办的分享会上，从专业角度向读者和听众分享了对二孩政策下的职业女性的工作与家庭问题的见解。

女性的生育迷茫："母职惩罚"与"父职红利"

"现在无论是在上海还是在其他地方，已经生过孩子的女性，绝大部分还在工作。工作与家庭的冲突对她们来说一直是个问题。"沈洋首先举了一个例子，同样从上海名校毕业的一对夫妻，结婚多年后，养好二孩的妻子为了"带孩子"不倒班、不加班、不出差，自愿或被迫，经历了从三甲医院到外企到地段医院的"断崖式"职场下坠，而丈夫则完全没有受这方面的影响，已经达到三甲医院教授级别。类似这样女性的职业轨迹完全为生育"让路"的例子，引出了"母职惩罚"跟"父职红利"这两个概念。"什么是'母职惩罚'？就是生育导致的职业中断或者工作时间的减少，会降低母亲的收入。即使她们是全职工作，女性的晋升机会相对更少。'父职红利'则相反，男性在成为父亲之后，通常被认为会更加努力地投入工作，获得更多的人力资本与收入。"沈洋解释。

祖辈、金钱、精力：谁给"二孩妈妈"支援？

在沈洋二孩妈妈研究的被访者中，大多为独生女，普遍具有高学历、高收入等特点，然而这些妈妈在生完二孩后，也普遍或主动或无奈地面临了职业中断、中断上升或者职业停滞。如果是独生女，父母在她们生育之后会给予时间和金钱上的帮助，但如果父母长辈遭遇健康等问题，这就变成了双倍的负担。

而更多的二孩妈妈面临的是职业停滞。"我们把这种类型定义成在生育之后，生活的重心转向孩子，工作缺乏向上流动的空间，比如说在事业单位、国企工作，或者是公务员，没有上升空间，也没有什么辞职的理由，也找不到成就感，转而从生儿育女当中找成就感。"尽管这样，他们没有一个人想做全职妈妈，这个可能也反映了为什么在上海的二孩妈妈当中只有11.5%是没有工作的（没有有偿工作），有88.5%的

妈妈其实还在从事有偿的劳动。"这是我们的一些研究结论，这些中产女性她们能够
生二孩，并且能继续工作，与她们的社会经济地位以及家庭支持有关。比如说祖辈帮
忙，住房很宽敞，也是有经济实力请保姆的。祖辈帮忙这一点是重要的，如果祖辈没
有办法提供支持，或者说孩子的学业需要家长投入更多，往往是母亲做出牺牲。"沈
洋表示。

他山之石：完美的方案是否存在？

女性生完孩子尤其是生了二孩之后，基本上就没有什么"自己的时间"了。在沈
洋看来，首先应该使女性有更多的休闲时间，达到工作、家庭与休闲的公平。其次她
们应该获得尊重。女性的各种付出，尤其是家庭无偿劳动的付出更多，应该得到其他
家庭成员的尊重和认可，而不是"这是你应该做的"。

"德国也是双职工家庭模式。他们创造了大量兼职的白领工作。70%已婚已育女
性从事这类工作。根据世界银行2020年的数据，德国女性的就业率占总体就业率的
46.3%，比中国还要高。但是兼职工作同时导致男女收入的差距越来越大。德国这种
模式，并没有很理想。"沈洋介绍，第二种是男主外女主内的模式。在日本、韩国，
女性全职在家，男性在外面挣钱。虽然日本现在男性有育儿假和产假，但很少有男性
去休。政策与实施之间有巨大的鸿沟。性别分工深入人心，导致日本结婚率、生育率
非常低。韩国情况也很类似，韩国已经成为世界上生育率最低的国家了。其实最近
10年韩国施行了对生孩子的家庭给予经济补贴等鼓励政策，但并没有达到想要的
效果。

"第三种模式就是普遍的照护者模式。北欧国家一个普遍理念就是使女性的生活
方式成为社会标准，爸妈下午三四点就可以下班去接孩子。他们解构公和私的区别，
解构性别本质化，体现在托育机构方面，瑞典0~2岁的儿童托育率是50%，每个月每
个家庭付140美金，政府同时给补贴，相当于托育免费。在孩子16岁之前，每个月都
可以领奖金。瑞典从1974年开始有父亲育儿假政策，年轻父母都觉得带孩子是男女
共同的责任，并且是自己的权利，觉得什么都要自己来，请育儿嫂、花钱雇人，是不
被认可的，女性在家带孩子会被认为不可思议。"

沈洋表示："不同的国家有不同的模式，也会带来不同的结果。我们也提出了一
些政策建议。"在沈洋看来，孩子是一个公共品，"国家、政府应该对家庭给予帮助。
现在也在有些地方进行试点，教育部也出了政策，希望能解决小学阶段'下午3点
半'问题。工作与家庭的平衡其实是一个神话，只能在其中做出取舍，而不可能达到
平衡。希望政府、家庭转变思路，把关注点从工作-家庭平衡到工作-家庭-休闲的公
平，而这需要政策来托底。"

资料来源 郭爽. 二孩妈妈：工作与家庭何去何从？［N］. 新民晚报，2021-03-17（1）.

从案例中可以看到，二孩妈妈工作与家庭的平衡极难实现，其工作参与势必随着
孩子的出生而受到影响。对于普通人来说，应该怎样决定自己的工作、家庭与闲
暇呢？

7.1 工作决策理论

工作决策从本质上说是决定时间如何分配的问题。经典理论假设劳动者个体只有有限的时间，人们用于吃饭、睡觉及其他维持正常生命活动的时间是由自然规律决定的，除此之外的时间才可以自由支配，努力工作或是享受闲暇。因此，工作决策的基本理论是建立在工作-闲暇选择的基础上分析个体的劳动力供给行为。

7.1.1 市场工作-闲暇选择

劳动者个体决定时间用于工作还是闲暇，实际上体现的是个体需求。这一需求主要取决于个体偏好和预算约束。[①]个体偏好源于理性经济人的假设，劳动者在决定时间分配时，会选择使自己效用最大化的时间分配方式。经济学假定能够给劳动者带来效用满足的物品有两种：一是可以直接获得效用满足的闲暇；二是通过工作获得的货币收入，可以购买消费品或服务使劳动者得到满足。那么，从某种程度上说，闲暇与货币收入是可以互相替代的。劳动者可以通过放弃一定量的货币收入，比如缩短工作时间以获得更多的闲暇，而闲暇带来的效用刚好可以弥补货币收入损失，维持同样的效用水平。

在现实生活中，不同的人对闲暇和货币收入的偏好是不一样的，但无一例外的是，同一效用水平可以由多种组合构成。如果将实现同一效用水平的工作与闲暇的组合连接起来，便可以得到无差异曲线（Indifference Curve）（如图7-1所示）。

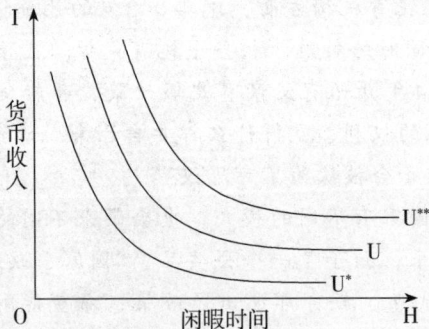

图7-1 无差异曲线

从图7-1中可得，无差异曲线本质上是一条表示线上所有各点的两种物品的不同组合给消费者带来的满足程度相同的线，因此也叫等效用曲线。无差异曲线具有以下四个特点：首先，每一条无差异曲线表示一个效用水平，距离原点越远，效用水平越高；其次，对同一个人来说，无差异曲线之间不会相交，如果相同的工作和闲暇组合上有两条无差异曲线，就可能产生两种效用水平，显然是不合理的；再

---

① 不能忘记的是，由于资源稀缺，在个体偏好和预算约束中都隐含着机会成本。简而言之，闲暇的机会成本就等于劳动者的工资率，也就是劳动者花费一个小时用于享受闲暇的时间，如果将该时间用于工作所能获得的货币收入。因此，工资率越高时，劳动者享受闲暇的时间如果用于工作，就可以获得更高的收入，此时，享受闲暇的机会成本越高，人们可能会减少闲暇的时间；反之，工资率越低时，人们就可能增加闲暇的时间。

次，无差异曲线的斜率为负，也就是说，在效用水平保持不变的情况下，想要增加货币收入，就必须放弃一定的闲暇时间；最后，无差异曲线凸向原点，左端陡峭，右端平缓，说明货币收入与闲暇的边际替代率随闲暇的增加而减少。对于靠左端的高收入者，大量的收入损失只需要用很少的闲暇就可以补偿，而对于右端的低收入者，少量的收入增加就可以弥补他们减少的大量闲暇，这也引申出不同的人有不同的无差异曲线群。

要想实现效用最大化就要求劳动者在赚取最高收入的同时消费尽可能多的闲暇。但现实世界中，由于资源的稀缺性，任何人能够支配的资源都是有限的。因此，个体只能在有限的范围内选择偏好组合来实现效用最大化，即预算约束。

假定图7-1表示的是一个除了工作收入再无其他经济来源的人的无差异曲线，此时市场上的小时工资率为W，他每天可以自由支配的时间为H小时，得到该劳动者可以利用的资源总量，再将表示不同资源配置状态的点连接起来，得到预算约束线MN（如图7-2所示）。

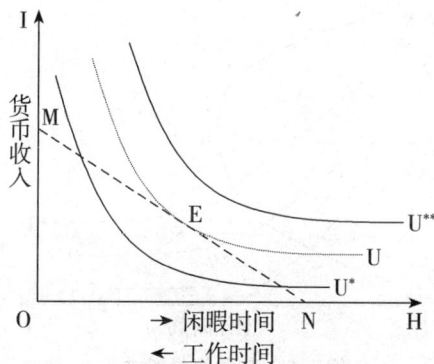

图7-2 无差异曲线与预算约束线

图7-2中，M点表示该劳动者将所有的时间用于工作，即闲暇时间为零时能获得的最高货币收入，N点表示其将所有的时间用于闲暇，则收入为零。直线MN以内的区域是该劳动者所能支配的资源，因此位于直线右方的任何一种组合都无法实现。当然，M和N还受到很多因素的影响，比如市场工资率、人力资本价值和非劳动所得等。从图7-2中我们还可以发现，即使是有限的资源总量，该劳动者也可以通过不同的工作和闲暇组合来追求效用最大化。

另外，如图7-2所示，增加一个单位的工作时间所能够带来的收入增量，也就是该劳动者的工资率，因此预算约束线的斜率实际上就等于工资率，用公式可以表示为：

$$W = \frac{\Delta I}{\Delta H}$$（公式7-1）

当无差异曲线既定，工资率和非劳动收入的变化会导致预算约束线变化，此处仅分析工资率变化的情况。比如一名大学生做家教，刚开始的工资率为每小时25元，随着他的经验积累和能力、信誉的提升，工资率涨到每小时50元，那么他的预算约束线将会以过去两倍的速度增长，陡峭程度也会增加一倍。

当预算约束线既定，有些人的无差异曲线很平缓，说明他们较为看重收入，其效用最大化的切点会在E点的左侧，他们会付出更多的时间用于工作；而有些人的无差异曲线过于陡峭乃至无法与预算约束线相切，对这些人而言，将时间全部用于闲暇时，效用实现最大化。这种现象揭示的经济意义是，如果劳动者期望的工资率比实际的市场工资率高，他就会做出不参与工作的决策。

综上可知，劳动力供给决策受到个体偏好和预算约束的影响，而无差异曲线和预算约束线的切点，即是一个追求效用最大化的劳动者选择的最佳工作时间。

如图7-3所示，个人劳动力供给曲线S描述的是工资率与劳动力供给量之间的关系。从一般意义上说，正常的劳动力供给曲线是一条向右上方倾斜的线，如图7-3中供给曲线的ab段，说明工资率与劳动力供给量之间呈正向关系。但从理论上说，完整的个人劳动力供给曲线应该是一条向后弯曲的线，如图7-3中供给曲线从b向c倾斜，也就是说，随着工资率上升，劳动力供给量从初始状态呈增加趋势，到工资率升至某一水平，劳动力供给量反而开始减少。[1]

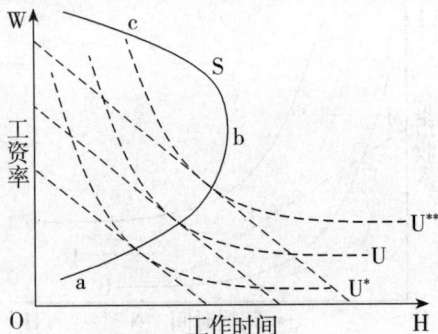

图7-3 劳动力供给曲线

7.1.2 收入效应和替代效应

那么，什么样的情况下劳动力供给曲线向右上方倾斜，又在什么样的情况下，劳动力供给曲线向后弯曲？导致这些情况发生的原因是市场工资率的上升会同时对劳动力供给产生两种截然相反的影响，即收入效应和替代效应。[2]

劳动力供给曲线向后弯曲的情况说明，劳动力供给量随着工资率的上升而缩减，也就是说，工资率上涨反而导致人们减少工作时间，原因何在？我们来看，如果工资率提高，劳动者在不增加工作时间的情况下，也会获得比原来更高的收入。从某种意义上说，相当于在不改变劳动力供给的情况下获得了一笔"非劳动收入"。那么，如果其他条件不变，"非劳动收入"的增加会导致劳动力即使减少工作时间，但仍可维持原有的收入水平，还可以多享受闲暇。如果原有的工作和收入已经可以为劳动者创造满意的生活，那么收入继续增加的结果是劳动者用更少的工作时间可以保证自己的满足感。所以，工资率上升的收入效应，会促使劳动者减少劳动力供给时间，更多地

① O' CONNOR J. Smith and Marshall on the individual's supply of labor [J]. Industrial and Labor Relations Review, 1961, 14 (2): 273-276.
② 伊兰伯格, 史密斯. 现代劳动经济学: 理论与公共政策 [M]. 刘昕, 译. 13版. 北京: 中国人民大学出版社, 2021: 162-177.

享受闲暇。相应地，如果工资率下降，也就相当于剥夺了劳动者的一笔"非劳动收入"，此时，劳动者保持和原来一样的工作时间所能获得的货币收入就会缩水，那么想要维持原有的收入水平，必须增加工作时间，才能补偿由于工资率下降所遭受的损失。因此，工资率下降的收入效应，会激发劳动者的工作欲望，用更多的劳动力供给维持自己满意的生活状态。

而实际情况是，劳动力供给曲线更多地呈现为向右上方倾斜的状态，这说明劳动力供给随着工资率的上升而增加。因此，与收入效应相反，替代效应所揭示的内涵是，当工资率提高时，闲暇的机会成本也相应地上升，如果现在多一个小时从事市场工作，就能比过去同样工作一小时获得更高的货币收入，而消耗同样的时间享受闲暇，就会损失比原来更多的货币收入。此时，工资率的上升会鼓励劳动者增加工作时间而减少闲暇，从而获得更多的报酬。相应地，在工资率下降的情况下，替代效应则会抑制劳动者参与工作的动力，如果工资率下降到一定限度，很有可能导致劳动者做出不参与工作的决策。

由此可得，对于那些劳动力队伍之外的人来说，工资率上升促使他们做出工作参与的决定，实际上反映了替代效应居于主导地位；而工资率下降到一定程度导致某些劳动者退出劳动力市场，也是同样的道理。这里涉及一个关键的概念——保留工资（Reservation Wage），指的是决定劳动者参与工作的最低工资率。换句话说，假设一个人的保留工资是X元，如果市场工资率比X元低，他就不愿意从事工作，只有市场工资率高于X元的情况下他才愿意做出参与工作的决策。那么，我们是否可以理解为，工资率变化所引起的工作参与决策主要表现为替代效应呢？

为了进一步分析收入效应和替代效应的作用，我们首先应该了解，当工资率变化时，收入效应和替代效应是并存的。但在一个社会中，富裕者总是少数，就大部分劳动者而言，工资率上升的替代效应会大于收入效应，这也是市场劳动力供给曲线总是向右上方倾斜的原因。菲尔和戈特（Ernst Fehr and Lorenz Gotte）设计了一个随机现场实验，实验中工人可以自行选择工作时间和工作中的努力程度。研究结果证实了劳动力供给有较大的工资弹性，工作时间有更大的工资弹性，但每小时努力程度的工资弹性是负向的。[①]因此，此处我们以工资率上升并且替代效应居于主导地位的情况来对收入效应和替代效应进行分离，以便更好地理解两种效应对劳动力供给决策的影响。

如图7-4所示，对于一个拥有特定偏好的劳动者，初始状态下其工作时间为 H_1 小时，工资率上升所产生的效应是将其效用水平从U提高到 U^*，并且将工作时间增加到每天 H_2 小时，这是工资率上升对其劳动力供给的最终影响。但实际上，这一变化发生的同时包含了收入效应和替代效应。

根据定义，可以把收入效应理解为在工资率不变的情况下，劳动者获得一笔"非劳动收入"所导致的工作时间减少的作用。那么，假设图7-4中劳动者的效用水平上升是由于获得这笔收入引起的。我们将原有的预算约束线向右上方平移到虚线位置，

① FEHR E, GOTTE L. Do workers work more if wages are high? Evidence from a randomized field experiment [J]. American Economic Review, 2007, 97 (1): 298-317.

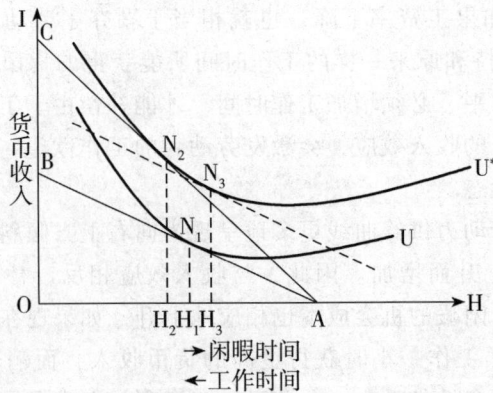

图7-4　工资率上升且替代效应居主导时的效应分离

因为只要预算约束线的斜率不变，就可以保证工资率恒定。此时，移动后的预算约束线与较高的效用水平 U^* 形成新的切点 N_3，说明工资率不变的情况下，该劳动者由于获得了一笔额外收入而使效用水平提升，于是他可以将工作时间从 H_1 减少到 H_3，也足以维持满意的状态。同样道理，替代效应可以理解为在财富或偏好保持不变的情况下，工资率变化对劳动力供给的影响。如图7-4所示，同样的效用水平 U^* 表示既定状态，预算约束线从 AB 变化到 AC 表示工资率的上升，新的预算约束线 AC 与无差异曲线 U^* 形成新的切点 N_2，表示在既定状态保持不变的情况下，该劳动者由于工资率的上升而愿意增加更多的工作时间，放弃享受代价变得高昂的闲暇，因此选择将工作时间从 H_3 增加到 H_2。

对于该劳动者来说，N_1 到 N_3 的变化是收入效应，而 N_3 到 N_2 的变化是替代效应，因此最终的总效应就表现为最直观的从 N_1 到 N_2 的变化，即工资率上升促使其投入更多的工作时间。那么，我们也不难理解一般情况了。在工资率较低的时候，劳动者对收入的需求很强烈，工资率上升为他们提供了增加收入的机会，因此替代效应会起主导作用，劳动者选择增加劳动力供给；在工资率较高的时候，劳动者更看重闲暇，工资率的提高带给他们"偷懒"的机会，因此收入效应会占主导地位，劳动者更愿意享受闲暇。但法伯（Henry S. Farber）在对纽约出租车司机的劳动力供给分析后，发现出租车司机的收入效应非常小，他在某一个时间决定是否停止工作主要取决于在此之前他累积工作的小时数。[①] 杨震宇、陈风波和张日新使用新迁移经济学框架追踪了劳动力非农就业对农业外包服务的影响，分析发现"替代效应"与"收入效应"是劳动力非农就业影响农户生产投入的不同渠道。由于"替代效应"的存在，非农就业人员数量对农业外包服务的购买有正向影响，留守劳动力数量对农业外包服务购买有负向影响；而"收入效应"存在于部分农户之间，在能够获得务工经济回报的情况下，家庭成员的非农就业行为无论是对购买农业外包服务抑或是对购置机械都有显著的正面效应，且对购置机械的正面效应远远高于购买农业外包服务的正面效应。[②]

---

① FARBER H S. Is tomorrow another day? The labor supply of New York city cab drivers [J]. Journal of Political Economy, 2005, 113（1）: 46-82.
② 杨震宇，陈风波，张日新. 非农就业与农业外包服务行为——对"替代效应"与"收入效应"的再考察 [J]. 农业技术经济，2022（3）: 84-99.

7.1.3　劳动力供给曲线的修正

主流的经济学家和经济学教科书主要运用新古典主义的劳动力供给理论分析工作决策行为。根据向后弯曲的劳动力供给曲线（如图7-3所示），在工资率达到某一特定水平之前，工资率越低，劳动力供给量越少。然而这与我们观察到的实际结果似乎不太一致。有关美国20世纪70—90年代的经验研究显示，美国经济的停滞和工资率的下降，导致的是更多的人选择增加工作时间；同样的情况出现在第三世界国家的劳动力市场。由此，我们不得不重新审视传统的劳动力供给曲线。[①]

传统的劳动力供给曲线假定闲暇和商品一样，是可以直接消费的，赋予了闲暇正的边际效用，这是导致理论与现实相悖的根本原因。现实的情况是：首先，"闲暇"实际上是自由时间和购买力的混合体。同样的自由时间，比如大年夜，是陪家人在五星饭店享受丰盛的晚宴，还是独自在外地黑暗狭窄的出租房吃泡面，两种境况下，闲暇所产生的效用将大相径庭。其次，经济学所谓的"闲暇"指的是非劳动时间，通常也包括家务劳动。对于富人来说，他们可以请家政公司处理杂务，而拥有更多的真正用于享受"闲暇"的时间，也就可以从非劳动时间里获得更多的效用。最后，假定那些贫困的人们同样追求对闲暇的享受是不合理的，对他们来说，多余的自由时间往往是负担，只有消费却没有收入的日子将加剧其困窘的生活状态。这三种情况在很多国家都是相当普遍的，由此我们不妨对闲暇与收入之间的关系做出修订。如图7-5所示，闲暇的边际效用是随着收入的增加而增加的，并且在达到某个收入水平之前，闲暇甚至只能带来负效用。

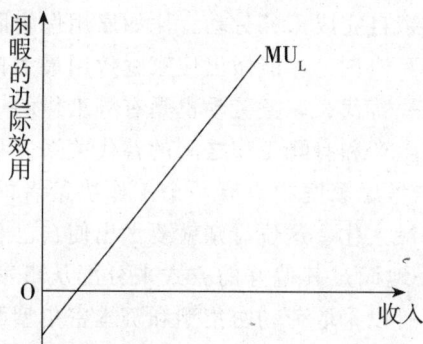

图7-5　闲暇的边际效用与收入的关系

根据上述分析，我们是否可以猜想，向后弯曲的劳动力供给曲线事实上只表示了现实状况的某个阶段，或者说只表示了某个群体的工作与闲暇选择。当工资率继续下降，很可能劳动力供给又会增多，原因是继续下降的工资率使劳动者只有通过更长的工作时间才能维持基本的生活水平，直到工资率下降到使劳动者无法通过延长工作时间以维持生计的时候，他们可能丧失希望而最终放弃工作。这样一来，真正的劳动力供给曲线就与传统理论有所不同了，也正可以由此思考政府对高收入群体实行高税收

① PRASCH R E. Reassessing the labor supply curve [J]. Journal of Economic Issues, 2000, 34 (3): 679-692. PRASCH R E. Work, leisure, and the labor supply curve: a reply to David Spencer [J]. Journal of Economic Issues, 2001, 35 (4): 1001-1007.

以及颁布最低工资立法和发放最低生活保障金等对自由劳动力市场的管制行为。[①]

7.2 家庭生产理论与三重选择

工作决策作为劳动力供给行为理论的第一部分——工作参与的第一节，是基于劳动者个体的分析，也是理解整个劳动力供给行为框架的基础。但现实中的工作决策，大部分劳动者不仅要考虑个人，还要考虑家庭。本节的主要内容就是将劳动力供给行为纳入家庭范畴，研究家庭生产和夫妻间的劳动分工，从更全面的角度了解劳动者的供给决策。

7.2.1 家务劳动-市场工作选择

家庭生产理论的创立者是加里·贝克尔，他将生产理论运用于家庭行为的研究，开创了"家庭经济学"这门新的学科。该理论认为，家庭在作为消费单位的同时，具备生产功能。典型的例子是家庭成员投入家务劳动时间，将市场上购买的原料做成可口的饭菜，以满足家庭所需。因此，劳动力供给决策常常是家庭成员之间相互协商的结果。

家庭生产理论认为，通过投入家务劳动时间生产家庭产品的过程可以通过两种途径实现：一是劳动密集型的生产方式，即花费较多的时间而使用较少的外购，比如尽量多地亲自打扫房间而不是雇用清洁公司；二是资本密集型的生产方式，即大量利用外购满足家庭需要而不用亲自完成家务劳动，比如雇用保姆照顾孩子。这就决定了一个家庭的全体成员需要相互协调，才能做出使家庭效用最大化的劳动力供给决策。因此，闲暇不再是工作的唯一替代，家务劳动也是有酬工作的一种替代选择。

为了更好地理解家庭生产和有酬工作之间的替代关系，我们试图构建家庭生产模型来解释该理论。此处先考虑家庭中只有一个工作决策者的情形——单身母亲和孩子。为了实现家庭效用的最大化，这位母亲就要做出使自己和孩子的效用都最大化的工作决策，要以能够最好地满足其偏好的方式来分配从事家务劳动和市场工作的时间。如前所述，这位母亲可以采取劳动密集型和资本密集型两种家庭生产方式，她可以严格控制外购产品和服务的数量，而更多地用自己的劳动维持家庭所需，也可以通过努力工作获得养家糊口的货币收入，更多利用外购满足家庭所需。不同的组合都可能给家庭带来相同的效用，我们就可以画出一条等效用曲线，表示所有可能给这个家庭带来相同效用的家务劳动和市场工作时间的组合。

如图7-6所示，首先，曲线上任何一点代表的效用都是相同的，并且U*代表的效用水平高于U代表的效用水平。其次，从形状上看，负斜率反映了家务劳动与外购产

① DESSING M. Implications for minimum wage policies of an S-shaped labor supply curve [J]. Journal of Economic Behavior and Organization, 2004, 53 (4): 543-568 (A first version has been circulated as a working paper since 1990, paper presented at the Research Seminar of Brandeis University, Waltham, MA and at the Western Economic Association Annual Conference). DESSING M. Labor supply, the family and poverty: the S-shaped labor supply curve [J]. Journal of Economic Behavior and Organization, 2002, 49 (4): 433-458. DESSING M. The S-shaped labor supply schedule: the evidence from LDCs [J]. Canadian Journal of Development Studies, 2007, 28 (1): 63-104.

品和服务之间可以相互替代，如果这位母亲的家务劳动时间减少，她可以通过外购产品和服务保持相同的家庭效用水平；曲线凸向原点反映了家务劳动时间越少，想用外购产品和服务来替代家务劳动的难度越大。最后，等效用曲线的斜率实际上表示的是个人在家务劳动和市场工作之间做出的权衡，曲线越陡峭，就越难以用外购产品和服务替代家务劳动，如OB射线所示；曲线越平缓，就越容易用外购产品和服务替代家务劳动，此时额外的家庭时间边际价值很低，如OA射线所示。

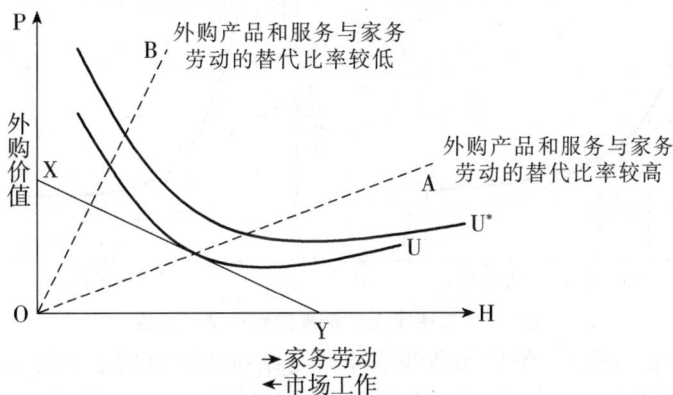

图7-6　家庭生产与市场工作

因此，无论是将家庭时间看作闲暇还是生产劳动，都不会改变劳动力供给理论的基本观点。在一个家庭中，个人可自由支配的时间被划分为三部分：工作时间、家务劳动时间和闲暇时间。因此，个人的工作决策就受到其他家庭成员的影响。比如模型中的单身母亲，如果获得一笔政府救济金作为额外收入，使其预算约束线向右上方平移，就会产生更高的效用水平。这位母亲可能倾向于购买更好的产品和服务，也可能花费更多的时间在家陪伴孩子。这里存在一种收入效应。如果不是获得额外收入而是工资率上升，同样会存在收入效应和替代效应，但究竟哪一种影响占优，还要取决于等效用曲线的形状。

7.2.2　市场工作-家务劳动-闲暇选择

根据上述分析，家庭生产模型实际上并不改变劳动力供给理论中有关收入效应和替代效应的研究结论，但引入了更全面的时间分配模式，即劳动者做出劳动力供给决策时面临三种不同的选择：市场工作、家务劳动和闲暇。

对于大多数国家的劳动者，尤其是对于过去长期扮演家庭角色的女性劳动者来说，工资率上升带来的替代效应往往比收入效应更占优势。但是随着女性劳动力参与率的上升，替代效应对女性劳动者的主导作用在逐渐减弱，两种效应对男性劳动者和女性劳动者的影响开始逐渐趋同。也就是说，工资率变化导致男性劳动者和女性劳动者对工作、闲暇和家务劳动的三重选择倾向于一致。[①]这一现象的出现可以部分归因于两种替代效应的出现，即市场工作与闲暇的替代和市场工作与家务劳动的替代。正如之前分析的，哪一种效应占优取决于等效用曲线的形状，但归根到底取决于个人在

① DEVEREUX P J. Changes in relative wages and family labor supply [J]. The Journal of Human Resources, 2004, 39 (3): 696-722.

家庭中的角色。利用工作决策理论的分析方法，在保持预算约束线和既定的无差异曲线相切的前提下，通过改变预算约束线的斜率（工资率）来分离替代效应。如图7-7所示，形状较为平缓的等效用曲线与形状较为陡峭的等效用曲线相比，工资率上升所产生的替代效应更显著。因此，等效用曲线的形状成为分析替代效应的关键因素。那么，曲线形状又受到哪些因素的影响呢？

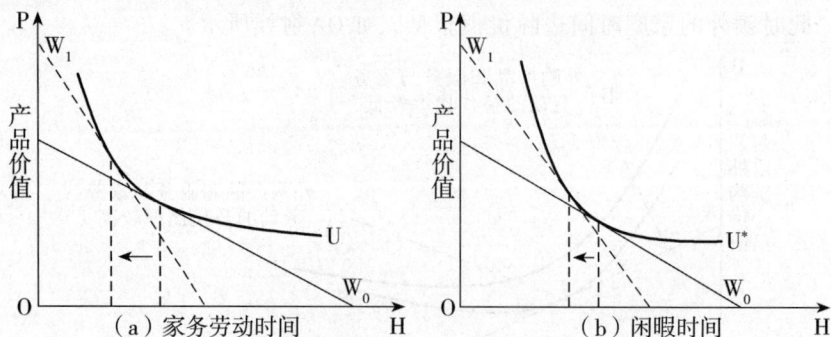

图7-7　工资率上升带来的两种替代效应

如图7-7（a）所示，等效用曲线表示的是维持相同效用水平的不同的产品价值与家务劳动时间的组合，也就表示市场工作与家务劳动的相互替代关系。图7-7（a）中的等效用曲线较为平缓，意味着家务劳动很容易用外购的产品和服务弥补，比如外出就餐可以替代在家做饭，雇用钟点工可以替代打扫房间等。然而不难发现，当家务劳动时间已经很少的时候（曲线左端陡峭部分），再想用外购产品和服务来弥补就非常困难了，毕竟有的家庭时间根本无法替代，比如对于病中的孩子来说，父母的爱是护工所无法替代的，再忙的父母也会抽出时间照顾孩子。

如图7-7（b）所示的无差异曲线，表示产品价值和闲暇时间的不同组合都能给劳动者带来相同的效用，该曲线形状较为陡峭，意味着在不牺牲效用的前提下，用外购的产品和服务来替代闲暇是很困难的。在享受闲暇的活动中，时间是一种必需的投入，既想获得身心愉悦又不想花费过多的时间，尤其是在闲暇时间不多的情况下（曲线左端陡峭部分），可能性是很小的。现代人越来越注重修身养性，然而没有一定的时间消耗为前提，任何闲暇活动都无法达到预期的效果。如同爱美的女性保养肌肤、健美男士维持体型，无论是自己动手还是聘请专业服务人员，都必须花费一定的时间，外购的产品和服务很多时候是与闲暇并存的。再加上家庭收入对特定的外购产品和服务价格波动的敏感性，比如年轻妈妈做出是否参与市场工作或者是否从市场购买儿童看护服务的决定，在很大程度上都与家政服务和雇用保姆的价格密切相关[1]，因此外购产品和服务并不是每个家庭都可以承担的替代品。阿塔纳西欧等（Orazio Atta-nasio，Hamish Low，Virginia Sanchez-Marcos）指出抚养孩子的成本对女性劳动力供给产生了很大的影响。[2]

经过对两种替代效应的分析，我们就不难解释为何工资率变化对男性劳动者和女

① BLAU D M，ROBINS P K. Child-care costs and family labor supply [J]. Review of Economics and Statistics，1988，70（3）：374-381.

② ATTANASIO O，LOW H，SANCHEZ-MARCOS V. Explaining changes in female labor supply in a life-cycle model [J]. American Economic Review，2008，98（4）：1517-1552.

性劳动者的影响会日渐趋同了。在传统的经济形态下，对于大多数家庭来说，女性都是主要的家务劳动者。社会经济发展和技术进步使女性劳动者得到解放，她们可以很容易地通过工作购买足以替代家务劳动的产品和服务。因此，工资率上升所产生的市场工作对家务劳动的替代作用，表现在女性身上就更为显著。无数的实例也证明了女性在过去一个世纪到半个世纪的时间里，工作时间和劳动力参与率都大幅增加。随着时代的进步，大部分家庭已经处在了等效用曲线的陡峭部分，女性社会地位的提升和在家庭当中的角色演变，使两种效应对她们的影响与男性相差无几，这也决定了个人必须综合权衡在家庭背景下所面临的三重选择，同时，家庭生产方式和家庭成员的劳动力供给决策也需要做出相应调整并相互适应。

人们对市场工作、家务劳动和闲暇时间分配的变化，从某种程度上反映了生活方式的变迁。2008年，国家统计局组织开展了我国第一次时间利用调查，以自然人为调查对象，通过连续记录被调查者一天24小时的活动，获得居民在工作学习、家务劳动、健身锻炼和休闲娱乐等活动上花费的时间。2018年5月，国家统计局开展了第二次时间利用调查。两次调查的结果显示，与10年前相比，北京市居民的平均日工作时间有所增长，2008年的平均工作时长为7小时38分钟，2018年则增加了56分钟。同时，家务劳动日趋社会化，随着外卖、保洁等服务业以及智能家居的发展，居民家务劳动的时间有所减少。2008年家务劳动时间为1小时55分钟，2018年为1小时25分钟，减少了30分钟。在个人自由支配时间方面，10年内北京市居民的人均自由支配时间提高了17分钟，2018年北京市居民人均自由支配时间达到4小时34分钟，业余生活极大丰富，生活质量得到了提高。其中，人均健身锻炼时间增加了14分钟，人均休闲娱乐时间增加了25分钟。此外，北京市居民的休闲娱乐方式更加多样化，除健身锻炼、听广播/音乐、看电视、阅读书报期刊（含电子介质）等常规休闲娱乐方式外，还包括收藏、集邮、书法等高雅艺术类型活动。2008年，北京市居民的上网时间仅为25分钟。由于网络覆盖面不断增加、智能手机逐渐普及，2018年上网时间达到了3小时6分钟。随着科学技术的进步和生活水平的提高，互联网已成为人们生活密不可分的一部分，尤其是移动互联网的使用时间，占据了上网时长的75%。[①]这可能也是导致人们的三重选择发生变化的原因。

7.3　家庭联合工作决策

如果试想家庭生产模型中的家庭不止有母亲和孩子，还有父亲的时候，是否会影响这个家庭的劳动力供给决策呢？此时，家庭成员之间必须采取联合工作决策的方式，就双方如何分配各自的时间达成一致，以做出使家庭效用最大化的安排。由于性别、年龄、学历、特长、个性以及劳动生产率等方面的不同，家庭成员在市场上所能获得的工作报酬会不一样，加上风俗习惯和社会舆论的影响，家庭成员在家庭中扮演

---

① 国家统计局北京调查总队. 北京人的一天——2018年北京市居民时间利用调查报告 [R/OL]. (2019-03-15) [2022-09-09]. http://tjj.beijing.gov.cn/zxfbu/202002/t20200216_1633486.html.

的角色也会有所不同，这些都会使联合决策过程变得复杂。那么，家庭中的联合工作决策究竟受哪些因素制约呢？

7.3.1 联合工作决策的影响因素

从家庭联合做出劳动力供给决策的角度分析，是把家庭作为劳动力供给行为的决策单位。为了追求整个家庭的效用最大化，家庭成员需要综合考虑其他人的行为反应，从而决定如何分配市场工作、家务劳动和闲暇的时间。当然，影响家庭联合工作决策的因素有很多，自然因素、经济因素、社会因素等，这里主要讨论专业化分工、家庭和市场劳动生产率以及家庭收入。

无论是家庭生活还是市场工作，人们通常都会发现专业化分工能够创造较高的效益。家庭中的专业化分工涉及家庭成员各自扮演的角色。一般来说，夫妻双方总会有一人较多地承担家务劳动，即使双方都从事有酬工作，也会有一方为了家庭做出更多牺牲。传统的"男主外、女主内"的思想正是家庭专业化分工的集中体现。当然，社会经济发展到今天，女性越来越多地参与到市场工作中，男性也开始更多地分担家务劳动，夫妻双方的努力都是在为家庭创造美好的生活。那么，他们又是如何决定各自的分工呢？

事实上，劳动生产率的高低是影响决策的重要因素。假设一个典型的三口之家——父亲、母亲和未成年的孩子，由于照顾家庭和孩子的需要，夫妻俩必须决定有一方花费更多的时间从事家务劳动。这也就意味着，有一方必须放弃市场工作，或者较少地从事市场工作。此时他们要考虑的关键问题就是：谁从事家务劳动的效率更高？谁从事市场工作的效率更高？或者说，这个家庭必须要弄清楚，谁可以更快地生产出家庭产品，谁能从市场工作中获得更多的货币报酬？按照传统的家庭观念，一方面，妇女的市场工资率低于男子，并且比男子更擅长从事家务劳动，如果实际状况确实如此，那么对这个家庭来说，效用最大化的分工方式是妻子留在家中抚养孩子，丈夫在外工作赚钱。随着女性受教育程度的提升和社会观念的转变，女性劳动者和男性劳动者在市场上的工资率已经渐渐持平，甚至在有的家庭中，妻子的货币收入已经超过了丈夫。此时，如果双方任何一个人在市场工作中的劳动生产率都高于家庭生产，也就是说，单位时间从事市场工作获得的货币报酬足以弥补家庭生产创造的产品价值并且有盈余，那么双方都从事市场工作是最好的选择，同时以外购产品和服务来替代大量的家务劳动，家庭效用将得到大幅提升。

如图 7-8 所示，U 和 U* 代表了两条不同水平的等效用曲线，如果一个家庭成员的家务劳动时间为 H_0 小时，此时他决定增加一个小时的市场劳动力供给，那么家务劳动时间从 H_0 小时减少到 H_1 小时，因此而创造的产品价值为 BD。在保持效用水平 U 不变的条件下，所需要弥补的家庭生产的损失为 BC，因此如果该成员选择增加劳动力供给，这个家庭所能支配的资源就会增加（CD）。也就是说，该家庭成员花费 H_0 小时用于家务劳动的生产率是低于其市场工作的劳动生产率的。所以，在一个家庭当中，必须对每个成员的劳动生产率进行综合权衡，充分考虑各自的相对生产率，同时与外购产品和服务的效率相比较，从而做出正确的联合工作决策。

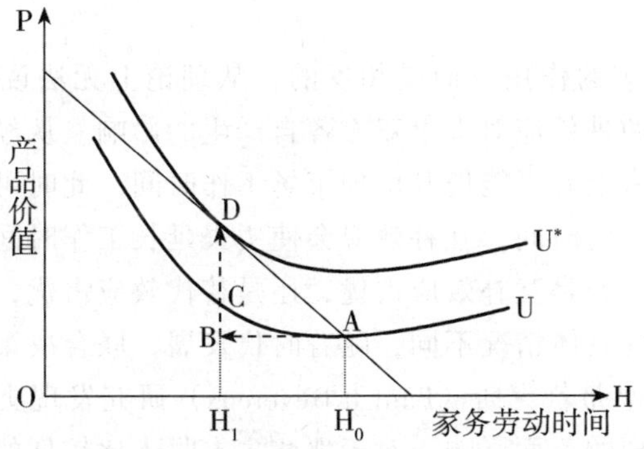

图7-8 家庭生产和市场劳动生产率

除夫妻双方的劳动生产率外，家庭收入是导致他们做出不同劳动力供给决策的关键因素。比如丈夫的高收入可能使妻子减少劳动力供给甚至退出劳动力市场，夫妻离异带来收入减少的危机可能迫使妇女重新回到工作岗位或增加劳动力供给。此外，家庭收入对孩子的工作决策会产生很大的影响。假设三口之家的孩子已经成年，如果他的父母都没有工作或家庭收入很低，成年孩子就会更早并且更多地从事市场工作；如果父母都有很好的工作，家境殷实，成年孩子通常不会急于跨入社会而是选择继续深造甚至贪图享乐，"啃老族"的现象就是父母与孩子联合做出劳动力供给决策的集中体现。[①]

7.3.2 联合工作决策的交叉效应

从以上的分析可知，家庭成员的劳动力供给会受到其他成员工作决策的影响，目前建立在效用最大化基础上的联合工作决策模型主要有三类：一是将单一决策者的劳动力供给扩展到夫妻双方的联合决策，但是经过简化后，假设他们拥有相同的偏好或只有其中一人进行所有决策，与单一决策者并没有实质性的区别；二是假定夫妻双方做出联合劳动力供给决策的过程需要经过充分的谈判，并且每个人都拥有支持各自谈判力的资源，但本质上是对劳动生产率的比较分析；三是夫妻双方各自做出使自己效用最大化的工作决策，但是每个人在决策的同时要考虑对方可能采取的行为反应，基本类似于博弈论的观点。但是，要想建立一个统一的联合工作决策模型是非常困难的，主要原因就在于联合工作决策中的交叉效应。

一方面，如果夫妻双方在家庭产品的生产过程中是相互替代的，那么其中一方增加劳动力供给的行为，可能会使另外一方减少劳动力供给。比方说，如果妻子忙于事业，那么丈夫将不得不多分担一些家务劳动；反之，很多女性为了支持丈夫的事业而放弃工作，选择在家相夫教子。但是另一方面，夫妻双方在家庭产品的消费过程中是互补的，并且加上传统观念和社会关系的压力，夫妻中的一方增加工作时间的决策，有可能导致另一方也选择延长工作时间。比方说，丈夫可能会觉得妻子增加工作时间所获得的额外收入，根本无法弥补和妻子在一起的快乐，因此也选择增加工作时间以提高家庭的效用水平，或者丈夫会碍于邻里亲朋的关系而更努力地工作，以保证其一

① 蔡昉，都阳，高文书，等. 劳动经济学——理论与中国现实 [M]. 北京：北京师范大学出版社，2009：76-85.

家之主的地位。

以上两种交叉效应的作用方向是相反的，从理论上无法说明哪种效应会更占优势，也无法具体预测两种效应对夫妻双方各自产生的影响。从经验上看，如果家庭收入不变，妻子的工资率上升可能使其增加市场工作时间，此时可能出现的情况是，替代效应会使丈夫增加家庭时间，互补效应会使丈夫延长工作时间。然而，究竟总的交叉效应为正为负，还要看是互补效应占优，还是替代效应占优，这又受到多重因素的综合作用。不同家庭的具体情况不同，随着时代发展，联合决策的交叉效应问题还有待更为深入的研究。德弗若克斯（Paul J. Devereux）研究发现丈夫工资的变化对女性的劳动力供给产生强烈的负面影响，对于那些丈夫收入比较低的女性而言，如果其劳动力供给不随丈夫的收入而变化，当丈夫收入变少时会导致家庭实际总收入的下降，而男性自己的工资弹性和与其妻子的交叉工资弹性都非常小。[1]布劳和卡恩（Francine D. Blau and Lawrence M. Kahn）利用当前人口调查数据（March Current Population Survey Data），对1980—2000年间结婚的女性劳动力供给情况进行研究，得出已婚妇女的劳动力供给发生了显著的下降，其个人的工资弹性下降了50%～56%，与其丈夫的交叉工资弹性下降了38%～47%。[2]此外，有研究表明，除了丈夫的工作情况会对妻子是否参与劳动力市场产生影响外，代际关系也会对妻子的就业情况产生影响。研究发现与父母同住的女性比分开居住的女性工作的可能性高27.9%，与父母住在同一社区的女性工作的可能性比不同社区的女性高34.9%，这两种情况（与父母同住和与父母住在同一社区）下的女性每周平均增加20～26小时的工作时间。[3]中国家庭规模从大家庭向核心家庭的转变，也成为了城镇女性劳动力参与率下降的原因之一。[4]

7.3.3　经济衰退期的联合工作决策

众所周知，经济衰退时期，工资率的下降和失业人数的增多通常是共存的。结合始于2008年的全球性金融危机和企业减薪裁员、各国失业率飙升的现实，我们试图运用家庭联合工作决策的理论对此现象做一定的解释。

当一个家庭成员遭到经济衰退的冲击，假设是丈夫，他从事市场工作的回报率急剧下降，由于家庭生产率不受经济衰退的影响，相对于外出工作，丈夫从事家务劳动能给家庭创造更多的效用。如果此时妻子从事的市场工作的工资率不变，为了维持家庭原有的效用水平，她就会做出增加劳动力供给的决策，而由丈夫代为处理家务劳动，这一决策类似于收入效应的影响。此时出现有趣的现象是，丈夫失业在家等待工作机会，而妻子开始寻找工作，成为劳动力市场"附加"的一员。因此，面对家庭收入的下降，更多的家庭成员可能选择进入劳动力市场以保证家庭所需。

然而，促使家庭成员主动求职必须有一定水平的市场工资率作为保证，否则他们

① DEVEREUX P J. Changes in relative wages and family labor supply [J]. The Journal of Human Resources, 2004, 39（3）: 698-722.

② BLAU F D, KAHN L M. Changes in the labor supply behavior of married women: 1980-2000 [J]. Journal of Labor Economics, 2007, 25（3）.

③ SHEN K, YAN P, ZENG Y. Coresidence with elderly parents and female labor supply in China [J]. Demographic Research, 2016, 35（1）: 645-670.

④ MANXUE C, LiYUAN Q, CHUANZHE Z. What are reasons of the significant change in the Chinese female labour force participation rate? Analysis on influencing factors based on the macroscopic trend [J]. Transformations in Business & Economics, 2021, 20（3C）: 405-428.

将继续赋闲在家。但是在经济衰退时期，能够保持和经济平稳时期同等工资率水平的行业可谓凤毛麟角。这是由于经济衰退导致生产力和消费水平大幅下跌，大量企业裁员减薪，从而使再就业变得更加困难，预期工资率也会急剧下降。与"附加"的劳动者相反，恶劣的经济形势也可能造成另外一种截然不同的景象，那就是工资率下降的替代效应使原本有求职意愿的家庭成员变得"灰心丧气"，放弃寻找工作的决心，继续停留在劳动力市场之外。

以上两种截然相反的效应在实际生活中是同时存在的，但毫无疑问，很多研究都得出同样的结论①，那就是"灰心丧气的劳动者"效应在经济衰退时期占据主导地位，因此在其他条件相同的情况下，劳动力队伍在经济衰退期倾向于萎缩，而在经济复苏期则倾向于扩张。

本章小结

劳动力供给决策是劳动经济学的研究重点，也是研究劳动力市场行为的重要基础。其中，工作参与作为劳动力供给决策的第一步，是决定劳动者是否参与市场工作以及工作多长时间的关键步骤。本章通过工作决策理论、家庭生产理论和家庭联合工作决策三个部分对工作参与进行了全面介绍，是下一步学习和研究的重要前提。

工作决策理论以工作-闲暇模型为基础，重点分析个人的劳动力供给行为。其基本假设是将时间划分为工作和闲暇两个部分，并且都能为劳动者带来效用。工作-闲暇选择主要考虑三个因素，分别是闲暇的机会成本、个体的偏好和预算约束，并且由此可推导出向后弯曲的劳动力供给曲线。然而，劳动力供给曲线所反映的工资率变化导致劳动力供给的变化受到收入效应和替代效应的综合作用，究竟哪种效应占主导地位，还要看工资率所处的不同水平。

家庭生产理论在工作决策理论的基础上，强调家务劳动时间对市场工作时间的替代。该理论认为，家庭不仅是消费单位，还是生产单位，从市场上购买的原材料必须经过家务劳动的加工，才能为家庭成员创造效用。因此，家庭生产理论将劳动者的时间划分为市场工作、家务劳动和闲暇三个部分，那么劳动者在工作决策的过程中就面临三重选择。综合考虑家务劳动和闲暇对市场工作的两种替代效应，等效用曲线的形状是分析替代效应的关键。

家务劳动时间被引入劳动者的时间分配模式后，劳动力供给理论强调以家庭为单位分析劳动者的工作决策行为，这就是家庭联合工作决策的核心理念，即家庭成员在决定是否参与市场工作以及如何分配各自用于市场工作、家务劳动和闲暇的时间时，不仅要考虑家庭中的角色分工，还要考虑其他成员的相对生产率，以做出最优的工作决策，实现家庭效用最大化。

复习思考题

1.根据无差异曲线的性质和特征，结合具体数据分别对不同形状的无差异曲线做

---

① BENATI L. Some empirical evidence on the "discouraged worker" effect [J]. Economics Letters, 2001, 70 (3) 387-395. BINGLEY P. Ian walker, household unemployment and the labor supply of married women [J]. Economica, 2001, 68 (270): 157-185.

出解释，至少解释两种形状，并作图。

2.通过图形说明工资率上升时收入效应占主导地位的情况。

3.试绘出家庭联合供给决策中修正的劳动力供给曲线，并予以说明。

4.比较工作-闲暇模型与家庭生产模型的主要内容和理论内涵，图示说明。

5.结合女性历史地位的变迁，运用两种替代效应的理论说明工资率变化对不同时期女性劳动者产生的影响，并作图。

6.试对家庭成员做一次有关市场工作、家务劳动和闲暇的时间分配调查，了解家庭生活状态。

7.影响家庭联合供给决策的自然因素、经济因素和社会因素有哪些？并举例说明。

8.理解交叉效应的本质意义，试解释交叉替代弹性（△H/△W）的经济含义。

案例分析题

大足：留守妇女互助组巧手编织增收梦

妇女能顶半边天。妇女们在农忙时互帮互助搞生产，在农闲时聚在一起做些针织女红工作。在重庆市大足区拾万镇八埝村，当地成立了留守妇女互助组，一些留守妇女加入进来，彼此感情深厚，互相帮助发展生产。

八埝村外出务工人员多，农忙时村里缺少劳动力。为了解决劳动力不足的问题，村里的留守妇女抱团取暖，互相帮助，渐渐形成了留守妇女互助组。该组于2017年在村委会的指导下组建，成员之间经常互相帮忙干些插秧、收油菜等农活，也互相传授针织女红手艺，一起织围巾、棉帽等手工物品，给家人使用。

2020年以来，大足区妇联在拾万镇隆平五彩田园景区服务中心开辟了巾帼扶贫工坊，专门用来帮助拾万镇的妇女销售农产品和手工制品，帮助妇女增收。见到这个销售渠道很有效，八埝村留守妇女互助组在拾万镇妇联干部的引导下，开始怀揣增收梦想，农闲时聚在一起生产手工棉拖鞋，以及塑料花、丝网花等手工品，再拿到巾帼扶贫工坊去销售，从而找到了一条增收路。

何云香、何云碧两姐妹是留守妇女互助组的积极分子。秋收收完谷子后，姐妹俩又邀约互助组成员开始用毛线编织手工毛线鞋。大家在一起交流针法，希望把毛线鞋编织得好看又结实。一双成品手工毛线鞋，标价是88元，如果能够顺利地在巾帼扶贫工坊销售出去，对她们的家庭来说，是十分有力的帮助。

"农闲的时候，在村里不方便外出打工，坐在家里聚在一起，做点手工品变现，真的很有干劲。"留守妇女们欣喜地说，现在互助组号召大家用好农闲时间，不要去打牌浪费时间，要多学习练好手艺，今后来拾万镇旅游的人越来越多，大家制作的手工艺品的销售情况也会越来越好，收入自然会越来越高。

资料来源　邓小强.大足：留守妇女互助组巧手编织增收梦 [EB/OL].（2020-12-17）[2022-09-09]. http://cq.cqnews.net/cqqx/html/2020-12/17/content_51189148.html.

讨论题：

结合案例材料，综合运用工作决策理论、家庭生产理论和联合工作决策理论，对农村留守妇女及其家庭成员的劳动力供给决策做分析，并试图就中国农村青壮年劳动力的大量流失和老弱妇残留守的现象，从经济学的角度提出解决思路和政策建议。

推荐阅读资料

1.伊兰伯格，史密斯. 现代劳动经济学：理论与公共政策［M］. 刘昕，译. 13版. 北京：中国人民大学出版社，2021.

2.LEWIS H G. Economics of time and labor supply［J］. American Economic Review，1975，65（2）：29-34.

3.PENCAVEL J. Labor supply of men：a survey［M］//Handbook of Labor Economics. Amsterdam and NY：North-Holland，1986（1）：3-102.

4.KILLINGSWORTH M R，HECKMAN J J. Female labor supply：a survey［M］//Handbook of Labor Economics. Amsterdam and NY：North-Holland，1986（1）：103-204.

网上资源

1.国家统计局，http：//www.stats.gov.cn

2.劳动经济学会，http：//www.caless.cn

3.国际劳工组织，http：//www.ilo.org

4.经济合作与发展组织，http：//www.oecd.org

5.中国社会工作联合会，http：//www.swchina.org

拓展阅读：家庭老年照料对女性劳动就业的影响研究

第8章 劳动力供给决策：职业选择

学习目标

✓ 重点掌握职业选择理论的基本思想，即如何运用经济学的方法，分析劳动力市场上雇员和雇主双方如何选择，并最终实现各自的效用最大化或利润最大化的过程

✓ 掌握弹性工作时间、工作风险与雇员福利这三个因素是如何影响职业选择决策的

✓ 了解与"不受欢迎的"工作特征相联系的补偿性工资产生的原因及作用等

引例 **疫情下的快递、外卖、跑腿：奔走在高危和高薪之间**

快递、外卖早已成为我们日常生活中不可或缺的一部分。北京多地实施居家办公、部分小区被封控后，快递员、外卖员等甚至成为人们链接外部的桥梁，为独居在家的父母送菜、帮老人买药，以及替居家的我们传送办公文件、硬盘甚至电脑……新冠肺炎疫情下，他们穿梭在城市的各个角落，在各个风险区边缘走过。他们是如何进行自我保护的？又是如何看待自己面临的风险的？

外卖员：爆单，一天爬楼200层

2022年3月11日，晓旭从河北老家来北京做外卖骑手。招聘单上写着，只要不怕苦，腿脚勤，轻松月入过万元。晓旭的站点在朝阳望京，他听说站里的"单王"一个月能跑1 600多单，收入在17 000元左右。这一连串的数字给晓旭很大的鼓舞。但刚开始工作没多久，他就因为居住地有确诊病例被封在家里。29天后的4月23日，晓旭恢复正常工作。10天后，晓旭在社交平台上发了一段视频。视频中，送菜的外卖员已经忙到"脚不沾地"。

星星比晓旭早来北京半年，在某送菜平台做骑手，他就是晓旭眼中"挣到钱"的人。爆单从4月26日的早上8点开始。正常情况下，每位送菜骑手一次最多接5单，但因后台单量积压过多，站点组长开放权限，每人可一次最多接14单。星星那天从早上6点半开始干到晚上9点40，一共送菜126单，相比于平时的一天最多90单，星星以为这就是上限，但没想到，进入五一后，北京各个站点都在爆单，骑手日单量平均都在120单左右。

星星印象最深的是5月14日，一天送出133单，累计爬楼200多层，其中有一单顾客点了2袋大米、2袋面，40斤的重量让他骑车时开始不自觉摇晃。平时，他每次送菜随身都会带一个移动摄影机记录日常，最近几天，记录的画面很多都是站点前满地的菜包、米面油，背景音在不停循环："兄弟们，快上线，爆单了。"

跑腿小哥：从合同、电脑到猫狗粮

成林家住在双井，他所在小区4月28日被划进封控区。家人告知他小区"不能进也不能出"时，他正在外面跑单，虽然有些措手不及，但松了一口气。"还好我在外面，一旦封进去就没法干活了。"成林借住在朋友家，几乎靠着一件短袖和一件闪送工服撑了十几天。他很庆幸自己的决定，在4月底5月初那几天里，各家公司陆续通知居家办公，急需寄送办公用品，订单的暴涨让他好好赚了一笔。"笔记本电脑、书、合同，那几天全是这种订单，跑都跑不完。"那些天，成林接过一个从望京出发送到南三环的订单，物品是一台宽高有半米多的大号台式机。"不算重，但体积太大不好装，我勉强把它绑在后座，骑车时用后背紧紧抵住，以50公里/小时的速度带到目的地。"事后成林和旅游公司的朋友说起这件事，大家一边调侃收件人永远躲不开工作，一边难掩羡慕之情。别人新冠肺炎疫情期间能收到电脑，意味着能工作、有收入，不像他们只能自谋生计。

好生意只持续了两三天。在成林活动的东三环附近，订单以合同、文件等为主，新冠肺炎疫情开始后这部分订单几乎绝迹，取而代之的是猫狗粮、宠物罐头、磨牙棒还有计生用品等。

在新冠肺炎疫情通报中多次提到有外卖员确诊，成林也听到过这些消息，但没有太在意。他说自己别的不怕，只怕健康宝弹窗后耽误工作时间。为了避免弹窗，他想了很多办法。比如，提前查好风险点，保证送单过程中绕开。无论管理是否严格，他都拒绝进入大厦，要求收件人出楼收件。"生病谁都怕，可更怕没钱。只要政策还让跑，我就会一直跑，做好防护呗。哪天不让做了，或者弹窗了，我就可以休息了。"

快递员：一天35 000步，曾险些被封控

张伟就职于北京某快递公司，主要负责的片区在北京朝阳区管庄附近。4月29日一早，像往常一样，张伟开着快递车准备送货。隔着很远，他就看见要配送的A小区门口站着很多"大白"，还设置了隔离屏障。他很快判断出，A小区存在风险，立刻掉头把货拉回站点。"这是我离病毒最近的一次。"看了通报信息，张伟确认A小区出现了新冠肺炎疫情，这才开始感到后怕。如果他早一个小时进入A小区，很可能就出不来了。之后的几天，怕被弹窗不能继续送货，张伟和同事们都会绕开A小区。"休息一天损失好几百元，不划算。"

张伟是甘肃人，自称资深"北漂"，来北京已经6年。他常说，干快递就是有多大能力吃多大碗饭，能吃苦就能挣钱。

从4月22日起，张伟发现自己辖区内快递单量明显增多。平时一天400单左右，现在每天平均多出50单，且购买防护和消毒用品的人增多了。单量增多，张伟微信步数也在增多，日均35 000步，这让他蝉联微信朋友圈步数排行榜冠军。晚上8点回到宿舍后，他累到倒头秒睡，根本没有精力再干别的。

"送快递就是和时间赛跑，最怕的就是耽误时间。"但新冠肺炎疫情发生后，

"慢"成为收件人的"通病"。有很多次,客户在签收时担心病毒接触,开门前会额外花时间进行消毒。张伟也想过,万一被感染的是自己怎么办,但每每想到这儿,他都会强迫自己想点开心的,比如,新冠肺炎疫情结束后,想去修脚、按摩,然后去心仪很久的饭店饱餐一顿。(文中人物均为化名)

资料来源 陶梦琪,刘碎平,刘亚洲. 疫情下的快递、外卖、跑腿:奔走在高危和高薪之间 [Z]. Boss直聘微信公众号,2022-05-24.

从事快递、外卖、跑腿职业的劳动者大都可能不需要太多的技能。与在家务农相比,每月收入几千元对于一个没有其他技能的外出务工人员来说,的确具有吸引力。与这些工人类似,很多从事其他职业的人员如消防员、警察等,因其工作的危险性而获得相对较高的报酬,这是雇主(或政府)为了吸引足够的劳动者从事此类工作所必须付出的成本。从劳动者个人偏好的角度来说,为什么有些人会选择这类"高风险高收入"的工作,而有些人宁愿从事风险较低收入较少的工作?在选择职业时,与一项工作相关的弹性工作时间的安排是如何影响雇员做出职业选择的?为什么有人倾向于追求高工资,而有人宁愿工资低一点只要工作稳定、福利有保障?企业如何在提供高工资和高福利之间选择以吸引员工?工资和福利是此消彼长的关系吗?学习了本章,我们将会对职业选择的过程及结果有所了解,从而找到这些问题的答案。

8.1 职业选择理论

职业选择是个体职业生涯的起点,也是影响个体未来职业发展前景的关键因素。本章所讨论的,是作为劳动力供给决策的职业选择的原理、过程及结果。我们将分别讨论寻求最佳匹配的雇佣双方的市场决策以及最终实现的均衡结果。雇佣双方寻求最佳匹配的过程实际上是一个非常艰难的试错过程:从雇员的角度来说,追求的是总效用水平的最大化,而工作的货币方面和非货币方面都是影响其效用水平的因素;从雇主的角度来说,用于吸引雇员而提供的工资、弹性工作时间、工作安全保障、福利等都是影响其利润最大化决策机制的成本因素。同时,由于工人的偏好不同,雇主所能提供的工作所具有的性质、任务、环境等,都会影响雇员的职业选择决策。

8.1.1 职业选择过程及补偿性工资

具有不同偏好的雇员以其效用最大化为原则进行职业选择。各种工作条件千差万别,各种职业对工人的吸引力也不一样,工作条件好的岗位,即使支付的工资低,工人也愿意去,而工作条件差的工作,必须支付较高的工资,才能吸引工人,这种以高工资补偿不良的工作条件而形成的工资差别,被称为补偿性的工资差别。例如,在工作条件恶劣、安全设备差、事故伤亡危险大、地处偏远地区、气候变化无常、物价昂贵、福利待遇少、工作无保障、收入不稳定、社会地位低等的行业和岗位，就必须支付较高的工资，才能把工人吸引过来。劳动力市场上的这种补偿性工资差别，实际上是一种促使各种职业的吸引力均等化的因素。

工人的职业选择过程与不同工作的补偿性工资特征相联系。补偿性工资理论能够成立，要基于以下三个假设条件：第一，工人追求效用（而不是收入）最大化。如果工人追求收入最大化，那么所有人将总是选择能够得到工资最高的工作，最终将达到各组工人工资的均等化；相反，一些工人宁愿从事低工资但更愉快的工作，补偿性工资差别就会出现。在这种情况下，工资不会相等，但工人工资和工作心理方面的总效用倾向于均等。第二，工人了解对其十分重要的工作特征的信息。工人可以很快了解到与工作相关的灰尘、肮脏、噪声、严格的工作纪律、危险性等，也可以通过自己的直觉或从其他雇员那里得到被解雇或受工伤的可能性有多大；否则，补偿性工资的差别就难以产生。第三，工人可以自由流动。工人可以根据个人的偏好，在一系列具有不同特征的工作中进行自由选择；否则，如果工人只能从事危险性质的工作，那么对于工伤的补偿性工资差别不会出现。正是工人能够选择安全工作而不是危险工作的行为，迫使提供危险工作的雇主增加工资。

补偿性工资差别的最根本原因是工人的主观偏好，它影响工人的职业选择。补偿性工资有两个作用：第一，它刺激人们自愿地从事肮脏、危险或不愉快的工作，并对愿意接受这种工作的工人支付额外的工资，作为一种补偿和奖励；第二，它对提供令人不愉快工作的雇主是一种惩罚，为了吸引到足够的工人为其工作，雇主必须支付一定量的额外工资。事实上，社会中有许多令人不愉快的工作，比如采煤、高空作业、深海潜水等。从整个社会劳动力分配的角度看，招收这些工作所需要的劳动力主要用两种方法：一是强制人们去做这类工作，比如军队征兵从事抢险救灾工作等；二是诱导人们自愿地从事这类工作，比如通过提供补偿性工资来促使人们接受条件较差的工作等。

但是在实证方面，对该理论进行经验检验存在较大困难。原因有两点：一是研究者必须控制劳动者的年龄、受教育、性别、所在地区、种族、工会状况，以及其他所有通常可能影响工资的因素，才能对这一预测进行有效的检验。二是对如何定义"不利的"的工作特征缺乏明显的标准。事实上，大量针对补偿性工资差别的研究，由于涉及太多的工作特征，而难以判断其对理论的支持。但是有一些学者在控制了一些变量之后得出了有效的结论。米勒（Miller）研究了向员工提供健康保险的企业与没有提供的企业之间25～55岁男性员工的工资差别，利用了1988—1990年消费者支出调查（Consumer Expenditure Survey，CEX）的数据。研究结果发现健康保险相当于10%～11%的工资，即提供健康保险的企业的工人工资要比没提供健康保险的企业同样条件的工人工资低10%～11%。[①]斯瓦诺迪普·霍姆罗伊（Swarnodeep Homroy）利用1993—2011年美国企业的长面板数据，估算了企业CEO因解雇风险增加所能获得的补偿性工资差额。实证结果表明，企业CEO强制离职的风险每上升

---

① MILLER R D. Estimating the compensating differential for employer-provided health insurance [J]. International Journal of Health Care Finance and Economics，2004，4（1）：27-41.

1%，就会获得3%的补偿性工资溢价。[①]李玲等基于西部8县的调研数据也证实了，农村教师补充效果指数与农村教师补偿指数之间呈正相关关系，与农村指数之间呈负相关关系。[②]

除补偿性工资差别外，工人的职业选择还受到许多其他因素的影响。如社会上有些职业或工作岗位，由于受技能上和经营管理能力上的限制，对脑力劳动和体力劳动的要求不一样，对技能的要求差别很大，或者对员工提供的福利水平不一样。因此工人虽然有选择职业的自由，但不是任何人都具有相应的能力和水平，也有可能不认同企业的价值体系或用工方式等，从而导致不同的职业选择。

8.1.2 职业选择的影响因素

影响职业选择的因素有很多，既包括求职者个人的能力、偏好、获得某项工作相关的搜寻和培训的成本等，也包括雇主所提供的报酬、福利的高低、职业发展前景的好坏，以及与某项工作相关的特征对个体心理满足所产生的影响等。从经济学的角度分析，假设进行职业选择的个体都是"理性的"，那么他在进行职业选择的决策时，要将与某项工作相关的收益和成本进行比较。其中，收益包括潜在的货币收入和非货币报酬；成本包括机会成本、培训成本等。只有当收益大于成本时，个体才会选择接受这项工作。

与经济因素相比，非经济因素的测量更为困难。在所有因素中，工资对个体职业选择决策的影响可能是最大的。对于雇员来说，工资是收入来源和生活水平的重要决定因素；对于雇主来说，工资是成本的重要组成部分。而且，我们在讨论劳动力市场的相关活动时，总是假设货币是各种劳动报酬形式的代表，企业在进行重大决策时，所考虑的收益和成本也都是用货币作为参考单位的。因此，如果能将与某项工作相关的非货币特征货币化，得到与此项工作相匹配的工资水平，无论对雇主还是对雇员来说，意义都非常重大。

从理论上讲，把非货币因素转化为货币值是很简单的事情，但实际上并非如此。要把各种工作特征转化为等值的工资，一个可行的方法是：设定一个工资决定的数学表达式，抽取尽可能多的企业作为样本，来获得市场上关于工资与非货币工作特征的数据，再进行回归，得到相关参数的估计值，这样就能对包含某一项或某几项特征的工作的市场平均工资水平做出估计了。

8.2 \ 弹性工作时间与职业选择

随着信息技术的高速发展，现代社会工作方式和人们对生活品质的追求发生了明显的变化，传统的朝九晚五的工作时间受到越来越严峻的考验。在人力资源管理的实

---

① HOMROY S. Was Adam Smith right? Evidence of compensating differential in CEO pay [J]. Manchester School, 2016, 84 (1): 1-24.
② 李玲，卢锦珍，李婷. 西部农村教师补充的模型建构与实证分析——基于补偿性工资差别理论的视角 [J]. 教师教育研究，2015 (6)：45-51.

践领域，"弹性工作制"作为一种新兴的、更适应时代发展的激励方式应运而生。在一项调查中，33%的回答者认为弹性工作时间是工作中最具吸引力的特质。美国政府的调查研究显示：从2001年2月到2005年2月，独立合同工（Independent Contractors）的数量增长到1 030万人，占美国总体就业量的7.4%。另一项调查发现，大多数人都是为了追求工作与生活的平衡，家长为了有更多时间照顾小孩，而电子商务人士可以通过网络随时随地完成他们的工作。[①]爱尔兰经济和社会研究学会（Economic and Social Research Institute，2009）的研究也显示弹性工作时间减少了工人的工作压力，并减少了工作-生活的冲突。[②]加内罗等（Garnero et al.）使用与比利时私营企业相匹配的雇主-雇员面板数据，指出男性和女性在减少工作时间的动机与可用的兼职工作类型方面存在差异：女性通常不得不通过降级到更灵活的工作来适应国内的限制，而男性兼职工作经常与培训和不影响小时工资的以减少工作时间为目的的集体谈判有关。[③]

　　弹性工作制是指在完成规定的工作任务或固定的工作时间长度的前提下，员工可以灵活地、自主地选择工作的具体时间安排，以替代统一、固定的上下班时间的制度。比如，在每周40小时的工作时间内，有8小时员工可以自行安排，员工可以选择在常规的下班时间后到公司工作，甚至留在家中工作。这种制度之所以能够存在，是基于这样一个假设，即工人不仅关心金钱，还关心自主权。因此，个体在职业选择之初就应该对某项工作的时间安排有所了解，根据自己的偏好来做出正确的选择。从雇主的角度来说，一般情况下，实行工作时间弹性制需要付出很大的代价，因而难以实现。

　　为了简化弹性工作时间对职业决策影响的讨论，我们假设与职业决策有关的其他方面的补偿性工资差别已经建立，即只考察在其他因素不变的条件下，弹性工作时间这个单一因素对职业选择的影响。为了全面地理解选择的过程及结果，有必要分别考察雇主和雇员双方的市场行为，即双方对工资和弹性工作时间的选择。

8.2.1　雇员的选择

　　如果雇主可以给予员工弹性工作时间的承诺，那么可以看作对雇员的"奖赏"，这种"奖赏"对于提高员工的效用水平无疑是"有利的"。假设雇员的效用满足来自两个方面：一是货币化的工资；二是弹性化的工作时间安排。雇主出于成本的考虑，通常不能同时为雇员提供高水平的工资和弹性很大的工作时间安排，因此雇员必须在这两者之间进行选择。

　　不同的个体对于弹性工作时间的偏好是不同的，即雇员对于雇主提供的自由安排工作时间"奖赏"的重视程度是不同的。阿兰与希斯克（Allan and Sienko）调查发现，个体偏好弹性工作的原因主要在于：弹性工作在时间上更自由，具有变化性和挑

　　① ANON. Top career choice for flexible work hours: independent contractors [EB/OL]. [2022-09-09]. http://www.prweb.com/releases/2006/11/prweb482697.htm.
　　② RUSSELL H, O'CONNELL P J, MCGINNITY F. The impact of flexible working arrangements on work-life conflict and work pressure in Ireland [J]. Gender Work and Organization, 2009, 6 (1): 73-97.
　　③ GARNERO A, KAMPELMANN S, RYCX F. Part-time work, wages, and productivity: evidence from Belgian matched panel data [J]. ILR Review, 2014, 67 (3): 926-954.

战性，有助于更新技能，能赚取更高的边际收入或额外收入。①摩尔曼与哈兰德（Moorman and Harland）补充指出，喜欢弹性时间和离家近是个体选择弹性工作的另外两个动因。②斯尼尔与哈帕兹（Snir and Harpaz）则挖掘了个体偏好对个体选择的影响，他们指出，现实中存在"工作导向（Work-Oriented）"和"闲暇导向（Leisure-Oriented）"两种不同价值观的劳动者，而灵活的弹性工作制能给闲暇导向的雇员和雇主都带来收益，因此企业应该识别员工个体偏好背后的价值观类型。③

我们用无差异曲线来反映雇员对于工资率和弹性工作时间的选择（如图8-1所示），任何一条无差异曲线上的各点代表的工资率和弹性工作时间的组合能够给雇员带来的效用水平是相同的。进一步观察，无差异曲线还具有以下三个特点：

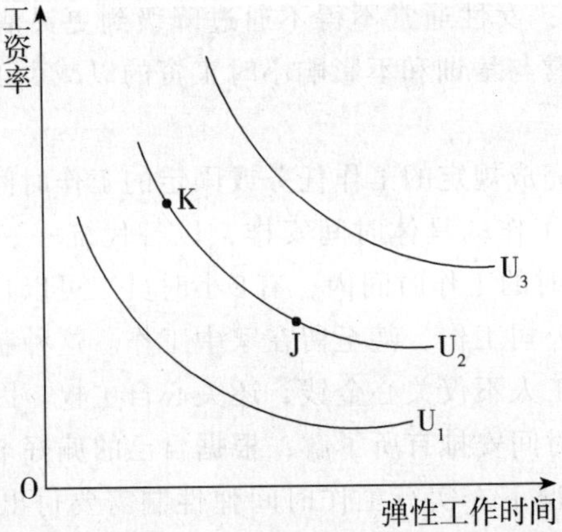

图8-1　工资率与弹性工作时间的一组无差异曲线

第一，无差异曲线向右下方倾斜。这是因为弹性工作时间制度是一个对雇员"有利的"而非"不利的"工作特征。如果把工资率和弹性工作时间都看作商品，则雇员必须通过减少一种商品的持有，来获得更多的另外一种商品，即该无差异曲线的斜率是负的。

第二，无差异曲线凸向左下方，这是与边际替代率递减这一假设相一致的。例如，在无差异曲线 U_2 的 K 点，工人得到的工资率较高，弹性工作时间较短，此时为了得到较长的弹性工作时间，工人愿意放弃较多的工资。而随着工人得到更多的弹性工作时间而损失更多的工资（沿着无差异曲线向右下方移动到J点），额外的弹性工作时间对员工的边际效用降低，即员工变得不太愿意为得到弹性工作时间而放弃工资。这很容易理解：通常情况下，雇主为雇员提供的前几个小时的弹性工作时间的边际价值很大，但如果雇员已经拥有很长的弹性工作时间，那么他再放弃工资来获得更长的弹性工作时间的意愿很小了。

第三，不同的无差别曲线代表的效用水平不同，无差异曲线之间互不相交，并且右上方的无差异曲线表示更高的效用水平。因为在弹性工作时间相同的情况下，工资

① ALLAN P, SIENKO S. Job motivation of professional and technical contingent workers: are they different from permanent workers? [J]. Journal of Employment Counseling, 1998, 35 (4): 169-178.
② MOORMAN R H, HARLAND L K. Temporary workers as good citizens: factors influencing their organizational citizenship behavior performance [J]. Journal of Business and Psychology, 2002, 17 (2): 171-187.
③ SNIR R, HARPAZ I. To work or not to work: non-financial employment commitment and the social desirability bias [J]. Journal of Social Psychology, 2002, 142 (5): 635-644.

率越高，工人获得的效用水平就越高。图8-1中，U_3代表的效用水平高于U_2，U_2代表的效用水平高于U_1。

当然，不同的个体对弹性工作时间的偏好也有所不同。正如上面提到的，比较重视工作时间灵活性的雇员与不太重视工作时间灵活性的雇员相比，为了获得相同的弹性工作时间而愿意放弃的工资较多。如图8-2所示，当弹性工作时间由E_1上升到E_2，为了维持各自原有的效用水平不变，比较重视弹性工作时间的工人A比不太重视弹性工作时间的工人B所愿意放弃的工资更多。

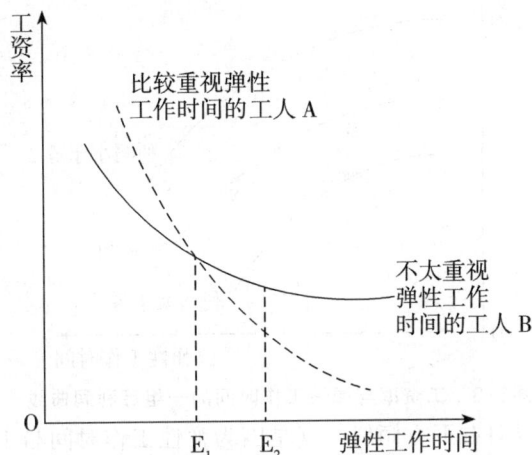

图8-2　弹性工作时间重视程度不同的两个工人的无差异曲线

8.2.2　雇主的选择

通常，有三个原因导致企业偏好弹性工作制：一是弹性工作制有利于降低人工成本，增强企业的成本竞争力，因为弹性员工在工资尤其是福利和培训方面的支出通常低于全职员工[1]；二是弹性工作制增强了企业的生产灵活性，使企业易于适应多变的需求波动，并且顺应了企业"核心-外围（Core-Periphery）"发展模式和生产小型化、专业化的发展趋势[2]；三是弹性工作制可以为企业寻求更合适的全职员工提供前期准备，可用于考察员工。[3]领袖企业开始认识到，供不应求的劳动力市场、劳动力老龄化和对雇员信任度的依赖，使得现代企业可以通过工作多样化和弹性工作制在财务健康（Financial Health）和长期可持续（Long-Term Sustainability）发展上获益。此外，应对并购带来的裁员潮，是企业大量使用弹性工作制的另一动因。而惠勒与贝克利（Wheeler and Buckley）则结合交易成本（Transaction Cost）理论和社会网络（Social Network）理论对企业选择弹性工作制的动因进行了有力的理论解释。[4]生产型企业为员工提供弹性工作时间的空间很小，为了吸引足够的工人，

①　ALLAN P, SIENKO S. Job motivation of professional and technical contingent workers: are they different from permanent workers? [J]. Journal of Employment Counseling, 1998, 35 (4): 169-178.
②　GARSTEN C. Betwixt and between: temporary employees as liminal subjects in flexible organizations [J]. Organization Studies, 1999, 20 (4): 601-617.
③　ACS G, NICHOLS A. Low-income workers and their employers: characteristics and challenges [R]. Washington, DC: The Urban Institute, 2007.
④　WHEELER A R, BUCKLEY M R. Examining the motivation process of temporary employee [J]. Journal of Managerial Psychology, 2001, 16 (5): 339-354.

必须提供较高水平的工资；从事软件开发的企业可以允许编程人员在任何时候工作，甚至允许他们在家中工作，因此可以通过提供充足的弹性工作时间和相对较低的工资来吸引员工。

从以上的研究我们可以看到，雇主在工资率和弹性工作时间之间进行选择，目标是在控制成本的前提下保持竞争力。雇主的选择可以通过等利润曲线来表示（如图8-3所示），该曲线具有以下特点：

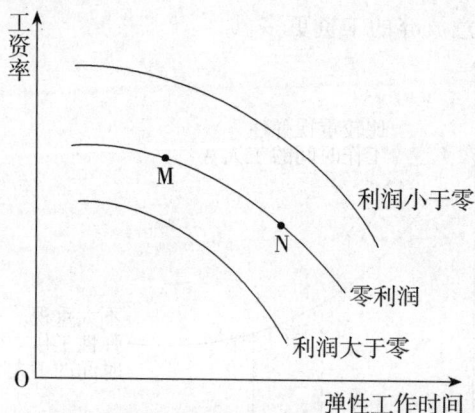

图8-3 工资率与弹性工作时间的一组等利润曲线

第一，等利润曲线向右下方倾斜。这是因为弹性工作时间与工资率对雇主成本影响的方向是一致的，在其他条件相同的情况下，企业要保持总成本不变，必须在延长弹性工作时间的同时降低工资率，在缩短弹性工作时间的同时提高工资率。

第二，等利润曲线凸向右上方，这是与弹性工作时间支出边际成本递增的假设相一致的。例如，在等利润曲线的M点，弹性工作时间很短，雇主提供一定的弹性工作时间所付出的"代价"相对较小，因而企业并不需要大幅度降低工人的工资水平。但随着弹性工作时间的增加（沿着等利润曲线向右下方移动到N点），企业提供弹性工作时间的"代价"将越来越大，甚至当弹性工作时间达到一定量以后，将会影响企业的正常生产活动。因此，在N点，等利润曲线的陡峭程度比M点大得多。

第三，不同的等利润曲线代表不同的利润水平，等利润曲线之间互不相交，并且左下方的曲线代表较高的利润水平。因为在相等的弹性工作时间下，工资率越低，雇主的成本越低，利润水平就越高。图8-3中，如果中间的等利润曲线代表利润为零，则这条等利润曲线的下方和上方的两条曲线分别代表利润大于零和利润小于零的情况。

上面已经提到，不同企业由于所能提供工作的性质不同，为员工提供弹性工作时间的难易程度（成本）也是不同的。对于提供弹性工作时间需要付出很高代价的雇主来说，为了保持利润不变，必须要大幅度地削减工人的工资率，在这种情况下，等利润曲线比较陡峭，如采用流水线方式进行生产的企业，其零利润曲线可用XX′曲线表示。相反，从事软件开发企业的等利润曲线比较平坦，其零利润曲线可用YY′曲线表示（如图8-4所示）。

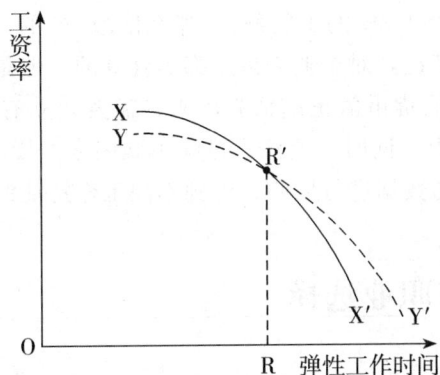

图8-4　提供弹性工作时间难易程度不同的两个雇主的零利润曲线

8.2.3　雇员和雇主选择的结合

在劳动力市场上供需的均衡，是雇佣双方共同选择的结果。下面，将同时考虑追求效用最大化的雇员和追求利润最大化的雇主的选择行为。为了简化讨论，假设在劳动力市场上存在对弹性工作时间偏好不同的两类个体A、B，他们对工资率和弹性工作时间的选择分别用无差异曲线AA′、BB′来表示；同时，劳动力市场上存在提供弹性工作时间难易程度不同的两类企业X、Y，它们对工资率和弹性工作时间的选择分别用等利润曲线XX′、YY′来表示。我们将不同的无差异曲线和等利润曲线放到同一坐标系中来分析均衡状态的实现。

由图8-5可知，重视弹性工作时间的员工A与不太重视弹性工作时间的员工B的选择是不同的。前者愿意接受雇主Y提供的较多的弹性工作时间和相对较低的工资水平，后者愿意接受雇主X提供的较少的弹性工作时间和相对较高的工资水平。这样选择的结果是具有不同偏好的个体在进行职业选择时进行了分流：那些希望得到弹性工作时间的员工最终会在能够提供较多弹性工作时间安排的企业工作，而那些不太在意弹性工作时间的员工最终会在时间安排严格并为此支付较高工资的企业工作。

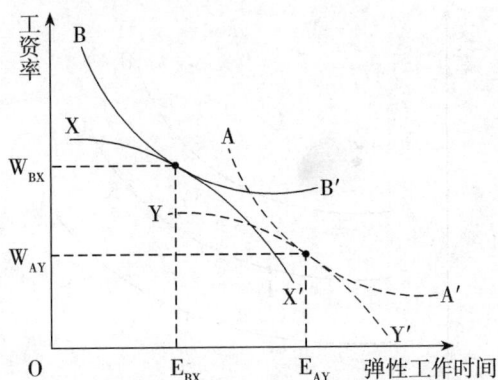

图8-5　雇主和雇员的匹配

对企业而言，掌握员工是否愿意以及在多大程度上愿意通过工资扣除来换取弹性工作时间的信息是重要的。例如，如果员工愿意接受10%的工资扣除来换取5小时的弹性工作时间，而企业执行5小时弹性工作时间所导致的企业运行的成本增加低于

10%的工资额（比如相当于8%的工资额），那么削减9%的工资并增加5小时的弹性工作时间，无论是对员工还是对企业来讲，都是合算的。但是，把员工对"弹性工作时间"这种非货币因素的货币值正确估算出来，需要建立有效的指标，并运用经济学、统计学等大量的知识，同时，要注意排除主观因素的影响。一个可行的方法是，通过对掌握的大量的市场数据进行回归，得到不同工作特征的货币估值。①

8.3 工作风险与职业选择

与上一节讨论的"弹性工作时间"这一工作特征不同，本节所要讨论的"工作风险"无疑是对雇员"不利的"工作特征。在我国，由于经济多年处于高速发展的阶段，加之原有的安全生产意识和基础设置薄弱，因此安全生产的形势一直比较"严峻"。刘铁民（2005）将1974—2003年我国工业企业职工事故死亡指数与GDP增长指数进行相关性和线性回归分析，得出了"工伤事故死亡指数变化与GDP增长幅度出现明显的正相关"的结论，并计算出当GDP增长率为8.3%左右时，死亡指数可为1.00左右；当GDP增长率低于8%，尤其低于6%以后，工伤事故死亡人数可呈下降趋势；而当GDP增长率超过9%，尤其是超出10%以后，工伤事故死亡人数上升的概率会明显增加。②下面将采用与上一节同样的方法和思路来分析对雇员"不利的"工作特征——工作风险对个人职业选择的影响。

8.3.1 雇员的选择

工作风险是一种不利的工作特征。根据补偿性工资理论，如果雇员接受一份伤害风险概率较大的工作，则可相应地获得较高水平的工资，反之亦然。如果将能够使工人产生同等效用水平的一系列工作的伤害风险概率与工资率的组合联结起来，就形成一条无差异曲线（如图8-6所示），它代表了雇员的偏好，该曲线具有以下特征：

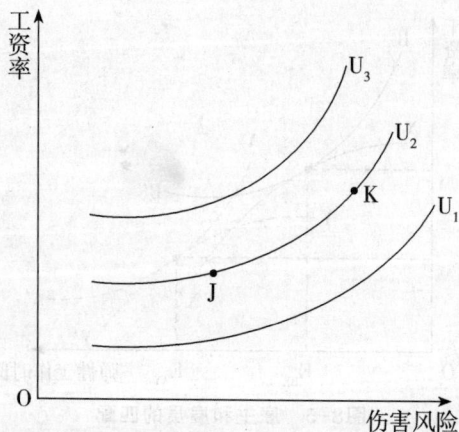

图8-6　工资率与伤害风险的一组无差异曲线

① 更为详细的介绍，请阅读爱德华·拉齐尔所著的《人事管理经济学》第14章中关于测量问题的解释。
② 刘铁民. 橙色GDP及其演变规律［J］. 中国安全生产科学技术，2005（2）：3-6.

第一，无差异曲线向右上方倾斜。这是因为工作的伤害风险是一个"不利的"而非"有利的"工作特征，如果风险增加，为了保持效用不变，工资必须增加。第二，无差异曲线凸向右下方，这是与边际替代率递减这一假设一致的。例如，在无差异曲线 U_2 的 K 点，工人得到的工资较高，面临的风险也较大。由于他每时每刻都处在风险之中，而且现有工资带来的商品消费水平很高，所以为了减少一定的风险，他愿意放弃较多的工资。然而，随着风险程度和工资率下降到 J 点，风险已不再是每时每刻都有，商品的消费水平也降低了。这样，他为了减少一定的风险而愿意放弃一定量工资的意愿也降低了。第三，不同的无差异曲线代表的效用水平不同，无差异曲线之间互不相交，并且左上方的无差异曲线表示更高的效用水平。因为在同一风险程度下，工资越高，工人产生的效用水平越高。图8-6中，U_3 代表的效用水平高于 U_2，U_2 代表的效用水平高于 U_1。

当然，不同的人对伤害风险的厌恶程度是不同的。面对同一程度的风险的增加，敏感者会要求工资大幅提高，而不敏感者，只要求较少的工资增长就可以保持效用水平的不变。因此，对工作的伤害风险敏感的工人的无差异曲线更陡峭。如图8-7所示，当伤害风险概率从 R_1 上升到 R_2，为了维持各自原有的效用水平不变，特别厌恶风险的工人 A 比不太厌恶风险的工人 B 所要求的工资率的增加幅度更大。针对美国和英国的研究指出女性比男性更厌恶风险，而结婚或有小孩的女性其风险厌恶程度更甚，由此导致职业隔离和性别工资差异。[1]格瑞兹与斯隆（Grazier and Sloane）的研究指出工作的伤害风险的上升会导致49%的女性更换现有工作，而工资与男性的差距至少上升1个百分点。[2]

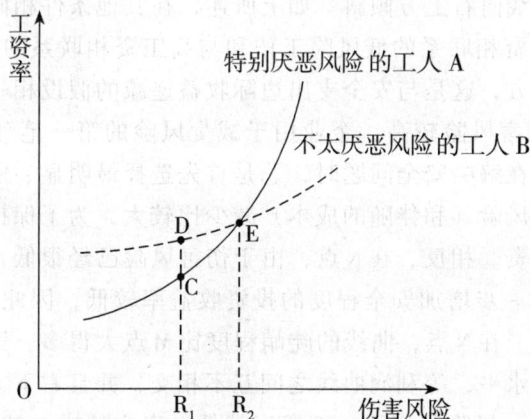

图8-7　风险厌恶程度不同的两个工人的无差异曲线

总之，雇员根据自身的偏好，在不同的工资率和伤害风险的组合中进行选择，目标是实现可能的最高效用水平。但是雇员的选择必须在雇主所能提供的工作的约束条件之下进行，因此要实现均衡的状态，还必须考察雇主的行为。

[1] KLUVE J, SCHAFFNER S. Gender wage differentials and the occupational injury risk: evidence from Germany and the US [Z]. Ruhr Economic Papers 28, RWI, 2007.
[2] GRAZIER S, SLOANE P J. Accident risk, gender, family status and occupational choice in the UK [J]. Labour Economics, Elsevier, 2008, 15 (5): 938-957.

8.3.2　雇主的选择

对于雇主来说，减少雇员工作的伤害风险需要支付很高的费用，如必须在机器上安装昂贵的安全装置，或牺牲生产时间为工人培训安全知识等。竞争的压力使很多企业在零利润的水平上经营，即在这一点上全部成本得到补偿，利润为零。这样，如果雇主制订一个减少工作的伤害风险的计划，为了控制成本保持竞争力，他必须降低工资水平。雇主在工资率与所提供工作的伤害风险程度之间的选择，可以通过等利润曲线表示出来（如图8-8所示），该曲线具有以下特征：

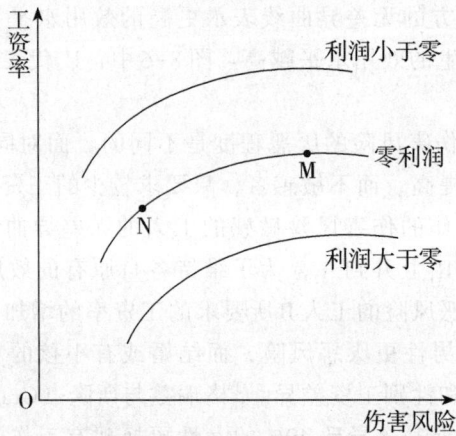

图8-8　工资率与伤害风险的一组等利润曲线

第一，等利润曲线向右上方倾斜。如上所述，在其他条件相同的情况下，雇主方面倾向于提供与低工资相联系的低风险工作和与高工资相联系的高风险工作。第二，等利润曲线凸向左上方，这是与安全支出边际收益递减的假设相一致的。例如，在等利润曲线的M点，伤害风险较高，企业用于减少风险的第一笔开支将有较高的投资收益。这是因为企业在解决安全问题时，总是首先选择最明显、所需费用最低的风险点，将其消除。因为风险（和伴随的成本）减少比较大，为了保持利润不变，企业并不需要大幅度降低工资。相反，在N点，由于伤害风险已经很低，容易解决的安全问题都已解决，雇主进一步增加安全程度的投资收益率较低，因此为了保持利润不变，必须大幅度降低工资。在N点，曲线的陡峭程度比M点大得多。第三，不同的等利润曲线代表不同的利润水平，等利润曲线之间互不相交，并且右下方的曲线代表较高的利润水平。因为在同一风险程度下，工资率越低，雇主的成本越低，利润水平越高。图8-8中，如果中间的等利润曲线代表利润为零，则上方和下方的两条曲线分别代表利润小于零和利润大于零的情况。

当然，不同雇主消除风险的难易程度（成本）也是不同的。对于减少工作中的伤害需要支付很高费用的雇主来说，为了保持利润不变，在执行安全计划时需要大幅度降低工资，在这种情况下，等利润曲线比较陡峭。相反，在伤害风险比较容易消除的企业，等利润曲线比较平坦。图8-9中，XX′曲线代表的企业比YY′曲线代表的企业较易消除伤害风险。

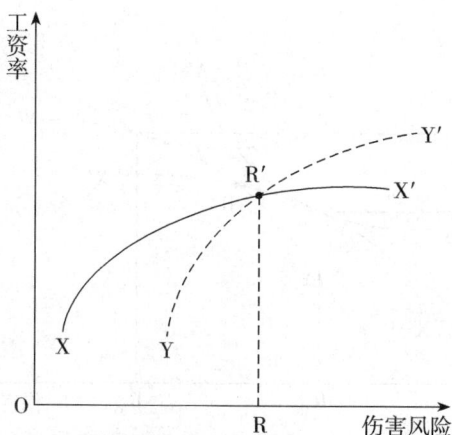

图8-9　消除风险难易程度不同的两个雇主的零利润曲线

8.3.3　雇员和雇主选择的结合

为了简化分析，我们假设在劳动力市场上存在对风险偏好不同的个人 A、B，他们对工资率和伤害风险的选择分别用无差异曲线 AA′、BB′ 来表示；同时，劳动力市场上还存在消除风险难易程度不同的企业 X、Y，它们对工资率和伤害风险的选择分别用等利润曲线 XX′、YY′ 来表示。我们将不同的无差异曲线和等利润曲线放到同一坐标系中，来分析在雇主所提供的工作机会的限制下，雇员如何进行职业选择。

由图 8-10 可知，在 W_{AX} 的工资率和 R_{AX} 的风险水平下，雇员 A 为雇主 X 工作可以达到效用最大化；在 W_{BY} 的工资率和 R_{BY} 的风险水平下，雇员 B 为雇主 Y 工作可以达到效用最大化。这样的结合并非偶然，进一步考察，我们会发现，如果 A 选择 B 接受的工作（W_{BY} 和 R_{BY}），那么他达到的效用水平将低于 AA′，因为 A 对安全的要价很高，而雇主 Y 提供的工资 W_{BY} 并不足以补偿这样高的风险水平。相反，雇主 X 可以较便宜地"生产"安全，因此 X 将会提供较低风险程度的工作来吸引像 A 那样的求职者。同理，如果雇员 B 选择 A 接受的工作（W_{AX} 和 R_{AX}），那么他达到的效用水平也将低于 BB′。像 B 这类偏好高风险的雇员，会被在提供高风险、高工资工作方面有优势的雇主 Y 吸引过去。由此，我们看到，工作匹配的过程，实际上是企业提供工作机会和工人接受工作，并最大限度实现各自利润最大化和效用最大化的过程。

《中华人民共和国安全生产法》和《中华人民共和国职业病防治法》是我国在职业安全领域中两部最主要的立法。根据国家标准《职业安全卫生术语》的定义，职业安全卫生是指"以保障职工在职业活动中的安全与健康为目的的工作领域及在法律、技术、设备、组织制度和教育等方面所采取的相应措施"。可见，职业安全立法的目的在于实现降低雇员与工作相关的风险的"理想"，但把这种理想作为社会政策来执行，对雇员的利益未必是最佳的。补偿性工资理论成立的前提假设是工人十分了解工作所隐含的风险，并且能够自由流动，从而选择最"适合"个人偏好的风险与工资率

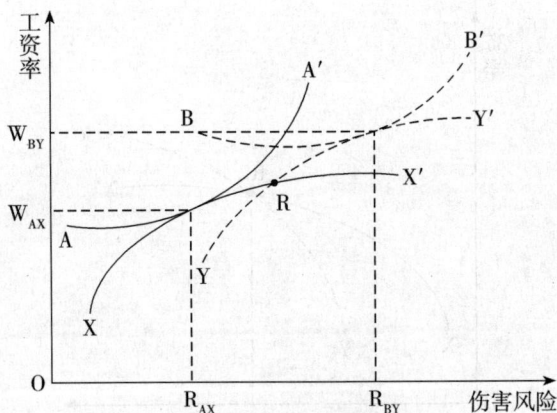

图8-10　雇主和雇员的匹配

的组合。在这种情况下，当政府制定的职业安全法规和政策得到实施时，就会阻碍提供高风险高工资的雇主的行为，因而对风险偏好者来说是一种"惩罚"，这类雇员的效用水平会下降。当然，问题的关键在于补偿性工资理论成立的前提假设能否被满足，如果不能，政府法规将会使得雇员的境况更好。[①]

8.4　福利偏好与职业选择

上两节，我们分析了弹性工作时间与工作风险对职业选择的影响。事实上，工人在进行劳动力供给的决策时，还会考虑的一个重要因素是与工作相关的福利状况。员工福利是广义上员工报酬的重要组成部分，不同企业的员工福利存在较大的差异性，这既成为企业吸引人才的重要手段，也成为就业者职业生涯规划中应当重点考虑的因素。

8.4.1　雇员的选择

根据英国经济学家庇古的定义，福利分为广义和狭义两种：广义福利是指"社会福利"，狭义福利是指"经济福利"，这里所讨论的雇员福利属于狭义福利的范畴。狭义的雇员福利又称职业福利或劳动福利，是企业为满足劳动者的生活需要，在工资收入之外，向雇员本人及其家属提供的货币、实物及一些服务。所有的雇员福利都有一个共同的特征，即不是采取目前可花费的现金形式补偿工人。总的来说，雇员福利有两大类：一类是实物工资，即雇主采用某种商品的形式对员工进行补偿，如雇主为雇员承担的各种保险费等。另一类是延期劳动报酬，即对雇员现在挣得的劳动报酬在以后以货币的形式进行支付，如雇主支付的雇员退休金等。

无论是实物工资还是延期劳动报酬，雇员福利与现金形式的工资相比，兼具优劣。雇员福利的优势在于，以实物形式支付的报酬为雇员提供了相当大的税收优

---

① 更为详细的介绍，请阅读伊兰伯格、史密斯所著的《现代劳动经济学：理论与公共政策》（第13版）第8章中关于职业安全与法规的规范分析，246-251.

惠。这是因为在目前的税收制度下，雇员所获得的大部分实物支付（如雇主代为购买的各种保险）无须交税。同样，延期劳动报酬（如退休金）与现金支付相比，可以将个人部分劳动报酬的纳税推迟到晚年。而弹性福利计划的出现更进一步地突出了福利制度的优势，给予员工更多自主权。[①]雇员福利的劣势在于，以实物工资或延期劳动报酬形式存在的补偿使雇员失去了目前拥有资产的资格，因而不能够自由处置。而现金支付的方式能够给人们最大的自由支配权，这更有利于效用最大化的实现。

因此，有两种相反的力量影响雇员对福利的偏好程度。一方面，这些福利享有的特殊的税收政策，对雇员来说意义不小；另一方面，获得福利导致人们失去对全部劳动报酬的自由处置权。如果我们将工人对现金劳动报酬（工资率）和雇员福利的偏好以图形表示，就可以得到如图8-11所示的无差异曲线，该曲线与前两节中出现的无差异曲线特征一致。当现金劳动报酬较高而雇员福利较少时（J点），工人愿意放弃大量的现金劳动报酬，以获得雇员福利的税收优惠，因此在J点，无差异曲线比较陡峭。但是，当雇员福利水平较高而现金劳动报酬较少时（K点），进一步增加雇员福利会降低工人对现金劳动报酬的自由支配权，所能享受的税收优惠相对变小了，因此在K点，无差异曲线比较扁平。

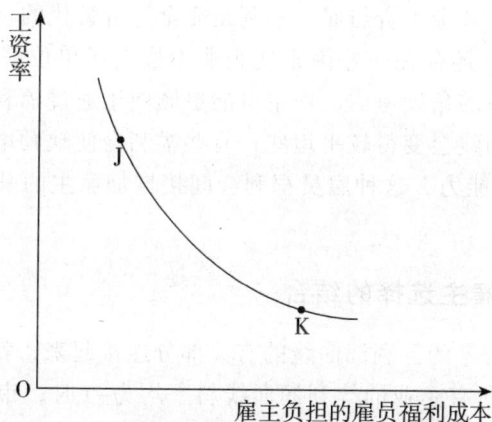

图8-11　工资率与雇员福利之间的无差异曲线

8.4.2　雇主的选择

对于雇主来说，支付X元的工资和支付X元的雇员福利没有差别，因为两笔支出都是企业成本的一部分，且数量相等。那么，对于雇主来说，总劳动报酬的构成是无关紧要的，他们关注的仅仅是总劳动报酬的水平。

可以用等利润曲线来描述企业提供雇员福利的偏好（如图8-12所示）。假设企业提供某项工作，为了吸引工人，必须支付至少X元的总劳动报酬；并且假设，如果企业支付的总劳动报酬超过X元，利润将小于零（企业在零利润水平上经营），企业无法生存。这样，企业将愿意提供总价值为X元的工资与雇员福利的任意组合，这些组

---

① TORPEY E M. Flexible work：adjusting the when and where of your job [J]. Occupational Outlook Quarterly, 2007（2）：14-27.

合就是等利润曲线上的各点。

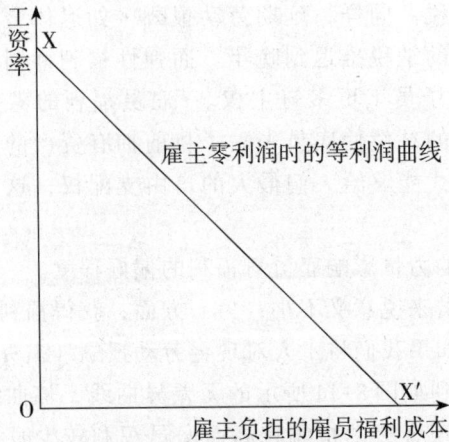

图8-12　雇主的等利润曲线

雇主的等利润曲线有以下两个特点：第一，等利润曲线在横轴和纵轴的截距相等，均为雇主愿意提供的价值总额X。曲线上的其他各点，其工资率和雇主负担的雇员福利成本的总和也均为X。第二，等利润曲线的斜率为-1，表示劳动报酬的构成对雇主来说无关紧要，即现金工资与雇主福利是完全等价替代的。

当然，在现实中，还存在一些因素使企业不按上述单位替代的原则提供雇员福利。例如，从避开税收的角度考虑，雇主可能更倾向于通过福利的形式支付给雇员劳动报酬，这时等利润曲线会变得较平坦些；有些福利会使缺勤增加（如带薪休假的福利），减少企业的盈利能力，这种雇员福利会间接增加雇主的其他成本，使等利润曲线变得更加陡峭。

8.4.3　雇员和雇主选择的结合

将每个企业利润为零的等利润曲线的有关部分连接起来，就可以得到特定劳动力市场的提供曲线。当所有企业的等利润曲线斜率均为-1时，市场提供曲线是一条斜率为-1的直线，如图 8-13 中的曲线XX'所示。该曲线描述了雇员面临的由雇主提供的一系列工资-雇员福利的组合，雇员要根据个人对福利的偏好程度进行权衡，目标是实现效用水平的最大化。这样，那些比较重视获得目前可支配现金的雇员（如图 8-13 中的工人Y），愿意选择那些提供现金工资比例高的工作机会；那些对现金工资不太在意，而对雇员福利的税收优惠感兴趣的雇员，则会选择总劳动报酬中雇员福利比例较高的工作机会（如图 8-13 中的工人Z）。雇员与雇主间的相互匹配，使劳动力市场的供需双方达到一种相对均衡的状态。

上述均衡状态的分析对雇主的启示是：企业的报酬模式应该适合其试图吸引的员工的偏好。例如，如果企业试图吸引年轻、贫困的员工，那么其报酬模式设计应侧重现金工资，而不应侧重保险费和退休金；相反，如果企业试图吸引的员工年龄较大或处于因雇员福利而能节省税收的地区，则企业的报酬模式设计应侧重雇员福利。

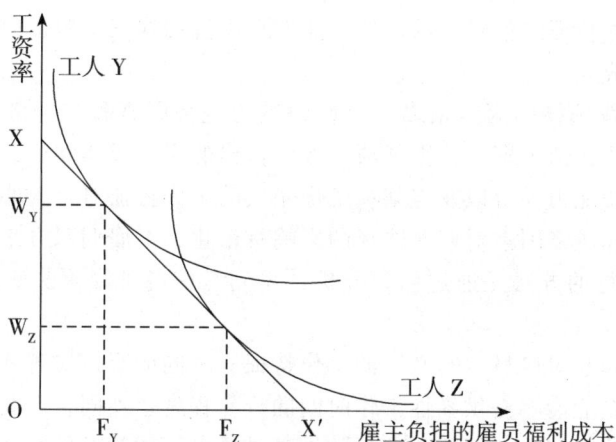

图8-13　雇员和雇主的联合决定

弹性福利制度兴起于20世纪70年代的美国，是一种有别于传统固定式福利的新型员工福利制度。弹性福利制度强调员工的参与，允许员工依照自己的需求从企业所提供的福利项目中选择适合自己的一套福利"套餐"。夏皮罗（Shapiro）指出美国有1/3到1/2的企业实施了弹性福利计划，改善了企业绩效和生产率水平。[1]弹性福利制度有很多优势，从企业的角度来说，它能够有效地运用企业福利资源，实现激励员工的目的，还能够提升企业的形象和竞争力；从员工的角度来说，它能更大程度地满足员工的福利需求，有利于节税，提升工作满足感，并能增进员工对企业福利制度的了解。[2]拉米雷斯和哈伍林（Ramirez and Havlin）指出由于人口统计特征的变化以及通货膨胀等导致的成本问题使得发展中国家的弹性福利计划逐渐兴起。[3]

弹性福利制度虽然有很多优点，但目前在我国并没有得到广泛应用，主要原因在于：我国企业整体员工福利水平偏低，尚不具备广泛实行弹性福利制度的条件，再加上目前我国大多数企业人力资源管理还处于传统行政性人事管理阶段，人力资源部门定位太低，无法统筹管理整个公司的人力资源，企业和员工对福利的重要性也缺乏足够的认识。在这种状况下，弹性福利制度在我国广泛实行的时机还不够成熟。但随着我国经济的发展，员工需求的多元化，实行弹性福利制度必将成为我国企业员工福利制度发展的趋势。

本章小结

职业选择理论是劳动力供给理论的重要组成部分，它回答了劳动者如何选择工作，即在哪个行业、职业或企业就职的问题。本章重点分析了弹性工作时间、工作风险与雇员福利三种工作特征对劳动者职业选择的影响。

职业选择的基本理论是建立在个人偏好不同且企业受到成本约束的假设之上的。个人选择的结果是形成补偿性工资差别，但只有在员工追求效用最大化、员工了解对

---

[1]　SHAPIRO M. Optioning in versus "opting out": women using flexible work arrangements for career success [J]. CGO Insights, January, 2007.

[2]　COLE N D, FLINT D H. Perceptions of distributive and procedural justice in employee benefits: flexible versus traditional benefit plans [J]. Journal of Managerial Psychology, 2004, 19 (19): 19-40.

[3]　RAMIREZ F, HAVLIN L. Flexible benefits: increasing the perceived value of the total benefit [EB/OL]. [2021-11-09]. http://www.mercer.com/referencecontent.htm? idContent=1327040.

其十分重要的工作特征的信息，以及员工能够自由流动这三个假设前提之下，补偿性工资理论才能够成立。

影响个人职业选择的因素很多，可以归纳为经济因素和非经济因素两大类。其中，经济因素主要包括工资、获得某项工作所付出的直接成本和机会成本等；非经济因素主要包括自我能力评价以及与某项工作相关的工作特征对个人心理满意程度所产生的影响等。将非经济因素对职业选择的影响货币化，对雇佣双方来说都有非常重要的意义。一个可行的方法是通过回归分析，得到考虑各种因素影响的工资决定的表达式。

弹性工作时间是对雇员"有利"的工作特征。不同的个体对于弹性工作时间的偏好不同，不同的企业能够提供弹性工作时间的难易程度也不同，因此雇员必须在工资率和弹性工作风险之间进行权衡。选择的结果是具有不同偏好的个体在进行职业选择时进行了分流：那些希望得到弹性工作时间的员工最终会在能够提供较多弹性工作时间安排的企业工作，而那些不太在意弹性工作时间的员工最终会在时间安排严格并为此支付较高工资的企业工作。

伤害风险是一种"不利"的工作特征。雇员按照效用最大化的原则，在工资率与伤害风险之间进行选择；雇主为了控制成本和维持竞争力，决定其提供的工作在工资率和伤害风险程度之间的权衡。雇佣双方相互匹配，达到一种均衡的状态，其结果是风险偏好的雇员选择高报酬高风险的工作，而风险厌恶的雇员选择低报酬低风险的工作。

雇员福利是雇员报酬的方式之一，它的优势在于为雇员提供相当大的税收优惠，劣势在于使雇员失去了目前拥有资产的资格。雇主为雇员提供的福利也是成本的一部分，因此雇主需要在支付现金工资和雇员福利之间进行选择。双方匹配的结果是，那些比较重视目前可花费现金的雇员选择高工资低福利的工作，而那些对雇员福利的税收优惠比较感兴趣的雇员选择低工资高福利的工作。

复习思考题

1. "高工资是吸引工人的唯一原因" "雇主都是贪婪的，只关心利润的最大化的实现，因而会尽量压缩雇用成本"，请分析这两种观点正确与否，为什么？

2. 如何解释这一现象：在一些公司里，副总裁的工资比那些头衔不那么显赫的员工的工资还低？

3. 试用补偿性工资理论说明，为什么有国际声誉的大学很容易吸引和留住教授，而声誉较差的大学在招募教授时需要支付较高的工资？

4. 对于危险性较高或是特别令人厌恶的工作，为了招收从事这些工作所需要的劳动力，方法主要有哪些？

5. 职业选择理论认为，在其他条件不变的情况下，雇员的工资水平与风险程度成正相关的关系，即风险程度越高，工资水平越高。政府制定的有关职业安全的法规和政策，其目的是减少雇员在工作中受伤害的风险，那么这些法规和政策的实施，对雇员效用水平的影响是怎样的？

6.支付工资和为雇员购买保险对雇员来说都是雇用成本，雇主关心的是成本的总价值而非构成。迫于竞争的压力，雇主所能支付的雇用成本的总价值是一定的，因此雇员得到的福利实际是由工人自己支付的。请评述这种说法正确与否？

案例分析题

2021年高校毕业生就业状况调查

"全国高校毕业生就业状况调查"课题组于2021年6月起对高校毕业生进行了问卷调查。样本包括我国东、中、西部地区19个省份的34所高校，样本量超过2万人。统计结果显示，2021年我国高校毕业生就业形势总体平稳。

2021年"慢就业"的观念略有增加

从总体落实率来看，2021年与新冠肺炎疫情前的2019年相差不大。2021年毕业生的去向结构与2019年也基本相似，已确定单位、升学、出国出境、自主创业、自由职业、其他灵活就业的比例都没有大幅度的变化。其中单位就业比例为32.1%，比2019年降低了5.3个百分点。高等教育人才"蓄水池"的作用显著，升学比例为29.3%，比2019年提高了4个百分点。自由职业比例略有增加（上升0.8个百分点）。自主创业的比例基本一样，出国出境和其他灵活就业的比例比2019年都略有下降。

数据也显示，2021年"慢就业""缓就业""懒就业"的就业观念略有增加，有7.9%的毕业生选择了"不就业拟升学"或"其他暂不就业"，比2019年提高了1.8个百分点。如果这些毕业生选择积极就业，那么总体落实率会进一步提高。

毕业去向存在显著的学历差异。硕士生和博士生在单位就业上的优势明显，比例分别为64.5%和54.6%；受研究生扩招的影响，本科生的升学优势显著，为35.3%；专科生在自主创业、自由职业和其他灵活就业方面的比例显著高于其他学历毕业生，合计比例为24.0%。

落实率存在显著的学历、学校、学科、地区差异。分学历看，硕士生的落实率最高（82.2%），本科生的落实率最低（74.4%），专科生（80.6%）和博士生（77.9%）的落实率分别排在第2位和第3位，各学历毕业生的落实率都达到70%以上。分学校看，一流大学建设高校的落实率最高（82.2%）；其次是高职高专和一流学科建设高校，落实率分别为81.4%和81.0%；民办高校/独立学院和普通本科高校的落实率相对较低，分别为70.8%和71.6%；各类高校的落实率都达到70%以上。分学科看，工学和理学的落实率显著更高，分别为83.6%和79.3%；教育学、医学和农学的落实率较低，都在70%以下，分别为66.3%、68.3%和68.9%。

就业收入比新冠肺炎疫情前的2019年有小幅增加

从客观收入反映的就业质量看，人力资本的价值在就业市场上得到了有效的体现，学历越高收入越多。2021年博士、硕士、本科、专科的月起薪算数平均值分别为14 823元、10 113元、5 825元、3 910元，中位数分别为15 000元、9 000元、5 000元、3 500元。各学历层次毕业生的平均收入均比新冠肺炎疫情前的2019年有所增加，反映出就业质量不仅没有下降，而且稳中有升。

月起薪存在显著的学校、学科和就业地区差异。分学校看，一流大学建设高校的月起薪最高，为10 827元；其次是一流学科建设高校，为7 346元；然后是普通本科高校，为6 043元。分学科看，工学、理学和交叉学科位居前3名，分别为8 341元、7 909元和7 838元。在高考志愿中受热捧的经济学和管理学并没有在收入上显示出特别的优势，表明各个学科的毕业生都有市场需求。高考填报志愿应该基于个人的兴趣和特长选择学科与专业，这样才会提高劳动力市场的入职匹配效率，从而促进经济高质量发展。分就业地区看，东部、中部、西部地区的月起薪分别为7 620元、5 868元和5 512元，东部地区就业的收入相对较高。

就业分布与新冠肺炎疫情前的2019年基本相似

从已确定单位毕业生的就业分布看，我国劳动力市场结构非均衡化的特点比较显著。地区、城乡、行业、单位等分布的非均衡化特点显著。与新冠肺炎疫情前的2019年相比，毕业生就业的城乡分布、行业分布、单位分布等各种结构都没表现出很大的波动性。

从城乡分布看，省会城市或直辖市的就业占比超过一半，为54.9%；其次是地级市，占比为27.3%；县级市或县城的占比排在第3，为12.3%；乡镇和农村的占比很低，分别只有4.1%和1.5%。县级及以下地方也是毕业生大有作为的工作天地（比例为17.9%）。我国已经建成小康社会，全面消除了贫困人口。党的十九大提出实施乡村振兴计划，未来要实现共同富裕。因此，毕业生去县级及以下地方就业，既有新时代社会发展的机遇，也是大学生奉献社会义不容辞的责任。

从行业分布看，行业就业集中度较高的特点依然存在，经济转型发展和产业结构调整使得行业就业的排序发生了显著变化。2021年，教育，制造业，信息传输、软件和信息技术服务业（以下简称IT业），金融业，科学研究和技术服务业成为占比最大的5个行业，占比分别为15.1%、14.5%、13.1%、8.5%和7.4%，合计为58.6%。与2019年相比，教育仍然保持第1位，制造业由第3位上升至第2位，而IT业由第2位下降至第3位，金融业仍旧排在第4位，科学研究和技术服务业取代建筑业排在第5位。

从单位分布看，企业是吸纳毕业生就业的主要单位，在已确定工作单位的毕业生中大约3/4去了企业（73.8%）。民营企业的占比最大，吸纳了超过1/3的毕业生（35.2%）；国有企业的占比排在第2位，为25.0%；三资企业的作用也不容忽视，占比为6.6%。到体制内单位（国有企业、党政机关、事业单位）入职的高校毕业生接近一半（49.3%），其中到中小学和高校工作的合计占比为9.0%。

资料来源　岳昌君.二〇二一年，哪些岗位更受高校毕业生欢迎［N］.光明日报，2022-01-04（14）.

讨论题：

请结合本章所学内容，分析材料中提到的大学生就业变化的原因，并说明什么样的求职者会被吸引去体制内单位工作。

推荐阅读资料

1.拉齐尔.人事管理经济学［M］.刘昕，译.北京：生活·读书·新知三联书店，北京大学出版社，2000.

2.伊兰伯格，史密斯. 现代劳动经济学：理论与公共政策［M］. 刘昕，译. 13版. 北京：中国人民大学出版社，2021.

3.CAROL A，PARRY S. The economic rationale of occupational choice ［J］. Industrial and Labor Relations Review，1968，21（2）：183-196.

4.BANERJEE A，NEWMAN A. Occupational choice and the process of development ［J］. Journal of Political Economy，1993，101（2）：274-298.

5.HASPEL A，TAUBMAN P. The choice of occupations over the life cycle：some empirical evidence about tastes for work ［Z］. SUNY at Buffalo，Discussion Paper No.402，1977.

网上资源

1.国家统计局，http：//www.stats.gov.cn

2.劳动经济学会，http：//www.caless.cn

3.经济合作与发展组织，http：//www.oecd.org

4.国际劳工组织，http：//www.ilo.org

拓展阅读：农民工职业选择影响因素的代际差异

第9章 劳动力供给决策：生命周期与职业生涯

学习目标

✓ 重点掌握劳动力供给决策的生命周期模型
✓ 理解该模型的意义并能适当加以运用与分析
✓ 掌握职业生涯理论与人力资本投资理论
✓ 理解已婚妇女的劳动参与及退休决策等问题

引例

2022年延迟退休政策将正式开启

事关众多老年人切身利益的延迟退休政策终于落定

2021年12月30日，国务院印发《"十四五"国家老龄事业发展和养老服务体系规划》，明确提出实施渐进式延迟法定退休年龄。

与之相配套的政策也呼之欲出。人力资源和社会保障部养老保险司副司长亓涛在2022年2月22日举行的新闻发布会上透露，已从2022年1月开始实施养老保险全国统筹。2022年2月15日，银保监会办公厅印发《关于扩大专属商业养老保险试点范围的通知》，规定从2022年3月1日起将专属商业养老保险试点区域扩大到全国范围。

事实上，为贯彻落实党的十九届五中全会精神和国家"十四五"规划关于延迟法定退休年龄的要求，各地相继就延迟退休改革开展征求意见工作。截至2021年9月底，31个省、自治区、直辖市针对延迟退休的征求意见已经全部结束，正在制定延迟退休试行办法。

种种迹象显示，2022年延迟退休政策将正式实施。接受中国经济时报记者采访的专家认为，延迟法定退休年龄是一种必然趋势，也是十分必要的：将有利于应对人口老龄化问题，缓解社保体系压力；充分开发人力资源，避免人才资源浪费；应对养老金缺口，促进养老金收支平衡。

延长退休年龄不能一刀切

国家统计局数据显示，截至2021年年末，我国60岁及以上、65岁及以上人口分别为2.67亿人和2亿人，占总人口比例的18.9%和14.2%。

全国政协委员、对外经贸大学保险学院副院长孙洁对记者说，如此庞大的老年人群体，如果作为纯消费人口，特别是在人口预期寿命不断提高的条件下，将成为经济发展的巨大负担。老龄化不仅意味着人口老年负担系数不断提高，也意味着劳动投入的减少。从某种意义说，延迟退休年龄是缓解社会保障体系压力的有效手段，也将进一步优化我国劳动力人口结构。

"在应对人口老龄化及人均寿命延长等多方面因素的影响下，未来我国实行延迟退休年龄政策是大势所趋。当然，由于延迟退休年龄涉及很多人的切身利益，因此政策推行必须十分谨慎。"孙洁表示，延长退休年龄不能一刀切，而需要采取阶梯式、渐进式延长，同时应该对不同人群进行区别对待。当务之急应尽快启动实施"渐进式"延迟女工人法定退休年龄的政策，避免高级人才资源的浪费。

"从策略上讲，必须按照'十四五'规划纲要所提出的小步调整、弹性实施、分类推进、统筹兼顾等原则逐步延迟法定退休年龄。"全国政协委员、中国社会科学院世界社保研究中心主任郑秉文对本报记者说，从中国目前退休制度的现状来看，延迟退休主要涉及3个群体：50岁退休的女工人、55岁退休的女干部、60岁退休的男职工。这3个群体的退休年龄均低于欧美发达国家，其中，难度最大、提高年龄最长的是女工人这个群体。延迟退休年龄是社保制度改革的百年大计和社会稳定的百年大计。

延迟退休可改善养老保险基金财务状况

老百姓普遍关注的问题是，延迟退休政策在推行的过程中会不会带来影响，尤其是会不会加剧年轻人"就业难"和影响养老金领取。

孙洁指出，从劳动力需求角度，经济发展进入新常态，高新科技发展、经济高质量发展对就业的影响显而易见，劳动力市场发生深刻转变，很多就业岗位被淘汰，同时创造了更多新的就业岗位。延迟退休短期看可以缓解就业结构性矛盾，长期看能够解决劳动力供给总量不足的问题。随着我国高质量发展加快推进，特别是新技术、新业态、新模式大量涌现，经济发展带动就业的能力不断增强，青年就业有广阔空间。

郑秉文表示，由于我国法定退休年龄过低，实际退休年龄更低，因此延迟退休年龄对改善养老保险基金财务状况具有更为明显的效果。目前，财政部正在抓紧研究制定养老保险全国统筹相关配套文件，测算资金调拨规模，合理调剂地区间基金余缺。财政部数据显示，目前全国社保基金滚存结余4.8万亿元，可支付月数在14个月以上。基金整体上收大于支，能够保障养老金按时足额发放。

"延迟退休可明显改变制度赡养率，这意味着可明显改变养老基金收支趋势，因为延迟退休后制度内登记参保的人数多了，实际缴费的人数多了，而退休的人数少了。"郑秉文如是说。

实施延迟退休应把握好5个问题

怎样才能更有效地在全国范围推行延迟退休政策？郑秉文指出，中国在实施延迟退休年龄时应把握好5个问题：不同群体应坚持同龄退休的"一视同仁原则"，坚持小步慢走的适合中国国情的渐进式延迟退休节奏；特殊工种的退休政策不包含在国家制定的基本退休政策之中；同步提高最低缴费年限；引入弹性退休机制。

孙洁表示，延迟退休年龄是一个系统工程，应该通过延迟退休年龄实现的工作年龄延长与强制性的缴费资格年限、弹性化的退休年龄、法定性的领取养老金年龄以及养老金待遇的替代率等多个方面紧密挂钩，并注意相关配套制度的调整以及社会心理承受能力等。只有这样，才能使延迟退休年龄政策不仅能适应劳动者与社会的心理预期，而且可以促进经济活动人口的增长，更能够促使劳动就业机制与养老保障制度之间的协调。

资料来源　周子勋. 2022年延迟退休政策将正式开启［N］. 中国经济时报，2022-02-24（A1）.

　　引例中关于退休年龄的讨论，引起了人们的广泛思考。事实上"退休"只是个体职业生涯的最后一个阶段。在整个生命周期过程中劳动力供给大致要经过3个阶段：个体早期准备就业（进行人力资本投资）、中期稳定就业（重点介绍已婚妇女劳动力参与率问题），以及退出劳动力市场（退休年龄的选择）。本章将在介绍生命周期理论的基础上，详细分析以上3个阶段的劳动力供给决策问题。

9.1　职业生涯决策的生命周期理论

　　在前面章节我们对工作参与和职业选择等进行了分析，但缺少从终生视角对个体或家庭在整个生命周期内的劳动力供给决策的分析。人的一生要经过许多阶段，从懵懂无知的少年到担负起一定责任的青年再到垂垂老矣的暮年。在这漫长的过程中，工作对人一生发展起到了关键作用。人在少年时期的学习是为了日后的工作打下基础，是为职业活动进行准备的时期；到了青年期进入劳动力市场开始工作，处于就业阶段；而暮年之时则结束就业阶段。职业生涯就是指人们开始进行职业学习到结束职业劳动的整个过程。

　　职业生涯包括职业选择与职业发展。在个体成长的不同阶段也有着不同的职业发展任务，前一阶段的选择可能会影响后一阶段的发展，这是一个连续不断的过程。在有关职业生涯发展阶段的研究中，比较著名的学者是金斯伯格（E. Ginzberg）与格林豪斯（J. G. Greenhaus）。前者提出了职业发展的3阶段论，他认为人在11岁之前是幻想期，11~17岁之间是尝试期，17岁之后进入现实期。而后者提出了职业发展的5阶段论，他认为人在0~18岁之间是职业的准备期，18~25岁进入组织期，25~40岁是职业生涯初期，40~55岁是职业生涯中期，55岁之后是职业生涯后期。无论是职业发展的5阶段论还是3阶段论，都离不开一个基本观点：那就是个体在生命周期的不同阶段，生产率是不同的，从而在个体成长的不同阶段有不同的职业发展任务。具体而言，个人在生命发展的不同阶段其生产率究竟存在怎样的不同？在不同的阶段应该如何进行劳动力供给决策？为了回答这些问题，我们需要构建一个生命周期劳动力供给模型（如图9-1所示）。

　　由图9-1（a）可知，人们的生命周期生产率模式呈现一个典型的倒U形。在生命的最初阶段，实际生产率并不高。这个阶段，人们尚处在积累经验的阶段，大多数人选择在这一阶段进行教育投资。随着年龄的增长，经验逐渐累积，学识逐渐增长，随之而来的是生产率快速增长，并最终达到一个峰值。其后，随着人们逐渐进入老年，体力等方面也不如青壮年时期，并且之前所拥有的技术可能已经落后，再加上缺少在职培训，生产率也开始逐渐下降。

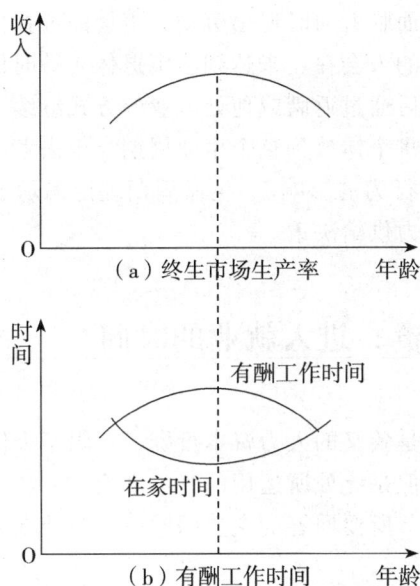

图9-1　生命周期中的时间分配

资料来源　伊兰伯格，史密斯. 现代劳动经济学：理论与公共政策［M］. 刘昕，译. 13版. 北京：中国人民大学出版社，2021：212.

　　如果将生命周期因素引入劳动力供给理论则会得到如图9-1（b）所示的从事市场工作与不从事市场工作的时间曲线。从图9-1（b）中可得，在生产率较高的中年时期，工资也相应较高。这个时间段内额外一小时闲暇的机会成本相对较高，因此人们有较强烈的动机在生命周期的中期用市场工作替代闲暇。事实也正是如此，在这个时间段内人们通常选择将更多的时间花在有酬劳动中，而花费较少的时间用于家庭生产。同样，生命周期理论认为，在生命周期的早年和晚年，由于工资较低，人们更倾向于从事闲暇活动。

　　此外，需要注意的是，相比较而言，女性在生命周期内的劳动力供给较为特殊。由于女性还需要承担生育与教育子女的责任，因此已婚妇女的劳动力供给会呈现一种在青年与中年之后比较集中的情况，我们称这种现象为女性的"M形就业"。生命周期还告诉我们个体在什么时间参与工作最优。个体在生命周期内决定何时开始工作要涉及某段时间内市场与家庭生产率之间的比较。当个体的市场收入能力高于家庭生产率时，人们会选择更多地从事市场工作；反之，则更多地从事家务劳动。

　　人在一生当中时常面临着不同的权衡取舍，比如在生命周期早期，个体会面临着继续学业还是停止求学开始工作的取舍。在这个时间段内，何时结束学业进入劳动力市场？如果继续求学的话是上大学还是读专业技术学校？而在中年进入劳动力市场之后，人们又面临着选择怎样的工作的问题。当个体年龄渐长时，又需要做出结婚或生育的选择，对何时组建家庭进行权衡取舍。此外，何时生育是需要个体进行选择的一个问题。养育子女意味着责任的同时会为家庭带来快乐。在做出了生育选择后，个体又面临着有关工作的选择：暂时辞去工作，待生育结束后或孩子年龄稍大后再次开始进行工作搜寻；还是选择跳槽；或者是完全退出劳动力市场。等到个体逐渐走过中年开始进入老年期时，又会面临着何时退出劳动力市场的选择。有的人选择在法定退休年龄时做出退休决策；有的人会在还未达到法定退休年龄时做出此决策；也有的人选择在达到法定退休年龄之后通过返聘或他处就业的方式继续工作。正确理解生命周期理论是很有必要的，只有将个体放到整个生命周期当中去考虑时，研究者才能更准确地观察到某一因素对个体行为的影响。[①]生命周期理论揭示了个体在生命周期的不同阶段将会采取不同的劳动力供给决策。

9.2 \ 人力资本投资：进入就业的时间

在本节我们所谈论的是狭义的人力资本投资，仅限于个体进入劳动力市场之前的教育，不包含在职培训，但是此处所运用的基本理论与方法同样适用于更广义范围内的人力资本投资分析。本节所要回答的主要问题是：为什么人们要在进入劳动力市场之前进行人力资本投资？

9.2.1 人力资本投资的基本模型

人力资本投资这个概念最早由亚当·斯密在其著作《国富论》当中提出，他认为学习是一种才能，而由于学习所花费的资本可以固定在学习者身上。这些才能是学习者本人的财产，也是社会的一部分财产。[②]在斯密之后，人力资本投资理论又经历了长期的发展。其中，做出主要贡献的学者有西奥多·舒尔茨、加里·贝克尔、雅各布·明赛尔等。人力资本投资理论核心的观点是将人视为一种除了物质资本以外的新的资本，可以通过增加对人的投资带来未来的货币和物质上的收益。通常认为，人力资本投资主要包括以下活动：各种正规教育、在职培训、个体健康水平的提高、对子女的培养等。

通过微观经济学的学习可知，个体寻求自身效用最大化。因此在做出投资之前需要先衡量投资所需付出的成本与未来该项投资可能带来的收益。只有当收益大于成本时，人们才会做出投资决策。人力资本投资也是如此，在决定是否进行投资之前，人们必须把将要付出的成本与可能得到的收益进行比较。通常来讲，在人力资本投资分析中将会涉及的主要成本有三类：第一类，直接成本，包括为了进行人力资本投资而进行的直接花费，比如上学期间的学费等；第二类，为了进行人力资本投资而必须放弃的工资收入；第三类，心理成本，毕竟上学对于一些人来说是具有相当挑战性并且是毫无乐趣可言的。而人力资本投资的收益主要来自未来的可以预期的收入的提高，或者是通过学习从而使自身修养、欣赏水平提高等。

在做出是否进行人力资本投资的决策前，理性的个体会先就人力资本投资的成本与收益进行分析比较。由于心理成本与修养提高等这些非货币化的成本和收益无法准确地予以量化，因此在下面的计算中将忽略这些内容，但需要注意这些成本与收益的

① MACURDY T E. An empirical model of labor supply in a life-cycle setting [J]. Journal of Political Economy, 1981, 89 (6): 1059-1085.
② 斯密. 国民财富的性质和原因的研究 [M]. 郭大力, 王亚南, 译. 北京：商务印书馆, 1972: 257-258.

存在。由于人力资本投资收益是发生在未来一段时间内的，因此在做出决策前需要将未来的收益值按某一贴现率折现，然后比较收益现值是否大于付出的成本。让我们假设某项人力资本投资，在未来某一段时间（t年内）为投资者带来的收益为B_1，B_2，…，B_t，贴现率为r，t年内对收益进行折现的现值为PV。人力资本投资的成本为C，在n年之内完成，且每年的投资成本为C_1，C_2，…，C_n，n年内对投资成本进行折现的现值为PVC，那么进行某项人力资本投资的前提条件应该是使净现值Q为非负的，即

$$Q = \sum_{i=1}^{t} \frac{B_i}{(1+r)^i} - \sum_{j=1}^{n} \frac{C_j}{(1+r)^j} \geqslant 0 \qquad （公式9-1）$$

需要特别注意的是，在不考虑特殊情况的条件下，只有当公式9-1等于零，也即收益现值与成本现值相等时，个体才会停止追加人力资本投资。如果运用边际的概念来解释，人力资本投资最佳水平点即是边际收益与边际成本相等的点（如图9-2所示）。

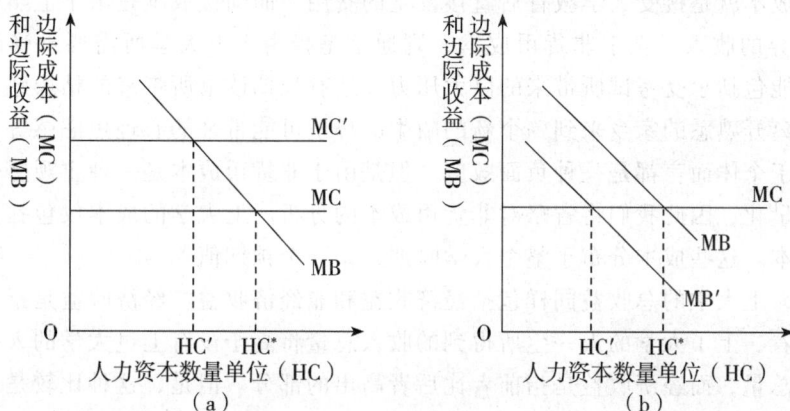

图9-2　人力资本的最佳需求

资料来源　伊兰伯格，史密斯. 现代劳动经济学：理论与公共政策［M］. 刘昕，译. 13版. 北京：中国人民大学出版社，2021：272.

在图9-2中我们假定每增加一单位的人力资本投资的边际成本MC是不变的，而相应的边际收益的现值MB则是逐渐下降的。这是因为假定每一年的学费等成本是相同的，而多上一年学意味着要少获得一年收益。对于不同的个体，他们所面临的环境不同，其个体所具有的学习能力也不同，因此会有许多不同的MC与MB值。但是个体所能够达到的效用最大化的人力资本投资数量都是在MC=MB这一点。目前，最常见的评估人力资本投资决策的方法是净现值法与内部收益率法。[①]下面我们将运用这一模型来分析个体在高中毕业以后是否应该继续接受高等教育。

9.2.2　高等教育投资

个体在进入劳动力市场时存在多种选择，既可以在结束初中或高中教育后就立即

---

① 所谓净现值法通常分为以下几步：第一，把未来收益与需要付出的成本按预定的贴现率进行折现。第二，比较两个现值。第三，对比较结果进行分析。如果收益的现值大于成本的现值，那么作为追求效用最大化的决策主体而言，就应当进行投资；反之则不进行投资。净现值法是在已知贴现率的情况下，比较净现值的大小。而内部收益率法则是在贴现率未知的条件下求解要使投资有利可图，贴现率应满足的条件。因此，我们所要求得的内部收益率就是个人所能接受的最低利息率。

进入劳动力队伍，也可以选择继续学习深造，比如上大学或是进入职业技术学校等，以此来进行更高层次的人力资本投资。在做出何时进入就业这种选择时，需要综合考虑多种因素，对继续求学将要付出的成本与上学在未来可能带来的收益进行比较。一旦在某一时点上，继续进行教育投资的净现值为负，也就是说继续求学已经变得不划算了，那么应该选择进入就业。下面以高中毕业生是应该上大学还是应该开始工作为例进行分析，说明从人力资本投资角度如何对进入就业的最佳时点进行分析。由于人力资本投资的主体是个人，所以下面分析成本与收益时，并没有考虑社会的投资与收益。

首先，根据人力资本投资基本模型，上大学的总成本包括货币成本与非货币成本。其中货币成本又由两部分组成：直接成本与间接成本（也称机会成本）。其中直接成本包括学费、住宿费以及为了上学所需购置的书本、文具等所花费的费用。总之，直接成本就是接受大学教育后直接发生的费用。而间接成本是由于上学而无法去工作所放弃的收入。至于非货币成本，则通常是指由于上大学所需要承受的心理成本。这可能包括承受考试所带来的巨大压力，还有长期读书所带来的枯燥感，当然也可能会有离开熟悉的家乡来到一个新的陌生的环境可能带来的心理焦虑感等，这些心理成本对于个体而言都是一种负面效应。但是由于非货币成本是一种主观感受，很难对其进行量化，因此我们将省略对非货币成本的分析。上大学的成本仅包括直接成本与间接成本。这些成本分布于整个大学时期，是一个预期值。

其次，上大学的总收益同样包括经济收益和非经济收益。经济收益是指从终生收入角度来看，上了大学的人一生所得到的收入总量将高于没有上过大学的人一生所得到的收入总量，而经济收益是指前者比后者高出的部分。但是，这种比较是一个预期值，建立在对未来的预期的基础之上。而非经济收益包括由于上大学而得到的更广泛的人脉、较高的社会认同度以及更广的知识面等。同样地，非经济收益很难对其加以准确度量，因此我们在下面也将省去对它的分析。

图9-3清楚地显示了两类人在收入上的差异。其中工资报酬流A反映了没有上大学的个体的工资报酬流，在本例中指18岁高中毕业后不去上大学而立即参加工作进入就业的那部分人；而工资报酬流B则反映了18岁高中毕业之后选择上大学的人一直到退休的终生工资报酬流。从图9-3可知，上大学的总成本包括因为上学而放弃的收入和学费等直接成本，而净收益部分表示收入增量，即接受大学教育和不接受大学教育的工资报酬流的差额。经过折现后，只有收入的增量大于或等于上大学的总成本，个体才会选择接受大学教育。

因此可以得出：第一，当其他条件不变时，如果上大学的总成本降低，那么个体对于上大学的需求将增加；反之，如果上大学的总成本上升，个体对于上大学的需求将下降。第二，在其他条件不变的情况下，如果上大学与不上大学的工资报酬流的差额增加，那么对于上大学的需求也将增加。第三，由于年轻人的未来工作时间较长，因此其收益的贴现值也将较大，所以相对于年长者而言，年轻人读书更合算。因此，教育决策会受到教育成本、工资报酬流以及个体年龄的影响。

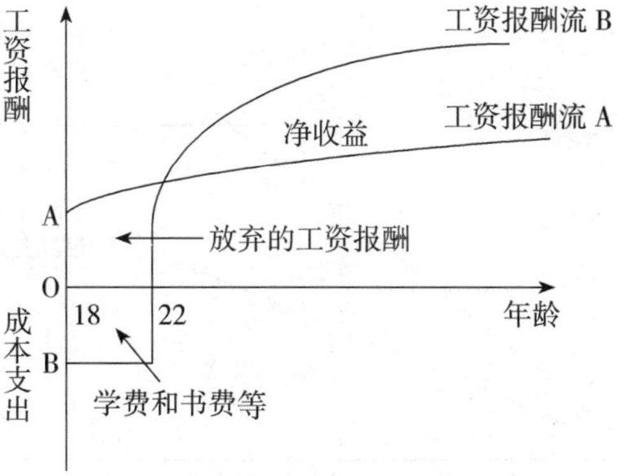

图9-3　两种不同的工资报酬流

　　模型只反映了理想状态下的情况，实际情况要复杂得多。传统的观点认为，个体在接到大学录取通知书后是否选择去上大学是与家庭经济情况直接相关的，这也是国家为贫困家庭学生提供助学贷款的原因。但是近期的一些研究表明事实可能并非如此。也有学者认为家庭经济条件的作用之前被夸大了，研究表明长期因素而非短期家庭经济因素对于个体是否接受大学教育的影响更为显著。此外，由于助学贷款的原因，贫困家庭的学生上大学意愿可能反而强于那些家庭条件一般的学生。[①]因此在进一步分析对于大学教育接受程度的影响因素时，不能仅仅局限于现有的理想模型。

9.2.3　人力资本信号

　　除上面谈到的因素之外，个体做出是否进行就业前的人力资本投资决策时，还需考虑人力资本投资的信号功能，该模型是斯宾塞（Michael Spence）提出的。[②]

　　假设在劳动力市场上只存在两种劳动力，其生产率有所不同，一种生产率为1，另一种为2，而且他们的生产率水平无法改变，则雇主更愿意雇用生产率为2的劳动者，然而由于劳动力市场中存在信息不对称，雇主无法准确获悉哪个人的生产率更高。如果雇主得知，接受过高等教育的劳动者生产率为2，那么他们将通过对职位申请者的学历进行调查从而筛选出生产率更高的劳动者。人力资本投资这种可以使人鉴别出不同个体生产率差异的功能被称为信号功能。如果个体需要接受至少 $e*$ 年的教育才具有2的生产率，而为了得到 $e*$ 年的教育所需花费的成本为零，则所有的个体都会选择接受 $e*$ 年的教育，这样人力资本投资也就失去了信号功能。但是不同的个体由于情况不同所花费的成本也不尽相同，一些人比较善于学习，他们在进行人力资本投资时所花费的成本就比较少。

　　如图9-4所示，C表示人力资本投资成本，很显然成本较低者生产率较高。当个体工资报酬的贴现值与其人力资本投资成本之间的差距最大时其效用最大。反映在图9-4中，对于成本为C的生产率较低者而言，在原点也即高中毕业之后的受教育年限为零时是其最佳选择。而对于人力资本投资为C/2的生产率较高者而言，在F点也即高中毕业之后继续接受 $e*$ 年的教育是其最佳选择。

　　①　CAO H. Credit constraints and human capital investment in college education ［J］. Journal of Family and Economic Issues，2008，29（1）：41-54.
　　②　SPENCE M. Job market signaling ［J］. The Quarterly Journal of Economics，1973，87（3）：355-374.

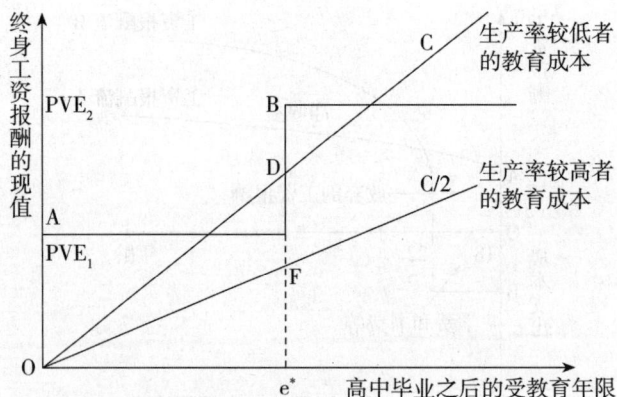

图9-4　获得教育信号的终身收益及其成本

资料来源　伊兰伯格，史密斯. 现代劳动经济学：理论与公共政策［M］. 刘昕，译. 13版. 北京：中国人民大学出版社，2021：297.

　　因此对于不同的个体而言，最佳的接受教育年限可能不同。但有一点是肯定的，为了获得劳动生产能力，在进入劳动力市场之前他们都需要对自己进行人力资本投资。这样一来，在进入市场之后才有可能获得与个体能力最相适应的职位和薪酬。当然，人力资本投资的信号功能在进行求职筛选时并不总是有效，毕竟这个市场中存在混出来的文凭和"练"出来的能力（有能力而无文凭者）。

　　事实上，在实际运用方面人力资本投资理论还具有许多作用与功能。对于管理学专业的学生而言，应该关注人力资本投资对于薪酬、培训以及员工流动率等方面的作用。通常来讲，较高的受教育水平与高工资联系在一起。[1]而凯米歇尔（Carmichael）通过研究发现，在年功序列制的企业中，老资历的员工具有更高的工资，然而他们的边际生产效率并不高。因此按资排辈将会导致员工流动率升高等不良后果。通过进行恰当的人力资本投资，可以有效地降低员工流动率。[2]另外在人力资本投资的作用方面，诺伊等（Royal et al.）研究表明，人力资本可作为一种有效的工具帮助投资者估计某企业的未来市场发展前景，从而帮助他们做出准确的决策。[3]

9.3　已婚妇女的劳动力参与

　　上一节重点讨论了个人在生命周期早期做出的人力资本投资决策，以及该投资决策对个人职业生涯的影响，本节将重点讨论个体在生命周期的中期的工作决策行为。在职业生涯中期，个体可能面临着很多情况，如晋升、跳槽、解雇等，这里我们仅讨论已婚妇女在职业生涯中期的劳动力参与行为。

　　① WEISS A. Human capital vs. signalling explanations of wages ［J］. Journal of Economic Perspectives, 1995, 9（4）：133-154.
　　② CARMICHAEL L. Firm-specific human capital and promotion ladders ［J］. The Bell Journal of Economics, 1983, 14（1）：251-258.
　　③ ROYAL C, O'DONNELL L. Emerging human capital analytics for investment processes ［J］. Journal of Intellectual Capital, 2008, 9（3）：367-379.

9.3.1　已婚妇女劳动力参与的变化

首先我们先来看一组各国劳动力参与率变化的数据。从表9-1可得，在被选出的6个国家中，从2005年到2020年，除了加拿大和美国，各国的劳动力参与率基本都经历了小幅的上升。通过进一步观察我们可以发现，各国男性的劳动力参与率都有所下降，仅日本和瑞典是例外；相反，美国和加拿大以外的各国女性劳动力参与率都经历了较为明显的上升。因此我们可以认为，在过去的40年间，劳动力市场中一个主要的变化就是女性劳动力的大量加入。也正是如此，尽管男性劳动力的参与率出现了下降，然而总体的劳动力参与率还是处在上升状态。

表9-1　　　　　　工业国劳动力参与率变化情况（15~64岁人口）（%）

组别	总体				男性				女性			
年份	2005	2010	2015	2020	2005	2010	2015	2020	2005	2010	2015	2020
澳大利亚	75.5	76.4	76.9	77.9	82.7	82.9	82.7	82.4	68.4	70.0	71.3	73.4
加拿大	77.8	77.7	77.8	77.4	82.5	81.4	81.7	81.1	73.1	74.0	73.9	73.8
日本	72.6	74.0	75.9	79.6	84.4	84.8	85.0	86.5	60.8	63.2	66.7	72.5
瑞典	80.1	79.0	81.7	82.5	82.5	81.8	83.5	84.6	77.7	76.2	79.9	80.3
英国	76.1	76.0	77.6	78.9	82.8	82.4	83.1	82.7	69.7	69.7	72.3	75.1
美国	75.4	73.9	72.6	73.0	81.8	79.5	77.6	78.9	69.2	68.4	66.9	67.8

注：2005年数据根据OECD KEI Database中的数据计算得到；2010年至2020年数据源于OECD数据库（https：//stats.oecd.org/#）中的Labour force participation rate数据。

根据"后弯的"劳动力供给曲线可得，通常而言，收入效应要大于替代效应，因此当工资率上涨时劳动者会减少其工作时间。又由于闲暇的需求收入弹性为正，那么从理论上来讲，当女性的工资率上涨时，她们的劳动力参与率将会下降。然而事实恰恰相反：尽管女性的实际收入有所增长，但她们的劳动力参与率呈现出长期连续上升的趋势，已婚妇女更是如此。在1890—1960年期间，所有14岁及14岁以上的女性的劳动力参与率由大约18%上升到了36%，而同期内，虽然已婚妇女的人均实际收入增长了两倍，但她们的劳动力参与率由5%上升到了30%。[①]

要考察已婚妇女的劳动力参与问题，首先，必须认识到家庭中的闲暇和工作选择以及工作方面的家庭-市场两分法对于分析已婚妇女劳动力参与的重要性。然后考虑已婚妇女在闲暇、家务劳动和市场中工作三者之间进行的相关选择。假定其他条件不变的情况下，收入对闲暇的需求有正效应，那么收入对总的工作时数的需求具有负效应。在相关价格固定不变的情况下，当一个家庭的收入有所增加时，即将带来的结果就是总的工作时数会有所减少而闲暇的时间会有所增加。同时，由于人们对家庭物品和家庭劳务的需求的收入效应一定为正，那么闲暇的增加应该仅仅导致市场中工作时

---

① 明赛尔. 劳动供给研究［M］. 张凤林，等译. 北京：中国经济出版社，2001：26.

数的减少。然而，这一结论是建立在已婚妇女与家庭中的其他生产要素之间不存在替代关系，家庭物品与市场中生产的物品之间在消费方面也缺乏替代关系的假设基础之上的。也就是说，已婚妇女的家务劳动是无法用任何机械的方法替代，也无法假借他人之手完成的。然而事实并非如此，许多已婚妇女通过雇用小时工，或者购买洗衣机、洗碗机、速冻食品等产品来减轻自己的家务劳动的负担，而且替代性只是一个程度的问题。因此可以推断出，在给定家庭物品和闲暇的需求收入弹性的情况下，收入对市场与家庭两部门中的工作时数的不同影响将取决于家庭生产或消费被替代的难易程度。替代性越小，有关家务劳动时数的负收入效应越弱，而有关市场工作时数的收入效应越强。

但是，在历史发展过程中，这种替代程度一直在不断变化当中。比如在给定的时点上，替代程度有可能因为家庭情况或者家庭生产内容不同而存在不同。比如说，母亲亲自照顾子女，为子女的教育费心费力，这样的劳动是很难找到替代品的。由此可见，更可能出现的情况是，在生命周期中，收入的等量变动对于有小孩的已婚妇女在劳动力市场上的工作时数影响比没有小孩的已婚妇女的影响更为强烈。

家庭收入将影响家庭总的工作时数，但是市场工资率将影响时间在闲暇、家庭和市场三者之间的配置。假设在家庭中的生产力给定的情况下，实际工资率上升，一方面会使家庭生产的机会成本增加；另一方面，会使以工资物品的价格来表示的闲暇的机会成本增加。因此在现行的家庭生产和工资物品之间的替代程度下，实际工资的上升将增加市场劳动力的供给。因此实际工资效应的强度其实是一个考察工资物品和家庭生产之间的替代程度孰强孰弱的问题。已有实证研究发现，家庭规模的变化对女性劳动力参与率既有正面影响，也有负面影响。一方面，与核心家庭相比，几代同堂的大家庭中的其他家庭成员可以分担家务和家庭照顾责任[1]；另一方面，大家庭通常有更多的成员在劳动力市场工作，因此相对宽松的预算约束将缓解女性劳动力供给压力。[2]

总体来讲，可以认为已婚妇女所提供的市场劳动力数量就是其婚后生活中参与劳动力的那部分。如果将单个妇女一生的劳动活动在时间上的分布加以抽象，那么我们能够通过转换而得出一个大概的妇女人口群体的劳动力参与率。

9.3.2　已婚妇女劳动力参与的特点

如果我们假设所有女性的闲暇与工作偏好、长期的家庭收入和挣钱能力都相同，那么根据上面的分析，所有女性的市场工作总量也将是相同的。但事实是，在生命周期内，虽然不同个体的特点存在一定的共性，但其各自对市场活动的时间选择还是会存在差异。生命周期使得已婚妇女对于家务劳动、闲暇的需求以及它们各自的边际成本都发生了变动。这些变动反映在劳动力参与率与妇女的年龄、孩子的有无、孩子的数量和孩子的年龄之间的关系上。此外，其他家庭成员特别是户主的工资率、就业机

① SHEN K, ZHANG Y, YAN P. Family structure and female labor force participation in China [J]. Population Research, 2012, 36（5）：15-27.
② DING S, SHI X. Research progress of family labor supply behavior [J]. Economic Perspectives, 2012, 10: 108-115.

会、收入和就业条件的周期性变动与随机性变动也有可能引起已婚妇女劳动力参与率的变化。国外的研究通过模型的假设与验证也证明已婚妇女的劳动力参与率受到家庭与个体决策制定以及宏观劳动力市场状况的共同影响。[1]因此，可以说，从短期来看，劳动力参与转换是已婚妇女劳动力参与行为的显著特点。

而从整个生命周期来看，妇女的劳动力供给相比较而言也较为特殊。众所周知，女性需要承担生育与教育子女的责任，另外传统观念使得妇女在家庭生活中承担了大部分的家务劳动。为了更好地承担生育与教育子女的责任，一些女性会选择在孩子出生到孩子长大之前这一段时间暂时退出劳动力市场。当然，随着个体情况不同，退出劳动力市场的时间长短也不尽相同。有些妇女选择在孕期到哺乳期这段时间退出劳动力市场，在生产过后休息一段较短的时间便开始重新寻找工作；还有一些妇女会等到子女进入小学之后才开始重新进入劳动力市场；也有一部分妇女在怀孕之后选择在较长的时间段内退出劳动力市场，直到子女成年以后才开始重新进入。这就使得妇女在生命周期内的劳动力供给曲线呈现"M形"，即在妇女年轻和中年时会出现劳动力供给的峰值，而在其他时间段内则更多地从事家务劳动。我们称这种现象为女性的"M形就业"。

9.3.3　影响已婚妇女劳动力参与的因素

除了上面提到的家庭收入、市场工资率以及实际工资率以外，孩子对于已婚妇女的劳动力参与也有显著影响。兰博格（Lundberg）通过研究证明，没有学龄前儿童的家庭，丈夫与妻子的劳动力供给决策像两个独立的个体，没有联合决策的问题。[2]已婚女性的劳动力参与要受到工资率与照看孩子成本的影响。在劳动力市场供给不足时，为了提高已婚妇女的劳动力参与率，政府会提供一项特殊的照看孩子补助，以使贫困家庭能够有钱雇用保姆代为照看孩子，从而吸引更多的贫困家庭已婚妇女参与到劳动力市场中来。布劳与鲁宾斯（Blau and Robins）的一项研究结果表明，政府提供的以减税为主要形式的补助，其主要受惠人可能不是贫困家庭而是中产或上层家庭，然而这些家庭恰恰是对这种补助需求较弱的一方。相反地，雇主提供的照看孩子补助可能倒不失为一种有效的手段。[3]

此外，研究表明单独考虑丈夫的就业情况时，已婚妇女的劳动力参与与丈夫失业之间没有直接关系。但是由于丈夫失业未必是因为能力不够，而且妇女的实际工作时间未必与其期望工作时长相同。因此，在讨论已婚妇女的劳动力参与时必须要考虑其丈夫的实际就业能力。马罗尼（Tim Maloney）的研究表明，丈夫的就业情况与实际就业能力共同影响已婚妇女的劳动力参与。[4]布雷德迈尔等（Bredemeier et al.）调查了按丈夫工资十分位数分列的已婚妇女工作时数，发现美国的模式已经从向下倾斜变

①　NAKAMURA M, NAKAMURA A, CULLEN D. Job opportunities, the offered wage, and the labor supply of married women [J]. American Economic Review, 1979, 69 (5): 787-805.
②　LUNDBERG S. Labor supply of husbands and wives: a simultaneous equations approach [J]. Review of Economics and Statistics, 1988, 70 (2): 224-235.
③　BLAU D M, ROBINS P K. Child-care costs and family labor supply [J]. Review of Economics and Statistics, 1988, 70 (3): 374-381.
④　MALONEY T. Employment constraints and the labor supply of married women: a reexamination of the added worker effect [J]. The Journal of Human Resources, 1987, 22 (1): 51-61.

为驼峰形状。①

9.4 \ 退出劳动力市场：退休年龄

通常来讲，人们会选择在国家法定退休年龄规定的时间做出退休选择。但是，在某些特定情况下，会有一部分人选择提前退休，还有一些人会选择在法定退休年龄之后通过单位返聘或到其他用人单位工作的方式继续工作。事实上，有许多因素在影响着人们对于退休年龄的选择。比如有的人乐于工作，不能适应缺少工作的闲暇时光，因此他们会选择在达到法定退休年龄之后从事其他工作。还有的人通过多年的工作积累了一定的财富，而且由于本人比较向往悠闲的生活，因此可能选择在法定退休年龄到来之前提前退休去享受闲暇。

9.4.1 退休决策的影响因素

除了出于个人兴趣而选择提前或延后退休年龄的情况之外，还有其他一些因素会对人们的退休年龄选择产生影响。这些因素包括社会保障制度、社会环境、个人条件等。

首先，社会保障制度。一个国家的社会保障制度可以在极大的程度上影响个人的退休年龄选择。在社会保障制度中，尤以养老保险的影响最为直接。例如，德国养老保险体系由法定养老保险、企业补充养老保险、自愿保险等多种形式组成。德国的养老保险较全面地规定了养老保险的适用范围、资金来源、缴费标准和筹集方法等。其中法定养老保险为强制性保险，所有的投保人都有义务依法按时缴纳养老保险费。养老保险资金的来源有两个渠道：一个是雇主和雇员缴纳的养老保险费，这是养老保险资金来源的主要渠道。另一个是国家财政补贴。每年获得国家财政补贴的数额占养老保险费的1/5。养老金根据退休者退休时的工资和工龄长短计算，但最高不超过退休前最后一个月工资的75%。布伦代尔（Richard Blundell）等利用英国退休调查中55岁以上男性劳动者的数据进行研究，认为养老金对退休产生显著的影响，引致提前退休。②弗瑞德伯格和韦伯（Leora Friedberg and Anthony Webb）认为养老金的缴费模式对退休时间有一些影响，确定缴费制的养老金使得员工比确定给付制下平均晚退休两年。③

其次，社会环境。这种社会环境包括了经济环境与人文环境等。经济环境主要指某一国的经济发展总体状况，在达到法定退休年龄之后个体是否有可能为了生活所迫而不得不继续进行劳动？而人文环境则主要指社会上对于老年人参与工作的态度，社会上是否普遍认为老年人应该安心养老，而不应该再继续工作与年轻人争夺工作机

① BREDEMEIER C, JUESSEN F. Assortative mating and female labor supply [J]. Journal of Labor Economics, 2013, 31（3）: 603-631.
② BLUNDELL R, MEGHIR C, SMITH S. Pension incentives and the pattern of early retirement [J]. The Economic Journal, 2002, 112（478）: C153-C170.
③ FRIEDBERG L, WEBB A. Retirement and the evolution of pension structure [J]. The Journal of Human Resources, 2005, 40（2）: 281-308.

会？还是更多的人认为老年人的人生阅历更丰富，工作经验更多，应该适当鼓励老年人在达到法定退休年龄之后继续工作？此外，应该考虑劳动力市场上总体就业机会的多少，这也可能影响继续就业的情况。

最后，个人条件。除了之前提到的个人兴趣之外，还有一些个人条件方面的因素会影响退休年龄的选择。这包括家庭的经济状况以及个人的健康状况。当个人家庭的总体经济状况不佳时，个体可能选择在达到法定退休年龄之后继续工作，以使家庭的生活水平维持在一个理想的水平上。另外，个人的健康状况是一个重要的影响因素。如果在一个社会中人们普遍比较长寿，而且身体健康，那么他们更有可能在达到法定退休年龄之后继续工作。科尔（Courtney C. Coile）以家庭为单位，研究社会保障、私人养老金以及夫妻一方收入对另一方造成的"溢出效应"等对丈夫和妻子退休决策的影响。研究发现"额外工作"每增加1 000美元的收入将使男性的退休年龄降低0.9%，女性的退休年龄降低1.3%。另外，男性对妻子的收入刺激反应较敏感，而女性对丈夫的收入刺激反应不敏感。[①]

9.4.2 退休年龄的决定

上述这些因素都可能在一定程度上影响个体对退休年龄的选择。我们可以通过微观经济学的理论对个体退休年龄的选择做出具体分析。微观经济学理论告诉我们，个人追求自身效用最大化，因此在对退休年龄的选择上也是如此，如果将来退休的预期收益大于现在退休的收益，那么员工将继续工作。

首先假设法定退休年龄为60岁，那么为了分析个体的最优退休年龄，需要计算个体从退休之时到死亡前的预期余生收入，即工资收入与养老金收入在退休年龄点的现值（如图9-5所示）。

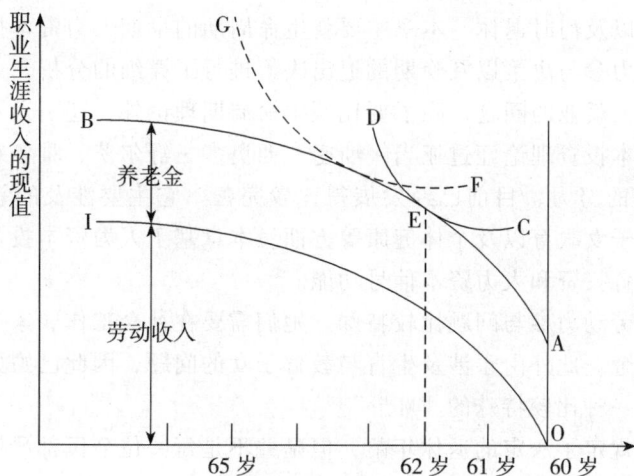

图9-5 实际退休年龄的决定机制

资料来源 伊兰伯格，史密斯. 现代劳动经济学：理论与公共政策 [M]. 刘昕，译. 13版. 北京：中国人民大学出版社，2021：216. 据此整理。

① COILE C C. Retirement incentives and couples' retirement decisions [J]. Topics in Economic Analysis and Policy, 2004, 4 (1): 1277.

　　如图9-5所示，曲线AB表示预期余生收入，在60岁的法定退休年龄时依据一定的贴现率进行贴现后的现值，而曲线OI表示劳动收入。随着年龄的增长，由于个体的工资率下降，因此用现在的贴现率除以未来工资收入总值得到的各年工资收入也将下降。所以，OI曲线呈逐渐趋向平缓的态势。在工资收入之上加上养老金收入就是曲线OAB，可以将它看作约束线。

　　如果个体的实际退休年龄比较早，那么他将延长其退休后的闲暇时间，个体的效用将得到提高；如果个体选择将实际退休年龄推后，那么他所能得到的余生工资收入将上升，对于个体而言也可以提高效用。可以用无差异曲线表示实际退休年龄和余生工资收入之间效用的相互替代。在图9-5中，无差异曲线CD与约束线OAB的切点E可以创造最大的效用，点E的垂线与横轴的交点所表示的年龄可以认为最佳退休年龄。如果养老金金额增加，约束线向右上方移动。由于收入效应的变化，人们将做出实际退休年龄提前的选择。如果工资收入上升，将如前述的劳动力供给分析所示，退休时间的决定会依从于收入效应造成的实际退休年龄下降和替代效应造成的实际退休年龄提高这两个正负效应冲突中作用力更强的那一方。

　　如果身体健康，不必在家休养，那么推迟实际退休年龄所造成的效用下降的程度不大。因此，无差异曲线的斜率将如曲线FG那样变缓。结果，在相同的约束线上，健康人的实际退休年龄可以推迟。

本章小结

　　个体在一生当中要经历许多不同的阶段，在每一个不同阶段都有不同的特点。生命周期理论揭示了在个体生命周期的不同阶段，其劳动生产率各自有着怎样的特点。根据生命周期理论，人在不同的阶段需要做出不同的选择，例如何时开始就业、何时结婚、何时生育以及何时退休。本章主要就生命周期的早期人力资本投资决策，中期已婚妇女的劳动力参与决策以及晚期的退出决策进行了详细的分析。

　　对于早期进入就业的问题，除了要比照生命周期理论外，还引入了人力资本投资的概念。人力资本投资理论经过亚当·斯密、西奥多·舒尔茨、雅各布·明赛尔以及加里·贝克尔等的努力，目前已经发展得比较完善。它主要涉及的领域包括正规教育、在职培训、子女教育以及个体健康等方面。本章基于人力资本投资的成本收益比较分析了高等教育投资和人力资本信号功能。

　　已婚妇女的劳动力参与问题比较特殊。她们需要在社会工作、家务劳动以及闲暇之间进行权衡取舍。此外由于涉及生育与教育子女的问题，因此已婚妇女的劳动力供给曲线会呈现出一种比较特殊的"M形"。

　　各国法律都规定了法定的退休年龄，但是并不是每一位公民都严格按照法定退休年龄的规定做出退休决策的。有的人会提前退休，也有的人会选择达到法定退休年龄之后继续工作。退休决策受到社会保障、社会地位、个人条件等诸多因素的影响。

复习思考题

1.请简述生命周期理论的内容与含义。

2.常见的评估人力资本投资的方法有哪些？请分别进行简要说明。

3.请以"上大学是否合算"为题，结合人力资本投资评估方法进行分析。

4.试论述已婚妇女的劳动力供给有何特点？

5.试列举都有哪些因素会影响个体做出退休决策？

案例分析题

法国：延迟退休，纷争不断

2022年4月25日法国总统马克龙刚宣布成功连任，5月1日法国便迎来全国抗议大游行。就在"五一"国际劳动节当天，法国共有超过11万人走上街头，呼吁加薪并抗议马克龙的"延迟退休计划"。首都巴黎发生暴力冲突，警方动用催泪瓦斯，共有54人被捕。法国内政部当晚通报，全国共有11.65万人参与约250场游行，其中巴黎示威者约有2.4万人。组织游行的法国总工会方面则称，全法示威人数多达21万人，其中巴黎便有5万人。官方数据显示，2022年大游行参加人数与上年相比有所增加。

示威者呼吁采取行动，缓解不断飙升的生活成本，并采取行动避免气候危机，诉求包括加薪、让马克龙放弃"延迟退休计划"等，此前马克龙计划将法国的法定退休年龄从62岁延迟至65岁，引发广泛抗议。路透社称，工会、左翼政党和气候活动人士共同参与了游行。示威者举着写有"在关节炎之前退休"、"60岁退休，稳定物价"和"马克龙下台"等内容的横幅。法国总工会主席凯瑟琳·佩雷特（Catherine Perret）表示："我们要说的是，我们完全反对将退休年龄延迟到65岁。"法国总工会书记菲利普·马丁内兹（Philippe Martinez）也呼吁提高工资，称"政府必须通过提高工资来解决购买力问题"。

2019年12月，法国各大工会也因此展开过无限期全国大罢工，造成国内大众运输、学校和其他服务瘫痪。2019年大罢工是为抗议法国总统马克龙的养老金改革计划，工会声称此举将迫使数以百万计的劳工延迟退休。法国BFMTV电视台2019年12月4日公布的一项民调显示，58%的法国人对大罢工表示支持，比上周上升5个百分点。很多罢工中坚分子对媒体表示，政府倡导的"公平退休改革"其实会加剧退休制度的不公，"如果政府不让步，那工会必将让罢工延长"。法国内政部12月5日晚公布参加示威游行的人数，称全法范围内有80.6万人参与，其中约6.5万人在巴黎示威游行。工会组织方面称，当天参加示威游行的人数达150万人。马赛、南特等城市都有数万人参与示威游行。

据界面新闻，类似于许多国家所实行的双轨制养老金体系，法国不仅拥有涵盖全体就业者的基本养老金制度，还有特别针对农民、铁路员工、电力行业、医护人员、公职人员等各行各业的特殊养老金制度。共计42套的特殊养老金制度为这些行业的从业人员提供了缴费年限短、退休年龄低、待遇相对较高等一系列优惠措施。

以法国"铁道工人（Cheminot）"（指的是所有在法国铁路系统工作的人，包括列车驾驶员、电工、办公室人员、售票员等）为例，这个身份在法国拥有许多特殊权利，比如："Cheminot"是个"铁饭碗"，他们不会因任何经济上的原因被辞退；有着稳定而规律的工资增长，以及更短的工作时长；享受提前退休的权利，退休年龄在52 岁到 57 岁之间，比起其他上班族提早了很多年。具体到养老金的计算标准上，"Cheminot" 也享有极大的优惠政策。根据规定，这些员工的养老金参照标准为退休前最后 6 个月的工资（这在法国通常是多数人收入最高的人生阶段），而私营部门雇员的养老金基准是职业生涯中工资最高的 25 年的平均工资。根据法国审计署的数据，巴黎大众运输公司员工的平均退休工资为 3 705 欧元/月，"铁老大"法国国家铁路公司员工的平均养老金为 2 636 欧元/月，法国国家公务员的平均水平则为 2 200 欧元/月。这些数字与 1 400 欧元/月的全法平均水平相比，无疑高出一大截。

这样的养老金制度让法国养老基金自 1970 年就开始收不抵支，政府不得不自 20世纪 90 年代开始以各种名目给养老基金注资。如今，法国养老基金的亏空已经达到了政府无法承受的地步。根据法国退休指导委员会（COR）在 2019 年 6 月公布的年度报告所做的预计，按照当前的发展趋势，法国养老基金赤字在 2025 年将达到 80 亿~170 亿欧元。2019 年 9 月，马克龙政府公布《退休制度改革白皮书》。该白皮书主张将42 套繁杂且不透明的"现收现付制"养老金体系更改成统一的"积分制"，并将特殊工种纳入普通退休制度之中。在全新的积分制体系下，雇员每缴纳 1 欧元的社会分摊金就将自动积累 1 个积分，从而与工作年限彻底脱钩。尽管法定退休年龄仍将维持在62 岁，但新体系将引入 64 岁的基准退休年龄，提前退休将导致养老金积分扣除，延后退休或返聘则将获得积分奖励。目前法国人的平均实际退休年龄为 63 岁。

值得一提的是，自 20 世纪 90 年代起，一旦法国政府推出退休改革方案，必然会导致大规模的抗议游行和罢工。1995 年，时任总理阿兰·朱佩在反对改革的抗议中，不得不取消几近完成的改革方案，并引咎辞职；2003 年，时任社会事务部部长的菲永所主导的退休制度改革也遭遇了近两个月的罢工和多次大规模游行抗议，最终不得不以妥协的方式推动改革；2010 年，埃里克·沃尔特希望通过延迟退休年龄以平衡养老基金账户，其结果是在 1 年的时间里，几乎每个月都有 1 至 2 次 10 万人以上的全国抗议游行，沃尔特也在民众的反对声中做出了大量的让步。

资料来源 [1] 丁悦. 法国"五一"11万人大游行：巴黎发生暴力打砸，54人被捕 [EB/OL]. (2022-05-02) [2022-09-09]. https：//baijiahao. baidu. com/s？id=1731690859672042029 &wfr=spider&for=pc. [2] 孙志成. 不愿延迟退休，罢工潮来了！巴黎交通瘫痪，埃菲尔铁塔被迫关闭 [EB/OL]. (2019-12-06) [2022-09-09]. https：//baijiahao.baidu.com/s？id=1652155082731685783.

讨论题：

通过对本案例的阅读，运用本章所学理论，谈谈你对延迟退休问题的看法。

🔍 推荐阅读资料

1.伊兰伯格，史密斯. 现代劳动经济学：理论与公共政策 [M]. 刘昕，译. 13 版. 北京：中国人民大学出版社，2021.

2.明赛尔. 劳动供给研究 [M]. 张凤林，等译. 北京，中国经济出版社，2001.

3.BECHER G. A theory of the allocation of time [J]. The Economic Journal，1965 (75)：493-517.

4. SPENCE M. Job market signaling［J］. The Quarterly Journal of Economics，1973，87（3）：355-374.

网上资源

1.国际劳工组织，http：//www.ilo.org

2.经济合作与发展组织，http：//www.oecd.org

3.中国社会保障学会，http：//www.caoss.org.cn

拓展阅读：谁更愿意延迟退休——中国城镇中老年人延迟退休意愿的影响因素分析

第四篇　行为（A）

第10章 劳动力供给行为：工作搜寻

学习目标

✓ 系统地掌握工作搜寻的基本理论

✓ 重点掌握工作搜寻四种分类方式，把握它们之间的主要区别

✓ 熟悉两类工作搜寻模型，并能分析两类模型内在逻辑联系

✓ 基本了解在职工作搜寻的特点和主要作用

✓ 理解通过社会网络和互联网进行网络工作搜寻的价值和原因

引例

高校毕业生就业，向左走向右走？

每到毕业季，应届高校毕业生的就业问题就成为社会关注的话题。走在人生的重要十字路口，高校毕业生们该向左走还是向右走？他们选择就业还是继续深造？选择留在大城市还是去基层？有什么样的就业观？

就业进入冲刺阶段

2021年5月，毕业日期临近，应届高校毕业生就业进入冲刺阶段。华南师范大学学工部副部长李卫东说，与2020年相比，新冠肺炎疫情带来的影响会小一些，就业情况预计会优于2020年，眼下，要抢抓毕业生离校前的关键期。

各地高校纷纷开展丰富多元的就业招聘活动。"这次就业促进周，学校一方面积极落实好相关部门的指导和要求；另一方面立足于学校办学特色，积极统筹资源促进就业。"贵州医科大学招生就业处就业指导中心主任余小川说，学校联合学院举办专场招聘会，相关部门领导还将组成"促就业小组"分赴省外及省内各市州进一步"开源拓岗"。2021年以来，北京理工大学启动就业保障"春风行动2.0"，进一步优化岗位提供，为毕业生提供高效求职平台。例如，举办"大国重器""中国制造""新基建"等分板块招聘会，举办京津冀、陕西省等分地域组团招聘会。华南师范大学促进大学生高质量就业举措则突出"精准"二字，包括对形势精准研判、精准对接毕业生需求等。其中，就业指导课是华南师范大学的一大创新。记者在名为"求职星球"的训练营平台上看到，求职课程以游戏化的方式打开，有战队、有PK、有彩蛋、有开奖、有盲盒，学生通过自我探索，不断解锁求职新技能。

基层就业意愿增强

记者调查发现，高校毕业生基层就业、回乡创业的意愿有所增强。对此，多所大学就业办负责人和教育人士认为，随着高校不断加强就业政策宣传和观念引导以及就业选择多样化，高校毕业生到基层就业、回乡创业的选择，将成为一种常态。他们到基层放飞梦想、增长才干就是务实选择的表现。北京理工大学学生就业指导中心主任林骥佳说，和往年相比，毕业生到公共部门和基层就业意愿普遍增强，报考公务员人数和各地选调生人数明显增加，另外毕业生投身国家重点领域的热情在增加。

"为人民服务、为祖国奉献，是我们青年一代的正确方向。"东南大学自动化学院硕士毕业生张文港说，"了解到四川省2021年急需紧缺专业选调生，在毕业季来临前就坚定了自己的未来发展方向。"无独有偶，西南石油大学机电工程学院2017级男生张森林也放弃了最初"扎根大城市"的梦想，最终选择签约中核四〇四有限公司，投身祖国核工业事业。张森林说："我想去祖国最需要的广阔天地建功立业。虽然其他企业给的薪资更高，但我更看好中核四〇四有限公司的发展前景、更广阔的平台，我所学的专业，在这里更有用武之地。"北京理工大学管理与经济学院2021届毕业生张寅的志向是考取陕西省选调生，成为一名基层工作人员。"我出生于陕北地区偏远小镇，虽然在北京上学，看到大城市的繁华，但毕业后回报家乡是我一直以来的理想目标。而且对比金钱，我更看重职业的发展前景以及自我价值的实现。"张寅说道。就读于贵州医科大学口腔医学院的黄少妃，已经在老家的医院找到工作。"其实很多人都希望自己最终能留在大城市，但现在求职竞争压力很大，自己决定去基层，既能够解决就业，也能够更好地锻炼自己。"黄少妃说道。

以积极的心态择业

记者采访发现，一部分毕业生求职方向感弱，对工作定义模糊，持"找到好的就去，不好的就等待"心态的不少，有业不就、"慢就业"的毕业生，在不同高校都存在；也有毕业生通过选择考研来回避就业竞争或满意度低的签约；还有毕业生一头扎进不符合自己的求职方向，受挫后选择放弃就业。黄少妃说，绝大多数同学会先参加各种考试，或者考研，然后才会计划找工作。"一方面，大家希望能够通过公务员、事业单位等考试找到一份稳定工作；另一方面，有些人觉得求职竞争比较激烈，希望通过考研等继续提升学历，以增强自己的竞争力。"贵州医科大学口腔医学院的万慧告诉记者，身边有的同学存在"慢就业"心态，觉得生活的压力有父母顶着，自己还不着急寻求工作，或者在没有找到好工作时，还不如不就业，避免对工作产生不好的印象和情绪。

北京市人社局大中专毕业生就业处负责人表示："慢就业"不是一个新词，这几年反复被提及。"首先，现在大学生接收到的信息更加多元，价值取向也越来越多元；其次，与过去相比，现在的生活水平大幅提高，毕业生可以更加从容选择自己喜爱的工作。"

如何摆脱就业畏难心态？林骥佳认为，"成才观、职业观、就业观"是多元的，也许无法划分绝对的"对和错"，"首先，它是积极向上的，躲在家里不就业'啃老'肯定不对；其次，个人发展要与国家需要相结合"。

资料来源　郭宝江，陈旭，赵旭，等. 高校毕业生就业，向左走向右走？[N]. 新华每日电讯，2021-05-19（10）.

通过上述引例我们会发现，一个大学生的择业会受到多方的行为影响，而就整个劳动力市场来看，对于所有的求职者都是如此。我们将在本章从求职者的工作搜寻行为开始分析。劳动力市场上不同的求职者了解到的信息是不同且有限的，他们要了解这些信息往往还需要付出成本。本章正是基于信息不完全假设，考察求职者进行工作搜寻时的行为表现。新古典劳动力供给理论认为市场上只存在接受工资水平的"就业者"和不接受工资水平的"非参与者"，而工作搜寻理论加入了正在进行工作搜寻的"失业者"这个考察类别。

10.1　工作搜寻的定义和分类

工作搜寻理论是在搜寻理论的基础上发展起来的。斯蒂格勒（George J. Stigler）提出了最早的搜寻模型，他指出求职者找工作就像顾客购买商品一样，都是在信息不完全条件下进行最优选择的问题。[1]而麦考尔（John J. McCall）提出了序列寻访模型，用于分析初次进入劳动力市场的工作搜寻行为，另外他提出了基于保留工资（Reservation Wage）的搜寻策略。[2]20世纪70年代初，麦考尔和莫藤森（John J. McCall and Dale T. Mortensen）将工作搜寻理论模型化[3]，而莫藤森对这些研究成果进行了完善的综述，根据他的归纳，我们将工作搜寻定义为求职者在劳动力市场中寻找其满意工作职位的行为。[4]工作搜寻理论是在包括失业者在内的劳动力市场范围内，基于一些反映劳动力市场现状的假设条件，考察影响求职者工作搜寻行为的各种因素，以及这些工作搜寻行为对其自身和整个劳动力市场的影响。

工作搜寻有很多种分类的维度和方式，基于学者们的研究成果，我们按照"搜寻状态"、"搜寻范围"、"搜寻强度"和"搜寻渠道"四个维度对工作搜寻进行分类。第一种区分工作搜寻的维度是关注工作搜寻者的搜寻状态，将其分为失业搜寻（Unemployment Search）和在职搜寻（On-the-job Search）。前者是指失去工作的专心求职的人，这些求职者往往会花大量的时间和精力去寻找工作。尽管存在一些无心仪工作就会主动退出劳动力市场的求职者，例如家庭条件很好的家庭主妇，不过多数的失业求职者还是很关注求职的成果，如果搜寻的结果不尽如人意，他们甚至愿意从事一些原本不乐意的工作或者降低对工资的要求。并不是所有的在找工作的都是失业者，相当多的求职者其实是在工作的。这种现象从经济学的角度很好理解，因为花费一点时间和精力去搜寻潜在的更好工作是会带来很大收益的。

第二种区分工作搜寻的维度是关于工作搜寻的范围，将其分为外部的（External）工作搜寻和内部的（Internal）工作搜寻。所谓外部，就是指整个劳动力市场范围；而所谓内部，是针对在职者而言，是指企业的内部劳动力市场（Internal Labor Mar-

① STIGLER G J. The economics of information [J]. Journal of Political Economy, 1961, 69 (3): 213-225.
② MCCALL J J. The economics of information and optimal stopping rules [J]. Journal of Business, 1965, 38 (3): 300-317.
③ CAHUC P, ZYLBERBERG A. Labor Economics [M]. Cambridge MA: The MIT Press, 2004: 93.
④ MORTENSEN D T. Job search and labor market analysis [J]. Handbook of Labor Economics, 1984, 2: 849-919.

ket）。对于外部工作搜寻，就是以整个市场中的部分企业作为搜寻范围的搜索，考虑市场中各个企业的工资出价及分布情况来尽可能搜索到最高的工资，这就是下一节工作搜寻的两类模型所阐述的内容；而内部工作搜寻是在职者在自己工作的企业内出于调换工作或以晋升为目的的工作搜寻。与外部工作搜寻不同，内部工作搜寻必须要考虑内部劳动力市场规则的限制性——因为任何企业都有其行政规则和管理程序，以及一些所谓的潜规则。虽然是在企业内部进行工作搜寻，但是它依然面临着外部的竞争压力，特别是在工资出价上，会受到来自外部市场的巨大影响，这些都是在职工作搜寻所要关注的重要部分。

第三种区分工作搜寻的维度是关注工作搜寻的强度，将其分为粗放的（Extensive）工作搜寻和集约的（Intensive）工作搜寻。前者的特点是求职者与各个招聘企业都有联络，如许多毕业生在找工作时"海投"简历的行为，但相对地并不花时间和精力去强化每一次联络，也就是不在意每次工作搜寻的成功率。而后者的特点则是有挑选地联络几个招聘企业，对每一次的联络都投入更多的时间和精力。比如说在应聘之前详细调查该企业的战略和使命、市场地位以及发展前景等，然后针对这些目标企业尽可能地调动自己的人脉资源和信息资源去增大自己成功的概率。值得注意的是，在职者也会进行工作搜寻，而他们的求职战略往往是"先粗放而后集约"的，这一点在许多年轻的在职者身上体现得尤为明显。他们会经常主动地和猎头公司联系，并利用自己工作中结识的朋友和平时了解的职业信息去进行粗放的工作搜寻。由于他们已经有工作，因此往往不在意这些工作搜寻的成功率。但是，当他们决心"跳槽"或者面临失业风险时，他们就可能投入更多的时间和精力去关注一些特定的公司及工作职位。

第四种区分工作搜寻的维度是关注工作搜寻的渠道，将其分为正式的工作搜寻和非正式的工作搜寻。前者是有组织的渠道，常常是通过学校的毕业就职机构（就业指导中心）或者各类人才市场等市场中介完成的。《2022年中国互联网招聘行业研究报告》的调研数据显示，在中国求职者和招聘企业中，互联网招聘占比高达到85.1%[①]，这表明在信息时代网络中介日益重要。而全部的受访者中，大约一半的人选择过"熟人介绍"的方式进行工作搜寻，这就是后者——非正式的工作搜寻。其人际关系渠道包括亲友、师生的介绍等，该渠道也就是我们常说的社会网络（Social Network）。在今天，社会网络已经被人们当作人力资本（Human Capital）之一。依靠社会网络进行工作搜寻是非常重要的一种方式，这一点在中国尤为明显。我们可以用图10-1来总结这四种区分工作搜寻的维度。

值得一提的是，工作搜寻的分类并不止于这四类。不仅如此，每一种分类还有内在的交叉性，例如作为搜寻状态之一的在职工作搜寻，就可以按照搜寻范围区分为内部搜寻——谋求换岗和晋升，外部搜寻——谋求"跳槽"。如果按照搜寻的载体特征来看，我们可以将工作搜寻看作网络工作搜寻，因为几乎每个搜寻者都是处于一个网络化的搜寻环境中，包括现实的社会关系网络以及虚拟的互联网络等。

① 艾媒咨询. 2022年中国互联网招聘行业研究报告［R/OL］. （2022-04-02）［2022-09-09］. https：//www.iimedia.cn/c400/84551.html.

```
                       搜寻状态 ──┬── 失业搜寻
                                └── 在职搜寻

                       搜寻范围 ──┬── 内部搜寻
                                └── 外部搜寻
         工作搜寻 ──┤
                       搜寻强度 ──┬── 粗放搜寻
                                └── 集约搜寻

                       搜寻渠道 ──┬── 正式搜寻
                                └── 非正式搜寻
```

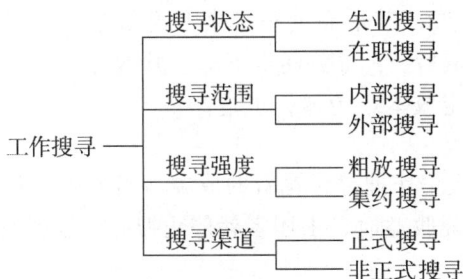

图10-1　工作搜寻的分类

10.2　工作搜寻模型

工作搜寻模型（Job Search Model）最初来源于一个现在被认为"局部模型"的基本模型，它基于非常严格的假设条件，从比较成本与收益的角度，描述了在不完全信息条件下寻找工作的求职者的行为，初步分析了环境或经济政策变化对求职者行为的影响。但是，由于工作搜寻不可能无限地进行下去，因此保留工资被引入了工作搜寻模型中，更加丰富了工作搜寻理论。

10.2.1　工作搜寻的成本与收益

工作搜寻会带来一些直接和间接的成本。直接的成本包括交通费、邮费、电话费和简历制作费等。间接的成本（机会成本）则主要包括两个方面：一个方面是在工作搜寻所花费的时间里所放弃的从其他活动可能得到的效用或收入；另一个方面的机会成本更加重要，这就是当一个人决定放弃当前已经得到的工作机会继续进行搜寻时所放弃的收入。不难发现，工作搜寻的成本主要是机会成本（Opportunity Cost），而工作搜寻可以带来的收益是显而易见的。既然工作搜寻既有成本又有收益，那我们就从成本收益的角度用模型来考察工作搜寻。我们构造一个简单的工作搜寻模型[①]，阐述如何通过比较搜寻成本与期望收益，来确定理想的工作搜寻次数。我们做出如下的假设：

（1）求职者对劳动力市场工资出价的分布完全了解；

（2）求职者每一次的工作搜寻都是各自独立的事件；

（3）求职者追求的是工作搜寻所带来的期望收益的净收益最大化；

（4）求职者是风险中立的，能使净收益最大的搜寻次数就是求职者的搜寻次数。

由于每次的工作搜寻 W 都是独立随机事件，求职者随机期望收益实际上就是工资概率分布的一个期望值，设为 E（W）。如果求职者所搜寻的雇主的工资出价的概率为 P（W），根据概率论基本原理可知：

$$E(W) = \sum_{i=1}^{n} \left[W_i P(W_i) \right] \qquad\qquad （公式10-1）$$

[①]　为了方便不太了解统计学的读者阅读，本书将描述的语言进行了一定的简化，详细的经济学推理过程可以参看：JOLL C. Developments in labor market analysis [M]. London: Taylor & Francis, 1982: 75-82.

随着搜寻次数的增加，其最高期望工资 E_0 会逐步接近于工资出价中的最大值，显然，当 n 超过某一个值后，E_0/n 会逐步下降。其搜寻成本 C 会随着搜寻次数的增加而逐步上升，假定其固定成本 C_0 为零，于是：

$$C = C_0 + an = an \qquad\qquad\qquad (公式10-2)$$

式中：系数 a 为每次工作搜寻所花费的成本。当求职者多增加一个寻访企业所产生的边际成本等于其边际收益时，求职者就停止搜寻，也就是 E_0/n 等于成本 C 时停止搜寻：

$$\frac{E_0}{n} = C = an \qquad\qquad\qquad (公式10-3)$$

需要指出的是，当每次搜寻的成本提高时，也就是成本曲线 C 的斜率上升时，那么相应的最佳搜寻次数必然会减少，如图10-2所示。这表示，随着边际搜寻成本的上升，搜寻的效率下降，求职者找到自己满意的工资水平更难，市场匹配的效率也相应下降。假如，这个边际搜寻成本继续趋近于无穷大，那么搜寻的次数会接近于零，这意味着劳动力市场已经失灵。但是，在现实的劳动力市场中，即使完全了解市场工资出价的分布情况，也很少有求职者会事先确定一个搜寻次数再开始搜寻。因此，我们需要从另一个角度分析工作搜寻，也就是第二类工作搜寻模型分析的角度。

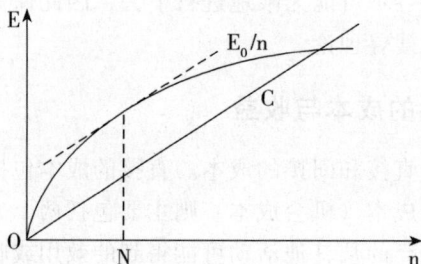

图10-2　成本收益比较下工作搜寻最佳次数的决定

10.2.2　保留工资

在现实中，相当多的求职者都不会确定一个搜寻次数后再展开工作搜寻，其工作搜寻过程很可能是这样的：当他们开始进行工作搜寻时，他们并不知道自己将会搜寻多少次。由于预期到较高的工资出价搜寻到的概率很小（尽管他们知道劳动力市场工资出价分布信息，但并不确定具体企业的具体出价），因此在不可能穷尽搜寻的情况下，他们确定一个可以接受的最低工资出价，而这个最低的工资出价就是保留工资，我们将其设为 W_1。我们将雇主对求职者的最低雇用工资标准设为 W_2，W_2 与 W_1 是不同的，并且 W_1 随着雇主工资出价的增长而增加。[1]如果市场的工资出价分布为 f（w），如图10-3所示，我们可以看到，W_1 和 W_2 之间的阴影区域就是求职者所能找到的全部出价情况。这里，工资出价分布曲线 f（w）与横轴之间的面积为1，也就是说，包括了劳动力市场上所能找到的全部工资出价。因此，阴影面积即这个求职者找到工作的概率。显然，当求职者的保留工资 W_1 较低，而雇主的最低雇用工资标准 W_2 较高时[2]，

---

[1]　在现实中，有些企业可能对员工的要求很高但是工资出价很低，这是由于市场供求关系和其他因素影响所造成的。

[2]　注意，W_2 很低时其位置若更远离原点，这时高于这个标准的企业的数量会减少。

求职者能找到工作的概率很高，相应地其失业期也会缩短。一般来说，W_1是在W_2"左侧"的，这就是说，雇主的最低雇用工资标准要高于求职者的保留工资。但是，存在一个极端的情况，就是雇主的最低雇用工资标准低于求职者的保留工资，这就意味着求职者将会找不到工作。

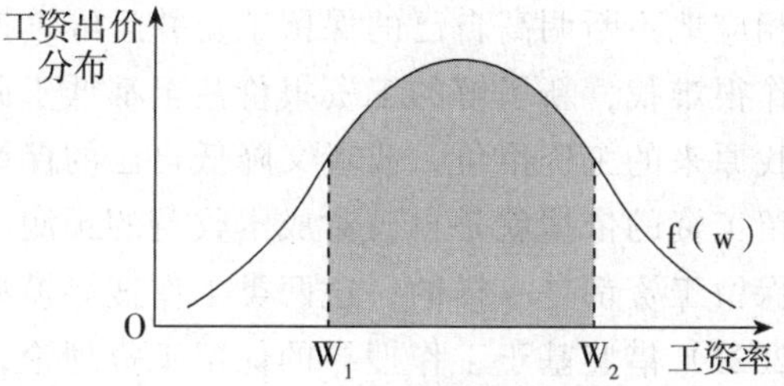

图10-3　保留工资下工作搜寻最佳次数的决定

　　在中国，许多大学应届毕业生、农村剩余劳动力和城市下岗职工难以找到工作，一个重要的原因就是尽管这些人群的保留工资都不高，但仍然高于雇主最低雇用工资标准。或者说，雇主所愿意支付的工资低于这些人群的工资要求，这种现象主要是由经济社会发展水平和劳动力市场供求状况决定的。当这些人群的技能水平过低时，由于经济社会快速发展，就可能无法胜任其所期望找到的工作的要求；而当劳动力市场供求关系改变时，雇主的最低雇用工资标准可能大幅度提高，否则就可能招不到自己想要的员工。蔡昉（2007）认为，中国已经从劳动力相对过剩进入劳动力相对短缺的变化时期，城乡劳动力普遍短缺的情况开始出现，已经从沿海地区蔓延到中部地区甚至劳动力输出省份。作为劳动力短缺的一个必然后果，20世纪90年代末以来，城市正规劳动力市场每年都经历着两位数的工资上涨，这不仅发生在垄断行业，也发生在那些主要吸收普通劳动者就业的制造业等行业。作为相对滞后的反应，农民工的工资水平也相应提高。[①]

　　如果进一步思考保留工资是如何确定的，我们会发现两类工作搜寻模型其实是内在相关的。从理论上说，如果工作搜寻者事先了解全部的市场工资出价分布，无论是事先确定工作搜寻次数还是确定保留工资其实都基于一个共同的预期——能找到较高工资出价的工作的概率很低；而且，这两类模型都关注工资出价的分布概率密度，这其实又是基于另一个预期——将整个市场全部搜寻完是不可能的。正是由于找到较高的工资出价的概率很低且将整个市场全部搜寻完毕是很难做到的，因此工作搜寻者才会考虑设定一个最低工资期望值，也就是相比可能存在的最高工资出价水平低的一个工资水平。那么这个降低的程度如何确定，也就是相对低的具体幅度是多大呢？工作搜寻者在确定这个幅度时，其实考虑在有限的搜寻次数内可能找到的最高工资出价——因为不可能搜寻很多次。而这个预期的最高工资出价，就是一定搜寻次数下的期望收益。也就是说，按照保留工资理论进行工作搜寻的求职者其实在搜寻之前已经进行了成本收益的比较，然后粗略地估计出一个合理的保留工资的具体水平。许多受过高等教育的人才会移民发达国家，一个原因就是他们要收回自己的受教育成本，其

---

① 蔡昉. 中国劳动力市场发育与就业变化［J］. 经济研究，2007（7）：4-22.

保留工资水平往往较高，而本国往往适合此类受教育人口的就业岗位相对更少。[①]

我们再考虑现实的劳动力市场情况，对于单个或者少数的求职者来说，了解整个市场的工资出价分布往往是不可能的。因此，无论是最佳搜寻次数还是保留工资，都是在已经了解的工资出价分布情况基础上推测的。随着所了解的工资报价不断升高，这个求职者可能就会相应地不断调高自己的保留工资并且继续搜寻下去；反之，如果他发现更高报价的工作很难找，新了解的工资报价甚至都低于原来的工资出价，那么他甚至可能会回头去找原来的工资出价，或者又降低自己的保留工资水平。在这个过程中，求职者调整保留工资的依据就是自己对成本收益的预测。这时，无论是确定最佳搜寻次数还是确定保留工资都是一样的，这两类工作搜寻模型之间实践上并没有本质区别。杨伟国等（2021）借鉴基于工作搜寻的保留工资理论，提出"平台从业者的保留工资"概念，并以零工过往的工作经历作为反事实参照组，探析了零工平台对从业者整体福利状态的影响。研究证实，从工作经历类型来看，下岗失业经历对平台保留工资的负效应最大；从工作经历质量来看，负面求职经历和过剩产能行业的工作经历都会显著降低零工劳动者的保留工资。[②]

事实上，保留工资的影响因素除了求职者获得的市场信息，还和求职者的个人就业状况、知识技能、阅历以及价值观取向等诸多因素都相关。对中国下岗失业人员的研究表明[③]，男性比女性的保留工资约高15%；知识技能对保留工资影响很大，大专或以上学历比小学学历的保留工资约高35%，高技能者比无职称者的保留工资高出约28%。值得一提的是，保留工资和家庭开销没有明显的相关性，只和家庭成员的数量略呈负相关。而对中国应届大学生的调查表明，中国应届大学生的预期工资比其实际工资明显要高[④]，其平均幅度超过30%，明显高于欧美国家的水平。这说明，在这些大学毕业生工作搜寻过程中，其保留工资普遍处于一个不断下降的过程中。这一方面和大学生主观的自我认知出现偏差有关，另一方面说明我国高校就业指导和就业服务亟待改善。

10.2.3 工作搜寻模型的应用与局限

保留工资模型有3个值得分析的部分，保留工资水平、最低雇用工资标准和两者之间的差距。首先，前文的分析中已经提到保留工资是如何确定的，而保留工资如何提高呢？显然，如果在保证就业率的基础上，保留工资的水平可以提高，就意味着求职者就业的工资水平上升了。而在决定保留工资的因素中，有一些诸如信息不对称、就业服务不到位等造成保留工资的下降是值得关注的。例如，对于应届毕业生来说，如果政府和高校以及一些社会机构可以提供高质量的就业服务，那么应届毕业生能更容易找到让自己满意的工作，相应地，企业也可以找到更合适的人才。这样，大学毕业生就不必刻意调低自己的保留工资，市场的匹配率也会明显提高。

① FANC S，STARK O. International migration and "educated unemployment" [J]. Journal of Development Economics，2007，83（1）：76-87.
② 杨伟国，李晓曼，吴清军，等. 零工就业中的异质性工作经历与保留工资——来自网约车司机的证据[J]. 人口研究，2021（2）：102-117.
③ 董志超，蒲勇健. 失业劳动力保留工资影响因素的实证研究 [J]. 中国软科学，2005（1）：23-59.
④ 曾湘泉. 变革中的就业环境与中国大学生就业 [J]. 经济研究，2004（6）：87-95.

其次，我们在市场中经常会看到很多企业有不同的最低雇用工资标准，而不同求职者所面对的最低雇用工资标准也不尽相同。这通常是由两种情况造成的：一种是存在我们通常说的"走后门"现象，一些人员尽管技能无法达标却依旧被雇用；另一种就是由于户籍、性别、民族等造成的最低雇用工资标准的不一样，这就是通常说的就业歧视问题，客观上造成一些弱势群体更加难以就业。尽管就业歧视已经被法律所明令禁止，但是即便是发达的欧美劳动力市场，依旧存在歧视问题，特别是对外来移民的歧视。而在我国，就业歧视的问题依旧是众多学者呼吁政府努力改善的方向。

最后，最低雇用工资标准和保留工资之间的差距也是值得思考的问题。一方面，如果这个差距能尽可能小，就意味着劳动力市场的匹配率很高，就业人口的工资水平达到了市场所能提供的最佳水平，这无疑是理想的状态；但是另一方面，如果这个差距很小，甚至保留工资水平高于最低雇用工资标准，也意味着求职者就业的成功率大幅度降低了，失业的时间可能会因此延长。这有可能是面对良好的就业环境，求职者变得更加挑剔，提高了自己的就业期望值；也可能是就业环境急剧恶化，如在经济危机背景下，众多行业对招聘新员工非常审慎，使得最低雇用工资标准明显降低。

任何经济模型都有其局限性，工作搜寻模型也不例外。例如，其假设条件就可能偏离实际情况，或者其经济模型无法解释一些现象。工作搜寻模型假定，雇主的最低雇用工资标准和最低工资出价是相同的。而实际上，在劳动力市场经常出现有些雇主的工资出价大大高于其最低雇用工资标准；另外一些雇主，其最低雇用工资标准要求很高，但是工资出价不高。如果能考虑市场供求关系、具体企业和行业的特征，这些现象都是不难理解的。例如，在劳动力很紧缺的情况下，企业出于立即解决当前的劳动力不足问题的考虑，经常会高薪聘请人才。另外，我们会发现，相同技能的求职者最后找到的工资出价水平几乎都不相同，有时候这个差别甚至是惊人的。也许，很多时候这一现象确实与个人的"运气"和求职能力有关，但是从整个市场来看，如果出现明显的差异化，则必然存在一些值得研究的问题。针对这些问题，许多西方学者都在努力尝试完善现有的理论模型。对于这些问题，一些研究试图通过完善传统的工作搜寻模型来进行解释。玖里维特（Gregory Jolivet）等所构建的工作搜寻模型，就与欧美国家的相关就业数据很匹配。他们在原有的经典模型和模型拓展的基础上，有选择地整合并考虑一些劳动力市场的现实因素。他们放宽了对于工资出价分布的假设，并且运用它们的模型研究从宏观的层次分析出不同国家之间的工资转换的差异。[①]

必须指出的是，工作搜寻往往受到很多因素的影响，以至于工作搜寻模型往往缺乏解释力，这当然是不可避免的问题。比如，一般来说，如果工作搜寻的压力更大、花费更多，工作搜寻的效果则往往比较好。[②]有学者从行为科学的角度研究中国失业

① JOLIVET G, POSTEL-VINAY F, ROBIN J-M. The empirical content of the job search model: labor mobility and wage distributions in Europe and the US [J]. European Economic Review, 2006, 50 (4): 877-907.
② VAN HOOFT E A J, CROSSLEY C D. The joint role of locus of control and perceived financial need in job search [J]. International Journal of Selection and Assessment, 2008, 16 (3): 258-271.

者的再就业行为，发现社会因素（文化、家庭、亲友以及政府等）对其再就业的态度和行为影响非常大——甚至其就业的速度与其主观努力的程度呈负相关关系。[①]这一方面可能是政府的政策措施非常得力，即依靠政府获得工作（尽管工资水平不高，工作条件也不好）更为容易；另一方面可能是依靠人际关系获得工作比仅靠自己进行工作搜寻要更容易获得就业机会。也就是说，在工作搜寻这一行为背后，还有很多更深层次的间接因素在起着作用，有时候这个作用是决定性的。

在现实社会中，劳动力市场上雇主和工作需要的技能特征与工人所能提供的技能特征不匹配，劳动力市场的错误匹配可以在很大程度上发生。如果一个劳动力市场的匹配程度很低，那么工作搜寻的效率也会大幅下降。[②]从 1994 年起，德国开放了私营人才中介，弥补了国家职业介绍垄断造成的不足，在人才招聘中发挥了应有的作用。德国的私营人才中介机构很发达，其主要业务是选择、举荐经理和高级人才、进行人才评价、规划工资报酬和组织人员培训。为了与官方的职业介绍机构进行激烈的竞争，它们经常推出一些类似担保机制的措施——如在规定期限内发生解约的情况就给予赔偿等，从而吸引更多的雇主来招募它们推荐的求职者。[③]进入 21 世纪以来，中国各级地方政府大量地创办公共的职业中介机构，中国的劳动力市场中介机构数量有了显著的增长。中介机构的快速发展可以有效地帮助解决这些问题。由各级地方政府兴办的职业介绍所兼有失业保险、职业介绍和职业培训等多种功能，为失业者的工作搜寻提供了帮助。但是，相比国外的劳动力中介市场建设情况，我国的中介机构还存在诚信度不高、违法现象多等诸多问题。因此，如何提高这些机构的公共服务水平，应该是政府和学术界关注的。

10.3   在职工作搜寻

在职工作搜寻是值得关注的一种搜寻方式，对工作搜寻者来说可以节省不少成本。它不仅可以帮助在职工作搜寻者找到更好的工作，帮助其实现职业生涯的发展目标，还可以使得劳动力市场运行得更好，这值得企业在人力资源管理中加以学习和思考。值得一提的是，在职者必须合理地进行工作搜寻，否则对企业和自身都是不利的。

10.3.1   在职工作搜寻理论

工作搜寻按照求职者当前的就业状况维度区分，可以分为失业的和在职的。也就是说，即便是已经就业的在职人员也会去找工作。李普曼（Lippman）等就指出，

① SONG Z, WANBERG C, NIU X, et al. Action-state orientation and the theory of planned behavior: a study of job search in China [J]. Journal of Vocational Behavior, 2006, 68 (3): 490-503.
② HOLZER H J. Reservation wages and their labor effect for black and white male youth [J]. The Journal of Human Resources, 1986, 21 (2): 157-177.
③ WINTERHAGERA H, HEINZEA A, SPERMANNA A. Deregulating job placement in Europe: a microeconometric evaluation of an innovative voucher scheme in Germany [J]. Labour Economics, 2006, 13 (4): 505-517.

工作搜寻的活动不只发生在失业期间，也会发生在在职期间。[①]这种"骑驴找马"的行为经常发生在一些初涉职场的人员身上，因为他们对自己是否胜任和适合一些自己向往的职位无法判断，需要经过一些工作调动，从不同的工作中去体验才能了解自己的真实能力和什么工作才适合自己。由于这种行为颇像顾客在众多的商品中寻找让自己最满意的商品，因此也被称为工作采购（Job Shopping）。[②]近30年来（截至2005年），对于在职工作搜寻的研究甚至明显超过了失业搜寻的研究。[③]这其实很好理解：首先，即便是在严重的经济危机时期，就业人数也远远多于失业人数，而绝大多数的在职人员都会关注职场信息和期待更好的工作，从统计学上说，在职工作搜寻比失业搜寻要多得多；其次，即便是工作搜寻的失业者，大多数也都是短期失业的人员，他们往往很快就找到工作，因为他们在在职期间就已经了解了相关的就业信息、保有自己的就业渠道以及相当多的职场经验——与其说他们是失业搜寻，不如说他们是在职工作搜寻后的过渡；最后，在职工作搜寻对于劳动力市场的流动、企业的人力资源管理以及个人职业生涯发展等都具有重要的研究意义，这已经不只是工作搜寻理论本身所能涵盖和解释的，因此这无疑更加吸引学者以及读者去关注它。

　　早期的工作搜寻模型"故意"忽略在职工作搜寻的存在，这既是出于分析的方便，也因为在职工作搜寻从测量数据的获得上以及模型的构建上都存在巨大的难度。在职工作搜寻的理论假设显然不同于传统的工作搜寻模型，按照约翰逊（William R. Johnson）的观点，在职工作搜寻者会更了解与自己当前职位相关的就业信息，而且他们的工作搜寻会更有目标感——要么在自己就职的企业中寻找更好的职位，要么考虑离职而去"另攀高枝"；他们在整个市场工资分布中，更关注比自己当前工资高的部分；在是否更换工作的考虑上，他们还必须考虑风险，因为新工作可能比不上目前的工作，如果还要先辞职再找下一个工作，那么风险会更大。[④]在职求职者，除了关心工资以外，会对新工作的相关风险进行评估，而且要考虑将来回到原企业的可能。换句话说，决定一个在职者工作搜寻的不仅是"新工作的收益大于当前工作的收益"，还应该包括风险等约束条件。菲力克（Bruce Fallick）等发现，回到旧工作岗位的可能性会影响在职工作搜寻者寻找新工作的行为。[⑤]而且，在职工作搜寻所搜集到的信息有两个长远的作用：一是帮助在职者进行职业生涯规划，这一点在那些进行内部工作搜寻的人员身上体现得非常明显；二是可以为将来的工资谈判积累筹码。在欧洲职业足坛，许多著名球员都会了解那些试图"挖墙脚"的俱乐部的工资出价状况，来为自己新合同的谈判增加筹码。类似的现象还出现在美国NBA，备受中国球迷关注的中国篮球运动员姚明，在2008—2009赛季结束后，就一直在休斯敦火箭队提供的新合同上迟迟没有表态。显然，姚明背后的运作团队在这期间已经为其进行了大量

　　① LIPPMAN S A, MCCALL J J. The economics of job search: a survey [J]. Economics Inquiry, 1976, 14 (2): 155-190.
　　② JOHNSON W R. A theory of job shopping [J]. The Quarterly Journal of Economics, 1978, 92 (2): 261-278.
　　③ 黄亮，彭璧玉. 劳动力市场搜寻理论新进展 [J]. 经济学评论，2005 (9): 90-94.
　　④ JOHNSON W R. A theory of job shopping [J]. The Quarterly Journal of Economics, 1978, 92 (2): 261-278.
　　⑤ FALLICK B, RYU K. The recall and new job search of laid-off workers: a bivariate proportional hazard model with unobserved heterogeneity [J]. Review of Economics and Statistics, 2007, 89 (2): 313-323.

的搜寻，以供姚明最后抉择。①不难发现，在职工作搜寻和保留工资的搜寻模型很类似，我们可以把相关的限制条件和当前的工资收入都作为成本看待，而这个成本就是在职者的保留工资。

10.3.2　在职工作搜寻的影响

皮萨里德斯（Christopher A. Pissarides）发现，美国大约20%的新雇员是直接从另一个岗位中被聘用的，在剩下的部分中，一半是失业者，另一半原来不在劳动力人口中。②从人群特征来看，在美国1/3的成年男性求职者是有工作的，成年女性的相应比例为1/5，而青年人当中该比例仅为1/10。此外，希望每周工作时间多的人，以及那些获得的工资在同类工作中较低的人都更多地进行求职活动。而布莱克（Black）根据美国劳动力调查研究数据发现，有50%~60%的员工换过工作且没有经历失业阶段，这意味着这些员工都是在"在职"的情况下搜寻工作的。他认为，从这些数据可以看出在职工作搜寻对于人力资源流动和再配置的意义重大。尽管从人员稳定的角度看，这可能影响一些行业与企业的持续稳定发展和出现一些摩擦性失业，但是从一个更宏观的战略角度看，一定数量的在职工作搜寻所带来的人员流动，对于促进竞争和生产力的发展有着巨大的影响。③

而从微观的角度说，在职工作搜寻也有着巨大的影响。尽管影响在职工作搜寻的因素有很多，如在职者的个人精力和视野、市场环境、市场信息、搜寻的技能以及搜寻的成本等，但是对于以生命周期来考虑自身职业生涯的在职者来说，即便是受到各种制约影响，也不会放弃考虑在职工作搜寻。首先，他们肯定会考虑内部搜寻，在自己工作的企业内寻求工作调动，以得到更高的工资（也可能是工作成就感等）。然后，他们会考虑外部搜寻，特别是和自己当前工作紧密联系的职位。而对于那些新近毕业的尚未找到自身定位和做好职业生涯规划的就业青年来说，这一点显得更为重要。站在企业的角度，如何留住人才并且合理地配置人力资源是企业人力资源管理面临的难题之一。米乔（Jean-Baptiste Michau）发现，如果在职工作搜寻者的搜寻行为未被企业预知，那么一旦这些在职者突然离职，对企业会有一个创造性的破坏（Creative Destruction）影响，如果是企业的核心员工，这个影响有时候甚至是致命的。桑恩宇等（Sang Eun Woo et al.）通过行动方向和计划的具体性两个维度对员工进行分析，研究发现在职工作搜寻意向和个体差异变量（如工作满意度、动机和人格）之间存在正向关系。④如果可以更多地了解员工在工作搜寻方面的理论和实践情况，无疑对于提升企业的人力资源管理水平有着很现实的指导意义。⑤

不过，在职工作搜寻的作用也受到非议。从成本收益的角度说，在职者进行工作搜寻的成本和收益相对来说都不大。从成本角度来看，他们在求职时损失的只是一些

①　相关信息根据新华网体育频道的姚明专题报道综合整理。
②　PISSARIDES C A. Search unemployment with on-the-job search [J]. Review of Economic Studies, 1994, 61 (3): 457-475.
③　BLACK M. An empirical test of the theory of on-the-job search [J]. The Journal of Human Resources, 1981, 16 (1): 129-140.
④　WOO S E, ALLEN D G. Toward an inductive theory of stayers and seekers in the organization [J]. Journal of Business and Psychology, 2014, 29 (4): 683-703.
⑤　MICHAU J-B. Creative destruction with on-the-job search [J]. Review of Economic Dynamics, 2013, 16 (4): 691-707.

闲暇时间，并没有损失自己的收入。而从收益角度来看，由于在职者已经拥有工作，因此即使工作搜寻最终获得了成功，给他们带来的额外收益也有限。值得注意的是，在职工作搜寻面临着很大的风险，因为很多的预期都可能出现意外——例如，承诺的报酬没有兑现或者打折扣等。[1]所以，施梅尔（Robert Shimer）认为在职工作搜寻很大程度上是一种博弈策略。从组织行为学的角度说，如果一个在职者不专心于目前的工作而总是"一山望着一山高"，甚至利用工作便利损害企业的利益而进行工作搜寻，这无疑是不可取的，因为这可能会严重影响其所在团队的内部团结和工作绩效水平。

10.4　网络工作搜寻

网络是这个社会最显著的特征，通常是指互联网。在工作搜寻渠道中，互联网工作搜寻已经成为一种日益重要的搜寻方式，改变了工作匹配的过程。网络的另一层意思是社会关系网络，是指通过亲友、师生、同乡等各种人际关系来寻找工作的渠道，此工作搜寻方式被称为非正式的工作搜寻。依赖于最先进的网络技术和最传统的人际交往而进行工作搜寻是现代劳动力市场的一大奇观。

10.4.1　社会关系网络工作搜寻

在区分工作搜寻的维度中，从搜寻的渠道来看存在正式的工作搜寻和非正式的工作搜寻。非正式的工作搜寻是指依赖社会关系网络，如老师、同学和亲友等的介绍以及帮助来获得工作的工作搜寻方式。社会关系网络被认为社会资本（Social Capital），或者说后者是前者的关键部分。我们认为社会资本是社会关系网络资源的核心组成部分，利用这种社会性资源能够降低各种社会行动的成本，有利于拥有特定社会关系网络资源的个人或群体实现其相关目标。从这个定义可以看出，通过社会关系网络的非正式工作搜寻的主要原因就是这种渠道可以降低搜寻的成本，并更容易达到目标。在西方，对非正式的工作搜寻的评价比对正式的工作搜寻的评价高，而且非正式的工作搜寻比正式的工作搜寻更加有效。[2]霍尔茨（Holzer）发现，在西方，搜寻技能和工作技能都逊于同龄白人的黑人青年更依赖于其人际关系网络来寻找工作。[3]马休特（Stephane Mahuteau）等研究认为澳大利亚的民族网络对该民族的新移民的初次就业和二次就业都有着显著影响。[4]

一般认为，社会资本对求职者工作搜寻有两个方面的影响：一方面，社会资本有利于求职者获得就业信息。就业信息的获得是求职者成功实现就业的关键，基于上文对工作搜寻模型的分析，这将有助于求职者获得工资更高的工作，也有助于提高市场

①　SHIMER R. On-the-job search and strategic bargaining [J]. European Economic Review, 2006, 50 (4): 811-830.
②　HOLZER H J. Search method use by unemployed youth [J]. Journal of Labor Economics, 1988, 6 (1): 1-20.
③　HOLZER H J. Reservation wages and their labor effect for black and white male youth [J]. The Journal of Human Resources, 1986, 21 (2): 157-177.
④　MAHUTEAU S, JUNANKAR P N. Do migrants get good jobs in Australia? The role of ethnic networks in job search [J]. Economic Record, 2010, 84 (s1): S115-S130.

匹配的效率。蒋乃华、卞智勇（2007）实证研究证明，社会资本有助于农村劳动力非农就业。①由于社会资本直接作用于农民非农就业的求职过程，所以社会资本可以提高农民非农求职的成功率和效率。另一方面，社会资本可以帮助求职者减少获得就业信息的成本。在现实生活中，不同的求职者获得信息的难易程度各不相同，直接导致了他们获得信息的质量也各不相同。通过社会资本能够较轻易地获取别人不易获取的就业信息，从而减少了获得就业信息的成本。而社会资本在不同技术水平行业间所发挥的作用有所区别。陈斌开和陈思宇（2018）基于2005年全国1%人口抽样调查数据，以大姓占比作为宗族文化的代理变量，研究了作为社会资本的宗族文化与移民就业选择之间的关系。研究发现，以宗族文化为代表的传统社会资本在低端服务业中可以发挥作用，显著提高了移民进入低端服务业的概率，但对高端服务业发展影响有限。②

其实对雇主来说，这个作用同样明显。由于在招聘过程中信息的不对称，雇主需要花费额外的交易成本来搜集求职者信息和筛选求职者，以克服"逆向选择"和"道德风险"问题。但是如果雇主根据朋友或内部员工的介绍来招募求职者，无疑可以减少交易成本和搜寻时间，并获得相对更真实的信息。当然，如果这种人际关系成为一种"人情"推荐，那么不仅更难获得真实的信息，还可能为企业带来巨大的人力资源风险，这也是众多企业甚至明令禁止这类招聘行为的原因。在中国依靠"委托亲友"找工作的人数占总找工作人数的比例超过了30%。按照年龄段划分，各个年龄段的首选渠道都是"委托亲友"；按照学历层次划分，大专以下学历（含大专）的首选渠道也都是"委托亲友"。总的来看，无论按照年龄段划分还是按照学历层次划分，在选择找工作的失业人群中，"委托亲友"找工作的比例都在30%以上，如图10-4所示。由此可见，依靠社会关系网络进行的非正式工作搜寻在中国是多么重要。

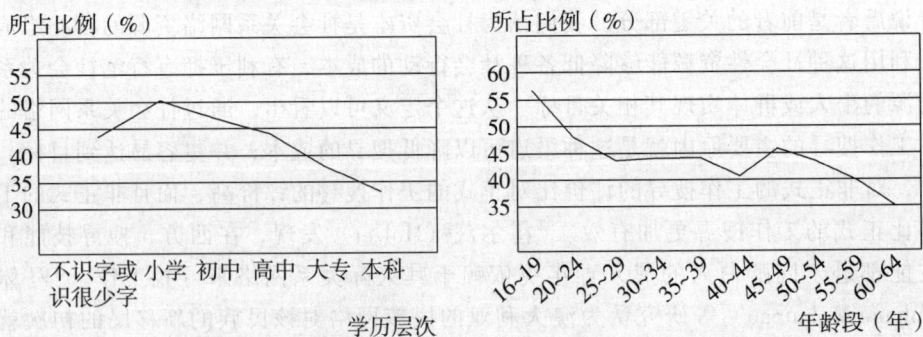

图10-4　按年龄段和学历层次区分的非正式工作搜寻的比例

资料来源　国家统计局人口和就业统计司，劳动和社会保障部规划财务司. 中国劳动统计年鉴（2005）[M]. 北京：中国统计出版社，2005.

但是，依靠社会关系网络进行工作搜寻的作用，从一些社会大众和专家学者的角度看也是令人忧虑的。中国社会调查所（SSIC）在对北京、上海、广州、武汉、沈

①　蒋乃华，卞智勇. 社会资本对农村劳动力非农就业的影响——来自江苏的实证 [J]. 管理世界，2007（12）：158-159.
②　陈斌开，陈思宇. 流动的社会资本——传统宗族文化是否影响移民就业？[J]. 经济研究，2018（3）：35-49.

阳、哈尔滨等地的2 000位公众进行问卷调查后提出社会关系因素造成大学生就业的壁垒。53%的学生和家长认为能力与关系相比，后者对就业的影响更重要，而24%的毕业生表示与自己喜爱的工作无缘，是因为自己没有关系。蔡昉（1998）认为，中国劳动力市场二元分割的现象是中国就业体制改革所面临的重要问题，它还是导致现今的大学生努力通过获得更高学历以及积极寻求社会关系网络来找工作的重要原因之一。[①]赖德胜、田永坡（2005）研究认为这不仅影响劳动力市场的流动性和市场竞争，还会妨害社会生产力的提高和降低匹配率，导致总就业量的减少。[②]

10.4.2　互联网工作搜寻

随着互联网的兴起，使用网络手段寻找工作已是求职者，特别是青年求职者的主要手段之一。对于现今中国的很多在校大学生来说，第一次的工作搜寻经历往往都是坐在电脑前上网完成的。库恩（Peter Kuhn）等发现，在美国失业的工作搜寻者中，那些更喜欢使用互联网进行工作搜寻的人往往在受教育、职业技能等方面的水平相对要高，而在社会关系网络、求职动机强度等方面的水平相对要低。[③]互联网工作搜寻（Internet Job Search）的出现，突破了传统的"一对一"或者"一对多"的工作搜寻模式，使得"一对N"的模式成为新的潮流——求职者不再局限于面对市场提供的部分职位，而是在几乎整个市场范围内进行工作搜寻。作为一个新媒介平台，互联网对工作搜寻的影响主要有两个方面：

一方面，互联网惊人的信息量和高效的信息检索渠道，使得传统工作搜寻理论对于市场信息的假设不再成立。工作搜寻者不仅可以了解整个市场的工资出价分布状况，还可以详细了解具体企业的工资出价情况——也就是说，工作搜寻者可以直接寻找自己最满意的工资出价，然后基于自身的约束条件来选择要接洽的雇主，这无疑推翻了期望收益最大化策略和保留工资策略。在过去，工作搜寻者即使跑遍所有的中介市场都可能无法掌握整个市场的工资出价情况。但是现在，他们也许上网按照关键词搜索便可以找到所有的信息了。我们会发现，工作搜寻者更加喜欢看网络招聘广告和直接联系雇主，而且他们对可以找到的工作机会更加挑剔。而对在职者来说，他们似乎也喜欢使用互联网进行工作搜寻。因为对于在职者来说，变换工作的成本比失业者要大得多，而互联网的出现则大大降低了这种成本——互联网可以为在职工作搜寻者提供全天候的工作机会搜寻，便于在职工作搜寻者进行时间方面的协调。[④]而且由于互联网求职的隐秘性，在职工作搜寻者的风险成本大大降低。因此，与使用传统渠道进行工作搜寻的在职者相比，用互联网进行在职工作搜寻者可能更加容易离职。即便不选择离职，这些在职者从互联网上获得的信息，也可以作为将来他们和当前雇主进行工资谈判的筹码。但是，库恩（Peter Kuhn）等研究发现，互联网工作搜寻方式的

① 所谓二元劳动力市场，是指蔡昉等提出的关于中国城市劳动力市场存在的国有劳动力市场和新生部门劳动力市场两个劳动力市场并行的问题，参见：蔡昉. 二元劳动力市场条件下的就业体制转换 [J]. 中国社会科学，1998（2）：4-14.
② 赖德胜，田永坡. 对中国"知识失业"成因的一个解释 [J]. 经济研究，2005（11）：111-119.
③ KUHN P, SKUTERUD M. Internet job search and unemployment durations [J]. American Economic Review，2004，94（1）：218-232.
④ 徐芳，孙媛媛，沙伟影. 结构洞理论与中介组织的网络招聘 [J]. 经济理论与经济管理，2007（10）：27-31.

出现，对缩短美国失业人口的工作搜寻期似乎没有明显作用，这可能是由于工作搜寻者在海量的信息面前更加难以决断，处理信息的时间比以前更长造成的。[①]

另一方面，互联网改变了工作搜寻者的搜寻范围，也就是说，工作搜寻者不再局限于某个相对较小的地域和特定行业进行工作搜寻。在过去，许多工作搜寻者习惯于在自己熟悉的地域和行业找工作；而现在，他们可以方便地去寻找更符合自己偏好的工作，以满足自己在事业发展、工资福利等方面的要求，这使得全国化乃至全球化的工作搜寻更加普遍。如今，越来越多的中国人走出国门去工作，国际劳务派遣（International Labor Dispatching）已经不再是一个令大众陌生的词汇。格雷夫（Arent Greve）等对加拿大的中国移民进行研究发现，借助互联网这个渠道进行工作搜寻极大地改变了中国移民的就业状况。[②]不仅中国移民在加拿大的就业率因此提高，而且其匹配程度明显提高，相应地，其工作搜寻所花费的时间也明显减少。进一步细分研究发现，在劳动技能水平最高的中国移民中，有近60%是依靠互联网找工作的。而中国国际劳务信息网发布的统计数据显示，该网站2007年1月初开通到2008年6月底近一年半的时间里，网站访问人数从每天仅几人发展到每天3 000人，累计浏览量近600万次。该网站截止到2008年6月已注册劳务公司1 000多家，发布出国劳务信息1万余条，注册出国打工人员近5 000人。从这组数据中，我们不难看出互联网对工作搜寻范围改变的巨大影响。麦克康奈尔（McConnell）等认为，互联网搜寻可以大大促进劳动力的流动，使得市场竞争加剧，从宏观看，对促进生产力的发展有积极作用。[③]

在《财富》杂志世界500强企业中，超过90%的企业使用互联网去招募新员工；而每年在Monster.com上刊登自己简历的人也超过1 800万人。[④]而中国智联招聘网发布的统计数据显示，成立28年来，智联招聘拥有超过2.6亿个职场人用户，累计合作776万个企业用户。[⑤]这些数字都暗示着互联网工作搜索时代的到来。我们可以预期的是，随着互联网的进一步发展，特别是信息技术与心理学、生物学等结合，可能会给工作搜寻带来更多变革性的影响。尽管互联网有着如此多的优势，但它不能完全取代传统平面传媒——报纸、街头广告等媒介，也不可能取代一些传统的招聘手段——面试和无领导小组讨论等，而且网络信息的安全性和真实性一直是受到广泛质疑的问题。这些说明，互联网工作搜寻也存在局限和挑战。尽管互联网工作搜寻可以减少摩擦性失业，使得工作和工作搜寻者之间更好地匹配，但相比其他就业渠道，互联网对失业人口的再就业率的影响并不明显[⑥]，这也说明，互联网工作搜寻还不是最有效的工作搜寻方式。当然，随着互联网的进一步发展，这一状况将来很可能会大为改观。

① KUHN P, SKUTERUD M. Internet job search and unemployment durations [J]. American Economic Review, 2004, 94 (1): 218-232.

② GREVE A, SALAFF J W, CHAN E. Immigrants and the job search: comparing the internet to other paths to jobs [C]. Waikoloa: 40th Hawaii International Conference on System Sciences, 2007: 12-22.

③ MCCONNELL C R, BRUE S L, MACPHERSON D A. Contemporary labor economics [M]. 7th ed. London: McGraw-Hill, 2006: 324.

④ CAPELLI P. Making the most of on-line recruiting [J]. Harvard Business Review, 2001, 79 (3): 139-146.

⑤ 智联招聘. 智联简介 [EB/OL]. [2022-05-25]. https://special.zhaopin.com/sh/2009/aboutus/about.html.

⑥ KUHN P, SKUTERUD M. Internet job search and unemployment durations [J]. American Economic Review, 2004, 94 (1): 218-232.

本章小结

工作搜寻是求职者在劳动力市场中寻找令其满意的工作的行为。工作搜寻理论是在包括失业者在内的劳动力市场范围内，基于一些反映劳动力市场现状的假设条件，考察影响求职者工作搜寻行为的各种因素，以及这些工作搜寻行为对其自身和整个劳动力市场的影响。工作搜寻按照搜寻者的搜寻状态、搜寻范围、搜寻强度和搜寻渠道四个维度进行分类：按照搜寻状态的不同，可以分为在职的工作搜寻和失业的工作搜寻；按照搜寻范围的不同，可以分为外部的工作搜寻和内部的工作搜寻；按照搜寻强度的不同，可以分为粗放的工作搜寻和集约的工作搜寻；按照搜寻渠道的不同，可以分为正式的工作搜寻和非正式的工作搜寻。

经济学家们经常用构建模型的方式去分析工作搜寻，早期的工作搜寻模型主要分为两类，它们其实是从不同的角度来审视工作搜寻的行为：从成本收益的角度看，工作搜寻可以在比较边际收益和边际成本的经典微观经济学思想基础上去决定一个最佳搜寻次数；从另一个角度看，当可得的信息不足以了解整个市场工资出价的分布时，设定一个保留工资去进行工作搜寻是理性的选择。这两类模型其实是内在联系的，并没有本质区别。工作搜寻模型可以在一定程度上解释失业问题，但是它并不是导致失业的根本原因。当一个劳动力市场匹配程度很低时，工作搜寻会变得非常无效率。解决这一问题的办法之一是加强市场中介的建设，来自国外的经验对于中国来说是很好的借鉴。

在职工作搜寻是值得关注的一种搜寻方式，它对工作搜寻者来说可以节省不少成本，并且可能更容易成功。在职工作搜寻不仅可以帮助在职工作搜寻者找到更好的工作，帮助其实现职业生涯的发展目标，还可以使劳动力市场运行得更好，这值得企业在人力资源管理方面加以学习和思考。值得一提的是，在职者必须合理地进行工作搜寻，否则对企业和自身都是不利的。

借助社会关系网络和互联网进行工作搜寻在中西方都十分有效。在中国，依靠师生、亲友等关系找工作往往是较重要的找工作渠道。中国独特的社会环境，使得这种社会关系网络变成一种重要的社会资本。很多大学生和进城务工人员甚至完全依赖这种社会关系网络来"跨越"他们所面临的中国劳动力市场的各类制度性障碍。而很多的应届毕业生和在职人员都喜欢使用互联网来进行工作搜寻。详细的统计数据和调查研究已经证明，互联网正在深刻影响工作搜寻者的行为，我们相信这种改变是积极的。而且，可以预期的是，使用互联网进行工作搜寻的人会越来越多。

复习思考题

1. 从工作搜寻理论的发展中可以得到哪些启示？
2. 简述工作搜寻的两类模型，并说明它们有哪些相同和不同之处？
3. 简述工作搜寻的分类，并说明这些区分维度的内在联系是什么？
4. 在职工作搜寻真的是有价值的吗？谈谈你的看法。
5. 企业应该如何应对员工的在职工作搜寻？

6.从个人职业发展的角度来说，内部的工作搜寻和外部的工作搜寻哪种更重要？

7.对大学生来说，粗放的工作搜寻和集约的工作搜寻哪种更为合理？

8.互联网对工作搜寻的影响有哪些？谈谈你的亲身体会。

9.简述国内外关于社会资本对就业影响的调查和研究。

10.基于自己的经历和见闻谈谈你对依靠社会关系网络进行工作搜寻的看法。

案例分析题

80%以上的工作是通过关系网络找到的？

根据社会学家边燕杰的研究，靠个人社会关系网络找到工作的比例整体上一直在上升，自2009年以来占到80%以上，其中相当一部分是靠"弱关系"。他发现，在过去几十年里，来自父母或亲戚的"强关系"在中国社会的作用受到很大约束。

"弱关系"只提供工作信息。他们不是家人，而是偶尔联系的同学、以前的同事或偶尔认识的人。这些关系人更可能带来圈子外的、自己不知道的消息。"弱关系"是现代经济体的共同现象。如果没有"弱关系"，劳动信息市场几乎无法形成。

1.从哪获得招聘信息：上升中的"弱关系"

20世纪60年代末，正在攻读博士学位的美国学生格兰诺维特（Mark Granovetter）决定尝试研究人们从哪儿获得招聘信息，是怎样找到工作的。格兰诺维特讲了一件事。你对这一类情节大概不会陌生，它可以发生在任何一个地方的任何一个行业。

有一位博士在博士后出站后询问一所高校是否需要招人并寄去求职简历，收到对方回复："无招聘计划。"而当这位博士曾经的导师去该校就职后，他很快被告知其实有一个工作机会，最终他也获得了该工作。招聘信息在这里只通过人际关系传播。此处的导师就是格兰诺维特说的"关系人"。当然，他的研究对象不是高校教员，而是公司专业技术人员和管理人员。在他们中约有56%的被访者都是使用个人社会关系网络找到当前的工作的。

格兰诺维特还发现，相比于通过正式招聘公告入职的被访者，那些通过个人社会关系网络入职的被访者对工作的满意度更高，也更快速、更轻松地融入公司。无论是"找工作"还是随后的职业生涯，关系人的影响都随处可见。他们不是家人，而是偶尔联系的同学、以前的同事或偶尔认识的人，也就是"弱关系"。这些关系人和求职者不属于一个社交群体，更可能带来圈子外的、自己不知道的工作信息。他将此概括为"弱关系优势"。

边燕杰发现，在很长一段时间内，"强关系"而非"弱关系"在中国劳动市场更经常影响一个人的工作。1994年，在《中国季刊》（The China Quarterly）刊登的一篇题为"Guanxi and the Allocation of Jobs in Urban China"的论文中，他认为，在中国城市社会，求职主要依靠亲属等紧密联结的"强关系"。在20世纪90年代的中国，边燕杰研究的还是改革开放早期的"双轨制"时代。根据他在2000年以后的研究，随着中国入世后经济市场化改革的加速，"强关系"下降，特别是所谓人情资源得到一些约束，"弱关系"则显著上升。2012年，他与张文宏、程诚等在《社会》上发表的论文《求职过程的社会网络模型：检验关系效应假设》得出，基于个人社会关系网络获得工作的比例整体上一直在上升，自2009年以来占到80%以上。其中相当一部分是"弱关系"。"弱关系优势"在中国劳动力市场已经显现出来。

2.完全竞争的劳动力市场：可望而不可即

"强关系"被使用是因为它能提供人情资源。甲使用了"强关系"，就可能意味着乙、丙、丁的机会被剥夺，规则被破坏。这是"强关系"不受欢迎而必须对其进行约束的原因。"弱关系"则极少受到质疑，因为它提供的只是市场信息。问题是，"工作缺口""工作需求"的市场信息为什么偏偏是通过人际关系网络传递的？

在完全竞争的劳动力市场假设之中，每个求职者都能找到最适合自己特征和要求的工作，而不受地域、出身、年龄、性别或机缘等任何因素的影响。在数字时代，招聘网站、App等把"为你找到最合适的工作""为你找到最合适的员工"作为其商业目标。

可是，对于求职者来说，海投数百封简历可能得不到一次面试机会。企业也极少把通过招聘平台海投的简历视为有诚意的应聘。当你还在海投之时，另一个人可能已经通过朋友介绍把简历转给企业人力主管，即便他秉公办事、不偏不倚，打开邮箱、盯着满屏的未读邮件也只好根据学校或性别淘汰一批，而相反，他可能已经把通过朋友介绍的简历仔细看完了，如果不符合要求，还不得不反复琢磨一番推辞，考虑如何婉谢才不得罪人。这样的做法并未违反招聘规则。由"弱关系"转来的求职者也得符合要求，要依照笔试、面试等考核结果评估是否聘用，不然就是使用人情资源破坏规则，要承担相应后果，"弱关系"的关系人不会冒此违规风险。除非在一些情况下，求职者或其关系人利用私下交易强化了关系。

从这个角度也可以理解在过去几十年，推动中国经济增长的城乡大规模劳动力流动是如何成功实现的。他们一代接着一代进城打工，如果无法获得值得信任的招工信息，就不知道哪里缺工，也不知哪里打工效益好。社会学家李培林在《社会学研究》1996年第4期发表的《流动民工的社会网络和社会地位》一文，以山东为例发现，民工通过报纸或广播获得招工信息的尚不足5%，剩下的95%都是依靠家人、亲戚或老乡等关系，而与他们一起打工的则占到一半以上。家人、亲戚和老乡来自一个封闭的熟人社会，彼此经常见面。他们不会止于一两次打交道，如果有欺骗行为，关系就难以为继。他们之间是信任的，也需要建立信任。他们中那些有打工经验的、善于变通的，就可能成为"关系人"。城乡之间的劳动市场信息网络就在这个过程中慢慢形成。没有这张自发形成的关系网络，从城乡劳动力流动到城市经济增长都是不可想象的。

然而，在熙熙攘攘的城市生活中，即便移动互联网发展到今天，在市场信息加速流动下，你还是能感受信息的稀缺性。反过来理解也说得过去——信息稀缺是因为信息的流动一般只是通过个人社会关系网络实现的。我们可能在朋友圈看到一条感兴趣的招聘广告，而它可能只是来自一个朋友的随手一转，尽管这看起来是那么偶然。

资料来源　罗东. 当80%以上的工作是通过关系网络找到的，社恐人的未来在哪里？[EB/OL].（2020-09-16）[2022-09-09]. https://www.sohu.com/a/418719732_114988.

讨论题：

案例中使用了哪些方式进行工作搜寻？结合本章的内容，您觉得有哪些启示？

推荐阅读资料

1.伊兰伯格，史密斯．现代劳动经济学：理论与公共政策［M］．刘昕，译．13版．北京：中国人民大学出版社，2021.

2.麦克南，布鲁，麦克菲逊．当代劳动经济学［M］．刘文，赵成美，译．7版．北京：人民邮电出版社，2006：第12章.

3.曾湘泉，等．劳动力市场中介与就业促进：中国就业战略报告2007［M］．北京：中国人民大学出版社，2008：第1、4、6、8、9章.

4.MORTENSEN D T. Job search and labor market analysis ［J］. Handbook of Labor Economics，1984（2）：849-919.

网上资源

1.人大经济论坛，http：//bbs.pinggu.org

2.德国劳工研究所，http：//www.iza.org

3.《中国劳动统计年鉴》数据库，https：//data.cnki.net/Trade/yearbook/single/N2022020102？zcode=Z001

拓展阅读：中国女大学生就业搜寻研究——基于63所高校的数据分析

第11章 劳动力需求行为：雇用、甄选和歧视

学习目标

- 理解工作流量和职位空缺概念
- 掌握企业的雇用标准
- 了解企业进行员工搜寻的途径
- 掌握企业进行员工筛选的机制
- 理解劳动力市场歧视的类型

引例 **"抢人大战"降温**

学历，或许不再是人才落户各大城市畅通无阻的通行证。2021年8月，深圳市人社局发布公告，对现有人才政策做出调整：自2021年9月1日起，新引进人才不再受理发放租房和生活补贴。此公告表明，深圳对引进的全日制本科及硕士学历人才进行补贴即将成为历史，引进的博士人才的年龄门槛也被限制在了35周岁以下。事实上，深圳不是特例，国内多个城市陆续出台了重要政策文件，人才落户政策"刹车"趋势明显。

"抢人大战"，深圳走在最前面

"来了，就是深圳人。"作为一座年轻的移民城市，深圳的开放、包容、创新，吸引了来自五湖四海的优秀人才，凝聚了深圳振翅腾飞所需的知识积累和人才储备。

招徕人才，深圳一直走在前列。很少有人能比深圳的海归，更切实地感受到"书中自有黄金屋"的含义。2010年，深圳启动"孔雀计划"，大规模、大手笔、成体系地引进海外高层次人才。纳入"孔雀计划"的海外高层次人才，可享受160万至300万元的奖励补贴，并享受居留和出入境、落户、子女入学、配偶就业、医疗保险等方面的待遇政策。

深圳以外，其他城市相继加入"抢人大战"之中，通过给钱、给房、给户籍，甚至利用解决配偶工作、子女入学等手段来吸引全国各地的优秀人才。

东莞发布的《东莞市新时代创新人才引进培养实施方案》中提到：符合条件的本科生、硕士生和博士生分别可以拿到1万元、6万元和20万元的人才补贴。太原发布《太原市事业单位引进高层次人才实施办法》，大力度吸引高层次人才来太原干事创业、追梦逐月，最高将近30万元的现金补贴，显示出这座城市"不拘一格降人才"的决心。武汉出台了《关于支持百万大学生留汉创业就业的若干政策措施》等政策，通过降低落户门槛、购房租房打八折等"超常规"措施，力争5年内留下百万大

学生！

各大城市，相继收紧人才政策

在全国"抢人大战"如火如荼的背景下，走在最前列的深圳却紧急刹车。这座曾经张开双臂欢迎外来奋斗者，以"来了，就是深圳人"为骄傲的城市，收紧了人才落户政策。2021年5月，深圳市发改委公布的《户籍迁入若干规定（征求意见稿）》，不但拒绝了所有的大专生，还收紧了人才落户年龄：本科生不得超过35周岁，硕士生不得超过40周岁，博士生不得超过45周岁。

事实上，深圳不是特例，广州、杭州、温州等各地人才引进政策都在收紧。

温州永嘉发布公告，明确了事业单位引进人才的对象和范围：硕士研究生年龄不超过35周岁；博士研究生年龄不超过40周岁；"双一流"高校的应届本科毕业生，年龄不超过25周岁。杭州不止一次收紧人才购房政策，最新政策中明确规定，落户未满5年的，限购范围内限购1套住房。单身人才不能购买两套房，人才家庭落户杭州须满5年的方可购买第二套房。广州市除将越秀区、天河区、白云区等9区个人销售住房增值税征免年限从2年提高至5年外，还规定人才购房须提供连续12个月缴纳社保证明，不得补缴。而此前，非广州市户籍只要符合缴纳社保满半年的条件就可以购房。

资源紧缺，人才政策持续调整

近几年，各大城市为了"抢人"，可谓使出了浑身解数，但与之而来暴露的问题，让这场不见硝烟的战争紧急降温。

第七次人口普查数据显示，全国人口共141 178万人，比2010年增长7 206万人，增速放缓，但人口地区分布的不平衡状况进一步加剧。东部地区人口占39.93%，与2010年相比，东部地区人口所占比重上升2.15个百分点，人口正在向经济发达区域、城市群进一步集聚。2021年深圳常住人口达到1 756万人，人口增量位居全国城市之首，而深圳市的可建设用地只有931平方公里；2021年广州常住人口超过1 867万人，10年间人口增长597万人；2021年北京的常住人口突破两千万人大关，为2 189万人。常住人口持续增长、人口密度过高导致资源环境承压，城市人口与公共服务供需矛盾突出，面对人口天花板，下决心只是迟早的问题，人才落户政策的收紧理所当然。

每年，抱着梦想"北漂""沪漂""深漂"的人不计其数，但随着城市产业结构调整发展，对所需的人才要求水涨船高。从"农民工争夺战"，到"高校毕业生争夺战"，到未来对更高层次人才的争夺。这个时代，比以往都更重视人才，但"人才"的标准已经变了。

资料来源　青塔."抢人大战"降温，一线城市取消人才补贴！［EB/OL］.（2021-07-02）［2022-09-09］. https://www.cingta.com/article/detail/20354.

引例中的深圳曾通过"孔雀计划"引进大批海外高层次人才，这样的招聘需求是怎么产生的，又发生了什么样的转变？引才过程中到底应该遵循什么样的标准？用人单位应该采取什么样的渠道去寻找合适的求职者？应该怎么对求职者进行筛选？筛选标准会产生对其他群体的歧视吗？通过本章的学习，我们将找到这些问题的答案。

11.1 工作流量与职位空缺

随着我国经济体制改革的不断深入、企业经营模式的大规模转型以及科学技术的飞速发展，劳动力市场已经发生了剧烈的变革，大批传统的工作岗位逐渐衰落甚至消失，新生的工作岗位不断涌现。当企业创建或破产时，当企业规模扩大或缩小时，当旧的技术被淘汰而新的技术出现时，总会产生工作岗位的创造或消亡，进而形成职位空缺。工作流量的规模、职位空缺的规模以及职位空缺的持续时间对整个劳动力市场产生了重要的影响。

11.1.1 工作流量（Job Flow）

对劳动力再配置的研究有两个分支：一是关于搜寻和匹配的劳动力流动；二是关于工作创造和工作消亡的工作流量。这两方面对研究动态劳动力市场、劳动力再配置，特别是失业问题至关重要。[1]

工作流量研究领域内的概念都是建立在这一假设之上的，即特定行业里工作岗位的变化可以用雇用量的变化反映出来。该领域的相关概念包括工作流量、工作创造、工作消亡、工作再配置、超额再配置等，构成了整个工作流量理论的基础。其中，工作流量是最为宏观的概念，指由于种种原因导致的工作岗位的产生和消亡现象；工作创造和工作消亡是从量的方面衡量工作流量的大小和方向，二者描述的是两种方向相逆的运动；工作再配置和超额再配置则是从质的层面综合分析了员工、工作、生产资料在不同雇主间的重新分配，它们是衡量不同企业之间雇用量变化差异的有效途径之一。

如果以 EMP_{st} 表示部门 S 中的雇主在时点 t 雇用的员工人数，以 S_t 表示时点 t-1 到时点 t 这一时段内具有正雇用量的雇主集合，则上面提到的有关概念可表示如下：部门 S 在时点 t 的工作创造量 C_{st} 等于从时点 t-1 到时点 t 这一时段内新近开业或规模扩张的所有商业单位中雇用量的总体增加。部门 S 在时点 t 的工作消亡量 D_{st} 等于从时点 t-1 到时点 t 这一时段内规模收缩或者倒闭的所有商业单位中雇用量的总体减少。部门 S 在时点 t 的工作再配置 R_{st} 等于从时点 t-1 到时点 t 这一时段内特定行业中所有商业单位工作创造量和工作消亡量的绝对值之和，可以表示为：$R_{st} = C_{st} + D_{st}$。部门 S 在时点 t 的超额再配置等于从时点 t-1 到时点 t 这一时段内总工作再配置减去净雇用量变化的绝对值。

为了把上面这些工作流量的度量值换算成比率，可以用它们除以雇用规模。用时点 t-1 到时点 t 这一时段内部门 S 中的雇主在时点 t 的雇用量平均值：$Z_{st} = (EMP_{st} +$

---

① BURGESS S, LANE J, STEVENS D. Job flow, worker flow and churning [J]. Journal of Labor Economics, 2000, 18 (3): 473-502.

EMP_{st-1})/2表示雇用规模，则部门S在时点t的雇用增长率可以表示为：$g_{st} = \triangle EMP_{st}/Z_{st}$。采用这种方法，可依次得出部门S的工作创造率、工作消亡率、工作再配置率。[①]此外，总工作创造率和工作消亡率之间的差为就业净增长率。[②]已有研究不约而同地表明，工作流量现象在不同的国家和地区之间广泛存在[③]，同时工作创造和工作消亡的速度是相当快的。

对工作流量进行解释的理论之一是异质性理论。该理论假设工作流量在一定程度上受到若干特质因素的影响。当这些因素表现出不同时，雇主所经历的工作流量的规模和强度是存在很大差异的。这主要表现在三个层面：雇主层面的异质性、企业经营层面的异质性、行业或国家层面的异质性。

第一，雇主层面的异质性。一般认为，雇主的很多特质因素都会影响他所面临的工作流量的规模与性质。这些因素包括雇主所在的行业、产业、地域、经营规模、经营年限、产品细分程度等。通常情况下，在其他因素保持恒定时，企业经营规模越大，业绩增长越快，工作再配置的规模和强度就会越大；同时，工作岗位的超额再配置频率随雇主雇用规模和经营年限的增加而增加，随员工薪酬水平的上升而下降。哈尔特瓦戈和弗多皮维克（John Haltiwanger and Milan Vodopivec）研究发现斯洛文尼亚的工作流动率较高，特别是在新兴的企业、小型企业、私营企业或外资企业中。[④]

第二，企业经营层面的异质性。企业经营层面的一些特质因素同样影响了工作流量的规模和性质，包括：新产品或新生产技术的开发、推广、应用、营销以及管理规范上的不确定性；厂商的经营和管理能力；对生存环境的学习和适应能力；工厂、公司独特的环境分布；有关技术、推广渠道、营销渠道、消费者品位等信息的获得；资本的收益等。希莫夫和洛佩兹-萨利多（Claudio M. Cemfl and David Lopez-Salido）采用了一个商业周期一般均衡模型对技术冲击与工作流动的关系进行了研究，发现技术冲击会产生两种截然相反的力量影响工作的消亡，可能导致就业的扩张或收缩。[⑤]

第三，行业或国家层面的异质性。对于行业因素与工作流量之间关系进行的研究表明，不同的行业有不同的产品细分程度，这会影响工作再配置的密度和规模；行业之间引起再配置的外力的作用强度是不同的（行业不同，其所面临的技术变化的速度、旧产品被淘汰的速度是不同的）。一般而言，行业的生产率增长越快，它的工作再配置比例就越高。而针对国别因素进行的经验研究表明，不同国家之间，"指导工作流动的政策因素不同是带来国别差别的决定性因素"。[⑥]麦西纳

① HALTIWANGER J, SCOTT S. Gross job flows between plants and industries [J]. New England Economic Review, 1999, (3): 41-64.
② STEFAN B, KONINGS J. Job creation, job destruction and labour demand in Slovenia [J]. Comparative Economic Studies, 1999, 41 (2-3): 135-149.
③ 现有相关研究已经覆盖了美国、法国、俄罗斯、芬兰、西班牙、意大利、加拿大、以色列、波兰、斯洛文尼亚等在内的诸多国家和中国台湾地区等。
④ HALTIWANGER J, VODOPIVEC M. Worker flows, job flows and firm wage policies: an analysis of Slovenia [J]. Economics of Transition, 2003, 11 (2): 253-290.
⑤ CEMFL C M, LOPEZ-SALIDO D. Technology shocks and job flows [M]. Review of Economic Studies, 2007, 74 (4): 1195-1227.
⑥ ASHENFELTER O, LAYARD R. Handbook of labor economics: Volume 3, Part B [M]. Amsterdam: Elsevier, 1999: 2753.

和瓦伦蒂（Julián Messina and Giovanna Vallanti）对欧洲14个国家制造业和非制造业的数据研究发现，严格的解雇法律会使工作消亡陷入恶性循环，从而对就业起到反作用。[①]

工作流量理论从工作岗位的变迁状况入手，从根源上分析了工作流量的决定因素、影响因素、发挥的作用以及与劳动力流动之间的关系，使得对于劳动力市场问题的全方位把握成为可能。但是对工作流量问题的研究才刚刚开始，劳动经济学领域的许多重要问题，如工作搜寻、雇用匹配、失业工人的收入损失、风险分担、薪酬的确定、失业保险等都没能被涵盖进去。

11.1.2　职位空缺（Job Vacancy）

工作的创造或消亡都有可能引起职位空缺，职位空缺来源于雇主的劳动力需求，雇主通过雇用行为满足其劳动力需求，因此对职位空缺的直观定义为"若企业正在寻找员工来填补已存在的空缺岗位时，这个企业就存在职位空缺"。但是该定义只关注了雇主的搜寻行为，并没有注意到企业的搜寻行为可能是基于当前的职位需求，还可能是基于未来会产生的需求。由于员工的招募、甄选和培训都需要花费一定的时间，为避免这种时滞性，企业通常会提前展开招聘雇用行为。因此，对职位空缺更为准确的表述应该是"如果企业正在寻找员工，那么认为该企业存在职位空缺"。[②]或者说，职位空缺是新创造的职位、现有的未被填补的职位或将来可能发生的空缺职位的统称，并且雇主为满足这些岗位需求而采取积极行动去寻找合适的员工。[③]

实际上职位空缺可以分为两类：正处在招聘过程，但能获得满足的职位空缺和未被填补的职位空缺。法姆（Ante Farm）称正处在招聘过程，但能获得满足的职位空缺为"工作空白（Job Opening）"，这一过程从企业进行招聘活动开始，到找到合适的员工或者招聘活动因其他原因而取消为止。[④]由于通常情况下企业并不能成功、及时地找到合适的工人，于是产生了未被填补的职位空缺。未被填补的职位空缺可能是由很多原因造成的，如结构性失衡、市场摩擦等，因此它也是研究者关注的重点。法姆给出了未被填补的职位空缺的三种定义：传统定义、国际劳工组织定义和经典定义。其中，传统定义主要是衡量当期需要的、未被满足的工作空缺，该定义不包括有员工在岗的工作空白和以后能被满足的工作空白。[⑤]国际劳工组织定义是霍夫曼（Eivind Hoffmann）仿照国际劳工组织对失业的定义做出的，该定义包含以下三个方面：（1）如果有合格的劳动者，雇主将会雇用他从事某项工作；（2）不会因此解雇任何人；（3）在最近一段时间内企业都在寻找合适的求职者，或正在甄选求职者，或等待求职者接受该职位，或等待接受该职位的求职者开始工作。[⑥]经典定义将未被填补的

---

①　MESSINA J, VALLANTI G. Job flow dynamics and firing restrictions: evidence from Europe [J]. The Economic Journal, 2007, 117 (521): 279-301.

②　KENNETH B, CUNNINGHAM E J. Toward a theory of vacancies [J]. Journal of Labor Economics, 1998, 16 (3): 445-478.

③　来源于Babylon词典, http: //dictionary.babylon.com/Job%20vacancies.

④　FARM A. Defining and measuring unmet labor demand [Z]. Swedish Institute for Social Research (SOFI), Stockholm University and Statistics Sweden Working Paper, 2003.

⑤　如果企业要为一个职位招聘一名新工人，但是这个职位在招聘期间被即将退休的工人或者其他临时工占据，则称此为有员工在岗的工作空白。在传统定义下，其不属于职位空缺的范畴。

⑥　HOFFMANN E. Collecting statistics on imbalances in the demand for labor [J]. Acta Hydrobiologica Sinica, 1999, 28 (4): 550-553.

职位空缺定义为未被满足的劳动力需求，用雇用量表示已被满足了的劳动力需求，那么职位空缺数是总劳动力需求与雇用量的差。

关于职位空缺的另外一个重要概念是职位空缺持续时间，指从企业招聘开始到新员工雇用为止或者是因特殊情况导致招聘活动取消为止的时间段。与失业的平均持续时间不同，失业的平均持续时间与失业人数成正比，与职位空缺数成反比，而职位空缺持续时间与职位空缺数成正比，与失业人数成反比。冯·阿沃斯（J. C. Van Ours）对新西兰的职位空缺持续时间的决定因素进行了研究，发现职位所需的受教育水平、职业类型和雇主的规模对职位空缺持续时间有重要影响。职位所需的受教育水平越高，职位空缺持续时间越长；服务业的职位空缺持续时间比其他行业短；雇主的企业规模越大职位空缺持续时间越长。[1]但是冯·阿沃斯和里德尔（J. C. Van Ours and Geert Ridder）对荷兰所有雇员大于10人的单位进行了5%的抽样调查，获得1 913个样本，研究发现几乎所有的空缺职位都能在空缺发布之后的很短的时间内建立起求职者库，因此他们认为空缺持续期应该被解释为筛选期而不是搜寻求职者的时间。[2]

在职位空缺数据的测量方面，唐镶以1965年美国国家经济研究局的"职位空缺测量国际大会"为分水岭，将对职位空缺数据的收集和研究分为两个阶段。20世纪30年代到60年代中期是对职位空缺数据收集的探索阶段，60年代后期至今是在数据测量方法上的规范发展和理论形成阶段。[3]职位空缺数据是反映经济景气情况变化的重要指标，对职位空缺数据的分析有助于我们对结构性失业和摩擦性失业的把握。法姆（Ante Farm）指出职位空缺的统计数据能够衡量在就业匹配过程中摩擦性作用的影响。[4]

工作创造与工作消亡必然会造成职位空缺，职位空缺会形成企业的劳动力需求，引起企业的雇用和甄选行为。企业在做出雇用甄选决策时需要考虑很多因素，如雇用的标准、合适的筛选机制设计等。

11.2 雇用标准

填补职位空缺的招聘是人力资源管理工作中非常重要的一个环节，合理的招聘过程由一系列的活动组成，包括发布招聘广告吸引求职者、笔试、面试等。任何企业的招聘活动都面临着如何确定雇用标准的问题：一是在生产率确定的条件下企业雇用的技能标准选择，是选择成本高的高技能员工还是选择成本相对较低的低技能员工，以大学毕业生和高中毕业生为例。二是当生产率未知时，企业在风险工人和非风险工人之间的选择。

① VAN OURS J C. Durations of Dutch job vacancies [J]. De Economist, 1989, 137（3）: 309-327.
② VAN OURS J C, RIDDER G. Vacancies and the recruitment of new employees [J]. Journal of Labor Economics, 1992, 10（2）: 138-155.
③ 唐镶. 职位空缺的理论回顾、数据测量及决定因素——来自劳动力需求角度的就业测量研究 [M]. 北京：经济管理出版社, 2008.
④ FARM A. A theory of vacancy statistics [Z]. Swedish Institute for Social Research （SOFI）, Stockholm University Working Paper, 2009.

11.2.1　技能选择

企业在雇用过程中到底是应该雇用高学历的员工还是应该雇用低学历的员工？仅单方面考虑员工的生产率或人工成本是正确的吗？从经济学角度考虑，企业是一个追求利润最大化的经济体，其一切活动应遵循的准则是单位产量的成本最低，雇用过程也不例外，对劳动力这种投入要素的选择应取决于劳动者的成本和产量的比率，成本效益最好的劳动力是那种工资和产量之间比率最低的劳动力。

一家企业在特定的工作岗位上是雇用高中毕业生还是雇用大学毕业生，取决于这两类工人的工资和产量之比。在确定企业的雇用标准时不能单纯地考虑产量或成本，应将二者结合起来考虑，高生产率的劳动力不一定是能使企业利润最大化的劳动力，便宜的劳动力也不一定是使企业成本最小化的劳动力。一般性原则是考虑单位产量的成本，假定 Q_C 是大学毕业生的平均产量，Q_H 是高中毕业生在同一时期的平均产量，W_C 是大学毕业生的平均工资，W_H 是高中毕业生在同一时期的平均工资，则雇用标准如图11-1所示：

$$\frac{W_H}{Q_H} < \frac{W_C}{Q_C} \Rightarrow 雇用高中毕业生$$

$$\frac{W_H}{Q_H} > \frac{W_C}{Q_C} \Rightarrow 雇用大学毕业生$$

$$\frac{W_H}{Q_H} = \frac{W_C}{Q_C} \Rightarrow 雇用大学毕业和雇用高中毕业生无差别$$

图11-1　雇用标准

资料来源　拉齐尔. 人事管理经济学［M］. 刘昕，译. 北京：生活·读书·新知三联书店，北京大学出版社，2000：13-15.

对于这个一般性原则有另外一种表述，即如果企业雇用大学毕业生所带来的产量增加不能弥补因雇用他们所带来的成本上升，那么企业应当雇用高中毕业生；反之，如果企业雇用大学毕业生所带来的产量增加远远超过雇用大学毕业生所带来的成本上升，则企业应当雇用大学毕业生。对上述不等式进行变换可得，雇用大学毕业生的条件为 $\frac{Q_C}{Q_H} > \frac{W_C}{W_H}$。表达式左边表示雇用大学毕业生所带来的产量的增加比率，右边则表示雇用大学毕业生所带来的成本增加比率，如果雇用大学毕业生所带来的产量增加比率大于成本上升比率，那么应当雇用大学毕业生。

因此确定最优技能水平的一般原则是用比率条件加以描述的，而不是绝对差距，对水平进行考察只能得出雇用大学毕业生是否能够带来较高的产量。问题的关键不在于"大学毕业生值得雇用吗"，而是与高中毕业生相比他们是否值得雇用。如果企业能以较低的成本获得较高的收益，那么其经营状况也能因此得到改善。

另外，当企业财务状况窘迫的时候是不是就应该努力压缩成本，尽量雇用低工资成本的劳动力？对该问题的分析我们仍从经济学的利润最大化角度入手，无论是经营状况好的企业还是经营状况窘迫的企业都应当以追求利润最大化为决策依据，特别是陷入财务危机的企业。错误地选择员工类型，千方百计地省钱，只能使企业财务状况雪上加霜。高技能、高工资水平和低技能、低工资水平的劳动力为企业带来的净收益，并不会因为企业是盈利还是亏损而受影响，因此企业的雇用决策也不能随着企业的财务状况而发生变化。企业的财务状况只会对企业是否继续经营下去产生影响，一旦企业决定继续进行生产，那么财务状况对于企业确定成本效益最优的劳动力决策没有任何影响。

到目前为止，我们对技能选择问题的讨论一直是假设工人的生产过程是相互独立的，个人的绩效只取决于个人的能力和努力程度，与其他人的努力程度和能力没有关系。但是很多时候某个工人的生产率依赖于其他人的技能水平；或者尽管工人之间的生产彼此独立，但是工人与资本之间相互作用。在这两种情况下，对企业技能标准的选择则区别于上面讨论的情况。当工人在工作中是相互作用的时候，即一个人的产量还取决于与其共同工作的其他工人的技能水平时，会产生类似于"团队工作效应"、"课堂效应"和"师带徒效应"等，与工人之间的产量是相互独立的情况相比，此时企业更愿意雇用更多的通常也是更好的、技能水平更高的工人，因为通过这种"示范效应"可以改善整体劳动力的素质。考虑到资本在内，一般情况下高技能工人比低技能工人能更好地、更有效地使用机器设备，从而使得使用机器设备生产的单位成本降低，特别是当资本较为昂贵的时候，使用高技能的熟练工人能使企业的成本效益更好。因此一旦企业提高了它所使用的资本存量的数量或质量，那么应当相应地改善劳动力质量，正所谓"宝剑赠英雄，好马配好鞍"。尤其重要的是，企业的最优技能水平会随着"资本-劳动力比率"的上升而提高。

11.2.2　风险选择

在对技能进行考虑时我们假设劳动者的生产率都是已知的、确定的，但事实上很多时候，企业在雇用过程中对某些求职者的生产率并不十分清楚，需要一个甄别期来判断求职者生产率的高低。那么在雇用过程中到底是应该雇用生产率确定的求职者，还是应该雇用生产率比较难预测的风险工人呢？这一选择取决于雇用风险工人和非风险工人的预期收益，企业的最优雇用决策应该是雇用预期收益最高的一个。

假设有甲、乙两个工人，甲的生产率是确定的，其年度产量为 $Q_{甲}$；乙的生产率不确定，有可能很高，此时年度产量为 Q_{Z}，也有可能很低甚至为负，此时年度产量为 $Q_{Z'}$，假设乙出现高生产率的概率为 P，则出现低生产率的概率为 1−P。二者的年度工资均为 W（$W > Q_{Z'}$），且都将在劳动力市场上继续工作 N 年，企业经过时间 T 年后可以判断出乙的生产率状况，则此时企业面临着三种雇用可能：一是雇用无风险的甲，获得收益 $(Q_{甲} - W) \times N$；二是雇用有风险的工人乙，且发现乙是一个高生产率者，获得收益 $(Q_{Z} - W) \times N$；三是雇用有风险的工人乙，T 年后发现乙是一个低生产率的破坏者，企业立即解雇乙或使用其他方法使乙离职，此时企业获得收益 $(Q_{Z'} - W) \times T$。因此可以得出企业雇用风险工人乙的预期收益为 $P \times (Q_{Z} - W) \times N + (1 - P) \times (Q_{Z'} - W) \times T$，则雇用风险工人和非风险工人的收益之差为：

$$R = P \times (Q_乙 - W) \times N + (1 - P) \times (Q_{乙'} - W) \times T - (Q_甲 - W) \times N \qquad (公式11-1)$$

由公式11-1可知，如果两个工人具有相同的工资和相同的年度预期价值，即 $PQ_乙 + (1 - P)Q_{乙'} = Q_甲$，则与直觉相反的是，企业的最优决策应该是雇用有风险的那位工人。因为员工的不良绩效可以通过解雇该员工的办法来得到消除，而优良的绩效则可以通过在工人的整个职业生涯中对其加以雇用而得到强化，从而使得企业获得较高的预期收益。如果企业雇用了低风险的工人，那么企业将得到一个稳定的绩效实现者。如果雇用一个高风险的工人，企业有可能犯了一个错误，该工人给企业造成了损失，这时企业可以通过解雇该工人来挽救这一错误；但是该工人有可能是一位高绩效者，能为企业带来很高的收益，抓住机会雇用一个潜在的高收益者往往是一个最优的决策。

另外由公式11-1可以得出，风险工人在企业工作的时间 N 越大，企业获得可能收益的时间越长，也就是说风险工人越年轻，企业雇用风险工人的价值越大。了解雇员生产率所用的时间越短，雇用风险员工越有价值。如果员工在企业工作25年，而企业需要用24年去了解其生产率，则雇用他的价值就会大打折扣。如果他是一位生产率较低、给企业造成损失的员工，那么企业在雇用他期间将承担很大的成本。如果高风险工人的预期价值比低风险工人的预期价值要低，那么企业雇用低风险工人就是合理的。

我们上面所有讨论有一个十分关键的前提，就是企业一旦发现员工的生产率低，就可以立即解雇他，但是在大多数情况下，劳动法是不允许随便解雇员工的，法律的限制可能使企业解雇工人的成本很高。但是即便在这种解雇成本很高的情况下，只有证明高风险工人的年预期产量比低风险工人要低，才能使得雇用低风险工人比雇用高风险工人更为有利。

11.3　员工搜寻与甄选

如何吸引求职者？采用何种途径寻找合适的员工？如何对求职者进行筛选并雇用其中最合适的人？如何避免求职者的自我选择尤其是逆向选择？……这些问题是每一个利润最大化的企业都应着重考虑的。本节将介绍员工搜寻方法以及员工甄选机制的设计。

11.3.1　员工搜寻

企业的劳动力需求得以满足的一个主要途径就是企业对求职者的搜寻行为，企业进行员工搜寻的方法有很多种，除在内部劳动力市场寻找合适的员工之外，还通过发布招聘广告、职业介绍所、人才交流会、校园招聘、网络招聘等途径在外部劳动力市场进行员工搜寻。在劳动力供给短缺的情况下，在不完全竞争的劳动力市场中的雇主将更为积极地开展员工搜寻活动，这也为求职者提供了大量的关于合适的工作和工资的信息，帮助求职者调整自己的期望；在劳动力供给过剩的情况下，雇主的搜寻活动减少，提供给求职者的信息也减少，加剧了求职者的不确定性。[①]

安德鲁斯（Martyn J. Andrews）等估计了雇主搜寻持续期的决定因素，定义持续期为截止到填补空缺职位或终止搜寻行为的时间。研究得出失业率上升会使持续期延长，因为每一个空缺职位的申请者增多使得雇主花费更长的筛选时间；工资对雇主的搜寻持续期没有影响；搜寻非体力劳动者相对较困难，这一发现也符合现在面临的技能短缺现象。[②]戴维斯（Steven J. Davis）等延续了戈特尔（Cees Gorter）等[③]的思路，将空缺率和失业率同时引入模型，并利用2000—2010年德国55 000个空缺岗位的填补过程数据证实了空缺岗位的数量与失业者数量之比（即劳动力市场紧度，Labor Market Tightness）是空缺持续时间的决定性因素，劳动力市场越松弛，空缺持续时间越短。[④]

另外，还有很多因素影响企业搜寻员工的行为，研究发现规模大的雇主进行的搜寻活动也多，企业规模每增加10%，员工搜寻方面的支出增加1.7%。[⑤]这里我们详细介绍公共和私人就业机构搜寻与互联网搜寻两种。

当存在现实的职位空缺或预计未来可能产生职位空缺时，企业会进行员工搜寻活动。公共和私人就业机构作为企业与求职者之间的桥梁，与企业相比，掌握着更多的求职者信息，面对着更为广泛和多样的求职者群体，因此从某种程度上看，利用公共和私人就业机构进行员工搜寻具有某种成本上的优势。目前，企业已经将公共和私人就业机构等劳动力市场中介组织作为员工搜寻的主要渠道之一，劳动力市场中介组织在劳动力流动和就业过程中也发挥着越来越重要的作用。工作搜寻和匹配理论是劳动力市场中介的主流理论。该理论认为劳动力市场中介能够在信息收集和处理上实现规模经济，从而产生较高的匹配效率。雅瓦斯（Abdullah Yavas）构建了搜寻外部性和匹配不确定性显著特征下的双向工作搜寻模型，并以此解释了劳动力市场中介存在的原因在于，中介能够通过减少不确定性和将外部性内部化来取得交易剩余。他认为在搜寻市场中存在两种显著特征：一是不确定性，即搜寻方的搜寻不一定带来匹配；二是匹配的外部性，即一方的搜寻努力程度影响另一方的搜寻结果，一方的搜寻努力的增加会提高匹配的效率，而使另一方获益。[⑥]

马斯登和卡勒伯格（Peter V. Marsden and Arne L. Kalleberg）结合企业经营过程中日益增加的社会化外包行为，对企业使用劳动力市场中介的决定因素进行了研究，发现规模偏小的私营企业更偏向于使用劳动力市场中介。[⑦]在公共就业机构和私人就业机构的关系方面，坎彭斯和唐古（Etienne Campens and Solenne Tanguy）指出企业可

　　① ELLIOTT J W, SHERONY K R. Employer search activities and short-run aggregate labor supply [J]. Southern Economic Journal, 1986, 52 (3): 693–705.
　　② ANDREWS M J, BRADLEY S, STOTT D N, et al. Successful employer search? An empirical analysis of vacancy duration using micro data [J]. Economica, 2008, 75 (299): 455–480.
　　③ GORTER C, NIJKAMP P, PELS E. Vacancy dynamics and labor market efficiency in the Dutch labor market [J]. Growth and Change, 1997, 28 (2): 173–200.
　　④ DAVIS S J, FABERMAN R J, HALTIWANGER J C. Recruiting Intensity during and after the Great Recession: National and industry evidence [J]. American Economic Review, 2012, 102 (3): 584–588.
　　⑤ BARRON J M, BLACK D A, LOEWENSTEIN M A. Employer size: the implications for search, training, capital investment, starting wages, and wage growth [J]. Journal of Labor Economics, 1987, 5 (1): 76–89.
　　⑥ YAVAS A. Middlemen in bilateral search markets [J]. Journal of Labor Economics, 1994, 12 (3): 406–429.
　　⑦ MARSDEN P V, KALLEBERG A L. Externalizing organizational activities: where and how US establishments use employment intermediaries [J]. Socio-Economic Review, 2005, 3 (3): 389–416.

以免费在公共就业机构登记职位空缺或者选择在私人就业机构登记职位空缺（如果职位被填充，则需要向私人就业机构支付酬金），二者之间并没有冲突，且二者共存有利于提高再就业率，但是私人就业机构的效率越高，失业率下降越快。[①]

互联网搜寻作为一种新型的员工搜寻方式，以其固有的优势给传统的搜寻方式带来了很大的冲击。卡佩里（Capelli）指出，互联网在劳动力市场中的角色远远超出了一般工具的价值，它塑造了一种全新的文化。[②]从互联网招聘在全球的发展来看，1998年世界500强企业中还有14.0%的企业没有创建自己的网站，仅有29.0%的企业拥有招聘专栏；到2003年，世界500强的企业都建立了自己的网站，其中94%的企业建立了自己的招聘专栏，世界500强企业对互联网招聘的应用能够体现这种招聘方式迅速发展的态势。

众所周知，信息对劳动力市场非常重要，信息的不完善将导致劳动力市场搜寻摩擦的存在，而互联网改变了传统的信息传播途径。企业通过互联网进行员工搜寻可以降低搜寻过程中所需要的时间成本[③]，降低职位空缺被填补之前所产生的损失[④]，减少人力资源部门的工作量，使得人力资源部门能够有更多的时间来关注一些战略。[⑤]相对于传统的搜寻渠道，互联网搜寻的成本低、周期短、覆盖面广、反馈质量高、时效性好，企业使用互联网搜寻的收益很大。另外，互联网搜寻可以突破地域限制，能获得更多的求职候选人，进而有利于企业甄选出更合适的人才。

虽然与传统的搜寻渠道相比，互联网搜寻具有众多的优势，突破了信息传播和地域的限制，但是对于人力资源从业者来说，仅仅依靠互联网搜寻的做法是不明智的。首先，互联网求职者的数量多但质量不高，网上必须审查的简历的数量很多，影响了组织的效率。其次，缺少适合高级职位的候选人，麦克道加尔（McDougall）指出，招聘网站虽然能够储备初级和中级职位的求职者，但是难有适合高级职位的人选，而且信息的保密性不好。克罗夫特和波普（Kory Kroft and Devin G. Pope）利用Craigslist网站的数据，研究得出该网站降低了刊登招聘广告的成本，但是对失业率没有影响。[⑥]除此之外，由于互联网搜寻与网络硬件、信息技术密切相关，在一些欠发达地区，缺乏足够的生存空间。

11.3.2   员工甄选

采用合适的途径进行员工搜寻之后，一个非常重要的工作就是员工甄选。员工甄选包括两个方面：一是企业主动筛选，了解员工的生产率信息；二是通过一些筛选机制的设计，达到员工的自我选择。

在前面的分析中，我们假设存在信息不对称，要么是工人比招募者更清楚自己将

① CAMPENS E, TANGUY S. The market for job placement : a model of head-hunters [D]. Cahiers de la Maison des Sciences Economiques v06027, Université Panthéon-Sorbonne （Paris）, 2005.
② CAPELLI P. Making the most of online recruiting [J]. Harvard Business Review, 2001, 79 (3): 139-146.
③ MCDOUGALL B. Cyber-recruitment: the rise of the e-labor market and its implications for the federal public service [R]. [S.l.]: Public Service Commission of Canada, 2001.
④ WILLIAMS M, KLAU B. 10 easy tips for recruiting online [J]. Workforce, 1997, 76 (8): 13-17. IPD. Recruitment on the Internet [Z]. IPD Information Note, 1999.
⑤ GALANAKI E. The decision to recruit online: a descriptive study [J]. Career Development International, 2002, 7 (4): 243-251.
⑥ KROFT K, POPE D G. Does online search crowd out traditional search and improve matching efficiency? Evidence from Craigslist [J]. Journal of Labor Economics, 2014, 32 (2): 259-303.

来能否在一项工作中干得出色，要么是工人虽然清楚自己的一般技能等相关信息，但是他们并不清楚这些潜在能力如何在即将从事的工作中发挥出来，而招募者则可以根据过去的经验对求职者做出准确的评估。但是在很多的情况下，双方都处于一种对称无知状态，即双方对求职者是否能够准确地完成工作都不是很清楚。因此了解求职者的生产率情况对企业和求职者都有一定的好处，它使得管理部门能够雇用最好的工人，从而避免雇用那些对企业无用的人带来的损失；而求职者对自己生产率的了解可以增加其在劳动力市场上的议价能力。但是明确员工的生产率需要付出一定的成本，如果企业能够从获得的信息中得到收益，且该员工的信息能够保密①，企业就有动力去明确员工的生产率。如果员工能够从对其能力的证明中获得收益，那么他们也愿意支付一定的费用来支持企业的这种行为，这种支付常常以在证明期间接受较低工资的形式体现。总而言之，企业是否愿意去确定生产率取决于在确定生产率前后的净收益之差，如果确定生产率之后的净收益大于确定生产率之前的净收益，那么企业会进行筛选，获得员工的生产率信息；反之，企业则没有动力去了解员工的生产率。

确定员工生产率前后的收益之差（即筛选的净价值）是确定生产率之后的净收益、筛选的成本、未确定员工生产率时的净收益的函数。因此，首先，当筛选成本较小时，对求职者进行筛选更有利可图。其他条件相同，筛选成本越低，筛选的净价值越高。其次，在筛选结果导致较大比例的求职者被拒绝的情况时，对求职者进行筛选更有利可图。因为只有当工人的净价值为正的时候，企业才会雇用他们。这就意味着当求职者中有相当大一部分人可能给企业带来的净价值为负的时候，筛选是有利可图的。如果仅从1 000名求职者中筛选出几名很差的求职者，那么花费这种筛选成本往往是不值得的。再次，当企业因雇用了需要被筛选出的那些人所导致的成本很高的时候，对求职者进行筛选更有利可图，即一名工人对企业的破坏性越大，则把他筛选出来的价值越高。只有当有些求职者特别不适应企业的工作，会大幅度拉低平均生产率的时候，进行筛选的价值才是最大的。当工人的产量相对一致的时候，进行筛选的价值很小，筛选获得的收益可能都不能弥补筛选的成本。劳动力队伍的质量差异越大，进行筛选所产生的价值就可能越高。如果从筛选出来的某一特定类型的工人身上得到的预期收益还不如因明确他们的能力所支出的成本，那么进行筛选是没必要的。最后，如果衡量员工的生产率需要很长时间，则企业不会对员工进行筛选，因为筛选的收益不足以弥补其成本。如果只有到了员工职业生涯的最后阶段企业才能收集到关于员工生产率的信息，那么企业在衡量工人生产力上花费宝贵的资源没有任何的意义。

另外企业可以通过机制的设计，达到员工自我筛选的目的。一个好的筛选机制应该具备的条件是对那些符合条件的申请者具有吸引力，对那些不符合条件的申请者不具有吸引力，最典型的机制包括非固定工资合同和试用期。②

所谓非固定工资合同，即工资结构不固定，员工的薪酬与其产出严格挂钩。计件

---

① 如果员工的生产率信息成为公共信息，那么该企业出于市场压力而支付给该员工的工资不得不增加，从而使得企业的收益降低，甚至弥补不了确定员工生产率所花费的成本。
② 拉齐尔. 人事管理经济学［M］. 刘昕，译. 北京：生活·读书·新知三联书店，北京大学出版社，2000：48-54.

工资是非固定工资合同中的一种基本形式。假设现在劳动力市场上存在两种工人，即技术工人和非技术工人，从外部看来两类工人之间不存在明显区别，但是工人对自己的生产率情况较清楚。同时存在两家企业，一家企业采取计件工资制，以工人的产量为基础支付工资，产量高则工资高；另一家企业支付每一个工人市场平均工资，两家企业支付给工人的最终平均工资是相同的。虽然市场上有很多的不确定因素可能影响工人的产量，但是能力高的工人知道自己的能力高，产量高出市场平均水平，因此其会选择能使自己收益最大化的、采用计件工资制的企业工作。但是能力较低的工人，由于清楚知道自己的能力较差，产量低于市场平均水平，如果去采用计件工资制的企业能获得等同于其产量的工资，但是如果去支付固定工资的企业能获得高出自己产量水平的市场平均工资。因此为实现其收益的最大化，他会选择离开采用计件工资制的企业，而到采用固定工资的企业工作，从而计件工资起到了筛选工人的作用。因此要想起到良好的筛选技术工人和非技术工人的作用，非固定工资制中工资标准的设计应使得技术工人在该企业获得的收益大于其在外部企业的收益，非技术工人在该企业的收益小于其在外部企业的收益，则非技术工人自然就不会到该企业来求职。

但是采用计件工资制存在一些问题，首先，其在节省筛选成本的同时，付出了更高的工资；其次，计件工资制只适用于产量易于衡量的，对管理性质的工作都不太适用，而且在任何既定的时期衡量员工产量的成本通常是很高的，比如公司中的大多数中层管理者所生产的产量本身都是不易衡量的。对这些类型的工作评价最好是偶尔进行一次，也许是定性的而不是定量的。如果他们的产量超过了某一标准，就给他们发放一笔特殊的奖金；如果产量没有达到一定的标准，则得不到这笔奖金。这也是一种更为复杂的非固定工资合同。

事实上，上面所谈到的当产量超过某一标准之后对该员工发放一笔特殊的奖金的一个具体应用就是大多数企业采用的试用期。试用期是雇主和雇员在正式签约之前的相互考察期，试用期的工资可以低于正常工资。试用期结束后，合格的员工将被安排到永久性的工作岗位上，不合格者将会被解雇。这样合格的员工就会因为完成一项工作得到了奖励，不合格的员工则得不到这种奖励。试用期和设计适当的薪酬计划可以为企业带来合格的求职者群体。要想激励求职者进行自我选择，则试用期内的工资必须满足以下两个条件：一是要合理拉开试用期与正式录用后的工资差距；二是对技术工人而言，试用期后的超额工资要能够补偿其试用期的损失，对非技术工人而言，可能蒙混成功的收益不足以弥补其在试用期的损失。

假设劳动力市场上存在两种工人，技术工人和非技术工人，这两种工人都将在今后的 N 年内留在劳动力队伍当中，计划每年工作 H 个小时。某企业希望雇用技术工人，假设试用期为一年。试用期结束后，该工人有可能被接受并在企业继续工作 N-1 年，也有可能被解雇，再到其他企业工作；试用期的工资为 W_1，试用期结束后的工资为 W_2；技术工人和非技术工人在其他企业可能得到的工资分别为 W_s 和 W_u。另外由于对非技术工人的考察监督并不是非常的完善，非技术工人有可能被发现也有可能混过试用期而被录用，技术工人在试用期内总能显示自己的能力，而不至于被不当解雇。假设 P 为非技术工人混过试用期的概率，则（1-P）就为非技术工人在试用期结束后被解雇的概率，因此可得：

$$HW_1 + (N-1) \times HW_2 \geq N \times HW_s \qquad \text{（公式11-2）}$$

$$HW_1 + p \times (N-1) \times HW_2 + (1-p) \times (N-1) \times HW_u < N \times HW_u \qquad \text{（公式11-3）}$$

公式11-2表明为了能够吸引技术工人，必须使得技术工人在该企业N年所获得总收入高于或至少等于他在其他企业工作N年所可能获得的收入。公式11-3则保证了非技术工人不会到该企业申请工作，因为他在企业工作N年所获得的期望总收入少于在其他企业工作N年所可能获得的总收入。将两式进行简化之后，在W_s和W_u固定的情况下，调整W_1和W_2，使其同时满足上述两式，便可以起到通过试用期筛选员工的作用。

另外，随着非技术工人在试用期结束后被雇用可能性的增大，试用期内的工资和试用期结束后的工资之间的差距必须增大，即在对非技术工人甄别比较困难的情况下，应该扩大试用期前后的工资差别，使得非技术工人更少被吸引。此外，非技术工人和技术工人的外部工资差距越小，要把非技术工人从技术工人中筛选出来就越容易。因为非技术工人的外部收入机会相对更好，假冒技术工人通过试用期的收益就变得更小。由于试用期起到了诱导非技术工人到其他地方去求职的作用，因此不规定试用期的企业可能会吸引更多的非技术工人。但是由于非技术工人的工资率较低，所以雇用非技术工人的企业仍然可以获利。对于有些企业来说，可能正好适合以较低的工资率雇用非技术工人，而对另外一些企业来说，以较高的工资率雇用技术工人则是最优的决策。

11.4 雇用歧视

除了雇用标准的确定以及筛选机制的设计之外，在雇用和筛选过程中劳动力市场歧视也是一个非常重要的问题。从广义来说，歧视可以被定义为具有相同生产率特征的劳动者仅因为他们所属的人口群体不同而受到不同的对待。经济学家们通常假设存在三种可能的劳动力市场歧视来源：第一种来源是个人偏见，这种情况主要是由于雇主、作为同事的雇员以及顾客不喜欢与某些属于特定种族或性别等的雇员打交道而造成的。第二种来源是先入为主的统计性偏见，这种情况主要是由于雇主将某种先入为主的群体特征强加给个人而引起的。第三种来源是建立在这样一种假设基础之上的，即存在某些非竞争性的劳动力市场力量。[1]吉尔（Andrew M. Gill）研究了歧视对职业结构中的种族差异影响，发现黑人在管理、销售、文职等职业中的低代表性大部分是由雇用歧视造成的。[2]

11.4.1 个人偏见模型

个人偏见模型分为雇主歧视、顾客歧视和雇员歧视三种，假设雇主、顾客和雇员

① 伊兰伯格，史密斯. 现代劳动经济学：理论与公共政策 [M]. 刘昕，译. 13版. 北京：中国人民大学出版社，2021：401-415.
② GILL A M. The role of discrimination in determining occupational structure [J]. Industrial and Labor Relations Review, 1989, 42（4）：610-623.

至少有一方存在偏见，即他们偏向于不与某些特定人口群体中的成员打交道。这一模型假设存在竞争性的劳动力市场，单个厂商被看成"工资接受者"。

第一，雇主的歧视是指雇主对某种特征的雇员有偏见，在任何可能的情况下都更愿意雇用一些人，而不愿意雇用另一些人，即使他们都有相同的生产率，而顾客和作为潜在同事的雇员则没有这种偏见。为简化问题，以男性和女性为例，假设男性和女性实际具有相同的生产率，但是雇主偏向于雇用男性。因此在进行挑选决策时雇主实际上仍然是假定女性的生产率要比男性低。偏见越深，实际生产率被打折扣的幅度越大。

MRP代表在某一劳动力市场上的所有工人的实际边际收益生产率，d代表被歧视成员（这里指女性）的生产率被雇主从主观上进行贬值的程度，在这种情况下，只有当男性的工资率（W_M）等于MRP的时候，他们的市场均衡才能达到，即MRP=W_M。但是对于女性而言，只有当她们的工资率（W_F）等于她们对于企业的主观价值的时候，市场均衡才能达到，即MRP-d=W_F或MRP= W_F+d。由于假定男性和女性的实际边际收益生产率是相等的，因此W_F必然小于W_M，即W_M=W_F+d。这也意味着，如果女性的生产率遭到雇主的贬低，那么在同男性竞争工作岗位时，必须接受比男性低的工资。因此，对于歧视性雇主来说，会因歧视而损失一部分利润。如图11-2所示，歧视性雇主的利润区间为AEFB，非歧视性雇主则为AEG。

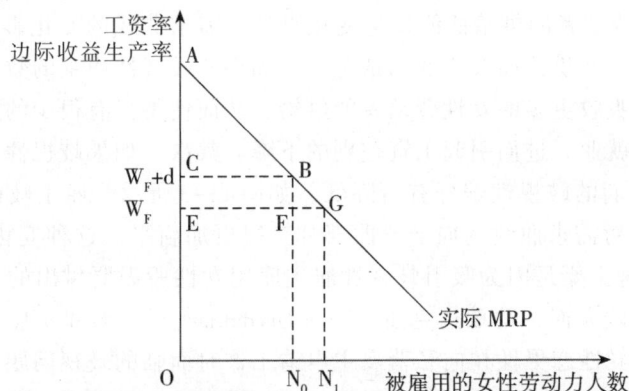

图11-2 女性雇员在歧视性企业中的均衡就业水平

资料来源 伊兰伯格，史密斯. 现代劳动经济学：理论与公共政策［M］. 刘昕，译. 13版. 北京：中国人民大学出版社，2021：403.

该模型的另外一个含义是W_M与W_F之间的差距。如图11-3所示，女性劳动者的市场需求曲线是由她们与男性劳动者之间的相对工资水平来表示的。假设市场上还有很多非歧视性雇主，在女性和男性的相对工资率为1（即W_F=W_M）的情况下，将会雇用N_0的女性劳动者。对于那些有歧视性偏好的雇主而言，W_F必须下降到W_M之下才能吸引他们去雇用女性劳动者。假定这些歧视性雇主的偏好也是不一样的，其中有些雇主在W_F比W_M稍微低一点的情况下就愿意雇用她们，而有些雇主则非要等到这种工资差距足够大的时候才愿意雇用。因此，市场的相对需求曲线被假定在A点出现了向下的弯曲，这种形状反映了这样一个事实，即要增加妇女的雇用数量，就必须使得W_F相对于W_M有所下降。

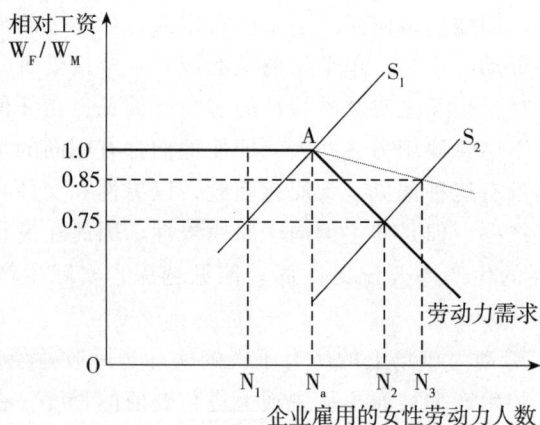

图11-3 需求变化对相对工资的影响

资料来源 伊兰伯格，史密斯. 现代劳动经济学：理论与公共政策［M］. 刘昕，译. 13版. 北京：中国人民大学出版社，2021：405.

如果女性劳动者的供给相对较小（如 S_1），那么这些人将会全部被非歧视性雇主所雇用，从而就不会存在工资差别的问题。但是如果寻找工作女性劳动者的相对数量较大（见 S_2），那么不得不吸引一些歧视性雇主来雇用女性劳动者，从而将 W_F 推向 W_M 以下。在图11-3中，供给曲线 S_2 和需求曲线的共同作用使得相对工资被压低到0.75。除了女性劳动者的供给曲线发生变化以外，需求曲线的变化影响 W_F 和 W_M 间的工资差别。首先，在供给曲线不变的情况下，如果非歧视性雇主的数量增加，即需求曲线往右移，会吸收更多的女性劳动者的供给，从而使得只有很少的人需要到歧视性雇主那里去寻求就业，进而引起工资差别的下降。其次，如果歧视性雇主的数量不发生变化，但是他们的歧视性偏好有所降低，如图11-3所示，雇主歧视性偏好的降低将表现为市场相对需求曲线的向下弯曲部分变得更加偏平。这种变化也会引起 W_F 相对于 W_M 上升，这主要是因为吸引歧视性雇主雇用女性所需要付出的工资差距代价变小了。但是在实践方面，德瑞达克斯（Nick Drydakis）通过对雇主雇用态度研究，比较希腊同性恋和异性恋男性在向私营雇主申请工作时面临的歧视问题，发现男同性恋获得面试的机会较少，但是一旦获得工作机会，同性恋和异性恋获得的工资没有显著差距。[1]普拉格等（Plug et al.）研究发现同性恋者自身会有意避开可能存在偏见的职业，而这种隔离部分是由于雇主和其他雇员的歧视造成的。[2]

雇主歧视模型意味着歧视性雇主似乎是追求效用最大化的（即满足他们带有偏见的偏好），而不是追求利润最大化的。然而，由于带有歧视性的企业会比那些没有歧视性的企业要付出更高的成本，因此歧视性雇主将会逐渐被逐出市场，即存在歧视行为的企业将会受到惩罚，歧视也将不再继续下去，除非企业的所有者愿意接受低于市场水平的收益率。因此，理论上认为，最有可能导致雇主歧视存在的情况是，企业的所有者或者管理者不需要为生存而去而追求利润最大化。因此，在面临

① DRYDAKIS N. Sexual orientation discrimination in the labor market ［J］. Labor Economics，2009，16（4）：364-372.
② PLUG E，WEBBINK D，MARTIN N. Sexual orientation，prejudice，and segregation ［J］. Journal of Labor Economics，2014，32（1）：123-159.

政府管制的垄断性企业中，歧视现象会更多一些，该类企业有机会又有动力去追求效用最大化。

第二，顾客歧视是指由于顾客的偏见所形成的，在某些场合下顾客可能偏好于让某类劳动者提供服务，而在另外某些场合下则偏好让另一类劳动者提供服务。如果顾客对男性的偏好扩大到责任程度要求较高的工作上，如医师或飞机驾驶员，而顾客对女性劳动者的偏好则界定在要求承担相对较低责任的工作上，如接待员或者空中小姐，那么出现了对女性劳动者不利的职业隔离。此外，如果女性要到那些顾客偏好为男性的行业中就业，那么她们要么接受较低的工资，要么必须比一般男性具有更高的素质。这是因为，顾客偏好的存在使得女性劳动者对企业的价值，要比具有相同素质的男性劳动者的价值低。

顾客歧视的存在将会导致那些与顾客有较多接触的职业中出现职业隔离。需要迎合歧视性顾客需要的企业将会雇用受到顾客偏爱的劳动者，与那些不必要用受歧视性顾客偏爱的劳动力群体，且为非歧视性顾客提供服务的企业相比，这些企业付出更高的工资，也必须向顾客收取更高的价格。在存在顾客歧视的情况下，在不同的职业中，属于不同非偏好群体中的成员在工资报酬上被降低的程度是不一样的，它取决于顾客对于每一群体成员的偏好程度。朗利（Neil Longley）对国家冰上曲棍球联盟中的法籍加拿大球员进行了研究，发现顾客（球迷）的偏好而不是雇主的偏好，使得法籍加拿大球员偏少（Under Represented）了，而且这种顾客歧视很难克服，因为这涉及改变一群个体的态度和偏好，而不仅是改变国家冰上曲棍球联盟中少数决策者的态度。[①]

第三种个人偏见模型来自劳动力市场的供给方，占优势地位的雇员会避开那些使他们不得不以一种自己不喜欢的方式与另一类雇员打交道的工作。如男性劳动者可能会抵制从一位女性领导那里接受命令，拒绝与不喜欢的人分享责任。比如，如果男性劳动者有歧视性偏好，那么他可能会从一位执行非歧视性雇用和晋升标准的雇主那里辞职或者不去那里求职。因此如果按照非歧视性标准进行雇用的雇主为了留住男性劳动者，就必须向其支付一笔工资补贴，即补偿性工资。但是如果雇主是非歧视性的，在能够雇用资格相同而且费用更低的劳动力的情况下，为什么还要支付补偿性工资来留住男性劳动者呢？原因很可能是，在某些行业中男性劳动者构成了劳动力队伍中的较大比例，很难想象如果没有了他们，生产该如何进行。而且一旦企业改变自己的雇用实践，男性就必须针对在企业内部出现的一大批职位竞争者来重新进行自我调整。而企业会意识到，雇用实践的改变就意味着对自己过去承诺的反悔，这种情况很可能会导致长期雇员士气的下降，影响企业的生产率。因此，企业很可能针对这些员工存在的歧视性偏好做出适应性的调整。换言之，雇员歧视的存在对于雇主来说可能是成本很高的，但是要想摆脱雇员歧视，成本同样很高。针对雇员歧视做出适应性调整的方法之一就是，在工作隔离的前提下进行雇用，这样不同人口群体背景中的雇员就不需要彼此发生联系。尽管在一个企业中完全对工

---

① LONGLEY N. Measuring employer-based discrimination versus customer-based discrimination: the case of French Canadians in the National Hockey League [J]. American Journal of Economics and Sociology, 2003, 62 (2): 365-381.

人实行工作隔离不具备经济上的可行性，但是仍然有可能根据职位类型来对工人实行工作隔离。

11.4.2 统计性歧视模型

顾名思义，统计性歧视是将一个群体的平均特征视为该群体中每一个个体所具有的特征。在劳动力市场中雇主总是希望雇用最合适的工人，人力资源部门可能会收集各种不同的有关各申请者的信息，包括年龄、受教育背景、工作经验等，还有可能会通过一些考试来补充这些信息，但是获得的信息是有限的，而且任何一种获取信息的方式都需要付出一定的成本。因此为降低成本，企业往往会利用求职者所属的特定群体所具有的一般性特征帮助自己做出判断。

统计性歧视可以看成在员工甄选过程中遇到的问题之一，当企业不能通过求职者的个人特征对其实际生产率做出准确的预测时，企业在做出雇用决策时，将会同时利用求职者个人的信息和其所属群体的信息作为决策的依据。然而，在运用群体信息时有可能会引起市场歧视，因为在这种情况下，具有相同的可衡量性生产率特征的人将会由于本人所属群体的不同而得到不同的对待。把群体信息作为个人信息的一种补充的这种做法会带来负面作用，尽管就一般情况而言，它有可能会引导雇主做出正确的雇用决策，但是它有可能把群体特征强加给那些虽然属于某一群体但其自身的群体特征并不十分明显的个人身上。比如有一些高中毕业生的能力是很强的，如果不是由于家庭贫困的制约，他们本来也是会去上大学的。所以如果将群体资料应用于这些非典型的群体成员，那么他们将会遭到不恰当的贬抑。他们与那些被雇用的人有着相同的实际生产率，只是由于与他们相联系的那些群体特征不利而无法得到工作。统计性歧视模型的一个重要含义是，同一群体中的每一成员之间的相似性越差，则运用群体信息作为甄选工具所带来的成本越高。

11.4.3 非竞争性歧视模型

我们前面讨论的歧视模型都假定市场是竞争性的，企业是劳动力市场上的工资接受者。但很多时候市场是非竞争性的，单个企业对他们支付给工人的工资是具有某种影响力的，这种影响力可能是来自串谋，也有可能是来自某种买方独家垄断力量，这里详细介绍拥挤效应和双重劳动力市场。

在现实生活中我们会发现，不同职业的工资大相径庭，职业结构是解释工人之间工资差异的重要因素。拥挤效应理论运用简单的供给需求分析解释了这一现象。假设市场上存在男性劳动者和女性劳动者；总的市场上有两种职业 X、Y，每种职业具有相同的劳动力需求曲线；男女劳动者在两种职业中都具有相同的生产率；产品市场是完全竞争的，即需求曲线不仅反映边际收益产品，而且反映边际产品价值；由于职业隔离，X 是男性从事的职业，Y 是女性从事的职业，即女性被 X 所排挤，限制在 Y 职业内，如图 11-4 所示。通过排挤女性，使其局限在职业 Y，在 Y 内产生拥挤，从而仅能获得 W_f 的低工资，而男性在 X 职业中获得 W_m 的高工资，如果不存在歧视，工资将在 W_o 处达到均衡。

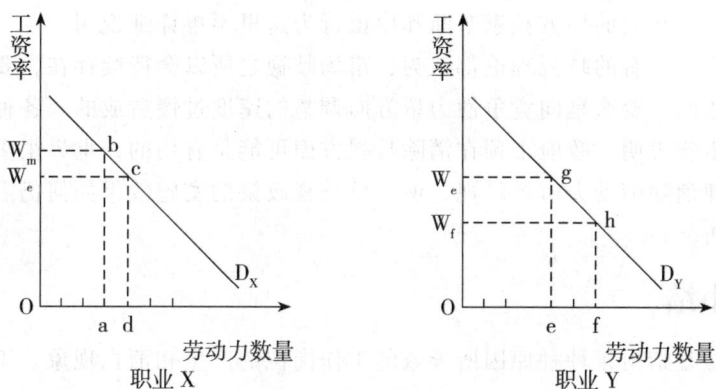

图11-4 职业隔离：拥挤效应

这种拥挤效应的结果是男性以牺牲女性劳动者的收益为代价而获得较高水平的工资收入。尽管拥挤现象所带来的影响很容易辨别，但是对拥挤现象本身很难解释。比如说，如果男性和女性在同一工作中的生产率是相同的，正是由于女性被人为地限制在某些行业之中，导致她们只能获得较低的工资，而这种较低的工资恰恰能使她们更有吸引力，从而诱使只雇用男性劳动者的企业，转过来雇用女性劳动者，这种利润最大化行为最终会逐渐消除任何一种工资差别。但事实上，拥挤现象或职业隔离并没有消除，这表明在劳动力市场上仍然存在一些彼此之间不能相互竞争的劳动者群体。彦掘（Haruhiko Hori）利用邓肯指数（Duncan Index）对日本劳动力市场性别间的职业隔离进行了研究，指出职业隔离现象很严重，职业隔离的范围并没有多少变化，职业女性劳动者增加会导致该职业工资的下降，但是职业隔离只能解释男女性别工资差距的5%。[①]李汪洋和谢宇（2015）使用1982年、1990年、2000年和2010年4次中国人口普查数据探索了中国经济体制改革以来职业的性别隔离水平变化趋势及其原因。研究发现，中国劳动力市场始终存在一定程度的职业性别隔离，职业总体的性别隔离程度自1982年至今持续上升，但非农职业的性别隔离经历了一个先升后降的过程（1990年以来不断下降）。到2010年，大多数非农职业已经都是中性职业，即职业内部的男女构成趋向平衡分布。[②]

双重劳动力市场论者将整体的劳动力市场看成被分割开的两大非竞争性部门：主要部门和次要部门。主要部门中的工作所提供的是相对较高的工资率、较为稳定的就业、良好的工作环境以及进一步发展的机会。而次要部门中的工作则只能提供较低的工资率、不稳定的就业以及较差的工作环境并且根本没有职业发展的机会；在这一部门中，受教育和经验的收益被认为接近零。次要部门中的劳动者被认为不稳定、不理想的劳动者，而且他们到主要部门去工作的机会非常有限。从双重劳动力市场角度考虑歧视问题，并没有很好地解释为什么会出现没有竞争关系的两大部门，为什么女性及其他弱势群体会被放到次要劳动力市场中。但是它对歧视的持续存在给予了一种新的解释，它认为在一开始就存在的这些不能相互竞争的群体将会不断地强化这种效应，如果存在这种非市场自身力量所形成的歧视，那么不能单纯地依靠市场力量来解

① HORI H. Labor market segmentation and the gender wage gap [J]. Japan Labor Review, 2009, 6 (1): 5-20.
② 李汪洋，谢宇. 中国职业性别隔离的趋势：1982-2010 [J]. 社会，2015 (6): 153-177.

决。与搜寻成本有关的买方独家垄断和串谋行为这里不再详细说明。

总的来说，所有的歧视理论都认为，市场歧视之所以会持续存在，要么是非竞争性的力量造成的，要么是向竞争性力量方向调整的速度过慢造成的。各种理论以及它们要解释的事实表明，政府干预在消除歧视方面可能是有用的，世界很多国家都制定了专门的法律消除劳动力市场歧视，但是反歧视政策的实施效果如何仍需根据不同的情况具体分析。

本章小结

工作流量是指由于种种原因所导致的工作岗位的产生和消亡现象。工作流量的规模和性质受很多因素的影响，如雇主层面因素、企业经营层面因素、行业或国家层面因素。工作的创造和消亡都有可能会产生职位空缺，如果企业正在寻找员工，那么认为该企业存在职位空缺。从企业招聘开始到新员工雇用为止或者是因特殊情况导致招聘活动取消为止的时间段称为职位空缺持续时间，它与职位空缺数成正比，与失业人数成反比。

企业对劳动力这种投入要素的选择取决于他们的成本和产量的比率，成本效益最好的劳动力工资和产量之间的比率最低，企业追求的应该是单位产量的成本最低。企业对风险工人和非风险工人的选择取决于雇用二者后产生的预期收益之差，通常情况下雇用风险工人更为合理。

企业进行员工搜寻的途径有很多种，互联网搜寻因其独特的成本优势而受到青睐。企业对员工进行筛选的方法有两种：一种是企业主动确定员工的生产率；另一种是通过机制的设计减少不理想求职者。第二种方法中典型的机制有两种：第一是采用非固定工资合同吸引合适的求职者，其中计件工资是非固定工资合同的最直接形式；第二是规定试用期，在试用期内支付较低的工资，以使只有那些相信自己能度过试用期的求职者来求职，降低筛选成本。

劳动力市场上的歧视是指那些具有相同能力，并最终表现为相同的劳动生产率的劳动者，由于一些非经济的个人特征引起的在就业、职业选择、晋升、工资水平、接受培训等方面受到的不公正待遇。到目前还没有一种统一的劳动力市场歧视理论，比较有代表性的有个人偏见歧视模型、统计性歧视模型、非竞争性歧视模型等。

复习思考题

1.简述工作流动、工作创造、工作消亡、工作再配置以及超额再配置的含义，及其相互关系。

2.简单分析职位空缺对劳动者求职的影响。

3.企业雇用员工的标准是什么？在学历和能力之间应如何选择？

4.企业如何通过机制的设计吸引并筛选合适的员工？

5.简述劳动力市场歧视的含义，分析个人偏见模型中雇主歧视、雇员歧视和顾客歧视的经济学含义。

6.统计性歧视是什么？它为什么会发生？统计性歧视是怎样加剧职业排挤的？

案例分析题

职场女性遭遇隐形歧视如何维权

"你如果进入我们单位，打算什么时候结婚要孩子？""你还准备生二胎吗？""怀孕后产假休息时间太长，会影响工作效率和进度，所以你可能不适合在我们单位工作。"……很多女性从踏入职场第一步便觉步履维艰，诸多单位在招聘、工作安排等各阶段，因性别设置种种"关卡"，令女性就业、从业难度层层升级。

设置岗位"性别门槛"，隐形歧视多

女生小郭在网上向一所烹饪学校应聘文案职位，但是该烹饪学校以所招岗位"限男性"为理由，多次拒绝接收小郭的简历。小郭以该校存在就业性别歧视为由起诉，最终法院认定该烹饪学校侵犯小郭平等就业权，判决学校对小郭赔礼道歉并支付精神损害抚慰金2 000元。

实践中，像小郭这样只因性别就遭遇用人单位"冷脸"的情况还有很多。《中华人民共和国就业促进法》第三条明确规定："劳动者依法享有平等就业和自主择业的权利。劳动者就业，不因民族、种族、性别、宗教信仰等不同而受歧视。"一些用人单位为规避相关法律规定，通过面试询问婚育情况、私自限制岗位录取性别等措施，为女性就业增设"隐形门槛"。面对此种情况，2019年，人力资源和社会保障部、司法部等9部门联合下发《关于进一步规范招聘行为促进妇女就业的通知》，其中第二条规定："依法禁止招聘环节中的就业性别歧视。各类用人单位、人力资源服务机构在拟定招聘计划、发布招聘信息、招用人员过程中，不得限定性别（国家规定的女职工禁忌劳动范围等情况除外）或性别优先，不得以性别为由限制妇女求职就业、拒绝录用妇女，不得询问妇女婚育情况，不得将妊娠测试作为入职体检项目，不得将限制生育作为录用条件，不得差别化地提高对妇女的录用标准。"

备孕期拒绝喝酒应酬，规范不明维权难

在现行法律规范当中，对女性职工孕期、产期、哺乳期的假期安排、津贴保障等权利均有较为明确的保障措施，但备孕期女性职工劳动权益保障引起了较多关注。2012年4月28日起施行的《女职工劳动保护特别规定》的第五条规定："用人单位不得因女职工怀孕、生育、哺乳降低其工资、予以辞退、与其解除劳动或者聘用合同。"备孕期间，劳动者若不事先告知单位，确保公司能够提前进行合理人事安排，可能会出现自身和公司利益都受损的情况。

石女士与上海一家公司的劳动仲裁案中，作为公司销售经理的石女士承担着完成该公司销售业绩的重要职责。石女士在半年前已经开始备孕，但并未事先与公司沟通。在公司为了完成一个销售额较大的订单，需要与客户沟通协商时，石女士以"正在备孕，不能接触酒精"为由，向公司提出申请，要求涉及应酬的工作安排一律不参加。之后，这个订单没有谈成，公司以石女士表现严重影响业绩为由，解雇了石女士。在双方进行劳动仲裁的过程中，仲裁认为石女士确实有备孕期计划，且身体反应不适合过度饮酒，但是事先未向公司告知，对公司人事与工作安排造成不利影响，判定公司对石女士进行补偿，双方解除劳动合同。

近两年"怀孕排挤"受关注，职场权益难保障

进入职场后，女性因孕期、产期、哺乳期"三期"的影响，职场竞争力及未来职业发展空间可能会受到一定程度的影响。2018年12月，最高人民法院发布《关于增加民事案件案由的通知》，在"一般人格权纠纷"项下增加四级案由"平等就业权纠纷"。以此类案由进行诉讼的案件中，就有因女职工在"三期"遭到就业单位的福利待遇、岗位调动等不平等待遇所引发的纠纷。这些纠纷案愈发受到关注。

唐女士起诉北京一家网络技术公司，她在休产假期间，该公司将唐女士生育津贴以代扣社会保险费为由，擅自扣除且未通知本人。唐女士要求该公司返还不当扣除的生育津贴。最终，法院判决该公司根据当地生育保险补偿要求，将擅自扣缴费用返还唐女士。

除生育津贴在员工不知情的情况下被擅自抵扣的问题外，还有用人单位将女性产前检查时间算作事假，并将产前检查次数与工作表现和工资绩效相挂钩。《女职工劳动保护特别规定》第六条第三款规定："怀孕女职工在劳动时间内进行产前检查，所需时间计入劳动时间。"所以，孕期女职工产检不可以被随意算作请假，并与工资等其他事项相挂钩作为判断女职工表现的依据。

资料来源　林靖，侯蕴桐."性别门槛""怀孕排挤"，职场女性遭遇隐形歧视如何维权［Z］.北京日报客户端，2021-03-09.

讨论题：

请根据材料内容对下述观点做出评价："男性和女性之间的收入差异和职业选择，以及就业问题并没有反映歧视，而是工作的持续性及在受教育和在职培训上的理性选择所致。"

📖 推荐阅读资料

1.伊兰伯格，史密斯.现代劳动经济学：理论与公共政策［M］.刘昕，译.13版.北京：中国人民大学出版社，2021.

2.拉齐尔.人事管理经济学［M］.刘昕，译.北京：生活·读书·新知三联书店，北京大学出版社，2000：8-65.

3.麦克南，布鲁，麦克菲逊.当代劳动经济学［M］.刘文，赵成美，译.7版.北京：人民邮电出版社，2006：288-317.

4.FARM A. Defining and measuring unmet labour demand［Z］. Swedish Institute for Social Research（SOFI）, Stockholm University and Statistics Sweden Working Paper, 2003.

5.DAVIS S J, HALTIWANGER J. Gross job creation, gross job destruction, and employment reallocation［J］. The Quarterly Journal of Economics, 1992, Aug.

6.SPENCE M. Job market signaling［J］. The Quarterly Journal of Economics, 1973, 87（3）：355-374.

🔍 网上资源

1.美国就业机会平等委员会网站，关于禁止就业歧视的相关法律信息，http：//

www.eeoc.gov

2.德国劳工研究所，http：//www.iza.org

3.国际劳工组织"平等就业"主题页，https：//www.ilo.org/global/topics/equality-and-discrimination/lang--en/index.htm

拓展阅读：谁影响了中国劳动力就业极化

第12章　劳动力供给行为：劳动力流动

学习目标

✓ 重点掌握劳动力流动模型，利用劳动力流动模型熟练地分析工作流动、地区流动和国际流动发生的原因

✓ 掌握这三种劳动力流动行为的影响因素

✓ 理解国际流动对劳动力市场产生的影响

✓ 了解劳动力回流等现象的原因

引例

如何为西部人才流失"止血"

全国政协委员、西北师范大学校长刘仲奎曾尝试邀请国内某顶尖名校博士毕业生到自己学校工作，得到的回答是："刘老师，我们选择工作岗位时，西安以西是不考虑的。"听到这话，刘仲奎"半天说不出话来"。

西部地区引进高层次人才难、留人也难，近年来一直是全国两会聚焦的热点话题。前不久本报曾经报道过国内高校人才流动新趋势：近年来，随着国内高校"双一流"建设的全面推进，较之此前的"孔雀东南飞"现象，西北地区一些普通高校出现了骨干师资"西南飞"的现象。

全国人大代表、甘肃天水市政协原副主席马百龄也有同样的体会：自己身边的家长都愿意送孩子去外边上学，尤其从名校毕业的大学生或者普通学校的研究生，至少一半都选择去了东南或者西南地区，不少家长都认为这些地区更开放，不仅收入较高，更能锻炼人。

"西部大学生跑出去一火车，回来一卡车"的现象并不少见。去年3月，时任兰州理工大学党委教师工作部部长的赵旭东曾向媒体透露：据不完全统计，甘肃省内49所高校在2012年至2017年流失人才2 600人，约为引进人才数的1/3，大部分流向北上广深以及东部省区等经济较为发达的地区，而且大多是在西部地区培养成长起来的高层次人才，但引进的大多是需要重新培养的青年人才。

"这几年可以说基本上都是这样，总是有流动。"刘仲奎了解到，西北地区某高校一年要净流出10余位教授、博士等高层次人才。而另一方面，从平均水平来看，西北地区高校引进的人才数量、质量和东部高校相比又都有较大差距。"有些西北地区引进的人才是因为在东部、中部高校求职碰壁，才来到西北地区，等自己有所发展又会找机会走掉。"刘仲奎说，"人才流动是正常、合理的，这并不可怕，但若仅仅是单向流动，而且是比较严重的净流出的话，那就有问题了。"

　　为何西部地区人才流失严重？究其原因，刘仲奎认为，这一方面与东部高校财力、实力更为雄厚有关，"比如广东等省份很重视高层次人才的储备，会给予人才引进较大的投入和支撑，对优秀人才的吸引力很大。而西北地区很大的精力、财力需要投入到脱贫攻坚、乡村振兴等，对于高等教育的发展会产生'心有余而力不足'的现象"；另一方面，相较于其他地区，西北地区的自然环境、生活环境等更缺乏吸引力。

　　"发达地区能为人才提供住房、提升个人待遇、保障子女求学等，西部欠发达地区的个人待遇、后勤保障和人才福利政策很难竞争过东部发达地区。"马百龄分析。

　　"如今，不少高校挖人才，本质都是'挖帽子'。"全国政协委员、北京理工大学人文与社会科学学院院长李健直言，不少"帽子"本应是一种学术荣誉，如今却染上了很强的功利色彩。在他看来，人才流动本是正常的现象，但如今高校人才争夺中夹杂着一些无序竞争。"一些高校用经济利益刺激，让一些学者不再潜心于科研，也助长一些科研浮躁现象。总体来看，人才多是从经济欠发达地区向经济发展比较好的地区流动，造成经济欠发达地区大学的人才流血。"

　　《中华人民共和国国民经济和社会发展第十四个五年规划和2035年远景目标纲要》提出，深入推进西部大开发、东北全面振兴、中部地区崛起、东部率先发展，支持特殊类型地区加快发展，在发展中促进相对平衡。要完善财政转移支付支持欠发达地区的机制，逐步实现基本公共服务均等化，引导人才向西部和艰苦边远地区流动。

　　在全国政协委员、中国科学院院士李景虹看来，西部的人才流失与西部大开发战略的人才需求是一个大矛盾。要解决这一问题，他认为应"外"求政策支持，"内"要激发自身活力，比如将西部人才建设、科教事业提升到"一带一路"和西部大开发的发展战略的核心地位，抓紧制定和颁布重点支持政策，以重大项目、重点学科发展基地、战略性新兴产业等平台引导人才向西部流动。通过宏观调控机制，增加政府对西部人才流动的特殊管理办法，形成规范合理的秩序，出台倾向性政策，设立中西部人才专项基金，弥补中西部高校的劣势和不足。

　　此外，刘仲奎注意到，自己学校每年引进的博士生中，很多是西北地区高校培养出来或者是家在西北地区的；在西北师范大学毕业生中，每年约有70%会留在西北地区就业。"东部培养的博士到西部工作的意愿较低，而西北本土培养出的人才比较了解西北地区的情况，对本土问题的解决更具优势，同时对这片土地更有情感上的认同。"

　　更重要的是，"国家政策和经费支持可以帮助西北恢复'造血'功能，但我们这一地区的高等教育还是要自己做，要找准自己的定位，改革人才培养模式，逐步让西北地区发展迈向良性循环的发展路径。"刘仲奎说。他建议，对于西北地区高校的博士点建设、博士生招生指标等有更多的政策支持，加大对西北地区的博士生的培养力度，同时，他希望国家在对高等教育进行评价的时候可以更多考虑本土化因素和特色，引导高校特色化发展，这样也能给予西部人才更大的施展空间，让他们在西部也能很好地实现个人价值和个人发展。

　　资料来源　孙庆玲，叶雨婷. 如何为西部人才流失"止血"[N]. 中国青年报，2021-03-22（5）.

上述引例描述了劳动力市场上劳动者进行地区流动的一些现象，并引发我们思考由此而产生的诸多问题以及分析背后的原因。其实，劳动力流动是市场经济中的常见现象，除了地区流动还包括国际流动和工作流动。劳动者选择在同一城市进行工作调整或者在国内跨地区流动的可能性更大，也更频繁。无论是哪一种劳动力流动，都是劳动力决策，都对劳动力市场的运行和经济发展产生重要作用。从某种意义上说，求职者的工作搜寻行为和雇主的招聘甄选求职者行为都是为劳动力的流动所准备的，正是供求双方行为的综合作用导致了劳动力的流动；换言之，劳动力流动是求职者和雇主相互选择行为的一个结果。本章将首先介绍劳动力的模型，然后按照流动范围的不同，从工作流动逐步拓展到地区流动和国际流动。

12.1　劳动力流动模型

劳动力流动是指劳动者在不同的工作岗位和不同的地区甚至国家之间进行流动与迁移的行为，对市场经济健康、快速发展起到了重要的作用。这是劳动力市场上常见的现象，它不仅是简单的工作更换或者迁移，从经济学的角度来看，它其实是一种人力资本的投资行为。劳动者为了在今后相当长的时间段内获得收益而在早些时候承担这种投资的成本。

12.1.1　劳动力流动决策模型

劳动力流动既然是一种投资行为，那么必然存在劳动者对其成本和收益的考虑。我们用下面这个模型来表示劳动者选择流动的决策过程，它借鉴了人力资本投资模型的构建思想，利用净现值法来体现劳动者对流动的成本收益的权衡。

$$净收益现值 = \sum_{t=1}^{T} \frac{B_{jt} - B_{ot}}{(1 + R)^t} - C \tag{公式12-1}$$

式中：B_{jt}表示劳动者更换到新工作工作第t年从新工作j中所获得的收益；B_{ot}表示如果劳动者没有更换新工作，在原工作工作第t年从原工作o中获得的收益；R为贴现率；C为在流动过程中产生的成本；∑为加总符号，表示从第一年到第T年这段时间内每一年的净收益贴现值的加总。如果新工作给劳动者带来的净收益贴现值大于流动产生的成本，那么流动会发生；反之，流动不会发生。当新工作的收益越大，原工作给劳动者的收益越小，劳动者在新工作上持续的时间越长，流动的净收益现值就越大，流动成本越低时，流动就越有可能发生。

这个模型中主要关注收益和成本两个方面：劳动力流动的收益是指流动行为产生之后，新的工作给劳动者带来的各方面效用的增长，它主要包括更丰厚的收入、更优质的福利、更满意的工作条件和更有前景的发展机会等。正是因为有这些收益吸引着劳动者，拉动他们离开现在的工作岗位甚至家乡，往更好的地方流动。劳动力流动的成本是指在流动行为的过程中和流动行为产生之后，给劳动者带来的各方面的损失，包括直接成本和间接成本。直接成本包括离职可能发生的经济赔偿、搬家费用、搜寻新工作的费用和时间成本以及离开熟悉的工作和生活环境所带来的不愉快或者不舒适的心理成本等。间接成本包括失去了原有工作的收入和福利，由于对流向地的不熟悉而可能产生的各种问题的风险成本，以及失去了原来建立起来的社会关系网络。对于劳动者来说，社会关系网络是一项非常重要的资源，它往往需要经过较长时间的积累，也常常能够发挥很重要的作用，所以是劳动者考虑是否流动的一个重要因素。然而，不同的成本对于不同的劳动者进行决策所产生的影响力也是不同的。它在很大程度上受到劳动者个人特征的影响。

12.1.2　劳动力流动的分类

劳动力流动可以根据流动发生的迁移范围分为三大类：工作流动、地区流动和国际流动。工作流动主要指劳动者离开某个组织的工作岗位，去同一城市或地区的另一个组织的岗位工作；地区流动与工作流动的差别在于，新工作与原工作在距离上比较远，不在同一个城市或者地区，通常需要跨市或省；国际流动与前两者的区别更明显，指的是劳动者离开一个国家的工作岗位，前往另一个国家进行工作的一种流动。相对于工作流动和地区流动来说，国际流动需要考虑的因素更多，而且产生的影响面更大，不仅涉及个人，还影响国家甚至整个世界的社会、经济等各个方面。

工作流动是一种工作调整，是劳动者在不同的组织之间更换岗位，寻求更好的职位匹配的行为，是发生最为频繁的一种劳动力流动。工作流动不仅包括流出行为也包括流入行为，但不包括劳动者在组织内部的晋升、降级和平级转岗等状态的变化。工作流动可以分为自愿流动、非自愿流动和自然离职：自愿流动是劳动者为了实现自己的利益而自愿离开的行为，也就是劳动者因组织本身、家庭、健康、兴趣等而选择主动辞职；非自愿流动是指员工被雇主解雇；自然离职是指退休、伤残、死亡等。我们这里只研究劳动者在不同组织之间的自愿流动。当然，这个自愿流动也是受到雇主行为影响的。

劳动者离开原来工作、居住的地方，在本国内部跨越较大的区域进行远距离迁移的行为叫作地区流动。[①]地区流动和国际流动常常一起被称为劳动力迁移，方便与工作流动进行区分。对于劳动者来说，影响他们进行劳动力迁移与工作流动决策因素有很大的不同，因此劳动力迁移的发生频率和工作流动的发生频率差别很大。虽然对地区流动和国际流动的决策产生影响的因素存在一些差异，比如文化、政策、制度方面的权重不同等，但是从总体上看，它们之间存在很大的相似性。

虽然地区流动和国际流动都是劳动力迁移，但是我们要进行区分，这是因为国际流动迁移的距离往往更大，相比于地区流动会涉及更多的因素，可能会造成更大范围的影响——流入国、流出国，甚至整个世界；地区流动只是在一个国家内部进行的劳动力调整，所以对市场经济产生影响的范围要小，它局限于对一个国家的劳动力市场和经济所产生的影响。在经济发展的过程中，农业劳动力需要向工业部门转移，农村人口以各种不同的形式向城市转移，这种城乡流动是地区流动的重要形式。研究发

---

① 地区流动指一个相对独立的经济体内的劳动力流动，它可能是一个国家的一个地区，例如中国大陆地区，也可能是一个洲际区域的多个国家，如欧盟地区。

现，中国劳动力市场存在的城乡、地区、技能和性别等各个方面的不公平现象在持续增长，而这是导致大量劳动力进行地区流动的一个重要原因。[①]

劳动力流动中还存在回流现象，它是指劳动力重新回到流动的起点，即原来的工作岗位、原来的地区乃至原来的国家等。从经济学上来看，流动与回流只有形式上的不同，本质上都可以理解为"流动"或者"一次新的流动"。由于受工资收入、生活成本、政策支持、个人偏好等因素的影响，劳动力回流现象就可能发生。张吉鹏等（2020）利用2017年与2019年中国家庭金融调查数据所做的实证研究表明，城市落户门槛是导致劳动力回流的重要因素，这一制度因素对低技能、跨省流动、农村户籍和健康较差群体有显著影响。该研究还对回流进行了更准确的测度和区分，分析发现：跨市回流群体在劳动人口中的比重超过跨市流动人口占比；回流人口多从经济发达地区回到欠发达的户籍所在地的城镇地区；回流群体在外务工期间和回到户籍地后的稳定性都不高。[②]

劳动力流动模型可以应用到工作流动、地区流动、国际流动以及劳动力回流等任何一种流动的决策过程中，它们不同的是模型中考虑的主要因素有些区别，如工作流动更多地考虑收益的情况，而国际流动不仅要考虑收益的情况，而且在很大程度上会受到各种成本等因素的影响。在不同的流动问题中，对于不同的劳动者来说，劳动力流动模型中的每个变量是不同的，所以生活中出现的劳动力流动现象和群体特征也呈现出不一样的特点。

12.2 工作流动

在市场经济体制之下，劳动者进行工作调整，选择做出一些工作流动行为是十分平常的现象，这种现象在竞争性强的劳动力市场中更加普遍。工作流动具有自身的一些特征，它与地区流动和国际流动之间存在一些差异。工作流动作为人力资本优化配置行为而对经济的发展起到了重要作用，它也受到工资、培训、健康保险等很多因素的影响。

12.2.1　影响工作流动的因素

从流动频率的角度看，工作流动是三种劳动力流动中最重要的一种。劳动者在选择更换工作单位或者调整工作岗位时会本能地根据"劳动力流动模型"来进行决策。然而，与地区流动和国际流动不同的是，工作流动一般不会发生居住地的迁移，不会有远距离迁移的交通花费，也不会较大程度地改变劳动者的生活状况，劳动者所面临的成本相对较低。因此，在进行工作流动决策的过程中，主要是一些能够影响工作调整之后的未来净收益的变量决定了劳动者的行为。可以用下面这个示意函数式来表示哪些变量会影响工作流动的决策。

① KANBUR R, QIAN Y, ZHANG X. Symposium on market development and inequality in China [J]. Economics of Transition, 2008, 16 (1): 1-5.
② 张吉鹏，黄金，王军辉，等. 城市落户门槛与劳动力回流 [J]. 经济研究，2020 (7): 175-190.

M= f （W，T，HI，JC，…）   （公式12-2）

式中：M表示工作流动（Job Mobility），括号内的变量分别表示工资（Wage）、培训（Training）、健康保险（Health Insurance）、工作特征（Job Character）以及其他一些会对工作流动产生影响的因素，比如福利、职业生涯规划等。

12.2.2 工资与工作流动

工资对于工作流动的影响不仅包括工资水平，还包括企业实行的工资制度内容，比如工资与绩效的关联度、年资报酬结构、工资差距程度、整体报酬等。

首先，工资水平是最直接、最明显的收益，也是劳动者通常首先考虑的因素。旧工作的工资水平越低，新工作的工资水平越高，发生工作流动的可能性越大。

其次，企业实行的工资制度中工资与绩效的关联度会对工作流动产生影响。基于绩效考虑的工资结构会在很大程度上影响员工的流动倾向以及最终流动行为的发生。工资与绩效之间的联系不紧密时，生产效率高的员工的流动率会很高，他们会流向工资与绩效联系紧密的企业中去；工资与绩效联系紧密时，生产效率低的员工的流动率会很高，他们会流向工资与绩效联系不那么紧密的企业中去，或者他们会被雇主辞退。法玛（Fama）通过理论分析指出当企业的工资制度不再对员工的生产率负责时，生产率最高的员工将会最早离开这个企业。他还预测，在工资不反映生产率的工作环境中，高生产率将与高辞职率结合在一起。[①]这个预测也在彼塞普（John H. Bishop）对美国2 594家企业3 377名员工的流动率、生产率和工资率的实证研究中得到证明。[②]

再次，企业工资制度中的年资报酬结构通过提供一系列的激励将员工与企业绑在一起，延长了平均雇用期限，降低了流动率。若员工获得的工资水平与其在企业中效力时间的相关度显著，员工流动比较难以发生，企业会处于相对比较稳定的状态。

最后，工作流动还与工资差距程度、整体报酬有着显著的相关关系。工资差距程度越大，生产效率低的员工越有可能发生流动行为，流向工资差距相对小一些的组织中去；反之亦然。拉齐尔（Lazear）对这一问题展开了研究并得出结论：在企业限制其员工的工资差别以促进合作和避免消极怠工的情况下，当员工发现其同事的生产率低于自己时，他们将试图选择辞职并寻找提供更高工资的雇主。同时，当这种情况发生时，雇主会觉得他们必须解雇低生产率水平的员工以维持员工们的忠诚度，从而提高了解雇率，这又提高了非自愿性的工作流动。[③]在对墨西哥边境的美国保税加工厂工人的流动率的研究中发现了一个类似的很有意思的现象。米勒（Miller）等在对115个工厂的29种职位的工人进行调查并收集测量各种变量之后进行回归分析发现：绝大多数种类的工资形式都不能降低工人的流动率，而利润分享计划和节约储蓄计划显著地实现了降低工人流动率的目标。在这里，员工流动与工资这一狭义的理解没有

① FAMA E F. Agency problems and the theory of the firm [J]. Journal of Political Economy, 1980, 88 (2): 288-307.
② BISHOP J H. Employer training and skill shortages: a review of the state of knowledge [Z]. Cornell University, Center for Advanced Human Resource Studies Working Paper, 1991.
③ LAZEAR E P. Pay equality and industrial politics [J]. Journal of Political Economy, 1989, 97 (3): 561-580.

相关关系，而它与整体报酬这一更加全面的概念有着显著的相关关系。[①]

12.2.3 培训与工作流动

培训与劳动力流动同样是一种人力资本投资，它们之间有着密切的关系。与工资一样，组织中提供的培训也在相当大的程度上影响了工作流动行为的发生。接受培训能够让劳动者得到更多的未来收益，也让他们付出了货币和时间成本。但是，值得注意的是这里提到的培训需要进行区分，因为一般性培训和特殊性培训对于工作流动的影响是有差别的。维姆（Veum）对1987年到1992年美国青年劳动者的流动率、培训情况等数据进行了研究分析，仅发现很有限的证据表明企业培训会降低工作流动，但是发现由劳动者自己承担费用的培训能够很明显地提高工作流动的可能性。[②]这主要是因为企业培训往往是只对本企业有价值的特殊性培训，劳动者得到的这种人力资本积累需要在本企业内服务才能够在未来获得更多的收益，所以员工在付出时间成本接受培训之后，会减少流动以得到更多的收益；同样，培训由雇主提供，但员工需要支付部分培训费用时，员工发生流动的可能性会降低很多，因为他们还支付了货币成本。但是，培训完全由员工自己承担货币成本时，这种培训反而会增加工作流动的可能性。因为，往往是对其他企业都具有价值的一般性培训才会让员工愿意自己支付货币成本和时间成本，接受这样的培训提高了他们的人力资本，劳动者能够前往收益更高的企业就业，从而增加了劳动者进行流动的可能性。迪尔德（Dearder）等利用英国劳动力市场的数据检验了员工流动和接受培训之间的关系。通过事前事后比较（Before-and-After）的方法分析得出：培训是由雇主提供并承担培训成本时，培训会降低员工的流动率，但这种作用对男性员工是较大的，而对女性的降低作用小很多。[③]

12.2.4 健康保险与工作流动

健康保险也是影响员工流动率的因素之一。它是企业为了保障员工的身体健康而提供的一种职业福利制度，企业承担大部分或全部的费用，参加了职业健康保险的员工在发生疾病或职业病的情况下可以得到较好的医疗待遇。由雇主提供的职业健康保险对工作流动起到了抑制的作用。劳动者一旦参加了企业内部的职业健康保险，就相当于被企业捆绑住，如果辞职就意味着劳动者会失去职业健康保险待遇，这样就增加了离职所产生的机会成本，相对于没有参加职业健康保险的劳动者来说更大。很多研究把雇主提供的职业健康保险对于工作流动的抑制作用叫作工作锁定（Job-Lock）。马德瑞（Madrian）的研究证实了雇主提供的职业健康保险对劳动者具有工作锁定作用，降低了工作流动率，而且这种作用对有健康问题的劳动者的影响尤为突出。当家庭规模较大时，享有雇主提供的职业健康保险的劳动者的流动率比没有享有雇主提供

① MILLER J S, HOM P W, GOMEZ-MEJIA L R. The high cost of low wages: does maquiladora compensation reduce turnover? [J]. Journal of International Business Studies, 2001, 32 (3): 585-595.
② VEUM J R. Training and job mobility among young workers in the United States [J]. Journal of Population Economics, 1997, 10 (2): 219-233.
③ DEARDER L, MACHIN S, REED H, et al. Labor turnover and work-related training [M]. London: The Institute of Fiscal Studies, 1997.

的职业健康保险的劳动者的流动率要低得多。从整体上看，职业健康保险将工作流动率降低了25%，从16%减少到12%。[①]梦海与库珀（Monheit and Cooper）的结论是根据婚姻状况和性别的不同，职业健康保险将使工作流动率降低20%~40%。[②]卡普（Kapur）利用美国收入与计划参与调查的数据进行实证研究发现，无论是已婚还是单身女性，职业健康保险都将她们锁定在了工作岗位上，即职业健康保险对降低女性劳动者的工作流动率起到了很大的作用，而对男性劳动者的工作流动率起到的作用并不十分明显。[③]

12.2.5   工作特征与工作流动

工作特征包括工作内容、工作条件、工作环境等，对工作流动也会产生影响。工作特征把劳动力流动模型中收益这个变量的概念范围进行了扩展。对于劳动者来说，工作收益不仅限于工资、福利，还涵盖了劳动者心理上和生理上的舒适度与满足度。比如，对于流动率比较高的青年群体来说，有挑战性的工作内容能够给他们带来心理上的满足感，从而更有吸引力。另外，舒适的工作环境和氛围是劳动者考虑的重要收益。巴特尔（Bartel）对美国男性劳动者的研究就发现，与青年男性不同，中年男性的工作流动决策受额外福利（Fringe Benefits）的影响要比受工资的影响大得多。而工作环境和工作内容对青年男性的流动的影响比较大，比如青年男性比中年男性更容易因为工作的重复性和枯燥而选择流动。[④]

12.3 地区流动

劳动者除了在本地区进行工作调整之外，将选择范围扩大，可能到更远的别的县、市或者省实现新的就业。这种行为就是地区流动。地区流动是劳动力流动中的一种形式，也是劳动力市场上普遍存在的现象，而且随着交通状况的改善以及信息技术的发展，选择进行地区流动的劳动者越来越多。劳动者的地区流动行为会受到一些因素的影响，比如工资年龄、性别、迁移距离、家庭状况、社会关系网络、失业率、政策制度等。

12.3.1   工资与地区流动

地区流动遵循劳动力流动模型的原理，劳动者对模型中涉及的各个变量根据自身、迁出地、迁入地的各种具体情况进行决策。因此，地区流动受到很多因素的影响，我们根据劳动力流动的决策模型，将模型中涉及的变量进行分类，讨论地区流动

---

①　MADRIAN B C. Employment-based health insurance and job mobility: is there evidence of job-lock? [J]. The Quarterly Journal of Economics, 1994, 109 (1): 27-54.
②　MONHEIT A C, COOPER P F. Health insurance and job mobility: theory and evidence [J]. Industrial and Labor Relations Review, 1994, 48 (1): 68-85.
③　KAPUR K. The impact of health on job mobility: a measure of job-lock [J]. Industrial and Labor Relations Review, 1998, 51 (2): 282-298.
④　BARTEL A P. Wages, nonwage job characteristics, and labor mobility [J]. Industrial and Labor Relations Review, 1982, 35 (4): 578-589.

的影响因素。劳动力流动模型可以分为未来净收益和成本两个主要部分，而未来净收益又可以分为每一年的净收益和这种收益将会持续的时间这两个部分。由于要进行远距离的迁移，地区流动相对于工作流动来说所耗费的成本要多一些，因此模型中成本这个变量在地区流动的决策中更加重要，受到较多因素的影响。

地区工资水平的差异会显著地影响地区流动的发生。当平均工资水平差异越大时，劳动者在发生流动之后能够获得的净收入越多，发生地区流动的可能性越大。劳动者的学历技能水平也决定了他在不同地区获得的工资收入的差别。在经济发达的地区，人力资本投资的回报率高，高学历高技能水平的劳动者能够获得更高的工资收入，而低学历低技能工人的收入在经济发展水平差异很大的地区之间的差异不是很大。因此，学历技能水平高的劳动者发生地区流动的概率更高。以美国加州为例，该州是美国人口数量最多、经济最发达的州之一，它的人口迁移状况就具有很强的代表性。根据美国人口统计局2000年的人口普查数据，1995—2000年期间，从加州迁移出的劳动者，大学本科及以上学历的占20.2%；而从美国国内其他州迁移进入加州的劳动者，大学本科及以上学历的占36.8%。①这说明，经济发展水平相对更高的地区可能会吸引更多高学历层次人才。国家统计局发布的《2021年农民工监测调查报告》显示，2021年在外出农民工中，大专及以上文化程度的占17.1%；在本地农民工中，大专及以上文化程度的占8.5%。②而净收益持续的时间主要受到劳动者迁移时年龄的影响，年纪较轻的劳动者进行迁移，其进行人力资本投资之后可以有很长的时间来实现更高水平的收益。对于年轻人来说，哪怕一次迁移产生的短期收入的增幅不大，甚至暂时下降，但是较长时间的积累可以让他们获得足够的收益。

12.3.2 地区流动的成本

在地区流动决策中，成本是劳动力流动模型里格外重要的一个变量。流动成本这个变量的值会受到很多因素的影响，比如年龄、性别、迁移距离、家庭状况、社会关系网络、失业率、政策制度等。

第一，年龄。它除了影响净收益持续的时间之外，还影响流动成本。当其他条件相同时，劳动者的年龄越小，其进行迁移的可能性越大。一方面年轻人迁移所背负的心理成本比年长者要小得多，年轻人甚至享受新工作和新环境带来的挑战，而年长者会更加思念家乡和亲人朋友，迁移的心理成本很高；另一方面年轻人相对于年长者承受风险的能力更强，一般来说，年轻人往往是风险倾向型而年长者往往是风险规避型，所以不同年龄的劳动者对风险成本的估计也不同，年长者对于同样一次迁移预期的风险成本要比年轻人高很多。宋京等（Jing Song et al.）基于中国西部的城市化和土地开发项目，关注失地农民的职业转型问题，研究发现对于老年人和受教育程度较低的农民来说，向城市转移是存在困难的，大多数工作对他们而言并不稳定。③

① PERRY M J, SCHACHTER J P. Migration of natives and the foreign born: 1995 to 2000, Census 2000 Special Reports [R]. Suitland: U.S. Census Bureau.
② 国家统计局. 2021年农民工监测调查报告 [R/OL]. (2022-04-29) [2022-09-09]. http://www.gov.cn/xinwen/2022-04/29/content_5688043.htm.
③ SONG J, DU H, LI S. Smooth or troubled occupation transition? Urbanization and employment of former peasants in western China [J]. China Review, 2018, 18 (1): 79-106.

第二，性别。它也对劳动者的地区流动有一定的影响。男性地区流动的比例要高于女性。首先，女性自身对于背井离乡的心理成本比男性高，她们对于离开家乡的风险也估计得比较大，这两种成本阻碍了她们进行流动。其次，社会角色对于女性的定义是区别于男性的，它在很大程度上影响了女性劳动者的流动。社会对于女性的期望不同于男性，尽管越来越多的女性也开始加入了劳动力市场，但是离开家乡远距离迁移的人数相对还是少的。1995—2000 年期间，从加州迁出和从美国国内其他州迁入加州的劳动力人口中男性分别占 54.9% 和 51.7%，而没有发生过地区迁移的劳动者中男性占 49.3%。①这个现象在中国似乎更加明显。2021 年中国农民工中选择外出的男性占 69.8%，女性仅占 30.2%。②

第三，迁移距离。它与发生地区流动的规模呈负向关系，即两个地区的距离越远，发生流动的劳动者数量越少。首先，距离直接决定了搬家费用以及劳动者未来往返家乡的交通费用，这让劳动者承担了更多的经济成本；其次，离家乡越远，生活习惯、文化、语言等方面的差异都会让劳动者承受更高的心理成本；再次，远离家乡使得搜寻新工作信息的难度变得更大，搜寻成本更高；最后，距离越远也就越不了解、越不熟悉外地的情况，这样也会导致劳动者面临更高的风险成本。

第四，家庭状况。它包括婚姻状况、配偶就业状况、是否有子女以及子女年龄等。家庭状况对劳动者流动也有很大的影响。一般来说，配偶有工作且需要抚养学龄子女的劳动者面临的货币成本、心理成本更高，他们很难发生流动。他们不仅要考虑流动对自身的影响，还要考虑对配偶工作生活以及子女学习生活的影响。当流动对配偶的就业或者子女的教育有障碍时，流动发生的可能性就比较低了。

第五，社会关系网络。它能够对地区流动产生影响是因为当劳动者的家人或朋友或老乡已经发生了地区流动，且在流入地能够实现就业并稳定生活后，会帮助流出地的其他劳动者介绍或寻找工作，提供心理上的扶持和安慰，并为其解决一些食宿等方面的问题。这种社会关系网络就在很大程度上减少了劳动者发生流动产生的各种成本，如工作搜寻成本、心理成本、风险成本和直接货币成本。莱维（Mildred B. Levy）等研究了家庭和朋友网络对于地区流动的影响，结果显示，无论是在文化水平相对较高且 70% 以上的劳动者说同样语言的委内瑞拉，还是在文化水平相对较低且地区之间语言差异较大的印度，家庭和朋友网络都对劳动力的地区流动起到了很大的作用。③而类似地，仇焕广等（2017）选择农民工所在家族外出务工人数和家族是否有祠堂两个指标来衡量社会资本，并基于全国 8 个省 24 个县的农户调查数据，证实了社会资本会对农民工务工距离产生影响。该研究表明，外出务工具有"同群效应"，农民工所在家族外出务工人数越多，其远距离务工的概率越高；同时，家族祠堂具有"社会网络效应"，家族有祠堂的农民工也更倾向于远距离务工。④

———————

① PERRY M J, SCHACHTER J P. Migration of natives and the foreign born: 1995 to 2000, Census 2000 Special Reports [R]. Suitland: U.S. Census Bureau.
② 国家统计局. 2021 年农民工监测调查报告 [R/OL]. (2022-04-29) [2022-09-09]. http://www.gov.cn/xinwen/2022-04/29/content_5688043.htm.
③ LEVY M B, WADYCKI W J. The influence of family and friends on geographic labor mobility: an international comparison [J]. Review of Economics and Statistics, 1973, 55 (2): 198-203.
④ 仇焕广, 陆岐楠, 张崇尚, 等. 风险规避、社会资本对农民工务工距离的影响 [J]. 中国农村观察, 2017 (3): 42-56.

第六，失业率。它除了会通过工资水平影响净收益之外，还会影响流动的成本。一方面，流入地区的失业率决定了劳动者实现就业的难度，若失业率高，劳动者就会花费较高的工作搜寻成本并承担较大的风险成本，这种现象类似"难民"的被迫迁移。[①]另一方面，流出地的失业率决定了流出地的劳动力是否有剩余，劳动者是否在本地很难实现就业。若本地的失业率很低，劳动者实现就业比较容易，那么流动发生的成本相对较高，劳动者流动的倾向就会低。因此，流出和流入地区的失业率差异越大，越容易发生地区流动。

第七，政策制度。一个国家的政策制度也会在很大程度上影响劳动者的地区流动，比如劳动力流动政策、就业管理制度、社会保障制度等。有些政策直接禁止或限制劳动力流动；有些制度导致劳动者在流动之后，其工作生活存在很大的困难，以至于他们放弃流动行为。这些政策制度都将劳动力地区流动所面临的成本放大了很多倍，影响了地区流动的进行。城乡流动是地区流动中很重要的一种形式，英国是世界上农村人口向城镇流动开始最早、流动规模最大、农村人口比例下降最快的国家。但是，在工业革命早期的英国，劳动力的跨地区流动是存在很大障碍的。比如，分别于1601年、1662年颁布的《济贫法》和《定居法》的一系列规定都阻碍了劳动力的自由迁移，那时候劳动者是不能根据自己的意愿向城市或其他经济发达地区流动的，这些政策制度就将流动成本无限放大。直到英国的工业化快速发展产生了大量的劳动力资源缺口时，才逐步放松了对人口流动的管制。到19世纪中叶，农村人口开始大规模流动。中华人民共和国成立初期，由于特殊的历史背景和国内形势，我国政府采取措施限制农民进城，劳动力的城乡流动受到了严格控制，直到1984年，政府才开始逐步出台政策和措施允许与鼓励农村劳动力实现地区流动。[②]

12.4 国际流动

劳动力迁移不仅发生在不同地区之间，还发生在国家与国家之间。劳动者离开一个国家前往另一个国家工作的行为叫作国际流动。在全球化的背景下，劳动者在国家之间进行流动的人数越来越多，当前国际流动的方向主要是从发展中国家到发达国家。从2000年到2019年，美国始终是外籍人口流入人数最多的国家，每年流入的国外人口数量从约84万人增加到了约103万人。[③]虽然国际流动以单向流动为主，但是存在国际劳动力回流的现象。劳动力国际流动的影响因素与地区流动基本相似，因此本节主要关注国际流动对流入国、流出国的影响。

12.4.1 国际流动对流入国的影响

劳动力发生国际流动必然会对流入国和流出国都产生一定的影响。从流入国的角

① THURIK R A, CARREE M A, STEL A, et al. Does self-employment reduce unemployment? [J]. Journal of Business Venturing, 2008, 23 (6): 673-686.
② 程新征. 中国农民工若干问题研究 [M]. 北京: 中央编译出版社, 2007: 162.
③ 数据来源于 OECD International Migration Database (https://www.oecd.org/els/mig/keystat.htm).

度来说，劳动力迁移对流入国劳动力市场的影响，最主要的是国外劳动力的流入是否影响了本国国民的就业，而争论的焦点就是大规模涌入发达国家的非法移民对流入国的影响。这里存在两种看法：一种看法认为，非法移民群体由于自身技能和素质较低，也没有合法的身份，因此他们在劳动力输入国内从事的职业一般都是比较低端的重体力活。既然非法移民从事的工作是本国劳动者不愿意从事的，所以他们与本国国民的就业就不存在替代性，非法移民的流入根本不会对本国国民的就业产生影响。另一种看法认为，如果这些非法移民不流入，本国的这些工作也肯定有人做，不然整个社会经济的运行就会受到影响，所以他们还是剥夺了本国劳动者的就业机会。不仅如此，非法移民的流入还导致这些低端工作的工资水平更低，因此持这种看法的国家就出台了一系列的清退移民的政策，以保障本国国民的就业。

　　事实上，这两种看法都过于简单了，它们忽视了供给和需求曲线的斜率，在非法移民流入的情况下，这个斜率是会发生变化的。从图12-1可知，非法移民的流入对本国国民的就业具有部分的替代性，他们的流入不是不会影响本国国民的就业，但是清退移民政策不能实现让本国劳动者的失业按照1∶1减少的目标。

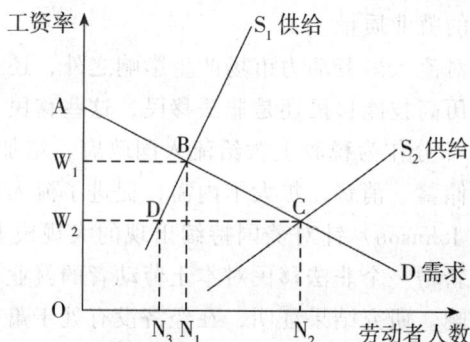

图12-1　非法移民对本国劳动力市场的影响

　　图12-1中共有3条曲线，D为本国劳动力市场对劳动力的需求曲线，S_1是不存在非法移民情况下的国内劳动力的供给曲线，可以理解为当所有非法移民被清退之后的国内劳动力供给曲线，S_2为非法移民流入本国后的国内劳动力的供给曲线，可以理解为非法移民清退政策出台前的国内劳动力供给曲线。我们知道，本国人民的劳动力供给比含有非法移民的劳动力供给对工资率的上升更加敏感，所以含有非法移民劳动力供给的S_2曲线比S_1曲线斜率低，更加平坦。

　　B点表示，在没有非法移民的情况下，N_1个本国劳动者以W_1的工资率实现了就业；C点表示，当非法移民流入后，有N_2-N_3个非法移民实现了就业，仅有N_3个本国劳动者实现了就业，而且本国劳动者的工资率降为W_2。非法移民的流入减少了本国劳动者的就业机会，也降低了他们的工资水平。但是，从图12-1中可以看出，移民发生前有N_1个本国劳动者实现了就业，移民发生后有N_3个本国劳动者实现了就业，所以非法移民并没有完全挤占本国劳动者的就业机会，仅有N_1-N_3个本国劳动者失去了就业岗位。换句话说，当国家实施清退移民政策之后，并不能实现让本国N_2个劳动者就业的目标，只能让劳动力市场回到N_1个本国劳动者以W_1的工资率实现就业的状态。

由此可得，低学历低技能的非法移民的流入确实影响了本国国民的就业，降低了本国国民的就业数量和工资水平，但是这种就业量上的变化不是按照1：1的比例发生的。那么，反过来看，清退移民的政策只是能够降低非法移民的就业概率，与此同时，均衡工资却提高了。将就业概率与均衡工资综合起来看，非法移民的期望工资水平却有可能提高。在这种情况下，虽然国外劳动者得到工作的可能性比之前要低，但是他们一旦得到工作，就能够获得比之前更高的工资收入。因此，清退移民的政策并不一定能够减少国外的移民数量。

外来劳动力群体除了低学历低技能的非法移民，还有高学历高技能的劳动者。我们来看高学历高技能移民群体对本国劳动力市场的影响。与低学历低技能的非法移民不同，高端劳动力资源是一种稀缺资源，因此他们与本国国民之间的就业往往是互补的，他们从事的工作技术含量相当高，本国国民绝大多数都不具备胜任能力，所以高学历高技能的移民不仅不会抢占本国国民的工作岗位，不会降低工资水平，还能够利用自己的创造能力和先进的技术带动发达国家的经济竞争力。由于高端劳动力资源与本国劳动者的就业具有互补性，所以这部分资源的输入还能够为本国的劳动者创造更多就业机会，提高他们的就业质量。

劳动力的迁移除了对流入国劳动力市场产生影响之外，还会对流入国的整个经济产生影响。无论是高学历高技能移民还是非法移民，这些移民在实现就业并挣得收入之后，不仅将收入的一部分作为税收上缴给流入国政府，增加了流入国的财政收入，而且他们会在当地进行储蓄、消费，扩大了内需，促进了流入国经济的增长。

约翰逊（George E. Johnson）针对美国持续出现的大规模非法移民潮现象进行了实证研究，考察美国每新增一个非法移民对本土劳动者的就业、美国的国民生产总值以及收入分配产生的影响。研究结果证明，在经济没有处于萧条时期的情况下，持续的大规模非法移民潮对美国劳动力市场产生的最重要的影响不是减少了本土劳动者就业量，而是降低了低技能劳动者的工资率。同时，移民的流入增加了高技能劳动者和雇主资本的收入。从长期来看，非法移民的流入所产生的收入再分配效应会在相当程度上被高技能劳动者和资本供给的增加所抵消。[1]然而，有实证研究表明移民并没有对流入国的工资产生影响。20世纪80年代的美国低技能劳动者的实际工资水平降低，同时大量的移民涌向美国。布切与卡德（Kristin F. Butcher and David Card）1991年专门检验了受教育程度低的移民规模对流入国低技能工作工资分布的影响。他们利用美国人口统计局的数据，对20世纪80年代的24个大城市的工资分布进行考察。不同的大城市的移民规模差别很大，实际工资水平差别也很大。实证结果显示不同大城市的低收入、高收入劳动者的相对工资增长率有很大差别，但是这个差别与移民规模之间并不显著相关。因此，他们认为可能存在其他因素导致了低技能劳动者工资率的降低。[2]但是，这个研究存在的重要问题就是没有把移民按照他们从事工作的性质进行区分，而只是笼统地统计所有移民的数量。所以，如果撇开高学历高技能的移民，仅

① JOHNSON G E. The labor market effects of immigration [J]. Industrial and Labor Relations Review, 1980, 33 (3): 331-341.
② BUTCHER K F, CARD D. Immigration and wages: evidence from the 1980s [J]. American Economic Review, 1991, 81 (2): 292-296.

讨论从事低端工作的移民规模对美国低端劳动力市场的影响，结论很可能就与我们之前的分析一致了。

12.4.2　国际流动对流出国的影响

从流出国的角度来说，劳动力的国际流动也对流出国的劳动力市场和经济发展产生了一定的影响。首先，高学历高技能劳动者的迁出，造成了流出国先进的生产经营管理技术和理念的流失，降低了资源的生产效率，降低了流出国的创造力和发展潜力。其次，由于高学历高技能的劳动者与低学历低技能劳动者之间往往是互补的，高端劳动力资源的流出也导致流出国低端劳动者的就业机会减少。最后，高端人力资源在流出国进行了大量的教育、培训的积累，而流出国承担了这些人力资本投资成本。而且，这部分人群的学历技能越高，流出国曾经付出的成本越大。但是，当这些高端劳动力资源流向他国，流出国支付的人力资本投资就将无法完全收回，损害了流出国的利益，从长期角度看，高端劳动力资源的流出也不利于流出国人力资本的积累，不利于流出国经济社会各方面的可持续性发展。对流出国而言，要防止高端劳动力资源的国际流动就必须提高人力资本投资回报。

从整个世界的角度来说，由于劳动者是在劳动力流动模型下进行成本收益权衡分析之后才选择流动的，那么劳动者个人在流动之后的净收益现值必然为正，既然每个选择国际流动的劳动者的净收益在流动之后得到了提高，那么对于整个世界来说，劳动力资源的流动也使得全世界的福利有所增加。不仅如此，国际流动有利于资源在更大范围内的优化配置，同时，先进的科学技术和管理经营理念伴随着劳动者在世界范围内进行广泛的传播，不仅促进了不同文化制度之间的交流与融合，更有利于整个世界经济的进步和人类的发展。

12.4.3　国际回流

对于已经进行国际流动的劳动者来说，这种流动行为并不一定是一生只发生一次。在不同因素的影响下，当劳动力流动模型中的变量随着时间发生变化时，劳动者又会做出另外的决策，进行新的流动。新的流动可能是从现在的居住国流向更加发达的国家；也可能是因为劳动者自己原来的国家经济社会各方面发展迅速，在进行了详细的成本收益分析之后，劳动者发现迁回原来的国家可以得到更多的收益，更有利于自身利益的提高，于是劳动者选择迁回原来的国家，这种现象叫作劳动力回流。高端劳动力资源的回流不仅带来了先进的科学技术和管理经营理念，而且国际化思维和国际化视野能够提升本国在全球化市场中的竞争力，促进本国社会经济的发展。

2008年西方发达国家在遭遇严重的金融风暴席卷后，经济急速衰退，就业环境持续恶化，失业率不断攀升，但中国的经济社会环境依然保持相对稳定，同时国家陆续出台了海外高层次人才引进计划，再加上教育部的"长江学者奖励计划"、中国科学院"百人计划"、国家自然科学基金委员会"国家杰出青年科学基金"等项目的优厚条件，极大地增加了对海外优秀人才的吸引力。对于这些高端人才来说，回国所获得的收益的上升和在国外工作得到的收益的降低，使得选择回流能够得到更多的净收益。因此，越来越多的高素质劳动者搭上了回国的航班，拥有更开阔国际视野和更丰富人生经验的"海归"们开始在祖国开创一个新的时代。

本章小结

劳动者在不同的工作岗位和不同的地区甚至国家之间进行流动和迁移的行为叫作劳动力流动。它是在市场经济的条件下，保证资源进行有效匹配，保持劳动力市场效率和活力，从而推动经济快速发展的重要现象。劳动力流动模型从人力资本投资的角度，使用成本收益分析原理给出了讨论影响劳动力流动因素的一个系统的分析框架。利用劳动力流动模型能够清晰地对各种流动和迁移行为进行分析。

工作流动、地区流动和国际流动是劳动力流动的三种形式，它们各自对市场经济的运行产生了不同的作用，也受到不同因素的影响。工作流动是劳动者在不同的组织之间更换岗位、寻求更好的职位匹配的行为，是发生最为频繁的一种劳动力流动，主要受到工资、培训、健康保险等因素的影响。地区流动是劳动者在本国之内，跨越较大的区域进行远距离迁移的流动行为，劳动者的地区流动行为受到年龄、性别、迁移距离、家庭状况、社会关系网络、失业率、政策制度等情况的影响。城乡流动是一种很重要的地区流动现象，是国家实现城市化和工业化进程中必经的过程。国际流动是指劳动力的迁移跨越了国界，从一个国家流向另一个国家。目前国际流动的主要方向是从发展中国家流向发达国家。国际流动对于劳动力的输出国、输入国和整个世界经济产生了不同的影响。当前的中国劳动力国际流动存在的主要问题就是人才的大量流失，但是随着中国各方面的快速发展和政策的倾斜，选择回流的高端人才也越来越多。

复习思考题

1.简述劳动力流动的定义、分类和意义。

2.比较地区流动和国际流动，试论其联系和差异。

3.试述劳动力流动模型的主要内容，并利用对模型的分析来说明为什么青年男性和受教育程度高的劳动力更容易发生劳动力流动。

4.分析企业的工资制度和培训制度是怎样影响员工的流动行为的。

5.分析除了工资福利因素之外影响中国大学生地区流动的因素。

6.简述容易进行地区流动的劳动者的群体特征，并进行解释说明。

7.试从经济学角度分析制度因素对中国劳动力流动的影响。

8.分析国际流动对输入国、输出国和整个世界经济的影响，并阐述你是如何看待大量高端人才回国的现象的。

案例分析题

95万！农民工返乡创业潮起

"马上开气孔了，做完就下班。"2022年1月24日晚上8点了，"兔老板"罗凤英还在加工车间里忙碌，铁架子上密密匝匝挂着兔肉香肠。

罗凤英是一名返乡创业农民工，2021年捧回了第二届西部农民工返乡创业大赛亚军奖杯，又被乐山犍为县委县政府纳入"农村家庭能人"培养计划，作为乡村振兴的农村后备干部培养。

罗凤英是四川省农民工返乡创业典型。2021年，四川全省新增返乡创业农民工13.7万人，累计返乡创业农民工达95.1万人，累计实现产值6 779亿元，占全省2021年1.3万亿元"农民工经济"的52%。

带着资金、人脉、技术，近百万人农民工返乡创业，将为乡村振兴带来什么？

趋势：返乡创业潮起，全年新增13.7万人

2021年12月，以"雁归天府，创赢未来"为主题的四川省2021年农民工和企业家返乡入乡创业项目推介暨集中签约活动在成都举行。来自广东、上海等地的返乡创业农民工和企业家，与全省14个返乡入乡创业项目成功签约，总金额达50.75亿元。上一年，同样的活动集中签约项目是13个，总金额达36.49亿元。

"全省农民工返乡创业热潮兴起。"四川省人社厅农民工工作处副处长赵华文介绍，2015年以来，全省返乡创业农民工每年新增5万人左右，2020年达到10万人左右，2021年攀升到了13.7万人。

四川省农民工工作领导小组办公室统计，截至2021年年底，全省累计返乡创业农民工达95.1万人，累计实现产值6 779亿元。当年新增返乡创业农民工13.7万人，实现创业产值303亿元。

在外打拼成长起来的农民工和企业家们，为何愿意带着资金、人脉和技术回乡投资创业？除了乡情，产业发展趋势、家乡投资环境变化是重要因素。

不久前，杜兴明任总经理的南充仪陇县新锐体育用品公司与仪陇县签下5 000万元投资合作协议。"制鞋行业属于劳动密集型产业，现在沿海的这类产业都在向内地转移，我也想回乡发展。"杜兴明说，目前已顺利地完成了厂房建设和工人招聘，还打算在南充市嘉陵区等地投资。

郑勇是巴中市通江县人，目前在上海创业。2021年12月，他和巴中经济开发区就电子新材料项目成功签约。"准备投资建设微电子新材料项目基地，将江西生产基地总部迁到巴中经济开发区。"在郑勇看来，近年来四川发展十分快速，正是返乡创业的好时机。"条件优厚，回乡发展占尽地利。"郑勇说，"在老家巴中考察期间，了解到土地、税收、金融、水电气等方面都有政策支持，还提供'保姆式'服务，便坚定了回乡发展的信心和决心。"

变化：故乡相同人不同，能力观念都有提升

故乡还是那个故乡，但回来的人，能力、思想、观念都变得不一样了。

"农民工在外出务工成长过程当中，逐渐开阔了视野，积累了技术、资金、资源。尤其是新生代农民工，不再是原来的那种没有文化、没有技术、没有管理经验、没有团队意识的农民工。"在四川首届农民工服务周活动上，中国社会科学院农村发展研究院研究员李国祥分析乡村振兴背景下农民工返乡创业发展趋势时表示："这些农民工回到自己的家乡，创造自己的产业，为带动当地经济发展，带动老百姓增收做出了非常大的贡献。"

20世纪90年代，杜兴明从家乡仪陇县前往福建、广东等地打拼，积累起资金和技术，后来自己创业，如今有了自己的制鞋集团，总产值上亿元。"公司2021年3月投产，现在有800多人。已经连续4个月人均月薪超过4 000元。"杜兴明说，"回乡创业给仪陇当地老百姓提供了就近工作的机会，能带着乡亲们就业增收，这种心理的满足和自豪，是以前没法体会的。"他甚至把孩子从广东转学回到了老家。

四川省农民工工作领导小组办公室相关负责人介绍，农民工返乡创业大多集中在种养、旅游、批发、电商、农产品加工等领域，特别是种养业居多，在发展过程中逐步朝一二三产业融合迈进。

"通过返乡创业，我把小兔子做成了大产业，在乡村振兴中我将带动乡亲们致富增收。"罗凤英的返乡创业路印证了这一点。

2017年，罗凤英带着积蓄和养兔技能回到家乡犍为，创建了乐山市金博恒邦农业科技有限公司，如今已经成长为四川省级畜牧标准化示范企业，园区建有21栋标准化、自动化养殖车间，商品兔年出栏量已达到200万只。她已注册了"兔公馆"等6个商标，从一产到三产全面涉入，带动了300多家养殖户增收。

"乡村振兴靠人才，人才怎么来？一方面要培养，另一方面就是让农民工返乡成为创业人员。"李国祥认为，农民工返乡创业，在成为产业发展领头者、群众增收带动者的同时，为乡村振兴提供了重要的人才力量。

四川省农民工工作领导小组办公室统计，全省实施农民工党员发展计划和"头雁"培育计划，大力选拔优秀农民工和优秀返乡创业者进入村"两委"班子，截至2021年年底，全省择优选拔农民工村党组织书记8 183名，农民工村干部52 603名。

达州市大竹县近年来有500余名优秀农民工进入村"两委"班子。"我县从村级治理、产业发展、乡风文明、技术培育等方面设定岗位，注重把优秀返乡农民工发展为党员，再从中选拔村级后备力量。通过先进典型的带动，引领越来越多的在外农民工返乡创业，共建美好家乡。"大竹县农民工服务中心主任邓尚明说。

资料来源　刘春华. 95万！农民工返乡创业潮起［N］. 四川日报，2022-01-27（9）.

讨论题：

结合中国城乡流动的历史和现状，请分析未来农村剩余劳动力的流动趋势。

推荐阅读资料

1.伊兰伯格，史密斯. 现代劳动经济学：理论与公共政策［M］. 刘昕，译. 13版. 北京：中国人民大学出版社，2021：第10章.

2.LAZEAR E P. Pay equality and industrial politics［J］. Journal of Political Economy，1989，97（3）：561-580.

3.DEARDER L，MACHIN S，REED H，et al. Labor turnover and work-related training［R］. London：The Institute of Fiscal Studies，1997.

4.GREENWOOD M J. An analysis of the determinants of geographic labor mobility in the United States［J］. Review of Economics and Statistics，1969，51（2）：189-194.

网上资源

1.OECD劳动力迁移主题网页，http：//www.oecd.org/migration

2.ILO 劳 动 力 迁 移 主 题 网 页 ，https：//www.ilo.org/global/topics/labour‐migration/lang‐‐en/index.htm

3.中国流动人口网，http：//www.ldrk.org.cn/Jt/html/dcpg/index1.html

4.国家统计局，http：//www.stats.gov.cn

拓展阅读：技术能力匹配、劳动力流动与中国地区差距

第13章 劳动力需求行为：培训、晋升与解雇

学习目标

✓ 理解一般在职培训和企业特殊在职培训的成本收益
✓ 掌握晋升的锦标赛模型、晋升的标准以及影响激励的因素
✓ 了解企业解雇的标准
✓ 掌握买断计划原则和实施步骤

引例　　**师徒制：海底捞千亿神话背后的成功秘密**

海底捞对员工的培养方式颇有社交电商的色彩，它建立在师徒制的传帮带基础上，海底捞的晋升制度也与师徒制息息相关。师傅的提名是徒弟晋升的前提，如果被提名人未能通过绩效评估并被免除职位，则其师傅及师爷也会受到财务惩罚。

1.师徒制诞生的理念背景

海底捞的核心价值观是"一个中心，两个基本点"，其中"一个中心"是指"双手改变命运"，两个基本点是指"以客户为中心，以勤奋者为本"。从此价值观内在逻辑看，双手改变命运既是一个过程，更是一个结果。如何做到双手改变命运呢？海底捞人认为必须要时刻做到"以客户为中心"，而要做到"以客户为中心"就必须要在内部管理上"以勤奋者为本"。

海底捞向员工乃至社会大众清晰地传递了其以"勤奋者"为本的理念——只要你在为客户服务的过程中能勤奋、敬业、诚信地做事，就可以实现凭借自己双手改变命运、发家致富的梦想。海底捞师徒制正是在海底捞"双手改变命运"核心价值观的基础上而诞生的海底捞特色制度。

对于海底捞中层管理者，尤其是店长级的员工而言，他们正是依靠自己的双手，从基层员工一步步成长起来的——海底捞的店长基本没有空降兵，都是从一线员工干起来的。

无疑海底捞的店长本身就是一名合格乃至优秀的以客户为中心的"勤奋者"。我们知道对管理者来说除了带领团队完成公司的目标外，更重要的工作是培养人才，尤其是培养一批能征善战、和自己一样甚至超过自己能力的人才。

因此，海底捞的师徒制正是其"以勤奋者为本"理念的一个灵活实践——对于店长这样的勤奋者来说，通过让店长依靠自己的双手，不断培养出能够独当一面的新店长，随后则可直接获得徒弟、徒孙店的利润提成，且带出多位徒弟可获多家店的提成。显然这种传销式的"店长"培养模式牢牢地把店长、员工捆绑在了一起，高度统

一了员工与管理层的利益，轻轻松松就实现了华为所说的"力出一孔，利出一孔"的良好管理状态。

2.新人入职由师傅培养

师徒制是餐饮行业的惯例，同样是海底捞人才培养的优良传统。早在海底捞事业发展初期，张勇就是杨小丽的师傅，杨小丽是袁华强的师傅，袁华强是林忆的师傅。除董事长张勇外，其他3个人的脱颖而出，都得益于师傅手把手的传帮带和悉心培养。

海底捞新人入职后，总部会为其分配一个师傅，并由这个师傅提供一周的就职培训。一般来说，师傅是由其工作所在餐厅的店长担任。从确认关系那一刻起，新人与店长就不单只是管理者与被管理者的角色，而是转变为一种更具黏性的师徒关系。按照海底捞的规定，徒弟一旦确认了师傅就不再更换，并且徒弟们往后成为店长再往下收徒时，师傅就会摇身一变，辈分晋升为师爷。

据海底捞所述，目前旗下1 200家餐厅的现任店长绝大多数是从底层员工一步步提拔起来的，从新入职员工成长为店长，需要一定的时间（一般需要4年）。海底捞餐厅的职位一般分为初级、中级、高级。其中初级角色包括杂工和清洁工。中级角色包括洗碗工及备菜员。高级角色包括服务员及食品安全人员。而店长一般决定着餐厅内部成员的晋升和奖惩，握有较大的餐厅经营自主权。餐厅还会设置大堂经理一职。大堂经理并不是一个固定岗位，而是施行轮班制，负责管理餐厅特定的领域以及监督日常管理，较好地增强了普通员工对门店经营的参与感。值得一提的是，大堂经理往往就是店长培养下一任候选人的不二岗位。

3.师傅的奖惩

新人需要从初级做起，而师傅有责任对徒弟进行指导从而使其更快更好地进入工作状态甚至一步步成长为新的店长。但是权利与义务是相对等的，身为一店之长的师傅凭什么要劳心劳力地为自家企业担负起员工培训和人才储备的活儿呢？

从海底捞的招股书中我们可以得知，作为师傅的店长的薪酬除了基本薪金外，还可获得以下两种选项中较高者的财务奖励：（1）其管理餐厅利润的2.8%；（2）自身餐厅利润0.4%+徒弟餐厅数量×徒弟餐厅利润3.1%+徒孙餐厅数量×徒孙餐厅利润1.5%。以自身餐厅每月100万元利润为例，店长如果只干好自己的餐厅，则可得到2.8万元的奖金；但是如果店长带出了2个徒弟店（每月利润也为100万元），则店长仅徒弟店的利润分成就可达到2×100×3.1%=6.2万元。由此可见，师傅培养徒弟成为店长，不仅可从徒弟管理的餐厅获取远高于自己管理餐厅的提成奖励，而且以后可从其徒孙管理的餐厅中分得一杯羹，从而使师傅（或师爷）有大概率可获得超额的薪酬奖励。

因此，师徒制也是海底捞的增长引擎。与利益相关的师徒制是海底捞自下而上发展战略的核心，也是它能在全球范围内实现裂变式增长的根本动力。

资料来源　餐饮O2O.师徒制+分级制：海底捞千亿神话背后的成功秘密［EB/OL］.（2021-07-28）［2022-09-09］. https://www.163.com/dy/article/GFUUIDRL05198DT6.html.

事实上，企业在做出培训、晋升决策时涉及很多的问题，例如，对哪些员工进行什么类型的培训？如何设计培训的成本和收益分担机制？到底给予什么类型的员工晋升机会？如何通过相关机制的设计用晋升激励员工？在企业面临市场萎缩需求下降时，应该解雇哪种类型的员工？本章将解决这些问题。

13.1 培训决策

随着市场化和全球化的发展，企业今天面临的挑战是能否在新兴的全球市场上进行有效的竞争。全球技术变革和生产竞争使得许多工作岗位都是动态变化的，继续教育、培训和再培训是保持劳动力就业与维持企业竞争优势的关键因素。

对企业来说，在职培训是一种重要的人力资本投资，它区别于正规学校教育，一方面是由企业提供培训，另一方面是培训的类型以及时间选择都必须与员工的报酬进行协调。在职培训的成本主要包括直接成本和机会成本。直接成本包括雇员在培训期间的工资和举办培训活动所需要的费用，如聘请培训讲师、租赁培训场地的费用以及印发培训资料的费用等。机会成本指培训期间雇员产出的减少，包括受训员工生产力的下降和利用有经验的员工从事培训活动造成的产出下降。在职培训的最终收益是企业员工劳动生产率的提高，并带来企业收入的增加。假设雇员在培训前的边际产品价值是 VMP_1，培训之后的边际产品价值是 VMP_2，那么在职培训的收益就是 $VMP_2 - VMP_1$。另外，培训收益不是一次性回收的，它发生在雇员接受培训后继续在企业工作的每一期，考虑到利率的影响，还应把培训的收益和成本折成现值进行比较，即

$$\sum_{i=1}^{n} \left[\frac{VMP_{ai} - VMP_{bi}}{(1 + r)^i} \right] > C, \ i=1, \ 2, \ 3, \ \cdots, \ n.$$ 同时雇员的收益表现为工资收入和福利的增加、择业能力的增强等。在职培训受到很多因素的影响，阿尔梅达和阿特里多（Rita K. Almeida and Reyes Aterido）通过对 60 个发展中国家的微观企业信息研究发现，除国家、行业和某些企业特征之外，企业提供的培训还是有很大的异质性，开放和创新型的企业这项工作进行得更好，而且劳动政策的执行情况与工作培训投资存在正相关关系。[①]

在职培训有两种基本类型：一般在职培训（普通培训）和企业特殊在职培训。一般在职培训是一种能够有效地、等量地提高提供培训企业的生产率以及其他没有提供培训企业的生产率的人力资本投资，即培训所得的技能对多个雇主同样有用，其特点是普遍适用性和通用性，如打字技能、基本阅读技巧、社交礼仪等。企业特殊在职培训是指培训所得的技能只对提供培训的企业有用，使员工在提供培训的企业内更富有生产力，而对别的企业的生产力没有影响，或者说能使提供培训企业的生产率比其他企业高，如教授雇员操作企业产品专有装配线的技能等。尽管企业的在职培训往往同时具有以上两个方面的性质，很难确切地将某一培训项目进行分类，但是大致的分析

① ALMEIDA R K, ATERIDO R. Labor market regulations and the investment in job training in developing countries [R]. Washington DC: The World Bank, 2008.

有助于我们理解一些问题，如为什么有些时候员工愿意支付培训费用，而另一些时候由企业来承担培训成本？为什么企业特别想挽留一些受过培训的员工？

13.1.1　一般在职培训

由于一般在职培训的通用性和适用性，在完全流动的劳动力市场上，企业一般不愿资助这种培训。[①]琼斯（Jones）等（2012）利用芬兰合作银行的面板数据也发现，培训提升的更多是员工工资而非组织绩效。[②]假定现在一家企业有机会向一位25岁的员工提供一次为期一年的一般在职培训，培训的成本为1 000元，培训后能将该员工的生产率每年提高2 000元，显然这项培训投资是有利可图的，那么企业应该如何向这位员工支付工资呢？如果企业承担了所有的1 000元成本，则企业可能会认为其应该得到所有的收益，这将不提高该员工培训后的工资。但是这不是一个可行的战略。由于一般在职培训具有通用性，所以当前企业的竞争对手会很乐意提供一个增长幅度为2 000元或2 000元以内的工资来吸引该员工。这种反复的博弈过程最终会使得如要保留这位员工，原来的企业必须根据该员工的生产率增长幅度相应地提高其工资，这种情况下企业的培训成本就无法收回，任何提供这种培训的企业都将会陷入经济劣势。因此，当企业预料到现行的市场工资不能弥补培训所产生的成本时，企业将不会对一般在职培训投资。当然在外部因素使得劳动者在企业之间缺乏流动性的时候，企业也会考虑一般在职培训。由于一般在职培训能提高雇员的生产率，增强其就业能力，带来终生收入流的上升，所以雇员个人有动力进行一般在职培训投资。那么雇员是以何种方式承担一般在职培训的成本，即培训期间和培训后的工资是如何设计的呢？

事实上，如果培训是一般通用性的，市场上的博弈过程使得企业必须根据员工的实际生产率来支付工资。假设员工在接受培训前的边际产品价值为VMP_1，按照边际产品价值等于工资率的原则，该雇员的工资为W_1。经过培训后该员工的边际产品价值提高为VMP_2，同理应支付的工资为W_2。培训时间t内员工的边际产品价值为VMP^*，此时雇主支付的工资为W^*，$W_1 - W^*$的差额即为培训的成本，培训完后的服务期内，雇主理应支付给员工的工资为W_2，$W_2 - W_1$的差额部分为培训的收益。

同时当培训为一般在职培训时，由于员工自己承担培训的成本，因此任何希望得到这种培训并愿意为此支付费用的员工，都应当给予参与培训项目的机会。而且根据人力资本理论可知，能力较强和较为年轻的员工以及计划在劳动力市场上停留较长时间的员工更有动力接受这种培训，能力较强的员工的培训成本相对较低，而年轻员工较年老员工在企业工作的时间更长，培训投资的收益期长，他们能从培训中获得最大的收益，因而更愿意进行人力资本投资。

---

　　① 这里我们讨论在职培训的前提是：完全竞争劳动力市场，信息是完全对称的，受训员工可无成本地更换工作，从外部劳动力市场实现其价值。事实上，Katz和Ziderman研究了信息不对称情况下一般在职培训成本的承担，Acemoglu和Pischke后期也研究了在劳动力市场的不完全性和一些制度性原因导致工资结构扭曲情况下的一般在职培训成本的承担。参见本章章后推荐阅读资料。
　　② JONES D C, KALMI P, KAUHANEN A. The effects of general and firm-specific training on wages and performance: evidence from banking [Z]. Oxford Economic Papers, 2012, 64 (1): 151-175.

13.1.2　企业特殊在职培训

企业特殊在职培训使得员工在本企业内更富有生产率，但是对于其他企业的生产率没有影响。如果企业承担全部的培训成本，那么企业应当能够获得员工的生产率与他们在外部企业可能得到的工资之间的所有收益差别。此时接受培训的员工处于优势地位，由于他在现在的公司工作和到其他企业工作工资相同，一旦员工辞职，企业就会丧失其培训投资的成本。如果员工承担所有培训成本，则他们会期待得到全部的收益，但这将会使企业雇用高技能、高工资的员工和雇用低技能、低工资的员工之间不存在差别。这样员工就处于不利地位，一旦员工不愿意接受低工资，企业就可能威胁员工要将其解雇，而解雇使员工特殊在职培训的投资成本无法收回。因此较为合适的解决办法是企业和员工共同承担培训的成本，共同分享培训的收益，如图13-1所示。

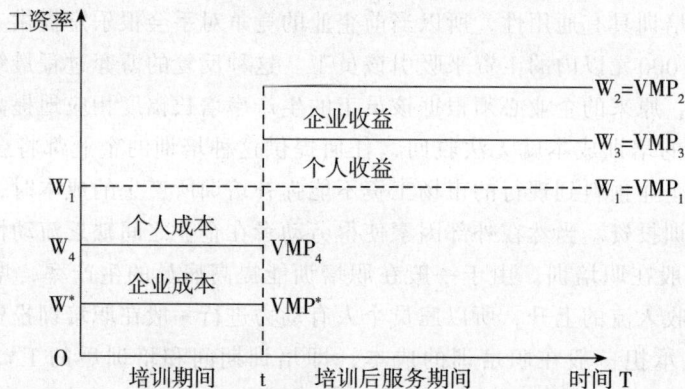

图13-1　企业特殊在职培训的成本与收益

资料来源　伊兰伯格，史密斯. 现代劳动经济学：理论与公共政策［M］. 刘昕，译. 8版. 北京：中国人民大学出版社，2007：160.

假设员工在接受培训前的边际产品价值为 VMP_1，按照边际产品价值等于工资率的原则，该雇员的工资为 W_1；经过培训后该员工的边际产品价值提高为 VMP_2，同理应支付的工资为 W_2；培训时间 t 内员工的边际产品价值为 VMP^*。员工和企业共担成本、共享收益使得企业在培训期间可以向员工支付 W_4 的工资，尽管按照 $W = VMP$ 的原则，员工只能拿到 W^* 的工资。$W_4 - W^*$ 的差额部分即为企业承担的培训成本，$W_1 - W_4$ 的差额部分即为员工承担的培训成本。而在培训完后的服务期内，可以向员工支付 W_3 的工资，$W_3 - W_1$ 的差额部分是员工个人预期的培训收益，$W_2 - W_3$ 的差额部分为企业预期的培训收益。

在特殊在职培训下，由于员工在企业外部的价值比企业内部的价值要低，获得特殊人力资本的员工与企业的关系则更为紧密。由于受培训的员工也承担了一部分成本，而且由此培训得到的特殊技能不能被其他企业所使用，不能通过转换工作将自己的专有人力资本"出售"给其他企业而获得收入的增加，因此其辞职率也要低于一般在职培训员工的辞职率。同样由于企业承担了一些"准固定成本"，所以也不愿意解聘具有这种特殊人力资本的员工，这也从某种程度上解释了为什么企业常常采取一些措施挽留这些员工。这是因为尽量延长接受培训员工的服务期就能提高企业进行特殊在职培训的收益。派伦特（Daniel Parent）利用全国青年纵向调查（The National Longitudinal Survey of Youth，NLSY）数据研究证明了雇主提供的培训对员工的工资有积极的影响，同时可以降低员工流动率。[①]维姆（Veum）也证明了雇主出资的在职培训与工资增长显著正相关，而起始工资较低的员工会参与到自费培训项目中。[②]在现实中企业进行特殊在职培训时一般都会规定员工在完成培训后为企业服务一定的时间，如果员工提前离职需要交纳一笔赔偿金，以此补偿培训成本。

另外，由于劳动力市场信息的不完全和不对称，与提供一般在职培训相比，已经获得企业特殊在职培训的员工的离开会造成企业一定的损失，所以企业在挑选培训对象方面会采取更为积极的行动，如选择能力较强且对企业忠诚的员工，通常受教育水平就成为员工能力水平的一种信号。一般来说，受教育水平高的员工对新知识和新技能学得更快，在相同的学习过程中花费的培训成本更小。同时企业希望参与培训的员工具有较低的流动性，从而使其生产率因培训得到大幅提升，并长时间为企业创造价值。

那么如何考察员工所具有的是特殊人力资本还是一般人力资本呢？一般情况下还有以下三种方法：一是考察工资是否有系统性差别，即考察员工改变工作前后的工资，若工资无系统性差别，则在原单位接受培训为一般在职培训，反之则为特殊在职培训。二是考察企业的员工流动率，辞职率低则一般预示着企业特殊人力资本的存在。三是考察现有员工的生产率，在本企业工作时间较长的员工比那些刚到该企业却有相同工作年限的员工的生产率高，则预示着整个职业生涯都在该企业的员工存在特殊在职培训的成分。但是与理论模型不同的是，列文斯坦和斯皮雷泽（Mark A. Loewenstein and James R. Spletzer）利用雇主机会试点项目（Employer Opportunity Pilot Project，EOPP）和全国青年纵向调查（The National Longitudinal Survey of Youth，NLSY）的数据研究发现，大部分企业所提供的在职培训都是一般在职培训，员工所学到的技能也都是通用的。[③]

13.2　锦标赛与晋升激励

在企业内部劳动力市场上工作职位有不同的类型，员工进入企业之后就进入了不同的职业通道里面，在某一个职业通道里由低层职位做起提升到较高层职位，有时也可能从一个职业通道跳到另一个职业通道，比如技术人员从专业技术通道转到管理通道。同在职培训一样，由于晋升可以带来工资的增长、职衔的提高以及福利待遇的提高，公司内部的晋升阶梯是一种非常强烈的激励因素，每个晋升阶梯的高低也会对员工在企业中的工作绩效产生重要的影响。

　　① PARENT D. Wages and mobility: the impact of employer-provided training [J]. Journal of Labor Economics, 1999, 17 (2): 298-317.
　　② VEUM J R. Training, wages, and the human capital model [J]. Southern Economic Journal, 1999, 65 (3): 526-538.
　　③ LOEWENSTEIN M A, SPLETZER J R. General and specific training: evidence and implications [J]. The Journal of Human Resources, 1999, 34 (4): 710-733.

13.2.1 锦标赛模型

晋升一般具有以下三个特点：第一，晋升的职位一般是固定的；第二，晋升一般伴随着较大幅度的工资增长，与某一晋升相联系的工资增长幅度越大，对候选人的激励越大，其争取获得晋升的动力越强；第三，晋升不是根据员工个人的绝对绩效，而是根据竞争者间的相对绩效决定。这三个特点使得晋升很像体育运动锦标赛：比赛奖金是固定的；选手不是因为自己打得好而得到奖金，而仅仅是因为打败了其他选手。

拉齐尔和罗森（Edward P. Lazear and Sherwin Rosen）于1981年提出晋升的锦标赛模型。[①]该模型认为：与既定晋升相联系的工资增长幅度，会影响位于该工作等级以下的员工的积极性；某职位上员工的薪酬水平并不仅是为了激励其在当前工作岗位上努力工作，还是为了激励该职位以下的所有员工努力工作争取获得该职位[②]；锦标赛的激励效应与各等级、层级之间的奖金差异的规模大小有关；较高级别的工资增长要高于较低级别的工资增长，这是因为随着工作级别的上升，再往上晋升的空间缩小。因此为将晋升的预期价值保持在一个足够高的水平上，就必须提高工资以抵消晋升可能性的下降，只要晋升的结果尚未明晰，员工就有动力为获得晋升而努力工作。锦标赛模型的提出是基于员工报酬水平随职位晋升而呈阶梯式跳跃的事实。这个事实是其他理论，譬如人力资本理论无法解释的。因为人力资本理论认为随着人力资本积累的增加，工资应该平滑地变动增长，除非学习过程是间断的，否则都不意味着离散的薪资变动。

用相对绩效决定晋升有很多优点：首先，有时个人的绝对绩效比较难衡量，但是相对绩效很容易比较，衡量成本的节约在某种程度上是使用相对绩效作为激励的一个重要原因。其次，用相对绩效来决定是否晋升可以减少各种不确定性因素对竞争者业绩的干扰。例如，在评估两个经理的业绩时，这两个经理的业绩会受到相同的某些不确定的风险因素的影响，如经济的动荡、市场需求的萎缩等，相对比较则可以剔除这些共同的干扰因素。另外，由于信息不对称，若企业采用绝对绩效评价，则一般情况下应对员工的工作过程或结果进行监督，除了监督成本，员工的绩效还会因为监督人员的主观评价而出现很大的差别。

晋升的激励作用主要与晋升带来的工资增长幅度和影响业绩的不确定性因素有关。晋升带来的收入增加越大，竞争者付出的努力程度越大，激励作用越强；不确定性因素对绩效的影响越大，竞争者的努力程度越低。伊兰伯格和波加诺（Ehrenberg and Boganno）收集了美国高尔夫锦标赛竞赛者的成绩数据，研究发现同一个运动员在参加奖金高的比赛中的成绩相对要好。[③]德拉格和加维（Drago and Garvey）采用组织内部的数据研究了晋升中的工资增长和组织内部人员努力程度的关系。他发现在澳大利亚的公司中，公司提高了随着升迁带来的工资增长幅度时，员工的努力程度也提

① LAZEAR E P, ROSEN S. Rank-order tournaments as optimum labor contract [J]. Journal of Political Economy, 1981, 89 (5): 841-864.
② LAZEAR E P, SHAW K L. Personnel economics: the economist's view of human resources [R]. Cambridge, MA: National Bureau of Economic Reserch, 2007.
③ EHRENBERG R G, BOGANNO M L. Do tournaments have incentive effects? [J]. Journal of Political Economy, 1990, 98 (6): 1307-1324.

高了。[1]德维罗（Jed DeVaro）通过对美国四个大城市的技能工人进行抽样，发现晋升是由工人的相对绩效决定的，雇主通过工资范围的设计可以激励工人更努力工作。[2]塞尔泽和弗兰克（Andrew J. Seltzer and Jeff Frank）利用威廉姆斯迪肯银行（Williams Deacon's Bank）关于工资支付的历史数据研究其职业结构，发现其有一个强大的内部劳动力市场，几乎所有的晋升都来自公司内部，有证据表明该公司在晋升时采用了锦标赛模型，且晋升得到的回报与获得晋升的可能性大小成反比。[3]张蕊等（2020）以2006—2016年我国A股上市公司为样本的研究也发现，关键下属高管与CEO之间的薪酬差距越大，越可能受到激励，推动企业达成更高的创新产出；同时，这种激励效应在关键下属高管晋升CEO的机会较大时更为明显。[4]这些研究都为锦标赛模型提供了证据，即晋升带来的经济奖励越大，其激励作用就越大。

13.2.2　工资结构对激励的影响

我们对工资考虑主要包括两个方面：工资水平和工资结构。工资水平是指一个典型的员工预计可以拿到的工资或者平均工资，它会影响个人在企业中的工作意愿，即企业能否吸引合适的员工。如果企业支付的工资水平很低，希望员工付出较高的努力程度也是没有道理的。工资结构是指基于不同类型、水平的工作或技能而存在工资差异，如上一层次员工的工资和下一层次员工的工资之间的差距，它会影响个人所付出的努力程度。工资结构与努力程度的一个基本关系是：晋升前后工资差距越大，则竞赛参与者所付出的努力程度就越高。此外，一个人的工资不仅影响他的个人行为，更重要的是会影响下一个工作等级并希望获得晋升的那些人的行为，能够诱使他们努力工作。例如，一家公司中总裁与副总裁的工资差距越大，越能诱使副总裁更努力工作以获得总裁职位。但工资差距不是越大越好，虽然较大的工资支付诱使较高的努力程度，但是工资差距过大会在企业内部形成不友好的工作环境。企业的目标并不是使员工付出最大的努力，而是达到能够实现利润最大化的最佳努力程度。在达到最佳努力程度后，如果继续扩大差距，企业为更高水平的努力程度所付出的成本高于由此得到的收益，反而会降低利润。如果员工一周工作60小时以上，那么企业需要为其多出的工作时间支付薪酬，但是很有可能企业为其支付的加班薪酬远远大于该员工在多余工作时间内的产出。亚当斯（Adams）以公平理论和相对剥夺理论为基础，证明了高层管理者和低层员工之间的工资差异越大，相应的产品产量也就越低。[5]因此企业的工资结构必须在激励员工更努力工作和减少其反面影响之间达到平衡。总而言之，员工对工资结构的选择，取决于较高的工资是否值得付出更多的努力，即员工对努力的偏好。企业雇主对工资结构的选择，取决于更多的努力是否值得付出更高的工资，即额外的产量收益是否能够弥补它带来的成本增加。

---

①　DRAGO R，GARVEY G. Incentives for helping on the job：theory and evidence ［J］. Journal of Labor Economics，1998，16（1）：1-25.

②　DEVARO J. Internal promotion competitions in firms ［J］. The RAND Journal of Economics，2006，37（3）：521-542.

③　SELTZER A J，FRANK J. Promotion tournaments and white collar careers：evidence from Williams Deacon's Bank 1890-1941 ［C］. Helsinki：XIV International Economic History Congress，2006：84.

④　张蕊，王洋洋，廖佳. 关键下属高管晋升锦标赛的创新激励效应研究 ［J］. 会计研究，2020（2）：143-153.

⑤　ADAMS J S. Inequity in social exchange ［M］// BERKOWITZ L. Advances in experiment social psychology. New York：Academic Press，1965.

与工资结构相关的另一个问题是陡峭的工资结构是否具有合理性。锦标赛模型认为：在企业中要晋升的职位越高，获得晋升后工资增长幅度越大。比如竞赛中一等奖和二等奖之间的奖金差距大于二等奖和三等奖之间的奖金差距，随着比赛难度的增强、竞争的激烈，应该用更高的奖金增幅来诱使竞争者付出更多努力。对陡峭的工资结构的经济学解释是，在决赛之前，选手胜出以后获得两部分奖励，一部分是比赛奖金，另一部分是获得下一轮比赛的"权利"，而对于冠军而言，其奖励就只有一份奖金，因此决赛的奖金增加幅度应该大于前几轮比赛的奖金增幅。职位越高，晋升的难度越大，就特别需要用更大的收入涨幅来激励员工努力工作，即陡峭的工资结构比平稳的工资结构具有更好的激励效果，如图13-2所示。

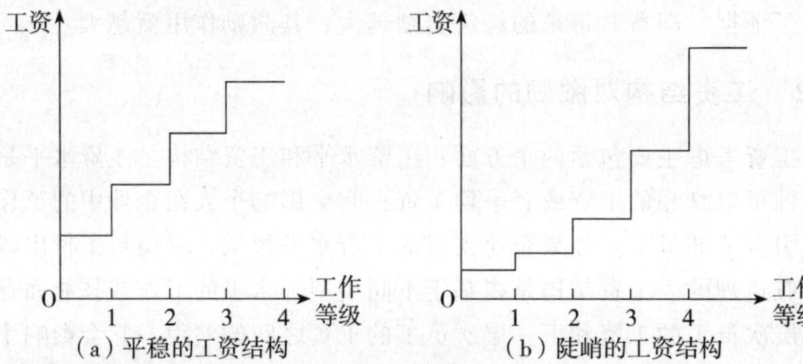

图13-2　工资结构

13.2.3　不确定性因素对激励的影响

在晋升过程中，还有一些不确定的干扰因素会对工资结构产生一定的影响。最常见的干扰因素是生产的不确定性和衡量误差。生产的不确定性发生在员工付出了较高的努力程度却只能产生较低产量的情况下，比如市场萎缩、需求下降等。衡量误差是指员工付出了较高的努力程度却被监督者不恰当地认为绩效平平。随着晋升的可能性越来越少地依赖努力程度而越来越多地依赖其他不可控因素，员工实际的努力程度就会下降。因此，为了激发员工增加自我努力程度以克服不确定的竞争环境，以获得最后胜利，必须将奖金（薪酬）的差距设计成随着外部环境不确定程度的增加而递增，以增加员工继续努力的动力。

假定员工获胜后能得到N万元的奖金；其获胜的概率为P，获胜的概率与努力程度正相关，外界的不确定性因素可能会影响该员工获胜的概率，当不确定性因素占主导地位时，获胜的概率P有可能为零；员工为争取成为赢者而付出的努力程度的成本为C，该成本随努力程度的增加呈递增趋势。因此员工获胜后的最终收益为R=P×N-C，只要预期最终收益R大于零，员工就会选择继续努力；当R=0，即获胜的预期收益等于努力程度的成本时，员工就会停止努力。而且获胜的概率P越小，员工获胜的预期收益越小，员工的努力程度越早停止；如果获胜的概率与努力程度完全不相关，即完全由一些不确定的干扰因素决定，那么P=0，此时员工不会付出任何时间在赢得该工作上，因为员工所付出的任何努力都是没有价值的。因此当竞赛的结果与努力程度无关的时候，竞赛的参与者就不会付出任何努力。同样当干扰项足够大时，员工付出的努力程度也会大打折扣。因为他多增加一个单位的努力对获胜的可能性只有很小的影响，增加努力的预期收益几乎接近零。而且随着外部环境不确定性程度的增加，竞赛参与者所投入的边际成本会递增。

如何消除不确定的干扰因素对竞赛参与者努力程度的影响呢？最直接的办法就是扩大报酬差距，即扩大员工获胜后所能得到的奖励。由公式 $R=P×N-C$ 可知，奖金的数额 N 与最终收益 R 成正相关关系，N 的增加能提高最终收益 R。因此奖金的上升可以抵消部分不确定性因素造成的消极影响。在企业中，报酬差距的大小可以通过降低负者相对于胜者的工资水平，即拉大工资差距来实现。这一模型对于解释不同行业、不同企业和不同国家的工资都有帮助。一般来说，新兴行业或企业职工的工资差距会大一些，主要是因为其面临着更大的市场风险，而日本和部分欧洲国家企业里职工的工资差距要比美国企业里职工的工资差距小得多，这可能部分是由于日本和部分欧洲国家企业里员工的流动率较低，职工在参与企业内竞争时面临的不确定性较低。

13.2.4　内部晋升还是外部雇用

锦标赛模型研究的另一个重要问题就是内部晋升（Internal Promotion）和外部雇用（External Recruitment）之间的选择。通常情况下，企业更加倾向于通过内部晋升来选拔人才，其原因有很多，某些原因与企业的特殊人力资本有关。内部人往往更加了解内部的工作程序、工作方式等，不需要再进行额外的培训。锦标赛模型对这一现象给出了又一个很好的解释。因为当外部人也被包括在企业内某一特定职位的竞赛者之列时，竞争者增加了，这就降低了任何一位参赛者赢得晋升的概率，或者说外部人的参与削弱了努力程度对于获得晋升可能性所能够产生的影响，使得努力投入的边际效用下降，因此大批外部人参与竞争就会降低内部人的努力程度。为了诱使竞赛者增加投入的成本，奖金（薪酬）必须增加。当然通过扩大胜者和负者之间的报酬差距，可以部分抵消参赛人数增加所产生的负面影响，但是报酬差距的扩大本身有很多的不利之处。在其他条件相同的情况下，风险规避型的员工有可能会放弃竞争。

事实上，从外部引进人才也有一些优点，如为企业输入新鲜血液，打破企业内部的近亲繁殖和内部的串谋，一般当企业面临重大变革时通常会偏向于从外部引进员工。基于上述原因，当外部人比所有的内部人都明显要强的时候，或者是在曾经出现过内部人相互串通共谋从而只付出较低努力程度的情况下，企业才应当采用外部雇用的方式。

13.3　解雇与买断

雇用和解雇是现代企业人力资源管理活动的基本环节。对于企业而言，哪些人离开企业、离开企业的时间以及离开的条件并不是一件无关紧要的事，特别是考虑到企业的特殊人力资本投资和法律约束之后。[1]

① 拉齐尔. 人事管理经济学 [M]. 刘昕，译. 北京：生活·读书·新知三联书店，北京大学出版社，2000：172-186.

13.3.1 解雇什么类型的员工

在第一节讨论企业特殊在职培训时，我们知道当资深员工具有越多的企业特殊人力资本时，企业要想解雇他的可能性越小。因为员工对当前企业的价值和其对其他企业的价值之间存在一种差额，员工和企业可能通过分享这个差额而使彼此的状况都得到改善。因此在谈到企业需要裁员应解雇哪一类型的员工这一问题时，答案也很明显。当企业中不存在自己特殊的人力资本时，对每一个工人都按其生产率支付报酬，老员工不存在特殊人力资本的积累，其生产率与报酬都与新员工相同。解雇新员工和老员工不存在经济利益上的差别，但如果有法律保护老员工，则应优先解雇新员工。而当企业的特殊人力资本较为重要的时候，企业通过从年龄分布的两头着手解雇员工就可以实现利润最大化。也就是说，刚到企业的年轻员工和临近退休的年老员工是最好的解雇目标，通过一个很简单的例子就可以解释这一结论。

假设员工从时间 O 到 T 的这一时期内可能会被企业雇用，且在企业中进行了特殊人力资本投资，他在当前企业中的生产率为 V（t），所得到的工资为 W（t），而他将时间用于其他用途可能得到的收入为 A（t）（这里可将 A（t）理解为此人如果到其他企业工作所能获得的工资）。V（t）剖面曲线的现值和 W（t）剖面曲线的现值相等，若工资的现值大于生产率的现值，则企业会赔钱；若工资的现值小于生产率的现值，则企业面临着其他企业对自己员工的竞争。同时由于对该员工进行了特殊人力资本投资，所以该员工在该企业的工资现值 W（t）大于在其他企业所能获得的工资 A（t）。R（t）是从 O 到 T 这一阶段中 V（t）的现值和 W（t）现值的差额（指差额为正的部分），也可称为企业的租金或剩余的数量，如图 13-3 所示。

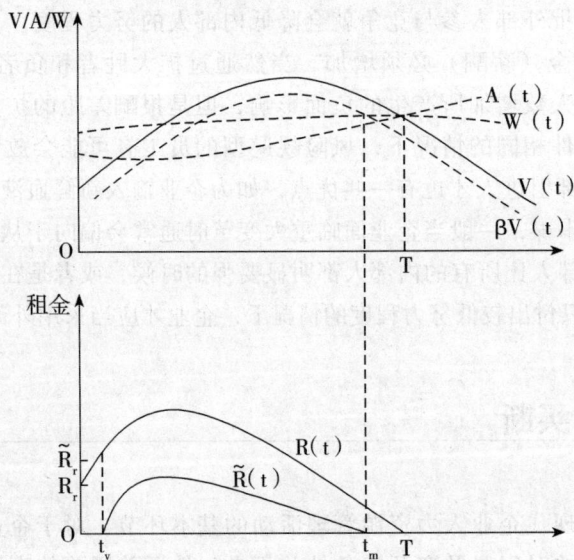

图13-3 工资、生产率和从事其他工作可能的报酬

资料来源 拉齐尔. 人事管理经济学 [M]. 刘昕，译. 北京：生活·读书·新知三联书店，北京大学出版社，2000：173.

在员工刚被雇用时，他们的工资现值和生产率现值是相等的，但是后来就不相等了。由于对员工进行了企业特殊人力资本投资，双方都必须承担一定的成本，而且均能从员工继续被雇用中获得一定的收益。当生产率下降的时候，企业通过解雇年纪最大的员工和最年轻的员工可以使自己的损失降到最小。年纪大的员工即将退休，企业从他们身上已经得不到很多的收益了；年轻的员工还没有来得及获得多少企业的特殊人力资本，由于所做出的投资很少甚至没有，因此解雇他们所导致的损失相对较小。

假设产品需求下降，进而带动企业产品价格下降，而这又会降低员工的生产率价值，在图13-3中表现为生产率曲线从 V（t）变为 βV（t），这就改变了企业获得的租金量。此时所有年龄大于 t_m 和小于 t_y 的员工的租金均为负，值得留下的仅剩中年员工，企业已经对他们进行了特殊人力资本投资，所以他们的生产率相对较高，且企业需要很多年才能收回对他们进行投资的成本。通常此时企业不会留下年龄在 t_m 以上的员工，因为他们的 βV（t）开始下降到 W（t）之下，在企业中多待一天就会给企业多造成一天的损失。因此产品需求的下降意味着企业应当在从老员工身上获得的租金很少之前就辞退他们。同时企业不会再愿意进行人力资本投资，因为此时投资的收益很小，事实上企业不仅不会再雇用新员工，甚至有可能解雇一些得到本企业特殊人力资本投资但不是很多的最年轻的员工。

13.3.2　买断计划

一般情况下，企业如果想让一些老员工离开，不能简单地按与资历相反的顺序直接解雇，因为很多法律禁止以年龄为依据解雇员工，因此在这种情况下对老员工实施买断计划是一个不错的选择。所谓买断计划，是指通过支付一定的补偿金诱使员工自动辞职。例如在 NBA，就存在很多这种未到期却由雇主（俱乐部）强行买断球员的案例。而且在预期退休年龄之前，解雇员工的做法就意味着企业没有充分履行向员工支付全部投资收益的诺言，若企业屡次毁约则会影响其声誉。但是通常情况下，没有必要对年轻员工的工龄实行买断计划，因为当企业还没有对员工进行大量的特殊人力资本投资时，解雇员工招致的损失较小，且解雇年轻员工不存在年龄上的法律问题。

买断计划的一个关键要点是企业愿意支付这笔补偿与员工解除劳动关系，员工愿意接受这笔补偿离开企业。假设 w_i 是某员工第 i 年在企业内部的工资，即企业所给予员工的报酬；a_i 是其第 i 年在企业外部的工资，可以认为其在当前企业工作的机会成本，也可以认为其在他企业得到的最高工资，或者是其闲暇的价值；v_i 是第 i 年其产量，是其对企业的贡献。T 为退休年龄，r 为利率，PV（Present Value）表示现值。

则从 t 年到退休，员工在企业内部产量的现值：

$$PV(V_t) = \sum_{i=t}^{T} \frac{v_i}{(1+r)^{i-t}} \qquad \text{（公式13-1）}$$

这一时期，员工从企业获得的工资的现值：

$$PV(W_t) = \sum_{i=t}^{T} \frac{w_i}{(1+r)^{i-t}} \qquad \text{（公式13-2）}$$

这一时期，员工从事企业外部其他工作的报酬的现值：

$$PV(A_t) = \sum_{i=t}^{T} \frac{a_i}{(1+r)^{i-t}}$$ （公式13-3）

正常情况下，员工在企业内部产量的现值大于员工从企业获得的工资现值，员工从企业获得的工资现值又大于员工从事企业外部其他工作的报酬现值时，即 $PV(V_t) \geqslant PV(W_t) \geqslant PV(A_t)$ 时，企业和员工都有所收益，二者均愿意保持雇佣关系。当员工从企业获得的工资现值高于其在企业内部的产量现值，但小于其外部收益的现值，即 $PV(V_t) \leqslant PV(W_t) \leqslant PV(A_t)$ 时，员工想跳槽或辞职，企业想解雇员工，二者均不愿意维持雇佣关系。当员工从企业获得的工资现值高于其在企业内部的产量现值，还高于其外部收益的现值，即 $PV(V_t) \leqslant PV(W_t) \geqslant PV(A_t)$ 时，企业想解雇员工，但是员工不想离开。在这种情况下，如果无法调整工资，又无法解雇员工，则可以通过买断工龄计划诱使员工自动辞职。

企业一旦决定实施买断计划，则需要向员工支付一定数额的补偿金，假设为B。要想使员工接受该标准，则必须使得补偿金加上其在外部能获得的收入大于或至少等于在本企业内的收入。用公式表示为：

$B + PV(A_t) \geqslant PV(W_t)$ 或 $B \geqslant PV(W_t) - PV(A_t)$ （公式13-4）

同时企业愿出此报价，必有补偿金加上其生产率现值小于或最多等于支付给其的工资现值，用公式表示为：

$B + PV(V_t) \leqslant PV(W_t)$ 或 $B \leqslant PV(W_t) - PV(V_t)$ （公式13-5）

将公式13-4和13-5两式联立即可得买断计划补偿金的支付标准：

$PV(W_t) - PV(A_t) \leqslant PV(W_t) - PV(V_t)$ 或 $PV(A_t) \geqslant PV(V_t)$ （公式13-6）

因此员工从事其他工作或在其他时间利用方式上可能得到的报酬现值超过他在当前企业的生产率的现值是实现买断的充分必要条件。员工的外部机会越好，即 PV(A) 越高，越容易实现买断计划；员工在企业内部的生产率越低，即 PV(V) 越低，越容易实现买断计划。

上面所有的讨论都基于完整的数据基础，包括工资、生产率、外部机会的预期收益等，在实际操作中我们可以采用一系列的步骤来估计这些数据。首先，企业必须获得自己所承诺的工资总量W估计值、员工在企业外部最高机会收入A的估计值，以及员工在本企业产量V的估计值。第一根据工作类型和年龄计算员工的平均工资，若某个年龄的员工很少，可以用邻近员工的工资的中值来替代，或运用回归的方法建立工资-年龄回归函数来预测。第二估计员工从事其他外部工作所可能得到的报酬，老员工外部机会工资可以用自愿退休时的工资来替代；新进员工的外部机会工资可以用他们当前的工资来替代；对于中年员工的外部机会工资来说，如果工作的特殊人力资本成分不多，可直接用他们当前的工资；如果工作中的特殊人力资本很多，可以估计为当前工资的一半；利用这三处数据再估计其他年龄段员工的外部机会工资。第三估计产量，主要是通过思想试验，即问自己："为了留住某某在本企业工作，我们每个月（或每年）愿意支付给他的最高工资是多少？"在此基础上再使用插入填补法或者回归预测其他年龄段上人的产量。对产量的估计数据有两种用途：一是可以根据个人的数据来解雇某些员工或者对某些员工实施买断计划；二是可以用这些数据推导出一个与工作经验函数相对应的产量表。其次，确定解雇对象。一般来说，工资现值超过产量现值的员工就是企业愿意解雇的对象。最后，确定资历界限。对于较为年轻的员工，可以根据资历最浅的人最先解雇的原则直接解雇，而对于年纪较大的员工则实施买断计划，买断计划的出价必须高过员工所愿意接受的最低值，以及剩余工资的现值和从事其他工作可能得到的报酬现值之间的差额。

在上面的分析中，关于解雇和买断的讨论都是与年龄密切相关的，我们无意中假设同一年龄的人具有完全相同的生产率，事实上并非如此，有很多因素影响员工的生产率，比如企业特殊人力资本投资、个人的能力等。对于那些拥有较多特殊人力资本投资的员工，由于他们的人力资本主要集中于本企业，所以他们外部的报酬与内部生产率相比可能很低。因此这类人很难被买断计划打动。对于个人能力而言，在第11章讲雇用标准时曾提到过最富有生产率的员工并不一定就是最有利可图的员工，尽管能力较强的员工生产率高，但他们的成本更高，同时外部机会更好。另外买断计划有可能存在逆向选择问题，由于人们往往无法准确判断到底哪位员工的生产率更高一些，因此常提供平均的买断补偿。那些生产率低的员工，在外部可能获得工资也低，因此不愿接受此计划；而生产率高的员工，在外部可能获得工资也高，所以愿意接受此计划，最后导致留在企业里的只有低生产率的员工。

改革开放初期中国一些国有企业在改革过程中，曾采用"买断工龄"的办法安置富余员工，参照员工在企业的工作年限、工资水平、工作岗位等条件，经企业与员工双方协商，由企业一次性支付给员工一定数额的货币，从而解除企业和富余员工之间的劳动关系，把员工推向社会。由于具体国情和社会背景的不同，买断计划在我国仍存在颇大的争议，但是不容否认的是买断计划确实给员工造成了很大的影响，列文（Aaron Levin）也认为美国提供给各个层级劳动者的买断计划对劳动者造成心理和身体上的损害。[①]也有研究表明，买断计划给企业会造成负面影响，特别是在解雇成本高（例如就业保护法严格的情况）以及重新招聘合适员工存在困难的情况下，适当地进行劳动力囤积也是一种应对办法。[②]

本章小结

当培训为一般在职培训时，由于员工自己承担培训成本，因此任何希望得到这种培训并愿意为此支付费用的员工，都应当给予参与培训项目的机会。能力较强和较为年轻的员工以及计划在劳动力市场上停留较长时间的员工更愿意进行此类人力资本投资。当在职培训具有特殊性时，企业和员工共同承担培训成本分享培训收益，特殊在职培训会降低员工的流动率。

锦标赛模型认为与既定晋升相联系的工资增长幅度，会影响位于该工作等级以下的员工的积极性；只要晋升的结果尚未明晰，员工就有动力为获得晋升而努力工作。工资差距会影响个人付出的努力程度，工资水平影响员工在企业的工作意愿。干扰或

---

① LEVIN A. Buyouts, layoffs can be toxic to mental health [J]. Psychiatric News, 2008, 43 (13): 18.
② GÖCKE M. Layoffs in a recession and temporary employment subsidies when a recovery is expected [J]. Review of Economics, 2013, 64 (1): 73-83.

者运气会对努力程度产生负面影响，降低竞争者的努力程度，可以通过扩大工资差距来弱化这种影响。

当企业的产品需求下降时，合适的解雇对象是年纪最大的员工和年纪最轻的员工。由于涉及法律和声誉问题，对于年纪大的员工可以实施买断计划。企业希望解雇所有剩余工资现值超过剩余生产率现值的员工，但是只有那些从事其他工作可能得到的报酬现值超过生产率现值的员工才有可能被买断。企业所支付的补偿金最少要等于员工的剩余工资现值和他们从事其他工作可能得到的现值之间的差额。

复习思考题

1.如何设计培训的成本和收益结构，使得企业和员工双方的利益都得到改善？

2.应当对员工进行何种类型的培训，是尽量具有普遍的适用性还是对企业来说越特殊越好？

3.简述锦标赛模型的基本内容。

4.利用锦标赛模型分析晋升对员工的士气和努力程度会有什么样的影响？

5.试分析以相对绩效决定员工晋升与否会产生哪些负面影响？

6.简述内部雇用和外部雇用之间的选择。

7.当企业产品需求下降时，应当把哪些员工群体作为解雇对象？

8.简述买断计划补偿金设计的原则。

案例分析题

国企"后遗症"——买不断的工龄

"签完字的那一刻，我就感觉自己成了无业游民。这似乎是卖身契，签了之后，再没有选择的余地。"2004年1月5日，已有20多年工龄的山东胜利石油管理局职工张心女士，对《中国经济周刊》讲起当年她在《解除劳动合同协议书》上签下自己名字时的情景仍心有余悸。张心是2001年7月30日与单位签下协议的，从那时起补偿金按每年4 100元发放，共得到8万多块钱。工龄买断了，等于与原单位没有了任何关系。在胜利油田，和张心一起，一次性买断工龄的共有21 705人。

随着国有企业改革力度的加大，以协议解除国企职工劳动合同方式，即买断工龄的方式来解决长期困扰国有企业的人员冗余、管理机构庞大、办事效率低下和产品成本中人工费用高等问题，已逐渐为许多企业所采用。一些企业通过与职工协议解除了劳动合同也确实达到了减员增效的目的。但是调查显示很多工人都是在非自愿、无奈的情况下选择接受买断计划的。对企业来讲，减员增效无可厚非，如果企业确实能够按照协议履行对工人的补偿，那"买断工龄"或许也不失为企业减员增效的一个办法。但事实并非如此，瞬间失去多年赖以生存的"饭碗"本就让工人一下子难以接受，基层在执行政策过程中还出现不规范的行为，这就更让工人产生抵触情绪。

据了解，"买断工龄"是改革开放初期中国一些国有企业在改革过程中安置富余员工的一种办法，即参照员工在企业的工作年限、工资水平、工作岗位等条件，结合企业的实际情况，经企业与员工双方协商，报有关部门批准，由企业一次性支付给员工一定数额的货币，从而解除企业和富余员工之间的劳动关系，把员工推向社会的一种形式。按《违反和解除劳动合同的经济补偿办法》的规定，企业与职工通过协商一致的方式解除劳动合同，企业应根据职工在本单位的工作年限，每满一年发给相当于一个月工资的经济补偿金，最多不超过12个月。工作时间不满一年的按一年的标准发给经济补偿金。①

中国社会科学院袁钢明博士指出，"买断工龄"实际上存在很大隐忧。从现象看，"买断"是一种劳动者与企业达成解除劳动合同的协议。可实施起来愿意买断的基本上是有学历、有一技之长的中青年生产业务骨干，他们在拿到一笔不菲的经济补偿金之后会另谋高就。另外，"买断工龄"使劳动人口提前变成了消费人口，并提前支取养老费用，使社会养老基金形成缺口。这种做法不利于国家和社会的可持续发展，买断的大都是未到退休年龄的职工，这些职工一方面要提前支取养老费用，另一方面企业提前中断职工向社会交纳养老保险金。但有人认为，买断工龄也许对企业来讲，更有利于早日解困。作为企业，虽然一次性补偿的暂时代价高一点，但以后相对较轻松，并把"买断工龄"的好处概括为两个方面：一是有利于减员增效，且简单可行，易于操作；二是可以鼓励职工自谋职业，有利于企业深化改革。"买断工龄"或许有它的可行性，但就目前而言我国还没有关于这方面的规范性或指导性意见。

资料来源　西木. 买不断的工龄〔J〕. 中国经济周刊，2004（2）：8-15. 内容有改动。

讨论题：

结合案例材料和本章所学内容，分析我国买断计划实施的背景和存在的问题，对国有企业来说合适有效的买断计划应该如何操作？

⚡ 推荐阅读资料

1.拉齐尔. 人事管理经济学〔M〕. 刘昕，译. 北京：生活·读书·新知三联书店，北京大学出版社，2000.

2.伊兰伯格，史密斯. 现代劳动经济学：理论与公共政策〔M〕. 刘昕，译. 13版. 北京：中国人民大学出版社，2021.

3. KATZ E，ZIDERMAN A. General training under asymmetric information〔Z〕. World Bank Group，Policy，Planning and Research Department Working Papers No.WPS 170，1989.

4.KATZ E，ZIDERMAN A. Shared investment in general training：the role of information〔J〕. The Economic Journal，1990，100（403）：1147-1158.

5.ACEMOGLU D，PISCHKE J-S. Why do firms train? Theory and evidece〔J〕. The Quarterly Journal of Economics，1998，113：79-119.

6.ACEMOGLU D，PISCHKE J-S. The structure of wages and investment in general training〔J〕. Journal of Political Economy，1998，107（3）：539-572.

---

① 由于是2004年的案例，所以案例中依据的是《违反和解除劳动合同的经济补偿办法》的规定。《劳动合同法》规定劳动者和用人单位协商一致可以解除劳动合同，企业应支付给员工经济补偿金，经济补偿按劳动者在本单位工作的年限，每满一年支付一个月工资的标准向劳动者支付。六个月以上不满一年的，按一年计算；不满六个月的，向劳动者支付半个月工资的经济补偿。

网上资源

1.美国劳工部就业和培训管理局（Employment & Training Administration（ETA）
-U.S. Department of Labor），https：//www.dol.gov/agencies/eta

2.经济合作与发展组织就业主题网页，http：//www.oecd.org/employment

3.国家发展和改革委员会，https：//www.ndrc.gov.cn

拓展阅读：员工培训与企业生产率：来自中国的经验证据

第14章　劳动力需求行为：薪酬与激励

学习目标

✓ 掌握薪酬支付的依据
✓ 理解以产量为基础的工资和以投入为基础的工资
✓ 理解企业长期激励的类型
✓ 了解组成团队的条件
✓ 掌握团队激励的方式
✓ 理解员工福利计划
✓ 掌握养老金福利与员工退休行为、工作时间、努力程度的关系

引例

小米向近5 000位员工授予约1.7亿股小米股票

2022年3月24日，小米集团发布公告称向4 931位员工授予约1.749亿股小米股票。这是小米集团自上市以来针对员工的最大一次激励。这笔激励计划的对象包括小米"创业者计划"第二期入选员工以及其他优秀员工，其中并不包括公司高管。

小米集团创始人、CEO雷军表示，继2021年招聘5 000名工程师后，2022年将继续维持这一招聘规模，再招聘5 000名优秀的工程师。

业内人士表示，这些举措充分展示了小米对人才的重视，本次激励在小米提出"3年世界第一"的背景下意义更显重大。面对越来越激烈的市场竞争和全球经济的不确定性，小米通过招揽、激励优秀人才的做法，持续夯实未来发展基础，受到业内关注。

小米集团在公告中也表示："本公司相信，优秀、坚实的人才团队是未来长期成长的坚固基石。公司将持续引进、激励优秀人才，以不断提升公司研发、运营等综合能力，保障手机×AIoT战略持续有力推进，并为全球用户持续提供感动人心、价格厚道的好产品。"

小米的2021年财报显示：营收为人民币3 283亿元，同比增长33.5%；净利为人民币220亿元，同比增长69.5%；研发投入人民币132亿元，同比增长42.3%，显示出了稳健的发展势头。同时，小米集团宣布，计划继续回购100亿元港币，结合这次大手笔的股权激励和此前宣布的5年内研发投入人民币1 000亿元，这一系列举措，充分展现了小米对未来发展的强大信心。

近年来，小米的手机×AIoT战略推进显著，技术研发成果不断，"双品牌"策略

取得突破性进展，高端化战略初见成效，都和持续坚持的优秀人才招揽、激励机制密不可分。

资料来源　潘锡珩. 小米史上最大规模员工激励：向近5 000位员工授予约1.7亿股小米股票［EB/OL］.（2022-03-24）［2022-09-09］. https：//xw.qq.com/cmsid/20220324A06NWC00.

小米推行的股权计划保持了自己对优秀人才的强大吸引力和激励。但是不同的企业由于各方面情况的不同导致其薪酬设计也不一样，那么到底企业应该怎么样设计薪酬结构？以什么为依据支付薪酬？怎么协调短期激励和长期激励？怎么激励团队、为团队付酬？福利结构又应该怎么设计？本章将详细讨论这些问题。

14.1　薪酬决定

任何一个企业都需要有一套既能支持企业战略又能恰当体现员工价值和贡献的薪酬制度，这对企业和员工都是至关重要的。健全的薪酬机制是吸引、激励、发展和维系人才的有力工具。从个人角度，薪酬关系到员工的劳动力供给，如工作的时间和流动方向，长期还影响他们的人力资本投资。而对于企业来说，薪酬是企业生产性成本的重要构成部分，企业是否增加劳动力、增加多大规模的劳动力数量都受薪酬的影响，同时，在企业内部，如何通过薪酬制度的设计以及富有竞争力的薪酬水平来吸引各类员工，特别是高层管理人员的长期激励问题，是现代劳动经济学关注的重点。

在市场经济条件下，企业和员工之间的关系被视为一种委托代理的合同关系，即企业是委托人，通过提供工作合同，委托员工来完成要求达到的工作目标和任务；而员工是代理人，通过签订合同执行企业所期望的工作要求。当然这只是一方面，实际还存在隐性合同。在这种以合同或契约为纽带的劳动关系中，企业和员工各自追求的目标是不同的，加上存在信息不对称、合同不完整性等问题[①]，员工存在摆脱企业控制的倾向，发生所谓的"道德风险"。因此，解决这样的委托-代理问题的关键在于建立一套激励约束机制，本质上是对薪酬和生产率本质特征的认识。一方面，员工在不同时间或不同工作环境下的生产率是可变的，这取决于对员工的激励机制；另一方面，从员工招募来看，尽管企业通过使用各种招募技术使其对员工生产率有一定的了解，但对员工生产率的完全把握即便在雇用后的一段时间也是难以完全做到的。因此，从劳动经济学的角度，对员工激励的研究，关键在于不同报酬支付方式对工作效率的影响，以及最终做出有利于组织效率提升的决策。

在现代企业中，企业的报酬计划必须满足企业和员工双方的需要，企业对员工的期望不同，最终采取的激励方式也各异。通常企业对员工的报酬支付形式大致划分为两类：第一是以产量为基础的工资。其关键特征是报酬取决于某些结果性指标，而不

---

① 合同的不完整性，指的是合同在形成过程中存在多种交易成本，如谈判成本、执行成本等，因此雇主不可能事先通过明确的合同来规定员工的各种行为，来减少员工的"越轨行为"。

取决于员工投入的时间和精力。当企业根据产量来支付工资时，员工在某一项工作上所花费的时间并不影响企业支付给他的工资。第二是以投入为基础的工资。这是一种员工的报酬取决于其在工作活动中所付出的时间数量和努力程度的报酬方式。当企业根据员工的投入支付工资时，员工所获得的工资与其产量没有关系。企业一般采取一些近似的指标（如员工的工作时间）来判断员工的努力程度。当然还可以将两种方式组合起来支付工资。

14.1.1 以产量为基础的工资——计件工资

以产量为基础的工资，即计件工资制，是一种在生产工人中使用最为普遍的、以个人为基础的激励性工资。在这种薪酬制度下，工人将根据他们所生产的每一单位的产品获得一笔报酬，这笔报酬是与每件产品相联系的计件工资率，工人产出高则获得的报酬就高。制定计件工资率时，最关键的问题是生产标准的确定。生产标准首先要为员工创造一定的收入以激励员工努力工作，同时要将生产的人工成本控制在一定范围内，还需要保证雇员所得的工资能够达到最低工资标准。但是对产量的衡量有时是不完善的，只有当对产量的衡量并不需要太大的成本时，企业才会采取以产量为基础的工资。

在企业中经常使用的"计件工资"模式有两种，标准的"计件工资"通常出现在生产企业中，而在很多服务业中则使用佣金制，如销售人员的佣金。在这种佣金制下工人（通常是销售人员）往往获得他们所销售产品价值的一定比例。佣金通常都是以销售额为基础的，而不是净收益。它将销售人员的经济利益和公司的市场目标联系在一起，对销售人员进行经济激励，鼓舞销售人员的士气，从而提高他们的销售业绩，进而帮助企业实现目标。销售人员的薪酬通常是基本工资（底薪）和佣金或者奖金的各种组合。在这种模式下，员工的收入用I表示，其产量或销售额用Q表示，A表示员工一个月或一年的基本收入，b指佣金比例或计件工资率，表示产量或销售额每增加一个单位所能带来的收入的增加额，则员工的收入可表达为

$I=A+b×Q$ (公式14-1)

事实上b也代表了激励的强度，b越大说明每增加一个单位产量或销售额所带来的收入增加额越大，对员工的激励强度越大。如果A比较小，b比较大，则员工的总报酬主要从激励收入中获得。由于产量和销售额等个人业绩不仅与员工个人的努力程度有关，还受很多不确定性因素的影响，因此在这种情况下，员工所受的激励比较大，同时承受了较大的风险。若A比较大，b比较小，则基本收入较高，激励收入比较低，激励强度就比较小，员工的收入主要来自固定收入，此时员工承担的风险也比较小。

计件工资制有很多优点，最突出的是筛选机制和激励机制。筛选机制是指以产量为基础的计件工资制会使生产率高的员工留在企业中，而使低生产率的员工自动离开企业。[①]由于计件工资制使得生产率高的工人在该企业获得的收益大于其在外部企业的收益，而低生产率的工人在该企业的收益小于其在外部企业的收益，因而起到良好

---

① EDWARD L. Salaries and piece rates [J]. Journal of Business，1986，59（3）：405-431.

的筛选作用。计件工资制还可以向员工提供一种直接的增加产出的激励，尤其当员工成为剩余索取者时，他们所受的激励是最强的。在该模式下员工获得的报酬与产出挂钩，所获报酬是变动的，产出越大所获报酬越高。因此员工就有动力去努力提高绩效，从而得到较高的报酬。雪瑞（Bruce Shearer）对一家植树公司员工在计件工资制和固定工资制下的生产率进行了研究，发现在计件工资制下，工人的生产率增加了20%左右。[1]史兰（Lan Shi）进行了两组试验，第一组工人先被支付计时工资，然后从中随机挑选一半工人改为计件工资，第二组工人先被支付计时工资，然后所有的都转为计件工资，结果发现产量的增加在23%~36%之间。[2]但是计件工资制将员工的报酬和某些企业业绩目标联系在一起，使得员工只会关注这一个指标，而忽视了其他对企业长期发展会产生重大影响的一些指标。例如，有研究表明，虽然计件工资通常与较高的生产率和工资相关，但使用欧洲跨国数据发现计件工资与工伤之间存在紧密联系，计件工人受伤的可能性要高出5个百分点。[3]

14.1.2 以投入为基础的工资——计时工资制

尽管计件工资制在向员工提供激励，以及筛选高生产率的员工方面有很大优势，但现实生活中很多企业还是偏好按投入支付工资的计划，即通常所说的薪金或小时工资。以投入为基础的工资取决于员工所投入的时间或者在工作中所投入的努力程度，他们与产量没有关系。[4]原因在于企业对产量的衡量受很多不确定因素的影响，成本很高。同时，大多员工都是风险规避型的人，在其他条件（如报酬的平均水平）相同的情况下，他们更为偏好以工时为基础的工资所具有的那种确定性。在计时工资制中，计算工资的时间单位取决于能够反映员工努力程度的最佳标尺，如大多数生产性和事务性的员工都被支付小时工资，因为小时工资能够较好地反映员工的努力程度，但大多数管理性的员工工作周期比较长，则被支付月薪或年薪。总的原则是，工作任务难度越大，则报酬的支付时间也越长。

尽管计时工资计划能够满足员工对收入稳定性的要求，但它产生了所谓的道德风险问题。由于员工的工资不受他们所生产的产量的影响，因此这会削弱他们的生产积极性。因此，以工作时间为基础的工资方案往往伴随着监督的需要，但细致的监督常常不具有可行性。因此，为了激励员工，许多依赖计时工资的企业都使用了计时工资加绩效工资的计划。这种计划的内容是，每年对企业中绩效优良者给予较大幅度的工资提升。工人的绩效是由监督人员来评判的，企业常常要求监督人员每年上交对自己下属员工的年度工作绩效评价结果，以此作为工资提升的依据。根据评价结果来确定员工的工资，会对员工形成一种激励，而且评价的指标可以多元化，弥补计时工资单一指标评价的缺陷。但是，对个人绩效进行衡量会带有主观性，或导致某些员工的寻

① SHEARER B. Piece rates, fixed wages and incentives: evidence from a field experiment [J]. Review of Economic Studies, 2004, 71 (2): 513-534.
② SHI L. Productivity effect of piece rate contracts: evidence from two small field experiments [Z]. University of Washington, Department of Economics Working Papers, 2007.
③ BENDER K A, GREEN C P, HEYWOOD J S. Piece rates and workplace injury: does survey evidence support Adam Smith? [J]. Journal of Population Economics, 2012, 25 (2): 569-590.
④ LAZEAR E P, SHAW K L. Personnel economics: the economist's view of human resources [J]. Journal of Economic Perspectives, 2007, 21 (4): 91-114.

租行为。

综上可知，计时工资制由于以投入为基础支付报酬，不会受到不确定因素的影响，但得到的是一种平滑收入，企业承担了风险。尽管企业通常处在一个能够很好地分散风险的位置上，但当企业承担风险而员工得到保险时，员工的工作动力和努力程度也减弱了。而在计件工资制下，虽然员工获得的报酬数额可能更大，但承担了更大的风险。若员工愿意到实行计件工资制或佣金制计划下的企业工作，就意味着此类员工能够承担更多的风险，也预示着更多的努力和更高的生产率。因此风险方面的因素导致企业通常对低生产率员工更多采取计时工资制，而对高生产率员工实行激励性工资机制。

14.2 　长期激励

效率市场理论认为企业的股票价格反映了企业未来利润的资本化价值，从而能够提高企业未来利润的举动是企业所青睐的行为。管理者通常可以通过分享未来的股息或者预料之外的资本收益来获得这种较高的利润。出于这个原因，如果企业只注重短期激励而忽略长期激励的话，那么企业将失去获得未来价值的可能性。特别的，对于公司的高层管理人员，由委托代理理论可知，公司管理人员与公司股东存在利益上的不一致现象，而以股票为特色的长期激励可以实现二者的利益趋同，因此长期激励在企业激励体系中的地位越来越重要。勒纳与伍尔夫（Josh Lerner & Julie Wulf）研究了20世纪90年代公司研发部门高层管理者薪酬变化与创新性之间的关系，结果显示从1988年到1998年，公司研发部门高层管理者总体薪酬中长期激励的比重增加了50%。更多的长期激励（如股票期权和限制性股票）能刺激研发人员的创造性，而且这些激励与更多的专利申请以及专利的原创性相关，而短期激励似乎与创新性没有关系。[①]而在面临外部变革时，受到长期股权激励的管理者更能承担风险[②]，降低上市公司商誉受损的概率和水平。[③]

14.2.1 　高管人员的激励方式

对高管人员的薪酬激励也无非以产量为基础的薪酬激励和以投入为基础的薪酬激励两种。如果对产量的衡量不成问题，那么促使管理人员考虑长期利益就比较容易，只要根据企业的长期利润来向管理者支付工资就可以了。一个常见的例子是在企业高层管理人员的报酬体系中被广泛运用的一种以利润为基础的奖金制度。但是实行这种奖金制度需要考虑的一个主要问题是利润的衡量应当以多长时间为期限？希望达到长期利润最大化的企业，应如何确定高层管理人员的工资才能使得企业的长期目标得以

①　LERNER J, WULF J. Innovation and incentives: evidence from corporate R&D [J]. Review of Economics and Statistics, 2007, 89（4）：634-644.
②　ARMSTONG C S, VASHISHTHA R. Executive stock options, differential risk-taking Incentives, and firm value [J]. Journal of Financial Economics, 2012, 104（1）：70-80.
③　柳建华，徐婷婷，杨祯奕. 管理层能力、长期激励与商誉减值 [J]. 会计研究，2021（5）：41-54.

实现？如果采用年度利润计划，将年终利润的一部分分给每一个高层管理人员，那么它的管理人员有可能会被诱导去追求一种达到现期利润最大化的战略。这些短期战略与企业的长期利润最大化目标可能是不一致的，并且该计划所涉及的这些管理者很可能会在他们所采取的这些短期战略的后果尚未被企业觉察之前，便利用他们所创造的短期绩效到其他企业另谋职位了。因此，目前大多数企业都会将他们的高层管理人员薪酬的一部分与公司在数年中的绩效挂起钩来，在这些长期"绩效计划"中，大多数都是将管理人员的工资与公司在3~5年中所取得的成功联系在一起的。也就是说，短于3年的时间对于衡量长期绩效的需要太短，而长于5年的时间又表明管理人员获得奖励的时间太晚，从而会削弱该计划的激励效果。

如果根据管理者的投入向其支付报酬，而不是根据产量，那么风险会转移到企业身上。此时，企业向这类管理者支付报酬的依据是针对其所采取的某些适当的行为，但这里有一个潜在的问题就是管理的行为是必须能够被观察到的。决定这些管理者报酬的人员必须能够公平客观地判断管理者采取的行为是否适当，而很多时候这种判断是很难做出的。例如一个执行总裁的工资是由董事会的薪酬委员会来决定的。但董事们通常都是兼职的，他们可能是每个月才碰一次面，因此他们对这位执行总裁的监管时间就十分有限，想让董事们准确地判断这位执行总裁的行为是否合适是不大可能的。由此可见，这种根据管理者所采取的行为而不是根据产量来支付工资的做法，可能会给偏袒总裁的董事会赋予总裁高薪的做法以正当借口。而根据较为客观的可衡量产量来支付报酬就可以避免此类问题的困扰，如股票价格。

使公司高层管理人员的利益与公司所有者利益挂钩的方法有很多种。最好的办法是将其工资与公司股票的价值联系起来，使管理者也受益于自己的业绩。因为企业所有者只关心股票价格的上涨，因此根据股票价格的上涨程度来向管理者支付报酬就可以保证管理者和所有者持有相同的利益动机了。然而将股票价格作为激励要素的一个重要问题是股票价格会遭遇一些不受管理者控制的其他因素的影响。风险规避者不会愿意将自己报酬中较大比例部分与无法控制的因素联系在一起。这种情形下，企业就必须将其薪金提到足够高的水平，以弥补这种承担风险的成本。

正如前面已经讨论过的，由于固定薪资对管理者来说没有提供任何激励，还存在对管理者进行监督的成本，因此总的来说，将计时工资与取决于股票价格变化幅度的奖金结合起来的做法是使管理人员从重视短期利益转向重视长期利益的好方法。

14.2.2　与股票相关的长期激励

目前与股票相关的长期激励的形式主要有股票期权、员工股票期权计划、限制性股票等。股票期权是在一定时间内，以一种特定价格购买一定数量公司股票的权利，公司的高层管理者有权利在公司股票价格大幅上升之后以事先确定的较低价格购买股票，在行权后获取差额利润。当然，高层管理者可以行使这种权利，也可以放弃。最终的价格超出期权价格的部分越大，持有者的回报越大。股票期权通常会在3~5年之内进行逐渐授权，只有获得授权的期权才可以行权。期权往往在固定时间期限后到期，或者员工离开企业时到期。目前股票期权的最大受益者仍然是高层管理者，买进期权的所有者在未来一段时间内有权按预先确定的执行价格或认定价格水平 K 购入股票。当股票市场的价格超过认定价格时，买进期权就"升水"了。此时，买进期权的所有者可以执行期权，购入股票，然后立即卖出赚取利润。如果股票的市场价格为 X 且 X>K，执行期权会立即获得 X-K 的利润。如果股票价格低于执行价格，他可以不执行买进期权。因为如果当时市场价格低于 K，不会有人以每股 K 的价格收购原本以更低价格就可得到的股票。当然，执行价格和期权数量的不同组合可以产生同样的期望值，但产生的激励不一样。预期市场价格比执行价格较高和较多的期权数量能在期望值不变的情况下产生更大的激励。预期市场价格比执行价格较高还能促使管理者实现高风险的项目。布瑞克里、巴加特与里斯（Brickley，Bhagat and Lease）运用来自多个行业、83 家厂商的样本，研究发现股票市场对实施长期薪酬计划反应积极，宣布实施该计划的企业股东财富预期增加值提高 2.4%。[1]事实上，尽管股票期权在研究和实践方面取得了某些积极的成果，但是从 2008 年开始的金融危机提醒了人们应该注意股票期权的弊端，尽管股票期权本身不存在收入上的风险，但是因为股票期权所对应的潜在的财富增加而接受一项相对较低薪酬和福利的工作，也存在机会成本。因此如果股票价格大幅下跌，严重依赖股票期权来吸引和留住人才的公司可能会在劳动力市场上处于不利的地位。[2]

员工股票期权计划（Employee Stock Option Plans）是指公司给予员工购买公司股票的权利，员工可以认购相应的股票，努力提升股票价值后以较高的价钱将股票卖出，从而获得货币收入。但是影响股票价格的因素有很多，其与员工个人绩效之间的关系更加不明显。这种激励计划类似于延期支付，并让员工因为购得合伙人股份而有主人翁的感觉。克莱恩（Klein）研究证明了员工的态度可能与其员工持股账户贡献的大小正相关，另外员工股票期权计划可以提高企业的双向交流水平，因而为员工提供了有效地参与公司决策的渠道。[3]

限制性股票（Restricted Stock）激励主要有两种方式：第一种方式是企业将股票无偿地配给高层管理人员，股票持有者可以出售股票获利，并在股票出售时为所获收益缴税，但是出售股票需要受到限制[4]，比如只能在 5 年或 10 年以后才能出售，或者达到规定的业绩水平。《国有控股上市公司（境内）实施股权激励试行办法》规定国有上市公司行权限制期原则上不得少于 2 年。第二种方式是企业以折价授予的方式将股票配给高层管理人员，这同样需要受到业绩条件和禁售期限的限制，不同的是高管可以获取的是股票价格的差价所带来的收益，而不是出售免费赠予的股票而获得的收益，高层管理人员需要担负一定的风险。

[1] BRICKLEY J A，BHAGAT S，LEASE S C. The impact of long-range management compensation plans on shareholder wealth [J]. Journal of Accounting and Economics，1985，7（1）：115-129.
[2] 格哈特，瑞纳什. 薪酬管理——理论、证据和战略意义 [M]. 朱舟，译. 上海：上海财经大学出版社，2005：405.
[3] KLEIN K J. Employment stock ownerships and employee attitude：a test of three models [J]. Journal of Applied Psychology，1987，72（2）：319-332.
[4] 中国 2006 年 1 月 1 日开始实施的《上市公司股权激励管理办法（试行）》第十七条规定，上市公司授予激励对象限制性股票，应当在股权激励计划中规定激励对象获授股票的业绩条件、禁售期限。

14.3 团队激励

团队是指为了实现某一特定目标而由相互协作的个体所组成的正式群体,它合理地利用了每一个成员的知识和技能协同工作,解决问题,达成组织的目标。在知识经济条件下,完成某一项工作需要多种技能、经验和判断,团队工作能较好地实现知识的互补和技能的协作。近年来团队工作方式也得到了很大的发展,拉齐尔和肖(Edward P. Lazear and Kathryn L. Shaw)研究指出从 1987 年到 1996 年,大公司问题解决型团队所占的比例从 37% 上升到 66%。[①]为了让个体在一起有效工作,企业应该了解:什么时候使用团队?在团队中如何激励员工?如何使员工在关注个人绩效的同时关心团队绩效?

14.3.1 团队的运用

团队工作总是受到管理者们的推崇,但是当员工在团队中工作时,往往很难观察特定员工的产量,单个员工能够隐藏在整个群体的成功或失败后面,个人不用去承担团队工作的所有后果。这就导致了搭便车效应,即员工个人获得了作为团队成员的利益,却并未承担实现这些利益所花费的相应成本,这必然会削弱企业内部的积极性;而且,当个人相信自己较高的努力程度会补偿其他人较低的努力程度时,他会减少自身投入的努力程度,这被称为"活塞效应(Sucker Effect)"。[②]然而,在团队环境下,把奖励建立在个人努力程度基础上也可能导致拆台或投机行为。因此个人在团队中工作时,企业就面临着两难困境,即要么以团队绩效为单位奖励员工,这将导致员工的搭便车,积极性下降;要么按照个人努力程度奖励员工,此时员工又会以个人利益最大化为基本出发点,这有可能会损害团队或企业的利益。

从经济学角度考虑,使用团队的一个基本原则是使用团队的收益高而成本低,使用团队的收益主要来自互补性和专业化。当特定员工与其他员工的工作有较强互补性时,团队的收益最大。如果组成团队的成员有与工作内容相关的不同的知识结构和信息域,且该知识结构和信息域对团队其他成员有价值,信息可以在团队之间自由流动,这将会产生"知识传授",知识传授能实现信息共享,提高员工生产率和自身素质。随着团队规模的扩大,会产生更多的知识传授,但是规模的扩大带来了沟通不畅、信息不充分的问题。而专业化使每一个员工只负责一个很小的、很明确的任务,合适的分工会提高整体工作的效率。使用团队最主要的成本来自搭便车效应,并且这是不可避免的。团队的规模可能是决定团队里搭便车发生次数的重要因素,当团队规模较小时,搭便车的影响并不明显,因为小团体里员工之间可以互相监督,而且惩罚偷懒者的积极性更大;但是在大团体里监督比较困难,责任的分担导致单个人的偷懒不会对工作

① LAZEAR E P, SHAW K L. Personnel economics: the economist's view of human resources [J]. Journal of Economic Perspectives, 2007, 21 (4): 91–114.
② ORBELL J, DAWES R. Social dilemmas [M] // STEPHENSON G, DAVIS H H.Progress in Applied Social Psychology. New York: Wiley, 1981 (1): 37–65.

产生较大影响，惩罚偷懒者的积极性也比较弱，而且大团队本身可能就很难发现偷懒者。对成本和收益进行比较，如果组成团队并不能带来额外的收益，那么不应该使用团队。

14.3.2　团队的激励

要激励团队产生高绩效，必须给予其适当的奖励。如果团队中每个成员的产量可以被观察到，那么可以按照他们自己的产量和对团队的贡献给予奖励。但是多数情况下，团队内部的个人产量和个人努力程度都无法被准确观察到，因此企业一般靠奖励团队本身来奖励团队工作。团队激励的方式主要有显性激励和隐性激励两种。

显性激励有很多种形式，包括团队奖金、利润分享计划、股票及股票期权等。首先，团队奖金是指企业会事先设定一个绩效标准，比如到某个区域完成当地的网络布置等，待小组完成事先设定的绩效标准后，公司就会给组内的每个成员发放奖金。奖金的发放一般有三种模式：小组成员平均分配奖金；根据其对小组的贡献而分别发放奖金；根据每个组员的基本工资在团队中相应的水平，按照比例发放奖金。这种方式通常只会在团队小，而且团队的产量能够被准确界定时才会被使用。在大型团队中容易产生搭便车现象，造成分配的不公平。同时奖励的项目必须是短期的，这样才能保证在这段时间内团队成员保持大致不变。

其次是利润分享计划，该计划是一种将工人的工资与他们所在的企业或所在部门的利润联系起来的一种普遍使用的报酬方式。通常依据公司利润支付员工一定的奖励，但员工得到的份额并不一样。目前最常用的利润分享计划主要有斯坎伦计划、拉克计划和通过分享提高生产率计划。典型的利润分享计划是将待分配的利润按员工基本薪金的比例进行分割。假设把企业全体员工的年度薪金总额定义为工资总额，那么员工 k 在待分配利润中的份额为：

员工 k 的份额 = 员工 k 的年度基本薪金÷工资总额

员工的薪金越高，得到的份额就越大。待分配利润是根据当年的收入、工资总额、其他成本等测算出来的。很多情况下，待分配利润是当年利润和过去利润的一个加权平均数，不仅取决于当年的利润，还取决于当年利润与过去平均利润的差额。但是，由于涉及利润分享的员工团体规模通常比较大，员工个人所得通常是很有限的，从而限制了利润分享计划的激励作用。

最后是股票及股票期权。由于高层管理者也是团队中的一员，而且很难观察他们对企业利润的贡献，因此作为团队激励的第三种形式的股票和股票期权，会作为激励性报酬中的一部分发给高层管理人员。管理者拥有股票后，就不仅会关心自己的行为如何影响自身的产量，而且会关心自己的活动如何影响企业其他成员的产量。股票代表一家股份公司的所有权，股票所有者按持有股票数的比例分享股份公司的利润。股东是剩余索取人，他们只能在优先索取人之后得到收益。优先索取人包括企业必须支付工资的员工和企业必须按预定方案偿还贷款的债权人等。股票期权与股票有所不同，期权所有者没有对企业当期利润的索取权。

尽管显性激励利用率较高，但隐性激励在团队奖励中越来越受到重视和青睐。隐性激励是指在公开的显性收入之外，采用非公开的隐蔽收入进行激励的一种方式。在很多企业，隐性收入都以不同的形式存在，比如隐性的职务消费、非公开没有既定标准的各种津贴、补贴、上级红包等。作为管理者，掌握这样的激励方法，尤其是那些无"薪"的激励，则更能体现出管理者领导能力和企业管理水平。

隐性利润分享在整个利润分享中占到很大的比重。因为只要企业的效益好，就可能给予大多数员工比效益差的年份更多的奖励。[①]假设一家企业允许员工的工资按如下公式随利润变动而变动：每年的平均加薪率=通货膨胀率+0.2×（实际利润率−期望利润率）。如果实际利润率为25%，期望利润率为20%，那么加薪率高于通货膨胀率1%，这将使企业的工资总额增加1%。由此可见，企业通过在薪资制度中巧妙地设置参数就可使绝大多数员工享受到隐性利润分享，而不用羡慕只有一小部分员工可以获得的显性利润分享，如团队奖金或者股票期权，甚至可以使隐性奖金在企业工资总额中占到更大的比重，从而实现企业价值分配的公平性和激励性。

14.3.3　与团队相关的其他问题

除了团队构成和激励外，团队的运用过程中还有很多值得注意的问题。首先，轮换团队成员。一方面，人与人的差异性较大，各人擅长的东西也各异，某些员工的能力不是短期内能表现和被挖掘出来的，需要进行充分的工作轮换之后，才能发现其闪光点，从而组建最为高效的团队。另一方面，每个人都拥有自己的知识域和信息，将知识从一个群传授给另一个群要花时间，这么做会产生递减效益。因此，基于这两方面的矛盾，如果知识很独特，而且与另一个群相关时，团队成员调整就很有必要。其次，在团队工作背景下，有可能会发生团队成员不愿合作的情况。另外在团队选择时，应遵循信息量最优法则，将选择权赋予掌握更多信息的一方，如果主管比员工知道更多的信息，可以把选择权交给主管。有时员工知道更多的信息，则可以由他们自己选择团队成员。

14.4　福利

在企业向员工提供的总体薪酬中，福利已经成为越来越重要的组成部分。对于企业来说，一个完善的员工福利计划，可以成为企业吸引并留住人才的重要手段。因此，如何设计员工福利计划，实现福利效用最大化，已成为现代企业非常关心的一个问题。由于福利计划涵盖的内容非常多，这里我们重点介绍弹性福利计划和养老金计划。

14.4.1　弹性福利计划

弹性福利计划（Flexible Benefit Plan）又称自选计划，是一种有别于传统固定式

---

① BROWN C, MEDOFF J. The employer size-wage effect [J]. Journal of Political Economy, 1989, 97 (5): 1027-1059. PUGEL T A. Profitability, concentration and the interindustry variation in wages [J]. Review of Economics and Statistics, 1980, 62 (2): 248-253.

福利的新型福利制度，强调员工根据自己的需要，从那些有一定雇主缴费基础的不同类型和水平的福利项目中进行选择，建立起自己的一揽子福利计划。在弹性福利下，每位员工将根据其工资、绩效、服务年限、婚姻状况等，获得一定数量的福利额度。员工在此额度内，根据自己的偏好选择福利项目。如果员工的消费超出了分配额度，则需自己出钱负担超出部分，相应金额从工资内扣除。

弹性福利计划是由企业自主设计和实施的，有很多种类型。[①]最常见的弹性福利计划就是"自助餐"计划。在该计划下，每位员工都可以获得一个福利限额，企业会提供包括医疗保险、生命保险、休假等一系列福利项目，每个福利项目都被明码标价，员工可以在福利限额内，根据自己的实际需要自由选择福利项目。当然，不同福利的费用是不一样的。另一个常见的弹性福利计划类型是缴费变换计划，即允许员工通过税前减薪方式向雇主出资的健康计划或其他福利计划缴费。由于采用了税前减薪方式，所以它能减少员工应税的薪水数额。弹性支用账户是另一种比较特殊的弹性福利计划。员工每年可从其税前总收入中拨取一定数额的款项作为自己的"支用账户"，并以此账户去选择购买雇主所提供的各种福利措施。拨入支用账户的金额不需扣缴所得税，不过账户中的金额如未能于年度内用完，余额就归公司所有；既不可在下一个年度中并用，亦不能够以现金的方式发放。[②]除了上述三种最基本的弹性福利计划类型之外，还有组合计划、福利套餐型计划、积分型计划等。但是各种形式的基本思想都是向员工提供一笔数量固定且可以花在一系列福利项目上的福利费。

与固定福利计划相比，弹性福利计划的主要优点是，企业能够以既定的开支为员工提供最大的价值。在同样的成本条件下，员工选择什么样的福利组合，一般对企业来说没有什么大的影响。但是各个福利计划对员工的价值不同，员工的偏好不同，面临的无差异曲线也不同，如年轻员工可能偏好于培训计划，中年员工可能偏好于儿童保健计划，而老年员工偏好于医疗保健计划。通过赋予员工福利选择的权利，可以使企业在既定的支出下实现为员工提供价值的最大化。

正是由于弹性福利计划可以为员工提供最大的价值，而且某些福利计划可能对某种类型的员工有独特的吸引力，如企业提供儿童保健计划，将吸引那些已有孩子的求职者来公司求职，如果企业认为已有孩子的员工的生产率更高，那么该计划对企业的员工搜寻产生了积极的作用，即特定的福利计划能帮助企业吸引到它想要的员工。而且自选计划中各类福利的价格是由企业公布的并由企业来进行选择的，在操作上，企业就有可能向那些其认为生产率高的员工支付更多的报酬，如降低某项福利的价格来吸引其想要的员工。但是有人认为弹性福利计划过于广泛的适应性，会妨碍企业招揽其想要的员工。对该观点的一个重要的解释就是逆向选择，逆向选择问题的存在会使企业付出昂贵的成本。例如，家庭健康计划会吸引那些家庭成员患有重病的人来企业求职，其对健康保险的过度使用必然造成企业的成本增加。事实上，只要企业在福利

---

① 罗森布鲁姆. 员工福利手册［M］. 杨燕绥，王瑶平，等译. 5版. 北京：清华大学出版社，2007：595-597.
② Inside Insurance. Flexible benefits plans［J/OL］. Professional Door Dealer（2009-06-03）. http://www.so-colar.com/flk.aspx？id=1174996&fn=OA00112745.mht&url=http%3a%2f%2fwww.professionaldoordealer.com%2farticles%2f5c1insur.html.

价格的索取上保持着某种弹性，特定类型的员工就可能会被鼓励或被限制在企业中工作。

14.4.2 养老金计划

在许多企业中，福利的最大支出部分为养老金计划。特定的养老金方案对企业大多数劳动力的退休行为、工作时间、努力程度、流动率都会产生显著的影响。本小节主要介绍养老金福利的类型、养老金与流动率的关系、养老金的风险等问题。

养老金计划有两种基本的类型：确定缴费制（Defined Contribution）和确定给付制（Defined Benefit）。确定缴费制下，缴费比例是预先确定的，由雇主和雇员分担或只由雇主缴费，计入雇员的个人账户。根据员工的选择，或者在雇主或其他组织如工会的支配下，账户中的钱被投资于某类生息债券。当员工退休时，根据个人账户上历年的缴费及资金的积累情况（包括付款加累积的资本收益利息和分红）领取养老金。与确定缴费制相比，确定给付制显得更加复杂和多样化。在确定给付制下，无论基金中的数额有多大，员工都将得到确定的收益。雇主负责补充基金所有的不足，同时获得基金所有的收益。员工所得到的年度养老金主要取决于退休前员工的收入水平和就业年限。确定给付制分配的公式有两种类型。第一种叫模式计划（Pattern Plan），它所涵盖的范围包括大多数的蓝领工人尤其是工会会员。其计算方法为：年度养老金=B×退休时的服务年限，其中 B 代表某个特定的金额，通常取决于工会谈判。第二种主要适用于白领员工，称为传统（Conventional）或者常规（Formal）计划。这种方案将年度养老金所得和平均最终年薪以及服务年限联系在一起。其计算方法为：年度养老金=g×服务年限×平均最终年薪，其中 g 为一个比例，平均最终年薪是指员工工作的最后几年薪金的年平均值。该计划把养老金福利和平均最终年薪联系在一起，它将随着通货膨胀做自动的调整，如果价格和工资由于通货膨胀而上升的话，平均最终年薪也会得到提高，进而生活成本的提高会体现在养老金福利当中。另外将养老金和平均最终年薪挂钩会激励员工在最后的几年内更努力工作，如果这种激励过于强劲，将导致无效率的行为。

养老金的类型、授予的方式和是否具有可转移性都会影响员工流动率。首先，在确定给付制下，由于给付标准确定，员工退休前服务年限越长，则他在退休后领取的养老金越多。但是工作时间越长，可以享受退休金的年数越短，而领取的养老金总额是领取的年数和每年领取金额的乘积。而且如果员工刚开始工作就辞职，那么他得到的养老金为零，但是如果他一直工作到去世，那么他得到的养老金也为零。因此随着工作时间的增长，可领取的退休金总额与退休年龄呈倒 U 形变化，如图 14-1（a）所示。但对确定缴费制而言，是不可能出现倒 U 形的。确定缴费制的预期现值必然随着退休年龄而不断上升，如图 14-1（b）所示。产生这种差异的原因在于：在确定缴费制的情况下，预期的养老金报酬并不取决于一个人还能活多少年，账户里积累的金额都属于他个人，其工作的时间越长，基金的预期现值就越多。确定缴费制的养老金累积值往往是正数，而确定给付制的累积值是负数。弗瑞德伯格和韦伯（Leora Friedberg and Anthony Webb）研究认为确定缴费制的养老金使得员工比确定给付制下平均晚退休两年。①

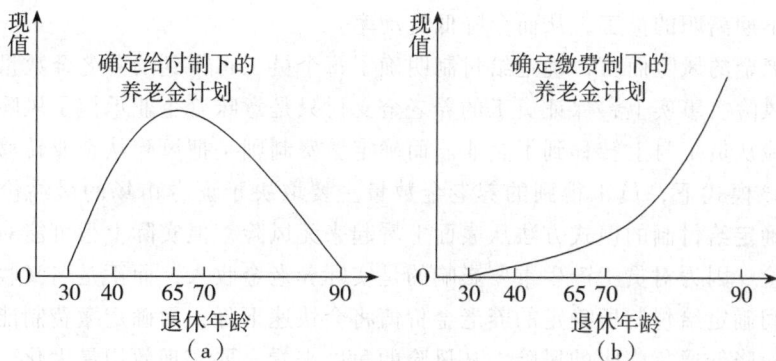

图14-1　养老金福利的预期现值

资料来源　拉齐尔. 人事管理经济学［M］. 刘昕，译. 北京：生活·读书·新知三联书店，北京大学出版社，2000：405-409.

其次，养老金并非一积累就为员工所有的，只有其为企业工作了一定年限之后，才被授予该权利，如果员工在福利可授予之前离开企业的话，那么他将得不到任何福利。假定企业规定福利可授予期限为N年，如果在N年之内员工离职的话，他将得不到任何养老金福利；工作满N年之后，他将得到X数额的养老金，此时他可以选择离开该企业，或者继续在该企业工作，当然此时养老金会随服务年限而递增，如图14-2（a）所示。因此，可以得出，在刚开始的几年，养老金积累得较少，离职的成本较低，此时的离职率会比较高；过一段时间之后，随着养老金的积累，离职率开始下降，越接近N年，离职率越低，在靠近N年的时候，离职率接近零，因为此时员工即将得到一笔养老金；N年之后，离职率又开始上升，因为员工已经得到了一笔养老金，如果此时有更好的外部机会，选择离职当然是最优决策。

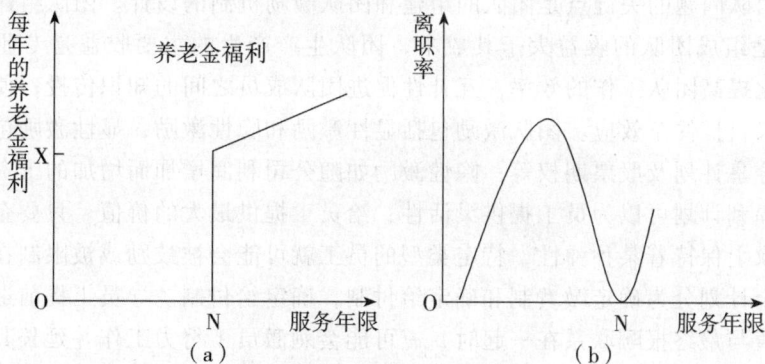

图14-2　养老金授予权与离职率

资料来源　拉齐尔. 人事管理经济学［M］. 刘昕，译. 北京：生活·读书·新知三联书店，北京大学出版社，2000：410.

影响员工流动率的另外一个因素是养老金的可转移性，如果养老金具备完全的可转移性，则其价值不会随雇主的变化而变化，可转移性保证了员工在受雇于不同的雇

① FRIEDBERG L, WEBB A. Retirement and the evolution of pension structure［J］. The Journal of Human Resources, 2005, 40（2）：281-308.

主时其享受养老保险的资格不受影响。一项不可转移的养老金计划通常会惩罚那些在职业生涯早期离职的员工，从而会降低流动率。

就养老金的风险而言，确定给付制明确了每个员工将得到的养老金数量，这看起来消除了风险。事实上，保证员工的养老金支付只是意味着企业承担了风险。确定给付制将风险从员工身上转移到了企业。而确定缴费制则是把风险从企业转移到了员工身上，在该模式下，员工得到的养老金数量主要取决于证券市场的最终价值。事实上，尽管确定给付制的模式方法从表面上看起来无风险，但实际上很可能对员工造成很大的风险。因为对员工产生重要影响的是实际养老金收入，而不是名义收入，在通货膨胀期间确定给付制所确定的养老金价值将会快速下降；而确定缴费制能通过证券市场运营，降低通货膨胀的风险。从风险的角度来看，要实现效用最大化，在选择养老金方案时应当力图将风险转嫁给风险厌恶程度最低的那一方。在多数情况下，企业的风险承担能力要比单个员工强。

本章小结

以产量为基础的工资实际上是按照某种产量衡量指标来向员工支付报酬，这种支付方式能产生筛选效用和激励效应，当衡量产量的成本不是很高的时候，可以采用以产量为基础的工资。当衡量产量成本很高，衡量产品的产量比较困难，或者员工是风险规避型的人而产量本身受不确定性因素的影响较大时，常常会使用以投入为基础的工资，即计时工资。

长期激励在一定程度上能使管理者或员工与企业的目标一致，激励员工以较高的努力程度工作。长期激励的有效形式是根据股票价格的上涨幅度向管理者或普通员工支付报酬，常见的长期激励计划包括股票期权、员工股票期权计划等。

处理团队问题的关键点是团队的组建和团队激励机制的设计。团队组建所遵循的原则应该是组成团队的收益大于其成本，团队生产产生的主要收益是专业化和互补性，专业化提高团队工作的效率，互补性促进团队成员之间的知识传授；使用团队的成本主要来自搭便车效应。团队激励包括显性激励和隐性激励，显性激励包括团队奖金、利润分享计划及股票期权等；隐性激励如随公司利润增加而增加的工资。

弹性福利计划可以为员工提供灵活性，给员工提供最大的价值。只要企业在福利价格的索取上保持着某种弹性，特定类型的员工就可能会被鼓励或被限制在企业中工作。养老金计划分为确定缴费制和确定给付制，确定给付制诱导员工提前退休。当养老金的价值与最终报酬联系在一起时，有可能会刺激员工努力工作并延长其职业生涯最后几年的工作时间。养老金的授予方式和可转移性也影响员工的流动率。

复习思考题

1.简述计件工资和佣金制的设计原则。
2.简述以产量为基础的工资和以投入为基础的工资各自的优缺点及适用范围。
3.简单分析为什么要对高层管理人员实行长期激励计划。
4.什么时候应该使用团队？在团队中应该如何激励员工？

5.与其他福利形式相比，弹性福利计划有哪些优势？

6.分析养老金会对员工的流动率产生什么影响？

🔦 案例分析题

央企薪酬制度再改革：小孩子长大了，不能再穿旧衣服

在杨洋眼中，利润是企业自己做出来的蛋糕。他看向亲手参与制订修改的企业内部工资总额管理新方案，直言这将彻底打破与人挂钩的不科学的工资预算编制模式，进而推动公司战略目标的实现。

他对此次改革充满期待。毕竟，这是继1992年声势浩大的"破三铁"（即破除"铁饭碗"、"铁工资"和"铁交椅"，具体表现为企业可以辞退工人，工作岗位将不再"世袭"，企业管理人员不再终身制，员工工资将根据效益和绩效浮动等）之后，央企的三项（劳动、人事、分配）制度改革的又一次重大突破。

近30年后，央企薪酬分配制度改革再度启航。不过，这并非易事，不止一家企业停滞于此项改革前。想要推动工资总额管理备案制的落实，首先需要建立健全董事会，只有建立健全了董事会，才有工资总额管理决策主体的出现。杨洋所在的企业之所以能先迈一步，原因在于其所在企业的国家"科改示范行动"身份，该身份给其带来了政策红利，工资总额管理备案制得以优先推行。

杨洋参与制订修改的工资总额管理新方案中，提出了与利润总额挂钩的要求。杨洋表示，工资总额管理备案制是一种工资总额管理及决定机制。备案制的核心是与企业效益效率联动，在效益决定的基础上，根据人工成本利润率完成情况进行调整，建立"业绩升、效率升、工资升；业绩降、效率降、工资降"的调动机制，实现工资总额从管"数"向管"机制"转变。简单说，由企业自身效益效率决定工资总额。

在他看来，未来推行工资总额管理备案制改革，将有利于打破工资总额增幅"天花板"，也有利于推动公司战略目标实现。工资总额不再吃集团的"大锅饭"，而是与公司战略目标实现相匹配。以职工工资"能增能减"倒逼效益效率目标实现，以效益效率目标实现"挣出"职工工资，形成富有活力、自我提升、自我完善的内部管理循环，促进战略目标实现。同时，有利于建立市场化薪酬分配机制。将员工利益与企业效益深度绑定，传导公司效益效率压力，理顺组织绩效与个人激励，提升绩效薪酬的比重，充分调动各类人员的创效动能。

更重要的一点在于，杨洋说："未来能吸引更多领军人才和高素质人才加入企业，推行备案制改革后，原来的薪酬总额限制就松绑了，对高端人才可以采取更积极的薪酬激励去吸引他们。"

小孩子长大了，就不能再穿旧衣服。朱昌明如是打比方，认为工资总额管理备案制改革，需要整体配套，体制机制没改，光改工资总额，是没意义的。他说："备案制强调的是双向调节，效益下来工资总额要降，很多企业对此还没有做好准备。只有既有市场化能力，又有动力，还有配套体制机制改革到位，工资总额管理备案制改革才有可能落地取得效果。"

看向更远的未来，在推动工资总额管理备案制改革的基础之上，各大央企还将探

索更符合市场化发展方向的薪酬分配机制。

按照国务院国资委的规划，未来将调整优化工资总额管理方式，推进商业一类国有企业和符合条件的商业二类国有企业工资总额管理备案制管理落实到位，规范有序实施周期预算管理。对具有创新要求高、当期收益不确定等特点的国有企业，支持其建立与行业特点相适应、更具灵活性和市场竞争力的工资总额动态调整机制。深化企业内部分配制度改革，建立健全按业绩贡献决定薪酬的分配机制，实行全员绩效考核，一岗一薪、易岗易薪，破除平均主义、"高水平大锅饭"。建立具有市场竞争优势的核心关键人才薪酬制度，推动薪酬分配向做出突出贡献的人才和一线关键苦脏险累岗位倾斜。坚持国有企业薪酬制度改革成果，严格落实有关薪酬管理制度，建立健全国有企业工资内外收入监督检查制度。

杨洋所在的国家"科改示范行动"企业，已经敲定了强化核心骨干人才中长期激励的办法。新增内容包括：建立健全中长期激励机制，重点涵盖科研、管理、市场销售、高层次人才等"四类骨干人才"。其中：对科研人员，实行股权奖励、项目跟投等激励方式，将核心人才与公司利益高度绑定；对中高层管理人员，实行股权出售、超额利润分享等激励方式，选取部分基层管理岗位（车间主要负责人），建立"岗位价值+胜任力"的薪酬考核模型；对市场销售人员推进"基薪+提成"的联量计酬机制，对超额销量、超额利润进行提成，将个人收入与市场业绩完全挂钩；对高层次人才以科研成果转化为突破口，实行"基本薪酬+成果转化奖励"的薪酬激励机制，鼓励高层次人才努力提高科研产出。借鉴海康威视施行的"员工住房计划"，拟为在北京、上海等一线城市工作、未享受中石化配售配租政策的高层次人才，提供住房首付免息贷款（如限额为100万元，分5~10年从本人工资中扣除），帮助人才解决后顾之忧。（文中杨洋为化名）

资料来源　王雅洁. 央企薪酬制度再改革：小孩子长大了，不能再穿旧衣服 [EB/OL].
(2021-12-27) [2022-09-09]. http://www.eeo.com.cn/2021/1217/515523.shtml.

讨论题：

结合本章内容和案例分析原本央企的薪酬制度出现了什么问题，应该用什么样的薪酬结构激励高层次人才？

🔍 推荐阅读资料

1.伊兰伯格，史密斯. 现代劳动经济学：理论与公共政策 [M]. 刘昕，译. 13版. 北京：中国人民大学出版社，2021.

2.拉齐尔. 人事管理经济学 [M]. 刘昕，译. 北京：生活·读书·新知三联书店，北京大学出版社，2000：8-65.

3.格哈特，瑞纳什. 薪酬管理——理论、证据和战略意义 [M]. 朱舟，译. 上海：上海财经大学出版社，2005.

4.LAZEAR E P, SHAW K L. Personnel economics: the economist's view of human resources [Z]. NBER Working Papers 13653, 2007.

5.KLEIN K J. Employment stock ownerships and employee attitude: a test of three models ［J］. Journal of Applied Psychology，1987，72（2）：319-332.

6.IPPOLITO R A. The economic function of under funded pension plans ［J］. Journal of Law and Economics，1985，28：611-651.

网上资源

1.世界薪酬协会（WorldatWork），http：//worldatwork.org

2.美国劳工部 Workplace Rights & Benefits 主题网页，http：//www.dol.gov/dol/rights-benefits.htm

3.美国管理学会（Academy of Management），https：//aom.org

4.劳动经济学会，http：//www.caless.cn

拓展阅读：企业内部薪酬差距与创新

第五篇 结果与效应（R/E）

第15章 劳动力市场结果：就业、失业与劳动力短缺

学习目标

✓ 掌握就业、失业概念及基本模型

✓ 熟悉基本失业类型

✓ 了解失业群集、失业回滞、刘易斯拐点的基本含义和基本模型

✓ 熟悉技能短缺的定义、测量以及影响因素等

✓ 能对劳动力短缺与技能短缺进行判断，对劳动力短缺与失业的关系进行判断

引例

"招工难""用工荒"背后

2021年春季，多地出现"招工难""用工荒"现象。《经济参考报》记者走访北京、山东、广东、浙江等主要用工地，深入招工企业进行市场调研了解到，随着新冠肺炎疫情形势好转，复工复产加速推进，劳动力供需结构性矛盾凸显，制造业熟练工与高端人才紧缺，服务业与互联网行业吸纳就业人数增多。专家认为，年轻人就业观念发生转变、劳动密集型产业转型缓慢是招工难的主要原因。

近年来，我国人口红利逐渐弱化，劳动力呈现"有限供给"态势，随着复工复产加速推进，"招工难""用工贵"等问题凸显。

——再现"抢人"长龙，老板选工变为工挑老板。广州市中大布匹市场附近不少城中村的街道两旁，挤满了拿着样衣、举着招工牌子的制衣厂老板，甚至排起千米长队，等着被工人"挑选"。一些招工老板告诉记者，眼下制衣工紧俏，尽管日薪较往年提升近两成，但站了几天仍招不到几个人。

2021年春节以来，广东、山东、浙江等地均出现"用工荒"。位于山东济南的圣泉集团是国家技术创新示范企业，部分产品打破国外垄断，产销位居世界前列。但是，用工难题限制着企业的发展。集团人力资源部负责人燕俩说，年后新项目开工，有1 500人缺口，"一个月只招到150人，虽想尽各种办法，但当地好像已招不到人"。

——一线熟练工与高端人才两头缺，结构性矛盾待破解。受访企业普遍表示，随着产业升级和技术改造，一线操作熟练工和具备高技能、高素质的高端人才缺口最大。浙江义乌人力资源和社会保障局介绍，截至2021年2月底，向政府上报用工需求的企业达350家，需求岗位超3.8万个，用工缺口主要集中在一线操作岗位，尤其缺少熟练工。

卧龙电气（济南）电机有限公司（以下简称卧龙电气）负责人说，目前员工缺口达400人，但近一个月才招到十几个合适的人，"许多应聘者难以胜任岗位需求"。广州某质谱仪器公司负责人告诉记者，优秀人才都被服务行业和互联网公司抢走，辛苦培养起来的人才也面临不断流失的困境。

——用工要求放宽，用工成本增加。为了招到工，一些企业只能不断放宽要求。卧龙电气人力行政部部长高绍静说，前几年招工年龄限制在"30岁以下"是一岗难求，但最近两年放宽到"45岁以下"还招不到人，"尤其是今年，为了满足新冠肺炎疫情过后的生产需求，已将年龄放宽到55岁"。一些制造业企业负责人表示，大部分岗位对体能和精力要求较高，选择"大龄工人"也是无奈之举。

义乌市水晶之恋针织服饰有限公司总经理王海龙说，相较2020年，工人的月工资已经上浮近500元，成本增加不少，但依然招不到人。广东部分制衣厂老板说，有的制衣工的日薪已经超过500元，最紧缺的车位工、四线工、烫工月薪涨至6 000元至1万元。

随着社会经济发展，年轻人就业观念发生转变。同时，随着劳动保护体系日趋完善，劳动者维权意识增强，用人单位面临"无人可招"与"无人敢裁"叠加之痛。

——年轻人"嫌弃"制造业，"00后"更爱当骑手。由于制造业工作时间固定、管理制度严格、工作环境相对较差，年轻人越来越不愿意到制造业就业。卧龙电气车间工人告诉记者，现在年轻人从小没吃过多少苦，工作累一点就开始抱怨，"钱多点少点反倒不重要，他们看重的是自由"。

与制造业相比，外卖、快递等服务行业对年轻人吸引力更强。饿了么发布的《2020饿了么蓝骑士调研报告》显示，2020年，平台骑手超过300万人，其中"90后"占比近50%。而《2020年00后蓝骑士报告》显示，近一年来，新注册"00后"蓝骑士数量同比增长近2倍，他们更青睐灵活自由的工作，并有近一半人愿意把这份工作推荐给同龄人。

——招人难裁人更难，"员工比企业更强势"。北京某服饰企业负责人接受记者采访时直言"既招不到人，又不敢裁员"。"劳动法太厉害！员工辞职时动辄要你赔偿几万、几十万元。"她说，由于历史原因，很多企业在"五险一金"、加班费等方面普遍有不少欠账，经不起员工翻箱底算细账，企业越来越弱势。

一些受访企业家说，相较于招工难，劳动纠纷更会动摇企业信心。在当前新冠肺炎疫情和经济形势下，更希望企业和员工唇齿相依、共克时艰，如果一边招不到人，一边又纠纷不断，结果一定是"巢倾卵覆"。

——东西部扶贫协作边际效应递减。近几年，东西部协作扶贫为东部地区带来了一批较为稳定的劳动力。例如，山东省济南市章丘区人社局积极为企业牵线搭桥，从新疆、湖南湘西州引来务工人员。然而，脱贫攻坚任务完成，部分项目将不再有专项补贴，而且，随着大量企业与项目落户贫困地区并不断发展，就地吸纳劳动力，此类引进劳动力的路子可能越来越窄。

面对用工难题，受访专家与企业负责人建议，加快产业升级，建立专业化人员培训机制，并强化人力资源服务，进一步拓宽东西部劳务协作。

资料来源　万志云，赵小羽，霍思颖. "招工难""用工荒"背后：年轻人"嫌弃"制造业"偏爱"服务业［N］. 经济参考报，2021-04-06（A4）.

从引例中可以看出，我国部分地区和部分行业存在劳动力短缺问题，而且存在技能短缺问题，更令人头痛的是，失业问题始终困扰社会。本章将从就业、失业和劳动力短缺的基本概念出发，探讨这些现象背后的机理。

15.1　就业和失业模型

劳动力市场上决策与行为交互作用的直接结果就是就业和失业。就业的存量–流量模型是解释就业、失业与非劳动力存量及存量变化的经典模型，而就业矩阵模型能深化我们对就业相关概念的理解，特别是在全球化、技术革命以及市场化盛行的21世纪。

15.1.1　存量–流量模型

存量划分是将一个经济中的人口存量按其就业状态区分为不同的类别。一个经济中一定时点的总人口通常被划分为劳动年龄人口和非劳动年龄人口。[①]劳动年龄人口可以被划分为两个部分：劳动力人口（L）和非劳动力人口（N）。一般地，我们又将劳动力人口分为就业人口（E）和失业人口（U）。其中，平时最受公众关注的失业率就等于失业人口同失业人口和就业人口总和之比。然而按照这一定义，失业率有时不能反映失业的真实状况。比如，失业率为4.5%的情况下，失业状况可能有两种极端情形：一是所有的劳动力人口一年中都有4.5%的时间失业过；二是劳动力人口中有4.5%的人一整年都处于失业状态。很显然，后者带来的社会损失更大。因此，要了解真实的失业水平，并且了解决定失业水平的因素，就不仅要对劳动力市场进行存量分析，即对就业人口、失业人口和非劳动力人口进行划分，而且要分析不同的劳动力市场状态之间的流量。如果我们把以上的存量概念和各自相对应的流量概念（如新增就业人口、新增失业人口、退出的劳动力人口等）动态地联系起来，我们就可获得如图15-1所示的存量–流量模型（Stock-Flow Model）。

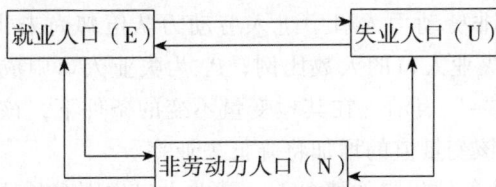

图15-1　存量–流量模型

在这一模型中，方框表示每一种人口的存量，即某一时点上测算的变量，如2019年1月1日零点测得的各种人口存量。箭头表示人口的流量：某一时期（如1年）内的存量变动及变动方向。模型表明这3种人口存量之间存在相互对流的变动：（1）就业人口中会有一定比例的人失去工作，成为失业人口，还会有一部分由于自己

---

① 世界上大多数国家把年龄在16~60周岁之间的人口定义为劳动年龄人口，在中国，一般将16周岁作为劳动年龄人口的年龄下限，将法定退休年龄作为上限。

不愿继续工作等进入非劳动力人口；（2）失业人口中也会有一定比例的人找到工作，进入就业人口，还会有一部分人因为失去信心等进入非劳动力人口；（3）非劳动力人口中有一定比例由于想工作并立即找到工作等进入就业人口，还有一部分想工作但一时找不到工作的人则成为失业人口。另外，某一时期总会有新增劳动年龄人口加入上述3种不同的人口，成为新增就业人口的一部分、新增失业人口的一部分和新增非劳动力人口的一部分。上述3种劳动力人口在一定时期内也都会有一部分退出劳动力人口。

从这一模型中，可以得出两点结论：一是即使处于失业状态的人是变化着的，失业总量作为一个存量，也可能保持不变；二是失业率可以由几种不同的流量要素独立或彼此间相互作用引起变化。

关于第一点，失业总量在任一时点上的规模取决于两个因素：流入失业存量的速率和每个失业者失业期的长短。在简化的假设条件下（主要是假设失业是不变的），失业者都是所谓"稳定的登记者"，我们可以写出将失业存量的影响因素分为流入因素和失业期因素的公式15-1：

$$U = fd \qquad\qquad\qquad\qquad\qquad\text{（公式15-1）}$$

式中：U为失业人数；f为每周变为失业者（即流入失业）的人数；d为失业者平均失业周数。很容易通过下述类比来理解公式15-1：一所大学的学生总数为3 000人，每年入学人数为1 000人，学制为3年。如果学制为2年，每年入学1 500人；或者每年入学600人，学制为5年，都可以得到同样的学生总数。公式15-1使我们能够从根本上区分出失业总量的增加是由于失业者新增速度增加了，还是由于失业期延长了。

关于第二点，如果想要了解失业水平的决定因素，就不能仅仅了解流入失业存量的速率和失业者失业期的长短，还必须分析各种劳动力市场状态之间流动的人员数量。如果劳动力市场处于大体均衡状态，失业状态的流入和流出量基本相等，那么某一群体的失业率（u）取决于下列劳动力市场流量[①]：

$$u = F(\overset{+}{P}_{en}, \overset{-}{P}_{ne}, \overset{-}{P}_{un}, \overset{+}{P}_{nu}, \overset{+}{P}_{eu}, \overset{-}{P}_{ue}) \qquad\qquad\text{（公式15-2）}$$

式中：F为一个函数；P_{en}为就业人口中脱离劳动力队伍的人数比例；P_{ne}为非劳动力人口中进入劳动力队伍并找到工作的人数比例；P_{un}为失业人口中脱离劳动力队伍的人数比例；P_{nu}为非劳动力人口中进入劳动力队伍却尚未找到工作的人数比例；P_{eu}为就业人口中成为失业人口的人数比例；P_{ue}为失业人口中成为就业人口的人数比例；变量顶部标注的"+"表示，在其他变量不变的条件下，该变量值的上升将会提高失业；"-"则表示该变量值的增加将降低失业率。

具体来说，在其他条件相同的情况下：就业人口中因多种原因脱离工作成为失业人口的比重（P_{eu}）或成为非劳动力人口的比重（P_{en}）增加将提高一个群体的失业率；非劳动力人口中进入失业人口的比重（P_{nu}）增加也将提高此群体的失业率；失业人口中成为就业人口的比重（P_{ue}）及成为非劳动力人口的比重（P_{un}）越高，这个群体的失业率就越低；非劳动力人口成为劳动力人口并就业的比重（P_{ne}）越高，该群体的失业率也就越低。

① 伊兰伯格，史密斯. 现代劳动经济学：理论与公共政策［M］. 刘昕，译. 13版. 北京：中国人民大学出版社，2021：484.

可以看到，一个国家或地区的总体失业水平（或者某一群体的失业水平），取决于各种劳动力市场状态之间流量的相对流动比率，是各种流量之间综合作用的结果。通过对劳动力市场进行存量–流量分析，可以帮助我们弄清楚单个劳动者失业时间间隔的长短，以及造成失业率上升或者下降的因素是什么，从而使得我们能够采取适当的政策和措施来降低失业率。

15.1.2　就业矩阵模型

存量–流量模型的划分相对简单，一般被政府用作最基础的统计标准，以便于掌握最基本的宏观经济变量（如失业率、劳动力参与率等）及其变化趋势。但这种划分存在一定缺陷，比如就业和失业的简单区分就没有考虑非全日制工作者（Part-time Workers）的情况，隐性失业（Hidden Unemployment）、待业、下岗等都无法纳入这一划分中。这会直接影响我们对于人力资源利用状态和宏观经济现象把握的准确性。为此，我们引入就业矩阵模型①，以方便理解就业以及就业变化的本质。

由于全球化、技术变革、制度变迁等极大地影响了劳动力市场的发展，所以就业本身发生了根本的变化：传统工业社会下的全职就业所体现的工作位置与工作任务一体的状态开始出现了分离。这种分离使得我们必须重新思考如何定义就业，以理解劳动力市场所出现的变化。我们以工作位置和工作任务构建一个关于就业定义的就业矩阵模型（见表15-1）。根据这个模型，我们得到四个有关就业的概念。就我们目前关于就业理论和实践的知识，它应该能够概括包括中国独特情形在内的所有就业的基本类型：典型就业、新型就业、下岗与未就业。从劳动力市场测量的角度看，我们提炼出三项基本的测量标准，即工作时间、劳动合同与社会保障。工作时间测量就业者是全日工作还是非全日工作。劳动合同关注就业者与雇主之间的劳动关系，书面或口头的劳动合同均可构成劳动关系的基础，但是需要以明确的形式表现出来。社会保障指的是雇佣双方按照国家的社会保障法律和政策履行社会保障方面的权利与义务。

表15-1　　　　　　　　　　　　　就业矩阵模型

工作任务／工作位置		工作任务（Work）	
		有	无
工作位置（Job）	有	A（典型就业） 有工作位置，有工作任务	B（下岗） 有工作位置，无工作任务
	无	C（新型就业） 无工作位置，有工作任务	D（未就业） 无工作位置，无工作任务

典型就业由就业矩阵模型中的A表示，也是最容易理解的一种就业类型。到目前为止，在发达经济体中，从就业数量上看，典型就业仍然是主流就业模式。在中国改革开放以前以及改革开放以后的很长一段时间内，典型就业几乎是唯一的就业形式。典型就业表示的是完整的工作位置和完整的工作任务的结合，即属于传统的"全职就

---

① 杨伟国. 转型中的中国就业政策［M］. 北京：中国劳动社会保障出版社，2007.

业"。按照就业的测量标准，典型就业意味着：工作时间满足国家法律所确定的工作时间数；就业者与就业机构签订了劳动合同，或虽没有劳动合同，但是从法律上或行政上存在明确的劳动关系；就业者能够享有国家法律和政策所确定的基本社会保障权利。

B代表了中国独特的一种就业形式——下岗。下岗属于工作位置尚存，但工作任务已经消失的状态。在就业测量标准里，下岗意味着劳动合同和社会保障是存在的，而且不是名义上的，但是工作任务没有了，因此属于一种"名义就业"。这种"名义就业"虽然存在重新上岗并获得工作任务的可能性，但是考虑中国国有企业改革重组的现实，下岗更多只是一个走向失业的心理调适过程。无论从理论上看，还是从实践中观察，下岗不等于失业。

劳动力市场中一个最引人注目的变化就是新型就业（C）数量和形式的快速增长，不论是就业增量，还是就业存量的转换，变化都很显著。从定义的层面看，新型就业是一种工作位置与工作任务不完整的多重组合。这里的不完整既包括工作位置的不完整，如两人或多人分享一个工作位置，这会直接影响社会保障与劳动合同；也包括完全没有工作位置而只有工作任务，而在这种形式中可能并不存在基本的劳动合同关系和社会保障。目前对新型就业的讨论主要是以"非正规就业"的话题出现的，非正规就业源于国际劳工组织（ILO），欧洲则更多地使用"非典型就业（雇用）"的概念，而在我国，灵活就业是更为常用的概念。从全球范围看，新型就业的数量增长非常快，其就业形式也越来越丰富，如非全日制就业、自雇用、劳务派遣等。

就业的第四个基本类型（D）我们定义为未就业，它包括自愿性未就业与非自愿性未就业，其核心都在于既没有工作位置，也没有工作任务。关于这一类型的分类在下一节中将详细表述。

15.2 \ 失业及其成因

失业的类型和成因多种多样，不同的学派解释不一。本节采用最为经典的划分方法对失业类型进行介绍，并采用贝弗里奇曲线对需求不足失业和摩擦性失业、结构性失业进行区分。另外本节还从失业群集和失业回滞两个动态的视角对失业成因进行分析。

15.2.1 失业类型

失业的类型多种多样。例如，休斯和博尔曼（Hughes and Perlman）在一项研究中就提到了70种以上不同类型的失业。[1]摩擦性失业、结构性失业、季节性失业、周期性失业、自愿失业、非自愿失业、古典失业、凯恩斯失业等类型都经常出现于各种

① HUGHES J J, PERLMAN R. The economics of unemployment: a comparative analysis of Britain and the United States [M]. Cambridge: Cambridge University Press, 1984.

文献中。我们将从失业理论的发展脉络对各种失业类型进行梳理。

首先，经济学家在斯密的经济人和稀缺性假设基础上构建了一般均衡模型，因为这个模型中各种经济资源可以得到充分利用，因而这一模型实际上是一个零失业模型，零失业模型也是失业理论发展脉络的起点。19世纪末20世纪初，新古典经济学家为调和零失业模型与现实存在失业现象之间的矛盾，以萨伊定律和边际分析为基础，建立了自愿失业模型。①1936年，凯恩斯在其《就业、利息和货币通论》一书中，对1929—1933年世界经济危机期间大规模的非自愿性失业原因进行了新的宏观经济分析，概括为"总需求不足"，这一类型失业被称为周期性失业或凯恩斯失业，将失业模型演化推进到一个新的阶段。凯恩斯失业模型虽然能够较好地解释周期性失业，但对现实存在的长期失业现象缺乏解释力。为此，弗里德曼提出了自然失业率的概念，构建了一个基于实际工资刚性的自然失业模型。一般认为在劳动力市场中摩擦性失业、结构性失业、季节性失业都是难以避免的，与总需求、经济周期无关，因此它们有时也被统称为自然失业。20世纪七八十年代以来，西方国家（特别是欧洲大陆国家）出现了持续高失业率现象，单一的自然失业率观点受到质疑。失业回滞理论给出了令人信服的解释，它的核心思想是现期的自然失业率取决于过去的实际失业率。

我们主要介绍现有文献中使用最为普遍的一种分类：摩擦性失业、结构性失业、季节性失业和周期性失业。摩擦性失业（Frictional Unemployment），是由于劳动力市场的动态属性以及信息的不完善而产生的失业。劳动力市场经常需要对商品和劳务供求模式的变动做出反应，而劳动力市场的供求变化不同步，加上信息的不完善，使得失业者和有职位空缺的雇主之间进行相互搜寻需要花费时间，从而造成失业者与职位空缺同时存在的局面。

结构性失业（Structural Unemployment），是由于劳动力需求和供给之间的持续性不平衡引起的失业。其特点是既有失业，又有职位空缺。失业者或没有技术，或居住地不当，因此无法填补现有的职位空缺，可以看作摩擦性失业的极端形式。表现为：一是在某一既定地区，劳动力市场所需的技能与劳动者的实际供给之间出现了不匹配；二是劳动力供给和需求在不同地区之间出现了不平衡。如果工资率是完全富有弹性的，并且职业流动或地区流动的成本很低，那么市场调节会很快消除这种类型的失业。然而现实中这些条件很难得到满足，因此结构性失业不可避免地存在。

图15-2（a）反映在第一类市场上，存在没有没被满足的劳动力需求者，就业人数由供给函数决定在N_1水平上；图15-2（b）反映在第二类市场上存在没有被满足的劳动力供给者，就业数量由需求函数决定在N_2水平上；图15-2（c）反映在总体劳动力供求情况上，就业数量N_3低于供求曲线的交点，即存在劳动力没有被充分利用的情况，劳动力短缺与失业并存。结构性失业能够解释由于劳动技能、性别和受教育程度等方面的差异所形成的失业现象，是失业理论模型的一个重要组成部分。

---

① 自愿失业一般指的是劳动者因不接受现行的工资水平或劳动条件而形成的失业。

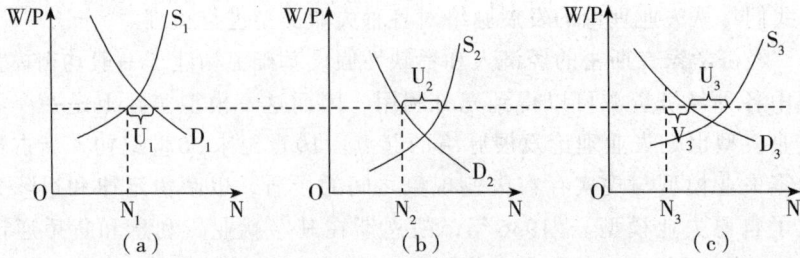

图15-2　结构性失业

季节性失业（Seasonal Unemployment），是由劳动力需求的规律性波动引起的失业。这种波动有规律可循，可以被估计到。具体原因在于一年中产品需求和劳动力投入时间选择在不断发生变化。需求在年度内发生变化的典型例子就是旅游行业，选择投入时间很典型的例子就是收获农产品。工资黏性理论认为，雇主将通过解雇劳动者，而不是削减工资或工时来对劳动力的季节性需求做出反应。

周期性失业（Cyclical Unemployment），也称需求不足失业，是指由于经济周期或经济波动引起劳动力市场供求失衡所造成的失业。古典学派把这种失业归因于高工资，如图15-3中所示，当（W/P）′超过（W/P）*时，失业就产生了。但是古典学派认为，这种失业现象只是短暂的现象，只要劳动工资可以灵活调整，那么工资会调整到均衡的工资水平，失业现象将得以消除。虽然社会的就业总量有所下降，但这部分劳动力都是在新的均衡工资水平下不愿意就业的"自愿失业者"。凯恩斯学派与古典学派的关键区别在于，凯恩斯学派认为劳动力市场上的工资是黏性的，失业不能通过工资的调整得以消除。我们假设在图15-3中劳动力的需求曲线初始位置在D_0处，均衡的工资水平为（W/P）′。当经济受到需求方的冲击时，有效需求不足将导致劳动力需求曲线向内移动，这时如果工资不能灵活调整到新的均衡水平，那么失业出现了。

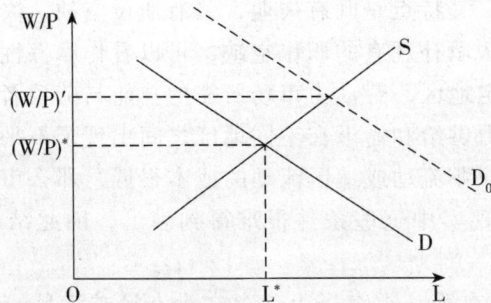

图15-3　古典失业与凯恩斯失业（需求不足失业）的联系

上述摩擦性失业、结构性失业、季节性失业和周期性失业的失业划分方法最具吸引力的就是，对于不同类别的失业需要采取不同的政策。尽管现实中很难区分不同类型的失业，但理论上的区分对制定政策来说依然非常重要。

贝弗里奇曲线通过描述失业人数与职位空缺数量之间的关系，对需求不足失业和摩擦性失业、结构性失业进行了区分。根据U-V分析，充分就业（或不存在劳动力需求的不足或超量）也就是失业人数等于职位空缺数时的就业水平，如图15-4（a）中

45°线（OZ）与U-V曲线A的交点t所示。在这一点上，失业原因可能是搜寻需要花费时间（摩擦性失业），也可能是居住地和本身技能不适合目前的空缺（结构性失业），也就是说，所有的失业都是由于市场不完善造成的，不是由于劳动力供过于求造成的，从这个意义上说，就业是充分的。在U-V曲线t点左侧的各点上，V大于U，存在超量劳动力需求，表现为过度充分就业；相反，在t点右侧的各点上，U大于V，存在超量劳动力供给，表现为需求不足失业。例如，如果总需求水平使经济处于U-V曲线A上的x点，失业水平为U_1，它比充分就业多出（U_1-U_0），这一失业量即被称为需求不足失业。

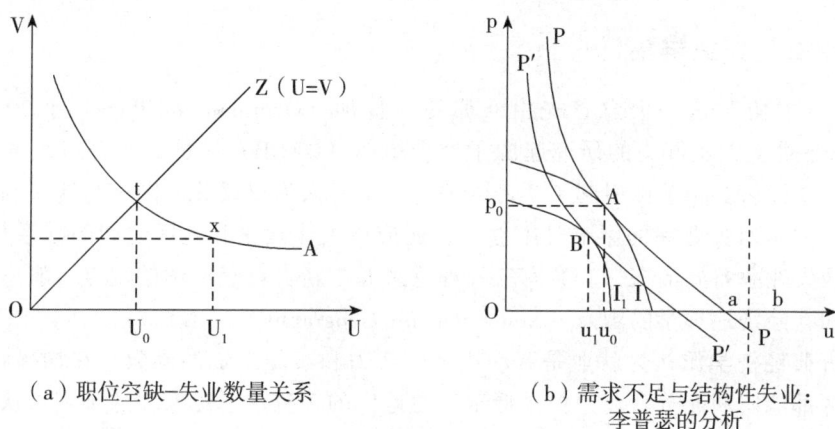

（a）职位空缺-失业数量关系　　　　（b）需求不足与结构性失业：
　　　　　　　　　　　　　　　　　　　李普瑟的分析

图15-4　失业类型分析

通过U-V分析，可以将一种劳动力市场结构中总的失业划分为需求不足失业和非需求不足失业（包含摩擦性失业和结构性失业两部分），但它无法区分非需求不足失业中的结构性失业与摩擦性失业。李普瑟（Lipset）先提出下述模型对此进行了区分，在这一分析中，李普瑟强调菲利普斯膨胀与失业之间存在替代关系。[①]如图15-4（b）所示，曲线PP是表示价格膨胀率与失业率关系的菲利普斯曲线，A是效用最大化点，在这一点上，PP曲线与无差异曲线I相切。如果目前的失业率为b，则可以通过需求扩张政策使之降低到a，并且不会引起价格水平提高，而要将失业率降低到低于a的水平，就必须以正的膨胀率为代价。但是，李普瑟认为追求效用最大化的政策制定者会将其总需求政策的目标定在A点上，因为为了使失业率降低到u_0，他们愿意接收p_0的膨胀率。李普瑟将p_0定义为"可接受的膨胀率"。在目前失业率为b的情况下，他将（$b-u_0$）定义为需求不足失业，因为可以通过增加总需求来消除这一个失业幅度而又不致引起与其他政策目标不可接受的冲突。在菲利普斯曲线不能左移的情况下，将失业率降低到低于u_0之下的唯一途径就是招致"不可接受的膨胀率"。在菲利普斯曲线替代关系本身被认为不可接受的情况下，政策制定者试图使整条曲线向左移动，从而降低与每一既定失业率相伴的膨胀率。但是这需要花费成本，如果假设，根据社会成本收益分析，P'P'是菲利普斯曲线能够合理移动的极限，B就是一个膨胀率与失业率都比较低的新均衡点。李普瑟将（u_0-u_1）定义为结构性失业，因为根据成本收益

---

① 桑普斯福特，桑纳托斯. 劳动力市场经济学［J］. 王洵，译. 北京：中国税务出版社，2005.

分析，它可以通过结构性政策来加以消除。剩下的失业 u_1 被定义为摩擦性失业，因为这是理性的政策制定者不希望加以消除的。据此，李普瑟将 u_1 定义为"充分就业水平的失业率"。

通过上述失业类型的区分，可制定相应降低失业的政策措施。比如，针对摩擦性失业，可以通过改善有关职位空缺的信息传播，缩短职位搜寻时间来减少摩擦性失业的数量；针对结构性失业，可以通过提高区域间的人力资源流动性和开展技能培训等措施来减少结构性失业的数量。总之，尽管现实中区分困难，但理论上的区分仍然具有十分重要的意义。

15.2.2 失业群集

"失业群集"这一概念首先由欧弗曼与普加（Overman and Puga）于2002年提出。[1]国外对于失业群集的研究起源于经合组织（OECD）成员，经合组织各成员失业率的异质性以及相关性引起了学者的关注，学者认为仅仅关注国家和地区制度及机构等内部因素对失业率的影响是不够的，还应该关注国家和地区之间的联系与区别。对于地区失业率差异的探讨一共有三种理论来源：新古典经济学的观点、凯恩斯主义的观点和新经济地理学的观点（New Economic Geography，NEG）。

新古典经济学派认为就业是劳动边际生产力和实际工资的函数。在均衡状态下，所有地区都能实现充分就业，但是低生产力地区的工资水平更低。这种观点认为地区失业率主要是由于地区工资刚性造成的，工资刚性则取决于工人的工资谈判力量、工会、税收制度、福利政策以及劳动法规等。由于各地的劳动生产力不同，那么在平均工资率下，低生产力的地区便会产生失业。新古典经济学派认为地区失业是一种短期非均衡现象。短期内，地区间失业率的不同是由于均衡调节滞后导致的。那么从长期来看，地区间失业率差异会趋于消失。

凯恩斯学派认为失业是由于有效需求不足导致的。地区失业率的产生是由于当地产业有效需求不足引起的，例如与高新技术产业多的地区相比，传统成熟产业或低技能产业多的地区，其失业率会更高。

尽管新古典经济学派和凯恩斯学派通过实证研究确立了影响失业的一系列因素[2]，但是这两个理论都无法解释失业率的空间分布问题，比如为什么低失业率地区更倾向于集聚在一起。图15-5展示了美国失业率的空间分布，显示出低失业率（浅色区域）地区集聚在一起，颜色越深表示失业率增加越多。[3]对于欧洲的研究也得出了相似的结论，如图15-6所示。[4]

① OVERMAN H G, PUGA D. Unemployment clusters across Europe's regions and countries [J]. Economic Policy, 2002, 17 (34): 115-148.
② ELHORST J P. The mystery of regional unemployment differentials: a survey of theoretical and empirical explanations [J]. Journal of Economic Surveys, 2003, 17 (5): 709-748.
③ BUREAU OF LABOR STATISTICS. Geographic profile of employment and unemployment, 2020: PDF [R/OL]. (2021-07-14) [2022-09-09]. https://fraser.stlouisfed.org/title/5237/item/604767/content/pdf/bls_geographic_2020.
④ EUROSTAT. Unemployment statistics at regional level [DB/OL]. [2022-09-09]. https://ec.europa.eu/eurostat/statistics - explained/index. php? title=Unemployment_statistics_at_regional_level#Regional_unemployment_rates_and_the_EU_average.

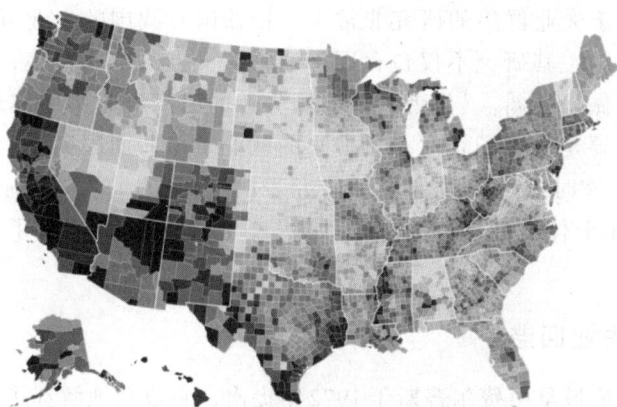

图15-5　美国2022年失业率空间分布情况

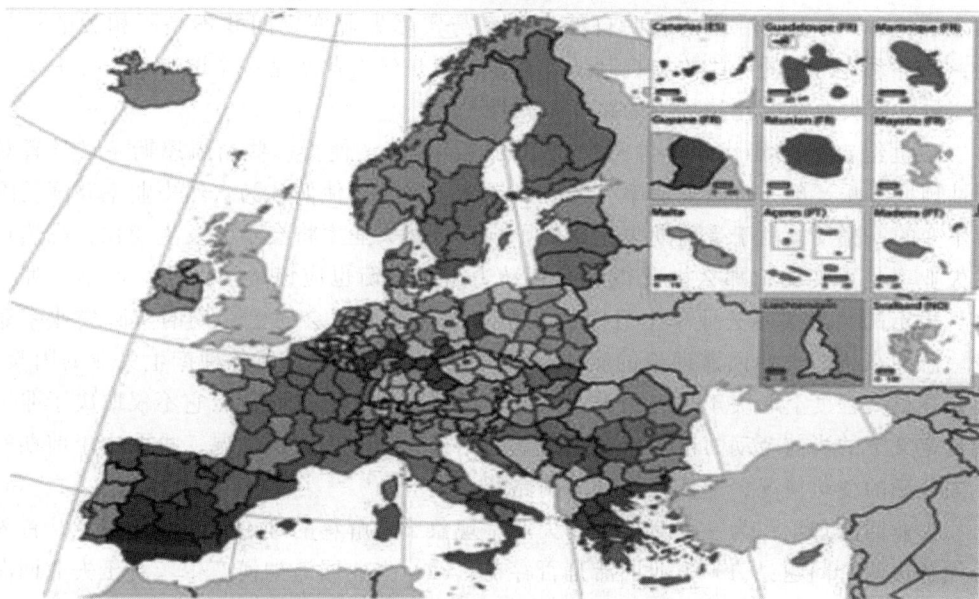

图15-6　欧洲2021年失业率空间分布情况，15～74岁劳动力失业比例

新经济地理学派试图通过建立模型对失业的空间群集现象做出解释。自从克鲁格曼（Krugman）①最早关注这个问题以来已有许多学者对此进行了研究。②新经济地理学派对失业群集的研究主要关注劳动力移民（地区间劳动力流动）以及劳动力供给弹性（部门间劳动力流动）等，主要的研究结论是当存在流动的情况下（地区之间和部门之间），交易成本高的地区不易形成失业群集，但是当交易成本降低到可接受限度之下，一个地区便会开始形成失业群集。

①　KRUGMAN P. Increasing returns and economic geography [J]. Journal of Political Economy, 1991, 99 (3): 483-499.

②　KRUGMAN P, VENABLES A J. Integration, specialization, and adjustment [J]. European Economic Review, 1996, 40 (3-5): 959-967. VENABLES A. Equilibrium locations of vertically linked industries [J]. International Economic Review, 1996, 37 (2): 341-359. ENGELMANN F C, WALZ U. Industrial centers and regional growth in the presence of local inputs [J]. Journal of Regional Science, 1995, 35 (1): 3-27. PUGA D, VENABLES A J. The spread of industry: spatial agglomeration in economic development [J]. Journal of Japanese and International Economies, 1996, 10 (4): 440-464. PUGA D. Urbanization patterns: European versus less developed countries [J]. Journal of Regional Science, 1998, 38 (2): 231-252. PUGA D. The rise and fall of regional inequalities [J]. European Economic Review, 1999, 43 (2): 303-334.

目前我国对于失业群集的研究非常少。杨伟国对我国的失业群集现象及其成因进行了分析和总结，其研究不仅包含国外通常意义上的空间群集，更是在其基础上结合中国的实际做出创新。[①]作者指出我国失业的时间群集集中体现于 20 世纪 90 年代中期之后，主要是由于国企改革所带来的就业重组，而国家财政政策的逆就业倾向进一步加强了该时期的失业群集。研究表明当时中国的失业时间群集、空间群集、行业群集和个体群集等都是在不同程度上叠合的，形成了最为严重的失业现象。

15.2.3　失业回滞

失业回滞理论最早由费尔普斯于 1972 年提出，它成功地解释了 20 世纪 70—80 年代期间西方国家自然失业率有所上升、长期失业人口有所增加的趋势，极大地丰富了失业理论。[②]失业回滞理论表明自然失业率与实际失业率之间并不是不相关的；相反，经济系统内生的一些传导机制的存在，使得自然失业率是一个取决于实际失业率的变量，即失业率变化趋势中的路径依赖性。

20 世纪 70—80 年代西方国家失业率的持续高涨，使得一些新凯恩斯主义学者对理性预期学派"单一自然失业率"的观点提出了疑义。他们认为自然失业率并不是固定不变的；相反，由于受前期失业率的影响，自然失业率将会不断发生变化；既然自然失业率是可变的，那么由此得到的劳动力市场均衡也应该是多样的，而不是唯一的、稳定的，当实际失业率上升时，均衡自然失业率就会向上一期的实际失业率靠拢。总的来说，失业回滞理论的实质是，失业不仅取决于当前各种产生失业的因素，而且在很大程度上取决于过去的失业情况，而对自然失业率而言，它不仅取决于弗里德曼定义下的当前劳动力市场、商品市场的结构特征和不完善情况，也取决于前期实际失业率的变化情况，即依赖于其均衡路径。

失业回滞理论作为一种对持续高失业率现象予以解释的理论要想令人满意，首先必须解决两个问题：（1）失业回滞是否存在；（2）失业回滞如何产生。对于失业回滞的存在性问题，美国经济学家米切尔（Mitchell）于 1993 年对 15 个工业化国家的失业率数据进行了研究，证明失业回滞是存在的。[③]另外，布兰查德和戴蒙德（Blanchard and Diamond）在 1994 年通过将失业率的周期性数据和长期数据分离以后，发现除美国以外，一些欧洲国家的周期性失业率数据确实可以对长期数据产生影响，这同样证实了失业回滞现象的存在。[④]

在肯定了失业回滞现象确实存在之后，接下来便要探讨失业回滞的传导机制问题。费尔普斯最初在 1972 年将"回滞"引入失业中时，就已经提出了"工会制度"与"边干边学"两个传导机制。[⑤]1986 年，布兰查德和萨默斯（Blanchard and Sum-

① 杨伟国. 我国的失业群集与政策选择 [J]. 中国人民大学学报, 2006 (3)：47-54.
② 费尔普斯. 结构性萧条：失业、利息和资产的现代均衡理论 [M]. 费剑平，叶虎，译. 北京：中国经济出版社, 2003.
③ MITCHELL W F. Testing for unit roots and persistence in OECD unemployment rates [J]. Applied Economics, 1993, 25 (12)：1389-1501.
④ BLANCHARD O J, DIAMOND P. Ranking, unemployment duration and wages [J]. Review of Economic Studies, 1994, 61 (3)：417-434.
⑤ 费尔普斯. 结构性萧条：失业、利息和资产的现代均衡理论 [M]. 费剑平，叶虎，译. 北京：中国经济出版社, 2003.

mers）在《回滞和欧洲的失业问题》一文中归纳了失业回滞的3个传导机制：物质资本的积累、人力资本的积累和内部人-外部人模型。[①]

第一，物质资本的积累。在经济萧条期间，高失业率伴随的是物质资本积累的减少，企业会减少投资，尽量降低成本，从而造成资本存量的永久性减少，资本存量的减少也导致了劳动生产率的下降，对劳动力市场形成冲击。由于企业对劳动力的需求取决于劳动力的边际产量，尽管经济已经恢复，但资本存量的永久性减少，劳动力的边际产量下降，企业对劳动力的需求也会出现永久性减少，从而导致失业率的持续高涨，自然失业率也由此上升。

第二，人力资本的积累。劳动者在失业期间将会失去通过劳动而维持和提高自身技能的机会，尤其是长期失业的劳动者，其技能的萎缩与劳动力市场的无效供给是混合在一起的，因此对于厂商来说，宁愿雇用那些长期处于工作状态的工人，而不愿雇用失业工人。另外，在一个高失业率的经济环境中，一些有能力的失业工人很难通过获得工作或提升来显示其才能，这样厂商就会因为无法挑选所需要的工人而减少其雇用量，于是在劳动力市场上劳动力总需求就会减少。可见，高的实际失业率导致了人力资本积累的减少，从而使得劳动力市场上充斥无效的供给和"惰性"的需求，最终引起自然失业率的上升。

第三，内部人-外部人模型。内部人是指已经就业的工人，而外部人是指没有工作的失业者。这一模型说明了工资行为和失业之间的联系：内部人和外部人拥有不同的就业机会。内部人的工作受工会组织力量的保护，受到劳动转换成本的保护，在工资决定上有着讨价还价的能力，具有较强的就业优势和地位。尽管外部人愿意接受比内部人低的工资，但转换成本较大，减少工资的所得不足以弥补成本，厂商就不愿意雇用低工资的外部人，而宁愿继续雇用内部人。内部人维护自己的权益无可厚非，但在某些程度上导致了自然失业率的居高不下。在西欧许多国家中，有50%以上的劳动者参加了工会组织，而这一比例在美国不到15%。由于工会的力量，工资只能增加，不能下降，其结果就是固化了内部人与外部人之间的地位区别，也使得自然失业率一旦上升，就很难再下降。

除了以上3个传导机制的作用外，另一个不能被忽略的很重要的原因就是政府"慷慨的社会福利制度"。西欧国家福利制度覆盖面广，享受的人数多且缺乏灵活性，工人缺乏劳动的欲望，自愿失业率自然较高。美国为失业工人提供的失业救济金只有26个星期，而西欧国家提供的失业救济金经常持续时间长达3年（有的时间更长），这也表明西欧国家失业受保护的程度更高。可以说西欧国家较高的社会福利水平，在保护低收入阶层和维护低收入阶层利益、稳定社会秩序等方面具有一定的积极作用，但不可否认这种福利制度在另一方面对经济持续发展的动力具有较大的抑制效应，从而导致长期失业的人数居高不下。

1980年，哈格里夫斯-希普在批判自然失业率假说时，提出了失业回滞理论的一个标准模型。该模型表示如下：

① BLANCHARD O J, SUMMERS L H. Hysteresis and the European unemployment problem [J]. NBER Macro-economics Annual, 1986, 1（1）：15-78.

$$u_t^* = u_{t-1}^* + c(u_{t-1} - u_{t-1}^*) + b_t \qquad (公式15-3)$$

式中：u_t^*、u_{t-1}^*分别表示 t 期、t-1 期的自然失业率；u_{t-1}表示 t-1 期的实际失业率；b_t表示除上一期失业率以外的其他因素对自然失业率的影响。

如果假定 $b_t=0$，那么公式 15-3 可以改写成：

$$u_t^* - u_{t-1}^* = c(u_{t-1} - u_{t-1}^*) \qquad (公式15-4)$$

从公式 15-4 可以看出，如果上一期的实际失业率大于上一期的自然失业率，那么这一期的自然失业率会上升，即如果 $u_{t-1} > u_{t-1}^*$，那么便有 $u_t^* > u_{t-1}^*$。这就说明了在市场结构、不完全因素等条件不变的情况下，自然失业率依赖于实际失业率的变化轨迹，且两者变动方向相同。

15.3 劳动力短缺

劳动力是一国最基本的资源要素之一。劳动力数量和结构的变动，势必对整个国民经济产生重要而深远的影响。因此需要准确判断劳动力供求形势，刘易斯拐点是劳动力无限供给到劳动力短缺的临界点，对刘易斯拐点在中国是否到来已成为劳动力短缺领域争论最多的问题。技能短缺是劳动力短缺的一部分，技术工人缺乏在某种程度上来说可能会对经济发展造成更大的影响。

15.3.1 刘易斯拐点

"刘易斯拐点"是一个发展经济学的概念，但是对这个拐点本身进行判断，与劳动力供求的长期格局变化有关。当一个国家经历"刘易斯拐点"的时候，经济发展即进入一个崭新的阶段。

美国发展经济学家刘易斯（Lewis）于 1954 年最早提出了二元经济理论，其目的在于研究发展中国家经济发展和劳动力转移过程。按照刘易斯的观点，发展中国家的经济可以分成农村传统农业部门和城市现代工业部门两部分[2]，其中农业部门普遍存在劳动力剩余的现象，整个经济的发展在某种意义上就是农村剩余劳动力逐步从传统农业部门向城市现代工业部门转移的过程。只要工业部门能够提供最低生活水平以上的实际工资，农业部门就能够向工业部门无限供给劳动力，直到农业部门的实际工资上升至与工业部门实际工资相等时，转移便结束。刘易斯模型可以用图 15-7 来描述。

如图 15-7 所示，横轴 OL 表示劳动力数量，纵轴 OW 表示实际工资水平，OW_1表示城市工业部门的实际工资水平，折线 W_1PS 表示劳动力供给曲线。刘易斯认为，发展中国家的经济发展可以分为两个阶段：第一个阶段如图 15-7 中劳动力供给曲线的水平部分 W_1P 所示，是劳动力无限供给的阶段。在这一阶段，城市工业部门只要以略

---

[1] 哈格里夫斯-希普将该方程视为自然失业率的减速假说，而将自然失业率的原始假说，即方程 $p_t - p_{t-1} = \beta(u_t - u_t^*)$ 视为自然失业率的加速假说。在这两个假说下，如果给定初始的自然失业率和通货膨胀率，那么自然失业率就和通货膨胀率之间存在一种此消彼长的关系。

[2] 刘易斯指出，前者不仅限于农业经济，也包括其他具有分享收入特征的传统部门，而后者的核心不在于经济制度本身，而在于工资决定取决于劳动力的边际生产力。

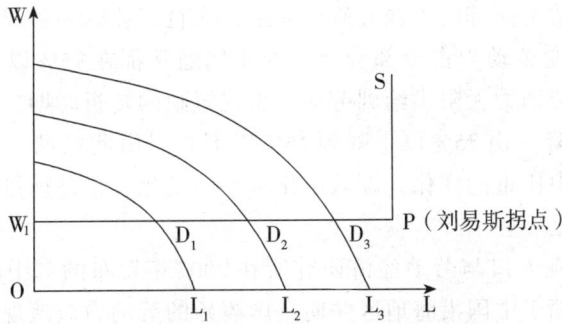

图15-7　刘易斯模型

高于农村生存收入的工资水平 OW_1 就可以获得无限的劳动力供给。随着资本积累的不断增加，劳动力的需求曲线不断外移（如图15-7所示，从 D_1 到 D_2 再到 D_3），城市工业部门所吸收的农村剩余劳动力也不断增加（如图15-7所示，从 L_1 到 L_2 再到 L_3）。这个过程一直持续到P点，即刘易斯拐点。至此，农村剩余劳动力转移完毕，经济发展开始进入第二个阶段。在第二个阶段，劳动力供给曲线与横轴垂直，如图15-7中的PS部分所示。此时，如果劳动力的需求曲线D继续外移，劳动力的供给就不能够得到相应的增加，而需求的增加只能导致劳动工资的提高。这也就意味着，劳动力市场上的劳动力供给从长期过剩转变为开始出现普遍紧张，而实际工资水平则由长期不变转为开始普遍上涨。

在刘易斯模型的基础上，拉尼斯和费景汉引入农业部门的发展，提出除廉价劳动力外，农业部门还向现代部门提供农业剩余。在刘易斯-拉尼斯-费景汉模型中，由两个转折点把发展分为三个阶段：在第一阶段，传统部门源源不断地提供现代部门需要的劳动力，既不减少农业产出，也不增加现代部门的工资水平。到第一个转折点，边际产出为零的剩余劳动力已经"转移"完了，但存在边际产出低于平均产出的过剩劳动力。所以在第二阶段，传统部门存在隐蔽失业者。到第二个转折点，过剩劳动力也"转移"完了。这时，二元经济就不再存在了。拉尼斯将第一个转折点称作"短缺点"，第二个转折点称作"商业化点"。

刘易斯拐点是二元经济结构发展的一个关键点，在这一点上，劳动力市场的格局发生了明显变化，劳动力的供求关系有了根本性的改变。根据刘易斯模型，劳动力的供给只与实际工资水平的高低有关，与劳动力边际生产率的高低没有任何关系。在刘易斯拐点之前，只要劳动力的价格不低于能够维持正常生活的最低工资，劳动力的供给就是无限的。换言之，"劳动力的短缺不是创立新就业源泉的限制"。[①]当一个国家经济发展进入"刘易斯拐点"以后，市场中的劳动力供给将变得富有弹性，劳动力供给量会随着实际工资水平的变化而变化。当实际工资水平上涨时，劳动力的供给会相应增加；当实际工资水平下降时，劳动力的供给也会相应减少。因此，劳动力供给弹性的大小是判断刘易斯拐点是否到来的一个重要指标。

在二元经济结构中，刘易斯拐点意味着边际生产率较低的农村剩余劳动力被配置

---

① LEWIS W A. Economic development with unlimited supplies of labor [J]. The Manchester School of Economic and Social Studies, 1954, 22（2）: 139-191.

到边际生产率较高的工业部门。调查研究显示，先行工业国和后起发达国家在经济发展的最初阶段，农业劳动力占全部劳动力的比例通常都在75%以上；而在刘易斯拐点上，即农村剩余劳动力无限供给到劳动力出现短缺的转折时期，这一比例都出现了一个较大幅度的下降（由75%以上降到45%以下）。[①]由此可见，被再配置到工业部门的农村剩余劳动力比重的变化，即城市化水平的变化，也是衡量一国是否摆脱劳动力剩余的重要指标之一。

中国社会科学院人口与劳动经济研究所在2007年发布的《中国人口与劳动问题报告》中指出，发端于中国沿海地区并向全国蔓延的劳动力短缺现象，预示着中国二元经济结构正在发生转变，中国经济发展的刘易斯拐点正逐步呈现。[②]也有学者认为，中国的刘易斯拐点并没有到来，劳动力市场上的就业形势依然比较严峻。在白南生等（2008）看来，由于数据和研究的缺乏导致对农村剩余劳动力测算的分歧，根据近年民工荒及民工工资上升现象得到刘易斯拐点已经到来的结论还有待磋商。[③]蔡昉（2022）认为，刘易斯拐点至少在中国经济发展的一定阶段上具有适用性，而且刘易斯拐点不仅表现为劳动力短缺和工资上涨，还引起一系列与发展阶段相伴的经济社会变化，因而具有显著的政策含义。[④]

15.3.2 技能短缺

技能短缺是全球性问题，并且是一国经济发展过程中不可避免的。[⑤]从目前的研究来看，"技能"和"短缺"其实是相当模糊的概念；相应地，对"技能短缺"进行明确的界定也是相当困难和复杂的工作，不同的文献对"技能短缺"的界定是多种多样的。[⑥]米格尔（Meager）从两种视角入手分析技能短缺——"雇主视角"与"市场视角"。[⑦]"雇主视角"认为短缺就是指个体雇主经历的招聘困难，包括完全因为企业内部原因（如不愿意支付有竞争力的薪酬等）造成的困难。而"市场视角"认为短缺就是指在现行的工资率下，市场上没有足够的适宜人员来填补现有职位空缺。哈特（Hart）等区分了预期技能短缺和实际技能短缺。雇主通常会开发一系列"应付机制"来使预期技能短缺造成的影响最小化，如安排更多的加班、增加转包合同或保持现有员工数量。[⑧]因此，实际短缺往往比最初预期短缺的数量要少。

英国国家培训署（National Training Agency）将"技能短缺"定义为："有特定技能要求的工作岗位无法得到足够的具备这一岗位技能要求的员工的状态。"一方面，企业在招聘具有岗位所需的适当技能的新员工方面遇到困难；另一方面，企业内部现

① 黎煦. 刘易斯转折点与劳动力保护 [J]. 首都经济贸易大学学报，2007（4）：60-66.
② 蔡昉. 中国人口与劳动问题报告——刘易斯转折及其政策挑战 [M]. 北京：社会科学文献出版社，2007.
③ 白南生，陈传波. 还有人能外出吗？外出务工率的地区差异研究 [J]. 中国劳动经济学，2008（2）.
④ 蔡昉. 刘易斯转折点——中国经济发展阶段的标识性变化 [J]. 经济研究，2022（1）：16-22.
⑤ COHEN M S, ZAIDI M A. Global skill shortages [M]. Cheltenham/Northampton: Edward Elgar Publishing, 2002.
⑥ BOSWORTH D. Skill shortages in Britain [J]. Scottish Journal of Political Economy, 1993, 40（3）：241-271.
⑦ MEAGER N. Skill shortages again and the UK economy [J]. Industrial Relations Journal, 1986, 17（3）：236-248.
⑧ HART P, SHIPMAN E. Skill shortage in United Kingdom: the lessons from case studies [Z]. National Institute of Economic and Social Research Discussion Paper 185, 1990.

有的员工存在"技能缺口"，即缺乏有效率地完成工作所需的技能。[①]这种广义的界定方式将"技能短缺"划分为外部技能不足（External Skill Shortage）和内部技能缺口（Internal Skill Gap/Deficiency）两个方面。外部技能不足指在外部劳动力市场上企业遇到的由于符合要求的技能人才供小于求而造成的招聘困难，雇主当前对技能人才的需求不能通过对外部技能人才的招聘得以满足。这种情况即狭义上的技能短缺，也最容易被观察到。内部技能缺口指企业现有员工队伍不能达到雇主认为理想的技能水平，雇主认为机构内的雇员并非完全精通其工作操作的情况，企业现有技能水平与达到企业经营目标所要求具备的水平之间存在差距。[②]

为了有效地制定政策以解决技能供求不平衡的问题，发展针对技能短缺的规模与程度的标准的测量方法就尤为必要。现在的研究大多基于技能短缺调查的数据[③]，参照米格尔（Meager）对技能短缺的界定可以将测量方法分为两大类——市场指标法和雇主调查法。[④]市场指标法依靠一系列劳动力市场指标来推断某一特定职业群体的技能供需的不平衡状况，通常采用的指标包括难以填补的职位空缺和职位空缺率、失业率、净职位空缺率、工资水平等；此外还有一些附加的指标如工作时间和工作强度，生产水平、就业水平的变化，新进入者和离职者的流量，企业的培训支出，外包水平，雇用标准，迁入和迁出水平等。雇主调查法是在实践中被更为广泛使用的测量技能短缺程度的方法。该调查的一个非常显著的特点是它非常依赖于雇主对于技能短缺的认知水平。雇主通常是技能供求是否平衡这一判断的主要甚至是唯一的信息来源。

导致技能短缺的原因非常复杂，如人口增长缓慢与老龄化导致的技能人才供给基数不足、激励缺失导致的技能提升动力不足、劳动力市场匹配功能发挥不佳导致的技能人才流动性不足、技能人才需求增长过快以及工作地点与工作时间安排不便利等。从全球视野看，最重要的原因集中于4个方面：（1）科学技术进步。科学技术进步特别是新的科技革命都必然带来具有明显阶段性的但又极为严重的技能短缺，全球各国在工业革命时期和信息技术革命时期所出现的技能短缺都归因于此。其原因在于两点：第一是由于科技进步引发科技型公司创业活动大幅增加，从而导致对技能人才的需求过旺，这导致总量上的技能人才短缺。第二是由于科技创新而导致技术工人结构性短缺，即由于市场上的技术创新而导致现有技术工人并不能掌握新技术。（2）教育培训滞后。从技能短缺现象的发生到教育系统的反应之间有一个时间差，因此教育滞后是天然的。在培训方面，诸多因素也导致了培训的延迟甚至缺失。科技飞速发展，但劳动者缺乏机会对自己进行人力资本投资、学习必要的技能，所以久而久之难以跟上时代发展的步伐便出现技能缺口。[⑤]（3）需求激励缺失。在经济激励方面，诸多

① GREEN F, MACHIN S, WILKINSON D. The meaning and determinants of skills shortage [J]. Oxford Bulletin of Economics and Statistics, 1998, 60 (2): 165-187.
② National Skills Task Force. Skills for all: research report from the National Skills Task Force [R]. London: National Skills Task Force, 2000.
③ BOSWORTH D, WARREN P. Modeling skill shortage [M] // BOSWORTH D, DUTTON P, LEWIS J. Skill shortages: causes and consequences. Aldershot: Ashgate Publishing, 1992.
④ HEIJKE H, BORGHANS I. Towards a transparent labour market for educational decisions [M]. Aldershot: Ashgate Publishing, 1998. BURKE G, SHAH C. Skills shortages: concepts, measurement and policy responses [J]. International Encyclopedia of Education, 2010, 31 (1): 320-327.
⑤ OECD. Labor shortages and the need for immigrants: a review of recent studies [R]. [S.l.]: Metropolis Conference Workshop, 2000.

的研究都发现，高工资企业遭遇技能短缺或空缺职位难以填补情况的可能性都更小，而企业提供的工资不足的直接后果都是总的求职者数量太少和具备所需技能的求职者数量太少。[①]在心理激励方面，企业的行业形象、雇主品牌以及职业声望都会导致技能短缺。威灵（Weering）发现，传统的制造业形象使得人们都不愿意从事技术性的工作。[②]这使得制造业等行业在与其他行业竞争技能人才时，从一开始就处于不利地位。（4）全球人才争夺，特别是发达国家利用其在经济与技术上面的先发优势引发了技能人才向发达国家的大规模转移，造成了技能分布在全球范围内的失衡，恶化了发展中国家的技能短缺现象，这也是全球人才争夺的典型现象。发达国家一直关注在全球范围内搜寻优秀人才。拉丁美洲的"人才外流"主要是与其北方邻居人才吸引政策联系在一起的，中国、印度技能人才的美国迁移也与此有关。

本章小结

劳动力市场上的最为重要的两个活动便是就业和失业。存量–流量模型与就业矩阵模型从静态的角度对就业和失业活动的转化进行了分析。

失业类型的划分方式有很多种，本章着重介绍了摩擦性失业、结构性失业、季节性失业和周期性失业这种较为典型的划分方式，并利用贝弗里奇曲线对其进行区分。失业群集多指失业的空间或地区群集，是描述低失业率地区的周边地区的失业率也较低的一种现象。新经济地理学派通过建立模型解释了为什么低失业率地区会倾向于集聚在一起，且给出了与新古典经济学派不同的政策含义。失业回滞表明失业率变化中的路径依赖性，物质资本、人力资本和工会等因素都会导致失业回滞的发生。

劳动力短缺与失业的并存表现出劳动力市场中的结构性矛盾。刘易斯拐点描述了劳动力从无限供给到短缺状态的转变，它到来与否已在我国学术界引起了广泛的争论。技能短缺不同于劳动力短缺，表示"所需的具有适当技能的员工"不足，或者员工存在"技能缺口"，其影响比劳动力短缺更为深刻。技能短缺是全球性的问题，其定义、测量和影响因素等也得到大量研究。

复习思考题

1.新古典学派和凯恩斯学派对失业的解释有何区别与联系？

2.不同国家失业率的变化趋势有何异同点？这些趋势背后呈现着怎样的规律？如何用失业群集对其进行解释？

3.简述技能短缺与劳动力短缺的区别和联系以及测量方法。

4.简述刘易斯拐点的含义及其两个阶段。

5.失业能够完全消除吗？如果要消除失业，又不对经济效率产生不良影响，需要什么样的条件？

6.简述失业回滞的传导机制。

---

① Learning and Skills Council （LSC）, the Department for Education and Skills （DfES）, the Sector Skills Development Agency （SSDA）. National employers skills survey 2004: main report [R]. [S.l.]: LSC, DfES, SSDA, 2005.

② WEERING. Image is everything [J]. Modern Machine Shop, 2002, 74.

案例分析题

第一届全国技能大赛带来的热讨论与冷思考

伴随着青春的激情与呐喊，中华人民共和国第一届职业技能大赛（又称第一届全国技能大赛，以下简称国赛）落下帷幕。

诊断："新基建"迫切寻找校企合作

制造业是国民经济的主体，相比公众熟知的木工、焊接等传统制造项目，大赛中，"新基建"元素同样占有一席之地。

项目裁判长、中车集团长客调试车间高级诊断组技术负责人罗昭强介绍，虽然很多轨道交通专业学生还没毕业就被用人单位"预订"，但当下企业迫切需要高技能人才，青年技工现状远不能满足行业高质量发展带来的缺口。同时，行业向着更智能、环保的方向发展，对运营维护者又提出更高要求。"学生在校所学所考的大多还是基本技能。"罗昭强表示，赛事训练能让学生积累经验，但校企合作是人才培养的关键路径。"光操作到位不行，还要精准、专注、坚韧、有责任心，校企必须深度合作，让青年技工独当一面解决问题，这样才能站得稳、走得远，引领更多优秀人才加入这个行业。"

中通服咨询设计研究院教授级高级工程师杨红伟是信息网络布线项目为数不多的来自企业的裁判。他坦言，行业技术更新换代快，需要大量技术型、操作型人才，一些院校注重理论培养，教学和应用契合不紧，人才培养和社会需求脱钩。"以往，行业企业更习惯于前往电子科技类名校招生，对学历等要求比较高，和技工院校的沟通还是太少了。""一些技工院校没有和行业头部企业建立紧密联系，导致用人单位急需专业人才，但毕业生找不到就业方向。"他呼吁，一方面，用人企业要降低招工门槛，主动"沉下身子"找人才；另一方面，校方应结合企业市场需求调整专业方向和知识结构，让专业更"热门"一些，体现人才示范效应。"比赛之余，我一直找机会和学校老师沟通，了解校方人才培养模式，和他们聊行业标准理念、技术规范意义等，商量派企业导师去学校教学。"他告诉记者，学校对此很感兴趣，他已和几所院校初步达成合作意愿。

杨红伟的诉求反映共性问题。有数据表明，"新基建"核心技术人才缺口达400多万人。连日来，记者观察，"新基建"项目不少专家和企业方都提出，要深化校企合作的路径与方法，以培养更多上手快、理解能力强、企业喜欢的技能人才。

魅力：让大赛的影响历久弥新

近年来，中国在世界技能大赛中表现优异。国内很多院校对标世赛经验和标准，形成以赛促学、以赛代练的火热氛围和培养体系，走出一批金牌教练和选手，也推动了技能教育的发展。此次国赛，填补了综合性国家职业技能竞赛的空白，其长远的辐射和引领作用值得关注。

"要进一步破除观念偏差，摘去有色眼镜。"江苏省人社厅职业能力建设处处长李建方认为，社会上一度存在"唯学历论"偏见，认为技工院校学生或企业技工都是"成绩差的人"。2012年开始，江苏每两年举办一届技能状元大赛，职工组一等奖选手由省政府授予"江苏技能状元"称号，给予一次性奖励10万元，享受省劳动模范待遇，可谓重磅奖励。"技能比赛是扭转偏见的有效办法之一，可以帮学生提高经济和社会地位。"李建方观察到，近年来，在该省，有普通操作工通过技能大赛脱颖而出，成为项目经理甚至企业负责人，还有学生放弃去高校学习的机会，走上技能成才的道路。他呼吁，大赛后，应围绕待遇、社会地位、晋升通道等环节，出台相应激励措施和配套政策，以此加强相关部门、院校之间纵向联系，及企业和学校之间的横向联系，让更多技能人才"香起来"，享受技能红利。

"竞赛能倒逼老师及时发现教育教学问题。"江西省电子信息技师学院院长杨乐文也有类似体会。他告诉记者，学校连续16年举行技能竞赛节，每年年底，学生像过节一样喜庆，沉浸在"我能出彩"的自信中。杨乐文在校工作30余年。他感慨，招收的学生或许基础不好，但培养、成就一个学生，就能致富一个家庭、繁荣一个村庄。这是技能教育的底色和亮色。"技能教育是打'移动靶'，社会需求不断改变，而竞赛面向产业设置项目，因此竞赛成绩应成为检验学校办学成果的指标，营造比学赶超氛围。"他认为，有关方面应加深对技能竞赛的认识研究，挖掘更深层次的价值，尽可能扩大覆盖范围，不仅技工院校、职业院校学生可参赛，企业技工、高校人才也可参赛。为此，他呼吁相关部门加大政策推进力度，落地技能人才待遇保障，进一步打通地方"粮票"与国家层面激励和奖励政策的联系。"说到底，政策背后要多体现技术能力导向，与对技能人才的重视程度相匹配。"

"借助大赛影响'趁热打铁'，建立专家评聘机制，为技能人才设置多维发展通道，提升从业尊严。"大赛设备合作单位、广西柳工集团有限公司董事长曾光安认为，大赛后，要引导有实力的企业和学校争做推动技能教育改革的领头羊。

资料来源　王海涵."国赛"首考——第一届全国技能大赛带来的热讨论与冷思考［N］.中国青年报，2020-12-21（6）.

讨论题：

阅读案例，结合本章所学内容，分析我国高技能人才短缺的原因并给出政策建议。

推荐阅读资料

1.伊兰伯格，史密斯.现代劳动经济学：理论与公共政策［M］.刘昕，译.13版.北京：中国人民大学出版社，2021：第2章和第14章.

2.BEVERIDGE W. Full employment in a free society［M］. London：George Allen and Unwin，1944.

3.HUGHES J J，PERLMAN R. The economics of unemployment：a comparative analysis of Britain and the United States［M］. Cambridge：Cambridge University Press，1984.

网上资源

1.OECD 就业主题网页，http：//www.oecd.org/employment

2.ILO，http：//www.ilo.org/global/lang--en/index.htm

3.中国就业网，http：//chinajob.mohrss.gov.cn

拓展阅读：雇用条件、企业类型与劳动力短缺——来自广东省用工企业的调查

第16章 劳动力市场结果：工资与收入分配

学习目标

✓ 掌握洛伦茨曲线与基尼系数的内容并注重应用

✓ 理解引起工资收入差距的原因

✓ 了解经济增长与工资收入差距的关系

✓ 熟悉收入代际流动的含义、测量方法以及实际程度的测算

✓ 了解税收和社会保障等收入再分配措施

引例 **美国贫富差距继续扩大**

美国联邦储备委员会最新发布的美国财富分布情况报告显示，截至2021年第2季度，收入最高的1%美国家庭总净资产为36.2万亿美元，自1989年有数据统计以来，首次超过占总数60%的中等收入家庭的总净资产（35.7万亿美元）。数据显示，目前美国70%的财富集中在收入前20%的家庭中。

彭博社评论说，财富越来越往"金字塔"顶端集中，这是美国贫富差距继续扩大的最新信号。加州大学伯克利分校经济学家伊曼纽尔·赛斯分析的数据显示，美国人中最富有的10%人口的平均收入是其余90%人口的9倍多；最富有的1%人口的平均收入则是这90%人口的39倍以上；最富有的0.1%人口的平均收入可达这90%人口的196倍以上。

美国智库政策研究所的报告指出，美国贫富差距主要体现在不同阶层、种族及企业高管与员工之间的收入不平等上，新冠肺炎疫情加剧了这一现象。

美国《商业内幕》杂志网站指出，美国亿万富翁的总净资产在新冠肺炎疫情期间增加了1.8万亿美元。2020年，最富有的1%美国人拥有的财富增加了约4万亿美元，增量超过了最贫穷的50%美国人拥有的财富总和。《财富》杂志指出，尽管有数百万美国人在新冠肺炎疫情期间入不敷出，美国大公司首席执行官的薪酬方案一如既往地"慷慨"，许多大公司在新冠肺炎疫情初期高调宣布给高管减薪，但几个月后悄悄将薪水调高。据统计，大公司首席执行官的收入在2020年上涨了16%，但普通工人的薪酬仅上涨了1.8%，中等收入者拥有的房产、股票、私营商业等资产不断收缩。这意味着一旦失去工作，他们可以动用的储蓄和资产变得更少。

此外，在过去50年里，美国普通家庭的财富积累变得越来越困难。哈佛大学经济学家弗曼发现，从1943年到1973年，普通家庭大约每23年收入就会翻一番。但根据过去近50年的数据推算，收入翻番所需的时间可能延长至100年。有数据显示，10

年前，美国中等收入家庭拥有超过44%的房地产资产，现在这一数据降至38%。中等收入家庭财富缩水的另一个原因是他们背负的车贷、学生贷等消费贷款攀升，通常这些贷款的利率更高。

资料来源 张梦旭. 美国贫富差距持续扩大［N］. 人民日报，2021-10-19（17）.

引例反映了美国收入差距日趋扩大的趋势，从中我们可以看出，收入分配问题是在经济发展过程中难以避免的，共同富裕是人类文明发展中的难题。一些西方国家在社会财富不断增长的同时，长期存在贫富悬殊、两极分化。党的二十大报告中提到"中国式现代化是全体人民共同富裕的现代化"。此处的共同富裕是全体人民共同富裕，是人民群众物质生活和精神生活都富裕，不是少数人的富裕，也不是整齐划一的平均主义，更不是搞"福利主义"那一套。党的二十大报告还提出，"分配制度是促进共同富裕的基础性制度。坚持按劳分配为主体、多种分配方式并存，构建初次分配、再分配、第三次分配协调配套的制度体系……加大税收、社会保障、转移支付等的调节力度"。因此，本章重点阐述收入差距公平与否如何衡量，如何保持收入差距与经济发展的平衡，通过何种收入再分配手段调节收入不公问题等。

16.1 收入分配的衡量

对收入分配差距进行衡量是研究收入分配的基础。衡量收入不平等的指标较多，例如可通过方差、变异系数等指标衡量。在众多指标之中，基尼系数由于有较好的经济意义和性能而成为被广泛应用的一个指标。泰尔指数是另一个较常用的衡量收入差距的方法，可以衡量组内和组间的收入差距。

16.1.1 洛伦茨曲线与基尼系数

1905年，统计学家洛伦茨提出了洛伦茨曲线，如图16-1所示。其主要思想是将社会总人口按收入由低到高的顺序平均分为10个等级组，每个等级组均占10%的人口，再计算每个组的收入占总收入的比重。然后以人口累计百分比为横轴，以收入累计百分比为纵轴，绘出一条反映居民收入分配差距状况的曲线，即为洛伦茨曲线。

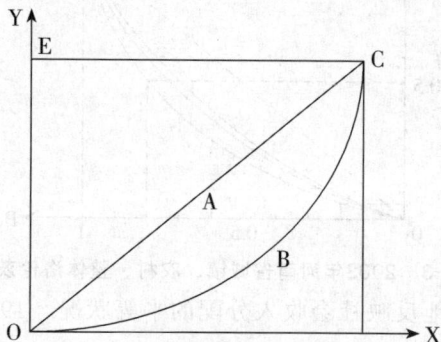

图16-1 洛伦茨曲线

OC线为45°线，在这条线上，相应比重的人口得到相应比重的收入，表明收入分配绝对平均，称为绝对平均线。折线OXC表明收入分配绝对不平均，称为绝对不平均线。实际的洛伦茨曲线应该介于这两条线之间，利用洛伦茨曲线可以表明收入分配的不平等程度。洛伦茨曲线离绝对平均线越近，表明收入分配越平等；洛伦茨曲线离绝对不平均线越近，表明收入分配越不平等。运用洛伦茨曲线可以比较同一个国家不同时期或同一时期不同国家的收入分配的平均状况与变化状况，如图16-2所示。

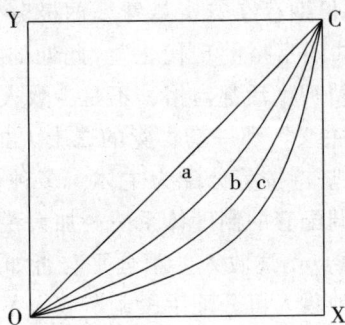

图16-2　洛伦茨曲线的变动

假如在图16-2中，a、b、c3条洛伦茨曲线分别表示甲、乙、丙3个国家的实际洛伦茨曲线，那就可以看出，甲国收入分配最平等，丙国收入分配最不平等。如果把a、b这两条洛伦茨曲线作为实施一项政策前后的洛伦茨曲线，那么可以看出，在实施该项政策后，收入分配更不平等了。王祖祥（2006）对我国中部6省1995年、2000年和2003年的基尼系数进行了估算，进行了横向和纵向的比较。[①]从估算的结果中发现在这9年之中，中部6省的基尼系数都有增大的趋势，其中最大的是2003年河南省的基尼系数，达到了0.4276。河南省的基尼系数从1995年的0.3124上升到了2003年的0.4276，且从其内部来看，城镇、农村和整体的基尼系数分别为0.2800、0.3286和0.4276，表现为洛伦茨曲线，如图16-3所示，3条洛伦茨曲线分别为城镇、农村和整体的洛伦茨曲线。

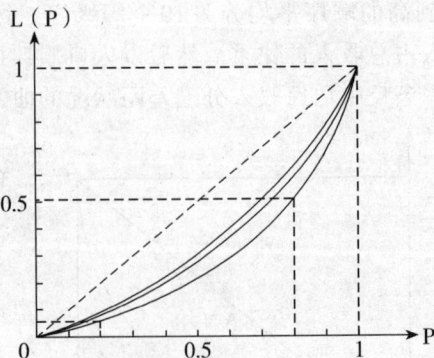

图16-3　2003年河南省城镇、农村、整体洛伦茨曲线

为了用指数来更好地反映社会收入分配的平等状况，1912年意大利经济学家基

---

①　王祖祥. 中部六省基尼系数的估算研究［J］. 中国社会科学，2006（4）：77-87.

尼根据洛伦茨曲线计算出一个反映收入分配平等程度的指标，称为基尼系数G。以图16-1来看，基尼系数定义为：

$$G = \frac{S_A}{S_{A+B}}$$

（公式16-1）

当A为0时，基尼系数为0，表示收入分配绝对平等；当B为0时，基尼系数为1，表示收入分配绝对不平等。基尼系数在0~1之间，系数越大，表示越不均等，系数越小，表示越均等。基尼系数便于了解、掌握和比较，人们可以对一个国家不同时期的基尼系数进行比较，也可以对不同国家的基尼系数进行比较。但其缺点在于不同国家可能采用不同的统计口径和资料，可比性较差。联合国规定的基尼系数见表16-1，国际上一般以0.4为警戒线。[①]

表16-1 基尼系数及其代表程度

基尼系数	收入分配平等程度	基尼系数	收入分配平等程度
0	绝对平等	0.4 ~ 0.5	差距较大
小于0.2	高度平等	大于0.5	差距悬殊
0.2 ~ 0.3	比较平等	大于0.6	高度不平等
0.3 ~ 0.4	基本合理	1	绝对不平等

公式16-1虽然是一个极为简明的数学表达式，但它并不具有实际的可操作性。为了寻求具有可操作性的估算方法，自基尼提出基尼系数以来，许多经济学家和统计学家都进行了这方面的探索。在已有的研究成果中，分组计算法较好地结合了洛伦茨曲线和基尼系数的特征，有较强的直观性，在此对其进行介绍。[②]

分组计算法是一种利用洛伦茨曲线分组求和的方法，这种方法的思路有点类似用几何定义计算积分的方法，在X轴上寻找n个分点，将洛伦茨曲线下方的区域分成n部分，每部分用以直代曲的方法计算面积，然后加总求出面积，如图16-4所示。分点越多，就越准确，当分点达到无穷大时，则为精确计算。

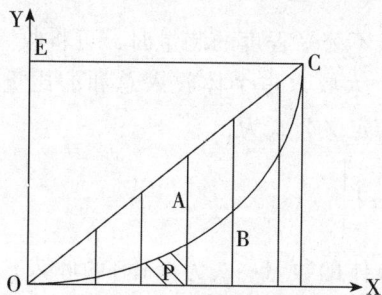

图16-4　分组计算法

①　洪兴建. 基尼系数理论研究［M］. 北京：经济科学出版社，2008.
②　除了分组计算法，还有拟合曲线法以及分解法等，有兴趣的同学可以参考：洪兴建. 基尼系数理论研究［M］. 北京：经济科学出版社，2008.

假设分为 n 组，每组的收入为 Y_i，则每个部分 P（阴影部分）的面积为：

$$S_p = \frac{1}{2n} \cdot \frac{\sum_1^{i-1} Y_i + \sum_1^i Y_i}{\sum_1^n Y_i} \qquad （公式 16-2）$$

加总得到：

$$G = \frac{S_A}{S_{A+B}} = \frac{S_{A+B} - S_B}{S_{A+B}} = 1 - 2 \lim_{n \to \infty} \sum_1^n \frac{1}{2n} \cdot \frac{\sum_1^{i-1} Y_i + \sum_1^i Y_i}{\sum_1^n Y_i} \qquad （公式 16-3）$$

公式 16-3 是精确计算基尼系数的表达式，当分点 n 个数有限时，定义：

$$y_i = \frac{Y_i}{\sum_1^n Y_i} \qquad （公式 16-4）$$

得到近似表达式：

$$G = 2S_A = \frac{2}{n} \cdot (y_1 + 2y_2 + \cdots + ny_n) - \left(\frac{n+1}{n}\right) \qquad （公式 16-5）$$

在分组计算法中由于以直代曲的做法容易造成对 S_A 的低估，不过，分组越多，误差越小。所以，可通过适当选择分组数 n 来控制误差的大小。

16.1.2 泰尔指数

洛伦茨曲线的基尼系数非常直观，但是它没有泰尔指数（Theil Index）容易分解。泰尔指数是泰尔（H. Theil）借用熵的概念来测定收入分配差距的方法。[①]熵在信息理论中被称为平均信息量，在信息理论中，假定事件 E 将以 x 的概率发生，而后收到一条确定消息称 E 确实发生了，则此消息所含的信息量可用公式表示为：

$$h(x) = \ln\left(\frac{1}{x}\right) \qquad （公式 16-6）$$

设有一组由 N 个事件 $(E_1, E_2, \cdots, E_n)$ 所组成的完备事件组，各自发生的概率为 $(x_1, x_2, \cdots, x_n)$，则有 $\sum_{i=1}^n x_i = 1 (x_i \geq 0)$。因此其平均的期望信息量，即熵为：

$$H(x) = \sum_{i=1}^n x_i h(x_i) = \sum_{i=1}^n x_i \log \frac{1}{x_i} = -\sum_{i=1}^n x_i \log x_i \qquad （公式 16-7）$$

将信息理论应用于收入不公平程度的测量时，可将收入差距的测量解释为将人口份额转成收入份额 y_i（单个人收入占个体收入总和的比重）的消息所含的期望信息量，从而可得出总熵指数的定义公式为：

$$GE(a) = \frac{1}{a^2 - a} \left[\frac{1}{n} \sum_{i=1}^n \left(\frac{y_i}{y}\right)^a - 1 \right] \qquad （公式 16-8）$$

式中：n 为在样本中个体的数量；y_i 为个体 i 的收入；收入的均值为 $\bar{y} = \frac{1}{n} \sum_{i=1}^n y_i$；参数 a 代表给予收入分配不同组之间收入差距的权重，最常用的取值为 a 趋近于 0 和 1。当 a 趋近于 0 时，表示其在整个分配中给予低收入的权重较大；当 a 趋近于 1 时，表示

---

① 刘志伟. 收入分配不公平程度测度方法综述 [J]. 统计与信息论坛，2003（5）.

其在整个分配中给予不同收入的权重相同，此时称该指数为泰尔指数：

$$GE(1) = \frac{1}{a^2 - a}\left[\frac{1}{n}\sum_{i=1}^{n}\left(\frac{y_i}{\bar{y}}\right)^a - 1\right] = \frac{1}{n}\sum_{i=1}^{n}\frac{y_i}{\bar{y}}\log\frac{\bar{y}}{\bar{y}_i}$$ （公式16-9）

如将 N 个个体依某种特性分成若干组，泰尔指数就可以同时衡量组间和组内的收入差距状况，对总差距的解释力更强。[①]此时公式 16-9 就转化为：

$$GE(1) = \sum_{g=1}^{G}W_g\ln\left(\frac{W_g}{e_g}\right)$$ （公式16-10）

式中：G 为分组数目；W_g 为第 g 组收入占总收入的比重；e_g 为第 g 组人口数占总人口数的比重。

王少平和欧阳志刚鉴于我国的城乡二元结构，指出使用泰尔指数更适宜度量和刻画我国的城乡收入差距及其变化特征。[②]他们对我国 1978—2006 年的泰尔指数进行测量（见表 16-2），测量结果表明改革开放以来，随着经济的发展，我国城乡收入差距在波动中呈逐步扩大的趋势，尤其是 1998 年后，城乡收入差距持续扩大。最后作者研究了城乡收入差距与经济增长的关系，结论指出：城乡收入差距对经济增长长期效应的变化在泰尔指数为 0.100 处发生机制转移。1978—1991 年，我国城乡收入差距对实际增长的长期效应为正；1992—1999 年，收入差距对实际增长的效应由正向负平滑转换；1999 年后，我国城乡收入差距对实际经济增长产生阻滞作用，且负效应呈逐年增加趋势。

表16-2　　　　我国1978—2006年间各年度的城乡收入差距（泰尔指数）

年度	1978	1979	1980	1981	1982	1983	1984	1985	1986	1987
泰尔指数	0.091	0.090	0.089	0.066	0.053	0.046	0.040	0.042	0.060	0.085
年度	1988	1989	1990	1991	1992	1993	1994	1995	1996	1997
泰尔指数	0.086	0.080	0.073	0.091	0.108	0.128	0.135	0.121	0.104	0.100
年度	1998	1999	2000	2001	2002	2003	2004	2005	2006	
泰尔指数	0.104	0.117	0.129	0.138	0.155	0.162	0.159	0.158	0.180	

资料来源　王少平，欧阳志刚. 中国城乡收入差距对实际经济增长的阈值效应 [J]. 中国社会科学，2008（2）：57.

罗楚亮、李实和岳希明利用中国居民收入分配课题组（CHIP）2013 年和 2018 年住户调查数据发现，这一时期的收入分配差距处于相对稳定水平，既没有明显扩大，也没有明显缩小，2013 年和 2018 年加权后的泰尔指数值均为 0.323。这一时期居民收入差距的稳定性，体现为不同收入组的收入增长率差异不大，除贫困人群外，低收入组人群和高收入组人群的收入增长率，都略高于其他收入组人群。[③]

①　CONCEIÇÃO P，FERREIRA P. The young person's guide to the Theil index：suggesting intuitive interpretations and exploring analytical applications [Z]. UTIP Working Papers，2000（14）.
②　王少平，欧阳志刚. 中国城乡收入差距对实际经济增长的阈值效应 [J]. 中国社会科学，2008（2）：54-66.
③　罗楚亮，李实，岳希明. 中国居民收入差距变动分析（2013—2018）[J]. 中国社会科学，2021（1）：33-54.

16.2 工资收入差距的成因

由于市场存在失灵，表现在工资收入分配方面就是：初始分配可能无法使收入、财富和福利的分配按照社会公认的符合社会公正的方式进行。在市场经济条件下，即使所有人的素质是无差异的，但经过市场竞争后的分配结果肯定是不同的，况且在现实中由于个人所受教育不同、所处社会地位不同、所在地的经济发展不同以及各种制度的差异，必然会影响工资收入分配的结果。

16.2.1 经济增长与工资收入差距

从有关经济增长和收入分配关系的理论分析，到比较完整的现代分析框架的确立，实际上经历了一个非常漫长的学术争论过程。这个争论过程的逻辑起点是库兹涅茨倒U形曲线。最早反映收入分配与经济增长关系的最著名的论点就是所谓库兹涅茨猜想。这个猜想的基本推论是经济增长会首先导致收入不平等增加，然后导致收入不平等下降，这就形成了著名的库兹涅茨倒U形曲线。该曲线是库兹涅茨通过对英国、德国以及美国的不平等指数进行长时期观察而得到一个实证分析和假设。因为在整个20世纪50年代，只有这些国家长期增长的系列数据是比较完善的，而且这些国家的不平等实际上的确经历了一个先上升后下降的历史过程，所以从经验和实证来说库兹涅茨的结论在当时背景下是非常成功的。从理论层面看，产生倒U形曲线经济机制的基础是劳动力要素从低生产率（中等程度的不平等）部门向高生产率（低等程度的不平等）部门流动，结果造成了部门之间的不平等程度高于部门内部的不平等程度。由于有较强的理论分析和经验支持，所以库兹涅茨曲线在以后的40年内几乎一直成为研究收入分配理论的基本依据之一。

但是从20世纪80年代开始，一些发展经济学家通过观察发展中国家的有关资料对这个倒U形曲线提出了公开质疑。如托达罗、安南德、坎勃等分别运用不同发展中国家的资料，"公开展示了与公认的倒U形假说相反的关系"。[①]到了20世纪90年代，越来越多的经济学家对此结论提出了不同意见。许多经济学家运用多国经验数据以及单个国家的不同时间的相关数据进行分析，对这个猜想提出了各种各样的检验和争论。在这些研究文献中以1998年德宁格-斯格尔（Deininger-Squire）的《国际不平等数据库》最为著名。[②]德宁格-斯格尔在该数据库中，运用108个国家682份有关基尼系数和五等分法在内的高质量的数据资料分析表明："以单个国家为基础进行检验时，我们的数据分析对表达收入和不平等的倒U形关系理论仅仅提供了非常微不足道的支持；而且大约90%的被调查国家是不存在倒U形关系的。"大量的实证研究似乎都不能显著地支持库兹涅茨这一假说。

但是，有研究试图从动态角度部分地支持倒U形假说，认为不论收入分配的初始

① 托达罗. 第三世界的经济发展 [M]. 于同申，译. 北京：中国人民大学出版社，1988.
② DEININGER K, SQUIRE L. A new data set measuring income inequality [J]. World Bank Economic Review, 1996, 10（3）：565-591.

条件如何，快速的经济增长会导致较高的不平等。这就意味着许多国家的经济增长会导致"富的越来越富，穷的越来越穷"。但是德宁格-斯格尔通过跨度10年以上的收入分配数据分析经济增长过程，认为"经济增长和不平等之间几乎没有出现这种动态的关系"。德宁格-斯格尔还发现收入分配不平等在经济增长时期会上升，在经济衰退期同样会上升。拉瓦雷（Ravallion）等对东欧和中亚部分转型国家进行考察，在对64个国家的样本进行分析之后发现，1982—1994年经济增长和收入分配不平等之间呈现出非常显著的反方向变化关系，换句话说，经济增长降低了收入分配不平等程度。[①]

16.2.2　教育与工资收入差距

教育对收入分配具有重要的影响。大多数研究认为，教育投资、教育分配的平等化有助于收入分配的改善。也有部分研究认为，教育投资、教育分配的平等化对收入分配的改善没有显著的作用或者具有反向的作用。至于教育与收入分配的函数关系，大多数的研究认为二者是线性关系，而部分研究认为二者是一种类似于库兹涅茨假设的倒U形关系。[②]

一种观点认为教育改善了收入差距状况。研究大多是运用跨国数据，计量研究的结果普遍认为教育投资与收入分配是一种线性关系，教育投资将会减少收入的不平等，改善收入分配状况，可以称之为平等论。阿德尔曼和莫里斯（Adelman and Morris）选取了43个国家作为样本进行了跨国实证研究，该研究使用中等教育入学率和高等教育入学率的加权平均数来衡量教育水平。[③]研究发现，教育对收入不平等有着显著的影响，教育对收入最低的40%和60%人口所分享的收入具有正效应，而对收入最高的20%和5%人口所分享的收入具有负效应。钱纳里（Chenery）和赛尔昆（Syrquin）运用50个国家的样本，使用初等教育和中等教育调整后的入学率去解释收入分配。[④]研究发现，高的教育水平有利于使收入从收入最高的20%人口向收入最低的40%人口转移，教育水平提高有助于收入水平的均等化。马林（Marin）等以美国的数据进行研究，发现提高国民的平均受教育水平不仅是一项很有社会收益的投资，而且有利于收入分配的公平化。[⑤]平均受教育年限每增加一年，用收入对数方差表示的收入不公平将下降10%。给初等教育毕业生每增加10%的进入中等教育的机会，收入对数方差将减少4.4%。格雷戈里奥（Gregorio）和李（Lee）以15岁以上人口的平均受教育年限作为教育水平变量，以14岁以上人口的平均受教育年限的标准差作为教育不平等变量，以基尼系数作为收入不平等的变量，在相对完整的100多个国家的时序——截面数据基础上进行似不相关回归（SUR）估计，结果证实了在库兹涅茨

①　RAVALLION M, CHEN S. What can new survey data tell us about recent changes in distribution and poverty? [J]. World Bank Economic Review, 1997, 11（2）: 357-382.
②　LEIPZIGER D M, LEWIS M. Social indicators, growth and distribution [J]. World Development, 1980, 8（4）. RAM R. The role of real income level and income distribution in fulfillment of basic needs [J]. World Development, 1985, 13（5）. 赖德胜. 教育扩展与收入分配 [J]. 经济研究, 1997（10）.
③　ADELMAN I, MORRIS C T. Economic growth and social equity in developing countries [M]. California: Stanford University Press, 1973.
④　CHENERY H B, SYRQUIN M. Patterns of development 1950-1970 [M]. New York: Oxford for the World Bank, 1975.
⑤　MARIN A, PSACHAROPOULOS G. Schooling and income distribution [J]. Review of Economics and Statistics, 1976, 58（3）: 332-338.

倒 U 形关系存在的前提下，教育因素，如较高的平均受教育程度和相对平等的教育分布、政府教育支出等，在改变收入分配状况方面发挥着重要作用。①

另一种观点认为教育对收入分配的影响并不仅是简单的线性关系，在经济发展的不同阶段，教育对收入分配的影响是不相同的。利浦泽格（Leipziger）和刘易斯（Lewis）用 19 个人均 GNP 在 500 美元以上的国家（LDCs）为样本，分别计算了成人识字率、初等教育在校生人数与基尼系数的相关系数，发现基尼系数与成人识字率、初等教育在校生人数之间有着显著的负相关关系。②而在另外人均 GNP 在 500 美元以下的 19 个国家的样本中，则发现基尼系数与成人识字率有着正相关关系，基尼系数与初等教育在校生人数之间有着负相关关系，而且二者的相关关系都是不显著的。赖德胜（1997）运用 49 个国家的数据，选择成人识字率、男性中等教育入学率和劳动者平均受教育年限作为教育的指标，选择基尼系数、收入最低 20% 人口占总收入的比例、收入最低 40% 人口占总收入的比例和收入最高 20% 人口占总收入的比例作为衡量收入分配的指标。研究发现，教育是决定收入分配的重要因素，由于教育投资的扩张效应与抑制效应共同作用，在教育发展初期，收入不平等会扩大，而到教育发展后期，收入不平等则会逐渐缩小，教育的发展与收入分配呈现出类似于库兹涅茨假设的倒 U 形关系。③

还有一些观点则认为，教育对收入分配的影响作用是不显著的，甚至会起到相反的作用，我们可以将其称为非平等论。有些学者认为，在研究收入分配时，很难将教育的作用单独从政府的其他发展政策中剥离出来，由于收入分配受教育系统以外的社会、经济因素的制约，如职业模式、就业歧视、工资结构等，所以教育对收入分配改善的作用很可能是不明显的，甚至是反方向的。不可否认，政府的工资、就业等政策也是影响收入分配的重要因素。因此，政府的收入分配政策将影响不同受教育水平、不同工作部门、不同职业类型、不同地区劳动力的工资收益。社会阶层和家庭出身也是决定收入分配的主要因素。④梭罗（Thurow）认为，如果工作机会的分配没有变化，更多人则接受了教育并不能改变收入分配的状况这一事实。⑤而达斯哥普塔（Dasgupta）发现，在印度和哥伦比亚公共教育的发展有助于收入的均等化，而私人教育的发展则恶化了收入分配状况，私人教育发展的消极作用超过了公共教育发展的积极作用，从而使教育发展对收入分配均等化的总效应为负。⑥

16.2.3　市场化与工资收入差距

在市场化导向的收入分配变动过程中，以市场定价机制实现的按劳分配和按生产要素分配起着主导作用。其中要素参与分配越来越成为一个重要内容和特征，其本身

①　GREGORIO J D, LEE J W. Education and income distribution: new evidence from CMSS-Country data [J]. Review of Income & Wealth, 2002, 48: 395-416.
②　LEIPZIGER D M, LEWIS M. Social indicators, growth and distribution [J]. World Development, 1980, 8 (4): 299-302.
③　赖德胜. 教育扩展与收入分配 [J]. 经济研究, 1997 (10).
④　BOWLES S. Schooling and inequality from generation to generation [J]. Journal of Political Economy, 1972, 80 (3): 219.
⑤　THUROW L. Generating inequality [M]. New York: Basic Books, 1975.
⑥　DASGUPTA A K. Income distribution, educational and capital accumulation [M]. Washington DC: The World Bank, 1979.

就具有强化激励从而扩大收入差距的内在机理。

一是要素贡献率差异带来的收入分配差距拉大。在经济发展中，各种要素的组合是动态的。在不同的发展阶段，由于经济活动对各生产要素利用的要求不同，使某些要素具有更大的稀缺程度，对经济增长有较高的贡献率。例如，在农业经济时代，土地和劳动力是主要生产要素，发挥着核心作用，其贡献率是相对较高的；但到了工业经济时代，资本成为最稀缺的资源，其对经济增长的贡献率迅速提高；而进入知识经济时代，信息、知识等成为核心要素，其对经济增长的贡献率上升到主导地位。总之，在一定时期内，各生产要素对经济增长的贡献率是有差异的。显然，按要素贡献率对其投入给予回报，势必产生收入分配上的差距。

二是要素拥有程度差异带来的收入分配差距拉大。生产要素不仅包括土地、资本等生产资料，还包括劳动力、信息、知识、组织、管理等，所以"要素拥有"的概念要比生产资料所有制更广，其中涉及人力资本方面。撇开对要素的非法占有因素，在任何社会都存在要素拥有程度的差异性，其中最明显的就是要素自然禀赋差异。如果再加上一定社会性质的所有制对要素拥有程度的法律性设定，那么差异会更大。在要素不参与收入分配的情况下，要素拥有程度的差异对收入分配是没有意义的，但在要素参与收入分配的情况下，则会反过来对要素拥有程度差异产生刺激作用，使其具有动态的"马太效应"，即要素拥有程度高的越高、要素拥有程度低的越低，从而拉大收入分配差距。

除了上述这些合理的市场化因素外，还存在收入分配变动的市场化导向机制不完善等问题，主要是不平等竞争形成的收入差距不合理程度大。这些不平等竞争一部分来源于市场自发因素，一部分则来源于行政权力的干预，其最突出的影响便是某些部门、行业甚至某些个别社会成员，能够通过垄断经营或竞争初始条件的不平等分割，获得垄断利益或高额利润，而其他群体或个人则不能，最终形成不合理的收入差距。例如，有些部门和地方凭借行业、部门、商品、服务的垄断，取得高于市场定价的额外收入；有些部门和地方通过对某类商品发放生产和销售许可证、进口配额和减免税收、控制贷款额度等取得额外收入；还有些部门和地方凭借特权，以政府行为通过收费、摊派、集资等手段，取得高于规定标准的额外收入等。目前我国高收入行业主要集中在电力、电信、烟草、供气、证券金融以及信息、房地产等技术密集或资金密集的行业。在这些高收入行业中，有不少是垄断性经营行业，随着市场经济的发展，获得高额利润，导致收入差距扩大。

16.2.4　制度和体制因素与工资收入差距

除了上述原因之外，制度和体制方面的因素会影响工资收入差距。从该方面判断收入分配的公平性，重点关注制度和体制因素中是否存在不合理之处，从而导致收入差距扩大。这里重点介绍行政权力以及社会保障体系对收入分配造成的影响。

行政权力介入收入分配容易导致腐败等非法收入问题。虽然腐败等非法收入问题在严格意义上不属于收入分配范畴，但在经济转型中，由于各种制度不健全，通过侵吞公有财产、偷税漏税、制假贩假、敲诈勒索、贪污受贿等非法手段攫取财富，以及通过各种权钱交易、以权谋私等腐败行为牟取非法收入，是一个比较突出的现象。更为重要的是，在正常的分配领域，收入差距并不是很大，但灰色收入和黑色收入部分越来越大，形成尖锐的反差，不利于社会财富的积累和合理分布，也会进一步加剧社会风气的恶化。这就成为收入分配中的一个突出问题，从许多方面直接或间接地影响社会分配过程，进一步加剧了分配矛盾，同时对社会心理产生了极大负面影响。

社会保障体系影响收入差距。社会保障是一项最基本的生活保障，公民有平等享有的权利。但是在现实中，由于社会保障体系不完善，并不是每个人都可以平等地享受到社会保障，这就造成了人们在社会保障方面的支出存在很大差异。有的人为了获得基本的生活保障需要支付大量的成本，有的人只需要支付相对小的成本就可以享受到比较完善的社会保障，还有的人可能根本就享受不到基本的生活保障。人们在社会保障方面存在的差异，相当于进行了一次收入再分配，那些不能享受到社会保障的人们，当他们面对意外或大病医疗时，将付出更多的成本，这就无形中大大降低了这部分人的收入水平，造成了收入分配不公，拉大了人们之间的收入差距。

国家的宏观政策也会导致收入差距的扩大，例如国家的政策倾斜，在发展过程中采取的一些地区保护政策、地区优先发展某些行业的政策等，成为影响地区收入差距的一个重要体制原因，直接导致了各个地区之间的不平等发展，影响了生活在不同地区人们的收入水平，引起了收入分配不公，进而导致地区收入差距不断扩大。林毅夫和刘明兴（2003）用 σ 收敛方法[1]度量我国地区差距的变动，在 1978—1990 年之间区域增长存在 σ 收敛，在 1990 年以后不存在 σ 收敛。[2]

除了以上几个重要的因素以外，一些其他的因素对收入分配差距也有影响。首先，在西方国家工会始终是一个影响收入分配的重要力量，但是我们没有办法确切地估计工会对收入分配的真实影响，因为找不到一个没有工会的经济体作为参照系。实证研究表明，总的来说，工会有助于缩小收入差距。而工会力量的弱化则解释了美国自 20 世纪 70 年代以来收入差距扩大 20% 的事实。其次，歧视也是影响收入分配的原因。这里所指的歧视主要是指西方国家普遍存在的对少数民族劳动力和外来移民的歧视。至于性别间的"歧视"和由此造成的女性劳动力收入水平相对较低，在很大程度上可以由女性受教育程度和受培训水平平均程度较低得到解释，而这又与两性之间的分工和劳动力市场上的信息不对称有关。[3]还有一些因素对收入分配有影响，有时一些工作因为比较危险、工作条件恶劣，所以工资相对较高，这种工资差异是一种"补偿性工资差异"。另外，劳动力市场的分割是造成收入差距的原因之一，如果劳动力在地区之间不能自由流动（比如曾经我国的城乡间），在不同的工作间不能自由流动（比如存在二元劳动力市场的情况之下），劳动者之间的工资差异就无法通过劳动力的流动缩小。完善劳动力市场、完善收入分配政策等措施对于缩小工资收入差距都有积极的作用。

---

① σ 收敛指不同经济系统间人均收入的离差随时间的推移而趋于下降。
② 林毅夫，刘明兴. 中国的经济增长收敛与收入分配 [J]. 世界经济，2003（8）：3-14.
③ 限于篇幅，我们没有列出相关的文献，有兴趣的读者可参阅下列书中第15章的文献综述：FILER R K, HAMERMESH D S, REES A E. The economics of work and pay [M]. New York：Harper Collins Publishers, 1996.

16.3 \ 收入的代际流动

上述关于工资与收入分配的研究主要从静态角度进行，用基尼系数、泰尔指数等来反映某一时点不平等的程度。而如果要更全面地理解不平等，需要引入"代际流动"这一概念，从动态角度对不平等进行分析。

16.3.1　收入代际流动的含义

收入代际流动（Intergenerational Mobility）衡量的是一个人的收入在多大程度上由其上一代人的收入决定，反映了一个社会的机会平等程度，为不平等问题的研究提供了新的视角。大部分研究以代际流动弹性来衡量代际流动性，代际流动弹性是对基尼系数、泰尔指数等静态指标的补充。代际流动有三种含义：某种事物从一代到下一代相对位置变动的运动；作为机会（主要是良机）平等的标识；作为一生机会平等的标识。通常收入的代际流动就是指从一代到下一代收入的相对位置变动的程度，更多关注第一种含义。[①]

对于收入代际流动的机制，人们更关注的是贫困的代际流动，也就是低收入者的收入代际流动。在这方面，社会学界提出了一些重要的理论。1959年，美国学者奥斯卡·刘易斯提出了著名的"贫困文化"学说，他认为，穷人由于长期生活在贫困之中，结果形成了一套特定的生活方式、行为规范、价值观念体系等，一旦此种"亚文化"形成，它便会对周围的人（特别是后代）产生影响，从而代代相传，于是贫困本身便得以在此种亚文化的保护下维持和繁衍。因此，要想消灭贫困，首先必须改造贫困文化。与贫困文化观点相类似的还有20世纪70年代由当时英国健康与社会保障大臣约瑟夫博士提出来的"剥夺循环论"，即贫困主要是由于剥夺循环造成的。由于造成被剥夺的因素在社会下层和穷人中被一代又一代地不断生产出来，因而贫困也就被世代相传。20世纪末以来由于基因学说的发展，学者们开始研究遗传因素在收入代际流动中起的作用，也就是说有血缘关系的父子之间的收入联系可能比没有血缘关系的父子之间的收入的联系更密切。

衡量收入的代际流动涉及复杂的概念问题，其中最重要的是怎样判断流动性是高还是低。在理论上流动存在两种极端：完全不流动和完全流动。前者父母和子女的收入在总人口的相对位置不变，后者子女收入的位置完全独立于父母的位置。这两种情况在现代社会中并不存在，但作为参照点是十分有用的，通常分析的是中间的情况。

16.3.2　收入代际流动的测量

社会学对代际流动的研究比经济学早，主要用比较简单的方法（如相关系数）来分析社会经济阶层的代际流动。早在1877年，高尔顿（Galton）就做过跨代际的个人

---

① MARTINEZ M，FRANK C，ELLINGSEN T，et al. Three meanings of intergenerational mobility ［J］. Economica，2001，68（272）：519-537.

特征（如身高、受教育年限、收入等）的回归分析，并引起了社会学对代际流动研究的广泛兴趣。经济学家中较早关注收入代际流动的有爱金逊（Atkinson）等[1]，他们利用英格兰307对父子的数据得到1975年父亲的收入与1975—1978年儿子收入的相关系数为0.17。用经济理论对代际流动进行分析是从贝克尔（Becker）和托姆斯（Tomes）开始的，他们首次建立经济学模型解释代际收入的联系。[2]

代际收入弹性的研究依据的是人力资本理论。实证研究中大多用下面的回归模型度量父母和子女收入的跨际弹性：

$$\ln y_{1i} = \alpha + \beta \ln y_{0i} + \beta_1 age_{0i} + \beta_2 age_{0i}^2 + \beta_3 age_{1i} + \beta_4 age_{1i}^2 + \varepsilon_i \qquad \text{（公式16-11）}$$

式中：y_{1i}表示子女的收入，下标1表示子女，i表示家庭，相应的y_{0i}表示上代的收入；age表示年龄；参数β表示代际收入的弹性。参数β=0，表示下一代的收入与上代没有联系，代际收入完全流动；β=1则表示下一代的收入完全由上代决定，代际收入完全没有流动。β可以是负的。

研究代际收入弹性最理想的资料是父辈和子代在一个生命周期的或永久的收入模块资料，但获得这样的资料几乎不可能。早期研究中曾用一年的收入代表父亲生命周期的收入，20世纪90年代以后的研究多用几年的平均收入来度量父亲的收入，这样虽比单年的有改进，不过参数仍被低估（Down-Biased）。原因之一是收入的度量有误差，原因之二是用短期的收入来替代长期收入，有无法观测到的短期冲击或波动对长期收入的影响。梭伦（Solon）将父子单年的收入分解成3个部分：一是能反映永久收入能力的部分；二是短期波动对当年收入的影响部分；三是度量误差。同时证明当短期冲击和度量误差独立于真实的永久收入时，β的估计值β̂将通过一个衰减系数（Attenuation Coefficient）λ的作用最终会偏向于零。[3]后期有学者扩展了梭伦的思想，给出了当把短期冲击部分作为有稳定的自回归过程时的衰减系数λ_T。[4]设定一年收入方差中短期冲击、持久因素和度量误差的比例，加上设立适当的自回归系数，就可以模拟得到λ_T。有了λ_T就可以把OLS估计中偏低的β̂做调整，一些研究表明当使用5年的平均收入作为解释变量时，β̂被低估25%～30%。

对于代际流动的研究，无论是社会学还是经济学，多数都停留在相关性的分析上，并不能够定量地分析相关系数背后的机制，没有提供关于代际流动的更多理解。[5]

16.3.3　收入代际流动的程度

在美国存在大量的有关收入代际流动的研究，20世纪90年代以前，不论是研究

① ATKINSON A B, TRINDER C G, MAYNARD A K. Evidence on intergenerational income mobility in Britain [J]. Economic Letters, 1978, 1（4）: 183-388.
② BECKER G S, TOMES N. An equilibrium theory of distribution of income and intergenerational mobility [J]. Journal of Political Economy , 1979, 87（6）: 1153-1189.
③ SOLON G. Biased in the estimation of intergenerational earnings correlations [J]. Review of Economics and Statistics, 1989, 71（1）: 172-174.SOLON G.Intergenerational income mobility in the United States [J]. American Economic Review, 1992, 82（3）: 393-408.
④ MAZUMDER B. Earnings mobility in the US: a new look at intergenerational inequality [Z]. Federal Reserve Bank of Chicago Working Papers 18, 2001.
⑤ BOWLES S, GINTIS H. The inheritance of inequality [J]. Journal of Economic Perspectives, 2002, 16（3）: 3-30.

方法还是研究数据都存在许多需要改进的地方。早期关于父母经济地位和子女经济地位的统计相关性的分析由布劳和邓肯（Blau and Duncan）开始，他们对代际社会经济地位的流动性进行研究，发现它们之间存在很弱的相关性。[1]贝尔曼和陶布曼（Behrman and Taubman）利用NAS-NRC双胞胎样本估计的代际收入对数的相关系数约为0.2。[2]贝克尔和托姆斯（Becker and Tomes）考察了父母和儿子的代际收入弹性约为0.2。进而，他们得出结论认为美国的代际流动性很高，是一个"机会的国度"。[3]然而，后来的研究显示这种高代际流动性是由于研究中的测量误差和同质性样本造成的。[4]针对测量误差问题，梭伦（Solon）提出可利用父亲数年收入的均值或工具变量来降低估计的偏误程度。利用修正的估计方法，梭伦和齐默曼（Solon and Zimmerman）研究得出的代际收入弹性约为0.4或更高。

自贝克尔和托姆斯建立代际传递的经济模型以来，很多研究开始从人力资本投资角度对代际传递进行解释，主要集中于教育的研究。关于教育在代际传递机制中的作用，艾德（Eide）和舒瓦特（Showalter）发现将受教育年限纳入回归方程后，家庭收入的系数降低了50%，表明教育解释了很大一部分的代际收入相关性。[5]马利根（Mulligan）利用美国全国青年纵向调查（National Longitudinal Study of Youth，NLSY）20世纪90年代初的数据，首先估计没有控制其他任何变量时父母收入对数的变化对子女收入的影响，接着控制了一些变量，如受教育质量和地理位置等，发现有2/5的代际相关系数不能被解释。[6]鲍尔斯（Bowles）和季亭士（Gintis）通过分析代际经济地位传递背后的机理，试图打开代际经济地位传递路径的黑箱。他们将代际收入相关系数（或代际收入弹性）分解成反映不同影响机制的部分（基因因素和环境因素），并估计了这两个因素对代际传递的贡献率。然而，他们的研究没有考虑健康因素这一重要影响路径，而有更好健康状况的子女倾向于接受更多教育，健康因素的遗漏会使教育的贡献率产生向上偏误。[7]尽管如此，他们提出的代际收入弹性的分解方法为进一步的研究提供了基本的分析工具。法桑等（Anette Eva Fasang et al.）研究指出，对于美国中产阶级家庭而言，教育的向上流动性是适度代际流动的强有力预测因素，而父母与子女之间密切的情感纽带促进了更强的代际流动。[8]

另外，在类似研究中，人们更多关注的是父亲对儿子收入的影响，较少研究对女儿收入的影响。这一方面来自无意识的性别歧视，另一方面人们普遍认为已婚女性的劳动力参与率比男性低，女性的工资并非反映其经济状况的有效指标。现有的很少的

①　BLAU P, DUNCAN O D. The American Occupational Structure [M]. New York: John Wiley & Sons, 1967.
②　BEHRMAN J R, TAUBMAN P. Intergenerational earnings mobility in the United States: some estimates and a test of Becker's intergenerational endowments model [J]. Review of Economics and Statistics, 1985, 67 (1): 144-151.
③　BECKER G S, TOMES N. Human capital and the rise and fall of families [J]. Journal of Labor Economics, 1986, 4 (3): s1-s39.
④　SOLON G. Intergenerational income mobility in the United States [J]. American Economic Review, 1992, 82 (3): 393-408. ZIMMERMAN D. Regression toward mediocrity in economic stature [J]. American Economic Review, 1992, 82 (3): 409-429.
⑤　EIDE E R, SHOWALTER M H. Factors affecting the transmission of earnings across generations: a quantile regression approach [J]. The Journal of Human Resources, 1999, 34 (2): 253-267.
⑥　MULLIGAN G B. Galton versus the human capital approach to inheritance [J]. Journal of Political Economy, 1999, 107 (6): s184-s224.
⑦　BOWLES S, GINTIS H. The inheritance of inequality [J]. Journal of Economic Perspectives, 2002, 16 (3): 3-30.
⑧　FASANG A E, RAAB M. Beyond transmission: intergenerational patterns of family formation among middle-class American families [J]. Demography, 2014, 51 (5): 1703-1728.

有关父女收入代际流动的文献中，有些把大量妇女视为零收入从样本中排除，更多的是忽视了女儿丈夫的收入。梭伦（Solon）不仅考虑女儿自身的工资，更加注重其丈夫的工资，在此基础上提出了新的关于父女的代际流动的证据，他认为父女的代际收入弹性区间为0.35~0.49，比相应的儿子的代际收入弹性要小，但其差异在统计上不显著。在已婚的儿女中，子女配偶的工资与子女自己的工资对父辈的弹性是相当的。[1]

在国内，从经济学视角对代际流动进行分析的研究很少。王海港（2005）利用1988年和1995年中国社会科学院"城乡居民收入分配课题组"的调查资料，建立了城镇居民子女收入对家长（父亲或母亲）收入的回归方程，得到1988年和1995年代际收入弹性分别为0.384和0.424。按父母收入高低的居民分组显示，虽然1995年低收入组父母收入对子女收入的影响比1988年有所下降，但高收入组父母对子女的影响力大大增强了。[2]都阳和约翰·伊莱斯（John Giles）的研究表明父亲失业使得孩子上大学可能性降低30%，这表明贫困家庭对于后代收入的影响既体现在就业机会和收入水平，又体现在子女人力资本投资上。[3]高梦滔（2006）利用中国西部地区3个城市的微观数据库测算了城市低保家庭的青年一代与非低保家庭同龄人之间的就业机会与收入差异，结果表明：贫困家庭的背景造成了小时工资差异的58%，低保家庭青年的小时工资平均相当于非低保家庭同龄人的45%；低保家庭青年的预计月收入平均只相当于非低保家庭同龄人的1/4，一个低保家庭的终身收入在现有的条件下，平均要低于非低保家庭20万~30万元；中国城市贫困存在代际转移的情况，大约仅有35%的贫困家庭后代能跳出贫困陷阱。[4]

我国学者对这方面的研究，更多的是将西方的理论和模型直接应用到我国的经验分析上，结合我国国情的原创性研究较少。例如，在我国要考虑的个人先赋性因素较多，不仅包括生理方面，还包括一些社会关系方面，如户籍因素、居住地城市化程度、工作单位、党员身份等，而已有的研究尚未触及。另外由于我国缺乏国外PSID和NLSY这样长期跟踪的调查项目，应用研究的有效数据缺失，因此一些针对地区和部门的研究成果缺乏推广的可行性。

16.4　收入再分配

针对收入差距，政府的再分配政策可以起到非常直接的调控作用。实现收入再分配的方式很多，如政府通过转移支付加大对公共设施和教育等的投资，这些投资的成果使全体社会成员受益。许多国家都对富人征收较高的累进所得税和遗产税，并通过完善社会保障制度提高低收入者的实际收入水平。这里主要介绍税收和社会保障政策

[1]　SOLON G. Cross-country differences in intergenerational earnings mobility [J]. Journal of Economic Perspectives，2002，16（3）：59-66.
[2]　王海港. 中国居民收入分配的代际流动 [J]. 经济科学，2005（2）.
[3]　都阳，伊莱斯. 城市劳动力市场上的就业冲击对家庭教育决策的影响 [J]. 经济研究，2006（4）：58-67.
[4]　高梦滔. 城市贫困家庭青年就业与收入的实证研究——基于西部三个城市的微观数据 [J]. 管理世界，2006（11）：51-58.

在收入再分配中所起的作用。

16.4.1　税收政策与收入再分配

税收是政府调节收入差距、矫正分配不公的一个重要手段。不健全的税制本身是社会收入差距持续扩大的一个影响因素，只有健全的税制才能有助于防止和解决社会收入分配过度不平等问题。税收有筹集收入、调节收入分配和稳定经济等方面的作用。政府利用税收筹集收入向社会提供公共服务，促进或者抑制某些经济活动并弥补市场失灵和缺陷。政府也利用税收（和支出）来改变收入和财富的分配。

许多国家为了加强税收对个人收入的调节，已经基本建立了以个人所得税为主，以遗产税（赠与税）、财产税、消费税为辅的税收调节体系，充分发挥不同税种相互协调配合的整体调节功能。其中，个人所得税和遗产税多实行累进税率，个人应税收入越高征税比例越大。个人所得税的最高边际税率，一般在40%～50%。遗产税的最高边际税率平均高于个人所得税，一般在50%～70%（开征赠与税的国家，赠与税税率一般又略高于遗产税）。财产税、消费税、社会保障税一般实行比例税率。对不同收入阶层来说，比例税具有累退调节的作用，即缴纳同一比例税后，富人税后可任意支配收入占税前收入的比重，要比穷人高，因为穷人的收入全部或大部分用于应付基本生活需要。但这几个税种的运作，也具有累进调节的作用。如政府对穷人的转移支付支出都比较大，穷人享受到的保障费用大于他们缴纳的社会保障税，其差额就由富人缴纳的社会保障税来调剂。富人的财产数大，消费档次高，他们缴纳的财产税、消费税会相应增加。有些国家还对高档消费品加征特别消费税，这样富人纳税比例提高了。所以，国外这几个实行比例税的税收累进调节与累退调节具有相互抵消的作用，但从总体上看，累进调节大于累退调节，对个人差距略有累进调节作用，实行累进税率的个人所得税和遗产税对个人收入差距调节的力度最大。

个人所得税已成为发达国家的主体税种，对个人收入的调节既广泛又深入，几乎涉及每一位有正常收入的公民。经过个人所得税调节后，通过以下几项指标可反映其效果：

一是税后收入差距较税前收入差距明显缩小。在再分配之前，英国2016—2017年收入最高20%人口的收入是最贫穷20%人口收入的12倍。经过政府的再分配调节，该比下降至5倍。[①]

二是税后基尼系数比税前基尼系数普遍降低。2016—2017年初次分配后，英国居民的收入分配状况并不合理，衡量收入差距的基尼系数高达0.51，但在实施税收以及社会保障措施后，收入差距明显缩小，基尼系数降至0.33的合理水平。[②]基尼系数的变小说明个人实际收入差距不平等的程度在减弱。

三是少数高收入者缴纳税金占个人所得税的主要部分。高收入者是英国个人所得税纳税的主体。收入最高20%人口支付的税金是收入最低20%人口支付税金的20倍

---

① PASCALE B，TOM W. The effect of taxes and benefits on UK inequality［Z］. The Institute for Fiscal Studies，IFS Briefing Note BN249，2019.

② PASCALE B，TOM W. The effect of taxes and benefits on UK inequality［Z］. The Institute for Fiscal Studies，IFS Briefing Note BN249，2019.

左右。高收入者缴纳的税金是英国税收的重要来源。[①]

个人所得税是对人生前其收入所得征收的一种税，遗产税则是在人死后对其生前所累积的财产所得征收的一种税，所以财产税又是个人所得税的补充。据一些西方经济学家统计，除了极少数人是靠个人辛劳致富外，其中绝大多数是通过继承财产富起来的。[②]如果对社会富裕阶层开征遗产税，就能大大减缓因继承遗产而暴富的现象，起到进一步调节贫富差距、限制不劳而获的作用。国外遗产税的起征数额一般都很高，征收对象主要是高收入者，人数有限。在英国的遗产税规定中，遗产税级距在14万～30万英镑的（起征数额为14万英镑），纳税人比例占66%，应税人比例占14%，应税遗产比重高达54%。遗产税的累进税率平均高于个人所得税的税率，如丹麦遗产税的最高边际税率为90%，比利时为80%，日本为70%，德国为67%，法国为60%，美国为55%，都比我国个人所得税最高边际税率要高。

国外经验表明，无论是发达国家还是发展中国家，都已基本建立了对个人收入进行税收调节的体系。发达国家上述几个税种都已建立起来，发展中国家受经济发展条件的制约，其中个别税种尚未建立。发展中国家面临的最大挑战是：第一，如何采用一个合理的、累进的综合个人所得税制；第二，建立有效的税收管理制度，以将政府运行的成本分摊到社会成员身上。我国也应尽快建立以个人所得税为主，以遗产和赠与税、个人消费税、个人财产所得税为辅的税收调节体系，充分发挥税收对个人收入差距的调节作用。

16.4.2　社会保障与收入再分配

社会保障也是政府实现收入再分配的方式之一，主要是通过政府行为实现对暂时或长期无收入来源者的经济资助，以实现社会经济的稳定发展。社会保障手段主要包括为居民提供养老保险金等各项保险和救济救助收入的直接保障以及教育、医疗等相关生活保障的间接保障措施。

社会保障行使部分收入再分配职能。社会保障收入再分配的水平是保证社会成员的"基本经济生活安全"。"基本经济生活"是社会保障水平线，是体现保护与激励相统一的关键因素。社会保障水平低于"基本经济生活"线，就失去了保障性质；社会保障水平过高地超过"基本经济生活"线，就失去了激励性质。因此，社会保障的收入再分配，不是无限度而是有限度的部分收入再分配。它的目的不是全体社会成员的经济收入的绝对均等，而是实现社会成员基本生存条件和权力的共享。所以，它不是高福利层次而是基本生存层次上的部分收入再分配。

社会保障的收入再分配，不是全部而是部分来自政府的转移支付。社会保障利益获得者享受的经济资助，除了政府资助外，还有一部分来自自我积累，如在以个人账户为基础的累积过程中，个人养老金缴费积累在一般情况下占全部养老金的50%左右。社会保障的收入再分配，一部分是通过富裕阶层的纳税和政府的转移支付实现的，另一部分是通过劳动者的自我积累实现的。所以，社会保障的收入再分配，一部

①　PASCALE B，TOM W. The effect of taxes and benefits on UK inequality［Z］. The Institute for Fiscal Studies，IFS Briefing Note BN249，2019.
②　萨缪尔森，诺德豪斯. 经济学［J］. 萧琛，译. 16版. 北京：华夏出版社，1999.

分属于全社会的收入再分配，另一部分属于劳动者个人的纵向收入再分配。

社会保障支出总额，在不同国家或地区往往因支出项目的不同而有所差异，即使在同一国家的不同时期，也常常有具体社会保障项目的增减。不过，各国对于社会保障的支出范围还是有其明确界定的，各国之间也有某些共同的指标范围。综观世界各国社会保障的支出范围，主要包括三大领域：一是面向劳动者的社会保障；二是面向全体社会成员的社会保障；三是面向低收入者的社会保障。

我国社会保障支出范围主要包括社会保险、社会福利、社会救助和社会优抚4个方面。这4个方面构成了一个由低层次保障到高层次保障的社会保障体系。社会救助是最低层次的社会保障，保障最低生活，保障对象是贫困者；社会保险是基本保障，保障劳动者在失去劳动能力、失去工资收入后仍能享有基本生活，保障对象是劳动者；社会福利是最高层次的社会保障，用于增进居民生活福利，保障对象是全体公民。社会保障层次低，享受社会保障待遇的对象分布窄；社会保障层次高，享受社会保障待遇的对象分布宽。

国际上的社会保障支出，通常划分为5个方面：一是养老、残障、死亡；二是疾病、生育、医疗护理；三是失业；四是家庭津贴；五是工伤及其他社会救助。养老、残障和遗嘱保险通常为长期风险保险金，与短期风险保险金（如因疾病导致的工作能力的短期丧失，生育，工伤或失业等）有区别。这种长期风险保险金通常是共同管理，有一定的资金来源并且有相关限制条件和给付规则。疾病、生育和医疗护理保险，包括因患病或伤害带来的收入损失和因生育期离职而导致的收入损失及相关医疗服务费用。该保险属于短期能力丧失保险。这部分费用在大多数国家主要由公共财政出资补贴。失业、家庭津贴和工伤等社会保障项目，也属于短期风险保障，各国大多根据自己国情实行相应保障措施。从国际社会保障支出范围看，大多数国家尤其是发达国家都设有养老、残障、遗嘱保险，疾病、生育、医疗护理保险，工伤保险；有些国家不设立失业保险、家庭津贴等保障项目。

社会保障水平是反映社会保障体系运行状况的重要指标之一，有适度与否之分，评判的标准是社会保障支出与国家生产力发展水平以及各方面的承受力是否适应，是否既能保障公民基本经济生活又能促进国民经济健康发展。一个典型的例子是中国台湾地区的社会保障体系改革。在21世纪初，为降低成本而需要减少福利支出与失业率上升要求失业保障增加支出两方面的矛盾日益凸现。中国台湾地区的社会保障制度建设过程中对于体系构建以及政策、法规的制定与实施等方面都大量借鉴了日本和一些欧美发达资本主义国家的成功经验，但是社会保障支出并没有出现类似社会保障过度扩张导致支出水平过高，甚至影响经济发展的状况。实证数据表明，从中国台湾地区这些年基尼系数情况来看，其变化趋势基本符合库兹涅茨理论，即当中国台湾人均地区生产总值在2000年超过14 000美元以后，基尼系数在2001年达到最高值0.35，之后呈现稳定甚至缓降的趋势。[①]

进一步分析这一现象的原因可以发现（见表16-3），1991—2005年，中国台湾地区居民薪金收入和财产收入占全部收入比例并未大幅度上升，而转移收入和接受当局

①　刘海宁. 台湾社会保障制度改革的收入再分配效应及启示 [J]. 台湾研究，2008（4）：50-54.

转移收入所占比例大大上升。由此可以认为，中国台湾地区收入分配差距较小且符合先升后降的库兹涅茨规律的主要原因是中国台湾地区收入转移再分配起到了至关重要的作用，而社会保障是收入再分配过程中能够起到关键作用的制度。实证分析表明，虽然中国台湾地区这些年市场经济发展较快，市场经济对收入差距的作用不断上升，但是具有较强收入再分配作用的社会保障制度在较大程度上阻碍了收入差距的快速上升，甚至起到了促进社会整体收入差距下降的巨大作用。从而可以认为，中国台湾地区的社会保障水平虽然远远低于西方福利国家和地区，但是有效地起到了收入再分配作用，有力地保障了社会的稳定和发展。

表16-3　　　　中国台湾地区居民可支配收入中各项来源所占比例（%）

项目＼年份	1991	1993	1995	1997	1998	1999	2000	2001	2002	2003	2004	2005
薪金收入	60.3	59.3	55.4	55.6	55.7	55.3	55.5	54.3	54.4	55.3	55.3	55.4
财产收入	13.9	14.6	15.0	15.7	16.2	15.9	16.2	16.0	14.8	14.3	14.3	14.3
转移转入	6.2	8.0	11.8	11.4	12.0	13.0	13.1	13.8	14.9	15.0	15.2	15.8
接受当局转移收入	1.2	0.8	2.3	2.6	2.7	3.1	2.9	2.8	3.2	3.2	3.6	3.6

资料来源　根据中国台湾行政管理部门相关资料整理.

本章小结

衡量社会收入分配平均程度的工具主要有洛伦茨曲线和基尼系数。洛伦茨曲线越弯曲，说明收入分配越不平等。基尼系数介于0和1之间。基尼系数越小，收入分配越平等；基尼系数越大，收入分配越不平等。在现实经济生活中，收入不平等是客观事实。

工资收入差距的成因有许多，本章主要从经济增长、教育、市场化和制度体制因素这4个方面讨论了其与收入差距的关系。经济增长与收入分配的关系以库兹涅茨猜想为起点，经历了长期发展。教育与收入差距主要从人力资本投入着手探讨差距成因。市场化因素分为合理和不合理的收入差距因素。制度和体制因素重点关注其中是否存在不合理之处导致收入差距扩大。

收入的代际流动从动态角度对收入分配问题展开分析，对基尼系数等静态指标进行补充。通常用相关系数对收入代际流动进行测量，代际收入弹性越低，则代际收入流动性越高，反之越低。

发挥税收和社会保障的收入再分配功能有利于缩小工资收入差距，保持社会稳定。国家可以加强税收对个人收入的调节，建立以个人所得税为主，以遗产税（赠与税）、财产税、消费税为辅的税收调节体系，充分发挥不同税种相互协调配合的整体调节功能。在社会保障方面，除了保证各种手段之间的协调，还要保证整体社会保障水平的适度性，才能更好地发挥其收入再分配效应。

复习思考题

1.试分析我国个人所得税起征点的提高对居民收入分配的差距产生何种影响。

2.在理论上，要找到控制收入差距的政策措施并不难，比如征收累进的个人所得税，开征物业税和遗产税，但这些措施面对很大的阻力。这是为什么？

3.在中国旧有的计划经济体制下，有一个权力结构。经济转型的过程中，在这个权力结构之下，收入差距会发生什么样的变化？收入的流动性会受到什么样的影响？

4.有人说，由于存在集聚效应，将投资引导到城市和沿海发达地区产出更高，因此政府将投资引导到西部地区是牺牲效率换公平。对此你怎么看？

5.近些年，收入分配制度改革正成为中国政府的工作重点。在今天的中国，这一改革有何意义？社会和谐与经济增长是什么样的关系？

6.人类处在一个经济全球化和知识经济的时代，这对于收入差距有何影响？为什么？

7.欧洲大陆国家收入差距小，失业率高，经济增长相对缓慢。美国收入差距大，失业率低，经济增长相对较快。这些现象背后的机制是什么？中国在自己的发展道路上，应该朝着什么方向走？

8.表16-4是10个人的年收入所得。请将这些数据分成5组，然后运用这些数据绘出洛伦茨曲线，最后计算出基尼系数。

表16-4　　　　　　　　　　　10个人的年收入所得

人物排序	年收入（元）	人物排序	年收入（元）
1	42 000	6	18 000
2	48 000	7	37 000
3	20 000	8	72 000
4	60 000	9	31 000
5	24 000	10	12 000

案例分析题

中国收入分配报告2021：现状与国际比较

改革开放以来，中国经济快速发展，社会总财富不断增加，但分配不平衡问题愈发突出，分配制度问题亟须改善。整体来看，中国居民的收入差距近年来有所缓和，但财富差距明显拉大、阶层固化的风险在扩大。结构上，城乡之间、地区之间和行业之间的收入差距也十分显著。

1.收入差距：处于较高水平，但近年由于精准扶贫等有所缩小

中国近年来收入差距整体来看有所缩小，但基尼系数和高低收入比仍处于较高水平，财产性与工资性收入比持续攀升，中等收入群体可支配收入增速落后于高低收入群体。

根据国家统计局数据，1978年中国收入基尼系数为0.317，2008年达到峰值0.491，此后见顶回落，维持在0.46~0.47，2019年为0.465。2020年高收入（前20%）和低收入（后20%）群体的可支配收入比为10.20，较2018年的10.97有所回落，但仍处较高水平区间；2013—2020年高收入（前20%）和低收入（后20%）群体的可支配收入比的均值为10.64。财产性与工资性收入比从2013年的13.7%升至2020年15.6%。财产性收入占比从2009年的2.3%提高至2020年的8.7%。2018年财产性收入增长12.9%，远高于工资性收入的8.3%和经营性收入的7.8%。

中等收入群体逐渐成为"夹心饼干"，2014年五等分群体的可支配收入增速呈现出"中间高两端低"，中间群体（60%）可支配收入增长率均超过10%，高于高收入群体、低收入群体以及全国平均水平。但2017年以后，增速分布情况转变为"中间低两端高"，2017—2019年，中等收入群体（中间60%）可支配收入平均增速为6.3%，大幅低于低收入群体的9.3%、高收入群体的7.9%和全国的7.1%。低收入群体可支配收入改善主要得益于中国扶贫政策的引导，但高收入群体与中间群体差距扩大仍是需要警惕的信号。

2.财富差距：比收入差距更显著，近年来有所缓和，但2020年再度扩大

由于积累效应，财富差距往往比收入差距更为显著，中国也是如此。近年来中国贫富差距有所缓和，但2020年在新冠肺炎疫情冲击下再度扩大。根据瑞信研究院发布的《2021年全球财富报告》，财富基尼系数小于0.7为贫富差距较低，大于0.8为贫富差距较大。中国财富基尼系数从2000年的0.599持续上升至2015年的0.711，随后有所缓和，降至2019年的0.697。但2020年在新冠肺炎疫情冲击下，量化宽松的货币政策使不同资产有不同涨幅，拉大了贫富差距，中国财富基尼系数上升到0.704。2020年中国财富排名前1%居民占总财富的比例也从29.0%上升至30.6%。2020年，中国总计有527.9万个"百万富翁"（家庭财富在一百万美金以上），排名全球第二，较2019年上升5.1%。2019年人均财富中位数仅为平均数的35.8%，财富分化程度显著高于收入分化。

房产和金融资产在家庭资产配置并不均衡，是财富积累的主要推手。根据瑞信研究院发布的《2021年全球财富报告》，2020年中国人均资产总增长14.6%，人均净资产（人均财富）增长5.4%，其中，金融资产增长9.6%，非金融资产增长3.7%。据央行2019年的调查，房产占家庭总资产的70%，金融资产占家庭总资产的20%。金融资产最高10%家庭所拥有的金融资产占所有样本家庭的58.3%，而实物资产最高10%家庭拥有的实物资产占比为47.1%，2000年以来中国人均金融资产以每年16.5%的速度增长。

3.社会流动：居民的社会流动性放缓

1978年改革开放以来，中国经济发展进入快车道，社会流动性加快。然而进入21世纪以来，居民的社会流动性开始放缓、财富的代际传递加强，机会不公对收入分配的影响凸显，贫困人口上升通道受阻。

"寒门再难出贵子"，低收入群体翻身进入高收入群体可能性在降低，即收入流动性放缓。1996年至2014年，维持与父辈相等社会层级的子女占比46.5%，超过半数的子女（53.5%）与他们的父辈处于不同层级；实现跃升的有41.8%；下降的有11.7%（Yaojun Li，2017）。分城乡来看，城市流动性较乡村高，但实现跃升的乡村高于城市，39.8%的城市子女较父辈发生跃升，42.6%的乡村子女较父辈发生跃升。其中，2012—2014年，家庭在收入分布中的相对位置保持相对不变的比例最高，穷人变富和富人变穷的难度都很大。

最低收入和最高收入家庭的固化现象更为明显。2010—2015年，根据调查子女与父母职业收入的关联性，得出：当父辈是农民时，约47%的子女未来从事的职业仍是农民。当父辈是高技术人员时，其儿女从事与父辈相同职业占比43.2%。相较于处于中间收入群体的职业，最低收入群体和最高收入群体家庭的子女的职业会更集中于与父母相同的职业（Yaojun Li，2020）。入党、获得体制内工作等政治资源有助于维持高收入群体的原有地位，而医疗负担的加重则是低收入群体陷入贫困陷阱的重要原因，即我们所说的"因病致贫""因病返贫"。

4.结构：城乡差距、地区差距、行业差距

结构层面，城乡差距、地区差距以及行业差距均存在。其中，城乡差距解释了中国收入差距的绝大部分；地区差距显著，东部与西部差距较大；行业收入差距带来的收入分配问题明显。

2008年以来，低保、惠农、社保和户籍制度改革等政策出台，城乡差距逐渐收窄、城镇内部差距小于农村。近年来，农村可支配收入快速上涨，城乡之间收入差距收窄，这也是基尼系数高位放缓的主要原因。2020年，城镇收入水平是农村的2.55倍。

但农村内部收入差距大于城市。从五等分结构来看，城乡差距大、城镇分化小。2020年城镇和农村中的高收入户（前20%）的人均可支配收入分别为96 062元和38 520元，前者是后者的2.5倍；城镇和农村低收入户（后20%）人均可支配收入分别为15 597元和4 681元，前者是后者的3.3倍。2020年城镇和农村居民人均可支配收入的S80/S20分别为6.2和8.2。2020年城镇居民人均可支配收入中位数是平均数的92.1%；农村居民人均可支配收入中位数是平均数的88.8%。

资料来源 任泽平．中国收入分配报告2021：现状与国际比较［EB/OL］．（2021-09-18）
［2022-09-09］．https://new.qq.com/omn/20210918/20210918A0221K00.html.

讨论题：

根据材料分析目前我国收入分配存在的主要问题并提出应对措施。

推荐阅读资料

1.伊兰伯格，史密斯．现代劳动经济学：理论与公共政策［M］．刘昕，译．13版．北京：中国人民大学出版社，2021.

2.权衡．"收入分配-经济增长"的现代分析：转型期中国经验与理论［M］．上海：上海社会科学院出版社，2004.

3.LEVY F，MURNANE R J. U.S. earnings levels and earnings inequality：a review of recent trends and proposed explanations［J］. Journal of Economic Literature，1992，30（3）：1333-1381.

4.KATZ L F，MURPHY K M. Changes in relative wages 1963-1987：supply and demand factors［J］. The Quarterly Journal of Economics，1992（107）：35-78.

网上资源

1.The World Bank，http：//www.worldbank.org

2.ILO，http：//www.ilo.org/global/lang--en/index.htm

3.中国国家发展和改革委员会，http：//www.sdpc.gov.cn/search/searchresultnew.jsp

4.国家统计局，http：//www.stats.gov.cn

5.中国收入分配研究院，http：//ciid.bnu.edu.cn/index/expert/index/type/1.html

拓展阅读：新世纪以来我国居民收入分配的变化

第17章 劳动力市场影响：劳动与宏观经济

学习目标

- 了解劳动/人力资本与经济增长的理论发展
- 了解就业弹性与经济增长的关系
- 了解充分就业和自然失业率以及菲利普斯曲线的发展与变化
- 熟悉劳动管制与宏观经济理论

引例
全球劳动力市场分化加剧

2022年5月23日，国际劳工组织（ILO）发布的第9期《工作世界监测报告》指出，受多重全球性挑战以及日益加剧的不平等威胁，全球劳动力市场复苏形势明显恶化，国家内部及国家间的不平等日益加剧。

报告称，在2021年第4季度取得显著进展后，2022年第1季度全球工作小时数下降，比新冠肺炎疫情前2019年第4季度的数值低3.8%，相当于损失了1.12亿个全职工作岗位。多重并相互关联的全球性挑战显现，包括通货膨胀、能源及食品价格上涨、金融动荡、潜在债务危机和全球供应链中断等，俄乌冲突又加剧了这一状况。这些不利因素对未来几个月的全球劳动力市场将产生更广泛影响，今年全球劳动力市场进一步恶化的风险越来越大。

报告指出，贫富国家之间日益扩大的差距仍然是当前全球劳动力市场的主要特征之一。高收入国家的工作小时数出现了回升，中低收入国家的工作小时数在2022年第1季度遭遇挫折。这一分化趋势很可能在2022年第2季度进一步拉大。在一些发展中国家，政府日益受到财政空间和债务的制约，企业面临经济和金融不确定性，工人仍没有得到充分的社会保护。

报告指出，自新冠肺炎疫情暴发至今，它对全球劳动力市场消极影响仍存。一是大多数工人的劳动收入水平尚未恢复。2021年，3/5的劳动者所在国家工资水平未恢复到2019年第4季度水平。二是在新冠肺炎疫情期间，不同性别的工作时间差距有所扩大，非正规就业妇女受到的影响最严重。2022年第1季度，全球工作小时方面的性别差距比2019年第4季度的数据高出0.7个百分点。三是2021年年底至2022年年初，发达经济体的职位空缺急剧上升，导致劳动力市场趋紧。相对于求职者而言，一些发达经济体可提供的工作岗位越来越多。但总的来说，鉴于许多国家有大量失业和未充分利用的劳动力，尚无有力的证据表明全球劳动力市场普遍过热。四是生产和贸易受阻，俄乌冲突进一步加剧了粮食和大宗商品价格上涨，严重损害了贫困家庭和小企业，尤其是非正规经济领域的企业利益。

国际劳工组织总干事盖伊·莱德表示，全球劳动力市场的复苏已经逆转，新冠肺炎疫情、通货膨胀、能源及食品价格上涨、金融动荡、潜在债务危机和全球供应链中断，以及俄乌冲突等使得原本就不平衡和脆弱的复苏进程变得更加不确定。这一形势对发展中国家工人家庭的影响巨大，并可能导致社会和政治动乱。现如今，全球比以往任何时候都更有必要共同努力，实现"以人为中心的复苏"。

资料来源 杨海泉. 国际劳工组织报告指出——全球劳动力市场分化加剧［N］. 经济日报，2022-05-25（4）.

从引例中可知，多重并相互关联的全球性挑战给全球劳动力市场造成了很大的影响，全球工作小时数下降，贫富国家工作机会的差距、全球劳动收入水平及全球工作时间方面的性别差距也出现明显的恶化迹象。经济发展的一举一动都在劳动力市场有所体现，本章的主要目的就是解释各种劳动力市场行为与宏观经济绩效之间的关系，进一步从宏观层面理解劳动力运行的影响。

17.1 \ 劳动/人力资本与经济增长

人力资本在经济增长中所起的重要作用已为经济学界所公认。特别是20世纪80年代后期新经济增长理论的兴起，弥补了古典经济增长理论的不足，其强调知识积累和人力资本等对经济增长的贡献，更符合世界各国经济发展的事实。

17.1.1 劳动/人力资本与经济增长理论

自20世纪40年代以来，经济增长理论经历了3个重大发展阶段，分别是20世纪40年代末期的哈罗德-多马经济增长理论的产生和发展，20世纪60年代新古典经济增长理论的兴起和20世纪80年代新增长理论的发展。人力资本与经济增长关系的研究大致兴起于第二次经济增长理论时期，主要的理论模型有索洛模型、罗默的内生技术进步增长模型以及卢卡斯的人力资本积累增长模型。

早在18世纪，古典经济学家就对经济增长进行了研究。20世纪40年代后期，英国经济学家哈罗德和美国经济学家多马分别提出了含义完全相同的经济增长模型，故称哈罗德-多马模型。哈罗德-多马模型是古典经济增长理论的典型代表，其标准表达式为：$G = S\sigma$。G表示经济增长率，S表示储蓄率即资本积累率，σ是资本产出系数即资本的生产率。由于σ被假定为不变，S就成为决定经济增长的唯一因素。这种对资本积累作用的强调，形成了经济增长理论中的"资本决定论"。

1956年，在仔细研究了哈罗德的理论后，索洛指出哈罗德-多马模型的问题在于隐含了资本与劳动力不可替代的假定，并创立了新古典经济增长模型。在索洛模型中，经济增长率不但取决于资本和劳动力的增长率，而且取决于资本和劳动力对产量增长相对作用的权数，取决于技术进步。[1]把资本、劳动力、技术甚至土地等生产要

---

① SOLOW R. A contribution to the theory of economic growth ［J］. The Quarterly Journal of Economics，1956，70（1）：65-94. SOLOW R. Technical change and the aggregate production function ［J］. Review of Economics and Statistics，1957，39（3）：312-320.

素都引入经济增长模型，因而使分析较为全面，这是新古典经济增长理论的优点。但是，新古典经济增长理论存在明显缺陷，主要表现在：第一，新古典经济增长理论的基本假设是人均投资收益率和人均产出增长率是人均资本存量的递减函数；第二，索洛虽也论及技术的作用，但仅将其作为一种外在变量，在技术如何对资本、劳动力发生作用方面并未谈及。

20世纪80年代中期，以罗默和卢卡斯为首的一批经济学家，摒弃了新古典经济增长理论的核心假设，提出了一套全新的经济增长与发展的思想，被称为新增长理论，比较典型的是罗默的内生技术进步增长模型和卢卡斯的人力资本积累增长模型。罗默的知识驱动增长模型主要包括两个发展阶段，即知识溢出增长模型（1986）和中间产品品种增加型增长模型（1990），后者即罗默的第二个增长模型，也称R&D模型。1986年，罗默在《收益递增与长期增长》一文中，针对索洛模型外生技术进步的缺陷，沿着内生技术进步的经济增长思路，提出了一个新的知识驱动的内生技术进步增长模型。[①]

罗默（1986）第一阶段模型将知识的外部性所产生的收益递增作为经济长期持续增长的根源。罗默认为，当经济中仅有物质资本与劳动力等有形投入时，产出表现为收益递减。但现实经济中存在一种无形的知识投入，这样产出作为有形投入与无形投入共同作用的结果，体现为收益递增。罗默的知识驱动增长模型内含三个基本假定，即产出生产的收益递减、知识生产的收益递增和知识的外部性效应（或称"溢出效应"）。罗默这一阶段的知识驱动增长模型是一个完全竞争假设下的增长模型。

罗默在运用知识驱动的总量模型分析经济增长的同时，从微观角度研究知识进步与经济增长，即从微观角度分析经济增长的运行机制。这具体表现为他对分工与经济增长关系的探讨，并以此为基础构建了一个中间产品品种增加型增长模型。罗默的中间产品品种增加型增长模型，从根本上来说，就是指随着分工、技术进步与人力资本的不断积累，中间产品品种不断增加、产业链条不断延长、产业规模不断扩大，从而整个国民经济规模不断扩大的过程。

罗默的这一模型能够较好地解释各国经济增长率存在的广泛差异，说明了为什么发达国家，即人力资本存量水平高、投资大的国家，具有更高的经济增长率；而许多落后国家，则由于人力资本存量水平偏低，而且欠缺加大本国人力资本投资的必要财力，从而使这些国家长期陷入低水平均衡陷阱而难以自拔。罗默模型的重大贡献在于将知识作为一个独立要素纳入经济增长模型，并且认为知识积累是促进现代经济增长的重要因素。同时将知识分解为一般知识和特殊知识，一般知识可产生规模经济效益，特殊知识可产生要素递增收益，两种效应的结合不仅使知识、技术和人力资本本身产生递增收益，而且使资本和劳动力等其他投入要素的收益递增。

1988年，罗伯特·卢卡斯基于宇泽弘文的技术进步方程，建立了新的人力资本增长模型。[②]卢卡斯所构建的包含人力资本的生产函数很直观地揭示了人力资本促进

①　ROMER P M. Increasing returns and long-run growth [J]. Journal of Political Economy, 1986, 94 (5)：1002-1037.

②　LUCAS R E. On the mechanics of economic development [J]. Journal of Monetary Economics, 1988, 22 (1)：3-42.

经济增长的内在机制。根据这一模型，产出由技术水平和制度效率、资本和劳动力投入量、工人的人力资本水平以及人力资本的外部效应所决定，其中起决定作用的是工人人力资本水平和人力资本的外部效应。卢卡斯人力资本积累增长模型中既包含了人力资本的内部效应也包含了它的外部效应。人力资本的内部效应是指人力资本存量水平的提高，有利于提高人力资本拥有者自身的劳动生产率；而人力资本的外部效应是指社会平均人力资本水平或平均技术水平的提高，可以提高生产中所有要素的生产效率。

17.1.2　劳动/人力资本与经济增长的关系

20世纪90年代以后，学者对经济增长的研究更关注于经验含义以及理论与数据之间的关系。人力资本与经济增长的各种实证研究主要集中在多国范围内，研究人力资本是否影响经济增长、教育对经济增长的影响、人力资本与经济增长之间的作用方向等。其特点是多采用回归方法进行多国比较或在一个国家的多个地区之间进行比较，试图找到有关经济增长与教育投资或人力资本水平之间的经验证据。尽管在理论方面对人力资本与经济增长关系有较为一致的观点，即认为人力资本的积累对经济增长有重要的促进作用，但在实证研究方面学者发现了很多的问题，最明显的是关于人力资本的度量，不同的度量指标可能会导致结论的不同。

国外的研究主要集中于3个方面：第一，人力资本是否对经济增长产生积极的作用。不同的学者采用不同的指标、不同的方法得出了大致相同的结论，即人力资本对经济增长有一种正向的贡献。[①]然而，在研究过程中一些学者关于人力资本对经济增长是否存在积极和显著的影响持怀疑态度，认为人力资本在经济增长过程中作用不显著。[②]第二，人力资本与经济增长之间是否存在双向的影响效应。众多学者的研究结论显示人力资本与经济增长之间存在双向的因果关系。[③]第三，讨论人力资本指标的度量所引起的实证偏差问题。不同的人力资本度量指标，可能会造成不同的结论。研究指出不同国家的社会受教育水平或平均水平不具有可比性，因此关于登记入学率和教育等级等指标随着时间和国家的不同而不变的假设是无效的。[④]克鲁格（Krueger）

---

① MANKIW N G, ROMER D, WEIL D M. A contribution to the empirics of economic growth [J]. The Quarterly Journal of Economics, 1992, 107 (2): 407-437. BENHABIB J, SPIEGEL M. The role of human capital in economic development: evidence from aggregate cross-country data [J]. Journal of Monetary Economics, 1994, 34 (2): 143-174. MURTHY N R V, CHIEN I S. The empirics of economic growth for OECD countries: some new findings [J]. Economics Letters, 1997, 55 (3): 425-429. BILS M, KLENOW P. Does schooling cause growth? [J]. American Economic Review, 2000, 90 (5): 1150-1183. FREIRE-SERÉN M J. Human capital accumulation and economic growth [J]. Investigaciones Economicas, Fundación SEPI, 2001, 25 (3): 585-602. MENGISTAE T. Competition and entrepreneurs' human capital in small business longevity and growth [J]. The Journal of Development Studies, Taylor and Francis Journals, 2006, 42 (5): 812-836.

② ISLAM N. Growth empirics: a panel data approach [J]. The Quarterly Journal of Economics, 1995, 110 (4): 1127-1170. NONNEMAN W, VANHOUDT P. A further augmentation of the Solow model and the empirics of economic growth for OECD countries [J]. The Quarterly Journal of Economics, 1996, 111 (3): 943-953. FILMER D, PRITCHETT L. The effect of household wealth on educational attainment: evidence from 35 countries [J]. Population and Development Review, 1999, 25 (1): 85-120. TEMPLE J. Generalizations that aren't evidence on education and growth [J]. European Economic Review, 2001, 45 (4-6): 905-918.

③ BILS M, KLENOW P. Does schooling cause growth? [J]. American Economic Review, 2000, 90 (5): 1150-1183. TOYA H, SKIDMORE M, ROBERTSON R. A reevaluation of the effect of human capital accumulation on economic growth: using natural disasters as an instrument [J]. Eastern Economic Journal, 2010, 36 (1): 120-137. GLEWWE P, HANAN J. Economic growth and the demand for education: is there a wealth effect? [J]. Journal of Development Economics, 2004, 74 (1): 33-51.

④ HANUSHEK E, KIM D. Schooling, labor force quality, and economic growth [Z]. Rochester Center for Economic Research Working Papers, 1995 (411). STEEDMAN H. Measuring the quality of educational outputs: a note [Z]. Center for Economic Performance Discussion Papers, 1996 (0302).

和米卡埃尔（Mikael）讨论了测量误差问题，认为主要的困难是规范建立在一个利用受教育程度的变化解释经济增长的生产函数上，并通过实证研究指出利用受教育程度的变化去解释经济增长往往是低估了其影响。[①]

国内众多的学者，主要是采用不同的人力资本度量指标，运用中国经济数据实证考察人力资本与中国经济增长的情况。研究结论多表明在中国经济转轨发展过程中，虽然物质资本的贡献率大于人力资本的贡献率，但是人力资本有着潜在的巨大优势。蔡坊、王德文（1999）通过解析劳动力数量增长、人力资本积累与就业结构转变对中国1982—1997年经济增长的贡献，探讨劳动力数量因素和人力资本因素在经济增长过程中的作用。结论显示劳动力数量对经济增长的贡献份额为23.71%，人力资本的贡献份额为23.70%，而物质资本贡献率为29.02%。[②]赖明勇、张新、彭水军、包群（2005）的研究也表明人力资本投资与经济增长之间存在显著的正相关性，人均受教育年限每增加1年，经济增长率将提高0.183。[③]杨建芳、龚六堂、张庆华（2006）利用1985—2000年中国29个省、自治区、直辖市的经验数据实证分析了人力资本的积累和存量以及人力资本的形成要素如受教育和健康对中国经济增长的影响。研究结果表明人力资本积累比物质资本积累对经济增长的边际影响大，人力资本存量和技术水平对经济增长的协同贡献为39.9%。[④]封世蓝、程宇丹、龚六堂（2021）的研究结果显示，公共人力资本投资对城市长期经济增长具有显著促进作用，主要通过产业结构转型和就业市场表现两个渠道发挥对公共人力资本的影响。"扫盲运动"后，1982年城市识字率每提高一个百分点，2010年该市的经济增长率会提高0.0548个百分点。[⑤]

17.2 \ 就业弹性、充分就业与自然失业率

分析就业问题离不开经济发展的大背景，因此一个把二者关联起来的指标得到广泛的使用，即"就业弹性"，用来探讨经济增长与就业增长一致性的程度。充分就业与自然失业率作为相互关联的概念揭示了经济运行中就业与失业的深层次问题。本节介绍的这三个与就业和失业相关的概念旨在实现经济发展与就业增长的良性互动，是经济研究中的热点问题。

17.2.1 就业弹性

就业弹性就是以经济增长为自变量、以就业量为因变量计算出来的弹性。它是指

① KRUEGER A B，MIKAEL L. Education for growth in Sweden and the world [J]. Swedish Economic Policy Review，1999，6：289-339. KRUEGER A B，MIKAEL L. Education for growth：why and for whom？[Z]. NBER Working Papers，2000（7591）.
② 蔡坊，王德文. 中国经济增长可持续性与劳动贡献 [J]. 经济研究，1999（10）：62-68. 劳动力采取了分省全社会年底从业人员数；人力资本采用了分省6岁以上人口的受教育程度来代表各省的人力资本存量水平.
③ 赖明勇，张新，彭水军，等. 经济增长的源泉：人力资本、研究开发与技术外溢 [J]. 中国社会科学，2005（2）：32-46.
④ 杨建芳，龚六堂，张庆华. 人力资本形成及其对经济增长的影响——一个包含教育和健康投入的内生增长模型及其检验 [J]. 管理世界，2006（5）：10-34.
⑤ 封世蓝，程宇丹，龚六堂. 公共人力资本投资与长期经济增长——基于新中国"扫盲运动"的研究 [J]. 北京大学学报（哲学社会科学版），2021（5）：129-139.

在影响经济增长的其他因素不变时，经济增长变化一个百分比引起的就业变化的比率，即经济增长对就业的吸纳能力。就业弹性越大，依靠经济增长拉动就业的作用就越明显；反之，经济增长对就业就不会产生很明显的效果。就业弹性为正值时，就业弹性大意味着经济增长对就业的拉动效应大。在就业弹性为负值时，含义就变得比较复杂，可以分为两种：一种为"挤出"效应，这种效应来自经济为正增长但就业减少的情况，此时就业弹性绝对值越大对就业"挤出"效应就越大；另一种为"吸入"效应，这种效应来自经济为负增长但就业增加的情况，此时就业弹性绝对值越大对就业的"吸入"效应就越大，就业弹性绝对值越小对就业的"吸入"效应就越小。此外，如果就业弹性为零，说明经济增长对就业增长没有拉动作用。

从实践上看，根据国外经济高速发展阶段的一般经验，经济高速增长一般都是伴随着充分就业。比如，日本及亚洲其他一些国家和地区在经济高速发展的时候，都在长达20年甚至更长时间内维持了充分就业。ILO的《劳动力市场关键指标》报告显示，中东和北非等经济欠发达地区1999—2003年的就业弹性最高，达到0.7，东南亚和太平洋地区为0.42，发达经济体和欧盟为0.21，东亚为0.18，中东欧非欧盟成员国为0.1，世界1999—2003年的就业弹性平均水平为0.3。发展中国家的平均就业弹性是0.3~0.4。[1]亚洲开发银行（Asian Development Bank，2012）对45个亚洲国家1991—2011年的数据进行研究发现，大多数亚洲国家的就业弹性在0.2至0.8之间，亚洲发展中国家的平均就业弹性略低于0.6。[2]非洲开发银行（African Development Bank，2018）对47个非洲国家2000—2014年的数据进行研究发现，其平均就业弹性为0.41。经济增长最快的非洲国家的就业弹性最低，而经济增长较慢的非洲国家的就业弹性较高。[3]

中国属于低收入的发展中国家，经济增长应当能带动较多的就业增长，就业弹性系数不应该低于0.3的水平。而实际情况并非如此，中国较高的GDP增长率并没有伴随着较高的就业弹性，如图17-1所示。国内也有研究表明，在劳动力市场状况日益严峻化的同时，中国经济增长的就业弹性趋于下降，由此产生的推论是经济增长未能带来相应的就业增加。[4]但是有学者指出中国由于目前存在大量的自然失业人口，使得国家出台的促进经济增长的宏观经济政策所带来的就业增长效果不显著。[5]还有学者从区域层面出发，对我国东、中、西部三大区域的动态就业弹性进行估计，得出短期内东部地区的就业弹性高于中、西部地区，其原因在于就业调整速度、劳动生产效率和产业结构的区域差异，但从长期来看三大区域就业弹性的差异较小。[6]

① ILO. Key indicators of the labour market [M]. 5th ed. Geneva: International Labour Office, 2007.
② ASIAN DEVELOPMENT BANK. Asian Development Outlook 2012: Confronting Rising Inequality in Asia [M/OL]. Mandaluyong City: Asian Development Bank, 2012 [2022-09-09]. https://www.adb.org/sites/default/files/publication/29704/ado2012.pdf.
③ AFRICAN DEVELOPMENT BANK. African Economic Outlook 2018 [M/OL]. Tunis: African Development Bank Group, 2018 [2022-09-09]. https://www.afdb.org/fileadmin/uploads/afdb/Documents/Publications/African_Economic_Outlook_2018_-_EN.pdf.
④ 龚玉泉，袁志刚. 中国经济增长与就业增长的非一致性及其形成机理 [J]. 经济学动态，2002（10）：35-39.
⑤ 蔡昉，都阳，高文书. 就业弹性、自然失业和宏观经济政策——为什么经济增长没有带来显性就业？[J]. 经济研究，2004（9）：18-25.
⑥ 赖德胜，包宁. 中国不同区域动态就业弹性的比较——基于面板数据的实证研究 [J]. 中国人口科学，2011（6）：38-48，111.

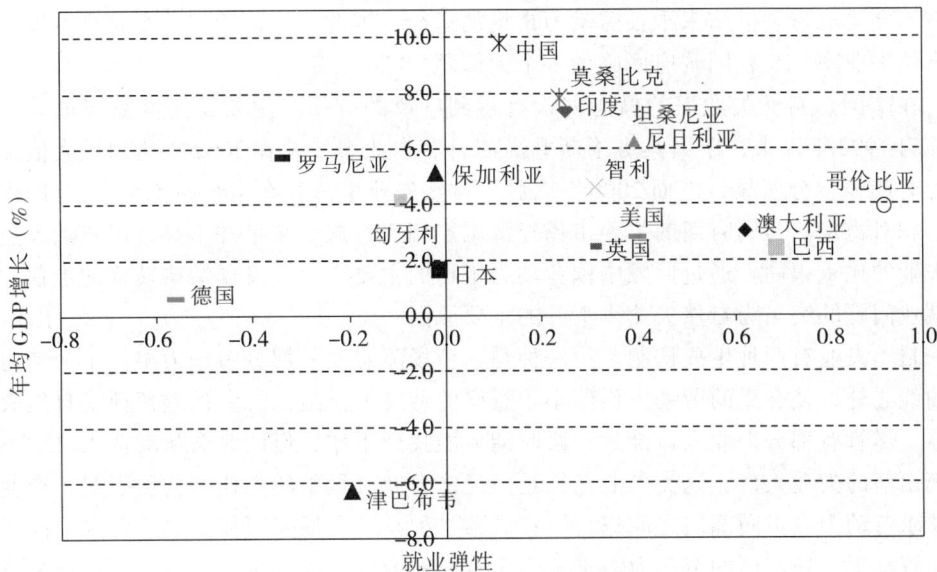

图17-1　2001—2005年部分国家就业弹性和GDP增长率

资料来源　ILO. Key indicators of the labour market［M］. 5th ed. Geneva：International Labour Office，2007：8.

17.2.2　充分就业与自然失业率

充分就业是宏观经济学的首要目标，但是现实生活中即使有足够的职位空缺，失业率也不会等于零，因为仍然会存在摩擦性失业和结构性失业。充分就业指在一定的货币工资水平下所有愿意工作的人都可以得到就业的一种经济状况。充分就业是凯恩斯于1936年在其著作《就业、利息和货币通论》中提出的范畴。凯恩斯认为，充分就业是由有效需求决定的。如果有效需求不足，从而造成非自愿性失业，社会即不能实现充分就业。充分就业与某些失业现象的存在并不矛盾，如摩擦性失业和自愿性失业，这两种失业都是正常的，只有非自愿性失业才是真正的失业。只有非自愿性失业消失，社会才算实现了充分就业。要实现充分就业，政府必须加强经济干预，力求达到或维持总需求的增长速度和一国经济生产能力的扩张速度的均衡。大多数经济学家认为存在4%～6%的失业率是正常的，此时社会经济处于充分就业状态。

与充分就业相对应的一个概念是自然失业。所谓自然失业率（Natural Unemployment Rate），是指在没有货币因素干扰的情况下，让劳动力市场和商品市场的自发供求力量起作用时，总需求和总供给处于均衡状态下的失业率。换句话说，自然失业率就是指经济中消灭了周期性失业以后的失业率，即摩擦性失业和结构性失业占劳动力人口的比重[1]，亦即充分就业状态下的失业率，也被称为非加速通胀失业率（Non-accelerating Inflation Unemployment Rate）。自然失业率并不是一个固定不变的值，随着经济社会的发展而变化，一般由政府根据有关调研数据来确定，如美国在一个较长的时期内确认其自然失业率为5%，也就是说，当美国的失业率在5%或以下时，政

---

①　摩擦性失业和结构性失业已于第15章做出详细介绍，在此不再赘述。

府就不会采取有关措施来干预劳动力市场的运行。因此，如何确定一个符合本国国情的自然失业率，是各国政府面临的一个大课题。

在中国，自然失业率的概念并没有得到广泛的应用，主要源于其真实值并不明确。自1992年以来，中国具有不断升高的自然失业率，并在2002年达到最大值。尽管上升趋势十分明显，然而2000年以后，自然失业率一直在4.8%~5.6%的范围内波动，相对稳定。与同时期的主要市场经济国家相比，这一水平并不高，但自然失业占总失业的比重很高。通过回顾中国劳动力市场的主要变化，发现结构转变的加快和青年就业问题的突出为自然失业率上升的主要原因。[1]

自然失业有两种生成机制。第一种是，市场障碍使一部分劳动力游离于劳动力需求曲线之外，使合意的劳动力供给小于意愿的劳动力供给，二者的差额便是自然失业人口。尽管有部分失业人口经过一段时期后能找到工作，但同时会从就业人口中不断游离出新的失业人口。这类失业往往是由经济发展过程中的产业结构所引起，产业结构要求劳动力在不同部门之间进行转移。第二种是，市场障碍使实际工资水平高于出清工资水平，使意愿的劳动力需求量小于意愿的劳动力供给量，二者的差额便是自然失业人口。这种较高的实际工资具有很大的黏性。劳动力工资事实上完全不同于其他商品市场上的商品价格，其调整速度是相对缓慢的。而且，我们很少看到雇主一定会雇用其工资要求比别人低的就业者。因为在一个信息不对称的劳动力市场上，雇主并不知道个人的实际工作能力，有时其工资开价往往成为其能力的一种标志。如果实际工资水平高于劳动力市场出清工资水平，那么失业现象会产生。总而言之，市场的功能障碍和缺陷引起实际工资水平高于出清工资水平，实际工资水平高于出清工资水平引致自然失业。

17.3　失业与通货膨胀

失业与通货膨胀是短期宏观经济运行中存在的两个主要问题，经济决策者在解决这两个问题的时候，往往会碰到这样一个矛盾，即降低通货膨胀率与降低失业率这两个目标是互相冲突的。利用总供给–总需求模型来分析，当政府希望通过财政政策或货币政策来扩大总需求、增加就业的时候，客观上得到的结果是产出增加、就业增加、一般价格水平上升，也就是说就业的增加是以物价的上升为代价的；相反，如果政府紧缩总需求的话，则会使得通货膨胀率下降，而失业率增加，因此有必要从理论上探讨失业和通货膨胀之间的关系，而主要的分析工具便是菲利普斯曲线。

17.3.1　菲利普斯曲线的含义

1958年，在英国任教的新西兰经济学家菲利普斯在研究了1861—1957年英国失业率和货币工资增长率的统计资料后，提出了一条用以研究失业率和货币工资增长率之间替代关系的曲线，在以横轴表示失业率，纵轴表示货币工资增长率的坐标系中，

---

[1]　曾湘泉，于泳. 中国自然失业率的测量与解析［J］. 中国社会科学，2006（4）：65–76.

画出一条向右下方倾斜的曲线，这就是最初的菲利普斯曲线（Phillips Curve）。该曲线表明：当失业率较低时，货币工资增长率较高；反之，当失业率较高时，货币工资增长率较低，甚至为负数。

菲利普斯曲线本来只是用来描述失业率与货币工资增长率之间的关系，但后来有的经济学者认为，工资是成本的主要构成部分，从而是产品价格的主要构成部分，因此可以用通货膨胀率来替代货币工资增长率。这样一来，菲利普斯曲线就变成了一条用来描述失业率与通货膨胀率之间替代关系的曲线：当失业率高时，通货膨胀率就低；当失业率低时，通货膨胀率就高。菲利普斯曲线如图17-2所示，横轴代表失业率u，纵轴代表通货膨胀率π，向右下方倾斜的曲线PC即为菲利普斯曲线，菲利普斯曲线说明了失业率与通货膨胀率之间存在替代关系。

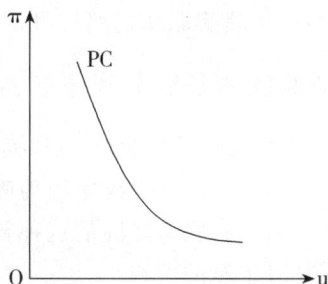

图17-2　菲利普斯曲线

17.3.2　菲利普斯曲线的应用

菲利普斯曲线为政府实施经济干预、进行总需求管理提供了一份可供选择的菜单。它意味着可以用较高的通货膨胀率为代价，来降低失业率或实现充分就业；而要降低通货膨胀率和稳定物价，就要以较高的失业率为代价。也就是说，失业率与通货膨胀率之间存在一种"替换关系"，想要降低或增加其中的一个，就要以增加或降低另一个为代价。

具体而言，一个经济社会首先要确定一个临界点，由此确定一个失业率与通货膨胀率的组合区域。如果实际的失业率和通货膨胀率组合在组合区域内，则政策的制定者不采用调节措施，如果在组合区域之外，则可根据菲利普斯曲线所表示的关系进行调节。图17-3说明了这种调节的过程。

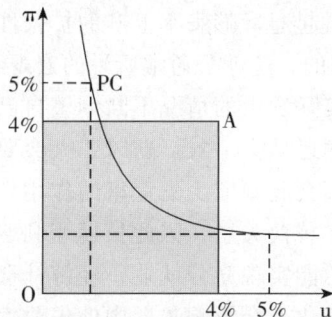

图17-3　菲利普斯曲线的应用

在图17-3中，假定当时失业率和通货膨胀率在4%以内时，经济社会被认为安全的或可以容忍的，这时就得到了一个临界点，即A点，由此形成的一个四边形的区域，称为安全区域，如图17-3中的阴影部分所示。如果该经济社会的实际失业率与通货膨胀率组合落在安全区域内，则政策制定者无须采取任何措施（政策）。

如果实际的通货膨胀率高于4%，如达到了5%，该经济社会的失业率仍在可接受的范围内，政策制定者可以采取紧缩性政策，以提高失业率为代价降低通货膨胀率，从图17-3中可以看到，当通货膨胀率降到4%以下时，经济社会的失业率仍然在可以接受的范围内。

如果实际的失业率高于4%，如为5%，这时根据菲利普斯曲线，政策制定者可采取扩张性政策，以提高通货膨胀率为代价降低失业率，从图17-3中可以看到，当失业率降到4%以下时，经济社会的通货膨胀率仍然在可接受的范围内。

17.3.3　短期菲利普斯曲线与长期菲利普斯曲线

菲利普斯曲线所揭示的失业率与通货膨胀率的替换关系和美国等西方发达国家20世纪五六十年代的通货膨胀率与失业率的数据较为吻合，但到20世纪70年代末期，由于滞胀的出现，失业率与通货膨胀率之间的这种替换关系不存在了，于是对失业率与通货膨胀率之间的关系又有了新的解释。

1968年，美国货币学派代表人物弗里德曼指出了菲利普斯曲线分析的一个严重缺陷，即它忽略了影响工资变动的一个重要因素：工人对通货膨胀率的预期。他认为，企业和工人关注的不是名义工资，而是实际工资，当劳资双方谈判新工资协议时，他们都会对新协议期的通货膨胀率进行预期，并根据预期的通货膨胀率相应地调整名义工资水平。根据这种观点，人们预期通货膨胀率越高，名义工资增加就越快，由此，弗里德曼提出了短期菲利普斯曲线的概念。

这里所说的"短期"是指从预期到需要根据通货膨胀率做出调整的时间间隔。短期菲利普斯曲线就是预期通货膨胀率保持不变，表示通货膨胀率与失业率之间关系的曲线。在短期中，工人来不及调整通货膨胀率预期，预期的通货膨胀率可能低于以后实际发生的通货膨胀率。这样，工人所得到的实际工资可能小于先前预期的实际工资，从而实际利润增加，刺激了投资，就业增加，失业率下降。在这个前提下，通货膨胀率与失业率之间存在替换关系。也就是说，向右下方倾斜的菲利普斯曲线在短期内是可以成立的，因此在短期中引起通货膨胀率上升的扩张性财政政策与扩张性货币政策是可以起到减少失业率的作用的。这就是通常所说的宏观经济政策的短期有效性。

在长期中，工人将根据实际发生的情况不断调整自己的预期，工人预期的通货膨胀率与实际发生的通货膨胀率迟早会一致。这时工人会要求增加名义工资，使实际工资不变，从而通货膨胀率就不会起到减少失业率的作用。也就是说，在长期中，失业率与通货膨胀率之间并不存在替换关系，因此长期菲利普斯曲线是一条垂直于横轴的线。并且，在长期中，经济总能实现充分就业，经济社会的失业率将处于自然失业率的水平，因此通货膨胀率的变化不会影响长期中的失业率水平。由于人们会根据实际发生的情况不断调整自己的预期，所以短期菲利普斯曲线将不断移动，从而形成长期菲利普斯曲线，如图17-4所示。

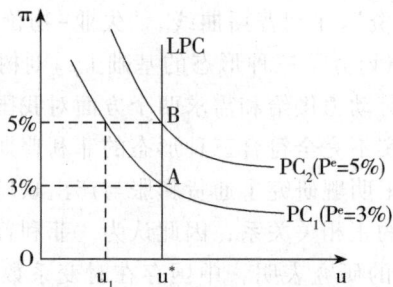

图17-4　从短期PC到长期PC

在图17-4中，假定某一经济体系处于自然失业率 u^*，通货膨胀率为3%的A点，此时若政府采取扩张性政策，以使失业率降低至 u_1，由于扩张性政策的实施，总需求增加，导致价格水平上升，通货膨胀率也上升至5%。由于在A点处，工人预期的通货膨胀率为3%，而现在实际的通货膨胀率为5%，高于其预期的通货膨胀率，从而工人的实际工资下降，导致厂商生产积极性提高，产出水平和就业率增加，于是失业率下降到 u_1。于是就会发生图17-4中短期菲利普斯曲线 PC_1（$P^e = 3\%$）所示的情况，失业率由 u^* 下降到 u_1，而通货膨胀率则从3%上升到5%。

当然，这种情况只是短期的，经过一段时间，工人们会发现价格水平的上升和实际工资的下降，这时他们便要求提高货币工资，与此同时，工人们会相应地调整其预期，即从原来的3%调整到现在的5%，伴随着这种调整，实际工资回落到原有的水平，相应地，企业生产和就业也都回到了原有的水平，失业率又回到了原来的 u^*，但此时经济已经处于具有较高通货膨胀率预期（即5%）的B点。

以上过程重复下去，在短期内，由于工人不能及时改变预期，存在失业率和通货膨胀率之间的替换关系，表现在图形上，便有诸如 PC_1、PC_2……的各条短期菲利普斯曲线。随着工人预期通货膨胀率的上升，短期菲利普斯曲线不断上升。

从长期来看，工人预期的通货膨胀率与实际的通货膨胀率是一致的，因此企业不会增加生产和就业，失业率也就不会下降，从而便形成了一条与自然失业率重合的长期菲利普斯曲线LPC。图17-4中，垂直于自然失业率水平的长期菲利普斯曲线表明，在长期中，不存在失业率与通货膨胀率的替换关系。换句话说，长期菲利普斯曲线告诉我们，从长期来看，政府运用扩张性政策不但不能降低失业率，还会使通货膨胀率不断上升，这也就是通常所说的宏观经济政策的长期无效性。

17.3.4　中国的菲利普斯曲线

我国关于菲利普斯曲线的研究始于20世纪80年代后期，主要集中于讨论菲利普斯曲线在我国是否存在以及如果存在其形状如何。关于菲利普斯曲线在我国的经济环境中是否存在，栗树和、梁天征、曾湘泉认为，改革开放前，通货膨胀率和失业率不存在替代关系；但改革开放以来，两者之间存在显著的替代关系。[①]陈学彬采用最小二乘法对我国改革开放以来的菲利普斯曲线进行估计，结果表明我国的菲利普斯曲线

---

① 栗树和，梁天征，曾湘泉. 经济增长、货币供应与价格水平 [J]. 管理世界，1988（1）：21-37.

形式的解释性较差。①刘树成认为菲利普斯曲线有三种基本的表达形式，表明三对经济变量的关系："失业－工资"菲利普斯曲线，"失业－物价"菲利普斯曲线，"产出－物价"菲利普斯曲线。②在划分了三种形态的基础上，刘树成对影响菲利普斯曲线变形的因素进行了分析，从劳动力供给和需求两个方面对我国的菲利普斯曲线进行了研究，结果表明：我国的现实不完全符合三种形态的菲利普斯曲线。但是有研究表明我国存在菲利普斯曲线，如王明舰研究了通货膨胀与产出缺口的关系，表明通货膨胀与产出缺口之间也存在显著的正相关关系，因此认为"菲利普斯曲线与奥肯法则在中国也是存在的"。③何启志等的研究表明，中国存在时变系数的菲利普斯曲线，从系数大小来看，通货膨胀预期所起的作用最大，而且通货膨胀预期所起作用的主要趋势是递增的，这说明下一步要更加重视通货膨胀预期在通货膨胀水平中的决定性作用。④

另外，关于菲利普斯曲线的形状，庞明川等根据美国、日本、韩国、中国大陆、中国台湾等国家和地区的菲利普斯曲线的实际运行轨迹，认为短期菲利普斯曲线和长期菲利普斯曲线的基本类型有四种，即正斜率、负斜率、水平和垂直。短期内，菲利普斯曲线存在沿逆时针方向移动、顺时针方向移动两个变动方向；同时，庞明川等提出了长期菲利普斯曲线的环形模型。从中国的实际看，转轨时期菲利普斯曲线出现以下几种情形：（1）斜率为负的菲利普斯曲线，即失业率与通货膨胀率相互交替，在1979—1980、1983—1985、1985—1986、1988—1989、1990—1991、1994—1997年的时段上分别出现过；（2）垂直的菲利普斯曲线，即失业率不变通货膨胀率上升或下降，在1986—1988、1991—1992、1997—1998年分别出现过；（3）正斜率的菲利普斯曲线，即失业率与通货膨胀率同时上升，在1978—1979、1992—1994年分别出现过。除此之外，在1980—1983、1989—1990年还分别出现过失业率与通货膨胀率同时降低的情形。⑤

总的来说，中国转轨时期的菲利普斯曲线既不完全符合菲利普斯曲线的原始形态，也不完全符合弗里德曼的"自然失业率"假说，而是三个阶段的菲利普斯曲线都曾经出现过。我国国内对于菲利普斯曲线的研究，主要是以我国的统计数据来检验其存在性。在理论上，我国学界并没有对菲利普斯曲线的理论基础做进一步分析。

17.4 劳动管制与宏观经济绩效

对于劳动力市场管制，有两个相反的观点，即弗里曼（Freeman）所称的"制度学派（Institutionalist）"和"自由学派（Distortionist）"。⑥制度学派认为工作保护、最低工资和集体谈判为工人提供了重要的社会保障措施，是促进生产力增长的手段

① 陈学彬. 对我国经济运行中的菲利普斯曲线关系和通货膨胀预期的实证研究 [J]. 财贸研究, 1996 (8).
② 刘树成. 论中国的菲利普斯曲线 [J]. 管理世界, 1997 (6).
③ 王明舰. 中国通货膨胀问题分析 [M]. 北京: 北京大学出版社, 2000.
④ 何启志, 姚梦雨. 中国通胀预期测度及时变系数的菲利普斯曲线 [J]. 管理世界, 2017 (5): 66-78.
⑤ 庞明川, 解威. 中国经济转轨时期的菲利普斯曲线 [J]. 财经问题研究, 2000 (8): 3.
⑥ FREEMAN R B. Labor market institutions and policies: help or hindrance to economic adjustment? [C]. Washington, DC: Proceedings of the World Bank Annual Conference on Development Economics, 1992. Supplement to the World Bank Economic Review and the World Bank Research Observer, 1993.

（通过培训和专业技能的积累），是调和总需求下降的措施。^①劳动管制对低收入工人实现了再分配，并为工人提供了工作保障以抵消不利的劳动力市场结果的影响。^②自由学派强调市场过程，并且认为劳动管制阻碍了必要的经济自动调节，减少了企业雇用量，造成了劳动力市场的扭曲，而且这种管制仅仅使"内部人（管制范围内的工人）"受益。^③我们首先介绍劳动管制的定义和测量，然后了解劳动管制对宏观经济产生的影响。

17.4.1　劳动管制的定义

劳动力市场与其他市场一样是由一系列资本和劳动力的交换活动组成的。但是由于受到文化、制度、法律和政治等因素的影响，劳动力市场比其他市场的作用机制要更为复杂。^④

从广义上来说，劳动力市场管制通常是指对劳动力市场绩效和行为产生影响的经济、社会与法律方面的措施和制度。其中涉及很多方面，从劳动合同条款到劳动交易的过程，包括各方的权利和职责、工作条款和条件以及对劳动争议的处理，主要有以下内容：①确定并保护工人权利；②保护弱势群体；③制定最低工资标准；④保障工人的工作条件；⑤保障工人的收入水平。^⑤由于劳动力市场的职能对于工人及其家庭的福利有直接的影响，再结合文化、制度、法律和政治等方面的原因，劳动力市场管制成为公共政策领域重要的且最具争议的问题。

从狭义的角度来讲，劳动管制即为雇用保护法（Employment Protection Legislation，EPL）。在许多国家，雇用保护法是其最完善且最有效的劳动管制形式之一。雇用保护是对雇主使用劳动力的制约，这些制约通常通过法律形式表现，也可以通过集体谈判来实现。在这样一个定义中，雇用保护既指雇用（保护弱势群体、对劳动合同的规定、对培训的要求）方面的管制，也包括解雇（解雇程序、通知期间、遣散费、对集体解雇的特别规定以及对临时合同的规定）方面的管制。^⑥

不同的国家有着明显不同的管制劳动力市场的模式，不同的模式有各自的利弊（见表17-1）。第一种模式为市场基础模式。基于市场的劳动力市场管制通常被视为"无管制的（Unregulated）"。但是有学者认为这是调节劳动关系的一种方式，而且它确实是运用法律和其他管制手段来达到目的的政策组合。^⑦基于市场的劳动力市场管制的核心是劳动合同。有证据表明近年来至少在发达国家已经出现了劳动力市场管制市场化的倾向。^⑧第二种模式为法律基础模式。以法律为基础的劳动力市场管制是管

① ILO. Employment policies in the economic restructuring of Latin America and the Caribbean [C] //Tripartite Symposium on Structural Adjustment and Employment in Latin America and the Caribbean. Document WEP 1-4-07 (Doc.2). Geneva: ILO, 1991.
② STANDING G, TOKMAN V. Towards Social Adjustment [M]. Geneva: International Labour Office, 1991.
③ The World Bank. World Development Report 1990 [M]. Oxford: Oxford University Press, 1990.
④ BETCHERMAN G, LUINSTRA A, OGAWA M. Labor market regulation: international experience in promoting employment and social protection [R]. The World Bank, Human Development Network, Social Protection Unit, 2001 (11).
⑤ DOWNES A S, MAMINGI N, ANTOINE R B. Labor market regulation and employment in the Caribbean [Z]. Inter-American Development Bank and Latin American Research Network Working Papers, 2000 (4).
⑥ OECD. Employment Outlook [R]. Paris: OECD, 1999.
⑦ STANDING G. Global labour flexibility: seeking distributive justice [M]. New York: St. Martin's Press, 1999.
⑧ OECD. Employment Outlook [R]. Paris: OECD, 1999.

制中的典型形式，其中涵盖了很多方面，如保障工人权利，保护弱势工人群体，确定劳动报酬，明确工作条件以及管理劳动关系。①第三种模式为集体行为模式，即非官方的谈判和工人集体劳动关系管理。在发展中国家，只有少数工人受到集体谈判的帮助，而且通常集中于公共部门。工会成员人数减少，会影响集体行为模式实施的效果。但是有研究显示20世纪80年代末和90年代很多国家的工会成员人数处于减少状态。②

表17-1　　　　　　　　　　　　　　　不同管制模式的优缺点

模式	潜在优势	潜在风险
市场基础模式	提高灵活性 效率优先 低交易成本	市场失灵 短视 歧视
法律基础模式	可预测 强调公平 提供监控机制	僵化 监控成本高 道德风险
集体行为模式	能提升长期投资 提供自我监督	费时 内外部人员差异

资料来源　根据以下文献整理：STANDING G. Global labour flexibility：seeking distributive justice [M]. New York：St. Martin's Press，1999.

17.4.2　劳动管制的测量

基于现有研究发现对于劳动力市场管制的测量主要有两种方法：一是客观测量法；二是主观测量法。客观测量法主要评估管制条款的内容，对条款内容进行分解以构建测量指数。目前最常用的指数即为OECD的雇用保护法指数（The Employment Protection Legislation Index）。这个指数包含22个基本项，分为三大类：对正规工人的解雇保护，对集体解雇的规定和对临时雇用的规定。③将雇用保护在这22项维度上的得分乘以相应权重转换为对应分数便得到管制严格程度，得分高表示管制更严格。指数得分为0～6，劳动力市场管制灵活度极高的国家在整体得分上会很低（接近于0或1），而拥有严格的劳动力市场管制的国家得分较高（5～6）。测量结果表明，美国的劳动力市场管制程度最低。这类指数体系的优点在于通过正规和公开的程序对现有的管制条款进行编码，为国际比较提供了基础。但是同时，雇用保护法指数的建立存在主观性的问题，比如对法律制定的解释以及对法律不同构成部分对总体影响的不同理解等。④每个国家法律执行程度不一样，也会对指数的运用有所影响。

在客观测量的过程中，研究者意识到每个国家执法情况不一样导致对其真实的劳

①　STANDING G. Global labour flexibility：seeking distributive justice [M]. New York：St. Martin's Press，1999.
②　ILO. Organization，bargaining and dialogue for development in a globalizing world [Z]. Paper Prepared for the Working Party on the Social Dimensions of Globalization，ILO.GB.279/WP/SDG/2，2000.
③　OECD. Employment Outlook [R]. Paris：OECD，1999.
④　BERTOLA G，BOERI T，CAZES S. Employment protection and labour market adjustment in OECD countries：evolving institutions and variable enforcement [Z]. Employment and Training Papers 48，1999.

动力市场管制严格程度的影响也不一样，在这样的需求背景下主观测量法逐渐兴起。另外，日益复杂的制度和加速变革的劳动力市场促进了主观测量法的快速发展。主观测量法相对于客观测量法就其调查的范围来说更为广泛，且对劳动力市场管制的测量通常是作为经济或商业环境自由度调查的子部分进行的，主观测量法更为注重整体的管制情况以及各种管制领域之间的相互作用。2004年国际金融公司（International Finance Corporation，IFC）发表了《企业营商环境报告（Doing Business Report）》[①]，这个报告对178个国家在营商环境容易度（Ease of Doing Business）方面进行了排序。营商环境容易度是一个包含10个不同管制领域的综合指数，其中便包括雇用工人指数。该测量是通过雇主或专家在相同问题上回答的差异来确定各国在各维度上的得分，以此来建立国家劳动力市场管制严格程度的排序。世界银行的雇用工人指数是这类指数中最早被剥离出来单独进行劳动力市场管制严格程度与经济绩效关系研究的指数，随后越来越多的主观调查数据和结论被学者用来进行该方面的研究，如费尔德曼（Feldmann）利用世界经济自由度（Economic Freedom of the World，EFW）的数据研究劳动力市场管制与失业的关系。[②]

17.4.3　劳动管制与宏观经济绩效的关系

自拉齐尔（Lazear）对遣散费做跨国比较研究之后[③]，有关劳动力市场管制影响的研究大量涌现，涉及不同的国家、不同的指标和测量方法，大致结论如下：劳动力市场管制导致了整体就业率下降，女性和青年就业率下降，以及自主创业人数比例提高；劳动力市场管制对整体失业水平没有太大影响，虽然进入失业队伍的人员减少，但是平均失业时间延长[④]；过于严格的劳动力市场管制会遏制经济增长等。

劳动管制对就业影响的主流观点认为劳动力市场管制对就业产生了强烈的负面影响。比如，波特罗（Botero）等对85个国家的劳动法做了跨国研究，发现严格的劳动力管制与低的劳动力参与率和高的失业率相关。[⑤]贝斯利（Besley）和伯吉斯（Burgess）以印度为样本研究发现制造行业中的就业率、投资率、生产率和产量降低是由于严格的劳动力市场管制导致的。[⑥]凯恩（Kane）对美国与欧洲国家经济竞争力进行比较研究后发现，长期的严格劳动力市场管制导致了较低的就业率和经济增长率，对经济的发展造成了极大的负面影响。[⑦]研究发现就业率较高的国家劳动力市场灵活度、自由度更高，并且国家为失业人员提供的保险水平要低得多。美国、英国、瑞士和丹麦在劳动力市场自由度方面得分较高，它们的就业情况也普遍更好。而像德国、意大利、葡萄牙和瑞典等得分较低的国家在就业表现方面就明显不足，并造成了劳动

①　BERG J，CAZES S. The doing business indicators：measurement issues and political implications［Z］. Economic and Labour Market Paper，2007.

②　FELDMANN H. The unemployment effects of labor regulation around the world［J］. Journal of Comparative Economics，2009，37（1）：76-90.

③　LAZEAR E P. Job security provisions and employment［J］. The Quarterly Journal of Economics，1990，105（3）：699-726.

④　OECD. Employment Outlook［R］. Paris：OECD，1999.

⑤　BOTERO J C，DJANKOV S，LA PORTA R，et al. The regulation of labor［Z］. The World Bank Supported Paper，2004.

⑥　BESLEY T，BURGESS R. Can labor regulation hinder economic performance？Evidence from India［J］. The Quarterly Journal of Economics，2004，119（1）：91-134.

⑦　KANE T. American competitiveness：why well-intentioned labor regulations can hurt more than help？［Z］. Heritage Lecture1037，Delivered June 14，2007.

力市场的停滞。1970—2003年，美国的就业量增加了75%，法国、德国和意大利仅增加了26%。

在劳动管制对就业影响的研究中，一个广泛认同的观点是严格的劳动力市场管制对不同人口群体就业产生的影响不同。研究发现雇用保护法对成年男性工人就业几乎没有什么影响，而对青年和女性工人的就业有较大的负面影响。[①]史卡佩塔（Scarpetta）提出青年是受负面影响最大的群体，特别是在工资降低的情况下。[②]经合组织（OECD，1998）基于9个成员做了一次国际性的回顾，得出结论说最低工资对十几岁的青少年就业有显著的负面影响，最低工资提高10%，就业率下降2%～4%。[③]

劳动力市场管制的严格程度在解释欧洲20世纪80到90年代的失业危机时起到了关键的作用。凯恩（Kane）的研究发现，2004年美国仅有13%的失业工人在12个月内找不到新工作，欧盟却是44%；欧盟青年平均失业率为17%，美国仅为10%。从这些比较中可以发现欧洲许多发达经济体致力于复杂的劳动力市场管制，旨在保护工人，但是这恰好是生产停滞不前以及更高失业率的原因。西伯特（Siebert）指出欧洲20世纪60、70年代劳动政策逐渐严格的倾向所导致的严格劳动力市场管制已经显著地提高了失业率。他指出劳动力市场管制严格的欧洲国家有一个共同特征："雇用保护法是欧洲大陆解决失业问题的政策核心——保护有工作的人，但同时减少了创造新岗位的机会。"[④]尼克尔（Nickell）等得出如下结论：从1960年开始劳动力市场管制趋于严格，这是导致失业率上升的根本原因，雇用保护法在对失业率上升的解释中占到了19%。[⑤]

现有文献并没有就劳动力市场管制对生产力的整体影响得出明确结论，但是认为管制对生产力有负面影响的观点还是占首位。有研究表明宽松的劳动力市场管制环境对生产力发展有积极影响。以法国和英国的比较为例，法国的劳动力市场管制程度要远远高于英国，在对其严格程度的测量中法国得分为1.5，英国仅为0.35左右。英国劳动力市场从撒切尔时代开始就处于非管制状态，这反而促进了生产率的发展。英国的生产力逐渐赶上了法国，1979年以来英国人均GDP增长率平均每年达到2.1%，而法国该数据为2.02%。[⑥]

从上述实证研究可以发现由于管制涵盖范围广泛，经济学家倾向于集中研究某个特定的劳动力市场管制对特定的劳动力市场绩效产生的影响，即便如此研究结论也不尽相同。由于受到国家大环境（如历史、文化、制度）的影响，一个国家中特定法律和实践的影响会比研究所观察到的存在更大不同。即便统计上显示劳动力市场管制和劳动力市场绩效之间存在显著的联系，其中的随机性也十分复杂，没有包含在分析中

① HECKMAN J, PAGÉS C. Introductory Chapter [M] // HECKMAN J, PAGÉS C. Law and Employment: Lessons from the Latin America and the Caribbean. Chicago, IL: University of Chicago Press, 2004.
② SCARPETTA S. Assessing the role of labour market policies and institutional settings on unemployment: a cross-country study [J]. OECD Economic Studies, 1996 (26).
③ OECD. Employment Outlook [R]. Paris: OECD, 1998.
④ SIEBERT H. Labor market rigidities: at the root of unemployment in Europe [J]. Journal of Economic Perspectives, 1997, 11 (3): 37-54.
⑤ NICKELL S, NUNZITA L, OCHEL W. Unemployment in the OECD since the 1960s: what do we know? [J]. The Economic Journal, 2005, 115 (500): 1-27.
⑥ BETCHERMAN G, LUINSTRA A, OGAWA M. Labor market regulation: international experience in promoting employment and social protection [Z]. Social Protection Unit, The World Bank Working Paper, 2001.

的其他因素也可能推翻现有结论。[①]

本章小结

　　劳动/人力资本作为经济增长的重要促进因素于20世纪60年代被引入经济增长模型中，典型代表为罗默的内生技术进步增长模型和卢卡斯的人力资本积累增长模型。随着经济增长模型的发展，劳动/人力资本作为一个独立的要素被纳入经济增长模型，并且由于知识的外部性而带动其他投入要素的收益递增。

　　就业弹性是描绘经济增长与就业增长关系的概念，有两种主要的测算方法：一种是根据弹性定义来测算，另一种是通过构建经济增长影响因素模型来测算。该指标在一些发达国家的实证研究中得到了较好验证，但是在中国得不到较强支撑。充分就业与自然失业率是相互关联的两个概念，自然失业率即是充分就业条件下的失业率。自然失业率由摩擦性失业率和结构性失业率的总和构成。

　　失业与通货膨胀是现代经济发展的两大顽症，任何国家或地区的经济发展都无法避免这两大问题的冲击，由于这两大经济现象会对一国或地区的国民经济和居民生活造成巨大影响，因此是宏观经济学的两大中心问题。菲利普斯曲线是一条用来描述失业率与通货膨胀率之间关系的曲线，现代经济学认为，在短期中，失业率与通货膨胀率之间存在替换关系，即政府可以通过一定的政策以牺牲失业率来换取低通货膨胀率，反之也成立；在长期中，失业率与通货膨胀率之间并不存在替换关系，因而在长期中政府的宏观经济政策是无效的。

　　劳动管制对宏观经济无疑存在影响，但究竟是正面影响还是负面影响，影响有多大则众说纷纭。经济学家创建了对劳动管制进行测量的指数，并考察其与宏观经济绩效指标之间的关系。但是由于对管制进行量化较为困难，因此该领域还有待进一步研究。

复习思考题

　　1.试解释在新经济增长理论中人力资本所起的作用。

　　2.试运用表17-2所给数据，依照就业弹性定义测算方法测算我国2003—2007年的就业弹性，并分别计算城乡就业弹性，并对计算结果进行分析。

表17-2　　　　　　　　我国2003—2007年城乡就业人员数和GDP

年份	就业人员 （万人）	城镇就业人员 （万人）	乡村就业人员 （万人）	GDP （亿元）
2003	74 432	25 639	48 793	135 822.8
2004	75 200	26 476	48 724	159 878.3
2005	75 825	27 331	48 494	183 217.4
2006	76 400	28 310	48 090	211 923.5
2007	76 990	29 350	47 640	249 529.9

　　数据来源　国家统计局. 2008中国统计年鉴［M］. 北京：中国统计出版社，2008.

---

　　① BOERI T, NICOLETTI G, SCARPETTA S. Regulation and labor market performance ［Z］. Centre for Economic Policy Research，Discussion Paper 2420，2000.

3.充分就业与自然失业互相矛盾吗？为什么？

4.长期菲利普斯曲线是一条垂直于横轴的直线，这意味着什么？

5.简述短期菲利普斯曲线与长期菲利普斯曲线的差别及其政策含义，并做图示。

6.依你所见，对劳动力市场实行严格管制是否是必要的，请说明理由。

案例分析题

《劳动合同法》，需要修改吗？

近年来，关于修改《劳动合同法》的呼声不断。中国人大网2019年10月26日发布的《全国人民代表大会社会建设委员会关于第十三届全国人民代表大会第二次会议主席团交付审议的代表提出的议案审议结果的报告》显示，全国人民代表大会社会建设委员会（以下简称全国人大社建委）建议对此开展调研论证。

十三届全国人大二次会议期间，代表提出关于修改《劳动合同法》的议案1件，"建议有关方面对议案所提建议和问题继续进行分析研究，开展调研论证。"全国人大社建委称，"议案提出的修改法律的意见和建议，经征求并综合有关方面的意见，建议加大对上述议案所提问题的研究力度，开展立法前期论证工作，为有关法律修改提供理论和实践支撑，创造必要条件。"

现行《劳动合同法》于2008年1月1日起施行，至2019年已11年。近年来，不断有观点认为该部法律加重了企业负担，财政部原部长楼继伟就曾在中国经济50人论坛上表示，《劳动合同法》对于企业的保护十分不足，在用工等方面都有体现，降低了中国劳动力市场的灵活性。

2017年11月4日，全国人大财经委报告显示，《劳动合同法》修改争取列入十三届全国人大常委会立法计划。不过，十三届全国人大常委会立法计划并未将《劳动合同法》修改列入其中。

全国人大常委会社会法室负责人法室主任郭林茂说，《劳动合同法》的修改，国务院有关部门牵头，一直在努力，目前还在研究。为什么到现在还没有解决？郭林茂解释，主要涉及两个问题。修改《劳动合同法》的第一个要回答的是《劳动合同法》相关规定是否导致企业负担过重。"目前我们研究以后认为，企业负担过重不仅是用工问题造成的，它是多方面原因造成的。"郭林茂说，仅把企业的负担过重归因于劳动用工是不全面的。全国人大常委会法工委国家法室副主任童卫东补充解释道，劳动成本增加原因特别复杂，首先一个原因是2010年以后我国16~59岁的劳动力人口持续下降，每年持续下降300多万人，老龄化是一个问题，劳动力的供求关系发生根本转变。此外，劳动力成本增加与房价等各个方面的生活成本增加有相当大的关系。

提出修改《劳动合同法》的第二个要考虑的是用工灵活的问题，一些部门和单位认为《劳动合同法》的有关规定导致企业用工不灵活。

"不把用人单位的权力适当放大，就是用工不灵活，解聘人方便就是灵活，这种考虑是片面的。"郭林茂说，有关部门跟工会之间相互看法不一致，目前全国人大常委会法工委与国务院有关部门和单位正在研究这一问题。郭林茂表示："主要把这两个问题解决好以后，这部法的修订才有可能提上常委会审议的安排。"

资料来源   [1] 王姝.修改劳动合同法？全国人大社建委：建议开展调研论证［EB/OL］.（2019-10-27）［2022-09-09］. https：//www.bjnews.com.cn/detail/157216855115089.html . [2] 邢丙银.修改劳动合同法有两个问题未解决，法工委：修改时机还不成熟［EB/OL］.（2018-02-25）［2022-09-09］. https：//www.thepaper.cn/newsDetail_forward_2009374.

讨论题：

《劳动合同法》从出台到实施都引起了很大的争议，请结合案例材料以及劳动管制理论，对《劳动合同法》修改可能造成的影响做分析，并从经济学的角度提出解决思路和政策建议。

推荐阅读资料

1.亚伯，伯南克.宏观经济学［M］.章艳红，柳丽蓉，译.5版.北京：中国人民大学出版社，2007：第12章.

2.ATKINSON A，MICKLEWRIGHT J. Unemployment compensation and labor market transition：a critical review［J］. Journal of Economic Literature，1991，(4)：1579-1727.

3.BOERI T，NICOLETTI G，SCARPETTA S. Regulation and labor market performance［Z］. Centre for Economic Policy Research Discussion Paper 2420，2000.

网上资源

1.OECD 就业主题网页，http：//www.oecd.org/employment

2.ILO，http：//www.ilo.org/global/lang--en/index.htm

3.中国劳动和社会保障科学研究院，http：//www.calss.net.cn

4.人大经济论坛，http：//bbs.pinggu.org

拓展阅读：改革开放以来的中国经济奇迹与人口红利

第18章　劳动力市场的新发展

学习目标

- ✓ 了解数字经济的概念
- ✓ 掌握新工作范式及其特征
- ✓ 了解人工智能应用及其对就业的影响
- ✓ 了解平台经济从业人员的社会保障国际经验

引例 **数字生态成为青年就业创业的沃土**

以数字技术为核心的数字生态广泛连接了海量用户，为经济社会发展提供了有效助力。新模式、新业态不断生成，传统行业持续深化数字化转型，衍生出更多就业收入机会和众多新职业、新岗位。私域运营、网络协同制造、在线办公、电子商务、数字文娱、互联网营销师、网约配送员等从业模式和职业岗位，为数字时代下的高校毕业生、小微商户、蓝领工人、返乡下乡创业人员等群体提供了新的就业收入机会。在创造各种新兴职业的同时，产生了多种就业方式，更加适合青年人就业创业。

中国劳动和社会保障科学研究院课题组日前发布的《数字生态就业创业报告》显示，以微信公众号、小程序、视频号、微信支付、企业微信等共同构成的微信数字生态，衍生出越来越多的就业收入机会，对稳就业促就业、就业结构调整和数字化转型起到积极推动作用。在2021年衍生的就业收入机会达到4 618万个，同比增长25.4%。其中，视频号成为新的增长动力，在视频拍摄、直播带货等方面带动了1 341万个就业收入机会；同时在公众号创作、私域运营等其他领域带动2 438万个就业收入机会。

以零售领域为例，作为私域运营主阵地的微信小程序，在新冠肺炎疫情中发挥了重要的促消费、稳就业作用，小程序的开发、产品、运营等工作机会超过839万个。据腾讯《私域组织与人才发展白皮书》的分析，目前市场上已有3种较为普遍的私域业务组织架构形式，分别为项目临时组式、供应商赋能式、自建全能式，并且出现七大私域人才岗位，包括私域业务负责人、商城/货品运营岗、品牌市场投放岗、内容运营岗、用户运营岗、数字导购及数据分析岗。

可以说，尽管近两年人才市场需求相对低迷，消费品私域人才需求却逆势崛起。在这一人才需求的趋势下，已经有相关培训及认证体系出现，帮助更多相关从业者进行能力强化升级，促进高质量就业。例如，腾讯智慧零售今年正式推出"智慧零售私域人才认证计划"，针对数字导购、小程序商城运营、用户运营三大热门领域，根据人才能力模型提供系统化培训课程，为企业的人才评估提供专业指导。学员完成全部课程并通过考试后，可获得课程认证书。同时与中国连锁经营协会达成合作，推出私域人才发展计划，为行业需求贡献价值。

经过多年积累，以微信平台为代表的数字生态，聚集了一批充满活力的就业与创业青年，为就业结构向服务业、数字化转移提供了有利条件，也为青年人就业创业提供了更多机会和可能。包括新媒体创业、小程序电商、视频号创作等数字生态新职业新岗位，已经吸纳了大量青年群体就业。数字生态带来"平台+个人"的职业模式，其灵活的工作方式，不仅更大程度激发劳动创造力，而且实现了更为高效的供需匹配。从调研情况看，72.5%的微信小程序从业人员年龄在35岁或以下，而公众号和视频号从业人员中这一群体比例分别为57.8%和48.3%。数字生态繁荣、进入门槛低、经营成本低，是创业者选择微信生态的主要原因。

受新冠肺炎疫情影响，实体门店线下业务冲击较大，零售、餐饮、旅游和物流等行业的中小微企业对于数字化转型的需求尤为迫切，数字生态对此发挥了积极作用。以微信生态为例，通过提供大量数字化工具，不断完善数字化服务能力，使中小微企业可以突破时间和空间限制，将业务从线下转到线上，稳定业务并开拓更多市场。同时，能协同就业人群，全面提升工作效率和就业质量。

随着企业加速数字化转型，越来越多求职者转型为"数字工匠"。近年来，这一现象在蓝领人群中愈发明显。数字平台运营技巧、电脑手机及网络知识正成为人们普遍认为重要的求职技能。数据显示，截至2022年第一季度，微信小程序的日活突破5亿户，微信生态在零售、餐饮及民生服务等领域发挥了重要作用。2021年，私域相关岗位增速高达41.5%，44.7%的私域相关岗位月薪过万元，相关岗位投递量增长逾30%。

资料来源　朱克力. 数字生态促就业［N/OL］. 经济观察报，2022-08-19［2022-09-09］. http：//www.eeo.com.cn/2022/0819/549971.shtml.

随着互联网的普及以及各种资源的数字化，数字经济及在线劳动力市场取得了极大的发展和繁荣。数字经济是随着数字技术的飞速发展而诞生的新型经济形态，是当前世界各国促进经济增长和保持就业稳定的新型力量。党的二十大报告提出，健全劳动法律法规，完善劳动关系协商协调机制，完善劳动者权益保障制度，加强灵活就业和新就业形态劳动者权益保障。本章从数字经济的视角切入，对劳动力市场的新发展进行介绍，对数字经济的内涵定义、新工作范式及其特征进行介绍，并以人工智能应用及平台经济这两种典型数字经济形态为例，分别对其就业效应和社会保障国际经验进行详细梳理与深刻剖析。

18.1 ╲数字经济的内涵及特征

20世纪40年代第一台计算机在美国出现之后，伴随着通信设备和互联网的出现和快速普及，信息技术成为当下影响社会和经济发展的最重要因素，引发了第三次工业革命，也被称为"数字化革命"。在这样的变革中，信息技术成为推动社会发展进步和革新人类生活、工作方式的主要推手。整个社会的经济发展形态也随之发生了较大的变革，由原先的农业经济、工业经济形态转变为一种新的经济形态。这种经济形态主要依托于快速发展的现代信息技术，以计算机网络包括传统互联网、物联网以及移动网络等网络技术为载体，通过网络平台实现资源生产、配置、交换和消费，我们称这种新型的经济形态为"数字经济"。

尽管数字经济最早是在20世纪90年代提出来的，但是目前数字经济尚未形成统一的内涵定义。这主要是因为信息技术的发展飞速，新的技术和理念不断出现，数字经济的内涵和外延也在不断发展和变化。最早对数字经济进行界定的学者是加拿大学者Don Tapscott（1995），他认为数字经济之所以以"数字"二字为前缀是因为在电子计算机环境下，所有的信息均是以二进制的0和1的形式存储在电脑中，这些数据以光速传播于网络之中，不仅能够保证信息的大量存储，而且能够保证信息使用的即时性。[1]随后，数字经济得到了越来越多的关注，不同的学者从各自的角度给出了不同的理解。例如，学者Negroponte（1995）认为数字经济的出现和飞速发展促使人类社会的主要活动由原来的对原子的加工过程转变为对信息加工处理的过程，人类的所有经济活动均是围绕信息展开的。[2]

随着信息技术本身的不断发展和对信息技术运用的逐步深入，数字经济的内涵也在发生变化，同时其外延在不断拓展。传统的电子商务已经不能完全代表数字经济这一概念，社交媒体、搜索引擎、电子游戏、人工智能等都已经被纳入了数字经济的领域。由此看来，数字经济这一概念并不是一成不变的，是随着信息技术的发展和应用而不断被更新替代的。本章认为较为恰当的关于数字经济的概念是2016年在G20杭州峰会中给出的，该峰会将数字经济定义为"使用数字化的知识和信息作为关键生产要素、以现代信息网络作为重要载体、以信息通信技术的有效使用作为效率提升和经济结构优化的重要推动力的一系列经济活动"。[3]随着云计算、物联网、移动网络、人工智能、虚拟现实等新一代信息技术的驱动，数字经济的外延在不断拓宽。数字经济已经由原先的狭义界定向更加广义的产业数字化变迁。目前数字经济不仅局限在传统的信息技术、电子制造、软件、互联网等行业，而且出现渗透和融合的趋势，不断对传统行业进行改造和升级，发展出了诸如智能制造、现代农业、"互联网+"等新型的跨界融合产业。

数字经济作为一种新型的经济形态，与传统的经济形态相比必然具有其独特性。第一，数字经济具有快捷性特征。数字经济的出现和发展与现代信息技术息息相关，因此数字经济必然具有信息技术的相关特性。互联网，尤其是移动互联网技术的出现，使得人们可以身处异地而实现轻松的合作和交流，大大减少了人类工作的空间成本。同时互联网技术的不断突破和更新，其传输速度也在日益加快，逐渐突破了时间约束，大大减少了经济活动中信息的传输速度和经济活动往来的时间跨度，这样使得经济活动的节奏有了显著的加快。第二，数字经济具有高渗透性。信息技术的应用使

①   TAPSCOTT D. The digital economy: promise and peril in the age of networked intelligence [M]. New York: McGraw-Hill, 1995.

②   NEGROPONTE N. Being digital [M]. London: Hodder and Stoughton, 1995.

③   张辉，石琳. 数字经济：新时代的新动力 [J]. 北京交通大学学报（社会科学版），2019（2）.

得信息服务迅速向第一、第二产业扩张，高度的渗透性大大降低了不同产业之间的差异，使得产业之间的界限模糊化，未来会出现更多的产业融合趋势。第三，数字经济具有一定的自我扩张性。数字经济的价值增长是和网络节点的数量直接相关的，数字经济的效益是随着网络用户的增加而呈现出指数增长的。因此，数字经济的规模膨胀非常快，尤其是在信息技术、智能设备等不断普及和亲民的情况下。第四，数字经济具有外部经济性。外部经济性是指"在社会经济活动中，一个经济主体（国家、企业或个人）的行为直接影响另一个相应的经济主体，却没有给予相应支付或得到相应补偿"。①经济外部性亦称外部成本、外部效应或溢出效应。在数字经济环境下，用户使用某个产品或服务的效果和价值是与使用该产品或服务的用户数量成正相关性的，用户数量越大，每个用户获得的价值越高。第五，数字经济具有可持续性。数字经济被称为"利用比特而非原子"的经济，也就是说，数字经济的生产原料是计算机中的虚拟的"比特"，不是传统工业中的钢铁、矿物、木材等各种有形资源，这样能够大幅度减少对环境的污染，实现可持续发展。第六，数字经济具有直接性特征。数字经济环境下经济结构出现了扁平化趋向，经济活动中的各类参与者均可以进行直接联络，有效降低了使用中间商层的成本，拉近了经济活动参与者之间的距离，大大降低了交易成本，提高了经济效益。

18.2　数字经济环境下的新工作范式及其特征②

基于对全球就业市场动态发展的观察，特别是基于对中国企业、平台公司和人力资源服务机构的访谈和实地调研③，我们初步归纳出这种由"工业化"就业模式向"数字化"工作范式转换呈现出的一个清晰的本质特征和三个典型的形式特征。从本质上说，这个转换是从"就业"向"工作"的转换。形象地表述，工作就是一种颗粒度更加精细化的就业，而且是一种"质变"后的就业。按照克里斯坦森的观点，"工作"是对"就业"的一种破坏性创新。④"工作"表现出来的已经不再是"就业"模式下一个劳动者去承担一个岗位的全部职责，而是一个劳动者的不同技能或能力来完成一个岗位中的不同工作任务。或者说，我们过去考察就业时所用的劳动者个体、岗位、工作日、薪酬等标准开始变成劳动者技能或能力、工作任务、工作小时乃至分钟、工作价格等全新的标准。更重要的是，因为颗粒度的精细化，"工作"不再像"就业"那样受到时空的严格限制而具有更好的扩展性与流动性以及更强的可交付性与可交易性。正是这个本质特征决定了它的三个典型的形式特征，即这种工作范式转换表现为从组织型、集中型与单一性就业模式向自主型、分布型与多元型工作范式的转换。

① 吴万刚，刘纯阳，邹冬生. 从系统的角度剖析生态经济的特征 [J]. 经济研究导刊，2011（15）.
② 本节的主要内容参见：杨伟国. 从工业化就业到数字化工作：新工作范式转型与政策框架 [J]. 行政管理改革，2021（4）。为内容完整的考虑，特引用于此.
③ 这种观察既针对数字经济、平台经济、共享经济、零工经济、按需经济等新经济形态，也针对非正规就业、非标准雇用、劳务派遣、独立承包工、租赁员工、零工、日工、零工时合同等新雇用与用工形态。在调研方面，笔者带领课题组于2019年12月至2020年8月期间通过在线访谈调研了超过130家机构，实地调研了厦门、深圳、广州、合肥、梅河口、重庆、成都等7个城市39家机构，包含政府部门、实体企业、人力资源服务机构、产业园区等.
④ 克里斯坦森. 创新者的窘境 [M]. 胡建桥，译. 珍藏版. 北京：中信出版社，2020.

18.2.1　从组织型就业转向自主型工作

工业经济范式决定了以雇主组织为中心的就业模式。按照诺贝尔经济学奖获得者、已故芝加哥大学经济学家科斯的解释，在工业经济条件下，由于市场交易成本太高，组织型就业实际上是一种帕累托均衡。在组织型就业模式之下，劳动者依其与组织所签订的雇用合同，集聚于组织大厦之内，嵌入科层制的管理体系之中，听从组织的计划指挥控制，接受组织的培训开发，履行岗位职责，交付产品与服务，换取工资报酬和福利保险。但是，劳动者将其所在的组织视为最大的客户，而非他们生产的产品或服务的直接消费者，无法形成以客户导向的职业规范。这样不仅提高了组织的管理成本，也割断了劳动者与消费者经由他们的产品或服务而建立起的社会联系。更重要的是，劳动者因受制于严格的"泰勒科学管理规则"而缺乏自主性从而不断挫伤他们的积极性与创造性。

伴随着日新月异的数字技术发展，工业经济时代的技术经济条件禁锢正在不断被突破，这为劳动者自主型工作范式奠定了技术条件。自主型工作并不是排斥组织型就业，而是基于劳动者的自由选择而确定更适合自己的工作形态，表现为从雇主组织的就业决定权转向更多的劳动者个人工作自主权。在自主型工作范式下，劳动者可以继续按部就班地为一个组织工作，成为组织型就业模式中的一员，同时可以借助数字技术的强大力量在组织授权范围内拥有更大的自我决策权限与自主空间；劳动者也可以作为像"爱彼迎""小猪短租"那样的民宿房东借助于强大的数字技术平台赋能来当一个独立自主的"准创业者"；劳动者还可以作为一个自由工作者在各类不同的数字平台上寻找自己擅长并感兴趣的工作任务来做，例如外卖骑手、网约车司机、在线医生等。更为神奇的是，劳动者可以同时为就业模式下的组织与为新工作范式下的客户工作。例如，一个大学教师既可以作为大学的全职教师，也可以在业余时间作为网约车司机去为乘客服务。这种新工作范式对组织是同样有利的，数字技术平台不仅可以实时开展数据分析监控经营状况帮助企业降低对人员的依赖，而且通过在线交付工作成果降低突发事件的风险和组织管理的成本，赋能企业更多地关注劳动者所交付的结果质量和客户的满意度。当然，这必然对雇主组织的人力资源管理体系变革提出全新的要求。

18.2.2　从集中型就业转向分布型工作

工业经济范式下就业模式的最大特点就是集中型就业：工作时间集中、工作地点集中、工作过程集中、工作交付集中。这意味着劳动者必须在特定的时间点上、时间段内以及时间节奏聚集于雇主组织所确定的工作地点，遵循同样严格受控的工作流程，执行生产、管理、服务任务并交付工作成果。在工业技术经济条件下这种完全的雇主导向而非劳动者导向的集中就业模式也是最优的，虽然这种在同一时间、同一地点、基于现场交付的集中型就业不只是无法经受突发公共卫生事件的影响，也会受到突发自然灾害的重创，而且一旦线性的生产流程设计出现问题就会导致整个生产过程的停顿。

显然这并不是企业本身希望如此，而是工业经济范式固有的特点，是由技术经济条件约束确定的。数字技术可以突破集中型就业模式的工业技术约束而向分布型工作范式转换。在企业方面，数字技术平台已经高效地通过业务数据监测、物流追踪、精准营销、在线支付等服务帮助企业优化市场经营，而且通过移动远程办公、在线招聘、人工智能甄选、薪酬支付等服务帮助企业优化组织管理，正在通过工业互联网、人工智能、材料科学与纳米技术、3D打印等帮助企业优化生产制造流程，开始打造一个不仅能够实现最终产品或服务准时交付与质量控制而且可以最大限度地回避外部环境不确定性影响的数字化分布型商业模式。这个新商业模式成长的过程也是传统的集中型劳动力管理模式变革的过程。在劳动者方面，数字技术平台则可以帮助劳动者根据企业的工作安排与个人的实际情况选择工作时间、地点、交付的最优组合，既能够让劳动者（也包括企业）获得最大的自由度和自主性，还能够保证最大的劳动生产效率，降低通勤时间与财务成本，降低突发事件对集中型就业模式下的安全健康风险和连续生产风险。

18.2.3　从单一型就业转向多元型工作

工业化就业模式的单一型表现在劳动者就业的"单一雇主、单一岗位、单一关系、单一期限"。单一雇主就是劳动者不仅是组织型就业，而且在一个特定的时间段甚至整个人力资本生命周期内只为一个雇主组织工作。单一岗位是指雇主组织基于科学管理的设计实行严格的人岗匹配制度，劳动者因为职业教育或普通教育而专长于特定的岗位职责所要求的任职资格，并在此岗位上长期工作而形成岗位专用性人力资本，从而构成其一生一成不变的职业生涯路径。雇主会在组织内部设立职业发展通道帮助劳动者获得纵向的职位晋升。单一关系意味着劳动者与雇主只存在唯一的基于劳动合同的劳动雇佣关系，而它的历史只不过百年的时间。单一期限则是主流的就业范式提倡长期雇用乃至终身雇用，各国劳动雇佣法律政策似乎都推崇"无固定期限雇用合同"而持续加持单一的长期型就业。这种单一型就业模式对雇主和劳动者都是刚性约束。对劳动者而言，它不仅缺乏工作广度与深度，工作世界体验单一，难以激活个体潜能，缺乏丰富性、满意度与幸福感，而且不利于劳动者眼睛向外，适应工作市场的动态变化。对雇主而言，它不仅无法最优配置人力资本，而且难以灵活地应对瞬息万变的市场竞争。

在数字技术急速发展的经济体系中，单一型就业模式既不是企业发展的稳定器，也不是劳动者职业发展的保障网，更不是我们社会所追求的"稳就业"的避风港。一旦环境发生剧烈变化，反而更有可能会引发"就业硬着陆"——新冠肺炎疫情所带来的就业紧张形势便是这种情形的真实写照。由于数字技术赋能，多元型工作范式不仅能够得以顺利实现，而且能更好地满足企业和劳动者的最大利益。多元型工作范式是一种更加包容、更具灵活性的工作形态。在多元型工作范式下，劳动者依然可以只为一个雇主工作，也可以同时服务于多个不同的雇主，甚至可以以一个雇主为主业，而同时以服务多个客户为辅业。劳动者既可以终其一生在同一个岗位上兢兢业业，打造个人干净纯粹的职业生涯，也可以尝试完全不同的工作任务，编织个人丰富多彩的职业人生。劳动者既可以继续维持与雇主紧密的长期的劳动雇佣关系，也可以与一个或多个雇主建立起工作关系、合作关系、合伙关系、社群关系等更加五彩缤纷的人力资本关系。①

在对数字经济的内涵以及数字经济环境下新工作范式及特征进行分析之后，接下来两节将对人工智能应用的就业效应和平台经济从业人员社会保障的国际经验进行梳理与探讨。

18.3 \ 人工智能应用的就业效应研究②

近年来，人工智能的影响已经成为就业研究中不可回避的主题。国外学者对于人工智能概念一直有不同理解。在发展初期，人工智能被描述为：具备等同于人类的思维、行动能力并在未来够超越人类相应能力的"思考机器"。③与之相关的是"先进思考机器（Advanced Thinking Machines）"，突出了人工智能的思维能力，基于计算机硬件、计算机科学、神经科学以及认知心理学实现对人工智能认知架构的整合，促进特定领域人工智能的进步。之后，学者们还认为能力的发挥需要特定的载体与外部环境，Dreyfus（1972）对人工智能的经典批判④和Searle（1992）的"生物自然主义"观点⑤⑥都认为实现类人的智能需要像人一样的身体体现和社会背景。在此基础上，考虑对"能力"性质的区分，出现了"通用人工智能"，这是与狭义的、特定于某一任务（特定结构、功能、行为）的能力相对应的更一般、更类似人类的智能，其最大特点是具备在不同语境中泛化和保持自我意识的能力。此外，张成岗（2018）认为人工智能正在全面进入和重塑生产、生活空间，对其描述既要避免认识论上的卢德主义，又要避免技术决定论，以保持对人工智能技术的客观认识。⑦

目前对人工智能概念较为全面的描述来自MIT电气工程领域的研究，即人工智能是一个有机整体，是通过模型建立的关于思维、感知和行动的表达系统，以生成测试法为基本运行方式，这一系统存在一定的约束条件，并通过算法（程序/方法）实现约束条件的作用。⑧因此，本节对人工智能的理解是：为实现特定任务目标而创造的能够表现出与人类能力（认知、思维或行动）相似水平的技术，这一技术需要借助相

---

① 人力资本关系是一个与新工作范式相适应的人与组织之间关系的新概念，包含了工业经济范式下的劳动与雇佣关系，也包含了许多所谓的"非正规、非标准"的关系，如工作关系、合作关系、合伙关系、社群关系等。而这些关系正是数字化新工作范式不断发展的必然结果。

② 本节的主要内容参见：杨伟国，邱子童，吴清军. 人工智能应用的就业效应研究综述［J］. 2018（5）：109-119，128. 为内容完整的考虑，征得共同作者的同意，特引用于此。

③ MCCORDUCK P. Machines who think: a personal inquiry into the history and prospects of artificial intelligence［J］. Leonardo, 1979, 15（3）：242.

④ DREYFUS H L. What computers can't do［M］. Cambridge, MA: The MIT Press, 1972.

⑤ Searle认为如果想要创造一个有意识的存在，我们将不得不复制大脑经历的任何物理过程以模仿并唤醒意识。

⑥ SEARLE J R. The Rediscovery of the Mind［M］. Cambridge, MA: The MIT Press, 1992.

⑦ 张成岗. 人工智能时代：技术发展、风险挑战与秩序重构［J］. 南京社会科学, 2018（5）：42-52.

⑧ FINLAYSON M A, RICHARDS W, WINSTON P H. Computational models of narrative: review of the workshop［J］. AI Magazine, 2010, 32（1）：97.

应的载体（工具）以及应用环境发挥其作用。在现有技术条件下，人工智能的应用载体主要是计算机化和自动化设备，应用环境即为工作任务执行环境。

18.3.1　人工智能影响就业的机理

1.人工智能影响就业的一般性机理

人工智能作为一种先进技术，其对就业的影响机理既具有技术进步影响就业的一般性，又具有其特殊性。技术进步对就业影响的一般性特征，从经济学角度而言，技术进步对就业会产生替代效应和创造效应，总效应是这两者综合作用的结果。第一，技术进步会创造就业。一是收入提高的就业创造效应。技术进步提高劳动生产率，增加居民收入，提高有效需求，有助于扩大再生产，创造就业机会。二是成本降低的就业创造效应。一方面，随着居民收入水平的提高，居民储蓄倾向随之提高，资金的丰裕度提高，这有助于降低投资成本，促进投资需求，创造就业机会；另一方面，技术进步降低了生产成本，刺激了消费需求，促进生产规模扩大，创造就业机会。三是产业深化的就业创造效应。技术进步会深化产业分工，延长产业链，降低生产成本，拓展市场范围，创造就业机会。四是技能偏好型技术进步对高技能劳动力的就业创造效应。技能偏好型技术进步会增加对高技能劳动力的需求，而技能退化型技术进步则会增加对低技能、复杂性岗位的劳动力需求，但总体而言是技能偏好型技术进步占优。五是新技术的研发、推广和应用的就业创造效应。新技术的研发、推广和应用需要大量的人员，可以创造大量的就业机会。为了适应技术变革的需要，劳动者受教育时间延长，需要大量的教学培训人员。六是通过技术进步缩短劳动时间的就业创造效应。生产同样多的产品，因技术进步所需要的劳动时间缩短，劳动时间的缩短使得劳动者有更多的时间参加其他活动，这为满足这些活动的需求创造了就业机会。第二，技术进步会出现就业替代。一是技术进步通过降低劳动强度、提高劳动生产率，产生就业替代效应。无论是劳动节约型的技术进步，还是资本节约型的技术进步，都存在降低劳动强度、提高劳动生产率而产生就业替代效应。劳动时间可分为活劳动时间和物化劳动时间。在劳动时间总量既定的条件下，技术进步使得物化劳动时间增加，活劳动时间减少。因而，每个劳动岗位所需要的劳动力会减少。二是技术换代过快导致的就业替代效应。如果技术进步速度过快，技术换代频率过快，就会使得资产折旧时间缩短，投资回收期收窄，增加了企业运营成本，减少了利润，抑制了投资，从而减少就业需求。同时，它加大了投资风险，提高了投资的贴现率，对投资行为会产生抑制作用，从而产生就业替代效应。三是具有渗透性、颠覆性的创新技术短时期内的就业替代效应。一项具有渗透性、颠覆性的创新技术，会打破原来的技术结构平衡，短时期内会出现技术结构性失衡，旧的产业因为投资前景被看低而迅速衰退，但新的产业要形成规模、产生就业创造效应尚需时日，此时就会导致较为严重的就业替代效应。四是技术进步对低技能劳动力的就业替代效应。虽然技术进步既可能创造高技能就业岗位，也可能创造低技能、复杂性就业岗位，但总体而言是技能偏好型技术进步占优，从而导致对低技能劳动力的就业替代效应。

2. 人工智能影响就业的特殊性机理

人工智能与传统的信息技术相比具有不同的特点，因此其对就业的影响机理也具有一定的特殊性，主要表现在三个方面：第一，人工智能不仅替代体力而且替代智力。人工智能的兴起无疑会替代一些就业，但更多的是创造大量的需要人类合作的工作。同时，需要指出的是，并非人类的所有就业都能被人工智能替代。人工智能虽然在某些方面超过甚至远远超过人类，譬如计算能力、记忆存储能力、精准操作能力等，但它局限于对人类智力的模仿而不是对人类活动的复制。只要存在不能被人工智能模仿和替代的差异，就存在人类就业的空间。因此，人工智能不可能完全替代人类的工作岗位，不必对人工智能替代就业产生极端的恐慌与焦虑，人类就业的空间仍然是巨大的。第二，人工智能削弱了低劳动力成本的经济竞争优势，强化了就业空间极化现象。在以往的世界经济发展中，发展中国家凭借低劳动力成本优势发展制造业是一种较为普遍的做法，中国改革开放40多年取得巨大经济成就得益于低劳动力成本的国际比较优势。然而人工智能等新技术变革使得大规模批量化生产让位于大规模定制生产，通过应用大数据和智能设备在价值链中取得优势。其结果可能使得全球制造业回归发达经济体，并通过产品贸易替代欠发达经济体的就业，从而强化就业空间极化现象。第三，人工智能等新技术削弱了自然资源的经济竞争优势，强化了就业技术极化现象。在人工智能时代，自然资源已不再具有竞争优势了，经济增长越来越多地和新技术联系在一起，这一变化反映了现代产品所需自然资源更少，而包含知识、技术、技能更多成分的特征。资金的可利用性不再是居于第一位的竞争要素。随着国际金融市场的发展，风险投资行业的全球化，人工智能企业的融资已不存在障碍。知识和技术成为长期可持续竞争优势的唯一来源，而且对知识和技术的要求越来越高，强化了就业技术极化现象，即低技能岗位被高技能岗位替代。资源依赖型发展模式没有出路，只有不断地提高劳动者素质，才能提高国家或地区的竞争力。

18.3.2 人工智能对就业的产业分布影响

从目前的研究结果看，农业生产部门受人工智能的影响较小，制造业部门劳动者受人工智能替代效应的影响将逐步转移到服务业领域[1]，钟仁耀等（2013）认为这种情况与原从业人员的知识结构和变化适应能力有关。[2]美国劳工统计局的研究显示，到2024年，几乎所有新增就业机会都将集中于服务业，尤其是在医疗保健和社会援助服务领域。[3]

1. 人工智能对农业的影响并不显著

现阶段人工智能应用技术并未对农民数量产生显著影响，且美国2%的农业从业

① AUTOR D H, DORN D. The growth of low-skill service jobs and the polarization of the US labor market [J]. American Economic Review, 2013, 103 (5): 1553-1597.
② 钟仁耀，等. 科技进步对上海就业影响的实证分析——基于分行业的视角 [J]. 人口与经济，2013 (2).
③ TRAJTENBERG M. AI as the next GPT: a political-economy perspective [Z]. NBER Working Papers No. 24245, 2018.

人口对其劳动力市场的影响并不明显。[①]但人工智能技术确实会转变农民生产劳作的习惯与方式,并密切与市场的联系。一是从农业生产角度考虑,Ampatzidis 等(2017)指出目前的自动化和机器人可以实现从作物选择、播种到灾害预防等直到作物收获,即整个农业生产流程的人机合作。[②]二是从农民与市场的联系角度考虑,Lele 和 Goswami(2017)认为现阶段智能、数字技术变革的速度和范围有利于包容性的农业与农村发展,真正实现农民与市场在每个生产环节上的密切联系,并可以通过提供更高水平的教育、卫生保健、金融和市场服务等间接提高农民收入。[③]

现有研究表明人工智能对农业生产的影响主要集中在转变农业生产方式、提高生产效率、增加农民收益方面,对农民的替代效应并不明显。这可能是由于农业生产从机械化向自动化过渡的过程中,生产任务完成方式的变化并没有影响农业生产过程对农民的需求,或者远未达到农业机械化设备应用时产生的影响。

2.工业机器人对制造业的就业影响深刻

Acemoglu 和 Restrepo(2017)关注工业机器人的使用对美国劳动力市场的影响,研究了 1993—2007 期间 19 个产业中(主要是制造业)工业机器人的大规模使用与722 个通勤区就业率、工资之间的关系,发现工业机器人的大规模应用与就业、工资之间呈显著的负相关关系,并提出现阶段工业机器人对劳动力市场的替代效应相对于创造效应来讲要大得多,每千名工人中每多一台机器人,就业人口比例降低 0.18%~0.34%,工资下降 0.25%~0.5%,并据此推断 1990—2007 年因工业机器人造成的制造业失业人数达 36 万~67 万人。[④]

同时,人工智能在制造业内部深刻影响生产模式与生产系统,并改变着对在这些生产系统中的劳动者的技能需求。Yin 等(2017)在梳理历次工业革命的生产系统的变化时发现,与第二次工业革命创造的流水线、丰田生产体系(TPS)以及单元式制造(Cellular Manufacturing)相比,第三次工业革命催生的以计算机化和工业机器人为软、硬件基础的柔性制造系统(FMS)和 Seru[⑤]生产系统更能满足工业 4.0 条件下对大规模定制(Mass Customization)的需求,不仅会改变未来制造业发展的格局,也对劳动者的技能提升有了更高的要求。[⑥]

在人工智能影响产业结构的研究中突出制造业的情况不仅在于制造业本身更容易受到工业机器人和自动化的影响,还在于制造业吸纳了大部分的常规任务劳动力,制造业就业的持续下降和其他日常工作的消失导致了目前的低就业率。但人工智能对制造业的影响不能仅局限于就业数量方面,它也不完全是负面影响。具体的效应依赖于

① FREY C B, OSBORNE M A. The future of employment: how susceptible are jobs to computerization? [J]. Technological Forecasting and Social Change, 2017, 114(C): 254-280.
② AMPATZIDIS Y, BELLIS L D, LUVISI A. iPathology: robotic applications and management of plants and plant diseases [J]. Sustainability, 2017, 9(6): 1-14.
③ LELE U, GOSWAMI S. The fourth industrial revolution, agricultural and rural innovation, and implications for public policy and investments: a case of India [J]. Agricultural Economics, 2017, 48(S1): 87-100.
④ ACEMOGLU D, RESTREPO P. Robots and jobs: evidence from US labor markets [Z]. NBER Working Papers No.23285, 2017.
⑤ Seru 是一个日语单词,原词 Seru seian 意为 Seru 生产,是一种可根据不同生产任务需求改变自身生产内容的,适用于多品种、小批量市场需求的,兼具效率与柔性的生产方式。自产生以来,Seru 生产在日本制造业得到了迅速普及,是许多日本电子公司采用的组装系统。
⑥ YIN Y, STECKE K E, LI D. The evolution of production systems from Industry 2.0 through Industry 4.0 [J]. International Journal of Production Research, 2017, 56(1/2): 848-861.

产业的特征和属性[①]：人们普遍预期工业机器人应用的积极成果直接关系到生产力，尤其是在工业环境中，对于特定任务中使用工业机器人会减少人的工作负担与可能承受的危险，还可以节约劳动时间，增加闲暇；而对消极影响首要的考虑是有关工业机器人对就业的冲击，其次是对工业机器人应用事故的问责存在困难。

3.服务业从业者存在被人工智能替代的风险

除了承接来自制造业的劳动者外，在 Frey 和 Osborne（2017）的研究中，服务业的很多劳动者都存在被计算机化（替代）的风险。从事电话销售、保险承销、运输服务、摄影、数据维护等职业的劳动者被视为是极有可能被计算机化（替代）的群体。[②]但人工智能的创造效应也促使一部分职业的劳动力需求有所上升，增长最快的是幼儿（及小学）教师、会计与财务人员、护士、健康顾问、康复师以及社会资讯类工作者等。对于后者劳动力需求数量的上升，Deming（2017）认为这些任务对社交能力的要求是计算机化、自动化技术还无法实现的，但会促使劳动者提升社交能力及相关技能并转变工作选择，并指出美国自 1980—2012 年间的社交密集型工作增长了24%，同时期就业份额提高了 7.2%，且工资水平上升了 26%。[③]

18.3.3　人工智能发展对岗位的影响

从现有文献看，人工智能对岗位的影响不仅涉及数量和性质，即替代和创造效应，还会造成岗位极化并加速岗位上的人机合作。

1.人工智能造成的岗位极化

20 世纪计算机革命与 21 世纪人工智能技术飞速发展相结合对岗位的影响突出表现为中等收入、中等技能需求岗位数量的减少。[④]与之相对应的是高收入的脑力劳动（认知工作）和低收入的体力劳动岗位都有所增加，就业人数也随之变化，劳动力市场两极分化的趋势已经出现并影响劳动者的就业选择。[⑤]Autor 和 Dorn（2013）发现美国劳动力市场中岗位极化趋势主要表现为低技能服务业岗位与就业人数的增加；且在常规的任务密集型劳动力市场中，就业和工资的两极分化更加明显。[⑥]同时，Jerbashian（2016）聚焦于单一技术领域，利用欧洲 10 个国家的数据证明信息技术价格的下跌与中等工资岗位份额降低和高工资岗位份额提升有关，但对最低收入职业的岗位比重没有强烈的影响，证明了以计算机化为代表的智能技术存在引起岗位单极化发展的可能性。[⑦]

---

①　ACEMOGLU D, RESTREPO P. Robots and jobs: evidence from US labor markets [Z]. NBER Working Papers No.23285, 2017.

②　FREY C B, OSBORNE M A. The future of employment: how susceptible are jobs to computerization [J]. Technological Forecasting and Social Change, 2017, 114（C）: 254-280.

③　DEMING D J. The growing importance of social skills in the labor market [J]. The Quarterly Journal of Economics, 2017, 132（4）: 1593-1640.

④　AUTOR D H. The "task approach" to labor markets: an overview [J]. Journal for Labour Market Research, 2013, 46（3）: 185-199.

⑤　GOOS M, MANNING A. Lousy and lovely jobs: the rising polarization of work in Britain [J]. Review of Economics and Statistics, 2007, 89（1）: 118-133.

⑥　AUTOR D H, DORN D. The growth of low-skill service jobs and the polarization of the US labor market [J]. American Economic Review, 2013, 103（5）: 1553-1597.

⑦　JERBASHIAN V. Automation and job polarization: on the decline of middling occupations in Europe [Z]. CERGE-EI Working Papers No.576, 2016.

对于极化的趋势，Autor（2013）认为其他领域的互补性和劳动力市场需求上升的抵消效应目前难以确定，岗位极化现象不会无限期地持续下去。[1]Frey 和 Osborne（2017）指出，在现阶段受计算机化影响的范围主要局限于低技能和低工资岗位，当前劳动力市场极化范围不会继续扩大，其影响可以通过相应措施予以缓解，即低技能的劳动者将重新分配到那些不受计算机化影响的任务中去，但劳动者为了赢得这些机会必须提高创造性思维能力和社交能力。[2]

目前我国人工智能发展对就业并没有产生较大的技术极化现象，但就业的空间极化现象已经显现，人工智能发达的区域新增就业远远大于人工智能不发达的地区。而且，随着人工智能由成长期发展到成熟期，我国就业技术极化和空间极化现象都会加剧，会充分展现出就业替代效应和就业创造效应，人工智能的就业创造效应会大于就业替代效应。但我国劳动力数量大、劳动者平均素质不高，因而就业替代效应及其可能带来的负面影响不可忽视，需要未雨绸缪，尽早寻求对策措施。

2.人工智能时代岗位替代不可避免

人工智能的替代效应比以往任何技术进步的影响都要明显。[3]世界银行调查显示，2013年超过50个国家57%的工作受到了自动化技术的影响。[4]在美国，47%的劳动岗位被替代（计算机化）的风险较高，且被替代率同工资和岗位技能需求呈现出负相关的关系。具体地，在702种职业中，工作在交通运输、后勤服务、办公文员以及部分生产部门岗位的劳动者都面临着被替代的风险。[5]Arntz 等（2016）分析了21个OECD国家的岗位可被自动化替代的程度，研究表明在美国有9%的岗位处于高风险状态。[6][7]David（2017）发现在日本有55%的岗位处于"危险"状态，且非正规就业的劳动者及其岗位被替代的可能性更大。[8]德国联邦劳动和社会事务部（BMAS）在2016年对其国内机器人替代岗位可能性的计算结果为13%。但是，Oschinski 和 Wyonch（2017）通过对加拿大劳动力市场的研究发现加拿大的高自动化替代风险岗位占比很小，仅为1.7%。[9]不同学者计算结果的差异很可能是由于统计口径、被高估的技术能力与滞后的利用水平以及工作场所的异质性造成的。[10]此外，不同行业、不同时序的替代效应表现也不一样，姜金秋等（2015）发现在短期、中期和长期阶段不同行

① AUTOR D H. The "task approach" to labor markets: an overview [J]. Journal for Labour Market Research, 2013, 46 (3): 185-199.
② FREY C B, OSBORNE M A. The future of employment: how susceptible are jobs to computerization [J]. Technological Forecasting and Social Change, 2017, 114 (C): 254-280.
③ 曹静，周亚林. 人工智能对经济的影响研究进展 [J]. 经济学动态, 2018 (1): 103-115.
④ MANYIKA J, CHUI M, MIREMADI M, et al. A Future that works: automation, employment, and productivity [M]. Mckinsey & Company (2017).
⑤ FREY C B, OSBORNE M A. The future of employment: how susceptible are jobs to computerization [J]. Technological Forecasting and Social Change, 2017, 114 (C): 254-280.
⑥ Melanie Arntz 等将自动化替代概率超过70%的视为高风险（Oschinski 和 Wyonch 在考虑自动化风险程度时选取的数值与之近似），其高风险岗位占比计算结果由高至低依次为奥地利与德国（12%）、西班牙（11.5%）、斯洛伐克（10.5%）、英国、荷兰、捷克（10%）、加拿大、丹麦、法国、美国（9%）、瑞典、波兰、日本、芬兰、比利时（7%）、爱沙尼亚（6.5%）、韩国（6%）。
⑦ ARNTZ M, GREGORY T, ZIERAHN U. The risk of automation for jobs in OECD countries [Z]. OECD Social Employment & Migration Working Papers No.189, 2016.
⑧ DAVID B. Computer technology and probable job destructions in Japan: an evaluation [J]. Journal of the Japanese and International Economies, 2017, 43 (3): 77-87.
⑨ OSCHINSKI M, WYONCH R. Future shock? The impact of automation on Canada's labour market [Z]. C.D. Howe Institute Commentary No.472, 2017.
⑩ ARNTZ M, GREGORY T, ZIERAHN U. The risk of automation for jobs in OECD countries [Z]. OECD Social Employment & Migration Working Papers No.189, 2016.

业就业对技术进步有不同的反应。[1]

关于岗位替代的发展趋势，针对技术性失业的传统观点仍然有着很强的声音。Trajtenberg（2018）指出仍然有新的"技术狂热者（The New Technology Enthusiasts）"认为人工智能将在可预期的时间内取代大部分人的工作，释放出巨大的生产力，随之会出现对就业预期、收入分配的负面影响。[2]对此，也有学者持不同观点，Brynjolfsson等（2018）指出大多数自动化系统缺乏灵活性，仍无法适应部分非常规任务的需要。[3]Arntz等（2016）提出现有替代效应被夸大了，以区分任务为基础的研究结果代表的只是替代的可能性，而不是真实情况[4]；曹静和周亚林（2018）也认为工作被自动化替代的风险并不意味着实际的工作损失。[5]此外，较为折中的观点是"从长远来看，技术进步对大家都有益。但是如果缩短时间来看，并非所有人都是赢家"。[6]Manyika等（2017）通过考察自动化对工作（职业）的影响，认为现阶段的转型充满挑战，但到2030年大部分工作场所能够提供维持充分就业所需的工作岗位[7]。[8]

3.人工智能创造了新的就业岗位

虽然人工智能（现阶段的计算机化、自动化）应用所表现出的替代效应较为明显，但是其创造效应仍然存在。Acemoglu（2017）等提出自动化在减少就业的同时会通过创造新的工作任务，衍生出新的就业机会。[9]创造的岗位由两方面构成：一是由于人工智能应用提升业务量引起的对劳动力需求的增加；二是围绕人工智能产生的新类型的岗位（算法开发、训机师、智能设备维护等）。两者的就业群体存在共性，即与新兴的通用技术[10]行业本身相关的劳动者，以及在主要应用领域中部署通用技术前沿领域相关的劳动者，其特征是年轻、具有创业精神，同时具备了新的通用技术所要求的技术知识储备和技能。[11]

除岗位数量增加外，王君等（2017）提出人工智能等新技术进步对就业总量的影响具有拓展性，有利于改善工作质量。[12]根据Kremer（1993）的O-ring模型，任务生

①　姜金秋，杜育红．分行业技术进步对就业的动态影响研究——基于中国34个工业行业1980—2011年的数据［J］．工业技术经济，2015（7）：113-121.
②　TRAJTENBERG M. AI as the next GPT: a political-economy perspective［Z］. NBER Working Papers No. 24245，2018.
③　BRYNJOLFSSON E，MITCHELL T，ROCK D. What can machines learn，and what does it mean for occupations and the economy［J］. AEA Papers and Proceedings，2018，108：43-47.
④　ARNTZ M，GREGORY T，ZIERAHN U. The risk of automation for jobs in OECD countries［Z］. OECD Social Employment & Migration Working Papers No.189，2016.
⑤　曹静，周亚林．人工智能对经济的影响研究进展［J］．经济学动态，2018（1）：103-115.
⑥　CORTES G M，JAIMOVICH N，NEKARDA C J，et al. The micro and macro of disappearing routine jobs：a flows approach［Z］. NBER Working Papers No.20307，2014.
⑦　Manyika等认为目前半数工作活动在理论上能够通过自动化完成，但只有极少数（5%）能够实现完全自动化。但转型的影响仍然存在，近60%职业中1/3的组成活动可以实现自动化，这意味着所有工人都要进行大量的工作场所转型和变革，报告详见：https://www.mckinsey.com/featured-insights/future-of-organizations-and-work/jobs-lost-jobs-gained-what-the-future-of-work-will-mean-for-jobs-skills-and-wages.
⑧　MANYIKA J，CHUI M，MIREMADI M，et al. A future that works：automation，employment，and productivity［R］. London：Mckinsey Global Institute，2017（1）.
⑨　ACEMOGLU D，RESTREPO P. Robots and jobs：evidence from US labor markets［Z］. NBER Working Papers No.23285，2017.
⑩　在NBER 2018年年初的会议中，人工智能被认为有巨大的潜力成为新的通用技术（General Purpose Technology，GPT），并指出在其不断扩大的应用领域中，会带来互补性创新的浪潮，并产生两类人：Winners & Losers.
⑪　TRAJTENBERG M. AI as the next GPT: a political-economy perspective［Z］. NBER Working Papers No. 24245，2018.
⑫　王君，杨威．人工智能等技术对就业影响的历史分析和前沿进展［J］．经济研究参考，2017（27）：11-25.

产率的提高会增加生产链条中剩余任务的价值，而人工智能在提升常规体力劳动效率的同时会带动剩余的人工生产环节价值的提升。①实现改进的首要前提是人机之间在任务过程中的互补性。1988—2004年，ATM造成美国银行分支机构柜员数量平均减少了1/3，但全美银行分支机构数量上升了40%以上；同时，柜员从单一的现金结算业务中解放出来，其工作内容逐步转变为销售、客户业务，单一岗位创造的价值更高。②

概括而言，与人工智能相关的就业需求包括两个方面：一是发展人工智能的技术就业需求；二是与人工智能发展相配套的基础设施建设方面的就业需求。首先，未来将会有大量芯片研发人员以及生产相关产品的工业制造业工作岗位，提升人工智能水平的研发岗位，数据库保护和数据传输方面的岗位，研发和制造减速器、伺服电机和控制系统的岗位，以及维护人工智能运转和开发人工智能前台的岗位等。其次，与人工智能发展相配套的基础设施建设的相关岗位包括建设数据采集、开发利用方面基础设施的岗位，与人工智能运行相关的岗位等。

4.人工智能与劳动者的岗位合作

关于岗位上劳动者与人工智能的关系研究，可以围绕McCarthy和Engelbart之间的核心观点冲突来理解，即要用日益强大的计算机软件和硬件组合来替代工作场所里的劳动者，还是使用相同的工具在脑力、社会、经济等方面拓展劳动者的能力。这一争论并没有立场、观点方面的对错，只是对现象或趋势的争议，脱离现实情景单纯考虑这两个问题会使我们的答案出现偏颇③，而技术的实践应用反而会为我们提供启示。

道格拉斯·恩格尔巴特（Douglas C. Engelbart）制造的计算机系统开启了办公自动化的大门，很多人工智能应用（程序、设备等）替代了部分岗位，但与机器人合作的劳动者在工作中与其他岗位的劳动者仍然是合作关系。因此，人机合作、人机互动都决定了我们将人工智能载体视为伙伴。④要实现人机互动、促进机器人在团队协作中作用的发挥，就需要机器人具备必要的任务知识、技能以及其他必备特征，包括团队协作必需的团队知识、领导、沟通、监控和反馈能力等。

自2009年以来，面向深度学习的应用型研究有了显著的成果。人工智能创新过程的变化提出了一系列政策和管理领域的关键问题。⑤具体而言，机器学习可以纳入尽可能多的变量，从中剥离出传统方法无法得到的影响因素。⑥随着机器学习的发展，考虑不确定性、预测成本及决策收益，研究预测与决策之间的关系，对于不确定

① KREMER M. Population growth and technological change: one million B.C. to 1990 [J]. The Quarterly Journal of Economics, 1993, 108 (3): 681-716.
② AUTOR D H. Why are there still so many jobs? The history and future of workplace automation [J]. Journal of Economic Perspectives, 2015, 29 (3): 3-30.
③ MARKOFF J. Machines of loving grace: the quest for common ground between humans and robots [M]. New York: Ecco Press, 2015.
④ MARKOFF J. Machines of loving grace: the quest for common ground between humans and robots [M]. New York: Ecco Press, 2015.
⑤ COCKBURN I M, HENDERSON R, STERN S. The impact of artificial intelligence on innovation [M] // AGRAWAL A, GANS J, GOLDFA A. The Economics of Artificial Intelligence: An Agenda. Chicago: University of Chicago Press, 2019.
⑥ CAMERER C F. Artificial Intelligence and Behavioral Economics [M] // AGRAWAL A, GANS J, GOLDFA A. The Economics of Artificial Intelligence: An Agenda. Chicago: University of Chicago Press, 2019.

性下的预测能力强了很多，预测成本也有所下降[1]，可以将人工智能思维视为人类判断的补充。[2]结合现有研究，未来在岗位中实现人机合作有着十分明显的优势，了解如何与人工智能合作也是未来劳动者就业时不可或缺的技能。

18.3.4　人工智能对工资的影响

现有研究重视人工智能等技术进步对工资的影响，不仅是由于收入不平等这一主题的重要性，也是因为工资分布的演变提供了不同类型技能的市场价值信息。[3]此外，由人工智能引起的工作场所内劳动者的不平等可能与其对工资的影响有着直接的联系。[4]

1.劳动者个体

从技术进步已经替代劳动者的前提条件出发，Acemoglu 和 Restrepo（2017）认为制造业中工业机器人的应用对制造业劳动者的工资有着较强的负面影响。[5]Korinek 和 Stiglitz（2017）将人工智能对工资、福利的不同影响进行了分类：一是在最优情况下（完全市场，个人对技术进步进行投资和风险规避），技术进步总是让每个人都更富裕；二是在次优情况下（完全市场，伴随着无成本的再分配），如果再分配能够充分发挥作用，劳动者与技术进步之间是双赢情况，但如果没有足够的再分配能力弥补劳动者的损失，势必会产生抵制行为，同时，在收入差距过大的情况下，技术进步对生产的提升作用会受到影响；三是在完全市场中（存在有成本的再分配），工资、福利在短期内会受到影响，但是帕累托改进从长远来看是存在的，技术进步在造成资本垄断的同时，会通过再分配实现资源配置的相对公平，而这取决于再分配成本的高低；四是在不完全市场中，帕累托改进很难实现，技术进步会给工人的福利带来很大影响。[6]

从劳动者的受教育回报角度考虑，Brown 和 Campbell（2002）认为在技术冲击背景下，基于受教育回报的工资不平等将会增加，这是技能与资本互补水平的增加导致高技能劳动者需求上升的结果。但从长远角度看，除非受教育程度提高和技能提升受到限制，否则受教育程度较高的劳动者的受教育回报会逐渐回归到市场的平均水平。[7]

由此引出的对策是采取包括发展知识产权在内的措施努力实现次优的情况，通过促使劳动者工资、福利提升和扩展智能技术应用的双赢形式实现人工智能产生的帕累托改进效用最大化；在次优情况无法实现时，要促使资源分配进行调整，为面对人工

① AGRAWAL A K, GANS J S, GOLDFARB A. Human Judgment and AI Pricing [Z]. NBER Working Papers No.24284, 2018.
② AGRAWAL A K, GANS J S, GOLDFARB A. Human Judgment and AI Pricing [Z]. NBER Working Papers No.24284, 2018.
③ ACEMOGLU D, AUTOR D H. Skills, tasks and technologies: implications for employment and earnings [J]. Handbook of Labor Economics, 2011, 4 (Part B): 1043-1171.
④ CHACE C. The economic singularity: artificial intelligence and the death of capitalism [M]. [S.l.]: Three Cs, 2016.
⑤ ACEMOGLU D, RESTREPO P. Robots and jobs: evidence from US labor markets [Z]. NBER Working Papers No.23285, 2017.
⑥ KORINEK A, STIGLITZ J E. Artificial intelligence and its implications for income distribution and unemployment [Z]. NBER Working Papers No.24174, 2017.
⑦ BROWN C, CAMPBELL B A. The impact of technological change on work and wages [J]. Industrial Relations, 2002, 41 (1): 1-33.

智能处于劣势的人提供支持。Trajtenberg（2018）从政治经济学角度出发，认为实现"人类强化创新"[1]是方向性的问题，政府政策起到了关键性作用，特别是在教育、劳动者培训、服务专业化等方面的政策上要有所侧重。[2]

2.行业整体

首先，从同行业角度看，岗位极化本身就代表了基于技能水平的工资差异。在具体的差异程度方面，技术进步的飞速发展促使在工资分配过程中的中间与底部群体之间的差距越来越大，技术变革是差距越来越大的重要因素，且这一趋势会持续很长时间。[3]同时，人工智能水平应用较高的企业出于管理、成本考虑，可能将低技术岗位外包给其他企业，并对保留在企业内部的技术工人给予高工资[4]，这也拉大了工资差距。

其次，对于不同行业，由于工作性质的差异，比较工资的绝对数值没有太大的意义，但是对比工资变动情况可以看出行业间对技术进步的不同的反应。以服务业为例，Autor和Dorn（2013）的研究发现在过去的25年里，大多数低技能职业及其所属行业中劳动者的实际收入和就业率都出现了停滞或下降，但服务业的就业和收入是一个显著的例外：从1980年到2005年，非大学学历员工在服务行业工作的时间比例增加了50%以上，与此同时，实际时薪增加了约11%，超过了其他低技能职业及行业的工资增长。[5]

18.4 \ 平台经济从业人员社会保障的国际经验

平台经济从业人员缺乏有效的社会保障，且平台企业与从业人员的游离状态、工作的临时性质与自主性质使得构建覆盖并适应该类从业人员的社会保障体系变得复杂。对此，目前国际上有3种较为通行的做法，本节将对这3类国际经验进行介绍。

18.4.1 平台经济从业人员的社会保障现状及挑战

平台经济从业人员的社会保障覆盖率很低。在国际劳工组织（ILO）2017年针对平台经济从业人员的调查中，只有3/10的调研对象有某种形式的社会保险，女性比男性的参保率更低。该调查还显示，约1/3的调研对象还有其他作为雇员的传统工作，与这些人员相比，依赖平台工作的劳动者参与社会保障的可能性更小。[6]

① Manuel Trajtenberg（2018）认为技术创新的目的应是提升人的技能水平，而非取代对人的技能需求。他举例：电子医疗记录的AI数据挖掘可用于后续药物疗效评价，但并没有取代医生，而是增强了技术与医生能力的结合，从而造就了更好的医生，属于"人类强化创新（HEI）"而不是"人类替代创新（HRI）"。
② TRAJTENBERG M. AI as the next GPT: a political-economy perspective [Z]. NBER Working Papers No. 24245, 2018.
③ KEARNEY M S, HERSHBEIN B, BODDY D. The future of work in the age of the machine [Z]. Hamilton Project Framing Papers, 2015.
④ AGHION P, JONES B F, JONES C I. Artificial intelligence and economic growth [Z]. NBER Working Papers No.23928, 2017.
⑤ AUTOR D H, DORN D. The growth of low-skill service jobs and the polarization of the US labor market [J]. American Economic Review, 2013, 103（5）: 1553-1597.
⑥ BERG J, FURRER M, HARMON E, et al. Digital labour platforms and the future of work: towards decent work in the online world [M/OL]. Geneva: International Labour Office, 2018 [2022-09-09]. https://www.ilo.org/wcmsp5/groups/public/---dgreports/---dcomm/---publ/documents/publication/wcms_645337.pdf.

　　在收入方面，许多平台经济从业人员的收入低于国家或地方最低工资标准，且有偿工作的平均每小时中约有20分钟用于搜寻工作。一项针对美国1 100名网约车司机的调查显示，75%左右的调研对象收入低于其所在州的最低工资标准，而在计入车辆花费（例如油费、停车费等）后，30%的调研对象得不偿失。①由于收入低和缺乏社会保障，平台经济从业人员只能不断寻找工作，并适应工作时间安排。②该群体不仅工作强度很高，还经常需要夜间工作。这种工作的"随机性"导致其工作与生活之间无法实现平衡。

　　完善平台经济从业人员社会保障体系的重要前提是厘清平台企业与平台经济从业人员之间的关系，并明确平台经济的工作性质。由于平台经济模糊了全职和非全职工作之间、独立和依赖性就业之间、工作和休闲之间的界限③，因此需要结合以下3个特征对平台企业与平台经济从业人员之间的关系进行梳理。

　　第一，平台企业与平台经济从业人员的"游离状态"。平台企业的工作在每笔交易中至少涉及3个参与方：任务委托方、任务执行方以及将两者对接起来的平台企业。在大多数情况下，平台经济从业人员并不会实际从属于平台企业，而是在企业之外的地方执行任务。大多数平台企业不会与从业人员确定雇佣关系，后者通常被认定为自雇者或独立承包商。也有一些国家和地区会从以下方面来确定平台企业与从业人员之间是否存在雇佣关系：一是平台企业对从业人员的潜在控制水平，例如如何工作、何时何地工作；二是平台企业付薪的方式；三是平台企业与从业人员之间关系的维持时间，一般来说，关系维持时间越短，存在雇佣关系的可能性越小。④

　　第二，平台经济工作的临时性质。这种临时性不同于传统的临时工作。例如，固定期限合同工作仍然存在于现有的劳动关系框架内，其基础仍然是雇主和雇员之间的雇佣关系，这类雇员有权在临时受雇的企业中享有与正规雇员同等的待遇，只不过这种雇佣关系的终止取决于客观条件，如特定截止日期、完成特定任务等。而平台企业发布的某些任务规模极小（可以称为"微任务"），例如提供一次出租车服务、翻译一句话等。⑤平台经济从业人员可以通过承担微任务的方式与平台企业之间维持较长时间的关系，两者签订的合同类似于无固定时间的开放式合同，但是这样的工作性质使得平台企业与平台经济从业人员之间的关系区别于传统的雇佣关系。⑥

　　第三，平台经济工作的自主性质。部分平台经济工作者具有相对较高的自主权，

　　① ZOEPF S，CHEN S，ADU P，et al. The economics of ride-hailing：driver revenue，expenses and taxes [R/OL]. MIT CEEPR（Center for Energy and Environmental Policy Research），2018 [2022-09-09]. https：//www.eurofound.europa.eu/data/platform-economy/records/the-economics-of-ride-hailing-driver-revenue-expenses-and-taxes.
　　② RANI U，FURRER M. On-demand digital economy：can experience ensure work and income security for microtask workers? [J]. Journal of Economics and Statistics，2019，239（3）：565-597.
　　③ SUNDARARAJAN A. The collaborative economy：socioeconomic，regulatory and policy issues [R/OL]. Brussels：European Parliament Directorate General for Internal Policies Policy，2017 [2022-09-09]. https：//www.europarl.europa.eu/RegData/etudes/IDAN/2017/595360/IPOL_IDA（2017）595360_EN.pdf.
　　④ GARBEN S. Protecting workers in the online platform economy：an overview of regulatory and policy developments in the EU [R/OL]. Luxembourg：Publications Office of the European Union，2017 [2022-09-09]. https：//osha.europa.eu/en/publications/protecting-workers-online-platform-economy-overview-regulatory-and-policy-developments.
　　⑤ MILLAND K. Slave to the keyboard：the broken promises of the gig economy [J]. Transfer，2017，23（2）：229-231.
　　⑥ DE STEFANO V. The rise of the "just-in-time workforce"：on-demand work，crowdwork and labour protection in the "gig-economy" [R/OL]. ILO Conditions of Work and Employment Series 71，2016 [2022-09-09]. http：//oit.org/wcmsp5/groups/public/---ed_protect/---protrav/---travail/documents/publication/wcms_443267.pdf.

类似于自雇者。①②平台经济工作一般不会在平台企业的实际场所执行，甚至平台企业本身就没有线下场所。任务分配和协调通过网站、手机应用程序或其他数字工具在线进行，然后在任务委托方的场所（如清洁服务委托人的家里、道路上或任何其他地方）进行。这并不是平台经济工作所独有的特征，许多提供相似服务的传统公司（送货、运输等）以类似的方式运作，通过电话或网络远程分配工作。但是传统公司通常会为工人提供执行任务所需的设备，存在一些集合地点；而平台企业通常要求劳动者使用自己的设备（例如汽车、电脑）工作。这给传统法律带来进一步的挑战，例如在职业安全与卫生法领域，平台企业如何确保劳动者工作地点的安全，如何认定工伤事故等。在工作时间方面，从理论上讲，平台经济从业人员完全可以控制自己的工作时间，因为他们可以随时随地登录和退出。但是实际上，这种自主性可能受到更大的限制：其一，为了高效运行，某些平台企业要求劳动者保证一定时间的在线状态，如果账户"长时间不启动"会被停用；其二，在承接任务时，劳动者必须在约定时间内完成任务，以获得全额的报酬及维持较高的评分，从而确保接到下一个任务；其三，如果平台经济工作是劳动者的主要收入来源，那么他们会接受尽可能多的任务，且通过单次任务获得的收入通常不高，从而导致该类劳动者工作时间过长。

18.4.2　平台经济从业人员的社会保障国际经验

为应对平台经济从业人员的社会保障问题，部分国家根据其传统社会保障体系以及平台经济发展情况制定了应对政策。本节从以下3个方面对部分国家和地区的典型做法进行总结与详细的论述。

1. 扩大雇佣关系的范围

部分国家和地区"简单地"将现有法律法规应用于平台经济工作，通过扩大雇佣关系的范围，将平台经济从业人员纳入现有社会保障体系之中。③这种做法需要先明确雇佣关系性质，并据此调整法律框架，将平台经济工作的特殊性考虑在内，防止对就业形式的错误分类。此外，需要明确平台企业、任务委托方和劳动者各自的权利与责任。只要平台企业和平台经济从业者之间的关系被判定为雇佣关系，这类从业人员便可以享受相应的福利和权利。④

基于部分平台企业对从业人员的服务价格设置、工作时间和工作组织进行控制的情况，有些国家的部分平台经济从业人员被归类为雇员，如法国、英国和西班牙。⑤2017年，欧洲法院（European Court of Justice）做出了一个具有里程碑意义的决定，

---

① 在大部分国家的劳动法律体系中，雇佣关系都采用"雇员"/"自雇者"的二元区分。平台经济中包含大量自我雇用形式的从业者，即自雇型平台经济从业者。这既源于期望拥有更多自主权、平衡工作与生活间关系等个人就业观念的变化，也与平台就业特点密切相关，任务制工作安排、工作自主权与劳动控制并存、劳动条件提供方式混合等都为自我雇用的实现提供了契机（详见王茜，2022）。

② 王茜. 自雇型平台经济从业者的辨识及其权益保障研究［J］. 中国社会科学院大学学报，2022（3）：82-97.

③ TOLODI-SIGNES A. The "gig-economy": employee, self-employed or the need for a special employment regulation?［J］. Transfer，2017，23（2）：193-205.

④ BERG J，FURRER M，HARMON，E，et al. Digital labour platforms and the future of work: towards decent work in the online world［M/OL］. Geneva: International Labour Office，2018［2022-09-09］. https://www.ilo.org/wcmsp5/groups/public/---dgreports/---dcomm/---publ/documents/publication/wcms_645337.pdf.

⑤ EUROFOUND A. Digital age: employment and working conditions of selected types of platform work［R/OL］. Luxembourg: Publications Office of the European Union，2018［2022-09-09］. https://www.eurofound.europa.eu/sites/default/files/ef_publication/field_ef_document/ef18001en.pdf.

将 Uber 公司归类为运输公司而不是技术服务公司。虽然该决定对 Uber 公司工作人员的分类没有直接影响，但引发了人们对 Uber 公司与司机合同关系性质的质疑。

在一些国家，判定企业和劳动者双方是否存在雇佣关系的关键是如何判定该劳动者对企业的从属关系或依赖关系。总体来说，"依赖"或"从属"的本质是劳动者受企业的监督。有一种较为简单的判定方法，即当平台经济从业人员受制于企业的经济权力和工作控制的双重干预（Dyadic Domination）时，可以被认定为雇员。[1]欧洲法院指出，雇员没有统一的定义，应该采用一些指标进行判定。[2]这使得平台经济从业人员能否参与社会保障成为一个复杂的法律问题。对此，部分学者对雇员/自雇者判定因素进行研究，以期在判定中有更明确的指导标准。例如，Nerinckx 对雇佣关系（即平台经济从业人员是雇员还是自雇者）的主要判定因素进行了梳理，详见表18-1。[3]

表18-1   雇佣关系的主要判定因素

要素	雇员判定因素	自雇者判定因素
协议	固定薪酬 疾病、休假期间有薪酬 与工作有关的费用可报销 竞业禁止协议 培训协议	按照费用清单获得收入 按照每次任务完成情况获得收入 报酬没有保证（即未提供服务时无收入） 个人承担成本/费用 达到协定工作的承诺目标
工作组织	关于任务以及任务执行方式有精确而详细的描述 平台企业提供工作材料和设备 任职的排他性 在面向第三方时，劳动者是平台企业一员	自由组织工作 自由选择工作场所 自己准备工作材料和设备 可以聘用人员以完成协定的任务 具有可替代性 可以为多家企业工作 广泛的责任
工作时间	规定工作时间（登录和退出义务、每日时间安排） 规定假期（数量和期限） 缺勤需要提供理由和证据	自主选择工作时间 自主规定假期（数量和期限）
实行分级监管的可能性	由企业提供精确而详细的规定 监督工作执行和遵守情况 执行任务期间或之后的汇报责任 与分级监管相关的内部纪律处分	企业/客户的指令仅具有经济方面的约束性 仅在事后汇报结果 在财务方面，个人承担责任并具有决策权 对企业有大量的个人投资，并承担相关损益

资料来源　NERINCKX S. The "uberization" of the labour market: some thoughts from an employment law perspective on the collaborative economy [J]. ERA Forum, 2016, 17 (2): 261.

①　ROGERS B. Employment rights in the platform economy: getting back to basics [J]. Harvard Law & Policy Review, 2016, 10 (2): 479-520.
②　RISAK M, DULLINGER T. The concept of 'worker' in EU law: status quo and potential for change [R/OL]. European Trade Union Institute Report 140, 2018 [2022-09-09]. https://www.etui.org/sites/default/files/18%20Concept%20of%20worker%20Risak%20Dullinger%20R140%20web%20version.pdf.
③　NERINCKX S. The "uberization" of the labour market: some thoughts from an employment law perspective on the collaborative economy [J]. ERA Forum, 2016, 17 (2): 245-265.

　　即便有以上判定因素作为参考，但是在某些情况下仍然难以将平台经济从业人员进行明确分类。因此，有些国家在雇员和自雇者之间设置了中间类别——独立工人（Independent Worker）。①②在这类做法中，企业为独立工人提供类似于雇员的福利和社会保障，但是不需要完全承担起作为雇主的成本和风险。例如，德国有"类雇员（Employee-Like Persons）"或"准工人（Quasi Workers）"的说法，某些就业保护措施扩展至这类劳动者，例如带薪休假和反就业歧视保障，且该群体有权进行集体谈判。③但是中间类别劳动者的设置并不能解决雇员/自雇者的分类问题，在平台企业面临需要判定从业人员身份的情况时，还是需要法院逐案评估，因此这种做法在法律上仍然具有不确定性。在大多数有独立工人类别的国家，法律也要求平台企业和独立工人之间有一定程度的从属关系，但真正能够被归类为这类工人的比例比真实情况少得多。即便在社会保障覆盖范围内，独立工人通常也只能获得极少的社会保障和集体谈判权利。④

　　当前的社会保障体系仍然是工业经济时代大规模雇用背景下的产物，与雇佣关系的二元分类相匹配。各国"扩大雇佣关系"的做法，其本质建立在传统社会保障体系基础之上，试图将平台经济从业人员纳入其中。对于无法归类为雇员/自雇者的群体，该做法通过构建中间类别劳动者的方式，向平台经济从业人员提供部分社会保障。通过以上国家的例子可以看到，对平台经济从业人员身份进行准确界定是非常复杂的事情，究其原因在于平台经济的"去雇用"特征与传统雇用模式是相悖的。此外，对中间类别劳动者赋予哪些社会保障权利可能是更为复杂的事情。例如，中间类别劳动者是否可以参与某类社会保险和福利项目，其参与的途径和缴费比例与雇员/自雇者的区别，其中还涉及保障"力度"的问题：对中间类别劳动者保障力度小，解决不了平台经济从业人员社会保障覆盖率低的社会难题；对中间类别劳动者保障力度大，则难以与雇员权利相区分。从长期来看，"扩大雇佣关系"的方法难以适应平台经济的发展。

2.构建制度层面和技术层面的适应性机制

　　部分国家通过适应性机制确保全民覆盖。从制度层面来看，该做法将现有法规的应用与雇佣关系的概念"脱钩"，将其更普遍地用于自雇者领域。它填补了雇员和自雇者之间的二元鸿沟，仅考虑权益和保障。一些国家将社会保障范围扩展至所有形式的劳动者，确保对包括对自雇者、经济上依赖的自雇者（至少75%收入依赖单一客

---

　　① 独立工人既具有自雇者的一些特征，也具有传统雇员的一些特征。一方面，独立工人可自行选择何时工作，以及是否工作，可同时与多个平台企业合作，不归属于任何企业。这些特征使得独立工人类似于自雇者。另一方面，平台企业可对独立工人执行任务的方式及收费进行控制，例如会设置其收费上限，也可通过解除合作关系而"解雇"工人。在这些方面，独立工人与传统雇员相似（详见 Harris and Krueger（2015）：p.2）。
　　② HARRIS S D，KRUEGER A B. A proposal for modernizing labor laws for twenty-first-century work：the "independent worker" [Z/OL]. Hamilton Project Discussion Papers，2015 [2022-09-09]. https://www.onlabor.org/wp-content/uploads/2015/12/modernizing_labor_laws_for_twenty_first_century_work_krueger_harris-1.pdf.
　　③ International Labour Office. Regulating the employment relationship in Europe：a guide to recommendation No.198 [R/OL]. ILO Governance and Tripartism Department，2013 [2022-09-09]. https://www.ilo.org/wcmsp5/groups/public/---ed_dialogue/---dialogue/documents/publication/wcms_209280.pdf.
　　④ DAVIDOV G. Setting labour law's coverage：between universalism and selectivity [J]. Oxford Journal of Legal Studies，2014，34（3）：543-566.

户的自雇者）①以及从属于多个雇主的劳动者在内的劳动者进行充分保护。②实行这种做法需要加强非缴款性、由税收资助的社会保障机制的建设，例如，构建由税收资助的社会养老金体系或实施普遍的儿童福利项目。③丹麦为自雇者提供包容性社会保障，自雇者与雇员享有相同的保障。只是其中有些项目是自愿性质的，自雇者可以选择是否加入，只有加入并缴费才能获得相关福利，例如职业养老金、工伤保险和失业保险。④在失业救济领域，丹麦的自雇者必须通过参与特定的失业保障项目以获得额外的保障。⑤此外，丹麦对雇用的定义具有极大的包容性，例如工会3F与丹麦Hilfr.dk公司（提供清洁服务的平台企业）谈判，达成平台企业集体协议，提出平台经济从业人员在完成至少100个小时的服务工作后可被归类为"雇员"，可以享有更高的工资和更全面的社会保障。⑥

　　此外，鉴于新冠肺炎疫情的影响，许多国家认识到非正规就业者⑦处境特别艰难，应该出台相应措施，以优先保护弱势群体。确保所有人都能获得医疗资源，是保护人们避免新冠肺炎疫情造成健康风险的关键。已经建成社会医疗保障体系或覆盖大多数人口的卫生系统的国家能够以快速和包容的方式做出反应。中国、菲律宾和越南已将新冠肺炎检测和治疗纳入其医疗保障体系，非正规就业者也可享受这些福利。⑧英国和爱尔兰等国家将医疗保障扩展至所有劳动者，包括平台经济从业人员。⑨除了医疗保障，基本收入保障也很重要。例如泰国提高了失业救济金额度，并延长了领取期限，包括自雇者。越南向没有失业保险的失业人员和因新冠肺炎疫情而不得不减少工作时间的自雇者提供月现金福利。⑩

① EICHHORST W, et al. Social protection rights of economically dependent self-employed workers [R/OL]. IZA Research Report No. 54, 2013 [2022-09-09]. http: //legacy. iza. org/en/webcontent/publications/reports/report_pdfs/iza_report_54.pdf.

② BEHRENDT C, NGUYEN Q A. Innovative approaches for ensuring universal social protection for the future of work [Z/OL]. ILO Future of Work Research Paper Series No.1, 2018 [2022-09-09]. http://www.ilo.org/wcmsp5/groups/public/---dgreports/---cabinet/documents/publication/wcms_629864.pdf.

③ Organisation for Economic Co-operation and Development. OECD employment outlook 2019: The future of work [M/OL]. Paris: OECD, 2019 [2022-09-09]. https://www.oecd-ilibrary.org/sites/9ee00155-en/1/2/7/index.html? itemId=/content/publication/9ee00155-en&_csp_ =b4640e1ebac05eb1ce93dde646204a88&itemIGO=oecd&itemContentType=book.

④ SPASOVA S, BOUGET D, GHAILANI D, et al. Access to social protection for people working on non-standard contracts and as self-employed in Europe: A study of national policies [R/OL]. European Social Policy Network Synthesis Report, 2017 [2022-09-09]. https://op.europa.eu/en/publication-detail/-/publication/fb235634-e3a7-11e7-9749-01aa75ed71a1/language-en.

⑤ EUROFOUND A. Exploring Self-Employment in the European Union [R/OL]. Luxembourg: Publications Office of the European Union, 2017 [2022-09-09]. https://www.eurofound.europa.eu/sites/default/files/ef_publication/field_ef_document/ef1718en.pdf.

⑥ VANDAELE K. Will trade unions survive in the platform economy? emerging patterns of platform workers' collective voice and representation in Europe [Z/OL]. European Trade Union Institute Research Paper, 2018 [2022-09-09]. https://www.etui.org/sites/default/files/Working% 20Paper% 202018.05%20Vandaele% 20Trade% 20unions% 20Platform%20economy%20Web.pdf.

⑦ 非正规就业者包含部分平台经济从业人员。过去几十年来，"非典型就业/非正规就业（Atypical Employment/Non-Standard Employment）"群体增长迅速，例如临时工作（Casual Work）、随叫随到的工作（On-Call Work）、派遣工作（Temporary Agency Work）、非正式工作（Informal Work）和依赖性自雇者（Dependent Self-Employment）等。"非典型就业/非正规就业"的所有类型都可以被归为"按需经济（On-Demand Economy）"或"零工经济（Gig Economy）"。就劳动关系角度来看，按需经济/零工经济的概念比平台经济更广泛。在有些情况下，平台经济就业与"非典型就业/非正规就业"的最大区别在于是否使用了数字平台工具。

⑧ International Labour Office. Social protection responses to the COVID-19 crisis: country responses in Asia and the Pacific [R/OL]. ILO Social Protection Department, 2020 [2022-09-09]. https://www.ilo.org/wcmsp5/groups/public/---asia/---ro-bangkok/documents/briefingnote/wcms_739587.pdf.

⑨ International Labour Office. Sickness benefits during sick leave and quarantine: country responses and policy considerations in the context of COVID-19 [R/OL]. ILO Social Protection Spotlight, 2020 [2022-09-09]. https://www.ilo.org/wcmsp5/groups/public/---ed_protect/---soc_sec/documents/publication/wcms_744510.pdf.

⑩ International Labour Office. Social protection responses to the COVID-19 crisis: country responses in Asia and the Pacific [R/OL]. ILO Social Protection Department, 2020 [2022-09-09]. https://www.ilo.org/wcmsp5/groups/public/---asia/---ro-bangkok/documents/briefingnote/wcms_739587.pdf.

从技术层面来看，"构建适应性机制"的做法主要是利用数字化技术简化和调整行政程序，开发适应性的管理和融资机制，确保权利和福利的可转移性，将社会保障体系扩展至平台经济从业人员。比如采用更灵活的缴款时间（如巴西和泰国）；引入简化的税收和缴款支付程序（如阿根廷、巴西和法国）；完善注册、咨询和缴款的电子与移动访问技术，并促进配套的数据系统、智能卡和其他新兴技术的发展，例如人工智能和大数据。乌拉圭和印度尼西亚已经引入技术化适应机制，例如数字应用程序会自动在每次任务的价格中增加社会保险缴款，以确保平台经济从业人员得到保障。①爱沙尼亚通过数字技术促进自动数据传输，劳动者与税务部门共享收入信息，并自动将劳动者的数据输入到其预填纳税申报单中。自新制度启动以来，通过Uber公司和同类运输平台企业申报收入的司机数量增加了4倍。②比利时为平台企业建立了便利的税收制度，平台企业可直接将从业人员收入信息传输给税务部门，税务部门再将信息转发给社会保险机构。③

社会保障机制的适应性扩展能够为平台经济从业人员提供更完善的保障，能够较好地适应平台经济灵活多变的特点。但这一做法存在诸多问题，比如政府能否负担如此高昂的支出，福利水平能否满足目标群体的基本保障需求以及如何与现有福利政策进行协调等。④还有学者指出，普惠政策难以真正实施，由于成本过高，社会保障的资金来源及其可持续性难以保证。⑤

3.提供特定保障

这种方法是在不管平台企业与平台经济从业人员是否属于雇佣关系的情况下，都对后者提供特定的社会保障。一些国家和地区出台了针对不同领域劳动者的"特殊劳动法"，其中针对自雇者的部分规定也可以适用于平台经济从业人员。⑥

Spasova等梳理了针对自雇者的11项具体社会保障权利，涉及失业、养老、产假和陪产假、疾病等领域，将自雇者每种权利的保障程度与雇员进行比较，划分为高、中、低3种保障等级，具体见表18-2。可以看到，部分国家针对自雇者的社会保障较为全面，甚至涵盖了表18-2中的11个领域。但是Spasova等指出，在实践层面，针对自雇者的实际保障范围和力度比法律层面要低得多，因为法律设定的门槛资格标准通常较高，比如达到一定收入水平的自雇者才能参加某类社会保障项目，而很多自雇者往往难以达到门槛标准。⑦

① International Labour Office. Financing social protection for the future of work: fiscal aspects and policy options [R/OL]. Geneva: ILO, 2018 [2022-09-09]. https://www.ilo.org/wcmsp5/groups/public/---dgreports/---inst/documents/publication/wcms_646048.pdf.
② Estonian Tax and Customs Board. Income declared through uber and taxify has overwhelmingly increased [EB/OL]. (2017-06-01) [2022-09-09]. https://www.emta.ee/en/news/income-declared-through-uber-and-taxify-has-overwhelmingly-increased.
③ DRAHOKOUPIL J, PIASNA A. Work in the platform economy: deliveroo riders in Belgium and the SMart arrangement [Z/OL]. European Trade Union Institute Working Paper, 2019 [2022-09-09]. https://www.etui.org/sites/default/files/WP-2019-01-deliveroo-WEB-2.pdf.
④ SAGE D, DIAMOND P. Europe's new social reality: the case against universal basic income [Z/OL]. Policy Network Paper, 2017 [2022-09-09]. https://policynetwork.org/wp-content/uploads/2017/09/Europes-new-social-reality-the-case-against-UBI.pdf.
⑤ REED H, LANSLEY S. Universal basic income: an idea whose time has come [R/OL]. London: Compass, 2016 [2022-09-09]. https://www.compassonline.org.uk/wp-content/uploads/2016/05/UniversalBasicIncomeByCompass-Spreads.pdf.
⑥ TOLODI-SIGNES A. The "gig-economy": employee, self-employed or the need for a special employment regulation? [J]. Transfer, 2017, 23 (2): 193-205.
⑦ SPASOVA S, BOUGET D, GHAILANI D, et al. Access to social protection for people working on non-standard contracts and as self-employed in Europe: a study of national policies [R/OL]. European Social Policy Network Synthesis Report, 2017 [2022-09-09]. https://op.europa.eu/en/publication-detail/-/publication/fb235634-e3a7-11e7-9749-01aa75ed71a1/language-en.

表18-2　部分欧盟成员国自雇者的社会保障程度：与雇员比较（法律层面）

国家\社会保障类型	医疗保健	家庭福利	长期护理	社会援助	遗属抚恤金	养老金	伤残	产假和陪产假	疾病	工伤	失业
奥地利	H	H	H	H	H	H	H	H	H	H	M
比利时	H	H	H	H	H	H	H	H	H	L	L
保加利亚	H	H	H	H	H	H	H	H	M	L	L
塞浦路斯	H	H	H	H	H	H	H	H	H	L	L
捷克	H	H	H	H	H	H	M	H	M	H	H
德国	H	H	H	H	H	H	H	H	H	H	M
丹麦	H	H	H	H	L	H	H	H	H	M	M
爱沙尼亚	H	H	H	H	H	H	H	M	H	H	H
希腊	H	H	H	H	H	H	H	M	L	M	M
西班牙	H	H	H	H	H	M	H	M	H	M	M
芬兰	H	H	H	H	H	H	H	M	M	L	L
法国	H	H	H	H	H	H	H	M	M	L	L
克罗地亚	H	H	H	H	H	H	M	H	H	H	H
匈牙利	H	H	H	H	H	H	H	H	H	H	H
爱尔兰	H	H	H	H	H	H	L	H	M	L	M
意大利	H	M	H	H	H	H	H	H	H	H	L
立陶宛	H	H	H	H	H	H	H	H	H	L	L
拉脱维亚	H	H	H	H	H	H	H	H	H	H	H
卢森堡	H	H	H	H	H	H	H	H	H	H	H
马耳他	H	H	H	H	H	H	H	H	H	H	L
荷兰	H	H	H	H	M	H	H	H	M	M	L
波兰	H	H	H	H	H	H	H	M	H	H	M
葡萄牙	H	H	M	H	H	H	H	H	H	M	H
罗马尼亚	H	H	H	H	M	H	M	H	M	H	H
瑞典	H	H	H	H	H	H	H	H	H	H	H
斯洛文尼亚	H	H	H	H	H	H	H	H	H	H	H
斯洛伐克	H	H	H	H	H	H	H	H	H	L	H
英国	H	H	H	H	M	M	M	M	M	L	M

注：①H=高保障程度，M=中等保障程度，L=低保障程度。

②"高保障程度"是指自雇者可以通过强制保险、普遍福利或财产收益审查等方式获得该类保障。

③"中等保障程度"表示，与雇员相比，达到资格标准的自雇者可以获得部分保障。如果同时存在强制保险和非缴款型福利，自雇者只能获得后者。在表中，有些保障项目无法自动覆盖自雇者，但是自雇者可以申请加入，这些情况全部划分为中等保障程度。

④"低保障程度"是指自雇者无法参加该保障项目。

资料来源　SPASOVA S, BOUGET D, GHAILANI D, et al. Access to social protection for people working on non-standard contracts and as self-employed in Europe：a study of national policies ［R/OL］. European Social Policy Network Synthesis Report, 2017 ［2022-09-09］. https：//op. europa. eu/en/publication-detail/-/publication/fb235634-e3a7-11e7-9749-01aa75ed71a1/language-en.

有些国家的部分做法可以看作为自雇者提供特殊保障计划。例如，2016年法国出台了一项《关于工作、社会对话现代化和职业发展保障的法案》，针对平台经济从业人员提出以下权利：一是与平台企业存在经济和技术依赖关系的独立工人如果发生工伤事故，可以获得工伤事故保险赔偿；二是平台经济从业人员有权接受由平台企业负责的专业技术培训，平台企业应根据该群体的要求传授平台企业工作经验；三是平台经济从业人员有权组织工会，成为工会成员，并由工会代表他们的利益；四是平台经济从业人员有采取集体行动捍卫自己利益的权利。

在新冠肺炎疫情的背景下，部分国家为其他机制未涵盖的人群提供专项福利，例如泰国为非正规就业者提供每月5 000泰铢的津贴，有2 200万人员通过手机登记领取津贴。①在新冠肺炎疫情前制订了普遍福利计划或分类福利计划的国家更有能力快速构建惠及每个人的社会保障体系。在非正规经济占比高，而该类劳动者又难以被识别和分类的情况下，普遍的社会保障计划更为可行。然而，非正规经济占比高的国家难以具备覆盖所有非正规就业者的福利体系和财政能力。因此，一些国家，如厄瓜多尔、牙买加、秘鲁和越南等实施了专项福利计划，重点关注受影响特别严重的劳动者。②

与前两种做法相比，"提供特定保护"的做法有其优势，既不需要对平台经济从业人员进行类别划分，该类人员可自动适用于针对自雇者或平台经济从业人员的规定。另外，该做法不需要承担普惠政策的高昂成本，在财政负担能力有限的情况下，政府可实施针对自雇者或平台经济从业人员的专项福利计划。但是，该类政策往往存在门槛资格标准，例如基础缴费年限、最低工作时间规定等，使得真正能够被政策覆盖的人群大大减少，而且会屏蔽掉最为弱势的群体，因此需要在财政可负担的情况下恰当放宽参与资格。在平台经济快速发展初期，"提供特定保护"的做法可作为短期应对措施，然而从长期来看，各国政府还是应该推动更加普遍和包容的社会保障体系的建设。

本章小结

随着数字经济的兴起，劳动力市场出现了很多新发展。总体来说，数字经济指的是使用数字化的知识和信息作为关键生产要素、以现代信息网络作为重要载体、以信息通信技术的有效使用作为效率提升和经济结构优化的重要推动力的一系列经济活动。

从本质上说，新工作范式是从"就业"向"工作"的转换。这种工作范式转换呈现出三个特征，表现为从组织型、集中型与单一性就业模式向自主型、分布型与多元型工作范式的转换。

总体来说，虽然现阶段已出现了人工智能对就业的某些负面影响，破坏机制也得

---

① International Labour Office. Social protection responses to the COVID-19 crisis: country responses in Asia and the Pacific［R/OL］. ILO Social Protection Department，2020［2022-09-09］. https://www.ilo.org/wcmsp5/groups/public/---asia/---ro-bangkok/documents/briefingnote/wcms_739587.pdf.

② International Labour Office. COVID-19 crisis and the informal economy: immediate responses and policy challenges［R/OL］. ILO Brief，2020［2022-09-09］. https://www.ilo.org/wcmsp5/groups/public/@ed_protect/@protrav/@travail/documents/briefingnote/wcms_743623.pdf.

到众多学者认同，如替代效应、削减岗位数量、拉大工资差距等，但人工智能的突飞猛进需要其他产业的相应升级才能真正发挥其作用，这些负面作用是否在社会、产业或组织进行了相应调整后仍然存在，还需要继续观察。

以平台经济为例，各国通常以不同社会保险和税收资助的结合来实现对平台经济从业人员不同类型和不同程度的保障。第一种方法是"简单"适用的方式，需要对雇佣关系进行认定，考察一个人对另一个人/组织的从属关系或依赖关系。第二种方法是将现有法规的应用与雇佣关系的概念脱钩，利用数字化技术简化和调整行政程序，加强非缴款性、由税收资助的社会保障机制建设。第三个方法是为自雇者提供特定保障，这些保障也适用于平台经济从业人员。这些国家的例子表明，设计适当的福利体系对于保障平台经济从业人员的利益至关重要。而且有证据显示，在新冠肺炎疫情背景下越来越包容的普及性措施开始出现。

复习思考题

1. 简要说明数字经济的内涵及特征。
2. 试分析数字经济环境下的新工作范式及其特征。
3. 用经济学理论简单分析共享经济的就业效应。
4. 人们谈技术进步对产业影响时有一个说法，至今仍然存在争议，即新技术在替换旧岗位的同时，是否创造了更多新岗位。对此，您怎么看？

案例分析题

数字经济时代就业与劳动力市场转型

数字经济主要含义还是数字产业化和产业数字化，以数字技术为核心来推动一个新的产业形态发展，同时把这种技术应用到几乎所有产业中。从定义上就已注定它是一个融合的产业发展方向，而非一个完全新生的产业。事实上，从数字产业化和产业数字化两个方向来看，一二三产业都有数字化需求。基于此，数字经济是无所不覆盖的。

数字经济是应用新技术的一个主要领域。从工业革命开始，人们谈技术进步对产业的影响，就有一个说法——新技术在破坏旧岗位的同时，创造更多新岗位。这话到今天还在说，但多数人不太信服。为什么？不是说它破坏了旧产业不创造新岗位，而是有这么几条原因：

第一，新技术破坏的岗位与创造的岗位所需的工人不是同一批人。

用新技术意味着用资本替代了劳动，新技术的应用会有新的人才需求，所以破坏一些岗位自然也会创造一些新岗位。但是被取代、破坏的这些岗位和新技术创造的岗位，所要求的人是不一样的。他们是具有不同的人力资本和技能的人群。所以尽管给一部分人创造了岗位，但丢掉岗位的人未必能进入新岗位。在此过程中，会出现失业或者就业不足的问题。

第二，被破坏的岗位数量上不一定少于新创岗位。新创造的岗位质量可能更高，但在数量上不一定多于被破坏的岗位。

　　第三，转岗后工作比以前就业质量低、待遇差。通常人们在转岗以后，往往发现他们的待遇和就业质量降低了。也有人会得到提高，但多数情况下是比以前要差。

　　上述这些原因造成了实际的劳动力市场问题和就业难点，这也是为什么要讨论劳动力市场和就业转型问题的关键所在。我们要探讨的，是如何让新技术的发展和数字经济的发展创造更多、更高质量的就业岗位，以及能够让那些被替代的工人重新找到更好的岗位。

　　资料来源　蔡昉. 数字经济时代就业与劳动力市场转型［EB/OL］.（2021-06-16）［2022-09-09］. http：//jer.whu.edu.cn/jjgc/9/2021-06-16/5145.html.

　　讨论题：

　　结合案例以及我国数字经济背景下劳动力市场状况，简要谈谈数字经济时代背景下促进就业的关键所在。

推荐阅读资料

　　1.杨伟国，代懋. 劳动与雇佣法经济学［M］. 上海：复旦大学出版社，2013.

　　2.伊兰伯格，史密斯. 现代劳动经济学：理论与公共政策［M］. 刘昕，译. 13版. 北京：中国人民大学出版社，2021.

　　3.BROWN C，CAMPBELL B A. The impact of technological change on work and wages［J］. Industrial Relations，2002，41（1）：1–33.

　　4.RANI U，FURRER M. On-demand digital economy：can experience ensure work and income security for microtask workers？［J］. Journal of Economics and Statistics，2019，239（3）：565-597.

网上资源

　　1.OECD 就业主题网页，http：//www.oecd.org/employment

　　2.中国劳动和社会保障科学研究院，http：//www.calss.net.cn

　　3.国际劳工组织主题网页，https：//www.ilo.org/global/topics/lang--en/index.htm

　　4.中国社会保障学会，http：//www.caoss.org.cn

拓展阅读：从工业化就业到数字化工作：新工作范式转型与政策框架